Steuerliche Substanzanforderungen an ausländische Gesellschaften

Europäische Hochschulschriften Recht

European University Studies in Law

Publications Universitaires Européennes de Droit

Band/Volume 6171

Maximilian Stöwahse

Steuerliche Substanzanforderungen an ausländische Gesellschaften

PETER LANG

Bibliografische Information der Deutschen Nationalbibliothek
Die Deutsche Nationalbibliothek verzeichnet diese Publikation in der Deutschen Nationalbibliografie; detaillierte bibliografische Daten sind im Internet über http://dnb.d-nb.de abrufbar.

Zugl.: Münster (Westfalen), Univ., Diss. der Rechtswissenschaftlichen Fakultät, 2018.

Erster Berichterstatter: Prof. Dr. Christian Jahndorf
Zweiter Berichterstatter: Prof. Dr. Heinrich Weber-Grellet
Dekan: Prof. Dr. Klaus Boers
Tag der mündlichen Prüfung: 21. Mai 2019.

Gedruckt auf alterungsbeständigem, säurefreiem Papier.
Druck und Bindung: CPI books GmbH, Leck

D 6
ISSN 0531-7312
ISBN 978-3-631-81040-8 (Print)
E-ISBN 978-3-631-82112-1 (E-PDF)
E-ISBN 978-3-631-82113-8 (EPUB)
E-ISBN 978-3-631-82114-5 (MOBI)
DOI 10.3726/b16926

Diese Publikation wurde begutachtet.

www.peterlang.com

Vorwort

Im Wintersemester 2018/2019 wurde die vorliegende Arbeit an der Rechtswissenschaftlichen Fakultät der Westfälischen Wilhelms-Universität zu Münster als Dissertation eingereicht. Nachweise von Literatur und Rechtsprechung befinden sich grundsätzlich auf dem Stand der Einreichung. Gesetzesänderungen nach dem Datum der Einreichung sind in der Veröffentlichung nicht berücksichtigt.

Für die Betreuung der Dissertation danke ich Herrn Prof. Dr. Christian Jahndorf. Daneben gebührt mein Dank für die sehr zügige Erstellung des Zweitgutachtens Herrn Prof. Dr. Heinrich Weber-Grellet.

Herzlich danke ich Herrn Dr. Thomas Kerstan und Herrn Paul Maeser für die kritische Durchsicht der Arbeit und wertvolle Anmerkungen. Ferner gebührt meiner Tante Karin Liboschik ein herzlicher Dank für ihre vielfältige Unterstützung auch während meiner Ausbildungszeit.

Schließlich gilt mein ganz besonderer Dank meinen Eltern Roswitha und Klaus Stöwahse. Sie haben mich während meines gesamten Lebens- und Ausbildungswegs stets begleitet und in jeder Hinsicht unterstützt. Ihnen ist diese Arbeit gewidmet.

Hamburg, im März 2020
Maximilian Stöwahse

Inhaltsverzeichnis

Soweit Abkürzungen nicht aus sich heraus verständlich sind, wird verwiesen auf: Kirchner, Hildebert, Abkürzungsverzeichnis der Rechtssprache, 8. Auflage, Berlin 2015

1. Teil – Einführung in das Thema

A. Aktuelle Bezüge

Ein großes Echo in der Presse löste das Bekanntwerden ausgereifter Steuergestaltungen (mit der Folge geringer effektiver Steuerbelastungen) einiger global tätiger Konzerne aus den Vereinigten Staaten von Amerika aus.[1] Im Fokus der medialen Berichterstattung standen damals Technologieunternehmen.[2] Die geringe effektive Steuerbelastung, die einige Empörung hervorrief, war Folge geringer Steuerbelastung in den Quellenstaaten und dem geschickten Navigieren von Gewinnen in Steueroasen.[3] Im berichteten Ausmaß stellten die Gestaltungen spezifisch

1 Bspw. „Apple's Web of Tax Shelters Saved It Billions, Panel Finds", New York Times v. 20.03.2013, abrufbar unter nytimes.com/2013/05/21/business/apple-avoided-billions-in-taxes-congressional-panel-says.html?pagewanted=all&_r=0; „Amazon funnels £10bn to tax haven", Sunday Times v. 26.05.2013, abrufbar unter thesundaytimes.co.uk/sto/business/Tech_and_Media/article1264774.ece; „Starbucks rechnet sich in Großbritannien arm", FAZ v. 29.06.2013, abrufbar unter faz.net/aktuell/wirtschaft/unternehmen/steuervermeidung-starbucks-rechnet-sich-in-grossbritannien-arm-12264887.html (alle zuletzt abgerufen am 16.01.2016).

2 Z.B. „Google, Amazon, Starbucks: The rise of ‚tax shaming' ", BBC News Magazine v. 21.05.2013, abrufbar unter bbc.com/news/magazine-20560359; „Ab in die Steueroase", FAZ v. 18.08.2013, abrufbar unter faz.net/aktuell/wirtschaft/recht-steuern/konzerne-ab-in-die-steueroase-12536214.html; „Gewinne@Oase.com", Zeit v. 21.02.2013, abrufbar unter zeit.de/2013/09/Steuern-Steuerpolitik-Amazon-Google; „Google, Apple & Co. sollen mehr Steuern zahlen", FAZ v. 13.09.2015, abrufbar unter faz.net/aktuell/wirtschaft/wirtschaftspolitik/schaeuble-google-und-co-sollen-mehr-steuern-zahlen-13800512.html; „Inquiry Into Tech Giants' Tax Strategies Nears End" New York Times v. 03.01.2013, abrufbar unter nytimes.com/2013/01/04/business/an-inquiry-into-tech-giants-tax-strategies-nears-an-end.html (alle zuletzt abgerufen am 15.01.2016). – Zu den Steuergestaltungen Pinkernell, IStR 2013, 180. – Die Besteuerung der sog. digitalen Wirtschaft erhält seitdem besondere öffentliche Aufmerksamkeit, vgl. OECD, „Addressing the Tax Challenges of the Digital Economy, Action 1 – 2015 Final Report" v. 05.10.2015, abrufbar unter oecd.org (zuletzt abgerufen am 16.01.2016). Den Begriff *digitale Wirtschaft* verwenden seit jüngerer Zeit die OECD, z.B. OECD, „Aktionsplan zur Bekämpfung der Gewinnverkürzung und Gewinnverlagerung" v. 31.03.2014, 12, 13, 17, 30, 33, 40; abrufbar unter oecd.org (jeweils zuletzt abgerufen am 16.01.2016) und die EU, European Commission, Report of the Commission Expert Group on Taxation of the Digital Economy v. 28.05.2014, abrufbar unter ec.europa.eu/taxation_customs/resources/documents/taxation/gen_info/good_governance_matters/digital/report_digital_economy.pdf (zuletzt abgerufen am 16.01.2016)

3 Dazu Pinkernell, insb. 114 ff; Pinkernell, IStR 2013, 180; OECD, „Addressing the Tax Challenges of the Digital Economy, Action 1 – 2015 Final Report" v. 05.10.2015, 79 ff, abrufbar unter oecd.org (zuletzt abgerufen am 28.10.2015). – Der Begriff der

US-amerikanische Phänomene dar, da die Vereinigten Staaten derartige steuerliche Gestaltungen nicht effektiv durch steuerliche Missbrauchsregeln attackierten.[4] Solche weitreichenden Gestaltungsstrategien wurden über Gesellschaften mit Ansässigkeit außerhalb der Vereinigten Staaten nicht bekannt, insbesondere die deutsche steuerliche Missbrauchsabwehr gilt als effektiv.[5] Doch wurden im Verlauf der Berichterstattung auch Gestaltungsstrategien europäischer Konzerne[6] und vermögender Privatpersonen näher beleuchtet.[7] Ferner machten die Aktivitäten eines panamaischen Rechtsdienstleisters, der sich auf die Gründung und Vermittlung von sog. Briefkastengesellschaften spezialisiert hatte, weltweit Schlagzeilen.[8]

Gewinnverschiebung ist unpräzise, aber üblich (vgl. Pinkernell, z.B. auf 114; OECD, „Aktionsplan zur Bekämpfung der Gewinnverkürzung und Gewinnverlagerung" v. 31.03.2014, abrufbar unter oecd.org, zuletzt abgerufen am 16.01.2016) und wird daher auch an dieser Stelle verwendet.

4 Pinkernell, 132, Fn. 416. m.w.N; Schanz/Feller, BB 2015, 865, 865 f.

5 U.a. Ruf/Weichenrieder, Taxation of Passive Foreign Investment, Lessons from German Experience, Canadian Journal of Economics 45/4, November 2012, 1504-1528, abrufbar unter ideas.repec.org/e/pwe106.html; Kreienbaum, IStR 2014, 721, 723; Langkau/Rubart, IStR 2013, 660; Lohse, BB 2013, Nr. 37, I (Die Erste Seite); Schanz/Feller, BB 2015, 865, 865 f. – Gegen Verschärfung Dölker, BB 2014, 2839, 2845 ff; Fehling, FR 2015, 817, 818; Radmanesh, IStR 2015, 895, 900; Watrin/Thomsen/Weiß, IStR 2016, 397, 401. Für Entschärfung (wegen Systemwettbewerb) u.a. Rödder/Pinkernell, IStR 2013, 619, Nr. 2, 6, 7, 19; Hummel/Knebel/Born, IStR 2014, 832, 840; Fuest/Spengel (u.a.), StuW 2015, 90, 95; Neumann-Tomm, IStR 2015, 436, 436; Piltz, IStR 2015, 529, 532 f; Schanz/Feller, BB 2015, 865, 866 f.

6 „Und ewig lockt Holland", abrufbar unter faz.net/aktuell/wirtschaft/recht-steuern/steueroase-und-ewig-lockt-holland-12554976.html, FAZ v. 01.09.2013; „Das zieht deutsche Konzerne an sonderbare Standorte", Wirtschaftswoche v. 15.04.2013, abrufbar unter wiwo.de/unternehmen/industrie/offshore-toechter-das-zieht-deutsche-konzerne-an-sonderbare-standorte-/8055442.html; „Die größten Steueroasen", finanzen.net v. 27.10.2013, abrufbar unter finanzen.net/nachricht/private-finanzen/Steuerhinterziehung-Die-groessten-Steueroasen-2738034; „In Deutschland ist die Steuervermeidung schwierig", FAZ v. 12.03.2013, abrufbar unter faz.net/aktuell/wirtschaft/recht-steuern/wegen-aussensteuerrecht-in-deutschland-ist-die-steuervermeidung-schwierig-12110645.html (jeweils zuletzt abgerufen am 16.01.2016); Fehling/Schmid, IStR 2015, 493; DB v. 11.10.2013, Heft 41, M17-M18; DB v. 21.11.2014, Heft 47, M12-M13.

7 „Offshore-Leaks: Gigantisches Netzwerk der Steuerhinterzieher enthüllt", Spiegel Online v. 04.04.2013, abrufbar unter spiegel.de/wirtschaft/soziales/offshore-leaks-gigantisches-netzwerk-der-steuerhinterzieher-enthuellt-a-892406.html; „Leaks reveal secrets of the rich who hide cash offshore", The Guardian v. 03.04.2013, abrufbar unter theguardian.com/uk/2013/apr/03/offshore-secrets-offshore-tax-haven (jeweils zuletzt abgerufen am 16.01.2016). – Zur sog. taxleaks-Affäre zusammenfassend: de.wikipedia.org/wiki/Offshore-Leaks (zuletzt abgerufen am 16.01.2016).

8 Vgl. „Panama Papers", Süddeutsche Zeitung, unter panamapapers.sueddeutsche.de/articles/56f2c00d a1bb8d3c3495aa0a/(zuletzt abgerufen am 10.04.2016).

Die internationale Aufmerksamkeit zeitigte Folgen. Schon vor diesem Zeitpunkt waren sog. schädliche Steuerpraktiken zwar vielfach untersucht worden. So hatten sich die OECD,[9] die EU[10] und Nichtregierungsorganisationen[11] bereits dem Phänomen der internationalen Steuervermeidung zugewandt, wobei sich die Bemühungen aber nie in wesentlichen Reformen niederschlagen konnten. Dies änderte sich mit dem sog. Base Erosion and Profit Shifting (BEPS)-Projekt. Das BEPS-Projekt entstand aus einer gemeinsamen Initiative der G20[12] und der OECD[13] unter Beteiligung weiterer Staaten und internationaler Organisationen (bspw. Weltbank und Internationaler Währungsfonds)[14] zur Bekämpfung von – offiziell, aber unpräzise ins Deutsche übersetzt – Gewinnverkürzung und Gewinnverlagerung.[15] In der Leaders' Declaration des G20 Leaders' Summit in Los Cabos, Mexiko, am 18. und 19. Juni 2012 wurde die Notwendigkeit betont, Base Erosion und Profit Shifting zu verhindern. Ferner wurde angekündigt, Arbeiten der OECD zu diesem Thema verfolgen zu wollen.[16]

Unter der Schirmherrschaft der G20 untersuchte die OECD das Ausmaß der Gewinnverkürzung und -verlagerung und veröffentlichte einen groben Aktionsplan

9 Z.B. OECD, „Harmful Tax Competition – An Emerging Global Issue" v. 19.05.1998, abrufbar unter oecd.org/tax/transparency/44430243.pdf (zuletzt abgerufen am 16.01.2016).

10 Bspw. Entschließung des Rates zur Koordinierung der Vorschriften für beherrschte ausländische Unternehmen (CFC) und für Unterkapitalisierung in der Europäischen Union v. 08.06.2010, abrufbar unter ec.europa.eu (zuletzt abgerufen am 16.01.2016).

11 Tax Justice Network, The Price of Offshore Revisited v. Juli 2012, abrufbar unter taxjustice.net/cms/upload/pdf/Price_of_Offshore_Revisited_120722.pdf; siehe auch Zucman, The Missing Wealth of Nations: Are Europe and the U.S. Net Debtors or Net Creditors, abrufbar unter gabriel-zucman.eu/files/Zucman2013QJE.pdf (zuletzt abgerufen am 16.01.2016).

12 Die G20 (Group of Twenty; Gruppe der Zwanzig) ist ein Forum der 19 „wichtigsten" Industrie- und Schwellenländer und der EU, das sich mit internationaler wirtschaftlicher Zusammenarbeit befasst, vgl. dazu g20.org (zuletzt aufgerufen am 16.01.2016).

13 Die OECD (Organisation for Economic Co-operation and Development; Organisation für wirtschaftliche Zusammenarbeit und Entwicklung) ist eine internationale Organisation mit 34 Mitgliedstaaten, die sich mit einer breiten Agenda wirtschafts- und sozialpolitischer Themen befasst, vgl. oecd.org (zuletzt aufgerufen am 16.01.2016).

14 Fragen und Antworten des BMF zum Abschluss des BEPS-Projekts, Wer war am BEPS-Projekt beteiligt?, abrufbar unter bundesfinanzministerium.de/Content/DE/FAQ/2014-06-05-faq-beps.html (zuletzt abgerufen am 16.01.2016).

15 OECD, „Aktionsplan zur Bekämpfung der Gewinnverkürzung und Gewinnverlagerung" v. 31.03.2014, abrufbar unter oecd.org (zuletzt abgerufen am 16.01.2016).

16 G20 Leaders' Declaration v. 19.06.2012; abrufbar unter www.consilium.europa.eu/uedocs/cms_Data/docs/pressdata/en/ec/131069.pdf, Nr. 48 aE (zuletzt abgerufen am 16.01.2016).

zur Reformierung internationaler Besteuerungsregeln.[17] Die ursprünglich identifizierten sechs „kritischen Bereiche“[18] wurden zu 15 Aktionspunkten aufgefächert, die sich u.a. mit hybriden Gestaltungen, beherrschten ausländischen Gesellschaften und Verrechnungspreisen befassten,[19] und von der G20 gebilligt wurden.[20] Nach Abschluss einer ca. zweijährigen Arbeitsphase und der Veröffentlichung vorläufiger Berichte im September 2014,[21] präsentierte die OECD am 5. Oktober 2015 die Abschlussberichte zu den Aktionsfeldern der Öffentlichkeit.[22] Die G20-Finanzminister billigten am 7. und 8. Oktober 2015 auf einem Treffen in Lima, Peru, dass die OECD-Ergebnisse den G20-Staats- und Regierungschefs vorgelegt werden.[23] Schließlich erteilten die Staats- und Regierungschefs in Antalya, Türkei, am 15. und 16. November 2015 dem Maßnahmenpaket ihren Segen und drängten auf zeitnahe Umsetzung.[24] Auch zahlreiche Staaten[25], die nicht Mitglied der G20 oder der OECD sind, äußerten die Absicht, die Ergebnisse des BEPS-Projekts zu übernehmen. Der sog. Inclusive Framework on BEPS sollte die Implementierung überwachen.[26] Die Selbstverpflichtung zur zeitnahen Umsetzung des BEPS-Pakets wurde sodann auf dem Treffen der G20-Finanzminister und Notenbankgouverneure am 17. und 18. März 2017 in Baden-Baden bekräftigt, die Ausdehnung der Reichweite

17 OECD, „Addressing Base Erosion and Profit Shifting“ v. 12.02.2013; „Action Plan on Base Erosion and Profit Shifting“ v. 19.07.2013, verfügbar unter oecd.org (zuletzt abgerufen am 16.01.2016).

18 OECD, „Gewinnverkürzung und Gewinnverlagerung – Situationsbeschreibung und Lösungsansätze“, S. 60 v. 31.03.2014, abrufbar unter oecd.org (zuletzt abgerufen am 16.01.2016).

19 OECD, „Aktionsplan zur Bekämpfung der Gewinnverkürzung und Gewinnverlagerung“ v. 31.03.2014, Anhang A, 33 ff, abrufbar unter oecd.org, (zuletzt abgerufen am 16.01.2016).

20 G20 Leaders‘ Declaration v. 06.09.2013, Nr. 50, abrufbar unter g20.org (zuletzt abgerufen am 16.01.2016).

21 Abrufbar unter oecd.org/ctp/beps-2014-deliverables.htm (zuletzt abgerufen am 16.01.2016).

22 Dazu OECD, Presserklärung v. 05.10.2015, abrufbar unter oecd.org/berlin/presse/steuervermeidung-multinationaler-unternehmen-eindaemmen-oecd-praesentiert-reformen-fuer-internationales-steuersystem.htm (zuletzt abgerufen am 16.01.2016).

23 Vgl. bundesfinanzministerium.de/Content/DE/Monatsberichte/2015/11/Inhalte/Kapitel-3-Analysen/3-4-iwf-jahrestagung-2015-lima.html (zuletzt abgerufen am 16.01.2016).

24 G20 Leaders‘ Communiqué Antalya Summit, 15./16.11.2015, Nr. 15, abrufbar unter consilium.europa.eu/de/press/press-releases/2015/11/16-g20-summit-antalya-communique/(zuletzt abgerufen am 16.01.2016).

25 Siehe Liste der Teilnehmer des Frameworks unter oecd.org/tax/beps/inclusive-framework-on-beps-composition.pdf (zuletzt abgerufen am 11.07.2017).

26 Vgl. Kreienbaum, IStR 2017, 337, 337; Fehling, IStR 2017, 339, 340 f und unter oecd.org/tax/beps/beps-about.htm (zuletzt abgerufen am 11.07.2017).

des Projekts durch den Inclusive Framework begrüßt.[27] Schließlich äußerten sich die Staats- und Regierungschefs der G20 auf dem G20-Gipfel am 7. und 8. Juli 2017 in Hamburg in ähnlicher Weise zum BEPS-Projekt in der Abschlusserklärung.[28] Die Implementierung der, in Teilen verbindlich in nationales Recht umzusetzenden,[29] BEPS-Vorschläge wurde in die Hand der einzelnen Staaten gelegt. Sanktionsmechanismen sah das Projekt nicht vor. Die OECD und die G20 beobachten Umsetzung und Wirkungen der Initiative.[30]

Vorrangig haben die Teilnehmerstaaten und -organisationen mit der BEPS-Initiative der Steuervermeidung den Kampf erklärt.[31] Die Erosion der steuerlichen Bemessungsgrundlagen der Industrieländer durch Gewinnverlagerung in Niedrigsteuerländer wird zunehmend als Bedrohung empfunden und eingedämmt[32] – nicht zuletzt, um die Steuermoral der Bevölkerung zu stärken.[33] Sog. aggressive Steuergestaltungen[34] international agierender Konzerne sollen erschwert werden.[35] Gewinnverschiebungen sollen durch Anpassungen der Regeln des internationalen

---

27 Abschlusserklärung, Treffen der Finanzminister und Notenbankgouverneure der G20 in Baden-Baden, 17.-18. März 2017, Nr. 8; abrufbar unter bundesfinanzministerium.de/Content/DE/Standardartikel/Themen/Schlaglichter/G20-2016/g20-kommunique-deutsch.pdf?__blob=publicationFile&v=3 (zuletzt abgerufen am 11.07.2017).

28 G20 Leaders´ Declaration, Shaping an interconnected world, Hamburg, 7/8 July 2017, 7 f, abrufbar unter g20.org/gipfeldokumente/G20-leaders-declaration.pdf (zuletzt abgerufen am 11.07.2017).

29 Siehe Benz/Böhmer, DB 2015, 2535, 2541 f.

30 U.a. „Implementation and Inclusive Monitoring", abrufbar unter oecd.org/ctp/beps-about.htm# implementation (zuletzt abgerufen am 16.01.2016).

31 Piltz, IStR 2013, 681, 681; Fuest/Spengel (u.a.), StuW 2015, 90, 90; Oppen, IStR 2015, 333, 333; Piltz, IStR 2015, 529, 532; OECD v. 09.10.2015, „G20 finance ministers endorse reforms to the international tax system for curbing *avoidance* by multinational enterprises", abrufbar unter oecd.org; „Kampf gegen *Steuervermeidung*", BMF v. 05.10.2015, „OECD veröffentlicht Ergebnisse des BEPS-Projekts gegen aggressive Steuergestaltungen internationaler Konzerne", abrufbar unter bundesfinanzministerium.de (alle zuletzt abgerufen am 16.01.2015).

32 Gillamariam/Binding, DStR 2013, 1153, 1154; Langkau/Rubart, IStR 2013, 660, 660; Fuest/Spengel (u.a.), StuW 2015, 90.

33 Pross/Petzold, in: Lüdicke, Grenzen, 1, 3.

34 Zum Begriff Leukefeld, 94 ff; Empfehlung der Kommission v. 06.12.2012 betreffend aggressive Steuerplanung, C (2012) 8806 final. – Zur Kritik am Begriff der sog. aggressiven Steuergestaltungen Lohse, BB 2013, Nr. 37, I (Die Erste Seite).

35 Kreienbaum, IStR 2014, 637, 637; Pross/Radmanesh, IStR 2015, 579; OECD, Countering Harmful Tax Practices More Effectively, Taking into Account Transparency and Substance, Action 5 – Final Report v. 05.10.2015, abrufbar unter oecd.org. – Working Party No. 11 des BEPS-Projekts war mit „Aggressive Tax Planning" befasst, abrufbar unter oecd.org/tax/aggressive (jeweils zuletzt abgerufen am 16.01.2016).

Steuerrechts unterbunden werden.[36] Es wird beabsichtigt, „Lücken" in der Besteuerung zu schließen, die sich aus der fehlenden Abstimmung verschiedener Steuerrechtsordnungen ergeben.[37] Die einzelstaatlichen Steuerregeln sollen einander angenähert werden, um steuerschädlichen Wettbewerb[38] der Fisci einzudämmen und Wettbewerbsverzerrungen zwischen Unternehmen zu verhindern.[39] Die Vereinheitlichung und Koordinierung von (Missbrauchs-)Standards zur Herstellung vergleichbarer Wettbewerbsbedingungen wird vielfach begrüßt.[40]

Ein (inhaltlich vages) Kernanliegen des BEPS-Projekts ist, die Besteuerung am Ort der wirtschaftlichen Aktivität und der Wertschöpfung zu stärken,[41] wobei der

---

36 Kreienbaum, IStR 2014, 637, 638; Fuest/Spengel (u.a.), StuW 2015, 90, 91; Watrin/Thomsen/Weiß, DStZ 2016, 400, 401 f; BEPS, Erläuterung, Nr. 8, abrufbar unter oecd.org (zuletzt abgerufen am 16.01.2016).

37 Pross/Petzold, in: Lüdicke, Grenzen, 1, 3; BEPS, Erläuterung, Nr. 6, abrufbar unter oecd.org (zuletzt abgerufen am 02.11.2015). – Allerdings drohen steuerliche Zusatzbelastungen, wenn Ansässigkeits- *und* Quellenbesteuerung gestärkt werden (Ausweitung der Quellenbesteuerung durch Entwicklungs- und Schwellenländer und Verschärfung von Abwehrmaßnahmen durch Industriestaaten, Geberth, in: Lüdicke, Grenzen, 15, 18; Pohl, in: Lüdicke, Grenzen, 51, 53, 55; Benz/Böhmer, IStR 2015, 380, 383; Fuest/Spengel (u.a.), StuW 2015, 90, u.a. 91, 94 ff; Rödder/Pinkernell, IStR 2013, 619, insb. Nr. 6, 7, 20. BEPS effektuiert Abwehrmaßnahmen der Ansässigkeits- (z.B. CFC-Regelungen) und Quellenstaaten (bspw. Betriebsstätten-Diskussion), Rödder/Pinkernell, IStR 2013, 619, Nr. 6, 20; Fuest/Spengel (u.a.), StuW 2015, 90, 94 ff, 97; auch Radmanesh, IStR 2015, 895, 899 f.

38 Kapital kann leicht in Staaten mit den jeweils günstigsten steuerlichen Rahmenbedingungen transferiert werden. Dies ist problematisch, wenn Präferenzregimes (ggf. speziell für ausländische Investoren) vorzufinden sind. „Kapitalflucht" wird durch die abnehmende Bedeutung körperlicher Substanzkriterien gefördert. In der Folge können wirtschaftliche Entscheidungen maßgeblich durch steuerliche Erwägungen getrieben sein und zu Fehlallokationen führen, Cortez, 38. – Zu Steuervermeidung innerhalb der EU (aus Sicht der Steuerverwaltung) Fehling/Schmid, IStR 2015, 493.

39 Langkau/Rubart, IStR 2013, 660, 660 f; Kreienbaum, IStR 2014, 637, 637; Watrin/Thomsen/Weiß, DStZ 2016, 400, 402; Fehling, FR 2015, 817, 818; in diese Richtung Pohl, in: Lüdicke, Grenzen, 51, 55; Radmanesh, IStR 2015, 895, 896, 900; BEPS, Erläuterung, Nr. 11, abrufbar unter oecd.org; BMF, Initiative für fairen internationalen Steuerwettbewerb v. 20.09.2013, abrufbar unter bundesfinanzministerium.de; Koalitionsvertrag CDU/CSU und SPD für die 18.Legislaturperiode v. 27.11.2013, 15, 64 f, 89, insb. 91 f, abrufbar unter bundesregierung.de; BEPS – FAQ, A., General Questions, 4, abrufbar unter oecd.org/ctp/beps-frequentlyaskedquestions.htm; Vorwort des OECD-Generalsekretärs Gurria zum Bericht an die G20 Finanzminister, 5, abrufbar unter G20.org (OECD Secretary-General Report to G20 Finance Ministers) (alle zuletzt abgerufen am 16.01.2016).

40 OECD, BEPS, Erläuterung, Nr. 11, 26, Anhang, AP 6, abrufbar unter oecd.org (zuletzt abgerufen am 16.01.2016); Fehling, FR 2015, 817, 819.

41 Leukefeld, 110 ff; Kreienbaum, IStR 2014, 637, 638; Fuest/Spengel (u.a.), StuW 2015, 90, 93; Watrin/Thomsen/Weiß, DStZ 2016, 400, 403; Erläuterung zum BEPS-Paket,

Maßstab zur Bemessung von Wertschöpfung (oder wirtschaftlicher Aktivität) aber fraglich bleibt[42] und ein einheitliches Verständnis von Wertschöpfung kaum feststellbar ist.[43] Der gewachsenen Bedeutung immaterieller Wirtschaftsgüter und mobiler Tätigkeiten soll dabei ferner Rechnung getragen werden.[44]

Nicht zuletzt zielt BEPS darauf ab, international operierenden Konzernen Vorteile gegenüber rein national tätigen zu nehmen.[45] Auf diesem Weg sollen Fehlanreize für Investitionen beseitigt werden, die verhindern können, dass Produktions- und Finanzmittel ihrer ökonomisch effektivsten Nutzung zugeführt werden.[46]

Internationale Besteuerungsstandards wurden schließlich auf den Prüfstand gestellt, um eine neue Verständigung über die Verteilung des Besteuerungssubstrats in grenzüberschreitenden Fällen zu erreichen, weil insbesondere sich entwickelnde Staaten die bisher geltenden Regeln infrage stellen.[47] Die

---

Einführung, Nr. 1, 4, abrufbar unter oecd.org; „Fragen und Antworten des BMF zum Abschluss des BEPS-Projekts, Was ist ein typisches Beispiel für BEPS?, abrufbar unter bundesfinanzministerium.de/Content/DE/FAQ/2014-06-05-faq-beps.html (jeweils zuletzt abgerufen am 16.01.2016).

42 Geberth, in: Lüdicke, Grenzen, 15, 18; Rödder/Pinkernell, IStR 2013, 619, Nr. 5; Piltz, IStR 2015, 529, 531.

43 Geberth, in: Lüdicke, Grenzen, 15, 18.

44 Pross/Petzold, in: Lüdicke, Grenzen, 1, 2 f.

45 Pohl, in: Lüdicke, Grenzen, 51, 54; Pross/Petzold, in: Lüdicke, Grenzen, 1, 3; Langkau/Rubart, IStR 2013, 660, 660; Kreienbaum, IStR 2014, 637, 637.

46 Pross/Petzold, in: Lüdicke, Grenzen, 1, 3.

47 Kreienbaum, in: Lüdicke, BEPS, 1, 3; Pross/Petzold, in: Lüdicke, Grenzen, 1, 3. – Exportnationen haben ein Interesse an starker Ansässigkeitsbesteuerung, Importstaaten befürworten eine weitgehende Quellenbesteuerung. Diesen Interessengegensatz löst BEPS nicht auf (Geberth, in: Lüdicke, Grenzen, 15, 17 ff; Pohl, in: Lüdicke, Grenzen, 51, 52 ff; Fuest/Spengel u.a., StuW 2015, 90, 95). In Deutschland sind viele international tätige Unternehmen steuerlich beheimatet und zahlen einen (überproportional) großen Anteil der weltweiten Steuern (Geberth, in: Lüdicke, Grenzen, 15, 19 f; Fuest/Spengel (u.a.), StuW 2015, 90, 95; Piltz, IStR 2015, 529, 531). Die Steuerrechtsordnungen haben bisher den Ansässigkeitsstaaten weitgehende Besteuerungsrechte zugemessen, die Quellenbesteuerung durch klar definierte territoriale Anknüpfungspunkte eingeschränkt (dazu Rödder/Pinkernell, IStR 2013, 619, Nr. 5, 6, 15); die deutsche DBA-Verhandlungsgrundlage sieht z.B. keine Steuern auf Lizenzgebühren und keine Besteuerung eines sog. Liefergewinns im Quellenstaat vor – Letzteres könnte exportierenden Unternehmen die Tätigkeit im Ausland erschweren, (Pohl, in: Lüdicke, Grenzen, 51, 55; Rödder/Pinkernell, IStR 2013, 619, insb. Nr. 14, 15; Schanz/Feller, BB 2015, 865, 869). Für die deutsche Exportwirtschaft wären eine ausgeweitete Besteuerung von Direktgeschäften und eine Ausweitung des Betriebsstättenbegriffs nachteilig (Fuest/Spengel u.a., StuW 2015, 90, 95; Schanz/Feller, BB 2015, 865, 869). Insbesondere in sog. Schwellen- und Entwicklungsländern sind Tendenzen zur Erweiterung der Besteuerungsrechte erkennbar, stärker an den im Inland erzielten Absatz oder die bloße Produktion (ohne FuE-Aufwand)

Rahmenbedingungen der internationalen Steuerrechtsordnung sollen nachjustiert werden, ohne jedoch steuerlichen Wettbewerb gänzlich zu unterbinden.[48] Die Vorteile steuerlichen Wettbewerbs sollen weiterhin zum Tragen kommen können;[49] BEPS wird das wirtschafts- und steuerpolitische Ringen der Staaten um attraktive Standortbedingungen nicht beenden.[50]

In Anknüpfung an das BEPS-Projekt wurde auf Unionsebene die Richtlinie EU 2016/1164 vom 12. Juli 2016 mit Vorschriften zur Bekämpfung von Steuervermeidungspraktiken mit unmittelbaren Auswirkungen auf das Funktionieren des Binnenmarkts erlassen.[51] Diese ist von den Mitgliedstaaten in nationales Recht umzusetzen (Art. 288 Abs. 3 AEUV) und hebt sich somit als rechtlich verbindliche Regelung von den BEPS-Vorschlägen ab. Die Richtlinie zielt auf eine „wirksame, rasche und koordinierte" Umsetzung der BEPS-Standards innerhalb der EU ab.[52] Sie soll einen EU-weiten Mindeststandard der Missbrauchsabwehr im Bereich der Unternehmensbesteuerung begründen.[53] Die Zuständigkeit der Union wird mit der Vermeidung von Ineffizienz und Verzerrungen als Folge unterschiedlicher steuerlicher Missbrauchsabwehr der Mitgliedstaaten begründet.[54] Die Richtlinienvorgaben sollen Gewinnverlagerung und Aushöhlung der Steuerbemessungsgrundlagen, aber auch Doppelbesteuerung, verhindern.[55] Als Instrumente der steuerlichen

---

anzuknüpfen (Geberth, in: Lüdicke, Grenzen, 15, 18f; Rödder/Pinkernell, IStR 2013, 619, insb. Nr. 6, 7, 15; Kreienbaum, IStR 2014, 637, 638; Benz/Böhmer, IStR 2015, 380, 387; Fuest/Spengel (u.a.), StuW 2015, 90, 93, 97; Haarmann, BB 2015, 22, 24; Piltz, IStR 2015, 529, 531; Schanz/Feller, BB 2015, 865, 869). Denkbar ist eine stärkere Berücksichtigung der Nutzung des Marktes oder des Marktzugangs in Quellenstaaten (Pohl, in: Lüdicke, Grenzen, 51, 52 f). Veränderungen in der Architektur des internationalen Steuerrechts werden zu Verschiebungen des Steuersubstrats führen (Rödder/Pinkernell, IStR 2013, 619, Nr. 2, 5, 19, anders Piltz, IStR 2013, 681, 682).

48 Kreienbaum, IStR 2014, 721, 723; vgl. auch Fehling/Schmid, IStR 2015, 493, 496 ff; Piltz, IStR 2013, 681, 681f; Kreienbaum, IStR 2014, 637, 638; Fuest/Spengel (u.a.), StuW 2015, 90, 94. – So kam selbst in Deutschland eine steuerliche Förderung von Forschung und Entwicklung in die Diskussion, vgl. Dölker, BB 2014, 2839, 2842; Haarmann, BB 2015, 22, 30, wenngleich eine Einführung sehr unwahrscheinlich ist, vgl. Benz/Böhmer, IStR 2015, 380, 386.

49 Insbesondere können (kleinere) Staaten nachteilige Standortfaktoren durch investorenfreundliche Gestaltung des Steuerrechts ausgleichen. Der (faire) Wettbewerb wirkt (haushalts-)disziplinierend auf Staaten, schafft Anreize staatliche Leistungen nicht übermäßig auszudehnen und die Verwaltung effizient einzurichten, Cortez, 37.

50 Kreienbaum, in: Lüdicke, BEPS, 1, 3 f.

51 2016/1164/EU des Rates v. 12.7.2016, ABl. 2016 L 193, 1.

52 Erwägungsgrund (2) 2016/1164/EU des Rates v. 12.7.2016, ABl. 2016 L 193, 1.

53 Art. 3 und Erwägungsgründe (3) und (4) 2016/1164/EU des Rates v. 12.7.2016, ABl. 2016 L 193, 1.

54 Erwägungsgrund (16) 2016/1164/EU des Rates v. 12.7.2016, ABl. 2016 L 193, 1; zustimmend Fehling, DB 2016, 2862, 2863; zu Recht kritisch Oppel, IStR 2016, 797, 798 f.

55 Erwägungsgrund (4) 2016/1164/EU des Rates v. 12.7.2016, ABl. 2016 L 193, 1.

Missbrauchsabwehr sind u.a. Regelungen der Abzugsfähigkeit von Zinsen, eine allgemeine Vorschrift zur Verhinderung von Missbrauch und Vorschriften betreffend beherrschte ausländische Gesellschaften vorgesehen.[56] Klargestellt wird, dass der Steuerpflichtige – bis zur Grenze der Unangemessenheit (mangels triftiger wirtschaftlicher Gründe für eine steuerliche Gestaltung) – frei ist, die „steuereffizienteste Struktur für seine geschäftlichen Angelegenheiten" zu wählen.[57] Änderungen der Mutter-Tochter-Richtlinie wurden schon während des noch laufenden BEPS-Projekts vorgenommen.[58] Schädlichen Steuerwettbewerb bekämpft die EU nun entschiedener und stellt Regelungen auf den Prüfstand des Beihilferechts.[59]

Der Implementierung von Vorschlägen des BEPS-Projekts mit Bezug zu DBA dient das sog. Multilaterale Instrument.[60] Mittels dieses mehrseitigen völkerrechtlichen Abkommens werden bestehende DBA geändert.[61] Deutschland unterzeichnete wie zahlreiche weitere Staaten das Multilaterale Instrument am 7. Juni 2017 in Paris.[62]

Rein national mündeten Reformbestrebungen in das Gesetz zur Umsetzung der Änderung der EU-Amtshilferichtlinie und von weiteren Maßnahmen gegen Gewinnkürzungen und -verlagerungen.[63] Deutschland weist aber bereits ein „robustes steuerliches Abwehrrecht" auf.[64] Der Fokus des gesetzgeberischen Handelns lag daher im Bereich der Verrechnungspreise und des steuerlichen Informationsaustauschs. Überdies wurden zahlreiche steuerrechtliche Regelungen – auch ohne Zusammenhang zum BEPS-Projekt – verändert.[65] Des Weiteren verschärfte

---

56 Erwägungsgrund (5) 2016/1164/EU des Rates v. 12.7.2016, ABl. 2016 L 193, 1.

57 Erwägungsgrund (11) 2016/1164/EU des Rates v. 12.7.2016, ABl. 2016 L 193, 1.

58 Kreienbaum, IStR 2014, 721, 721; Benz/Böhmer, IStR 2015, 380, 383.

59 „EU verdonnert Belgien zu Steuerrückforderung von 700 Millionen Euro", FAZ v. 11.01.2016, abrufbar unter www.faz.net/aktuell/wirtschaft/wirtschaftspolitik/eu-verdonnert-belgien-zu-steuerrueckforderung-von-700-millionen-euro-14008388.html (zuletzt abgerufen am 16.01.2016).

60 Mehrseitiges Übereinkommen zur Umsetzung steuerabkommensbezogener Maßnahmen zur Verhinderung der Gewinnverkürzung und Gewinnverlagerung (deutsche Übersetzung; nur englische und französische Fassung sind authentisch).

61 Benz/Böhmer, ISR 2017, 27, 28, 31 f m.w.N.; Reimer, IStR 2017, 1, 1 ff.

62 Vgl. Pressemitteilung des Bundesfinanzministeriums vom 07.06.2017: „Deutschland unterzeichnet Mehrseitiges Übereinkommen gegen aggressive Steuergestaltungen", abrufbar unter bundesfinanzministerium.de/Content/DE/Pressemitteilungen/Finanzpolitik/2017/06/2017-06-06-PM17-beps.html (zuletzt abgerufen am 20.07.2017). – Zur weiteren innerstaatlichen Umsetzung Benz/Böhmer, ISR 2017, 27, 32; Reimer, IStR 2017, 1, 5.

63 BGBl. I 2016, 3000.

64 Siehe Fn. 5 und bundesfinanzministerium.de/Content/DE/Standardartikel/Themen/Steuern/Weitere_ Steuerthemen/BEPS/2017-02-23-beps.html?nn = 18214&view = pdf (zuletzt abgerufen am 11.07.2017).

65 Zu den Änderungen Ditz/Quilitzsch, DStR 2017, 281.

der Gesetzgeber Transparenzanforderungen. Diese dienen der Identifizierung ausländischer, insbesondere in Drittstaaten ansässiger, Briefkastengesellschaften.[66]

B. Substanzbegriff

Substanz ist ein häufig genutzter Ausdruck im internationalen Steuerrecht – vor allem bezogen auf die steuerplanerische Einschaltung ausländischer Gesellschaften.[67] Die Begriffe Substanz oder Substanzerfordernis/-se finden oft in der Literatur[68] und zunehmend in der Rechtsprechung zum internationalen Steuerrecht Verwendung;[69] dies gilt gleichermaßen in ausländischen Steuerrechtsordnungen.[70] Hingegen wird der Terminus selten in deutschen steuerrechtlichen Normen[71] und gar nicht in solchen des deutschen internationalen Steuerrechts genutzt.

---

66 Gesetz zur Bekämpfung der Steuerumgehung und zur Änderung weiterer steuerlicher Vorschriften v. 23.06.2017, BGBl. 2017, 1682, dazu u.a. Schmidt/Ruckes, IStR 2017, 473.

67 Eilers, in: FS Wassermeyer, 323 meint: „‚Substanz' ist entgegen seiner Wortbedeutung einer der schillernden Begriffe des internationalen Steuerrechts". – Vgl. auch Schiessl, IStR 2001, 457; Empfehlung der Kommission v. 06.12.2012 betreffend aggressive Steuerplanung, C (2012), 8806 final, 5; „Action Plan against Base Erosion and Profit Shifting", abrufbar unter oecd.org/ctp/BEPSActionPlan.pdf, u.a. 13 (zuletzt abgerufen am 16.01.2016).

68 Bspw. Eilers, in: FS Wassermeyer, 323 ff; Leukefeld, passim; Niedrig, IStR 2003, 474 ff; Hölzemann, IStR 2006, 830, 832 ff; Eggeling, Ubg 2011, 676 ff; Scheipers/Linn, IStR 2011, 601; Schön, IStR 2013, Beihefter H6, 3, 9 f; Pross/Radmanesh, IStR 2015, 579, 582; Haase, IStR 2016, 767; Watrin/Thomsen/Weiß, DStZ 2016, 400, 403 ff; Kahlenberg/Prusko, IStR 2017, 304; Hagemann, DStR 2018, 745.

69 BFH v. 29.01.2008 – I R 26/06, IStR 2008, 364, 365 (Gesellschaft als „substanzlos"); BFH v. 21.10.2009 – I R 114/08, BStBl. II 2010, 774, 778 („wirtschaftliche Substanz"); BFH v. 12.10.2016 – I R 80/14, IStR 2017, 316, Rn. 72 („wirtschaftliche Substanz").

70 Bspw. Empfehlung der Kommission v. 06.12.2012 betreffend aggressive Steuerplanung, C (2012) 8806 final, 5 (europarechtlich); McMechan, Economic Substance and Tax Avoidance: An International Perspective (rechtsvergleichend); Hinny, EuZW 2012, 859: „Substanz", „Substanzanforderung" (zum schweizerischen Steuerrecht); Oppen, IStR 2015, 333, 334 (zur diverted profits tax in Großbritannien); „Aktionsplan zur Bekämpfung der Gewinnverkürzung und Gewinnverlagerung" der OECD v. 31.03.2014, u.a. 16 (international), abrufbar unter oecd.org (zuletzt abgerufen am 16.01.2016).

71 Im Einkommensteuerrecht taucht „Substanz" v.a. im Bereich der §§ 7 ff EStG auf. In § 7 Abs. 1 und 6 EStG ist die Absetzung für Substanzverringerung geregelt. Abs. 6 behandelt den Substanzverbrauch bei Abbau von Bodenschätzen, dazu Kulosa, in: Schmidt, § 7, Rn. 221 ff. In anderen Vorschriften wird auf die Absetzung für Substanzverringerung (Legaldefinition in § 7 Abs. 6 EStG) Bezug genommen, z.B. in §§ 4 Abs. 1 S. 9; 4 Abs. 3 S. 3; 5 Abs. 6 EStG. Daneben taucht „Substanz" noch im Zusammenhang mit schützenswerten Gebäuden auf (§ 7i Abs. 1 S. 2 EStG). Im Umwandlungssteuerrecht (§ 23 Abs. 3 UmwStG) wird auf die Regelungen zur

Anhand des vagen Substanzbegriffs wird im internationalen Steuerrecht die Grenze zwischen zulässiger und unzulässiger Steuergestaltung gezogen. Unter dem Substanzbegriff werden Anforderungen zusammengefasst, die eine steuerliche Gestaltung (insb. eine eingeschaltete ausländische Gesellschaft) erfüllen muss, um steuerlich anerkannt zu werden. Das erforderliche Maß wirtschaftlicher Substanz bestimmt sich mit Blick auf diejenigen Normen, die sich gegen die potentiell missbräuchliche Steuergestaltung (insb. die Einschaltung einer ausländischen Gesellschaft) richten oder im Zusammenhang mit diesen Normen zu prüfen sind.

Diese Grenzziehung spiegelt das im Englischen geläufige Begriffspaar *substance vs. form* (rechtliche Form und wirtschaftlicher Gehalt[72] oder – mit Bezug zur juristischen Auslegung – Wortlaut und Sinn[73]) wider. Dabei meint die Form den zivilrechtlich gestalteten Weg, während die Substanz den zugrunde liegenden wirtschaftlichen Vorgang bezeichnet. Weicht die rechtliche Einkleidung (in unangemessener Weise) vom wirtschaftlichen Gehalt des Vorgangs ab, wird statt der gewählten Gestaltung das wirtschaftliche Ergebnis als für die Besteuerung maßgeblich zugrunde gelegt.[74] Dieses Verhältnis von Form zu Substanz spiegelt sich national u.a. in § 42 AO wider.[75] Die (angemessene) steuerliche Behandlung kann, soweit möglich, durch Auslegung oder, über Auslegung hinaus, durch Anwendung von Missbrauchsregelungen erreicht werden.[76] Die Frage nach der Substanz zielt mithin darauf ab, ob eine gewählte Gestaltung ausreichenden wirtschaftlichen Gehalt für die steuerliche Anerkennung aufweist.[77]

Absetzung wegen Substanzverringerung Bezug genommen. – Naturwissenschaftlich wird Substanz als körperlich greifbar im Sinne von Stoff, Materie oder Material verstanden. Im allgemeinen Sprachgebrauch und insbesondere in der Philosophie kann dem Begriff eine unkörperliche Bedeutung als Kern oder Wesen zukommen, Salerba, in: Substantia, 35 ff; Stone, in: Substantia, 131 ff; vgl. auch Leukefeld, 22 f.

72 Schiessl, IFA Cahiers I 2002, 287, 287f.

73 Fischer, in: H/H/S, AO, § 42, Rn. 2, Stand: 197.EL, März 2008.

74 Schiessl, IFA Cahiers I 2002, 287 ff; Zimmer, IFA Cahiers I 2002, 19, 23 ff; Jacobs, 1034; Schiessl, IStR 2001, 457, 457 f. – Für den Bereich des europäischen Primärrechts Leukefeld, 161.

75 Dazu im Rahmen des § 42 AO. – Die rechtliche Form ist als „rechtliche Gestaltung" (§ 42 Abs. 1 S. 3 und Abs. 2 S. 1 AO) oder „Gestaltungsmöglichkeiten des Rechts" (§ 42 Abs. 1 S. 1 AO und „rechtlichen Gestaltungsmöglichkeiten" in der Überschrift) bezeichnet. Der wirtschaftliche Gehalt kommt im Begriff der „wirtschaftlichen Vorgänge[...]" zum Ausdruck (§ 42 Abs. 1 S. 3 AO). Besteht eine Diskrepanz zwischen gewählter Form und wirtschaftlichem Gehalt des Vorgangs, greift § 42 AO korrigierend ein. So bestimmt § 42 Abs. 1 S. 3 AO, dass im Missbrauchsfall der Steueranspruch gemäß einer den wirtschaftlichen Vorgängen angemessenen Gestaltung entsteht. Als steuerlicher Gestaltungsmissbrauch wird das unangemessene Auseinanderfallen von Substanz und Form eines Vorgangs verstanden.

76 Schiessl, IFA Cahiers I 2002, 287, 289 f.

77 Z.B. Leukefeld, 23; Schön, IStR 2013, Beihefter H6, 3, 10.

C. Thematische Hinführung

I. Gang der Untersuchung

Die Substanzanforderungen an eingeschaltete ausländische (Kapital-)Gesellschaften werden hier insbesondere anhand der sog. Outbound- und der Inbound-Gestaltung dargestellt. Ferner werden einzelne Regelungen mit Bezug zu ausländischen Betriebsstätten/Personengesellschaften behandelt.

In der sog. Outbound-Situation gründen inländische Steuerpflichtige eine Kapitalgesellschaft in einem (niedriger besteuernden) ausländischen Staat. Im Kern geht es um die Frage der Abschirmwirkung einer ausländischen (Basis-)Gesellschaft von der deutschen Besteuerung. Ein steuerlicher Vorteil aus der Einschaltung der ausländischen Gesellschaft kann sich ergeben, wenn ein selbstständiger Rechtsträger in einem niedriger besteuernden ausländischen Staat gegründet wird und der Ansässigkeitsstaat der Gesellschafter nicht auf das Besteuerungssubstrat zugreifen kann.

Die Prüfung der steuerlichen Anerkennung vollzieht sich in mehreren Schritten. Der eigentlichen steuerlichen Missbrauchsprüfung ist die Prüfung eines inländischen Geschäftsleitungsortes (§ 10 AO) vorgelagert. Befindet sich der Ort der Geschäftsleitung im Inland, unterliegt die Gesellschaft der unbeschränkten Steuerpflicht im Inland (§§ 1 Abs. 1 KStG i.V.m. 10 AO). Ferner ist erforderlich, dass die steuerliche Eigenständigkeit der ausländischen Gesellschaft anerkannt wird. Wird die Einschaltung der Gesellschaft als missbräuchlich bewertet, erfolgt ein sog. Durchgriff durch die ausländische Gesellschaft insbesondere gemäß § 42 AO.[78] Ein Vorteil aus der niedrigeren Besteuerung geht beim Durchgriff verloren. Schließlich ist ein sog. Zugriff[79] auf die Einkünfte der ausländischen Gesellschaft im Wege der Hinzurechnungsbesteuerung (§§ 7 ff AStG) zu prüfen, der gleichfalls den steuerlichen Vorteil aus der Einschaltung einer niedriger besteuerten ausländischen (Kapital-)Gesellschaft durch inländische Steuerpflichtige beseitigen soll.

Die Inbound-Situation bezeichnet den umgekehrten Fall der Investition im Inland durch ausländische Steuerpflichtige. Eine Gestaltungsoption ist die Zwischenschaltung einer ausländischen Gesellschaft in einem dritten Staat zur Erlangung steuerlicher Vorteile im Quellenstaat der Einkünfte. Eine solche Gestaltung muss sich national insbesondere an § 50d Abs. 3 EStG messen lassen. Zu weiteren in diesem Zusammenhang betrachteten Regelungen gehören § 50g Abs. 4 EStG und Art. 28 DBA-USA.

Schließlich werden die Funktionsweise und ausgewählte Probleme von Aktivitätsvorbehalten (betreffend die steuerliche Behandlung von Betriebsstätten und

---

78 Jacobs, 437 (bezogen auf §§ 39, 41, 42 AO); Cortez, 84 f (bzgl. § 42 AO); vgl. Leukefeld, 191 ff.

79 Gropp, in: Lademann, Einf. §§ 7-14, Rn. 7 m.w.N; Jacobs, 399; Leukefeld, 195.

Anteilen an ausländischen Personengesellschaften) behandelt; dazu zählen DBA-Aktivitätsklauseln, § 20 Abs. 2 AStG und § 2a EStG.

II. Situationen und Begriffe

Gebräuchliche Bezeichnungen für eine missbrauchsverdächtige ausländische Gesellschaft sind Basis-, Briefkasten-, Domizil- und Zwischengesellschaft.[80] Die OECD verwendet zusätzlich den Begriff der sog. cash box und bezeichnet damit eine „Mantelgesellschaft mit bestenfalls einigen wenigen Mitarbeitern und kaum oder keinerlei wirtschaftlicher Tätigkeit, die die Niedrig- oder Nichtbesteuerung bestimmter Staaten ausnutzt".[81] Regelmäßig wird zwischen den Begriffen nicht (präzise) differenziert. Teilweise werden Basis- und Domizilgesellschaften[82] oder Basis- und Briefkastengesellschaften gleichgestellt;[83] teilweise alle drei vorgenannten.[84] Teilweise werden die Begriffe Basis-, Briefkasten-, Domizil und Zwischengesellschaft[85] oder Basis-, Briefkasten-, Domizil- und Sitzgesellschaft synonym verwendet.[86]

1. Basisgesellschaft

Basisgesellschaft ist ein Oberbegriff für missbrauchsverdächtige ausländische Gesellschaften, die als Basis in einem ausländischen Staat gegründet worden sind.[87] Eine Basisgesellschaft kann in der Inbound- und der Outbound-Situation vorliegen[88] und ist somit für die steuerliche Behandlung beider Situationen von Interesse. Aus rein steuerlichen Gründen eingeschaltete (Basis-)Gesellschaften lassen sich in (Gewinn-)Auffang- und Durchlaufgesellschaften unterteilen.[89] Auffanggesellschaften sind in der Outbound-Situation eingeschaltet und vermitteln steuerliche Vorteile durch das sog. *Auffangen* von Gewinn im Ausland und dessen Abschirmung gegenüber der Besteuerung im Ansässigkeitsstaat der Gesellschafter.[90]

---

80 Vgl. auch Leukefeld, 105 f.

81 BEPS, Erläuterung, Nr. 16, abrufbar unter oecd.org (zuletzt abgerufen am 16.01.2016).

82 U.a. Koenig, in: Koenig, § 42, Rn. 79.

83 Bspw. BFH v. 20.03.2002 – I R 63/99, BStBl. II 2003, 50, 52 – „klassische Briefkastenfirma' oder Basisgesellschaft".

84 BFH v. 11.07.2013 – IV R 27/09, IStR 2014, 68, 72; Weber, DStZ 2017, 512, 512, Fn. 2; Stahl, Kösdi 2018, 20676, 20677.

85 Kalbfleisch, in: E&Y, KStG, § 1, Rn. 26, Stand: 01. Juni 2017.

86 Renner, in: FS Loukota, 399, 405.

87 Rengers, in: Blümich, KStG, § 1, Rn. 150, Stand: 130.EL, Oktober 2015; Dreßler, 222 f, 229 f; Grotherr, IWB F3, Gr. 2, 1281, 1283; im Ergebnis auch Cortez, 47 f. – Aber für Gleichsetzung mit Briefkastengesellschaft Fischer, in: H/H/S, AO, § 41, Rn. 228, Stand: 193.EL, März 2007.

88 Dreßler, 229 ff; Petschulat, 7.

89 Dreßler, 229 f; Petschulat, 9; Morgenthaler, IStR 2000, 289, 291.

90 Dreßler, 229 f; Morgenthaler, IStR 2000, 289, 291.

Durchlaufgesellschaften sind in der Inbound-Situation eingeschaltet und sollen Gesellschaftern aus einem bestimmten Ansässigkeitsstaat rechtliche Vorteile in einem Zielstaat vermitteln, die sie nur durch Einschaltung einer in einem dritten Staat ansässigen Durchlaufgesellschaft erlangen können.[91]

Dazu werden ausländische (Basis-)Gesellschaften mit eigener Rechtspersönlichkeit, regelmäßig Kapitalgesellschaften, eingeschaltet.[92] Ausländische Kapitalgesellschaften unterliegen als eigenständige Rechtssubjekte der unbeschränkten Steuerpflicht in ihrem Ansässigkeitsstaat und entfalten eine in der Outbound-Situation relevante Abschirmwirkung gegenüber der Besteuerung im Ansässigkeitsstaat ihrer Gesellschafter.[93] Der Ansässigkeitsstaat der Gesellschafter kann grundsätzlich nur auf Gewinne zugreifen, die an die Gesellschafter ausgeschüttet werden. Somit entsteht bei Verzögerung der Ausschüttung ein sog. Steuerstundungseffekt. Die Gewinne können von der ausländischen Gesellschaft bis zur sog. Repatriierung angesammelt werden oder ohne Repatriierung im Ausland investiert werden. Aus einer verzögerten Besteuerung der Ausschüttung ergeben sich Zins- und Liquiditätsvorteile der Gesellschafter.[94] Überdies kann sich eine definitiv geringere Steuerbelastung ergeben, wenn nach nationalen Steuervorschriften die spätere Ausschüttung gering oder nicht besteuert wird.[95] In der Inbound-Situation können selbstständige Rechtsträger berechtigt sein, relevante steuerliche Vorteile in Anspruch zu nehmen.

Ein weiteres Kennzeichen einer Basisgesellschaft ist, dass diese in einem niedrig besteuernden oder sonstige steuerliche Vergünstigungen bietenden Staat ansässig ist. Nur so ergibt sich ein relevanter steuerlicher Vorteil aus der Einschaltung.[96] Damit verknüpft ist das Merkmal der Beherrschung. Da in der Outbound-Situation der entscheidende steuerliche Vorteil regelmäßig im Besteuerungsaufschub besteht, muss der inländische Gesellschafter – allein oder mit anderen – die Ausschüttungspolitik der ausländischen Gesellschaft beeinflussen können.[97] Gleiches

---

91 Raber, in: Wassermeyer, Doppelbesteuerung, 303, 303; Dreßler, 230 f; Cortez, 46; Petschulat, 9; Morgenthaler, IStR 2000, 289, 291.

92 Graffe, in: D/P/M, § 1 KStG, Rn. 94, Stand: 68.EL, März 2010; Fey, in: Beck'sches SuB-Lexikon, Hinzurechnungsbesteuerung, Stand: 1.1.2017, Rn. 1; Jacobs, 399, 438; Cortez, 42; Petschulat, 4.

93 Henkel/Klein, in: Mössner, Rn. 8.1; Fey, in: Beck'sches SuB-Lexikon, Hinzurechnungsbesteuerung, Stand: 1.1.2017, Rn. 1, Jacobs, 399, 438, 1033; Cortez, 41; Uckermann, 3 f; Leukefeld, 100.

94 Wassermeyer, in: F/W/B/S, § 7 AStG, Rn. 5, Stand: 69.EL, August 2012; Gropp, in: Lademann, Einf. §§ 7-14, Rn. 2; Henkel/Klein, in: Mössner, Rn. 8.2; Schaumburg, in: Schaumburg, Rn. 13.1, 13.27; Cortez, 40; Haarmann, IStR 2011, 565, 566.

95 Z.B. §§ 8b Abs. 1 i.V.m. 5 des KStG, 8 Nr. 5 GewStG; 9 Nr. 7 GewStG; Köhler, in: S/K/K, Vor §§ 7-14 AStG, Rn. 4 ff, Stand: Februar 2017; Henkel/Klein, in: Mössner, Rn. 8.2; Petschulat, 9; kritisch Protzen, in: Kraft, § 7, Rn. 8.

96 Reiche, in: Haase, AStG/DBA, § 7, Rn. 3; Fey, in: Beck'sches SuB-Lexikon, Hinzurechnungsbesteuerung, Stand: 1.1.2017, Rn. 1; Cortez, 42; Petschulat, 3.

97 Schaumburg, in: Schaumburg, Rn. 13.1, 13.27; Cortez, 42; Uckermann, 1, 3 f.

gilt in Bezug auf die Inanspruchnahme steuerlicher Vorteile durch einen zwischengeschalteten Rechtsträger in der Inbound-Situation. Die wirtschaftlichen Interessen einer Basisgesellschaft liegen ferner üblicherweise außerhalb ihres Ansässigkeitsstaates – regelmäßig im Ansässigkeitsstaat der Gesellschafter oder in Drittländern.[98]

Schließlich wird (teilweise) davon ausgegangen, dass eine Basisgesellschaft nicht (in nennenswertem Umfang) wirtschaftlich tätig wird.[99] National wird vor allem im Anwendungsbereich der §§ 7 ff AStG als Basisgesellschaft allein eine ausländische Gesellschaft verstanden, die keiner aktiven wirtschaftlichen Tätigkeit nachgeht und ihre Einkünfte im Sitzstaat allenfalls gering versteuert.[100] Dies ist jedoch nicht zwingend. Eine Basisgesellschaft kann betriebswirtschaftliche Funktionen erfüllen, so Holding- Handels-, Dienstleistungs-, gar Produktionsfunktionen.[101] Der Begriff sollte daher nicht auf rein funktionslose Rechtsträger beschränkt sein. Ein solches Verständnis würde insb. die Grenze zur Briefkastengesellschaft verwischen.

2. *Briefkastengesellschaft*

Eine Briefkastengesellschaft ist ein außersteuerlich funktionsloser Rechtsträger, wobei herkömmlich auf das Fehlen eines Geschäftsbetriebs abgestellt wird.[102] Regelmäßig ist eine solche Gesellschaft in ihrem Sitzstaat wirksam gegründet worden und in einem Register eingetragen. Die rechtliche Existenz dient dazu, die steuerliche Abschirmwirkung zu erreichen. Meistens leitet (formal) ein im Sitzstaat ansässiger (Mehrfach-)Geschäftsführer die Geschäfte.[103] Die Gesellschaft ist postalisch erreichbar; daher stammt die Bezeichnung *Briefkasten*gesellschaft.[104]

---

98 Dreßler, 233f; Cortez, 42; Petschulat, 4.

99 Entwurf eines Gesetzes zur Wahrung der steuerlichen Gleichmäßigkeit bei Auslandsbeziehungen und zur Verbesserung der Wettbewerbslage bei Auslandsinvestitionen v. 02.12.1971, BT-Drs. VI/2883, 19; BFH v. 11.07.2013 – IV R 27/09, IStR 2014, 68, 70 (nicht nennenswerte Tätigkeit), 72 (keine wirtschaftliche Tätigkeit); Jacobs, 1036; Uckermann, 4; Eggeling, Ubg 2011, 676, 678.

100 Vgl. BFH v. 03.05.2006 – I R 124/04, BStBl. II 2011, 547, 550; Cortez, 42 f m.w.N.

101 Vgl. Cortez, 48 f.

102 Fischer, in: H/H/S, AO, § 42, Rn. 531, Stand: 203.EL, Juni 2009; Protzen, in: Kraft, § 7, Rn. 33; Dziurdz/Prillinger, 91, 93; Rust, 18; Schulte-Rummel, 162; Kempermann, FR 2000, 457, 457; Gerhard, IStR 2002, 571, 571 f; Grotherr, IWB F3, Gr. 2, 1281, 1283; Weber, DStZ 2017, 512, 513. – Mittlerweile auch Entwurf eines Gesetzes zur Bekämpfung der Steuerumgehung und zur Änderung weiterer steuerlicher Vorschriften, Drs. 18/11131, 18/11184, 1.

103 Hey, in: Lüdicke, Standort, 137, 165; Schmidt/Ruckes, IStR 2017, 473, 474; Dreßler, 244 ff, der aber ebenfalls Scheingesellschaften unter den Begriff fasst. – Mittlerweile auch Entwurf eines Gesetzes zur Bekämpfung der Steuerumgehung und zur Änderung weiterer steuerlicher Vorschriften, Drs. 18/11131, 18/11184, 1.

104 Gerhard, IStR 2002, 571, 571 f; Dreßler, 244 f, der aber ebenfalls Scheingesellschaften unter den Begriff fasst; Beckschäfer, ZRP 2017, 41, 41.

Eine Briefkastengesellschaft verfügt zwar regelmäßig nicht über (relevante) personelle und sachliche Mittel. Teilweise wird eine (angemessene) sachliche und personelle Ausstattung als Indiz gegen das Vorliegen einer Briefkastengesellschaft herangezogen.[105] Kennzeichnend für eine Briefkastengesellschaft ist aber das Fehlen einer wirtschaftlichen Tätigkeit; ggf. sonstiger beachtlicher Gründe für die Einschaltung.[106] Eine Briefkastengesellschaft hat keine außersteuerliche Funktion inne.[107] Eine physische Präsenz der Gesellschaft allein, ggf. durch Nutzung der Ressourcen eines Treuhänders (Telefon, Post, personelle Ressourcen für die Kommunikation) kann die rechtliche Bewertung nicht ändern.[108] Auch lässt sich die Angemessenheit der Ausstattung nur in Hinblick auf die Funktion bestimmen. Das Fehlen einer angemessenen personellen und sachlichen Ausstattung ist nur dann relevant, wenn sie die Ausübung einer wirtschaftlichen Tätigkeit nicht ermöglicht.[109]

Dies deckt sich grundsätzlich auch mit dem europarechtlichen Verständnis der Briefkastengesellschaft. Der Fokus liegt dort ebenfalls auf der wirtschaftlichen Aktivität. Eine Briefkastengesellschaft ist eine Gesellschaft, die keine wirtschaftliche Tätigkeit ausübt.[110] Die personelle und sachliche Ausstattung dient der

---

105 Dazu Weber, DStZ 2017, 512, 515.

106 BFH v. 19.01.2000 – I R 94/97, BStBl. II 2001, 222, 224; BFH v. 25.02.2004 – I R 42/02, BStBl. II 2005, 14, 16; BFH v. 31.05.2005 – I R 74, 88/04, BStBl. II 2006, 118, 120; BMF v. 28.12.2004 – IV B 4 – S 1300 – 362/04, BStBl. I 2005, 28, Ziff. 3; Graffe, in: D/P/M, § 1 KStG, Rn. 94 f, Stand: 68.EL, März 2010; Fischer, in: FS Raupach, 339, 356; Dreßler, 244 ff; Burwitz, 174; Thiele, 132; Grotherr, IWB F3, Gr. 2, 1281, 1283; Niedrig, IStR 2003, 474, 480; Weber, DStZ 2017, 512, 513; Stahl, Ködsi 2018, 20676, 20677. – Mittlerweile auch Entwurf eines Gesetzes zur Bekämpfung der Steuerumgehung und zur Änderung weiterer steuerlicher Vorschriften, Drs. 18/11131, 18/11184, 1.

107 Grotherr, IWB F3, Gr. 2, 1281f; Niedrig, IStR 2003, 474, 476; Entwurf eines Gesetzes zur Bekämpfung der Steuerumgehung und zur Änderung weiterer steuerlicher Vorschriften, Drs. 18/11131, 18/11184, S. 1. – So gelingt ferner die Abgrenzung einer steuerlich anzuerkennenden sog. Funktionsgesellschaft (*special purpose vehicle*), die zwar einen zeitlich und sachlich beschränkten Unternehmensgegenstand haben kann, aber dennoch eine eigene wirtschaftliche Funktion ausübt, BFH v. 20.03.2002 – I R 63/99, BStBl. II 2003, 50, 52; Gerhard, IStR 2002, 571, 571; Grotherr, IWB F3, Gr. 2, 1281, 1296 ff.

108 FG Baden-Württemberg v. 17.07.1997 – 10 K 309/96, EFG 1997, 1442, 1444 (Kosten für u.a. „zwei Teilzeitangestellte[...]" als „ungeeignetes Alibi für die Zwischenschaltung dieser Gesellschaften", beachte BFH v. 19.01.2000 – I R 117/97, IStR 2000, 182); Lentz, 171 („Alibifunktion").

109 Fischer, in: H/H/S, AO, § 42, Rn. 531, Stand: 203.EL, Juni 2009 und § 41, Rn. 288, Stand: 193.EL, März 2007; Fischer, in: FS Raupach, 339, 355 f m.w.N.; Niedrig, IStR 2003, 474, 476; so auch generell OECD, BEPS, Designing Effective Controlled Foreign Company Rules, Action 3 – Final Report v. 05.10.2015, 48, abrufbar unter oecd.org (zuletzt abgerufen am 16.01.2016).

110 EuGH v. 12.09.2006 – Rs. C-196/04, Cadbury Schweppes plc und Cadbury Schweppes Overseas Ltd gg. Commissioners of Inland Revenue, Slg. 2006 I 8031, Rn. 68; Lang/

objektiven Überprüfung der wirtschaftlichen Tätigkeit.[111] Eine substanzschwache Gesellschaft ist demnach keine Briefkastengesellschaft, wenn sich eine wirtschaftliche Tätigkeit mit der vorhandenen Substanz ausüben lässt.[112]

3. *Domizilgesellschaft (Sitz-, Off-Shore-, Hilfsgesellschaft)*

Domizilgesellschaften sind im niedrig besteuernden Ausland wirksam gegründete (Kapital)Gesellschaften, die wirtschaftlich nicht (aktiv) tätig sind und über keinen relevanten Geschäftsbetrieb verfügen. Sonstige beachtliche außersteuerliche Gründe für die Einschaltung der Gesellschaft liegen nicht vor. Vielmehr befindet sich ihr Sitz regelmäßig bei einem formal eingeschalteten Geschäftsführer im Sitzstaat.[113] Ein Mehrfachgeschäftsführer wird als Indiz für das Vorliegen einer Domizilgesellschaft gewertet.[114] Der Begriff spielt insbesondere auf steuerliche Vergünstigungen für diese Art von Gesellschaften in der Schweiz und Liechtenstein an,[115] wird aber auch für Gesellschaften mit anderer Ansässigkeit verwendet.[116]

Entscheidend ist wiederum die fehlende Ausübung einer wirtschaftlichen Tätigkeit.[117] Trotz möglicher Unterschiede in der steuerlichen Behandlung im Sitzstaat können Briefkasten- und Domizilgesellschaft aus Sicht des deutschen Fiskus

---

Heidenbauer, in: FS Vanistendael, 597, 604; Leukefeld, 162 f; Schade, 127 f; Thiele, 132; Weber, DStZ 2017, 512, 515.

111 EuGH v. 12.09.2006 – Rs. C-196/04, Cadbury Schweppes plc und Cadbury Schweppes Overseas Ltd gg. Commissioners of Inland Revenue, Slg. 2006 I 8031, Rn. 67; Lang, in: De La Feria/Vogenauer, 435, 444 f; Thiele, 132; OECD, BEPS, Designing Effective Controlled Foreign Company Rules, Action 3 – Final Report v. 05.10.2015, 47, abrufbar unter oecd.org (zuletzt abgerufen am 14.12.2015).

112 Lang/Heidenbauer, in: FS Vanistendael, 597, 603f; Lang, in: De La Feria/Vogenauer, 435, 444; Thiele, 129f; Böing, RIW 2007, 161, 165; Schön, IStR 2013, Beihefter H6, 3, 10 f.

113 BFH v. 10.11.1983 – IV R 62/82, BStBl. II 1984, 605, 607; BFH v. 05.11.2001 – VIII B 16/01, BFH/NV 2002, 312, 313 f; BFH v. 23.10.2002 – I R 39/01, BFH/NV 2003, 289, 290; Dreßler, 241 ff; Schmidt/Ruckes, IStR 2017, 473, 474; Beckschäfer, ZRP 2017, 41, 41; vgl. Stahl, Kösdi 2018, 20676, 20677. – So mittlerweile auch Entwurf eines Gesetzes zur Bekämpfung der Steuerumgehung und zur Änderung weiterer steuerlicher Vorschriften, Drs. 18/11131, 18/11184, S. 1.

114 BFH v. 23.10.2002 – I R 39/01, BFH/NV 2003, 289, 290; BFH v. 30.07.2003 – VII R 45/02, BStBl. II 2004, 387, 388.

115 BFH v. 10.11.1998 – I R 108/97, BStBl. II 1999, 121, 122; Kalbfleisch, in: E&Y, KStG, § 1, Rn. 26, Stand: 01. Juni 2017; Petschulat, 6.

116 BFH v. 05.11.2001 – VIII B 16/01, BFH/NV 2002, 312.

117 U.a. BFH v. 30.07.2003 – VII R 45/02, BStBl. II 2004, 387, 388; Beckschäfer, ZRP 2017, 41, 41. – So auch das Verständnis des Gesetzgebers im Entwurf eines Gesetzes zur Bekämpfung der Steuerumgehung und zur Änderung weiterer steuerlicher Vorschriften, Drs. 18/11131, 18/11184, 1.

synonym verwendet werden.[118] Zu Recht findet sich diese Gleichsetzung in einer jüngeren Gesetzesbegründung.[119] Teilweise werden solche (außersteuerlich) funktionslosen Gesellschaften auch als Sitz-, Hilfs-[120] oder Off-Shore-Gesellschaft[121] bezeichnet.

4. Zwischengesellschaft

Der Begriff der Zwischengesellschaft wird teilweise als Synonym für eine Basisgesellschaft genutzt,[122] findet aber bereits im AStG Verwendung. Eine ausländische Gesellschaft im Sinne des § 7 Abs. 1 AStG ist Zwischengesellschaft für niedrig besteuerte, passive Einkünfte im Sinne des § 8 Abs. 1 AStG. Die Einschaltung einer Zwischengesellschaft ist auf die Outbound-Situation beschränkt, kann aber aufgrund vergleichbarer Voraussetzungen als Unterfall der Basisgesellschaft angesehen werden.[123]

---

118 BFH v. 16.01.1976 – III R 92/74, BStBl. II 1976, 401, 403; FG Niedersachsen v. 13.01.2016 – 9 K 95/13, DStRE 2016, 752, 755; Dreßler, 327; Dziurdz/Prillinger, 91, 93; Weber, DStZ 2017, 512, 512; Schmidt/Ruckes, IStR 2017, 473, 474; kritisch Kempermann, FR 2000, 457, 457; a.A. BFH v. 08.07.1998 – I R 112/97, BStBl. II 1999, 121, 122; unklar FG Baden-Württemberg v. 17.07.1997 – 10 K 309/96, EFG 1997, 1442, 1444.

119 Entwurf eines Gesetzes zur Bekämpfung der Steuerumgehung und zur Änderung weiterer steuerlicher Vorschriften, Drs. 18/11131, 18/11184, 1.

120 BFH v. 08.07.1998 – I R 112/97, BStBl. II 1999, 121, 122; Renner, in: FS Loukota, 399, 405; Dreßler, 327; Dziurdz/Prillinger, 91, 93.

121 Renner, in: FS Loukota, 399, 405; Dziurdz/Prillinger, 91, 93.

122 Fey, in: Beck'sches SuB-Lexikon, Hinzurechnungsbesteuerung, Stand: 1.1.2017, Rn. 1.

123 Cortez, 45; Petschulat, 5, vgl. Stahl, Ködsi 2018, 20676, 20677.

2. Teil – Outbound-Situation

A. Ort der Geschäftsleitung (§ 10 AO)

Vorrangig gegenüber allgemeinen und speziellen Missbrauchsverhinderungsvorschriften ist in der Outbound-Situation die Ansässigkeit der eingeschalteten Gesellschaft zu untersuchen.[124] Im Falle steuerlicher Ansässigkeit im Inland ergibt sich kein (steuerlicher) Vorteil aus der Einschaltung einer (vermeintlich ausländischen) Gesellschaft. Ausländische Rechtsformen, die nach ihrer gesellschaftsrechtlichen Struktur den im KStG aufgezählten Körperschaften, Personenvereinigungen oder Vermögensmassen entsprechen,[125] sind in Deutschland unbeschränkt körperschaftsteuerpflichtig, wenn ihr Ort der Geschäftsleitung (§ 10 AO) oder Sitz (§ 11 AO) im Inland liegt (§ 1 Abs. 1 KStG).[126] Die unbeschränkte Körperschaftsteuerpflicht erstreckt sich auf sämtliche Einkünfte (§ 1 Abs. 2 KStG) und führt daher zur steuerlichen Erfassung aller durch das Körperschaftsteuersubjekt (weltweit) erzielten Einkünfte in Deutschland (Welteinkommensprinzip).

Über den statutarischen Sitz eines Körperschaftsteuersubjekts bestimmen die Gründer in Gesellschaftsvertrag, Satzung oder Ähnlichem schon bei der Errichtung. Maßgeblich sind dabei die (zivil)rechtlichen, nicht die tatsächlichen, Verhältnisse.[127] Der Sitz der Gesellschaft liegt nicht ungewollt im Inland. Folglich ist für die effektive steuerliche Abschirmung von der inländischen Besteuerung

124 Fischer, in: H/H/S, AO, § 42, Rn. 531, Stand: 203.EL, Juni 2009; Frotscher, Rn. 1141; Jacobs, 1032; Cortez, 57; Leukefeld, 190; OECD-MK v. 15.07.2014 zu Art. 1 OECD-MA, 10.1, abrufbar unter oecd.org (zuletzt abgerufen am 16.01.2016); wohl a.A. Stahl, Kösdi 2018, 20676, 20677 nimmt Vorrang des § 42 AO vor Ansässigkeitsprüfung an. – Die Regelung des § 10 AO ist überdies für weitere Regelungen relevant, so z.B. für die Frage, ob eine *ausländische* Gesellschaft im Sinne des § 7 Abs. 1 AStG vorliegt, dazu Musil, in: H/H/S, AO, § 10, Rn. 6 ff, Stand: 236.EL, Januar 2016; Kessler/Müller, IStR 2003, 361, 362. – Am Ort der Geschäftsleitung befindet sich gemäß § 12 S. 2 Nr. 1 AO zugleich eine Betriebsstätte. Der Begriff der Geschäftsleitung bestimmt sich dabei ebenfalls nach den Kriterien des § 10 AO, dazu Koenig, in: Koenig, § 12, Rn. 24; Musil, in: H/H/S, AO, § 12, Rn. 26, Stand: 221.EL, März 2013.

125 Sog. Rechtstypenvergleich, BFH v. 23.06.1992 – IX R 182/87, BStBl. II 1992, 972, 975; Henkel, in: Mössner, Rn. 7.6 f.

126 BFH v. 23.06.1992 – IX R 182/87, BStBl. II 1992, 972, 973 ff; BFH v. 15.07.1998, I B 134/97, BFH/NV 1999, 372, 373; BFH v. 16.12.1998 – I R 138/97, BStBl. II 1999, 437, 438; BFH v. 19.03.2002 – I R 15/01, IStR 2002, 707, 708; Kalbfleisch, in: E&Y, KStG, § 1, Rn. 26, Stand: 01. Juni 2017; Leukefeld, 43 f.

127 Drüen, in: Tipke/Kruse, AO, § 11, Rn. 1, Stand: 143.EL, Januar 2016; Kalbfleisch, in: E&Y, KStG, § 1, Rn. 27, Stand: 01. Juni 2017; Koenig, in: Koenig, § 11, Rn. 2; Eickmann, 27 f.

entscheidend, dass der Ort der Geschäftsleitung (§ 10 AO), der sich nach den tatsächlichen Verhältnissen richtet, ebenfalls nicht im Inland liegt.

Ferner sind von der Geschäftsleitung gemäß § 10 AO der Ort der Geschäftsleitung im Sinne des Art. 4 Abs. 1 OECD-MA und der Ort der *tatsächlichen* Geschäftsleitung gemäß Art. 4 Abs. 3 OECD-MA zu unterscheiden,[128] die jeweils auch in der deutschen DBA-Verhandlungsgrundlage Verwendung finden. Beide Begriffe sind für Abkommenszwecke relevant. Der Ort der Geschäftsleitung ist ein möglicher Anknüpfungspunkt für die steuerliche Ansässigkeit einer Person im Rahmen eines DBA. Allerdings begründet die innerstaatliche (unbeschränkte) Steuerpflicht nach § 10 AO zugleich die abkommensrechtliche Ansässigkeit.[129] Der Ort der *tatsächlichen* Geschäftsleitung ist hingegen (noch) eine sog. Tiebreaker-rule für andere als natürliche Personen. Ist eine Person in beiden Vertragsstaaten nach innerstaatlichem Recht ansässig (Doppelansässigkeit), entscheidet die sog. Tie-breaker-rule in welchem Staat sie als ansässig für Zwecke des Abkommens gilt.[130] Das Multilaterale Instrument (MLI) wird jedoch zur Folge haben, dass die steuerliche Ansässigkeit im Wege einer behördlichen Einigung (unter Berücksichtigung u.a. des Ortes der tatsächlichen Geschäftsleitung) bestimmt wird (Art. 4 Abs. 1 MLI).[131]

Wiederum abweichend ist die Regelung des (hauptsächlichen) Orts der Geschäftsführung und Überwachung der Gesellschaft im DBA-USA ausgestaltet. Gemäß Art. 28 Abs. 8 lit. d) DBA-USA befindet sich der hauptsächliche Ort der Geschäftsführung und Überwachung der Gesellschaft nur dann im Ansässigkeitsstaat der Gesellschaft, wenn die leitenden Angestellten und Mitarbeiter der Geschäftsführung in diesem Staat für einen größeren Teil der finanz-, geschäftspolitischen und strategischen Entscheidungen bezüglich der Gesellschaft (einschließlich Tochtergesellschaften) die laufende Verantwortung übernehmen als in jedem anderen Staat und die Mitarbeiter in diesem Vertragsstaat einen größeren Teil der zur Vorbereitung und Herbeiführung dieser Entscheidungen erforderlichen laufenden Tätigkeiten ausüben als in jedem anderen Staat. Die Regelung richtet sich dagegen, dass der Geschäftsleitungsort dadurch manipuliert wird, dass Entscheidungen durch die geschäftsführenden Organe künstlich am Sitz der Gesellschaft getroffen werden.[132]

---

128 Siehe Musil, in: H/H/S, AO, § 10, Rn. 46 ff, Stand: 236.EL, Januar 2016.

129 Pohl, in: Schönfeld/Ditz, Art. 4, Rn. 23 ff, insb. 38 ff.

130 Pohl, in: Schönfeld/Ditz, Art. 4, Rn. 99 ff, 106 ff.

131 Wichmann/Schmidt-Heß, IStR 2014, 883, 886; Benz/Böhmer, ISR 2017, 27, 29; Polatzky/Balliet/Steinau, IStR 2017, 226, 228 f; Reimer, IStR 2017, 1, 3; kritisch Jochimsen, IStR 2014, 865, 871.

132 Schade, 58.

I. Begriff der Geschäftsleitung

Die Geschäftsleitung ist in § 10 AO legaldefiniert: Geschäftsleitung ist der Mittelpunkt der geschäftlichen Oberleitung. Die Definition setzt sich aus drei Merkmalen zusammen: Oberleitung, geschäftlich, Mittelpunkt. Dabei meint *geschäftlich* die kaufmännische Seite der Unternehmensleitung.[133] Zentrales Tatbestandsmerkmal der Legaldefinition ist die Oberleitung – deren Mittelpunkt zu lokalisieren ist.

Oberleitung meint die für die Geschäftsführung maßgebliche Willensbildung.[134] Da sich der Ort der Willensbildung kaum lokalisieren lässt, wird aber auf den Ort Bezug genommen, an dem dauerhaft die für die Geschäftsführung bedeutsamen Maßnahmen angeordnet werden.[135] Relevant ist die Abgabe von Willenserklärungen – das Wirksamwerden der Erklärungen oder die Umsetzung von Maßnahmen sind unbeachtlich.[136] Die Entscheidungen müssen auf Rechnung derjenigen Gesellschaft getroffen werden, deren Geschäftsleitungsort bestimmt wird.[137] Praktisch ist der Ort relevant, an dem die Geschäftsleitung Erklärungen abgibt, wenn nicht der Wille nachweisbar woanders gebildet wird.[138]

---

133 RFH v. 02.07.1936 – III A 86/36, RStBl. 1936, 779, 780; BFH v. 23.01.1991 – I R 22/90, BStBl. II 1991, 554, 555; Koenig, in: Koenig, § 10, Rn. 7; Lampert, in: Mössner, Rn. 2.68.

134 St. Rspr., vgl. RFH v. 23.06.1938 – III 40/38, RStBl. 1938, 949; RFH v. 11.07.1940 – III 135/39, RStBl. 1940, 706 (jeweils zur wortgleichen Vorgängervorschrift § 15 Abs. 1 StAnpG); BFH v. 23.01.1991 – I R 22/90, BStBl. II 1991, 554, 555; BFH v. 07.12.1994, 1 K 1/93, BStBl. II 1995, 175, 178; BFH v. 16.12.1998 – I R 138/97, BStBl. II 1999, 437, 438; BFH v. 09.07.2003 – I R 4/02, BFH/NV 2004, 83, 84; BFH v. 03.04.2008, I B 77/07, BFH/NV 2008, 1445, 1447; Musil, in: H/H/S, AO, § 10, Rn. 14, Stand: 236.EL, Januar 2016; Drüen, in: Tipke/Kruse, AO, § 10, Rn. 1, Stand: 143.EL, Januar 2016.

135 RFH v. 03.07.1934, I A 129/33, RStBl. 1934, 1078, 1078; BFH v. 29.04.1987 – X R 16/81, BFH/NV 1988, 64, 65; BFH v. 23.01.1991 – I R 22/90, BStBl. II 1991, 554, 555; BFH v. 07.12.1994, 1 K 1/93, BStBl. II 1995, 175, 178; BFH v. 16.12.1998 – I R 138/97, BStBl. II 1999, 437, 438; BFH v. 09.07.2003 – I R 4/02, BFH/NV 2004, 83, 84; BFH v. 03.04.2008, I B 77/07, BFH/NV 2008, 1445, 1447; Musil, in: H/H/S, AO, § 10, Rn. 14, Stand: 236.EL, Januar 2016; Lechner, in: FS Stoll, 395, 403; Eickmann, 35; Lampert, in: Mössner, Rn. 2.71 ff.

136 BFH v. 29.04.1987 – X R 6/81, BFH/NV 1988, 63, 64; Musil, in: H/H/S, AO, § 10, Rn. 31, Stand: 236.EL, Januar 2016; Drüen, in: Tipke/Kruse, AO, § 10, Rn. 1, 2a, Stand: 143.EL, Januar 2016.

137 BFH v. 07.12.1994, 1 K 1/93, BStBl. II 1995, 175, 178.

138 RFH v. 03.07.1934, I A 129/33, RStBl. 1934, 1078, 1078; BFH v. 21.09.1989 – V R 55/84, BFH/NV 1990, 353, 354; Musil, in: H/H/S, AO, § 10, Rn. 31, 34, Stand: 236.EL, Januar 2016; Eickmann, 35. – Daraus können sich Unterschiede zum gesellschaftsrechtlichen Verwaltungssitz ergeben. Dieser richtet sich nach der Umsetzung geschäftsführender Maßnahmen, dazu Musil, in: H/H/S, AO, § 10, Rn. 37, Stand: 236.EL, Januar 2016; Lampert, in: Mössner, Rn. 2.73; Ebenroth/Neiss, BB 1990, 145, 153. Der Verwaltungssitz ist belegen, „wo die grundlegenden Entscheidungen der Unternehmensleitung effektiv in laufende Geschäftsführungsakte umgesetzt werden“, BGH v. 21.03.1986 – V ZR 10/85, MDR 1986, 743.

Die Oberleitung im Sinne des § 10 AO umfasst alle tatsächlichen und rechtsgeschäftlichen Geschäftsführungsmaßnahmen, die im laufenden Betrieb üblicherweise anfallen. Abzustellen ist auf die „laufende Geschäftsführung", die „gewöhnliche Verwaltung der Gesellschaft", das „Tagesgeschäft".[139] Zum Tagesgeschäft gehören diejenigen Aufgaben einiger Wichtigkeit, die die Geschäftsführer im Rahmen ihrer leitenden Tätigkeit üblicherweise verrichten. Das sind Geschäftsführungsaufgaben von gewisser Bedeutung für die Unternehmensführung, die aber zum gewöhnlichen Betrieb oder zur gewöhnlichen Verwaltung des Unternehmens gehören.[140] Dies ist zum einen abzugrenzen von grundlegenden unternehmenspolitischen Entscheidungen sowie dem gesellschafterlichen Einfluss in bedeutenden Angelegenheiten. Zum anderen sind völlig unbedeutende Maßnahmen für die Geschäftsleitung unbeachtlich. Sie besitzen nicht die für die Leitungstätigkeit erforderliche Bedeutung.[141] Solche Verhaltensweisen können ohne Auswirkungen auf den Geschäftsleitungsort aus dem Inland heraus erfolgen.

Die geschäftsführende Tätigkeit muss ferner auf gewisse Dauer an einem Ort ausgeübt werden.[142] § 10 AO verlangt einen Ortsbezug, eine gewisse Stabilisierung der Oberleitung an einem Ort.[143] Kurzfristige Ortsveränderungen, vor allem Geschäftsreisen, haben keinen Einfluss auf den Geschäftsleitungsort.[144] Ist mangels überwiegender und dauerhafter Tätigkeit an einem bestimmten Ort kein

---

139 BFH v. 03.07.1997 – IV R 58/95, BStBl. II 1998, 86, 87; BFH v. 16.12.1998 – I R 138/97, BStBl. II 1999, 437, 438; BFH v. 03.04.2008, I B 77/07, BFH/NV 2008, 1445, 1447; Musil, in: H/H/S, AO, § 10, Rn. 15, Stand: 236.EL, Januar 2016; Drüen, in: Tipke/Kruse, AO, § 10, Rn. 2, Stand: 143.EL, Januar 2016; Koenig, in: Koenig, § 10, Rn. 5; Lampert, in: Mössner, Rn. 2.69 f; Eickmann, 31; Seibold, IStR 2003, 45, 48.

140 BFH v. 30.01.2002 – I R 12/01, BFH/NV 2002, 1128, 1129; Musil, in: H/H/S, AO, § 10, Rn. 15, Stand: 236.EL, Januar 2016; Koenig, in: Koenig, § 10, Rn. 5.

141 BFH v. 07.12.1994, 1 K 1/93, BStBl. II 1995, 175, 178; Koenig, in: Koenig, § 10, Rn. 5; Eickmann, 31 f; Staringer, 136 f. – Der Begriff der steuerrechtlichen Geschäftsleitung deckt sich nicht vollständig mit dem betriebswirtschaftlichen Verständnis der Unternehmensführung. Die Unternehmensführung erstreckt sich von der Festlegung von Unternehmenszielen bis zur Kontrolle (Wöhe, 47 f, 72 ff). Insbesondere die Festlegung der mittel- oder längerfristigen Unternehmensziele (Grundsatzplanung oder strategische Planung, dazu Wöhe, 74 f) ist nicht Teil des steuerrechtlich relevanten Tagesgeschäfts. In Bezug auf laufende Planung, Ausführung, Kontrolle und Koordination im Unternehmen (Wöhe, 44, 47 f) besteht Gleichlauf.

142 BFH v. 29.04.1987 – X R 16/81, BFH/NV 1988, 64, 65; BFH v. 23.01.1991 – I R 22/90, BStBl. II 1991, 554, 555; BFH v. 30.01.2002 – I R 12/01, BFH/NV 2002, 1128, 1129; Musil, in: H/H/S, AO, § 10, Rn. 32, Stand: 236.EL, Januar 2016.

143 BFH v. 15.10.1997 – I R 76/95, BFH/NV 1998, 434, 435 f; BFH v. 30.01.2002 – I R 12/01, BFH/NV 2002, 1128, 1129.

144 BFH v. 23.01.1991 – I R 22/90, BStBl. II 1991, 554, 555; Musil, in: H/H/S, AO, § 10, Rn. 32, Stand: 236.EL, Januar 2016; Drüen, in: Tipke/Kruse, AO, § 10, Rn. 2a, Stand: 143.EL, Januar 2016; Koenig, in: Koenig, §10, Rn. 7; Eickmann, 36.

Geschäftsleitungsort bestimmbar,[145] fehlt ein Geschäftsleitungsort im Sinne des § 10 AO.[146] Nur die (dauerhafte) territoriale Anbindung kann die unbeschränkte Steuerpflicht rechtfertigen.

Die Oberleitung kommt in aller Regel den gesetzlichen Vertretern einer Gesellschaft zu. Bei Kapitalgesellschaften bilden grundsätzlich die vertretungsberechtigten Organmitglieder den maßgeblichen Willen im Unternehmen. In diesen Fällen befindet sich die Geschäftsleitung dort, wo diese ihre laufende geschäftsführende Tätigkeit verrichten.[147] Regelmäßig erfolgt die geschäftsleitende Tätigkeit im Büro des Geschäftsleiters.[148] Auf die Person der Geschäftsleiter ist abzustellen, wenn diese tatsächlich das Unternehmen leiten. Dies verlangt, dass sie für die Wahrnehmung der Leitungsaufgaben ausreichende Kompetenzen haben und ihre geschäftsleitende Tätigkeit eigenständig und eigenverantwortlich erfüllen.[149] Eine Vermutung, dass die gesetzlichen Vertreter tatsächlich die Geschäfte leiten, besteht nicht.[150] Üben tatsächlich andere Personen – als faktische Geschäftsführer – die Oberleitung aus, ist auf deren Willen und Geschäftsführung abzustellen.[151] Da es auf die rein tatsächlichen Verhältnisse ankommt, ist irrelevant, worauf der Einfluss Dritter beruht. Führen diese tatsächlich die Geschäfte, ist auf jene Dritte zur Bestimmung des Geschäftsleitungsorts abzustellen.[152] Es droht daher eine Verlagerung der Geschäftsleitung, wenn (beherrschende) Gesellschafter auf die Geschäftsführung entscheidenden Einfluss nehmen. Sie ziehen die Geschäftsleitung an sich, wenn sie ständig in das Tagesgeschäft eingreifen und die wesentlichen Entscheidungen

---

145 In diese Richtung BFH v. 15.10.1997 – I R 76/95, BFH/NV 1998, 434, 435; Musil, in: H/H/S, AO, § 10, Rn. 32, Stand: 236.EL, Januar 2016; Lampert, in: Mössner, Rn. 2.67.

146 Koenig, in: Koenig, § 10, Rn. 7 a.E.; evtl. auch Musil, in: H/H/S, AO, § 10, Rn. 32, Stand: 236.EL, Januar 2016 mit Verweis auf Lechner, in: FS Stoll, 395, 404; a.A. wohl BFH v. 30.01.2002 – I R 12/01, BFH/NV 2002, 1128, 1129: „Jedes Unternehmen hat mindestens einen Ort der Geschäftsleitung".

147 BFH v. 29.04.1987 – X R 6/81, BFH/NV 1988, 63, 64; BFH v. 23.01.1991 – I R 22/90, BStBl. II 1991, 554, 555; BFH v. 07.12.1994, I K 1/93, BStBl. II 1995, 175, 179; Musil, in: H/H/S, AO, § 10, Rn. 14, 16, Stand: 236.EL, Januar 2016; Koenig, in: Koenig, § 10, Rn. 6; Lampert, in: Mössner, Rn. 2.75; Breuninger/Krüger, in: FS Rädler, 79, 99 f; Eickmann, 32 f.

148 RFH v. 03.07.1934, I A 129/33, RStBl. 1934, 1078, 1078; BFH v. 23.01.1991 – I R 22/90, BStBl. II 1991, 554, 555; BFH v. 03.04.2008, I B 77/07, BFH/NV 2008, 1445, 1447.

149 Nds. FG v. 12.12.1969 – I 43/68, EFG 1970, 316, 317; Ebert, IStR 2005, 534, 536 f.

150 Musil, in: H/H/S, AO, § 10, Rn. 16, Stand: 236.EL, Januar 2016 m.w.N; Koenig, in: Koenig, § 10, Rn. 6.

151 RFH v. 03.07.1936, I A 150/36, RStBl. 1936, 804, 805; RFH v. 25.05.1937, I A 194/36, RStBl 1937, 684; BFH v. 07.12.1994, 1 K 1/93, BStBl. II 1995, 175, 179; BFH v. 15.07.1998, I B 134/97, BFH/NV 1999, 372, 373; Musil, in: H/H/S, AO, § 10, Rn. 16, Stand: 236.EL, Januar 2016; Lampert, in: Mössner, Rn. 2.75; Drüen, in: Tipke/Kruse, AO, § 10, Rn. 1, 3, Stand: 143.EL, Januar 2016; Koenig, in: Koenig, § 10, Rn. 6.

152 Dazu Ebert, IStR 2005, 534, 537.

selbst treffen oder maßgeblich beeinflussen.[153] Bis zu dieser Grenze ist die Einflussnahme aber als Ausdruck der gesellschafterlichen Weisungs- und Kontrollbefugnisse zulässig. So dürfen die Gesellschafter sich über die Geschäfte informieren, die Geschäftsleitung beraten und einzelne Weisungen – besonders in bedeutenden Fällen – erteilen, ohne dass sie die Geschäftsleitung an sich ziehen.[154]

Die geschäftliche Oberleitung meint mithin die für die Geschäftsführung maßgebliche Willensbildung und Anordnung von Geschäftsführungsmaßnahmen von einiger Dauer und einigem Gewicht. Dies kann praktisch in drei Schritten festgestellt werden: 1. welches sind die geschäftsleitenden Tätigkeiten, 2. wer übt sie aus und 3. wo?[155] Erforderlich für die Bestimmung des Geschäftsleitungsortes ist stets eine Betrachtung aller tatsächlichen Verhältnisse im Einzelfall;[156] die Feststellung ist eine Tatfrage.[157] Die Beurteilung richtet sich nach „Art und Umfang, Struktur und Eigenart des Unternehmens".[158] Des Weiteren ist zu beachten, dass die Gesellschaft gegebenenfalls ihre ausländische Geschäftsleitung nachweisen muss. Sie unterliegt der erhöhten Mitwirkungspflicht (§§ 90 Abs 2 und 3, 93 AO).[159]

Schließlich ist unter mehreren möglichen Geschäftsleitungsorten grundsätzlich der Mittelpunkt der geschäftlichen Oberleitung festzustellen, wobei umstritten ist, ob es mehr als einen Mittelpunkt geben kann.[160] Der Mittelpunkt ist die

---

153 RFH v. 25.07.1935 – III A 98/35, RStBl. 1935, 1366; RFH v. 19.06.1936 – II A 107/35, RStBl. 1936, 765; BFH v. 17.07.1968, I 121/64, BStBl. II 1968, 695, 697; BFH v. 26.05.1970 – II 29/65, BStBl. II 1970, 759, 760; BFH v. 03.07.1997 – IV R 58/95, BStBl. II 1998, 86, 87; Musil, in: H/H/S, AO, § 10, Rn. 17, Stand: 236.EL, Januar 2016; Lechner, in: FS Stoll, 395, 400; Schröder, StBp 1980, 97, 98.

154 RFH v. 11.07.1940 – III 135/39, RStBl. 1940, 706, 707; BFH v. 03.07.1997 – IV R 58/95, BStBl. II 1998, 86, 89; Musil, in: H/H/S, AO, § 10, Rn. 17, Stand: 236.EL, Januar 2016.

155 Eickmann, 30; Staringer, 136; a.A. zweischrittige Prüfung (Person/Ort) Rehberg, 5; Heinemann, FR 1963, 99. Dann muss aber die Tätigkeit bei den geschäftsleitenden Personen einbezogen werden.

156 RFH v. 19.06.1936 – II A 107/35, RStBl. 1936, 765; RFH v. 02.07.1936 – III A 86/38, RStBl. 1936, 779, 780; RFH v. 03.07.1936, I A 150/36, RStBl. 1936, 804, 805; BFH v. 21.09.1989 – V R 55/84, BFH/NV 1990, 353, 354; BFH v. 23.01.1991 – I R 22/90, BStBl. II 1991, 554, 555; BFH v. 09.07.2003 – I R 4/02, BFH/NV 2004, 83, 84; Musil, in: H/H/S, AO, § 10, Rn. 14, Stand: 236.EL, Januar 2016; Kalbfleisch, in: E&Y, KStG, § 1, Rn. 13, Stand: 01. Juni 2017. – Mit anderem Lösungsvorschlag Wassermeyer, DB 1990, 244, 244 f.

157 RFH v. 16.06.1931, I A 462/30, RStBl. 1931, 848, 849; RFH v. 20.12.1933, I A 133/32, RStBl. II 1934, 140, 140; RFH v. 11.07.1940 – III 135/39, RStBl. 1940, 706; Musil, in: H/H/S, AO, § 10, Rn. 14, Stand: 236.EL, Januar 2016; Drüen, in: Tipke/Kruse, AO, § 10, Rn. 1, Stand: 143.EL, Januar 2016; Lampert, in: Mössner, Rn. 2.82.

158 BFH v. 29.04.1987 – X R 6/81, BFH/NV 1988, 63, 64; BFH v. 29.04.1987 – X R 16/81, BFH/NV 1988, 64, 65; BFH v. 23.01.1991 – I R 22/90, BStBl. II 1991, 554, 555.

159 BFH v. 17.07.1968, I 121/64, BStBl. II 1968, 695, 697 aE; FG Düsseldorf v. 24.04.2007 – 6 K 4637/03, K, G, U, AO, EFG 2009, 151, 152.

160 Vgl. dazu Musil, in: H/H/S, AO, § 10, Rn. 41, Stand: 236.EL, Januar 2016; Drüen, in: Tipke/Kruse, AO, § 10, Rn. 9, Stand: 143.EL, Januar 2016 – jeweils m.w.N.

nach dem „Gesamtbild der tatsächlichen Verhältnisse [...] in organisatorischer und wirtschaftlicher Hinsicht bedeutungsvollste Stelle".[161] Dazu müssen verschiedene in Betracht kommende Orte nach ihrer Bedeutung gewichtet werden.[162] Dies ist quantitativ (nach Anzahl der geschäftsleitenden Maßnahmen) und qualitativ (nach Bedeutung der Entscheidungen) zu bestimmen.[163]

II. Kriterien zur Bestimmung des Ortes der Geschäftsleitung

Die Anforderungen an die Geschäftsleitung werden überwiegend abstrakt beschrieben. Das sog. Tagesgeschäft variiert erheblich zwischen verschiedenen Unternehmen.[164] Die Geschäftsleitung kann nur nach Beurteilung aller tatsächlichen Verhältnisse im Einzelfall lokalisiert werden. Nichtsdestotrotz können für den Regelfall Kriterien zur Ermittlung des Geschäftsleitungsortes benannt werden. Kriterien der Ansässigkeitsprüfung wiederum werden teilweise zur Prüfung des Gestaltungsmissbrauchs genutzt.[165] Das Gewicht der Kriterien variiert nach Größe und Art des Unternehmens. Es trifft zu, dass „Maßnahmen, die für die eine Kapitalgesellschaft von untergeordneter Bedeutung sind, [...] für eine andere Kapitalgesellschaft den Ort der Geschäftsleitung begründen".[166]

1. Beachtliche Kriterien

Natürliche Personen, in der Regel die vertretungsberechtigten Organmitglieder, üben die Leitungstätigkeit im Unternehmen durch eigene Willensbildung und Anordnung von Geschäftsführungsmaßnahmen aus. Zur Ermittlung der Geschäftsleitung sind vorrangig die vertretungsberechtigten Personen bei ihrer geschäftsleitenden Tätigkeit zu lokalisieren,[167] was bei Kollektivorganen leichter fällt.[168] Der Geschäftsleitungsort befindet sich dort, wo regelmäßig Treffen der Geschäftsführer zur Willensbildung und Beschlussfassung stattfinden. Geschäftsleitende Sitzungen

---

161 BFH v 29.04.1987 – X R 16/81, BFH/NV 1988, 64, 65; BFH v. 21.09.1989 – V R 55/84, BFH/NV 1990, 353, 354; BFH v. 21.09.1989 – V R 32/88, BFH/NV 1990, 688; Musil, in: H/H/S, AO, § 10, Rn. 14, Stand: 236.EL, Januar 2016; Koenig, in: Koenig, § 10, Rn. 7.

162 BFH v. 03.07.1997 – IV R 58/95, BStBl. II 1998, 86, 89.

163 Musil, in: H/H/S, AO, § 10, Rn. 31 f, Stand: 236.EL, Januar 2016; Kalbfleisch, in: E&Y, KStG, § 1, Rn. 17, Stand: 01. Juni 2017; Eickmann, 36; Kessler/Müller, IStR 2003, 361, 365. – Zur Situation mehrerer Geschäftsleiter, die in verschiedenen Staaten tätig werden Lampert, in: Mössner, Rn. 2.76.

164 Lechner, in: FS Stoll, 395, 401 f.

165 Siehe v. Busekist, GmbHR 2006, 132, 134 f; Weber, DStZ 2017, 512, 514.

166 BFH v. 07.12.1994, 1 K 1/93, BStBl. II 1995, 175, 178.

167 BFH v. 29.04.1987 – X R 6/81, BFH/NV 1988, 63, 64; BFH v. 23.01.1991 – I R 22/90, BStBl. II 1991, 554, 555; BFH v. 03.04.2008, I B 77/07, BFH/NV 2008, 1445, 1447; Musil, in: H/H/S, AO, § 10, Rn. 16, Stand: 236.EL, Januar 2016; Leukefeld, 40 f, 87; Heinemann, FR 1963, 99; Ebenroth/Neiss, BB 1990, 145, 153; Seibold, IStR 2003, 45, 48.

168 Lechner, in: FS Stoll, 395, 403; Eickmann, 35.

können durch Sitzungsprotokolle, Besprechungsunterlagen oder Buchung von Konferenzräumen nachgewiesen werden.[169] Die Anwesenheit der Geschäftsführer lässt sich durch Kreditkartenabrechnungen, Hotelrechnungen, Bahn- oder Flugtickets, Rechnungen von Autovermietungsunternehmen o.Ä. belegen.[170] Voraussetzung ist, dass sich die Treffen mit dem Tagesgeschäft der Gesellschaft befassen und nicht einzelne grundlegende unternehmerische Entscheidungen getroffen werden. Die Ermittlungsbemühungen geraten an ihre Grenzen, wenn sich die Geschäftsleiter zur Willensbildung nicht an einem Ort versammeln.

Die (vermeintlichen) Geschäftsleiter müssen die Geschäfte tatsächlich leiten. Dabei ist zu prüfen, ob die Geschäftsleiter über allgemein erforderliche oder übliche Qualifikationen verfügen und notwendige Branchenkenntnisse besitzen, ob sie mehrere Unternehmen führen und ob sich Gesellschafter ein Letztentscheidungsrecht über die Geschäfte vorbehalten.[171] Ferner kann untersucht werden, welche Tätigkeiten der Geschäftsleiter erledigt, welchen Umfang die Tätigkeiten haben, in welcher Höhe sie vergütet werden.[172] Schließlich kann ermittelt werden, wer über die geschäftlichen Konten verfügen darf[173] und wer Weisungen gegenüber Mitarbeitern erteilt.

Auf den Ort der Geschäftsleitung einer Kapitalgesellschaft kann regelmäßig geschlossen werden, wenn die Gesellschaft „an einem bestimmten Ort Einrichtungen für Zwecke der Geschäftsleitung schafft" und ihre Geschäftsleiter von dort aus regelmäßig tätig werden.[174] In diesem Zusammenhang kommt dem Büro der/des Geschäftsleiter/s entscheidende Bedeutung zu,[175] vorausgesetzt die leitende Tätigkeit wird dort tatsächlich ausgeübt. Im Ausland wohnhafte und hinreichend qualifizierte Geschäftsleiter sind ohnehin ein starkes Indiz für einen dortigen Geschäftsleitungsort.[176] Im Büro des Geschäftsleiters wird, wenngleich nicht zwingend erforderlich, eine Büroausstattung vorhanden sein; dies dürfte regelmäßig (noch) „Schreibtisch, Regale, Telefon- oder Faxgeräte"[177] und einen betrieblich

169 Eickmann, 35; Staringer, Besteuerung, 138.

170 Kalbfleisch, in: E&Y, KStG, § 1, Rn. 16, Stand: 01. Juni 2017.

171 RFH v. 20.12.1933, I A 133/32, RStBl. II 1934, 140, 140 f; RFH v. 11.07.1940 – III 135/39, RStBl. 1940, 706, 707; Kalbfleisch, in: E&Y, KStG, § 1, Rn. 14, 16, Stand: 01. Juni 2017.

172 Vgl. FG Baden-Württemberg v. 27.10.1970 – III 7-8/69, EFG 1971, 106, 107.

173 Nds. FG v. 12.12.1969 – I 43/68 – EFG 1970, 316, 317.

174 BFH v. 07.12.1994 – 1 K 1/93, BStBl. II 1995, 175, 179.

175 BFH v. 29.04.1987 – X R 16/81, BFH/NV 1988, 64, 65; BFH v. 23.01.1991 – I R 22/90, BStBl. II 1991, 554, 555; BFH v. 03.04.2008, I B 77/07, BFH/NV 2008, 1445, 1447; Musil, in: H/H/S, AO, § 10, Rn. 33, Stand: 236.EL, Januar 2016; Kalbfleisch, in: E&Y, KStG, § 1, Rn. 18, Stand: 01. Juni 2017; Koenig, in: Koenig, § 10, Rn. 7.

176 Jacobs, 1033; Ebert, IStR 2005, 534, 536 (dort umgekehrter Fall).

177 FG Köln v. 22.10.2008 – 4 K 1367/05, EFG 2009, 370, 372, rkr. (zwar für Unternehmenssitz im Umsatzsteuerrecht, aber Überlegung erscheint übertragbar, da abstrakt „für ein Büro zu erwartende Minimalausstattung" definiert); Kalbfleisch, in: E&Y, KStG, § 1, Rn. 16, Stand: 01. Juni 2017.

genutzten PC[178] umfassen.[179] Bei Fehlen einer solchen Ausstattung sind erhebliche Zweifel angebracht, ob die geschäftsleitende Tätigkeit an diesem Ort tatsächlich ausgeübt wird. Ferner ist für die Tätigkeit gewöhnlich Personal zur Unterstützung erforderlich, z.B. Assistent/in der Geschäftsleitung. Deren Tätigkeitsort kann Indiz für die dortige Ausübung der Geschäftsleitung sein.[180] Besitzt ein Geschäftsleiter mehrere Büros ist eine überwiegende Nutzung festzustellen. Die tatsächliche Nutzung lässt sich durch regelmäßige Erreichbarkeit über dieses Büro nachweisen; umgekehrt ist die Nichterreichbarkeit ein starkes Indiz gegen einen Geschäftsleitungsort.[181] Zur Feststellung des Geschäftsleitungsortes kann dienlich sein, welchen Ort Geschäftspartner regelmäßig aufsuchen, um die Geschäftsleiter zu treffen.[182] Ferner lässt sich eine Nutzung des Büros durch Rechnungen und Verträge belegen. Dazu gehören Vertragsbeziehungen zu Telefon-[183], Internet- und Energieanbietern oder Nebenkostenabrechnungen zum Mietvertrag. Ein (wirksam vereinbarter und tatsächlich vollzogener) Mietvertrag kann einen Geschäftsleitungsort im Ausland untermauern. Werden Räume von anderen Gesellschaften angemietet, muss die ausländische Gesellschaft die jederzeitige Nutzbarkeit der Räume und die tatsächliche Durchführung des Vertrags nachweisen können.[184] Vor allem streitet umgekehrt die Nichtvorlage eines Mietvertrages oder der fehlende Ausweis von Mietaufwendungen gegen eine dortige Geschäftsleitung.[185] Für das Vorliegen eines Geschäftsleitungsort kann ferner sprechen, dass die für eine leitende Tätigkeit erforderlichen Geschäftsunterlagen im Büro vorhanden sind.[186] Die Bedeutung dieses Kriteriums nimmt jedoch mit zunehmender Digitalisierung

---

178 BFH v. 15.07.1998, I B 134/97, BFH/NV 1999, 372, 373.

179 Einen Kriterienkatalog der Finanzverwaltung zum Vorliegen eines Geschäftsbetriebs für Zwecke des § 50d Abs. 3 EStG will Kalbfleisch, in: E&Y, KStG, § 1, Rn. 16, Stand: 01. Juni 2017 heranziehen. Die Kriterien sind aber nur teilweise zur Feststellung des Geschäftsleitungsortes brauchbar. Angaben mit Bezug zu Geschäftsleitern (z.B. Branchenkenntnisse, Hauptberuf, weitere Funktionen, Tätigkeit in einem beratenden Beruf) im Ausland können bei der Überprüfung helfen, ob dieser tatsächlich die Geschäfte führt bzw. führen kann. Hingegen ist z.B. eine Handelsregistereintragung für den Geschäftsleitungsort nicht relevant.

180 BFH v. 29.04.1987 – X R 16/81, BFH/NV 1988, 64, 65.

181 FG Köln v. 22.10.2008 – 4 K 1367/05, EFG 2009, 370, 371 ff, rkr. (zwar für Unternehmenssitz im Umsatzsteuerrecht, aber Überlegung erscheint übertragbar).

182 FG Bremen v. 20.03.1975 – II 98/73, EFG 1975, 384.

183 BFH v. 29.04.1987 – X R 16/81, BFH/NV 1987, 64, 65; FG Bremen v. 20.03.1975 – II 98/73, EFG 1975, 384; FG Düsseldorf v. 24.04.2007 – 6 K 4637/03, K, G, U, AO, EFG 2009, 151, 152.

184 Archivmitteilung des Senators für Finanzen Bremen v. 22.11.1995 – S 1300 – 5019 – 130, FN-IDW 1995, 139, 141.

185 FG Düsseldorf v. 24.04.2007 – 6 K 4637/03, K, G, U, AO, EFG 2009, 151, 151 f.

186 BFH v. 23.01.1991 – I R 22/90, BStBl. II 1991, 554, 555; BFH v. 15.07.1998, I B 134/97, BFH/NV 1999, 372, 373; BFH v. 09.07.2003 – I R 4/02, BFH/NV 2004, 83, 84; Jacobs, 1033.

rapide ab. Im Ergebnis sollte ein von den inländischen Gesellschaftern unabhängiger Geschäftsbetrieb mit eigenständigem Auftritt nach außen vorhanden sein.[187]

Büroräumlichkeiten oder sonstige eigene feste Geschäftseinrichtungen sind zwar nicht zwingend erforderlich.[188] Ist kein Büro vorhanden oder das vorhandene nicht entsprechend nutzbar, schließt dies aber einen Geschäftsleitungsort regelmäßig aus. Ausnahmsweise können die Geschäfte z.B. von der Wohnung des Geschäftsführers[189] oder aus fremden Räumen[190] geführt werden. Ein Ortsbezug muss aber feststellbar sein.[191] Es lässt sich aber nicht bei Fehlen von inländischen Geschäftsräumen der Geschäftsleitungsort per se am steuerlichen Wohnsitz des Geschäftsleiters annehmen.[192] Vielmehr muss festgestellt werden, ob die geschäftsführende Tätigkeit dort tatsächlich ausgeübt wird. Der dauerhafte geschäftliche Aufenthalt kann durch entsprechende Belege nachgewiesen werden (Wohnungsmietvertrag, Tankquittungen o.ä.). Dennoch bleibt der Zusammenhang zwischen Aufenthalt und geschäftsleitender Tätigkeit zu belegen. Schließlich rechtfertigt nur eine ausgeprägte territoriale Anbindung der Gesellschaft die unbeschränkte Steuerpflicht.

Schwache Kriterien sind sog. technische Funktionen oder Hilfsfunktionen wie Zahlungsverkehr, Schriftverkehr/Korrespondenz, Führen von Büchern oder Behördenverkehr. Grundsätzlich können sie unabhängig von der Geschäftsleitung ausgeführt werden und werden daher teilweise als unbeachtlich eingestuft.[193] Sie können aber, abhängig von Größe und Art des Unternehmens, ein Indiz für den Geschäftsleitungsort sein.[194] Es kann berücksichtigt werden, wo Finanzgeschäfte

---

187 Jacobs, 1033.

188 RFH v. 19.06.1936 – II A 107/35, RStBl. 1936, 765; BFH v. 16.12.1998 – I R 138/97, BStBl. II 1999, 437, 438; BFH v. 31.01.2002 – V B 108/01, BStBl. II 2004, 622, 625; Seibold, IStR 2003, 45, 48.

189 BFH v. 23.01.1991 – I R 22/90, BStBl. II 1991, 554, 555; BFH v. 28.07.1993 – I R 15/93, BStBl. II 1994, 148, 149; BFH v. 15.07.1998, I B 134/97, BFH/NV 1999, 372, 373; BFH v. 16.12.1998 – I R 138/97, BStBl. II 1999, 437, 438; FG Bremen v. 20.03.1975 – II 98/73, EFG 1975, 384; Drüen, in: Tipke/Kruse, AO, § 10, Rn. 2, Stand: 143.EL, Januar 2016; Kalbfleisch, in: E&Y, KStG, § 1, Rn. 18, Stand: 01. Juni 2017; Koenig, in: Koenig, § 10, Rn. 7.

190 Musil, in: H/H/S, AO, § 10, Rn. 33, Stand: 236.EL, Januar 2016 mit Verweis auf RFH v. 19.06.1936, I A 107/35, RStBl. 1936, 765.

191 BFH v. 15.10.1997 – I R 76/95, BFH/NV 1998, 434, 435 f; BFH v. 30.01.2002 – I R 12/01, BFH/NV 2002, 1128, 1129; Ebert, IStR 2005, 534, 539 f.

192 Wohl auch BFH v. 15.10.1997 – I R 76/95, BFH/NV 1998, 434, 435, a.A. Musil, in: H/H/S, AO, § 10, Rn. 33, Stand: 236.EL, Januar 2016; Seibold, IStR 2003, 45, 48.

193 Lechner, in: FS Stoll, 395, 398; Eickmann, 32. – Unklar, ob generell oder nur im konkreten Fall unbeachtlich: Nds. FG v. 12.12.1969 – I 43/68, EFG 1970, 316, 317.

194 BFH v. 16.12.1998 – I R 138/97, BStBl. II 1999, 437, 439; ebenso Seibold, IStR 2003, 45, 48: „bedeutende[n] ... Tätigkeiten" (Abwicklung des Zahlungsverkehrs und Schriftverkehrs, Behördengänge). – Zur Korrespondenz BFH v. 29.04.1987 – X R 16/81, BFH/NV 1988, 64, 65; BFH v. 21.09.1989 – V R 55/84, BFH/NV 1990, 353, 354; BFH

für das Unternehmen getätigt werden[195], wo die Buchführung erfolgt oder der Jahresabschluss erstellt wird[196]. Bankgeschäfte[197] können je nach Art und Größe des Unternehmens ebenso der Geschäftsleitung zuzuordnen sein wie die Erstellung von Kalkulationen[198] oder Angeboten[199].

Die Verwaltung eigenen Vermögens ist für vermögensverwaltende Holdinggesellschaften oder Stiftungen[200] eine wesentliche Aufgabe. Ebenfalls kann es darauf ankommen, wo Depots geführt werden oder Immobilien belegen sind.[201] Die Rechnungsadresse kann bei kleinen Unternehmen zu berücksichtigen sein.[202] Stets sind die Besonderheiten der jeweiligen Tätigkeit zu berücksichtigen. Für einen Produktionsbetrieb spielen bspw. Entscheidungen über Materialbeschaffung, Produktionsverfahren, Produktauswahl oder Vertrieb eine entscheidende Rolle.[203]

Die ausländische Gesellschaft sollte in Erfüllung ihrer Mitwirkungspflicht aus §§ 90, 93 AO Steuererklärungen, Bilanzen oder Steuerbescheide aus dem anderen Staat vorlegen. Daraus kann abgeleitet werden, ob die Gesellschaft selbst ernsthaft von einem ausländischen Geschäftsleitungsort ausgegangen ist.[204]

2. *Regelmäßig unbeachtliche Kriterien*

Umgekehrt lassen sich bestimmte Merkmale definieren, die für die Bestimmung des Geschäftsleitungsortes keine oder nur eine untergeordnete Rolle spielen.[205] Der Sitz ist ohne Bedeutung für die Geschäftsleitung.[206] Er beurteilt sich nach den rechtlichen Verhältnissen und ist ein getrennt zu betrachtender Anknüpfungspunkt für die unbeschränkte Körperschaftsteuerpflicht. Der Geschäftsleitungsort hängt nicht vom Sitzort ab; die Geschäftsleitung ist auch nicht am Sitzort zu vermuten. Ferner belegt eine Handelsregistereintragung nur die (rechtliche) Existenz

---

v. 23.01.1991 – I R 22/90, BStBl. II 1991, 554, 555; FG Saarland v. 03.12.2003 – 1 K 200/00, EFG 2004, 430,430.

195 RFH v. 25.07.1935 – III A 98/35, RStBl. 1935, 1366; Kalbfleisch, in: E&Y, KStG, § 1, Rn. 14, Stand: 01. Juni 2017.

196 RFH v. 25.07.1935 – III A 98/35, RStBl. 1935, 1366; FG Bremen v. 20.03.1975 – II 98/73, EFG 1975, 384; FG München v. 19.10.2000 – 7 K 4260/95, EFG 2001, 259, 260; Kalbfleisch, in: E&Y, KStG, § 1, Rn. 14, Stand: 01. Juni 2017.

197 BFH v. 29.04.1987 – X R 16/81, BFH/NV 1988, 64,65.

198 BFH v. 21.09.1989 – V R 55/84, BFH/NV 1990, 353,354.

199 BFH v. 09.07.2003 – I R 4/02, BFH/NV 2004, 83,84.

200 Nds. FG v. 12.12.1969 – I 43/68, EFG 1970, 316,317.

201 FG Saarland v. 03.12.2003 – 1 K 200/00, EFG 2004, 430,431.

202 BFH v. 16.12.1998 – I R 138/97, BStBl. II. 1999, 437,438.

203 Lechner, in: FS Stoll, 395,402.

204 FG Düsseldorf v. 24.04.2007 – 6 K 4637/03, K, G, U, AO, EFG 2009, 151,152.

205 Eine Auflistung einiger unschädlicher (grundlegender) Tätigkeiten (v.a. der Gesellschafter/des Aufsichtsrates) Schröder, StBp 1980, 97,99.

206 BFH v. 21.09.1989 – V R 55/84, BFH/NV 1990, 353, 354; Koenig, in: Koenig, § 10, Rn. 4; v. Busekist, GmbHR 2006, 132,134.

der eingetragenen Gesellschaft, aber nicht den Ort der Geschäftsleitung.[207] Gleiches gilt – in der Regel – für die Postadresse,[208] wobei dies anders zu beurteilen sein kann, wenn eine bestimmte Adresse für Post an die Geschäftsleitung bekannt ist. Ebenso wenig ist bedeutsam, wo einzelne Geschäftsvorfälle stattfinden, wo einzelne Verträge, selbst wesentliche Geschäfte, angebahnt und abgeschlossen werden.[209] Anders kann dies zu bewerten sein, wenn regelmäßig Verträge an einem bestimmten Ort verhandelt und/oder abgeschlossen werden.[210] Die Lage der Produktionsstätten oder der Büroräume (anderer Personen als der Geschäftsleiter oder deren Hilfspersonen) sind regelmäßig unbeachtlich.[211] Der Umfang der Tätigkeit, die Funktion der Geschäftsbereiche oder die Anzahl der Arbeitnehmer und deren Tätigkeit sagen über den tatsächlichen Geschäftsleitungsort nichts aus.[212]

III. Sonderfälle?

Die Maßstäbe und Kriterien zur Bestimmung der Geschäftsleitung gelten grundsätzlich für alle Arten von Gesellschaften. Bei funktionsschwachen (vermeintlich) ausländischen Gesellschaften besteht aber die nahe Gefahr der faktischen Geschäftsleitung durch inländische Gesellschafter. Eine Geschäftsleitung durch die inländischen Gesellschafter wird allgemein erst angenommen, wenn diese die Geschäftsleitung an sich ziehen. Dies erfordert, dass die Gesellschafter „den laufenden Geschäftsgang nicht nur beobachten, kontrollieren und fallweise beeinflussen, sondern ständig in die Tagespolitik der Gesellschaft eingreifen und dauernd die im gewöhnlichen Geschäftsverkehr erforderlichen Entscheidungen von einigem Gewicht selbst treffen".[213] Eine solche faktische Ausübung der Geschäftsleitung droht trotz des großzügigen Maßstabs bei funktionsschwachen Gesellschaften. Deren Tagesgeschäft kann neben Verwaltungstätigkeiten aus wenigen unternehmerischen Entscheidungen bestehen. Werden diese durch inländische Gesellschafter getroffen, kann dies ein An-sich-Ziehen der Geschäftsleitung

207 A.A. wg. Gesamtbild der Verhältnisse Kalbfleisch, in: E&Y, KStG, § 1, Rn. 16, Stand: 01. Juni 2017.

208 V. Busekist, GmbHR 2006, 132, 134, ohne wichtige Ausnahme für Büroräume der Geschäftsleitung bzw. deren Hilfspersonen; aber FG Bremen v. 20.03.1975 – II 98/73, EFG 1975, 384 für Relevanz der Postadresse.

209 RFH v. 16.06.1931, I A 462/30, RStBl. 1931, 848, 849; Musil, in: H/H/S, AO, § 10, Rn. 31, Stand: 236.EL, Januar 2016; a.A. Seibold, IStR 2003, 45, 47 (Geschäftsleitungsort dort, wo wesentliche Geschäfte abgeschlossen werden).

210 BFH v. 15.10.1997 – I R 76/95, BFH/NV 1998, 434, 435; FG Köln v. 13.11.2000 – 2 V 6196/00, EFG 2001, 258, 259, rkr.

211 V. Busekist, GmbHR 2006, 132, 134.

212 A.A. Kalbfleisch, in: E&Y, KStG, § 1, Rn. 16, Stand: 01. Juni 2017.

213 BFH v. 17.07.1968, I 121/64, BStBl. II 1968, 695, 697; Musil, in: H/H/S, AO, § 10, Rn. 18, Stand: 236.EL, Januar 2016; Drüen, in: Tipke/Kruse, AO, § 10, Rn. 7, Stand: 143.EL, Januar 2016; so schon u.a. RFH v. 25.07.1935 – III A 98/35, RStBl. 1935, 1366.

bedeuten.[214] Insbesondere Briefkastengesellschaften werden daher regelmäßig gemäß §§ 1 Abs. 1 KStG i.V.m. 10 AO im Inland unbeschränkt steuerpflichtig sein – anderes gilt für Scheingesellschaften: ohne Vollzug der Gründung oder Tätigkeit besteht kein Mittelpunkt einer geschäftlichen Oberleitung.

Bestimmte unternehmerische Tätigkeiten, die sich durch einen geringen Umfang auszeichnen und sich mit geringer personeller und sachlicher Ausstattung ausüben lassen (bspw. Holding- oder Finanzierungstätigkeiten), können sich im besonderen Maße einem Manipulationsverdacht ausgesetzt sehen. Das Tagesgeschäft kann sich in einzelnen Entscheidungen und wenigen Verwaltungstätigkeiten erschöpfen.[215] In aller Regel wird nur ein Bruchteil der Arbeitskraft der geschäftsleitenden Personen beansprucht. Allgemein ist zu beachten, dass die Geschäftsleiter das Tagesgeschäft im Sitzstaat der Gesellschaft erledigen müssen, wenn sich dort der Geschäftsleitungsort befinden soll.[216] Die ausländische Geschäftsleitung bedarf ausreichender Qualifikation und Kompetenzen. Erledigen die Geschäftsleiter ihre Tätigkeit überwiegend oder gänzlich mittels moderner Kommunikationsmittel, kann einer unbeabsichtigten Verlagerung der Geschäftsleitung, dem Aufenthalt der Geschäftsleiter folgend, vorgebeugt werden, indem die Geschäftsleitersitzungen im Sitzstaat stattfinden.[217] Ferner darf die Beeinflussung durch Gesellschafter nicht ausufern, da Weisungen angesichts des geringen Umfangs der Tätigkeit größeres Gewicht zukommt. Gesellschafter müssen sich auf gesellschafterliche Weisungs- und Kontrollbefugnisse beschränken. Die Mitentscheidung in ganz bedeutenden Fragen ist aber ohnehin nicht Teil des Tagesgeschäfts. Die faktische Übernahme der Geschäftsleitung durch Dritte ist ebenfalls unschädlich, wenn sie aus dem ausländischen Sitzstaat heraus erfolgt. Die Zuständigkeiten zwischen Geschäftsleitung und Gesellschaftern dürfen überdies abgegrenzt werden, wenn der Geschäftsleitung erkennbar die Geschäftsführungsbefugnis zusteht und der gesellschafterliche Einfluss die eigenständige Geschäftsleitung nicht aushöhlt.[218] Der Kern der Tätigkeit darf aber nicht durch Gesellschafter ausgeübt werden.

Charakteristika der jeweiligen Branchen sind zu berücksichtigen. Holdinggesellschaften sind mit dem (dauerhaften) Halten und Verwalten (Erwerb, Verwaltung, ggf. Veräußerung)[219] von Beteiligungen befasst.[220] Es werden üblicherweise Anlage- und Finanzierungsentscheidungen getroffen; hinzu kommen regelmäßige

---

214 Schaumburg, in: Schaumburg, Rn. 7.3; v. Busekist, GmbHR 2006, 132, 135.

215 Kalbfleisch, in: E&Y, KStG, § 1, Rn. 16, Stand: 01. Juni 2017; Ebert, IStR 2005, 534, 535 ff.

216 Dazu auch v. Busekist, GmbHR 2006, 132, 135.

217 Kalbfleisch, in: E&Y, KStG, § 1, Rn. 16, Stand: 01. Juni 2017.

218 Vgl. Jacobs, 1033; Rödding, in: Beck Holding, Teil D, Rn. 212.

219 Dazu Kalbfleisch, in: E&Y, KStG, § 1, Rn. 16, Stand: 01. Juni 2017; Hollhüber, in: Toifl/Züger, 71, 80; Ebert, IStR 2005, 534, 535.

220 Mentz, in: Beck Holding, Teil A, Rn. 1 ff; Lampert, in: Mössner, Rn. 2.78; Eilers/Wienands, IStR 1999, 289, 292.

Verwaltungstätigkeiten wie Buchführung und Bilanzierung, Fertigung von Steuererklärungen und Abwicklung des Zahlungsverkehrs.[221] Bei einer geschäftsleitenden Holdinggesellschaft besteht das tägliche Geschäft aus Steuerung und Kontrolle von Beteiligungen (bspw. Beobachtung der geschäftlichen Entwicklung der Tochtergesellschaften, Entscheidung über Verkäufe einzelner Beteiligungen oder Auslagerung von Funktionen, Erteilung einzelner Weisungen) und der Übernahme von Funktionen (sog. Servicefunktionen wie Finanzen, Recht, Steuern, Buchführung/Bilanzierung) von Tochtergesellschaften.[222] Die Geschäftsleitung der Holdinggesellschaft befindet sich dort, wo Geschäftsführungsmaßnahmen für die Tochtergesellschaften getroffen werden. Das regelmäßige Treffen von grundlegenden, strategischen Entscheidungen für die Beteiligungen ist Tagesgeschäft der Holdinggesellschaft und bestimmt deren Geschäftsleitungsort.[223] Die Geschäftsleitung der Beteiligungen wird regelmäßig nicht durch die Geschäftsleitung der Holdinggesellschaft bestimmt. Die Abstimmung bei wesentlichen Geschäften ist für den Geschäftsleitungsort der Tochtergesellschaften unbeachtlich. Durch Kontrolle der Tochtergesellschaft und gelegentliche Beeinflussung zieht die Holdinggesellschaft die Geschäftsleitung noch nicht an sich. Die Grenze wird erst überschritten, wenn die Holdinggesellschaft das Tagesgeschäft der Beteiligungen führt. Dies erfordert ständige und erhebliche Eingriffe. Die bloße Verwaltung der Beteiligungen und die Mitwirkung in grundlegenden Entscheidungen bedeutet nicht die Geschäftsleitung für verwaltete Gesellschaften.[224] Im Einzelfall kann je nach Ausmaß und Qualität der Einflussnahme der Ort der Geschäftsleitung der Beteiligungsgesellschaft jedoch durch die geschäftsleitenden Organe der Holdinggesellschaft bestimmt sein.[225]

Bei funktionsschwachen Gesellschaften sind einzelne Funktionen stark gewichtet, sodass eine (erhebliche) Mitwirkung in diesem Bereichen die Gefahr der faktischen Geschäftsleitung mit sich bringt. Kennzeichnend für die Tätigkeit einer vermögensverwaltenden Gesellschaft sind die laufende Kontrolle über das verwaltete Vermögen, ggf. die Verwahrung von Wertpapieren, die Anfertigung oder zumindest das Unterschreiben von Steuererklärungen,[226] die Abwicklung des Zahlungsverkehrs, die Erledigung von Finanzgeschäften und die Beauftragung von

221 Eickmann, 32 (spez. für Vermögensverwaltung); Ebert, IStR 2005, 534, 535.

222 Eilers/Wienands, IStR 1999, 289, 292; Seibold, IStR 2003, 45, 48; Ebert, IStR 2005, 534, 536, 538.

223 Kalbfleisch, in: E&Y, KStG, § 1, Rn. 16, 20, Stand: 01. Juni 2017; Eilers/Wienands, IStR 1999, 289, 292; Seibold, IStR 2003, 45, 48.

224 BFH v. 17.07.1968, I 121/64, BStBl. II 1968, 695, 697; Musil, in: H/H/S, AO, § 10, Rn. 20, Stand: 236.EL, Januar 2016; Kalbfleisch, in: E&Y, KStG, § 1, Rn. 16, 20, Stand: 01. Juni 2017; Koenig, in: Koenig, § 10, Rn. 10 („Holdinggesellschaften"); Drüen, in: Tipke/Kruse, AO, § 10, Rn. 10, Stand: 143.EL, Januar 2016; Eilers/Wienands, IStR 1999, 289, 292; Ebert, IStR 2005, 534, 535.

225 Dazu Eilers/Wienands, IStR 1999, 289, 292.

226 BFH v. 07.12.1994 – I K 1/93, BStBl. II 1995, 175, 178.

Beratern.[227] Mit Erfüllung dieser Tätigkeiten üben die Geschäftsleiter das Tagesgeschäft aus.[228] Das Tagesgeschäft einer Immobiliengesellschaft besteht u.a. aus dem Abschluss von Kaufverträgen, Darlehensverträgen, Mietverträgen und Verträgen mit Dienstleistungs- oder Versicherungsgesellschaften.[229] Die Aufgabe einer Finanzierungsgesellschaft besteht darin, Konzerngesellschaften Geld zur Verfügung zu stellen. Dies umfasst insbesondere die Aufnahme von Darlehen sowie die Ausgabe/Platzierung von Anleihen,[230] daneben sind Funktionen wie Buchführung, Bilanzierung und die Erfüllung steuerlicher Pflichten relevant.[231] Erhebliche Einflussnahme auf diese Bereiche birgt mithin das Risiko, dass die Geschäftsleitung ausgeübt wird.

IV. Outsourcing und Ort der Geschäftsleitung

Outsourcing bezeichnet die Fremdvergabe von Aufgaben(-bereichen) im Zuge einer Auslagerung von betrieblichen Funktionen[232] oder – mit anderen Worten – die Abgabe von Aufgaben an Dienstleister auf vertraglicher Basis.[233] Die Auslagerung kann auch die Leitungsfunktion betreffen. Auf Basis eines sog. Betriebsführungsvertrags kann das Tagesgeschäft der ausländischen Gesellschaft einer sog. Managementgesellschaft übertragen werden.[234]

Grundsätzlich ist für die Ausübung der Geschäftsleitung entscheidend, wer befugt und in der Lage ist, das Tagesgeschäft der Gesellschaft zu erledigen. Bei Übertragung der Geschäftsleitung auf eine Managementgesellschaft liegt die laufende Geschäftsführung rein tatsächlich bei dieser. Den tatsächlichen Verhältnissen folgt das Steuerrecht in § 10 AO. Werden die geschäftsleitenden Entscheidungen der Gesellschaft auf eine Managementgesellschaft übertragen, ist dies für die Bestimmung des Geschäftsleitungsortes maßgeblich. Der Ort der Geschäftsleitung befindet sich dort, wo die Managementgesellschaft das Tagesgeschäft für die beauftragende Gesellschaft ausübt.

Die Regelung des § 10 AO wird nicht durch die Auslagerung der Geschäftsleitung umgangen. Die unbeschränkte Steuerpflicht ist gerechtfertigt, wenn ein ausgeprägter steuerlicher Anknüpfungspunkt zu einem Staat besteht. Eine solche besondere Beziehung kann sich aus dem Sitz oder der Geschäftsleitung im Inland

227 Ebert, IStR 2005, 534, 535, 538.

228 Kalbfleisch, in: E&Y, KStG, § 1, Rn. 16, Stand: 01. Juni 2017; Seibold, IStR 2003, 45, 48. – Generell für Holdinggesellschaften Höllhuber, in: Toifl/Züger, 71, 80.

229 Töben/Lohbeck, in: FS Pöllath+Partner, 211, 229.

230 Ebert, IStR 2005, 534, 535, 538.

231 Kalbfleisch, in: E&Y, KStG, § 1, Rn. 16, Stand: 01. Juni 2017, Eilers, in: FS Wassermeyer, 323, 326.

232 Bosch, IStR 1998, 392, 392, Fn. 3 mit Verweis auf Bühner/Tuschke, Outsourcing, DBW 1997, 20, 21.

233 Käbisch, IStR 2014, 674, 675.

234 Missbrauchserwägungen spielen erst im Rahmen des § 42 AO eine Rolle. – Zur Frage der Begründung einer Betriebsstätte Leukefeld, 55 ff.

ergeben. Die inländische Geschäftsleitung kann einen steuerlichen Zugriff auf die weltweiten Einkünfte rechtfertigen, weil die wesentlichen Entscheidungen unter Einsatz örtlicher Ressourcen im Staat der Geschäftsleitung getroffen werden. Fehlt die Verknüpfung mit einem Staat durch Nutzung von Infrastruktur und ständige Ausübung der geschäftsleitenden Tätigkeit vor Ort, ist die Besteuerung des Welteinkommens der Gesellschaft nicht gerechtfertigt.

Sicherzustellen ist, dass die Managementgesellschaft die Geschäfte tatsächlich führen kann. Dies setzt voraus, dass sie selbstständig und eigenverantwortlich im Namen und auf Rechnung der beauftragenden Gesellschaft handelt (sog. echter Betriebsführungsvertrag).[235] Die Geschäftsleiter müssen über ausreichende personelle und sachliche Ressourcen für die Ausübung der Geschäftsleitung verfügen,[236] ebenso über ausreichende Befugnisse und Qualifikationen. Die Kompetenz der Gesellschafter, die Geschäftsleitung an sich ziehen zu können und/oder einer anderen Gesellschaft übertragen zu können allein ist nicht von Bedeutung. Dies ist lediglich Ausdruck des fortbestehenden gesellschafterlichen Einflusses. Diese grundsätzliche Kompetenz ist für die Bestimmung des Geschäftsleitungsorts nicht relevant. Die Grenze des zulässigen gesellschafterlichen Einflusses ist erst überschritten, wenn (inländische) Gesellschafter die Geschäftsführung faktisch ausüben,[237] was aber nach allgemeinen Maßstäben erst der Fall ist, wenn die Gesellschafter „ständig in die Tagespolitik der Gesellschaft" eingreifen und „dauernd die im gewöhnlichen Geschäftsverkehr erforderlichen Entscheidungen von einigem Gewicht selbst" treffen.[238]

Ohne Einfluss auf den Ort der Geschäftsleitung ist auch, wenn statt des gesamten Tagesgeschäfts nur einzelne Verwaltungsfunktionen ausgelagert werden.[239] Dies kann Ausdruck wirtschaftlicher Notwendigkeit sein, wenn z.B. die Gesellschaft (vorübergehend) nicht über ausreichende Managementkapazitäten verfügt oder punktuell Know-How beschaffen muss.[240]

Die Zulässigkeit des Outsourcings von Geschäftsleitungsaufgaben auf eine Managementgesellschaft und die Maßgeblichkeit der durch die Managementgesellschaft ausgeübten Leitungstätigkeit für die Bestimmung des Geschäftsleitungsorts sind anerkannt. Konnte eine frühere finanzgerichtliche Entscheidung[241] noch

---

235 Zur zivilrechtlichen Ausgestaltung von Managementverträgen Raupach/Burwitz, in: FS Rädler, 539, 548 ff.

236 Häuselmann/Hechler, IStR 1999, 33, 35.

237 BFH v. 03.07.1997 – IV R 58/95, BStBl. II 1998, 86, 88; Musil, in: H/H/S, AO, § 10, Rn. 24, Stand: 236.EL, Januar 2016; Drüen, in: Tipke/Kruse, AO, § 10, Rn. 3, Stand: 143.EL, Januar 2016; Kreutziger, DStR 1998, 1122, 1123.

238 St. Rspr, z.B. BFH v. 03.07.1997 – IV R 58/95, BStBl. II 1998, 86, 87.

239 Ebert, IStR 2005, 534, 538.

240 Raupach/Burwitz, in: FS Rädler, 539, 549.

241 FG Hamburg v. 24.10.1986 – I 170/83, EFG 1987, 413, rkr. – In dem Fall wurde die Geschäftsleitung auf in Singapur ansässige Repräsentanten übertragen, die die Geschäftsleitung berechtigterweise zum Teil weiterübertrugen und sich eng mit der Geschäftsführung der Gesellschaft abstimmen mussten.

dahin gehend verstanden werden, dass die Übertragung der Geschäftsleitung auf einen Dienstleister steuerlich nicht anzuerkennen sei, weil die Übertragung zivilrechtlich unzulässig sei und die in §§ 10 und 12 S. 2 Nr. 1 AO zum Ausdruck kommende „örtliche Fixierung“ der Geschäftsleitung unterlaufe, ist dies jedenfalls überholt. Die Entscheidung ist nur dann mit den Grundsätzen des § 10 AO zu vereinbaren, wenn man davon ausgeht, dass der gesellschafterliche Einfluss auf das Tagesgeschäft im konkreten Fall derart ausgeprägt war, dass von einer faktischen Ausübung der Geschäftsleitung durch die inländischen Gesellschafter auszugehen war. Grundsätzlich ist für die Ausübung der Geschäftsleitung allein entscheidend, wer befugt und in der Lage ist, das Tagesgeschäft zu erledigen. Eine ggf. zivilrechtlich unzulässige Übertragung der Geschäftsleitung heranzuziehen, ist verfehlt. Das Steuerrecht stellt in § 10 AO auf die tatsächlich bestehenden Verhältnisse ab.[242] Der bloße Verstoß gegen gesellschaftsrechtliche Vorgaben bewirkt keine Ausübung der Geschäftsleitung durch inländische Gesellschafter.

Die Übertragung der Geschäftsleitung auf einen externen Manager wurde zu Recht in einer späteren Entscheidung für grundsätzlich zulässig erachtet.[243] Die wesentlichen Aufgaben der Geschäftsleitung (Bereedung) waren einem im Ausland ansässigen Manager übertragen worden. Dessen Pflichten entsprachen nach vertraglicher Regelung den typischen Aufgaben eines (grundsätzlich das Tagesgeschäft ausübenden) Korrespondentreeders, u.a. Abwicklung der das Schiff betreffenden Verträge, Einstellung und Bereitstellung der Besatzung des Schiffes, Ausrüstung, Abwicklung von Laden und Löschen, Abschluss von Versicherungen, umfassende Inkassotätigkeit, Zahlung aller Aufwendungen. Die Befrachtung, als Teil der konkreten geschäftsleitenden Tätigkeit war bereits einer anderen Gesellschaft übertragen worden. Das Management wechselte später auf eine zum Konzern einer Gesellschafterin gehörige ausländische Managementgesellschaft, deren Nachfolgegesellschaft später zum Korrespondentreeder bestellt wurde. Das Gericht lokalisierte die Geschäftsleitung im Ausland. Bestimmte Rechtshandlungen, die der Beschlussfassung der Kommanditisten bedurften, lagen außerhalb des Tagesgeschäfts und waren somit für die Bestimmung der Geschäftsleitung irrelevant. Die von einer inländischen Gesellschaft übernommene Befrachtung des Schiffes wurde gegenüber der Tätigkeit der ausländischen Managementgesellschaft/en untergewichtet, sodass dieser die Geschäftsführung im Wesentlichen zukam. Dass die Gesellschafter die Geschäftsleitungsaufgaben hätten übernehmen können, wurde ebenso wie die Weisungsbefugnis der Gesellschafter als unerheblich beurteilt. Vielmehr wurde die Wahlfreiheit betont, ausländische Managementgesellschaften mit den Geschäftsleitungsaufgaben zu betrauen, selbst wenn sie zum Konzern eines Gesellschafters gehören.

---

242 BFH v. 03.07.1997 – IV R 58/95, BStBl. II 1998, 86, 88.
243 BFH v. 03.07.1997 – IV R 58/95, BStBl. II 1998, 86, 88.

Die steuerliche Behandlung von Managementverträgen spielte in jüngerer Zeit in Entscheidungen mit Bezug zu den sog. IFSC-Gesellschaften[244] – benannt nach ihrer Ansässigkeit im International Financial Services Centre in Dublin, Irland – eine Rolle. Die deutsche Rechtsprechungslinie wird, dem Sitz der IFSC-Gesellschaften im früheren Dubliner Hafengebiet folgend, als sog. Dublin-Docks-Rechtsprechung bezeichnet.[245] Die Entscheidungen dürften ebenfalls für eine implizite Anerkennung des Outsourcings des Tagesgeschäfts streiten, jedenfalls stehen sie der Zulässigkeit nicht entgegen. Das IFSC entwickelte sich als Folge einer von der EU-Kommission genehmigten Beihilfemaßnahme für den irischen Finanzdienstleistungssektor. Die IFSC-Gesellschaften konnten bei Erfüllung bestimmter Voraussetzungen in den Genuss eines ermäßigten irischen Körperschaftsteuersatzes in Höhe von 10 % gelangen. Regelmäßig verfügten die Gesellschaften nicht über eigene personelle und sachliche Mittel, sondern nur über einen Board of Directors als strategisches Leitungsorgan. Dem Board kamen üblicherweise nur Weisungs- und Kontrollrechte zu. Die irischen gesetzlichen Förderungsvoraussetzungen sahen vor, dass die IFSC-Gesellschaften eine bestimmte Anzahl irischer Angestellter zu beschäftigen oder die Dienstleistungen irischer Managementgesellschaften in Anspruch zu nehmen hatten. Regelmäßig wurde die zweite Option genutzt. Die Betriebsführung, laufende Geschäftsführung und Verwaltung, wurde vertraglich einer Managementgesellschaft übertragen.[246] In der sog. Dublin-Docks-I[247]-Entscheidung musste zur Frage des Geschäftsleitungsortes nicht ausdrücklich Stellung bezogen werden. Eine Kapitalanlagegesellschaft mit Sitz im IFSC ließ ihre Wertpapiergeschäfte durch eine Managementgesellschaft abwickeln. Die Kapitalanlagegesellschaft sollte eingezahltes Kapital ihrer inländischen Gesellschafter verwalten. Sie verfügte nicht über einen Geschäftsbetrieb. Mittels eines Betriebsführungsvertrages wurden Geschäftsführung und Verwaltung der Kapitalanlagegesellschaft einer irischen Managementgesellschaft übertragen. Diese Managementgesellschaft hatte ein Großraumbüro gemietet und beschäftigte 17 Arbeitnehmer. Sie erbrachte Managementdienstleistungen auch gegenüber

---

244 Zum Begriff Raupach/Burwitz, in: FS Rädler, 539, 540, vgl. auch ifsc.ie, zuletzt abgerufen am 16.01.2016), anders BFH v. 19.01.2000 – I R 94/97, BStBl. II 2001, 222, 222 (International Finance and Service Centre).

245 Zu Fragen der steuerlichen Behandlung von IFSC-Gesellschaften sind mittlerweile zahlreiche Entscheidungen des BFH ergangen. Diese werden im Verlauf der Arbeit teilweise nummeriert als Dublin Docks I (v. 19.01.2000 – I R 94/97, BStBl. II 2001, 222), Dublin Docks II (v. 19.01.2000 – I R 117/97, IStR 2000, 182), Dublin Docks III (v. 25.02.2004 – I R 42/02, BStBl. II 2005, 14) und Dublin Docks IV (v. 03.05.2006 – I R 124/04, BStBl. II 2011, 547) bezeichnet. – Siehe zu den Begrifflichkeiten Wilke, IWB F 3A, Gr. 1, 1099.

246 Ausführlich zum IFSC Raupach/Burwitz, in: FS Rädler, 539 ff; Burwitz, 58 ff. – Siehe auch Sachverhalte in BFH v. 19.01.2000 – I R 94/97, BStBl. II 2001, 222; BFH v. 19.01.2000 – I R 117/97, IStR 2000, 182, dazu Hölzemann, IStR 2006, 830, 833.

247 BFH v. 19.01.2000 – I R 94/97, BStBl. II 2001, 222.

anderen Gesellschaften. Die Anlagegesellschaft hatte lediglich einen Board of Directors als geschäftsführendes Organ. Vorstandssitzungen wurden in Irland abgehalten. Die Auslagerung der Geschäftsleitung wurde in der Entscheidung unter dem Gesichtspunkt des Rechtsmissbrauchs geprüft. Da aber die Managementgesellschaft und das Board der Gesellschaft in Irland ihre Tätigkeit ausübten, wurde angenommen, dass der Geschäftsleitungsort in jedem Fall in Irland lag. Die Ansässigkeit in Irland wurde nicht problematisiert, die Zulässigkeit der Übertragung jedoch auch nicht bezweifelt. Dies gilt gleichermaßen für die Entscheidung Dublin Docks II.[248]

In einer weiteren Entscheidung[249] hatten zwei Anlagegesellschaften mit Sitz im IFSC einen Board of Directors, aber keine sonstigen personellen oder sachlichen Mittel. Den Kapitalanlagegesellschaften wurde die Anlagestrategie von den inländischen Gesellschaftern vorgeschlagen. Mit einer Bank wurde ein sog. Vermögensverwaltungsvertrag abgeschlossen; die Bank wurde als Manager der Anlagegesellschaften bestellt. Die Bank bestellte einen Investmentberater. Mit diesem wurde ebenfalls ein Beratungsvertrag geschlossen. Dieser war aber nicht befugt, Geschäfte im Namen der Anlagegesellschaften zu tätigen. Der Investmentberater übernahm vor allem die technische Abwicklung. Sitzungen der Anlageausschüsse fanden in Irland statt. Dabei wurden keine konkreten Anlageentscheidungen getroffen. Nach Feststellung des Gerichts führten die Anlagegesellschaften in Irland Research und Trading durch, trugen das Risiko des Tradings und ließen in Irland ansässige Managementgesellschaften Entscheidungen umsetzen. Entscheidungen über An- und Verkäufe wurden in Irland getroffen. Das Gericht kam zu dem Schluss, dass das Board of Directors nicht das Tagesgeschäft führte, sondern lediglich als Überwachungsorgan tätig war. Die Ausübung geschäftsleitender Tätigkeiten im Inland konnte nicht festgestellt werden. Die Revision in Dublin Docks III war an die tatrichterlichen Feststellungen gebunden. Die Gestaltung wurde unter dem Aspekt des Rechtsmissbrauchs untersucht, die Frage des Geschäftsleitungsorts eher implizit behandelt. Festgestellt war, dass „die irischen Kapitalgesellschaften Research- und Tradingtätigkeiten durchführten, das Risiko der Tradinggeschäfte hatten und in Irland Managementgesellschaften für diese tätig waren“, dass „Entscheidungen über An- und Verkäufe in Irland getroffen wurden.“ Schließlich wurde aber „nicht festgestellt, dass die Anlageentscheidungen tatsächlich aus dem Inland aus getroffen wurden“. Aus der teilweisen Personenidentität zwischen Mitarbeitern der Anlage- und der Managementgesellschaften und vor allem aus dem Engagement eines deutschen Vertreters im Überwachungsorgan konnten „keine Rückschlüsse auf den Sitz oder die Geschäftsleitung der irischen Kapitalanlagegesellschaften im Inland gezogen werden.“[250] Der Geschäftsleitungsort war somit

248 BFH v. 19.01.2000 – I R 117/97, IStR 2000, 182.

249 FG Baden-Württemberg v. 28.06.2001 – 6 K 490/97, EFG 2001, 1350, insb. 1352; anschließend BFH v. 25.02.2004 – I R 42/02, BStBl. II 2005, 14, 16.

250 Wörtliche Zitate jeweils FG Baden-Württemberg v. 28.06.2001 – 6 K 490/97, EFG 2001, 1350, 1352, rechte Spalte.

jedenfalls in Irland anzunehmen. In der Entscheidung wurde die Einschaltung einer Managementgesellschaft als solche nicht problematisiert, wobei keine Zweifel daran zutage traten, dass der Geschäftsleitungsort infolge des Abschlusses eines Managementvertrags verlagert werden kann.

Die Übertragung der Geschäftsleitung auf eine Managementgesellschaft ist steuerlich anzuerkennen.[251] Der Geschäftsleitungsort einer Gesellschaft kann sich somit im Fall des Outsourcings der Leitungsfunktion nach der ausländischen Ansässigkeit des Managements richten.

V. Zwischenergebnis

Verrichtet die Geschäftsleitung einer (Kapital-)Gesellschaft das Tagesgeschäft tatsächlich im Inland, ist die Gesellschaft im Inland unbeschränkt steuerpflichtig (§§ 1 Abs. 1 KStG i.V.m. 10 AO). Insbesondere (vermeintlich ausländische) Briefkastengesellschaften unterliegen daher regelmäßig der unbeschränkten Steuerpflicht. Die Verlagerung der Geschäftsleitungstätigkeit auf Dienstleistungsgesellschaften ist aber in aller Regel anzuerkennen und für die Bestimmung des Ortes der Geschäftsleitung maßgeblich.

B. Zurechnung (§ 39 AO)

Im sog. Oasenerlass I wurde § 11 StAnpG – die Vorläuferregelung des § 39 AO – als Ansatzpunkt zur Bekämpfung der Einkünfte- oder Vermögensverlagerung in sog. Steueroasenländer erwähnt. Demnach sollte die Zurechnung der Wirtschaftsgüter eines ausländischen Rechtsträgers zum inländischen unbeschränkt Steuerpflichtigem nach den Grundsätzen des wirtschaftlichen Eigentums in Betracht gezogen werden.[252]

§ 39 AO betrifft die persönliche steuer-(schuldrecht-)liche Zurechnung von Wirtschaftsgütern. Ein Wirtschaftsgut wird einem Besteuerungssubjekt zugeordnet und bei diesem steuerlich erfasst.[253] Die steuerschuldrechtliche Zurechnung gemäß § 39 Abs. 1 AO folgt grundsätzlich dem zivilrechtlichen Eigentumsbegriff. § 39 Abs. 2 AO trifft aber davon abweichende Regelungen,[254] die, soweit hier

251 BFH v. 03.07.1997 – IV R 58/95, BStBl. II 1998, 86; Musil, in: H/H/S, AO, § 10, Rn. 24, Stand: 236.EL, Januar 2016; Häuselmann/Hechler, IStR 1999, 33, 35; ansatzweise v. Busekist, GmbHR 2006, 132, 135. – Auf dieser Linie liegt auch die Rechtsprechung des BFH zur Frage des Vorliegens eines Geschäftsbetriebs im Sinne des § 8 Abs. 1 Nr. 3 AStG bei Einschaltung einer Managementgesellschaft, BFH v. 13.10.2010 – I R 61/09, BStBl. II 2011, 249.

252 So z.B. Nds. Minister der Finanzen v. 14.06.1965 – S 1301 – 99 – 31 1, BStBl. II 1965, 74, 74 f (koordinierter Ländererlass), dazu näher im Rahmen des § 42 AO.

253 Drüen, in: Tipke/Kruse, AO, § 39, Rn. 1 f, Stand: 129.EL, Juni 2012; Koenig, in: Koenig, § 39, Rn. 1, 8; Ratschow, in: Klein, § 39, Rn. 1.

254 Koenig, in: Koenig, § 39, Rn. 1; Ratschow, in: Klein, § 39, Rn. 1.

relevant, das sog. wirtschaftliche Eigentum (§ 39 Abs. 2 Nr. 1 S. 1 AO) und, als Unterfall davon, Treuhandverhältnisse (§ 39 Abs. 2 Nr. 1 S. 2, 1. Var. AO) betreffen. Abzugrenzen davon ist wiederum die Frage der Einkünftezurechnung; diese richtet sich nach der Verwirklichung des Einkünfteerzielungstatbestands. Demjenigen, der den jeweiligen Tatbestand auf eigene Rechnung erfüllt, werden die erzielten Einkünfte zugerechnet.[255]

Wirtschaftliches Eigentum meint die unbeschränkte Herrschaftsmacht über ein Wirtschaftsgut.[256] Wirtschaftliches Eigentum gemäß § 39 Abs. 2 Nr. 1 S. 1 AO ist abweichend vom zivilrechtlichen Eigentum anzunehmen, wenn der zivilrechtlich Berechtigte dauerhaft von der Einwirkung auf ein Wirtschaftsgut verdrängt ist und daher eine andere Person als berechtigt erscheint. Die Entkernung der zivilrechtlichen Rechtsposition rechtfertigt die abweichende steuerliche Zuordnung des Wirtschaftsgutes zum wirtschaftlich Berechtigten.[257] Das Treuhandverhältnis (§ 39 Abs. 2 Nr. 1 S. 2, 1. Var. AO) ist ein Unterfall des wirtschaftlichen Eigentums.[258] Ein solches Verhältnis setzt voraus, dass der Treugeber dem Treuhänder Eigentum oder sonstige Vermögensrechte überträgt, wobei der Treuhänder im Innenverhältnis durch eine Treuhandabrede in der Ausübung der im Außenverhältnis bestehenden Rechte beschränkt ist. Das Treuhandverhältnis hat keine spezifische zivilrechtliche Regelung erfahren.[259] Mit Blick auf steuerliche Gestaltungen ist entscheidend, dass das zivilrechtliche Treuhandverhältnis nach steuerlichen Grundsätzen Anerkennung findet.[260] Dies setzt voraus, dass der Treuhänder in seiner bestehenden Rechtsmacht erheblich eingeschränkt ist, also die rechtliche Stellung

---

255 Drüen, in: Tipke/Kruse, AO, § 39, Rn. 18, Stand: 129.EL, Juni 2012; Fischer, in: H/H/S, AO, § 39, Rn. 29 ff, Stand: 221.EL, März 2013; Koenig, in: Koenig, § 39, Rn. 6; Ratschow, in: Klein, § 39, Rn. 9. – Diskutiert wird in diesem Zusammenhang eine treuhänderische Betriebsführung, dazu Cortez, 59 m.w.N.

256 Koenig, in: Koenig, § 39, Rn. 10; Ratschow, in: Klein, § 39, Rn. 13. – Zum Begriff des Wirtschaftsguts Drüen, in: Tipke/Kruse, AO, § 39, Rn. 17, Stand: 129.EL, Juni 2012; Fischer, in: H/H/S, AO, § 39, Rn. 16 ff, Stand: 221.EL, März 2013. – Ein abweichend zuzurechnendes Wirtschaftsgut kann auch die Beteiligung an einer Kapitalgesellschaft sein, Ratschow, in: Klein, § 39, Rn. 48 ff.

257 Drüen, in: Tipke/Kruse, AO, § 39, Rn. 21a, Stand: 129.EL, Juni 2012; Fischer, in: H/H/S, AO, § 39, Rn. 71, Stand: 221.EL, März 2013; Mayer, Eigentum, 29 f. – Zu den einzelnen Voraussetzungen wirtschaftlichen Eigentums siehe Koenig, in: Koenig, § 39, Rn. 14 ff; Mayer, Eigentum, 30 ff. – Die tatsächliche Sachherrschaft ist nur in Bezug auf körperliche Gegenstände von Bedeutung Koenig, in: Koenig, § 39, Rn. 15.

258 Ratschow, in: Klein, § 39, Rn. 60.

259 Herrler, in: Palandt, § 903, Rn. 33 ff; Drüen, in: Tipke/Kruse, AO, § 39, Rn. 31, Stand: 129.EL, Juni 2012; Ellenberger, in: Palandt, Überblick vor § 104, Rn. 25; Koenig, in: Koenig, § 39, Rn. 50; Ratschow, in: Klein, § 39, Rn. 62. – § 39 AO gilt für alle Treuhandverhältnisse, Koenig, in: Koenig, § 39, Rn. 53.

260 BFH v. 15.07.1997 – VIII R 56/93, BStBl. II 1998, 152, 156; Drüen, in: Tipke/Kruse, AO, § 39, Rn. 40, Stand: 129.EL, Juni 2012.

wirtschaftlich ausgehöhlt ist. Dies kann insbesondere durch eine Weisungsgebundenheit des Treuhänders und dessen Pflicht zur vertragsgemäßen Rückgewähr eines Wirtschaftsguts indiziert sein.[261] Ist ein Gesellschaftsanteil Gegenstand einer Treuhandvereinbarung,[262] setzt die abweichende Zurechnung voraus, dass der Treuhänder, obgleich Gesellschafter, von der Einwirkung auf seine relevanten Mitgliedschaftsrechte ausgeschlossen ist[263] bzw. seine Rechte nur nach Maßgabe einer Treuhandvereinbarung mit dem Treugeber ausüben darf.[264] Die Treuhandabrede muss eindeutig vereinbart, ernstlich gemeint und im Vorhinein abgeschlossen sein.[265] Das Treuhandverhältnis muss (objektiv) erkennbar sein[266] und tatsächlich durchgeführt werden.[267] Die Wirtschaftsgüter der ausländischen Gesellschaft werden bei Annahme eines Treuhandverhältnisses dem Treugeber zugerechnet. Dieser erzielt im Folgenden Einkünfte daraus.[268]

Im Einzelfall kann nach diesen Grundsätzen eine abweichende Zurechnung von Wirtschaftsgütern der ausländischen Gesellschaft zu inländischen Steuerpflichtigen geboten sein. Grundsätzlich können auch Treuhandverhältnisse zwischen Kapitalgesellschaften und ihren Gesellschaftern bestehen.[269] Eine Kapitalgesellschaft kann Treuhänderin in Bezug auf eine Beteiligung an einer anderen Gesellschaft sein,[270] nicht jedoch ihr Nennkapital treuhänderisch für die Gesellschafter halten.[271] Für eine abweichende Zurechnung müssen aber deutliche Anhaltspunkte vorhanden sein. Dass die ausländische (Kapital)Gesellschaft den Interessen der Gesellschafter zu dienen bestimmt ist und die Geschäftsführer weisungsgebunden sind, kann eine abweichende Zurechnung allein nicht rechtfertigen. Sonst würde die Trennung zwischen Gesellschafter- und Gesellschaftsebene zu Unrecht durchbrochen.[272] Ernstlich gewollt ist ferner im Regelfall eine wirksame Gesellschaftsgründung im

---

261 BFH v. 15.07.1997 – VIII R 56/93, BStBl. II 1998, 152, 156; Drüen, in: Tipke/Kruse, AO, § 39, Rn. 33, Stand: 129.EL, Juni 2012; Koenig, in: Koenig, § 39, Rn. 53; Ratschow, in: Klein, § 39, Rn. 63.

262 Koenig, in: Koenig, § 39, Rn. 55.

263 Mayer, Eigentum, 68 ff.

264 BFH v. 15.07.1997 – VIII R 56/93, BStBl. II 1998, 152, 155.

265 BFH v. 15.07.1997 – VIII R 56/93, BStBl. II 1998, 152, 156; Drüen, in: Tipke/Kruse, AO, § 39, Rn. 40, Stand: 129.EL, Juni 2012 m.w.N.; Koenig, in: Koenig, § 39, Rn. 56.

266 BFH v. 15.07.1997 – VIII R 56/93, BStBl. II 1998, 152, 156; Koenig, in: Koenig, § 39, Rn. 56; Ratschow, in: Klein, § 39, Rn. 65.

267 BFH v. 15.07.1997 – VIII R 56/93, BStBl. II 1998, 152, 156; Drüen, in: Tipke/Kruse, AO, § 39, Rn. 40, Stand: 129.EL, Juni 2012; Ratschow, in: Klein, § 39, Rn. 64.

268 BFH v. 15.07.1997 – VIII R 56/93, BStBl. II 1998, 152, 155; Koenig, in: Koenig, § 39, Rn. 61; Ratschow, in: Klein, § 39, Rn. 61.

269 Drüen, in: Tipke/Kruse, AO, § 39, Rn. 35, Stand: 129.EL, Juni 2012.

270 Ratschow, in: Klein, § 39, Rn. 66 mit Verweis auf BFH v. 03.02.2010 – IV R 26/07, BStBl. II 2010, 751.

271 Koenig, in: Koenig, § 39, Rn. 54; Ratschow, in: Klein, § 39, Rn. 66.

272 Friedrich, BB 1972, 845, 846.

Ausland (und kein Treuhandverhältnis).[273] Die abweichende Zuordnung der Wirtschaftsgüter der ausländischen Gesellschaft zu den Gesellschaftern könnte überdies mit den Kapitalerhaltungsvorschriften in Konflikt geraten[274] – wenngleich, dies einschränkend, eine rein steuerlich abweichende Zurechnung vorgenommen wird. Eine großzügige abweichende steuerschuldrechtliche Zurechnung würde mithin die Abschirmwirkung und die steuerliche Eigenständigkeit der ausländischen Gesellschaft unterlaufen.[275]

Diesen Grundsätzen widersprechend wurde aber in einer Entscheidung erwogen,[276] die Wirtschaftsgüter einer ausländischen Kapitalgesellschaft dem inländischen unbeschränkt Steuerpflichtigen gemäß § 11 Nr. 3 StAnpG (Vorgängerregelung des § 39 Abs. 2 Nr. 1 S. 2, 1. Var. AO) zuzurechnen. Eine in der Schweiz ansässige Kapitalgesellschaft sollte gemäß Satzung mit Erwerb, Verwaltung und Verwertung von Beteiligungen an industriellen, kommerziellen und finanziellen Unternehmungen, deren Finanzierung sowie Kauf, Verkauf und Verwaltung von Wertschriften befasst sein. Die Stammeinlage wurde hälftig von den beiden Gesellschaftern erbracht und voll eingezahlt. Ein Gesellschafter gewährte der Gesellschaft ein zinsloses Darlehen; die Hälfte der Summe wurde intern vom anderen Gesellschafter zur Verfügung gestellt. Der Geschäftsführer stammte aus der Schweiz und war nebenberuflich gegen Entgelt für die Gesellschaft tätig. Buchführung und Bilanzierung wurden in der Schweiz erledigt. Die Gesellschaft erwarb ausländische Wertpapiere, die im Depot einer schweizerischen Bank verwahrt und von der Gesellschaft verwaltet wurden. Diese wurden später zum Teil verkauft, der Erlös in Aktien angelegt. Weitere Umschichtungen waren nicht geplant. Die Anwendung des § 6 StAnpG (Vorgängerregelung des § 42 AO) wurde abgelehnt. Beachtlicher Grund für die Gestaltung sei die Sicherung eines Teils des Vermögens für einen möglichen Krisenfall gewesen. Die Einschaltung einer ausländischen juristischen Person habe den Gesellschaftern Anonymität verschaffen und eine Sperrung von Auslandskonten im Krisenfall vermeiden können. Die Gestaltung sei daher steuerlich nicht unangemessen gewesen. Eine abweichende Zurechnung der Wirtschaftsgüter gemäß § 11 Nr. 3 StAnpG (Vorgängerregelung des § 39 Abs. 2 Nr. 1 S. 2 AO) zu den inländischen Gesellschaftern sei hingegen denkbar gewesen; die Gesellschafter könnten wirtschaftliche Eigentümer, Treugeber, der von der Kapitalgesellschaft gehaltenen Wertpapiere gewesen sein. Das Fehlen eines Treuhandvertrags sei unbeachtlich gewesen, da der Gesellschaftsvertrag bei wirtschaftlicher Betrachtung die Funktion eines Treuhandvertrags zwischen den Gesellschaftern und der Gesellschaft erfüllt habe. Die Gesellschaftsgründung habe der Wahrung der Anonymität der Gesellschafter gedient und neben der notwendigen Vermögensverwaltung keinen weiteren Zweck erfüllt. Die Wirtschaftsgüter

273 Flick/Wassermeyer, DB 1972, 110, 113.
274 Friedrich, BB 1972, 845, 846.
275 Schaumburg, in: Schaumburg, Rn. 13.31.
276 BFH v. 21.05.1971 – III R 125 – 127/70, BStBl. II 1971, 721.

seien wirtschaftlich dem Vermögen der Gesellschafter zugehörig gewesen. Den Gesellschaftern, nicht einem „formellen Geschäftsführer", habe die Verfügungsbefugnis über Wertpapiere zugestanden. Der Geschäftsführer habe nur im Interesse der Gesellschafter über Wertpapiere verfügen und in Krisenzeiten für diese Geld abheben dürfen. Grundsatzentscheidungen über Kauf und Verkauf der Wertpapiere seien den Gesellschaftern vorbehalten geblieben. Die ausländische Gesellschaft sei treuhänderisch tätig geworden. Die Beteiligung der Gesellschafter an der Treuhänderin schließe ein Treuhandverhältnis nicht aus. Die ausländische Gesellschaft sei „Strohmann" gewesen, die Vermögensübertragung nur treuhänderisch erfolgt. Als entscheidend für die mögliche Annahme der Treuhand wurde der fehlende Interessenübergang auf die Gesellschaft beurteilt. Die Funktion der Gesellschaft habe sich in der Treuhänder-Stellung erschöpft, Vermögensgegenstände seien wirtschaftlich nicht aus dem Vermögen der Gesellschafter ausgeschieden; in Bezug auf grundsätzliche Entscheidungen sei ein Vorbehalt zugunsten der Gesellschafter geregelt gewesen.[277]

In einer späteren Entscheidung wurde die sog. Treuhandlösung aber zu Recht abgelehnt.[278] Ein im Inland unbeschränkt Steuerpflichtiger war an einer ausländischen Kapitalgesellschaft beteiligt. Diese beteiligte sich später an einer inländischen Gesellschaft. Die Einschaltung der ausländischen Gesellschaft sei nicht als rechtsmissbräuchlich im Sinne des § 6 StAnpG (Vorgängerregelung des § 42 AO) anzusehen. Als beachtlicher Grund für die Einschaltung fand der Konzernaufbau Anerkennung. Ferner sei die ausländische Kapitalgesellschaft nicht treuhänderisch (gemäß § 11 Nr. 3 StAnpG) für die Kläger tätig geworden. Der Gesellschaftsvertrag sei nicht als Treuhandvertrag anzusehen. Die GmbH habe eine eigene Rechtspersönlichkeit. Dies spiegele sich im Steuerrecht in der Anerkennung als eigenes Steuersubjekt wider. Die starke Stellung der Gesellschafter beruhe auf gesellschaftsrechtlichen Regelungen, was allein keine abweichende Zurechnung zur Folge habe. Im Übrigen verstoße die abweichende Zurechnung mit der Folge der Vermögenslosigkeit der Gesellschaft gegen die Kapitalerhaltungsvorschriften. Ein Treuhandverhältnis sei denkbar, wenn der Gesellschaftsvertrag ein bloßes Scheingeschäft sei und einen Treuhandvertrag verdecke oder einzelne Wirtschaftsgüter außerhalb des Nennkapitals für die Gesellschafter gehalten würden.

Da nur in Ausnahmefällens die steuerlich abweichende Zuordnung von Wirtschaftsgütern zu den inländischen Gesellschaftern in Betracht kommt, hat sich die Überprüfung des wirtschaftlichen Eigentum nicht als tauglicher Ansatz gegen die missbräuchliche Einschaltung ausländischer Gesellschaften erwiesen.

---

277 Schaumburg, in: Schaumburg, Rn. 13.31; Flick/Wassermeyer, DB 1972, 110, 112. – Indes scheint der vorrangig zu prüfende Ort der Geschäftsleitung nicht ausreichend untersucht worden zu sein, Flick/Wassermeyer, DB 1972, 110, 110 f.

278 BFH v. 29.01.1975 – I R 135/70, BStBl. II 1975, 553, 555 f. – Ausweislich der Entscheidung (insb. 555) wollte der dazu befragte 3. Senat die sog. Treuhandlösung nicht generell anwenden, sondern auf Ausnahmefälle beschränken.

C. Einkünftezurechnung nach wirtschaftlicher Substanz

Vereinzelt wird ein abweichendes Konzept der steuerschuldrechtlichen Zurechnung von Einkünften zur Bekämpfung von Basisgesellschaften vorgeschlagen.[279] Grundsätzlich unterliegen die durch den Steuerpflichtigen erzielten Einkünfte im Sinne des § 2 Abs. 1 S. 1 EStG der Einkommensteuer. Ansprüche aus dem Steuerschuldverhältnis entstehen mit Erfüllung des Tatbestands, an den das Gesetz die Leistungspflicht knüpft (§ 38 AO). Einkünfte sind derjenigen Person zuzurechnen, die den Einkünfteerzielungstatbestand erfüllt. Durch den Handlungstatbestand werden die Einkünfte einem Steuersubjekt zugeordnet.[280] Nach der sog. Markteinkommenstheorie sind Einkünfte zu erfassen, die durch Leistungserbringung am Markt erzielt werden. Entscheidend ist, wer die Einkünfteerzielung am Markt steuert. Die Einkünfte sind derjenigen Person zuzurechnen, die sie auf eigene Rechnung und Gefahr erzielt.[281] Nur in Ausnahmefällen – bei Vorliegen eines steuerlichen Missbrauchs – wird dieser Zurechnungsgrundsatz durchbrochen. Die Einkünfte können dann insbesondere nach § 42 AO einer anderen Person zuzurechnen sein.[282]

Der Markteinkommenstheorie sei nach der abweichenden Ansicht aber eine sog. Theorie der wirtschaftlichen Substanz hinzuzufügen.[283] Nach diesem Vorschlag ist die (Grund)Regel der Einkünftezurechnung um Substanzaspekte zu ergänzen. Das Unternehmen wird als „realtypische Wirkeinheit" verstanden. Anzuknüpfen sei an eine „tatsächliche Wirtschaftstätigkeit" und eine „substanzielle wirtschaftliche Präsenz". (Unternehmerische) Einkünfte könnten demnach von einem Zurechnungssubjekt nur dann erzielt werden, wenn es über eine „rechtlich und organisatorisch verfasste unternehmerische Substanz sowie über unternehmensbezogenes Know-how verfüge, mit denen die fraglichen Leistungen erbracht werden können und erbracht werden".[284] Diese Theorie stellt eine innentheoretische Erweiterung der Grundsätze steuerschuldrechtlicher Zurechnung dar. Der Grundsatz soll allgemein auf natürliche und juristische Personen Anwendung finden, wobei im Falle von Körperschaften zu prüfen sei, ob die „rechtliche Verfassung" und die „unternehmerische Substanz" übereinstimmen. Die Körperschaft müsse „mit eigenen Bordmitteln" Leistungen „am Markt erbringen können". „Der Betrieb/das Unternehmen als Real- und Rechtstypus" muss dem „Rechtsträger ‚juristische Person' zugeordnet sein".[285] Dieser Grundsatz gelte für inländische und ausländische Körperschaften,

---

279 Fischer, u.a. in: FS Raupach, 339, 355 ff; ähnlich: v. Groll, Diskussion zu Referat von Gosch, in: DStJG Bd. 36, 223, 223. – Letzterer für Überprüfung, welche Person tatsächlich den steuerlichen Tatbestand verwirklicht.

280 Klein, in: DStJG Bd. 33, 243, 246; Weber-Grellet, in: Schmidt, § 2, Rn. 18 ff.

281 Klein, in: DStJG Bd. 33, 243, 246 f.

282 Klein, in: DStJG Bd. 33, 243, 248 ff.

283 Fischer, in: FS Reiss, 621, 642 und in: H/H/S, AO, § 42, Rn. 466, Stand: 202.EL, März 2009.

284 Fischer, in: FS Raupach, 339, 355 (Zitate); ders., in: FS Reiss, 621, 642.

285 Fischer, in: FS Raupach, 339, 356 (Zitate).

wobei die wirtschaftliche Tätigkeit und entsprechende Risikotragung entscheidend seien. Danach bestimme sich, wer den Einkünfteerzielungstatbestand erfüllt. Die Zurechnung der Tätigkeit verlange funktionsspezifisch ausreichende personelle und sachliche Mittel.[286] Die Theorie der wirtschaftlichen Substanz[287] streitet somit dafür, zwischengeschaltete Rechtsträger nur dann als Zurechnungssubjekt anzuerkennen, wenn sie aus eigener Initiative und auf eigenes Risiko eine Wirtschaftstätigkeit am Markt ausüben und eine „substanzielle wirtschaftliche Präsenz" aufweisen.[288]

Statt auf Einkünfteerzielung am Markt auf eigene Rechnung und Gefahr abzustellen, bezieht die abweichende Ansicht Substanzaspekte in die steuerschuldrechtliche Zuordnung ein. Dies verbindet Einkünftezurechnung mit Missbrauchsbekämpfung. Zu Recht ist aktuell eine auf Zurechnungsaspekten basierende Missbrauchsbekämpfung (wie in Form des § 42 AO) aber als Ausnahmefall konstruiert. Allein bei Verdacht steuerlichen Gestaltungsmissbrauchs findet eine gesonderte Überprüfung statt. Bei Feststellung eines Gestaltungsmissbrauchs wird die Zurechnung korrigiert. Die Integration der Substanzprüfung in die steuerschuldrechtliche Zurechnung würde den Prüfungsmaßstab für jeden Fall der Einkünfteerzielung erweitern und die einfach handhabbare Zurechnungsfrage erschweren. Missbrauchserwägungen besitzen einen Ausnahmecharakter. Die Überprüfung angemessener sachlicher und personeller Ausstattung würde in jedem Fall zur Voraussetzung der Einkünftezurechnung. Der Erweiterung des Prüfungsmaßstabs fehlen nicht zuletzt normative Anknüpfungspunkte. Vorzugswürdig ist, (allgemeine) steuerschuldrechtliche Zurechnung und Missbrauchsabwehr zu trennen.

D. Unwirksame Rechtsgeschäfte (§ 41 AO)

Die Gründung einer ausländischen Gesellschaft oder das Unterhalten rechtlicher Beziehungen zu ihr können im Einzelfall als Scheingeschäfte zu beurteilen sein. Die steuerliche Behandlung unwirksamer Rechtsgeschäfte richtet sich nach § 41 AO.[289] Die Behandlung von Scheingeschäften und Scheinhandlungen ist in § 41 Abs. 2 AO geregelt.

---

286 Fischer, in: FS Raupach, 339, 355 ff.

287 Fischer, u.a. in: FS Reiss, 621, 642.

288 Fischer, in: H/H/S, AO, § 42, Rn. 462 ff, insb. 466, Stand: 202.EL, März 2009.

289 § 41 Abs. 1 AO regelt die Behandlung zivilrechtlich unwirksamer Rechtsgeschäfte, Koenig, in: Koenig, § 41, Rn. 8 f. – Zum Begriff des Rechtsgeschäfts Ellenberger, in: Palandt, Überblick vor § 104, Rn. 2. – Die Unwirksamkeit ist für die Besteuerung irrelevant, soweit und solange die Beteiligten das wirtschaftliche Ergebnis gelten lassen (§ 41 Abs. 1 S. 1 AO). Dies spiegelt wider, dass für die Besteuerung – als Ausdruck wirtschaftlicher Betrachtungsweise – das wirtschaftliche Ergebnis maßgeblich ist, Fischer, in: H/H/S, AO, § 41, Rn. 11, Stand: 187.EL, November 2005; Koenig, in: Koenig, § 41, 1 f; Englisch, in: Tipke/Lang, § 5, Rn. 95; Heuermann, DB

Gemäß § 41 Abs. 2 S. 1 AO sind Scheingeschäfte und Scheinhandlungen für die Besteuerung unerheblich. Das durch ein Scheingeschäft verdeckte Rechtsgeschäft ist für die Besteuerung maßgebend (§ 41 Abs. 2 S. 2 AO). Ein Scheingeschäft liegt vor, wenn die Parteien einvernehmlich nur den äußeren Schein eines Rechtsgeschäfts hervorrufen wollen, nicht aber die mit dem Geschäft verbundenen Rechtsfolgen eintreten zu lassen gedenken.[290] Entscheidendes Kriterium ist der (übereinstimmend fehlende) Rechtsbindungswille[291] bzw. eine Übereinstimmung der Vertragsparteien, das Erklärte nicht zu wollen;[292] dies kann der Fall sein, wenn die rechtlichen Konsequenzen einer Vereinbarung nicht gezogen werden.[293] Allein unwahre Angaben bei Abschluss eines Rechtsgeschäfts bedeuten aber noch kein Scheingeschäft.[294]

Bei Gründung einer ausländischen Kapitalgesellschaft ist entscheidend, ob die Parteien zur Erreichung des mit dem Rechtsgeschäft erstrebten Erfolgs ein Scheingeschäft für genügend oder ein ernst gemeintes Geschäft für notwendig erachtet haben.[295] Eine der Steuerminderung dienende Gestaltung muss mit allen (zivil-)

2007, 416, 416. Allein die tatsächliche Durchführung beeinflusst die wirtschaftliche Leistungsfähigkeit, Englisch, in: Tipke/Lang, § 5, Rn. 95, 97.

290 Ellenberger, in: Palandt, § 117, Rn. 3 m.w.N.; Englisch, in: Tipke/Lang, § 5, Rn. 99. – Scheinhandlungen sind Realakte (Realakte sind auf einen tatsächlichen Erfolg gerichtete Willensbetätigungen, die kraft Gesetzes eine Rechtsfolge hervorbringen, Ellenberger, in: Palandt, Überblick vor § 104, Rn. 9), die keine Änderung des Sachverhalts bewirken, sondern nur dessen Schein hervorrufen sollen, um eine bestimmte Rechtsfolge zu erreichen. Die Umgestaltung eines Sachverhalts ist nicht ernstlich gewollt Koenig, in: Koenig, § 41, Rn. 41; Ratschow, in: Klein, § 41, Rn. 48.

291 Fischer, in: H/H/S, AO, § 41, Rn. 155, 176 ff, Stand: 193.EL, März 2007; Koenig, in: Koenig, § 41, Rn. 36. – Der Rechtsbindungswille erfordert Bewusstsein und Willen bezüglich der Rechtsverbindlichkeit des eigenen Verhaltens. Dies beurteilt sich aus der Empfängersicht, Armbrüster, in: MüKo-BGB, Vor § 116, Rn. 23. Es ist eine objektivierte Ermittlung des Willens nach den äußeren Umständen vorzunehmen, Drüen, in: Tipke/Kruse, AO, § 41, Rn. 66, Stand: 145.EL., Juli 2016; Heuermann, DB 2007, 416, 416. Einzubeziehen sind die vertraglichen Vereinbarungen, die wirtschaftlichen und rechtlichen Folgen des Geschäfts und die tatsächliche (vollständige) abredegemäße Durchführung, Drüen, in: Tipke/Kruse, AO, § 41, Rn. 66, Stand: 145.EL., Juli 2016; Koenig, in: Koenig, § 41, Rn. 37.

292 Blesinger, in: Kühn/v. Wedelstädt, § 41, Rn. 12; Drüen, in: Tipke/Kruse, AO, § 41, Rn. 65, Stand: 145.EL., Juli 2016; Fischer, in: H/H/S, AO, § 41, Rn. 171, Stand: 193.EL, März 2007; Koenig, in: Koenig, § 41, Rn. 36; Ratschow, in: Klein, § 41, Rn. 42. – Zum Verhältnis zum zivilrechtlichen Scheingeschäft Heuermann, DB 2007, 416 ff.

293 Heuermann, DB 2007, 416, 416.

294 BFH v. 21.10.1988 – III R 194/84, BStBl. II 1989, 216, 218.

295 BGH v. 25.10.1961 – V ZR 103/60, BGHZ 36, 84; BFH v. 21.10.1988 – III R 194/84, BStBl. II 1989, 216, 218.

rechtlichen Konsequenzen gewollt sein und tatsächlich durchgeführt werden.[296] Nach dem im Rahmen des § 41 AO maßgeblichen zivilrechtlichen Verständnis liegt kein Scheingeschäft vor, wenn der erstrebte rechtliche Erfolg gerade die Gültigkeit des Rechtsgeschäfts voraussetzt.[297] In aller Regel wird die Gründung einer ausländischen Gesellschaft ernstlich gewollt sein, um eine Steuerersparnis infolge der steuerlichen Abschirmwirkung der Gesellschaft erzielen zu können.

Vereinzelt wurde früher das Fehlen einer wirtschaftlichen Funktion als im Rahmen des § 41 AO relevantes Defizit erachtet.[298] Ein Unternehmen ohne eigene Funktion sei betriebswirtschaftlich überflüssig; es fehle ein anzuerkennender wirtschaftlicher Zweck. Aus der fehlenden (außersteuerlichen) Funktion einer Gesellschaft gehe ein mangelnder objektiver Rechtsbindungswille hervor.[299] Dies wird, soweit ersichtlich, zu Recht nicht mehr vertreten. Die außersteuerliche Funktionslosigkeit führt nach den Grundsätzen des § 41 AO nicht zum Vorliegen einer Scheingestaltung. Es kommt auf den rechtlichen Bindungswillen an. Eine wirksame Gesellschaftsgründung im Ausland wird zumindest zur Erreichung einer Steuerersparnis gewollt. Die Gründung einer Basisgesellschaft wird daher regelmäßig nicht von § 41 Abs. 2 AO erfasst.[300]

In Bezug auf die – grundsätzlich gewollte – Gründung wird regelmäßig schon das Vorhandensein angemessener sachlicher und persönlicher Mittel der ausländischen Gesellschaft den Scheincharakter ausschließen. Die Investition in eine angemessene physische Präsenz dürfte regelmäßig die Ernsthaftigkeit der Gründung belegen.

Die Frage der Scheingründung ist aber anders zu beurteilen, wenn die rechtlichen Konsequenzen der Gesellschaftsgründung nicht gezogen werden. Eine Scheingründung ist denkbar, wenn die gesellschaftsvertraglichen Leistungen nicht erbracht werden,[301] die Aufgaben der ausländischen Tochtergesellschaft verdeckt durch Mutter- oder Schwestergesellschaften ausgeübt werden oder lediglich ein

---

296 BGH v. 05.07.1993 – II ZR 114/92, DStR 1993, 1414; 1414 f; Drüen, in: Tipke/Kruse, AO, § 41, Rn. 66, Stand: 145.EL, Juli 2016; Striegel, 77. – Zur zivilrechtlichen Anerkennung ausländischer Gesellschaften Haase, Rn. 504.

297 Ellenberger, in: Palandt, § 117, Rn. 4; Fischer, in: H/H/S, AO, § 41, Rn. 158, Stand: 193.EL, März 2007.

298 Striegel, 78 f, demnach Briefkastengesellschaften ein Anwendungsfall des § 41 AO seien.

299 Striegel, 78 f.

300 BFH v. 17.07.1968, I 121/64, BStBl. II 1968, 695, 695 f; FG Baden-Württemberg v. 27.10.1970 – III 7-8/69, EFG 1971, 106; Protzen, in: Kraft, § 7, Rn. 45; Ratschow, in: Klein, § 41, Rn. 46; Reiche, in: Haase, AStG/DBA, § 7, Rn. 11; Dreßler, 309; Henkel/Klein, in: Mössner, Rn. 8.10; Jacobs, 400; Schaumburg, in: Schaumburg, Rn. 13.29; Cortez, 60; Wurster, DB 1983, 2057, 2058 f.

301 Fischer, in: H/H/S, AO, § 41, Rn. 233, Stand: 193.EL, März 2007; Dreßler, 310; Jacobs, 1033; Wurster, DB 1983, 2057, 2059.

vermeintlicher Leistungsaustausch zwischen inländischer Muttergesellschaft und ausländischer Tochtergesellschaft stattfindet.[302]

Die Rechtsprechung hat zu Recht für den Regelfall abgelehnt, die Grundsätze des Scheingeschäfts (früher § 5 StAnpG, heute § 41 AO) auf die Gründung funktionsloser oder -schwacher ausländischer Gesellschaften anzuwenden. In Entscheidungen zu Basisgesellschaften spielte § 41 AO überwiegend keine Rolle.[303] Eine im liechtensteinischen Handelsregister eingetragene Gesellschaft war an einer inländischen konzernzugehörigen Kapitalgesellschaft beteiligt. Ihr gesetzlicher Vertreter hatte einen Wohnsitz in der Schweiz. Die liechtensteinische Gesellschaft vermietete der inländischen Gesellschaft Wirtschaftsgüter. „In Fällen dieser Art", so das Gericht, sei „meist der ernstliche Wille der Beteiligten anzunehmen, eine Gesellschaft wirklich zu gründen, die Vermögensgegenstände zu übertragen und dann zu vermieten." Das Hauptaugenmerk lag auf der Prüfung des Geschäftsleitungsorts und der Steuerumgehung.[304] Später wurde erkannt, dass Gründungen von ausländischen Kapitalgesellschaften (und die Übertragung von Vermögensgegenständen auf diese) grundsätzlich nicht als Scheingeschäfte zu behandeln seien. Ein inländischer Steuerpflichtiger hatte drei Kapitalgesellschaften in der Schweiz mit schweizerischen Mitgesellschaftern gegründet. Diese wurden im Handelsregister eingetragen. Den Angaben zufolge sollten die Gesellschaften Beteiligungen erwerben und verwalten, Finanzgeschäfte durchführen und vermitteln, Treuhandgeschäfte abschließen und Finanzberatung leisten. Geschäftsführer war einer der Mitgesellschafter. Die Gesellschaftsadresse war die eines Mitgesellschafters. Bei den Mitgesellschaftern residierten weitere Gesellschaften. Ein Mitgesellschafter war für eine Vielzahl weiterer Gesellschaften tätig bzw. an diesen beteiligt. Bei den Gesellschaften handelte es sich laut Schweizerischem Handelsamtsblatt um Domizilgesellschaften. In Telefon-, Branchen- oder Fernsprechverzeichnis waren sie nicht aufgeführt. Die Gesellschaften wurden nicht gemäß § 5 StAnpG (Vorgängerregelung des § 41 AO) mangels wirtschaftlicher Betätigung und Geschäftsbetrieb als zum Schein gegründet erachtet, vielmehr habe der ernstliche Wille zu Gründung und Vermögensübertragung durch inländische Steuerpflichtige bestanden. Mangels beachtlicher außersteuerlicher Gründe für die Einschaltung der Gesellschaften wurde § 6 StAnpG (Vorgängerregelung des § 42 AO) angewandt.[305] Später wurde bestätigt, dass zwar der Abschluss eines Gesellschaftsvertrags zum Schein und zur Verdeckung eines Treuhandverhältnisses in Ausnahmefällen infrage komme, aber generell ein Scheingeschäft in Bezug auf die Errichtung von

302 Dreßler, 309 ff; Jacobs, 399, 1033; Wurster, DB 1983, 2058, 2059.

303 In BFH v. 29.07.1976 – VIII R 41/74, BStBl. II 1977, 261 hatte die Vorinstanz bereits § 5 StAnpG abgelehnt. In späteren Entscheidungen findet das Scheingeschäft, soweit ersichtlich, keine Erwähnung mehr. In vergleichbaren Fällen wurden überwiegend § 6 StAnpG (später § 42 AO) oder §§ 7 ff AStG geprüft.

304 BFH v. 17.07.1964, I 121/64, BStBl. II 1968, 695.

305 BFH v. 07.02.1975 – VIII B 61-62/74, BStBl. II 1976, 608.

Basisgesellschaften „schwerlich“ angenommen werden könne, da die Gesellschafter aus steuerlichen Gründen eine zivilrechtlich wirksame Gestaltung erstreben.[306]

Wenngleich eine Scheingründung in aller Regel ausscheidet, können ausnahmsweise rechtliche Beziehungen der Gesellschaft zu Dritten oder zum Gesellschafter bloß zum Schein bestehen. Fraglich kann sein, ob rechtliche Beziehungen zu einem (funktionslosen) Rechtsträger gewollt sind.[307] Allein unangemessene Bedingungen des Leistungsaustauschs mit Gesellschaftern sind ohnehin nach § 1 AStG zu korrigieren.[308]

Scheinbare Rechtsbeziehungen zu einer ausländischen Gesellschaft wurden bspw. in einer Entscheidung angenommen, als ein bis dato freier Handelsvertreter (inländischer Steuerpflichtiger) einen Anstellungsvertrag mit einer liechtensteinischen Gesellschaft geschlossen hatte. Dieser sollte deren Produkte in seinem bisherigen Verkaufsgebiet vertreiben. Der Vertreter hatte Anspruch auf ein monatliches Fixum, eine Umsatzprovision und den Ersatz seiner Kosten. Der Handelsvertreter trat gegenüber den Kunden als Vertreter derjenigen Gesellschaften auf, für die er bis dato tätig gewesen war. Diese Gesellschaften überwiesen die Provision aber auf ein Konto der liechtensteinischen Gesellschaft. Erheblich gekürzte Beträge wurden von dieser Gesellschaft an den Vertreter gezahlt. Dieser behandelte die Provisionen wie bis dato als Einkünfte aus Gewerbebetrieb und gab Umsatzsteuererklärungen ab. Im Rahmen einer Steuerfahndungsprüfung wegen des Verdachts einer „Scheinfirma“ wurden Provisionsabrechnungen der inländischen Gesellschaften entdeckt, die trotz der Einschaltung der liechtensteinischen Gesellschaft weiterhin dem Vertreter erteilt worden waren. Des Weiteren wurde festgestellt, dass unter der Anschrift der liechtensteinischen Gesellschaft mehr als 100 weitere Gesellschaften ansässig waren. Diese wurden alle von derselben Person als Verwaltungsrat vertreten. Die Einschaltung der ausländischen Gesellschaft wurde nicht als missbräuchlich angesehen. Die Basisgesellschaftsrechtsprechung konnte mangels gesellschaftsrechtlicher Verflechtung zwischen den inländischen Steuerpflichtigen und den an der ausländischen Gesellschaft Beteiligten nicht angewendet werden. Vielmehr wurden die Generalvertreterverträge zwischen der liechtensteinischen Gesellschaft und inländischen Vertragspartnern als Scheingeschäfte gemäß § 41 Abs. 2 AO beurteilt. Aus dem sonstigen Verhalten der Beteiligten wurde geschlossen, dass die rechtlichen Konsequenzen der Vertragsabschlüsse nicht gewollt waren. Die Übertragung von Vertriebsrechten hätte eine Kündigung bestehender Verträge erfordert und Ausgleichsansprüche von Handelsvertretern zur Folge gehabt. Eine Kündigung sei nicht erfolgt. Anhaltspunkte für eine

---

306 BFH v. 29.07.1976 – VIII R 142/73, BStBl. II 1977, 263, 264, u.a. mit Verweis auf das sog. Zweite Treuhandurteil BFH v. 29.01.1975 – I R 135/70, BStBl. II 1975, 553.

307 Fischer, in: H/H/S, AO, § 41, Rn. 229, 233, Stand: 193.EL, März 2007; Dreßler, 310; Cortez, 60; Wurster, DB 1983, 2057, 2058 f; vgl. auch BFH v. 21.10.1988 – III R 194/84, BStBl. II 1989, 216.

308 Cortez, 61 m.w.N.

entschädigungslose Aufhebung seien nicht erkennbar gewesen. Die liechtensteinische Gesellschaft sei überdies (personell) nicht in der Lage gewesen, ihren vertraglichen Verpflichtungen nachzukommen. Schließlich sei die Einschaltung der liechtensteinischen Gesellschaft nicht allen Vertretern mitgeteilt worden.[309]

Insgesamt hat sich § 41 AO nicht als tauglicher Ansatzpunkt zur Bekämpfung von Basisgesellschaften erwiesen, da in aller Regel keine Scheingründungen von ausländischen Gesellschaften und auch nur ganz ausnahmsweise scheinbare Rechtsbeziehungen zu diesen angenommen werden können.

E. Missbrauch von rechtlichen Gestaltungsmöglichkeiten (§ 42 AO)

Die Gründung einer ausländischen Gesellschaft kann einen Missbrauch rechtlicher Gestaltungsmöglichkeiten bedeuten.[310] Der Steuerpflichtige ist grundsätzlich frei, für ihn vorteilhafte Gestaltungen zu nutzen, auch ausländische Gesellschaften zu gründen, und seine steuerliche Belastung zu reduzieren. Im Fall einer unangemessenen Gestaltung greift aber § 42 AO korrigierend ein.[311] Mittels rechtlicher Gestaltungsmöglichkeiten können steuerliche Belastungsentscheidungen des Gesetzgebers nicht unterlaufen werden.[312]

I. Grundsätze des steuerlichen Gestaltungsmissbrauchs

Grundlegende Voraussetzung des Gestaltungsmissbrauchs ist, dass eine rechtliche Gestaltung als unangemessen zu bewerten ist (§ 42 Abs. 2 S. 1 AO). Die Bewertung erfolgt bezogen auf eine den wirtschaftlichen Vorgängen angemessene rechtliche

309 BFH v. 21.10.1988 – III R 194/84, BStBl. II 1989, 216.

310 § 42 AO ist als allgemeine Missbrauchsbekämpfungsnorm im internationalen Steuerrecht anwendbar und kann für Inbound- und Outbound-Gestaltungen eine Rolle spielen, Drüen, in: Tipke/Kruse, AO, § 42, Rn. 19 ff, Stand: 145.EL, Juni 2016; Koenig, in: Koenig, § 42, Rn. 4; Englisch, in: Tipke/Lang, § 5, Rn. 117.

311 BMF v. 31.01.2014 – IV A 4 – S 0062/14/10002, BStBl. I 2014, 290, zu § 42, 2.2; Drüen, in: Tipke/Kruse, AO, § 42, Rn. 3 f, Stand: 145.EL, Juli 2016; Koenig, in: Koenig, § 42, Rn. 21; Ratschow, in: Klein, § 42, Rn. 42, 45 ff; Jacobs, 401 ff, 1031 ff; Dreßler, 312; Drüen, AO-StB 2009, 209, 212.

312 Koenig, in: Koenig, AO, § 42, Rn. 1 f; Ratschow, in: Klein, § 42, Rn. 6 ff. – Zum Streit zwischen Innen- und Außentheorie, siehe Drüen, in: Tipke/Kruse, AO, § 42, Rn. 7a ff, Stand: 145.EL, Juli 2016; Ratschow, in: Klein, § 42, Rn. 10 ff, 36. – Der Steuerumgehung ist eigen, dass die Erfüllung (Erschleichung)/Nichterfüllung (Vermeidung) des Tatbestands der potentiell umgangenen steuerlichen Regelung als unangemessen zu bewerten ist. Dies bedeutet einen Unterschied zur Steuervermeidung, Ratschow, in: Klein, § 42, Rn. 35; Drüen, in: Tipke/Kruse, AO, § 42, Rn. 4, Stand: 145.EL, Juli 2016; Englisch, in: Tipke/Lang, § 5, Rn. 116; Leukefeld, 93 f.

Gestaltung;[313] den Maßstab bildet das potentiell umgangene Steuergesetz.[314] Die Verfolgung eines wirtschaftlichen Zwecks ist grundsätzlich angemessen.[315] Die Gestaltung muss ferner beim Steuerpflichtigen (oder einem Dritten) zu einem gesetzlich nicht vorgesehenen steuerlichen Vorteil führen (§ 42 Abs. 2 S. 1 AO). Dieser ergibt sich bei einem Vergleich der Steuerbelastung der realisierten und einer angemessenen rechtlichen Gestaltung.[316] Schließlich kann der Steuerpflichtige beachtliche außersteuerliche Gründe zur Rechtfertigung der Gestaltung nachweisen (§ 42 Abs. 2 S. 2 AO). Deren Vorliegen schließt Missbrauch aus.[317] § 42 Abs. 2 AO verlangt nicht ausdrücklich eine Missbrauchsabsicht; diese ist aber jedenfalls durch die Erfüllung des objektiven Tatbestands indiziert.[318] Bei Vorliegen eines Missbrauchs entsteht der Steueranspruch so, wie er bei einer den wirtschaftlichen Vorgängen angemessenen rechtlichen Gestaltung entstanden wäre (§ 42 Abs. 1 S. 3 AO).[319]

---

313 Drüen, in: Tipke/Kruse, AO, Vor § 42, Rn. 17, Stand: 149.EL, Juli 2017; Koenig, in: Koenig, § 42, Rn. 18; Ratschow, in: Klein, § 42, Rn. 49.

314 BMF v. 31.01.2014 – IV A 4 – S 0062/14/10002, BStBl. I 2014, 290, zu § 42, 2.2; Drüen, in: Tipke/Kruse, AO, Vor § 42, Rn. 9, 17 f, Stand: 149.EL, Juli 2017; Fischer, in: H/H/S, AO, § 42, Rn. 251, Stand: 200.EL, September 2008; Ratschow, in: Klein, § 42, Rn. 49; Drüen, AO-StB 2009, 209, 211 f; Hey, BB 2009, 1044, 1044.

315 Drüen, in: Tipke/Kruse, AO, § 42, Rn. 29 ff, 34 f, Stand: 149.EL, Juli 2017; Ratschow, in: Klein, § 42, Rn. 52 f mit Verweis auf BFH v. 17.01.1991 – IV R 132/85, BStBl. II 1991, 607. – Missbrauchsindiz ist die Ungewöhnlichkeit eines Sachverhalts, Koenig, in: Koenig, § 42, Rn. 20; Ratschow, in: Klein, § 42, Rn. 48.

316 Drüen, in: Tipke/Kruse, AO, Vor § 42, Rn. 20 ff, Stand: 149.EL, Juli 2017; Koenig, in: Koenig, § 42, Rn. 22; Ratschow, in: Klein, § 42, Rn. 67. – Zur einschränkenden Auslegung des Merkmals „steuerlicher Vorteil“ bei „Dritten“: Ratschow, in: Klein, § 42, Rn. 66. Die Formulierung, dass der Vorteil gesetzlich vorgesehen sein muss, führt zu Unklarheiten, dazu Ratschow, in: Klein, § 42, Rn. 68 f.

317 Drüen, in: Tipke/Kruse, AO, Vor § 42, Rn. 27 ff, Stand: 149.EL, Juli 2017; Fischer, in: H/H/S, AO, § 42, Rn. 274 ff, Stand: 200.EL, September 2008; Koenig, in: Koenig, § 42, Rn. 26; Englisch, in: Tipke/Lang, § 5, Rn. 131 ff. – Details des Nachweises sind umstritten. Nach Ratschow, in: Klein, § 42, Rn. 71 ist das Vorliegen außersteuerlicher Gründe objektive Voraussetzung; auch sei der Zweck der Gestaltung objektiv zu bestimmen. Schließlich sei die „Beachtlichkeit“ eine Rechtsfrage, die sich nicht nach den tatsächlichen Verhältnissen beurteile. – Zu Beweisfragen im Rahmen des § 42 AO Drüen, in: Tipke/Kruse, AO, Vor § 42, Rn. 27 ff, Stand: 149.EL, Juli 2017; Koenig, in: Koenig, § 42, Rn. 34 f; Ratschow, in: Klein, § 42, Rn. 80 ff.

318 Fischer, in: H/H/S, AO, § 42, Rn. 271 f, Stand: 200.EL, September 2008; Koenig, in: Koenig, § 42, Rn. 24 f; Ratschow, in: Klein, § 42, Rn. 75 m.w.N; Hey, BB 2009, 1044, 1044.

319 Ob ein Sachverhalt fingiert wird oder eine andere Rechtsfolge angeordnet wird, ist umstritten, dazu Drüen, in: Tipke/Kruse, AO, § 42, Rn. 11 ff, Stand: 145.EL, Juli 2016; Ratschow, in: Klein, § 42, Rn. 85; Wienbracke, DStR 2008, 664, 664 f. – Die Anwendung des § 42 AO hat aber keine Auswirkungen auf die (zivil)rechtliche Gestaltung, Koenig, in: Koenig, § 42, Rn. 31; Ratschow, in: Klein, § 42, Rn. 87.

II. Basisgesellschaftsrechtsprechung

Zur Konkretisierung dieser abstrakten Maßstäbe in Bezug auf die Einschaltung ausländischer Gesellschaften hat sich eine eigene Fallgruppe herausgebildet (sog. Basisgesellschaftsrechtsprechung). Rechtsmissbrauch wird angenommen, wenn eine Kapitalgesellschaft im niedrig besteuernden Ausland ohne (wirtschaftliche oder sonst) beachtliche Gründe zwischengeschaltet wird[320] und eine sog. gesellschaftsrechtliche Verflechtung vorliegt.

1. *Merkmale der Rechtsprechungslinie*

Eine ausländische Kapitalgesellschaft wird vorausgesetzt, weil nur mittels eines selbstständigen Rechtssubjekts ein steuerlicher Abschirmeffekt zugunsten der inländischen Gesellschafter zu erreichen ist.[321] Zur Bestimmung einer Kapitalgesellschaft ist ein Rechtstypenvergleich mit inländischen Gesellschaftsformen vorzunehmen.[322] Sitz (§ 11 AO) und Ort der Geschäftsleitung (§ 10 AO) im Ausland vermeiden eine unbeschränkte Steuerpflicht im Inland.

Weitere Voraussetzung ist eine gesellschaftsrechtliche Verflechtung zwischen den an der ausländischen Kapitalgesellschaft beteiligten Personen und inländischen Steuerpflichtigen.[323] Der Steuerpflichtige oder eine ihm nahestehende Person muss an der ausländischen Gesellschaft beteiligt sein.[324] Eine konkrete Beteiligungshöhe ist nicht festgelegt. § 7 AStG ist nicht heranzuziehen. Die Regelung typisiert die Beteiligungsvoraussetzungen allein für Zwecke der Hinzurechnungsbesteuerung.[325] Es erscheint sinnvoll auf den tatsächlich bestimmenden Einfluss – ggf.

320 Mittlerweile st. Rspr. BFH v. 23.10.1991 – I R 40/89, BStBl. II 1992, 1026, 1027; BFH v. 10.06.1992 – I R 105/89, BStBl. II 1992, 1029, 1030; BFH, 19.01.2000 – I R 117/97, IStR 2000, 182; Koenig, in: Koenig, § 42, Rn. 79; Ratschow, in: Klein, § 42, Rn. 137. – Es können aber auch bloß einzelne Rechtsbeziehungen der ausländischen Basisgesellschaft rechtsmissbräuchlich sein, BFH v. 10.06.1992 – I R 105/89, BStBl. II 1992, 1029, 1031.

321 U.a. BFH v. 23.10.1991 – I R 40/89, BStBl. II 1992, 1026, 1027; Koenig, in: Koenig, § 42, Rn. 79; Protzen, in: Kraft, § 7, Rn. 53; Ratschow, in: Klein, § 42, Rn. 137; Henkel, in: Mössner, Rn. 7.24; Schaumburg, in: Schaumburg, Rn. 13.27.

322 Henkel/Klein, in: Mössner, Rn. 8.1.

323 BFH v. 09.05.1979 – I R 126/77, BStBl. II 1979, 586, 587; BFH v. 21.10.1988 – III R 194/84, BStBl. II 1989, 216, 217; Protzen, in: Kraft, § 7, Rn. 53; Ratschow, in: Klein, § 42, Rn. 137; Henkel/Klein, in: Mössner, Rn. 8.27 f.

324 BFH v. 09.05.1979 – I R 126/77, BStBl. II 1979, 586, 587; Burwitz, 181. – Rechtsgeschäfte mit einem inländischen Vertragspartner, der fremder Dritter gegenüber den Gesellschaftern ist, unterfallen nicht der Rechtsprechung zu Basisgesellschaften. Anwendbar sind „allgemeine" Missbrauchsgrundsätze BFH v. 09.05.1979 – I R 126/77, BStBl. II 1979, 586, 587.

325 So auch Protzen, in: Kraft, § 7, Rn. 53; gegen bestimmte Höhe auch Henkel/Klein, in: Mössner, Rn. 8.28.

mehrerer bei einheitlicher Willensbildung – über die Ausschüttungen der ausländischen Gesellschaft abzustellen. Die ausländische Gesellschaft kann den Gesellschaftern nur steuerliche Vorteile in Form der Einkünfteabschirmung vermitteln, wenn die Gesellschafter sicher über die Ausschüttung bestimmen können.[326]

Die Niedrigbesteuerung erfordert jedenfalls, dass die Ertragsteuerbelastung der ausländischen Gesellschaft niedriger ist als bei direktem Bezug der Einkünfte durch die Gesellschafter. § 42 AO kommt generell nicht zur Anwendung, wenn dies die steuerliche Belastung reduzieren würde.[327] Teilweise wird zur Bestimmung der niedrigen ausländischen Besteuerung § 8 Abs. 3 AStG herangezogen. Demnach läge eine niedrige Besteuerung vor, wenn die effektive Ertragsteuerbelastung der Einkünfte der ausländischen Gesellschaft weniger als 25 % beträgt.[328] Unschädlich wäre demnach eine steuerliche Belastung der ausländischen Gesellschaft von mehr als 25 %, aber weniger als der regelmäßig höheren inländischen Steuerbelastung bei Direktbezug.[329] Die Typisierung des § 8 Abs. 3 AStG gilt aber allein für Zwecke der Hinzurechnungsbesteuerung. Entscheidend ist im Rahmen des § 42 AO die niedrigere Steuerbelastung. Die Gewährung eines steuerlichen Vorteils verdienen funktionslose Gesellschaften nicht. Somit ist jeder steuerliche Vorteil durch niedrigere Besteuerung der Einkünfte bei Einschaltung einer ausländischen Gesellschaft gegenüber dem Direktbezug der Einkünfte durch die inländischen unbeschränkt steuerpflichtigen Gesellschafter eine niedrige Besteuerung.[330]

Das Vorliegen beachtlicher Gründe schließt die Annahme eines Gestaltungsmissbrauchs aus.[331] Zu differenzieren ist zwischen wirtschaftlichen und sonst beachtlichen Gründen.[332] Sonst beachtliche Gründe müssen die Wahl von Sitz

---

326 Protzen, in: Kraft, § 7, Rn. 53; Burwitz, 183 – für 10 % Beteiligungshöhe.

327 BFH v. 12.07.1989 – I R 46/85, BStBl. II 1990, 113, 114, dazu Burwitz, 182 f.

328 Henkel/Klein, in: Mössner, Rn. 8.29 mit Verweis auf BFH; Burwitz, 183 ff. – Unzutreffend Petschulat, 156, die aus der sog. Delaware-Entscheidung, BFH v. 20.03.2003 – I R 63/99, BStBl. II 2003, 50, ableitet, dass keine Ansässigkeit in einem Niedrigsteuerland mehr vorausgesetzt wird. Ein steuerlicher Vorteil ist Voraussetzung des § 42 AO. Die Norm korrigiert nur „nach oben". Schließlich ist die Begrifflichkeit missverständlich, da stets nur an das Besteuerungsniveau, nicht an einen „Niedrigsteuerstaat" angeknüpft wird.

329 Die Einkünfte einer Körperschaft unterliegen auf Ebene der Körperschaft regelmäßig einer steuerlichen Belastung in Höhe von knapp 30 % aus Körperschaftsteuer, Gewerbesteuer und Solidaritätszuschlag, vgl. Schlenker, in: Blümich, KStG, § 23, Rn. 22, 46, Stand: 140. EL, Januar 2018.

330 Im Ergebnis auch Protzen, in: Kraft, § 7, Rn. 53.

331 St. Rspr. seit BFH v 29.01.1975 – I R 135/70, BStBl. II 1975, 553; Koenig, in: Koenig, § 42, Rn. 79; Ratschow, in: Klein, § 42, Rn. 137; Henkel/Klein, in: Mössner, Rn. 8.33; Lentz, 166.

332 U.a. BFH v. 29.01.1975 – I R 135/70, BStBl. II 1975, 553, 554; BFH v. 29.07.1976 – VIII R 142/73, BStBl. II 1977, 261, 262. – Der Rechtfertigung durch sonst beachtliche Gründe könnte künftig Art. 6 Abs. 2 ATAD (Akronym der englischen Kurzbezeichnung „Anti-Tax Avoidance Directive": u.a. Linn, IStR 2016, 645; Oppel, IStR 2016, 797;

und Rechtsform im konkreten Fall rechtfertigen. Daran fehlt es bei rein steuerlicher Motivation.[333] Beachtliche Gründe müssen für den Veranlagungszeitraum der Errichtung der Gesellschaft und die folgenden Veranlagungszeiträume vorliegen. Mithin kann eine ausländische Gesellschaft lediglich in bestimmten Veranlagungszeiträumen missbräuchlich eingeschaltet sein.[334] Das Vorliegen beachtlicher Gründe bemisst sich nicht allein nach dem statutarischen Gesellschaftszweck oder den Angaben der Gründer, sondern nach tatsächlichem Vollzug. Die Gründe müssen durch wirtschaftliches Handeln der Organe in Erscheinung treten.[335]

Früher wurde Rechtsmissbrauch angenommen, wenn beachtliche Gründe für die Einschaltung fehlten *und* die ausländische Gesellschaft keine eigene wirtschaftliche Tätigkeit entfaltete.[336] In jüngerer Zeit wird dies anders gefasst. Es ist von einer tatsächlichen Vermutung auszugehen, dass bei nicht plausibler Angabe von beachtlichen Gründen für die Einschaltung der ausländischen Gesellschaft im niedrig besteuernden Ausland ausschließlich die Umgehung inländischer Besteuerung bezweckt wird. Diese Vermutung beruhe auf einem Erfahrungssatz, der einen so hohen Beweiswert habe, dass schon die tatsächliche Vermutung den vollen Beweis für den Gestaltungsmissbrauch erbringe.[337] Alleinige Basis der tatsächlichen Vermutung sei das Fehlen beachtlicher Gründe.[338] Diese Vermutung könne

---

Rautenstrauch/Suttner, BB 2016, 2391) entgegenstehen. Gemäß Art. 6 Abs. 2 ATAD beurteilt sich die Angemessenheit einer Gestaltung nach dem Vorliegen triftiger *wirtschaftlicher* Gründe, die die wirtschaftliche Realität widerspiegeln.

333 U.a. BFH v. 29.07.1976 – VIII R 41/74, BStBl. II 1977, 261, 263; BFH v. 09.12.1980 – VIII R 11/77, BStBl. II 1981, 339, 342; Ratschow, in: Klein, § 42, Rn. 138; Protzen, in: Kraft, § 7, Rn. 62.

334 Z.B. BFH v. 05.03.1986 – I R 201/82, BStBl. II 1986, 496, 498.

335 BFH v. 16.01.1976 – III R 92/74, BStBl. II 1976, 401, 403; BFH v. 29.07.1976 – VIII R 142/73, BStBl. II 1977, 263, 264; BFH v. 09.12.1980 – VIII R 11/77, BStBl. II 1981, 339, 341.

336 U.a. BFH v. 29.01.1975 – I R 135/70, BStBl. II 1975, 553; BFH v. 16.01.1976 – III R 92/74, BStBl. II 1976, 401, 403; BFH v. 29.07.1976 – VIII R 41/74, BStBl. II 1977, 261, 262; BFH v. 09.05.1979 – I R 126/77, BStBl. II 1979, 586, 587; BFH v. 09.12.1980 – VIII R 11/77, BStBl. II 1981, 339, 341; BFH v. 05.03.1986 – I R 201/82, BStBl. II 1986, 496, 497, dazu auch Leukefeld, 209 ff. So weiterhin: Protzen, in: Kraft, § 7, Rn. 53; Dreßler, 316; Henkel/Klein, in: Mössner, Rn. 8.34 (stets Geschäftsbetrieb für Missbrauchsausschluss); Jacobs, 402; Schaumburg, in: Schaumburg, Rn. 13.33; unklar Drüen, in: Tipke/Kruse, AO, § 42, Rn. 98, Stand: 145.EL, Juli 2016.

337 BFH v. 28.01.1992 – VIII R 7/88, BStBl. II 1993, 84, 86; BFH v. 02.06.1992 – VIII R 8/89, BFH/NV 1993, 416, 417 f; a.A. wohl BFH v. 29.01.1975 – I R 135/70, BStBl. II 1975, 553, 555 („keine Vermutung für einen Rechtsmißbrauch [sic!], die der Steuerpflichtige zu widerlegen hätte"); auch BFH v. 05.03.1986 – I R 201/82, BStBl. II 1986, 496, 497 äußerte sich noch anders in Bezug auf die Bedeutung des Fehlens einer eigenen wirtschaftlichen Tätigkeit.

338 BFH v. 28.01.1992 – VIII R 7/88, BStBl. II 1993, 84, 86; BFH v. 02.06.1992 – VIII R 8/89, BFH/NV 1993, 416, 417 f; BFH v. 19.01.2000 – I R 94/97, BStBl. II 2001, 222, 223; BFH v. 20.03.2002 – I R 63/99, BStBl. II 2003, 50, 52; BFH v. 23.10.2002 – I R 39/01, BFH/NV

entkräftet werden. Die eigene wirtschaftliche Tätigkeit gehöre zu den Tatsachen, die geeignet seien, die Vermutung des Gestaltungsmissbrauchs zu entkräften.[339]

Im Rahmen der Basisgesellschaftsrechtsprechung ist das Erfordernis einer Missbrauchsabsicht[340] umstritten. Eine Steuerumgehungsabsicht ist als erforderlich anzusehen, aber durch die objektiven Umstände indiziert. Ein solcher objektiver Umstand kann die Zwischenschaltung einer ausländischen Gesellschaft im niedrig besteuernden Ausland ohne beachtliche Gründe[341] und eigene wirtschaftliche Tätigkeit sein.[342]

Im Falle des Missbrauchs entsteht der Steueranspruch so, wie er bei einer den wirtschaftlichen Vorgängen angemessenen rechtlichen Gestaltung entstünde (§ 42 Abs. 1 S. 3 AO). Bei Einschaltung einer ausländischen Gesellschaft wird die persönliche Einkünftezurechnung manipuliert und über § 42 Abs. 1 S. 3 AO korrigiert.[343] Die Einkünfte werden abweichend derjenigen Person zugerechnet, die sie bei angemessener Gestaltung erzielt hätte. Dies sind die hinter der Gesellschaft stehenden inländischen Gesellschafter. Im Ergebnis wird der Vorgang so besteuert, als wäre die eingeschaltete Gesellschaft nicht eingeschaltet worden.[344] Dies lässt aber im Übrigen die „Existenz der ausländischen Gesellschaft und ihre allgemeine steuerliche Anerkennung unberührt“.[345]

2003, 289, 290; Ratschow, in: Klein, § 42, Rn. 137 ff; Klein, in: DStJG Bd. 33, 243, 260; wohl auch Koenig, in: Koenig, § 42, Rn. 79. – BFH v. 28.01.1992 – VIII R 7/88, BStBl. II 1993, 84, 86, verweist allerdings auf BFH v. 05.03.1986 – I R 201/82, BStBl. II 1986, 496. In dieser Entscheidung wird allerdings nicht deutlich, dass allein die beachtlichen Gründe Basis dieser Vermutung sein sollen. Die alleinige Bezugnahme auf beachtliche Gründe findet sich aber schon in BFH v. 23.10.1991 – I R 40/89, BStBl. II 1992, 1026, 1027.

339 BFH v. 28.01.1992 – VIII R 7/88, BStBl. II 1993, 84, 86 f; BFH v. 02.06.1992 – VIII R 8/89, BFH/NV 1993, 416, 417 f; auch BFH v. 29.10.1997 – I R 35/96, BStBl. II 1998, 235, 238 (zur Inbound-Situation, aber mit paralleler rechtlicher Behandlung); Ratschow, in: Klein, § 42, Rn. 139 („Indiz“); vgl. auch Leukefeld, 209, 213 ff.

340 Nachweise zum Streit über das Erfordernis in der Rechtsprechung des BFH: Hey, BB 2009, 1044, 1044 (Fn. 9 und 10).

341 BFH v. 28.01.1992 – VIII R 7/88, BStBl. II 1993, 84, 86 f.

342 U.a. BFH v. 05.03.1986 – I R 201/82, BStBl. II 1986, 496, 497; BFH v. 28.01.1992 – VIII R 7/88, BStBl. II 1993, 84, 86 f (ergänzt um eigene wirtschaftliche Tätigkeit).

343 Vgl. BFH v. 02.03.2016 – I R 73/14, IStR 2016, 634, Rn. 23.

344 U.a. BFH v. 09.12.1980 – VIII R 11/77, BStBl. II 1981, 339, 343; BFH v. 23.10.1991 – I R 40/89, BStBl. II 1992, 1026, 1028; Ratschow, in: Klein, § 42, Rn. 142 m.w.N.; Protzen, in: Kraft, § 7, Rn. 53; Henkel/Klein, in: Mössner, Rn. 8.35; Burwitz, 190 („Zurechnung der Tatbestandsverwirklichung auf die hinter der Basisgesellschaft stehenden inländischen Gesellschafter“); Leukefeld, 208; im Ergebnis auch BFH v. 02.03.2016 – I R 73/14, IStR 2016, 634, Rn. 23.

345 BFH v. 02.03.2016 – I R 73/14, IStR 2016, 634, Rn. 23.

2. Beachtliche Gründe für die Einschaltung einer Gesellschaft

Eine Vielzahl finanzgerichtlicher Entscheidungen drehte sich um die Frage der Beachtlichkeit von Gründen für die Einschaltung einer ausländischen Gesellschaft. Weitere beachtliche Gründe sind über die exemplarische Auswahl hinausgehend denkbar. Zu berücksichtigen ist, dass in frühen Entscheidungen die Abgrenzung des § 42 AO zur Hinzurechnungsbesteuerung noch keine Rolle spielte.

- Beachtlicher außersteuerlicher Grund für die Einschaltung einer Gesellschaft kann die Sicherung eines Teils des Vermögens für einen möglichen Krisenfall sein. Die Einschaltung einer juristischen Person in der Schweiz konnte den Gesellschaftern im konkreten Fall Anonymität vermitteln. Eine Sperrung von Auslandskonten in einem Krisenfall konnte dadurch jedenfalls verzögert werden.[346]
- Beachtlicher Grund für die Einschaltung einer ausländischen Gesellschaft kann der Aufbau eines internationalen Konzerns durch Gründung weiterer Tochtergesellschaften sein. Eine eigene wirtschaftliche Tätigkeit kann in der Finanzierung der Tochtergesellschaften liegen – jedenfalls, wenn dies die finanzielle Ausstattung der Tochtergesellschaften bewirkt und Produktionsmöglichkeiten schafft.[347] Auch können die Einschaltung einer Gesellschaft auf gewisse Dauer (zwei Jahre, nicht bloß „geschäftsvorfallbezogen") und die Einschaltung von Projektgesellschaften anzuerkennen sein.[348]
- Eine eigene wirtschaftliche Tätigkeit liegt nicht vor, wenn die ausländische Gesellschaft lediglich das aus dem Inland übertragene Stammkapital einer Gesellschaft hält.[349]
- Die „Sicherung des Berliner Vermögens vor dem Zugriff einer ausländischen Macht" ist jedenfalls dann kein beachtlicher Grund, wenn die Sicherungsmaßnahme für die Gesellschafter erkennbar untauglich ist. Die Wahrnehmung von Gesellschafterrechten (ohne Ausübung geschäftsleitender Funktionen) bedeutet keinen beachtlichen Grund; gleiches gilt für das bloße Halten von Beteiligungen.[350]
- Das Halten und Verwalten von Vermögen ohne Teilnahme am allgemeinen wirtschaftlichen Verkehr ist nicht als eigene wirtschaftliche Tätigkeit anerkannt.[351]
- Der geplante Erwerb von Beteiligungen von einigem Gewicht im Basisland und/oder in Drittländern (Holdingfunktion) kann ein beachtlicher Grund sein. Eine beschränkte Tätigkeit kann eine eigene wirtschaftliche Tätigkeit

346 BFH v. 21.05.1971 – III R 125, 127/70, BStBl. II 1971, 721.

347 BFH v. 29.01.1975 – I R 135/70, BStBl. II 1975, 554 f.

348 BFH v. 20.03.2003 – I R 63/99, BStBl. II 2003, 50, 52; BFH v. 25.02.2004 – I R 42/02, BStBl. II 2005, 14, 17, dazu Gerhard, IStR 2002, 571, 571.

349 BFH v. 16.01.1976 – III R 92/74, BStBl. II 1976, 401.

350 BFH v. 24.02.1976 – VIII R 155/71, BStBl. II 1977, 265.

351 BFH v. 27.07.1976 – VIII R 55/72, BStBl. II 1977, 266.

darstellen, wenn die Tätigkeit von vorübergehender Dauer ist, aber vorbereitende und später zum Erfolg führende Maßnahmen zum Beteiligungserwerb getroffen werden. Erforderlich ist ein angemessener zeitlicher und wirtschaftlicher Zusammenhang der Maßnahmen unter Berücksichtigung aller Umstände des Einzelfalles. Ein wichtiger Umstand ist die Beteiligung am allgemeinen wirtschaftlichen Verkehr.[352]

- Eine eigene wirtschaftliche Tätigkeit liegt nicht vor, wenn die ausländische Kapitalgesellschaft neben dem Halten des Nennkapitals bloß mit diesem oder mit Darlehen eines Gesellschafters angeschaffte Wertpapiere hält. Eine übliche Wertpapierverwaltungstätigkeit begründet keine eigene wirtschaftliche Tätigkeit der Gesellschaft. Eine wirtschaftliche Tätigkeit erfordert eine über die bloße Vermögenshaltung hinausgehende Teilnahme am allgemeinen wirtschaftlichen Verkehr. Anderes kann für vorübergehend beschränkte Tätigkeiten gelten.[353]
- Beachtliche wirtschaftliche Gründe für die Einschaltung der ausländischen Gesellschaft können der geplante Erwerb von Beteiligungen im In- und Ausland und die damit zusammenhängende Nutzung günstiger Finanzierungsmöglichkeiten im Ausland sein.[354]
- Wirtschaftlich beachtlicher Grund kann der Erwerb von Beteiligungen sein, denen gegenüber geschäftsleitende Funktionen ausgeübt werden. Dies verlangt, dass die Gesellschaft geschäftsleitende Funktionen gegenüber mehr als einer Tochtergesellschaft wahrnimmt. Jedenfalls schädlich ist die Ausübung einer geschäftsleitenden Funktion gegenüber einer Tochtergesellschaft ohne sonstige unternehmerische Betätigung. Nicht erforderlich ist aber die umfassende Konzernleitung. Vielmehr reicht die Ausübung einzelner Funktionen einer geschäftsleitenden Holdinggesellschaft, insbesondere die Finanzierung, aus. Eine wirtschaftliche Betätigung kann ferner bei vorbereitenden Maßnahmen zum Beteiligungserwerb vorliegen. Dies erfordert eine Würdigung des Einzelfalles. Es müssen ernstliche Versuche unternommen werden, einen Konzern aufzubauen. Die letztliche Erfolglosigkeit und das Unterlassen weiterer Versuche können gegen die Ernstlichkeit sprechen.[355]
- Die Sondierung von Beteiligungen kann eine eigene wirtschaftliche Tätigkeit sein, wenn die Gesellschaft vorübergehend einen Konzernaufbau plant, der die Ausübung geschäftsleitender Funktionen erforderlich macht und sie tatsächlich später Beteiligungen erwirbt. Maßnahmen zur Vermögenssicherung (z.B. für den Krisen- oder Erbfall) können allenfalls dann einen beachtlichen Grund darstellen, wenn die Erreichung des Sicherungszwecks die Gründung einer Basisgesellschaft erfordert und der Zweck erreicht wird. Die Verwaltung und Umschichtung von Wertpapiervermögen ist kein beachtlicher Grund. Der

352 BFH v. 29.07.1976 – VIII R 41/74, BStBl. II 1977, 261.
353 BFH v. 29.07.1976 – VIII R 142/73, BStBl. II 1977, 263.
354 BFH v. 29.07.1976 – VIII R 116/72, BStBl. II 1977, 268.
355 BFH v. 09.12.1980 – VIII R 11/77, BStBl. II 1981, 339.

Betrieb eines Hotels im eigenen Namen und auf eigene Rechnung begründet eine eigenständige erwerbswirtschaftliche Betätigung.[356]

- Die Ausübung geschäftsleitender Funktionen gegenüber nur einer Tochtergesellschaft ohne Ausübung sonstiger unternehmerischer Betätigungen ist kein beachtlicher Grund für die Einschaltung einer Gesellschaft; gleiches gilt für das Halten von Anteilen an einer oder mehrerer Tochtergesellschaften bei bloßer Ausübung der Gesellschafterrechte, es sei denn der Aufbau eines internationalen Konzerns wird vorbereitet und betrieben.[357]
- Die Überlassung von Kapitalvermögen gegen Entgelt zur Nutzung auf eigene Rechnung und Gefahr kann eine eigene wirtschaftliche Tätigkeit bedeuten. Die Ausführung einzelner wesentlicher Anlagegeschäfte durch eine Managementgesellschaft kann unbeachtlich sein. Das Fehlen personeller und sachlicher Mittel kann bei Outsourcing im Bereich der Vermögensanlage und -verwaltung unschädlich sein.[358] Ohnehin gilt, dass „Outsourcing innerhalb eines ausländischen Konzerns von der deutschen Steuerrechtsordnung im allgemeinen [sic!] nicht mißbilligt [sic!] wird."[359]
- Eine Finanzierungsgesellschaft im niedrig besteuernden Ausland kann trotz geringer Ausstattung mit persönlichen und sachlichen Mitteln eine eigene wirtschaftliche Tätigkeit ausüben. Die Finanzierung nur eines (Bau-)Projekts stellt nicht notwendig einen missbräuchlichen Umstand dar; gleichermaßen kann

---

356 BFH v. 05.03.1986 – I R 201/82, BStBl. II 1986, 496, aber strengere Anforderungen bei gemischten Tätigkeiten BFH v. 28.01.1992 – VIII R 7/88, BStBl. II 1993, 84.

357 BFH v. 02.06.1992 – VIII R 8/89, BFH/NV 1993, 416.

358 BFH v. 19.01.2000 – I R 94/97, BStBl. II 2001, 222; gleich gelagerter Fall in BFH v. 19.01.2000 – I R 117/97, IStR 2000, 182. – Das BMF reagierte auf die beiden Urteile zu irischen Finanzierungsgesellschaften mit einem Schreiben vom 19.03.2001 – IV B 4 – S 1300 – 65/01, BStBl. I 2001, 243. Das BMF ordnete darin die Nichtanwendung der Urteile über die Einzelfälle hinaus an, soweit sie die Anwendung des § 42 AO verneinten.
Gemäß Tz. 1 könne § 42 AO zur Anwendung kommen, da für die Einschaltung der IFSC-Gesellschaften weder gewichtige außersteuerliche Gründe noch eine substanzielle wirtschaftliche Tätigkeit erkennbar seien. Das Merkmal der Tätigkeitsausübung auf eigene Rechnung und Gefahr sei ohne Bedeutung für Funktion oder beachtliche Gründe, da selbst eine funktionslose Gesellschaft bei Kapitalanlage Risiko und Gefahr trage. Ebensowenig lasse das Vorhandensein eines Board of Directors auf eine eigenwirtschaftliche Tätigkeit schließen. Das Board sei für gewöhnlich Überwachungsorgan und nicht für das Tagesgeschäft zuständig. Auch Briefkastengesellschaften könnten ein solches Board haben. Der Ort der Geschäftsleitung – mithin die Verantwortung für das Tagesgeschäft – sei nicht hinreichend geklärt. Das Outsourcing könne nicht als Erklärung herangezogen werden für das Vorliegen einer eigenen wirtschaftlichen Tätigkeit oder für außersteuerliche Gründe für die Errichtung. Zudem werde § 42 AO nach Tz. 2 nicht durch die Hinzurechnungsbesteuerung verdrängt.

359 BFH v. 27.08.1997 – I R 8/97, BStBl. II 1998, 163, 164 f.

die Liquidation nach vollständigem Abschluss des finanzierten Projekts (Veräußerung und Rückzahlung geliehener Gelder) unschädlich sein. Gleiches gilt in Bezug auf Mitwirkungen von Mitgliedern anderer Konzerngesellschaften bei Kontrolle und Überwachung des Projekts und bei Auszahlung und Zwischenanlage von Finanzmitteln. Entscheidende Kriterien der Tätigkeit einer Finanzierungsgesellschaft sind die Ausübung im eigenen Namen, auf eigene Rechnung und eigenes Risiko sowie das Innehaben des Letztentscheidungsrechts über die eigene Tätigkeit.[360]

- Eine eigene wirtschaftliche Tätigkeit ist nicht durch Einschaltung einer Managementgesellschaft infrage gestellt. Eine Gesellschaft ist nicht funktionslos, wenn sie auf gewisse Dauer angelegt ist und über ein Mindestmaß personeller und sachlicher Ausstattung verfügt, die die unternehmerische Entscheidungs- und Handlungsfähigkeit sicherstellt. Die Ausnutzung günstigerer Steuersätze durch Zwischenschaltung von Gesellschaften im EU-Ausland und deren Abschirmwirkung sind im Regelfall hinzunehmen. Rechtsmissbrauch kann vorliegen, wenn die Zwischenschaltung der ausländischen Gesellschaft nur vorübergehend (nicht auf gewisse Dauer, „geschäftsvorfallbezogen") erfolgt und allein die Steuerminderung bezweckt.[361]

3. Maßstäbe der Ausübung einer eigenen wirtschaftlichen Tätigkeit

Frühe Entscheidungen der Basisgesellschaftsrechtsprechung setzten sich insbesondere mit der Beachtlichkeit von Gründen für die Einschaltung einer ausländischen Gesellschaft auseinander. Die Grundsätze der Basisgesellschaftsrechtsprechung haben sich im Verlauf der Zeit jedoch deutlich ausdifferenziert.

Die Einschaltung einer niedrig besteuerten ausländischen Gesellschaft bedarf grundsätzlich beachtlicher Gründe;[362] in aller Regel wird dies die Ausübung einer eigenen wirtschaftlichen Tätigkeit sein.[363] Das

---

360 BFH v. 20.03.2002 – I R 63/99, BStBl. II 2003, 50.

361 BFH v. 25.02.2004 – I R 42/02, BStBl. II 2005, 14. – Das BMF reagierte mit Schreiben v. 28.12.2004 – IV B 4 – S 1300 – 362/04, BStBl. I 2005, 28 auf das Urteil. Darin hob das BMF u.a. die Tz. 1 und 2 des Nichtanwendungserlasses v. 19.03.2001 (IV B 4 – S 1300 – 65/01, BStBl. I, 243) auf, die IFSC-Gesellschaften keine eigene wirtschaftliche Tätigkeit oder sonstige beachtliche Gründe für die Einschaltung zuerkannten.

362 Alleiniges Abstellen auf beachtliche Gründe u.a. BFH v. 19.01.2000 – I R 94/97, BStBl. II 2001, 222, 223; BFH v. 19.01.2000 – I R 117/97, IStR 2000, 182. – Anders noch (keine Gründe und [zusätzlich] keine wirtschaftliche Tätigkeit) u.a. BFH v. 29.01.1975 – I R 135/70, BStBl. II 1975, 553, 554; BFH v. 29.07.1976 – VIII R 142/73, BStBl. II 1977, 263, 264; BFH v. 05.03.1986 – I R 201/82, BStBl. II 1986, 496, 497; Schulte-Rummel, 161; Gosch, DStR 2004, 1286, 1286.

363 BFH v. 28.01.1992 – VIII R 7/88, BStBl. II 1993, 84, 87; BFH v. 29.10.1997 – I R 35/96, BStBl. II 1998, 235, 238 (Inbound-Fall, aber parallele rechtliche Behandlung); BFH v. 25.02.2004 – I R 42/02, BStBl. II 2005, 14, 17; BMF v. 28.12.2004 – IV B 4 – S

Ausnutzen eines Steuergefälles allein ist nicht missbräuchlich.[364] Blieb in den Anfängen – wie aus der Darstellung zu den beachtlichen Gründen ersichtlich – einigen Funktionen pauschal die Anerkennung versagt, ist in späteren Entscheidungen eine großzügige Linie in der Anerkennung wirtschaftlicher Tätigkeiten festzustellen. In den Entscheidungen Dublin Docks I[365], II[366] (und

---

1300 – 362/04, BStBl. I 2005, 28, Ziff. 3 (Betonung eigener wirtschaftlicher Tätigkeit); Ratschow, in: Klein, § 42, Rn. 139, dazu Leukefeld, 214 ff.

364 BFH v. 20.03.2003 – I R 63/99, BStBl. II 2003, 50, 53, unter B. II. 2.b) cc); BFH v. 25.02.2004 – I R 42/02, BStBl. II 2005, 14, 17.

365 BFH v. 19.01.2000 – I R 94/97, BStBl. II 2001, 222: Eine inländische Gesellschaft beteiligte sich an einer irischen Kapitalgesellschaft mit Sitz und Geschäftsleitung im International Financial Services Centre (IFSC) in Dublin. Daneben war eine andere deutsche Gesellschaft an der irischen Gesellschaft beteiligt. Zweck der irischen Gesellschaft war die gewinnbringende Verwaltung von Kapital. Die Gesellschaft hatte einen Board of Directors als geschäftsführendes Organ, aber keinen eigenen Geschäftsbetrieb (Räume, Personal, Telefonanschluss). Vorstandssitzungen wurden in Irland abgehalten. Als Directors waren zwei in Irland ansässige Beschäftigte einer Managementgesellschaft, zwei Beschäftigte der deutschen Gesellschafterin der Managementgesellschaft und drei irische Staatsangehörige tätig. Die ausländische Kapitalanlagegesellschaft wurde als IFSC-Gesellschaft anerkannt und unterlag dem entsprechend ermäßigten Körperschaftsteuersatz. Geschäftsführung und Verwaltung der Gesellschaft wurden einer irischen Managementgesellschaft übertragen. 75 % der Anteile an der Managementgesellschaft hielt eine deutsche Gesellschaft, den Rest hielt eine irische Bank. Die Managementgesellschaft beschäftigte 17 Angestellte und hatte ein Großraumbüro angemietet. Sie war für weitere Kapitalanlagegesellschaften tätig. Die Gesellschafter der Kapitalanlagegesellschaft hatten Mitspracherechte bei der Anlagestrategie. Die Gesellschaft verlängerte im Streitjahr bei inländischen Banken angelegte Festgelder und erwarb Rentenpapiere in D-Mark. Depotbank für Festgeld und Wertpapiere war die irische Bank, die Gesellschafterin der Managementgesellschaft war. Unterdepotbanken waren deutsche Banken. Die Kapitalanlagegesellschaft musste für Managementdienstleistungen eine Gebühr an die Managementgesellschaft und eine Provision an die deutsche Gesellschafterin der Managementgesellschaft entrichten.

366 BFH v. 19.01.2000 – I R 117/97, IStR 2000, 182: Zwei inländische Versicherungsgesellschaften gründeten eine Kapitalanlagegesellschaft im IFSC. Diese sollte die von den Gesellschaftern eingezahlten Mittel gewinnbringend verwalten. Eigene Räume besaß die Gesellschaft nicht. Die Kapitalanlagegesellschaft schloss einen Managementvertrag mit einer zu einer Bankengruppe gehörenden Finanzdienstleistungsgesellschaft ab; diese wurde als Investmentmanager tätig. Etwas mehr als ein Jahr nach ihrer Gründung stellte die Anlagegesellschaft zwei Mitarbeiter des Finanzdienstleisters als Teilzeitkräfte ein. Diese waren noch für weitere Anlagegesellschaften tätig. Die Anlagegesellschaft kaufte und verkaufte Wertpapiere in europäischen Währungen im Umfang dreistelliger Millionenbeträge. Verantwortlich dafür war der Vorsitzende des Board of Directors, der zugleich Managing Director des Finanzdienstleisters war. Die Lebensversicherungsgesellschaft beteiligte sich an einer zweiten IFSC-Gesellschaft. Diese hatte einen Board of Directors,

III[367]) wurden irische Kapitalanlagegesellschaften, die überdies mit Ausnahme eines Board of Directors keine *eigenen* personellen oder sachlichen Mittel besaßen, nicht als missbräuchlich eingeschaltet angesehen.[368] In der sog. Delaware-Entscheidung[369]

---

vorwiegend bestehend aus irischen Staatsangehörigen und mit in Dublin abgehaltenen Sitzungen, aber keine Mitarbeiter. Die Anlagegeschäfte wickelte eine Bank ab, die per Managementvertrag beauftragt wurde. Mangels Erreichen der geplanten Handelsaktivität wurde die zweite Gesellschaft aufgelöst.

367 BFH v. 25.02.2004 – I R 42/02, BStBl. II 2005, 14: Ein inländisches Kreditinstitut beteiligte sich über einen Zeitraum von knapp zwei Jahren – neben zwei weiteren Banken – zu jeweils 10 % an zwei irischen Kapitalanlagegesellschaften. Die Beteiligungen wurden von einer deutschen Managementgesellschaft vermittelt. Die irischen Gesellschaften waren IFSC-Gesellschaften ohne eigenes Personal. Beide Gesellschaften verfügten über einen Board of Directors als geschäftsführendes Organ. Dieser bestand aus dem Generalbevollmächtigten einer der Gesellschafterinnen und zwei irischen Directors. Beide Gesellschaften gingen aus zwei bestehenden irischen Gesellschaften hervor. In der Gründungsversammlung – bei einer der Gesellschafterinnen in Deutschland – wurde eine Anlagestrategie festgelegt und dem irischen Management vorgeschlagen. Ein Anlageausschuss sollte zweimal jährlich tagen. Kurz nach Umbenennung der Gesellschaften wurde ein Managementvertrag zwischen den Kapitalanlagegesellschaften, den Gesellschaftern und einer irischen Investmentbank abgeschlossen. Die Bank sollte Geschäftsabrechnungen, Verwahrung, Rechnungslegung, Verwaltung und Management übernehmen. Zudem war sie Depotbank. Unterdepotbank war eine der deutschen Gesellschafterinnen. Darüber hinaus schlossen die Kapitalanlagegesellschaften mit der irischen Investmentbank und der deutschen Managementgesellschaft einen Vermögensberatungsvertrag ab. Darin verpflichtete sich die Managementgesellschaft, sich um Vermittlung von Investoren an der Investmentgesellschaft zu bemühen und als Investmentberater für die irische Investmentbank tätig zu werden. Die Managementgesellschaft nahm die technische Abwicklung der Transaktionen vor und leitete das Kapital an die irische Investmentbank weiter. Die IFSC-Gesellschaften erstellten Quartals- und Jahresberichte. Der Anlageausschuss der Kapitalanlagegesellschaften traf sich in Deutschland zu Sitzungen. Auf diesen wurde die Situation an den Kapitalmärkten besprochen; es wurden Anlageempfehlungen gegeben. Anlageentscheidungen wurden nicht getroffen.

368 Vgl. dazu auch Leukefeld, 216 ff. – An dieser Stelle ist dem weiteren Verlauf der Arbeit insoweit vorzugreifen, dass § 42 AO aufgrund des Konkurrenzverhältnisses zur Hinzurechnungsbesteuerung nur funktionslose Gesellschaften erfassen konnte.

369 BFH v. 20.03.2003 – I R 63/99, BStBl. II 2003, 50 („Delaware"): Eine ausländische Gesellschaft A, Teil eines US-amerikanischen Konzerns, erwarb Grundstücke in den USA, um darauf ein neues Forschungs-, Entwicklungs- sowie Verwaltungszentrum zu bauen. Zur Finanzierung des Projekts wurde eine US-amerikanische Finanzierungsgesellschaft B in Delaware gegründet. Die Finanzierungsgesellschaft hatte einen Büroraum (in einem Verwaltungsgebäude, in dem auch andere Konzerngesellschaften ansässig waren), eigene Telefon- und Faxanschlüsse und eigenes Personal (Teilzeitkräfte zur Buchhaltung). Das Kapital dieser Gesellschaft wurde erheblich aufgestockt, sodann wurden die Anteile von einer anderen konzernangehörigen

wurde die Finanzierungstätigkeit im Konzern anerkannt und eine „eigenwirtschaftliche ‚Funktionslosigkeit' " abgelehnt.[370]

Im Verlauf der Zeit hat sich Fokus von der Art der Tätigkeit, die mittlerweile kaum pauschal einen Missbrauch begründen kann, hin zu den Modalitäten der Ausübung verlagert. Die tatsächlich ausgeübte Nutzungsüberlassung von Kapitalvermögen gegen Entgelt (als eigene wirtschaftliche Tätigkeit) im eigenen Namen und auf eigene Rechnung und Gefahr/Risiko (mit eigenständiger oberleitender Tätigkeit) fand Anerkennung. Diese Kriterien sind mittlerweile entscheidend in der Beurteilung der missbräuchlichen Einschaltung einer ausländischen Gesellschaft.[371] Die Eigenständigkeit der ausländischen Gesellschaft kommt darin zum Ausdruck, dass eine wirtschaftliche Tätigkeit im eigenen Namen und auf eigenes Risiko tatsächlich ausgeübt wird (und funktional erforderliche personelle und sachliche Ressourcen vorhanden sind).[372]

Die Überwachung und Kontrolle der ausländischen Gesellschaft im Konzernverbund stellt die eigenständige Tätigkeit der ausländischen Gesellschaft nicht notwendig infrage.[373] Kontrolle und Überwachung sind gesellschafterliche Kernkompetenzen, die allein die ausländische Gesellschaft nicht als rein formal eingeschaltet darstellen.

Als weiteres Abgrenzungskriterium zum Gestaltungsmissbrauch wurde die Dauerhaftigkeit der Tätigkeit (letztlich die Gründung der Gesellschaft auf gewisse Dauer) herausgearbeitet.[374] Es ist nicht per se schädlich, wenn die ausländische

---

Gesellschaft C übernommen. Der Erwerb wurde durch Einlagen der Gesellschafter in die übernehmende Gesellschaft und ein Darlehen eines Bankenkonsortiums finanziert. Das Darlehen führte zu Finanzierungskosten in Form von Zinsen und Provisionen. Die Finanzierungsgesellschaft B sagte der A ein Hypothekendarlehen für den Bau zu. Nicht benötigtes Kapital investierte die B in Schuldverschreibungen und Wertpapiere. Die Erträge sollten die Kapitaleinlage erhöhen. Zwei Jahre nach Erwerb der Grundstücke veräußerte A das Zentrum an eine Bank. Sie tilgte mit dem erhaltenen Kapital das Darlehen von B. Die Finanzierungsgesellschaft B wurde daraufhin liquidiert; der Liquidationserlös wurde an C gezahlt. Damit zahlte C das Darlehen des Bankenkonsortiums zurück. Es ergab sich ein steuerpflichtiger Liquidationserlös.

370 BFH v. 20.03.2003 – I R 63/99, BStBl. II 2003, 50, 52, unter B. II. 2. a).

371 Clausen, IStR 2000, 185, 186 – der allerdings zu Unrecht die „sächliche und personelle Ausstattung [...; für, *d. Verf.*] irrelevant" hält; Niedrig, IStR 2003, 474, 477 f; Eggeling, Ubg 2011, 676, 678; auch für verringerte Bedeutung physischer Präsenz Hölzemann, IStR 2006, 830, 835; anders Protzen, in: Kraft, AStG, § 7, Rn. 91.

372 So auch Protzen, in: Kraft, § 7, Rn. 91; Gerhard, IStR 2002, 571, 571 f.

373 BFH v. 20.03.2003 – I R 63/99, BStBl. II 2003, 50.

374 BFH v. 20.03.2003 – I R 63/99, BStBl. II 2003, 50, 52; später auch BFH v. 25.02.2004 – I R 42/02, BStBl. II 2005, 14, 17; Protzen, in: Kraft, § 7, Rn. 107; Gosch, in: FS Reiss, 597, 609; Eggeling, Ubg 2011, 676, 678 (aber nur mit Verweis auf Dublin Docks); auch Leukefeld, 218 und Hölzemann, IStR 2006, 830, 835 erkennen das zeitliche Kriterium erst in Dublin Docks III.

Gesellschaft einen beschränkten Unternehmensgegenstand hat und/oder auf gewisse Dauer gegründet worden ist.[375] „Eine Projektgesellschaft oder ein Unternehmen mit einem engen und lediglich eingeschränkten Unternehmensgegenstand ist steuerlich prinzipiell anzuerkennen."[376] Diese Eigenschaften betreffen insbesondere Holding-, Kapitalanlage- und Finanzierungsgesellschaften. Deren Beschränkung auf eine bestimmte Funktion oder einen bestimmten Zweck stellt somit für sich genommen keinen missbräuchlichen Umstand dar.[377] Schädlich können „lediglich vorübergehend[e]" Einschaltungen zur Steuerersparnis sein. Insbesondere die Einschaltung für einen „kurzen, lediglich ‚geschäftsvorfallbezogenen' Zeitraum", ggf. für einen Zeitraum von weniger als „rund zwei Jahre[n]", kann als unangemessen zu beurteilen sein. Hingegen ist die Einschaltung auf eine „von vornherein unabsehbare [...] Dauer" unschädlich.[378]

Neben der dauerhaften Ausübung der wirtschaftlichen Tätigkeit – die über bloße Rechts- und Verwaltungshandlungen hinausreichen muss – im eigenen Namen, auf eigene Rechnung und mit eigenem Risiko wurde als zusätzliches Kriterium die Letztentscheidungskompetenz entwickelt.[379]

An diesen Vorgaben gemessen ist (nur) die Einschaltung einer Briefkastengesellschaft sicher missbräuchlich im Sinne des § 42 AO[380] – wenn die Gesellschaft nicht bereits im Inland unbeschränkt steuerpflichtig ist, weil inländische Gesellschafter faktisch die Geschäfte führen (§§ 1 KStG i.V.m. 10 AO). Der Fokus des gesetzgeberischen Handelns verlagert sich im Übrigen weiter zur Offenlegung geschäftlicher Beziehungen inländischer Steuerpflichtiger zu Gesellschaften in Drittstaaten, um funktionslose Gesellschaften ermitteln und bekämpfen zu können.[381]

---

375 BFH v. 20.03.2003 – I R 63/99, BStBl. II 2003, 50, 52; Dremel, in: Schönfeld/Ditz, Art. 1, Rn. 100; Protzen, in: Kraft, § 7, Rn. 97; Jacobs, 1037; Gosch, in: DStJG, Bd. 36, 201, 217; Petschulat, 155 f; Hölzemann, IStR 2006, 830, 835; Eggeling, Ubg 2011, 676, 678; für Dauerhaftigkeit auch BFH v. 25.02.2004 – I R 42/02, BStBl. II 2005, 14, 17.

376 BFH v. 20.03.2003 – I R 63/99, BStBl. II 2003, 50, 52, unter B. II. 2. b) aa); BFH v. 25.02.2004 – I R 42/02, BStBl. II 2005, 14, 17.

377 BFH v. 29.01.1975 – I R 135/70, BStBl. 1975, 553, 555; BFH v. 09.12.1980 – VIII R 11/77, BStBl. 1981, 339, 341 f; BFH v. 20.03.2003 – I R 63/99, BStBl. II 2003, 50, 52, unter B. II. 2. b) aa); Eilers, in: FS Wassermeyer, 323, 323 ff; Burwitz, 177 ff; Gerhard, IStR 2002, 571, 571 f; Eggeling, Ubg 2011, 676, 678.

378 BFH v. 25.02.2004 – I R 42/02, BStBl. II 2005, 14, 17, dazu auch Drüen, in: Tipke/Kruse, AO, § 42, Rn. 99, Stand: 145.EL, Juli 2016; Jacobs, 404; Eggeling, Ubg 2011, 676, 678; Hölzemann, IStR 2006, 830, 835.

379 Dazu Niedrig, IStR 2003, 474, 477.

380 In diese Richtung BFH v. 20.03.2003 – I R 63/99, BStBl. II 2003, 50, 52; BFH v. 25.02.2004 – I R 42/02, BStBl. II 2005, 14.

381 Das Gesetz zur Bekämpfung der Steuerumgehung und zur Änderung weiterer steuerlicher Vorschriften v. 23.06.2017, BGBl. I 2017, 1682 sieht u.a. die Erweiterung von Mitteilungspflichten des Steuerpflichtigen und Ermittlungsbefugnissen der Finanzverwaltung vor.

Die angesprochene eigene wirtschaftliche Tätigkeit erfordert eine Teilnahme am allgemeinen wirtschaftlichen Verkehr,[382] es sei denn eine bestimmte Tätigkeit wird bloß vorübergehend betrieben und gleichzeitig werden vorbereitende, später zum Erfolg führende Maßnahmen in Verfolgung der eigentlichen Tätigkeit getroffen.[383] Wenngleich dieses Kriterium in späteren Entscheidungen nicht ausdrücklich angesprochen wurde, bleibt es als Kennzeichen wirtschaftlicher Tätigkeiten bedeutsam.[384] Dabei sind angesichts der Anerkennung funktionsschwacher Tätigkeiten – wie der Kapitalanlage – die Anforderungen gering. Vor allem kann die Teilnahme am allgemeinen wirtschaftlichen Verkehr (wie in den Dublin-Docks-Fällen) durch die Tätigkeit der Managementgesellschaften vermittelt werden, wenn die ausländische Gesellschaft selbst durch das Handeln der Managementgesellschaften berechtigt und verpflichtet wird sowie Chancen und Risiken der wirtschaftlichen Tätigkeit trägt.

Diese Teilnahme am allgemeinen wirtschaftlichen Verkehr ist möglich, wenn die ausländische Gesellschaft über ein (auf die Funktion der ausländischen Gesellschaft abgestimmtes) „Mindestmaß an sachlichen und personellen Mitteln" zur Herstellung der „Entscheidungs- und Handlungsfähigkeit" verfügt.[385] Dies und die Einschaltung „auf gewisse Dauer" können die „steuerlich anzuerkennende Funktion" belegen.[386] Nur durch einen Geschäftsbetrieb (als Zusammenfassung personeller und sachlicher Mittel) kann die ausländische Gesellschaft nach außen in Erscheinung treten. Die personelle und sachliche Ausstattung kann aber je nach ausgeübter Funktion minimal sein, wenn sie zur Funktionsausübung ausreicht.[387] Nur bei funktionsspezifisch nicht ausreichenden Mitteln liegt eine missbräuchliche Einschaltung vor, da keine Funktionserfüllung ermöglicht wird.[388]

---

382 BFH v. 29.07.1976 – VIII R 41/74, BStBl. II 1977, 261, 263; BFH v. 29.07.1976 – VIII R 142/73, BStBl. II 1977, 263, 265; Drüen, in: Tipke/Kruse, AO, § 42, Rn. 99, Stand: 145.EL, Juli 2016; Koenig, in: Koenig, § 42, Rn. 79; Jacobs, 403; Lentz, 167.

383 BFH v. 29.07.1976 – VIII R 41/74, BStBl. II 1977, 261, 263; BFH v. 29.07.1976 – VIII R 142/73, BStBl. II 1977, 263, 265 (jeweils zu Holdingfunktionen).

384 So auch Eggeling, Ubg 2011, 676, 678.

385 Zitate aus BFH v. 25.02.2004 – I R 42/02, BStBl. II 2005, 14, 17. Im Übrigen BFH v. 20.03.2003 – I R 63/99, BStBl. II 2003, 50, 52; Dremel, in: Schönfeld/Ditz, Art. 1, Rn. 99; Protzen, in: Kraft, § 7, Rn. 97 ff; Gosch, in: DStJG, Bd. 36, 201, 217; Lentz, 171; Leukefeld, 219; Gerhard, IStR 2002, 571, 571 f u.a.; Hölzemann, IStR 2006, 830, 835.

386 BFH v. 25.02.2004 – I R 42/02, BStBl. II 2005, 14, 17 und vorhergehende Fn.

387 U.a. BFH v. 20.03.2003 – I R 63/99, BStBl. II 2003, 50, 52; Fischer, in: H/H/S, AO, § 42, Rn. 555 aE, Stand: 203.EL, Juni 2009; Gosch, in: DStJG, Bd. 36, 201, 217; Eilers, in: FS Wassermeyer, 323, 324; Fischer, in: FS Reiss, 621, 643; Klein, in: DStJG Bd. 33, 243, 261; Schönfeld, DBA-Missbrauch, 137, 148; Gerhard, IStR 2002, 571, 572; Niedrig, IStR 2003, 474, 476; Hölzemann, IStR 2006, 830, 835; wohl auch Leukefeld, 219.

388 U.a. BFH v. 20.03.2003 – I R 63/99, BStBl. II 2003, 50, 52; BFH v. 25.02.2004 – I R 42/02, BStBl. II 2005, 14, 17; Niedrig, IStR 2003, 474, 476. – In früheren Entscheidungen wurde das Fehlen jeder Ausstattung als schädlich beurteilt. Eine ausländische Gesellschaft hatte die gleiche Anschrift wie einer der Mitgesellschafter – und weitere

Mit diesen Anforderungen ist ein Outsourcing von Tätigkeiten zu vereinbaren. Die Zulässigkeit des Outsourcings von Tätigkeiten fand zunächst im Bereich der Kapitalanlage durch IFSC-Gesellschaften Anerkennung. Die Beauftragung von Managementdienstleistern diente der Erlangung eines vorteilhaften Steuerregimes (irische IFSC-Förderung mit reduzierten Körperschaftsteuersätzen) und war branchenüblich. Ein besonderer außersteuerlicher Grund für die Auslagerung der Tätigkeit war bei Ansässigkeit in einem EU-Mitgliedstaat nicht erforderlich.[389]

Die Zulässigkeit des Outsourcings ist aber nicht auf IFSC-Fälle beschränkt. Die IFSC-Gesellschaften dienten zunächst nur als Beispiel für eine Kapitalanlagegesellschaft.[390] Die Üblichkeit bezog sich auf die gesamte Branche.[391] Dies liegt auf der grundsätzlichen Linie, dass „Outsourcing innerhalb eines ausländischen Konzerns von der deutschen Steuerrechtsordnung im allgemeinen [sic!] nicht mißbilligt [sic!] wird"[392] und lässt sich dem Grunde nach auf weitere Branchen übertragen.[393] In Bezug auf andere funktionsschwache Tätigkeiten (je nach Besonderheit

105 Gesellschaften. Der dritte Mitgesellschafter war Mehrfachgeschäftsführer. Die Gesellschaft verfügte über keine personelle oder sachliche Ausstattung. Es fehlte ein geeigneter Geschäftsapparat für die Ausübung der behaupteten Tätigkeiten. Die Gründung der ausländischen Gesellschaft und die Vermögensübertragung auf diese wurden als missbräuchlich beurteilt, BFH v. 07.02.1975 – VIII B 61-62/74, BStBl. II 1976, 608, 610. – Eine ausländische Gesellschaft domizilierte bei einem Rechtsanwalt im Sitzstaat und verfügte weder über eigene Geschäftsräume noch über Personal. Gesetzlicher Vertreter war jener Rechtsanwalt. Ein beachtlicher Grund für die Einschaltung war nicht erkennbar, eine wirtschaftliche Tätigkeit wurde nicht ausgeübt. Eine wirtschaftliche Betätigung war mangels personeller und sachlicher Mittel ohnehin nicht möglich BFH v. 10.06.1992 – I R 105/89, BStBl. II 1992, 1029, 1030, vgl. Hölzemann, IStR 2006, 830, 832 f; auch BFH v. 10.11.1983 – IV R 62/82, BStBl. 1984, 605, 607.

389 BFH v. 19.01.2000 – I R 117/97, IStR 2000, 182. – Diese Grundsätze wurden ebenfalls in BFH v. 19.01.2000 – I R 94/97, BStBl. II 2001, 222 angewandt; auch BFH v. 25.02.2004 – I R 42/02, BStBl. II 2005, 14. – Zum Aspekt der EuGH-Rechtsprechung zu ausländischen Gesellschaftsgründungen (EU-Gesellschaftsrecht) Schön, in: FS Reiss, 571, 581 ff; Fischer, in: FS Reiss, 621, 626.

390 BFH v. 19.01.2000 – I R 94/97, BStBl. II 2001, 222, 1. Leitsatz: „an einer Kapitalanlagegesellschaft im niedrig besteuerten Ausland (hier: an einer gemeinschaftsrechtlich geförderten sog IFSC-Gesellschaft in den irischen Dublin Docks."

391 BFH v. 19.01.2000 – I R 94/97, BStBl. II 2001, 222, 224: „im Kapitalanlagegeschäft üblich, sich einschlägig versierter Dienstleister [...] zu bedienen [...], „für Kapitalanlagegeschäft geradezu typisch", „Outsourcing im Bereich der Vermögensanlage und – verwaltung [...] institutionalisiert und typisiert"; Protzen, in: Kraft, § 7, Rn. 91; kritisch Hölzemann, IStR 2006, 830, 836.

392 BFH v. 27.08.1997 – I R 8/97, BStBl. II 1998, 163, 164 f.

393 Vgl. BFH v. 20.03.2003 – I R 63/99, BStBl. II 2003, 50: Hinzuziehen „dritter und entsprechend versierter Fachkräfte" unschädlich.

der jeweiligen Branche) kann die Auslagerung von Funktionen üblich sein. Dies dürfte insbesondere der Fall sein, wenn die Ausübung eine besondere Expertise erfordert. Der Aufbau des spezifischen Know-how kann schwierig oder nur zu unverhältnismäßigen Kosten möglich sein. Bei funktionsschwachen Tätigkeiten haben Beratung (bspw. Steuer- und Rechtsberatung) und sonstige Dienstleistungen (z.B. Buchführung) ohnehin ein ungleich größeres Gewicht als in anderen Branchen.

Die Anerkennung von Betriebsführungsverträgen ist nach den Besonderheiten der Tätigkeit und der dadurch bedingten Üblichkeit der Auslagerung im Einzelfall zu beurteilen. Jedenfalls dürfte die Auslagerung einzelner, wesentlicher Tätigkeiten auf versierte Dienstleister gegen Entgelt in aller Regel als unschädlich zu beurteilen sein. Selbst das Outsourcing des gesamten Tagesgeschäfts kann im Einzelfall zulässig sein.[394] Grundsätzlich wird „die Übertragung der Betriebsführung durch sog. ‚Managementverträge' steuerlich grundsätzlich anzuerkennen und nicht als missbräuchlich i.S. des § 42 der Abgabenordnung anzusehen" sein.[395] Es muss im Einzelfall beurteilt werden, ob die weitgehende Auslagerung von Funktionen Zweifel an einer eigenen wirtschaftlichen Funktion der ausländischen Gesellschaft begründet – zu berücksichtigen sind die Kriterien der Ausübung einer eigenen wirtschaftlichen Tätigkeit (Verpflichtung der ausländischen Gesellschaft und Risikotragung, Dauerhaftigkeit der Tätigkeitsausübung, Letztentscheidungsrecht in Bezug auf die Tätigkeit).

III. Konkurrenzverhältnis

Teilweise wird die Einschaltung funktionsschwacher Gesellschaften allein unter dem Aspekt des Gestaltungsmissbrauchs (§ 42 AO) erörtert. Der Geschäftsleitungsort (§ 10 AO) setze einen eigenen Geschäftsbetrieb voraus. Die Geschäftstätigkeit müsse der ausländischen Gesellschaft zuzurechnen sein. Auf Briefkastengesellschaften ohne solchen Betrieb sei allein § 42 AO anzuwenden.[396] Dem ist aber entgegenzuhalten, dass stets und auch in Bezug auf funktionsschwache Gesellschaften vorrangig die Ansässigkeit der Gesellschaft zu untersuchen ist. Zur Bestimmung des Geschäftsleitungsorts findet eine Untersuchung der tatsächlichen Verhältnisse statt, wo die geschäftsleitende Tätigkeit, das Tagesgeschäft, ausgeübt wird. Der Ort der Geschäftsleitung ist in jedem Fall Anknüpfungspunkt für die unbeschränkte Körperschaftsteuerpflicht (§ 1 Abs. 1 KStG). Lässt sich in Bezug auf das Tagesgeschäft eine faktische Geschäftsführung aus dem Inland feststellen,

---

394 Jacobs, 403; Clausen, IStR 2000, 185, 186; dafür spricht auch BFH v. 20.03.2003 – I R 63/99, BStBl. II 2003, 50; enger Protzen, in: Kraft, § 7, Rn. 91.

395 BFH v. 13.10.2010 – I R 61/09, BStBl. II 2011, 249, 250, Rn. 17.

396 BFH v. 11.04.1984 – I R 82 – 84/80, BFH/NV 1986, 255, 255; wohl auch BFH v. 17.07.1968, I 121/64, BStBl. II 1968, 695, 696 f und BFH v. 16.01.1976 – III R 92/74, BStBl. II 1976, 401, 403; Protzen, in: Kraft, § 7, Rn. 34; Stahl, Kösdi 2018, 20676, 20677.

so ist die eingeschaltete Gesellschaft, auch wenn sie funktionsschwach ist, im Inland unbeschränkt steuerpflichtig. Es entsteht kein Steuervorteil im Sinne des § 42 Abs. 2 S. 1 AO aus der Einschaltung.[397]

Die Anwendung des § 39 AO wird regelmäßig nicht mit § 42 AO in Konflikt geraten. § 39 AO regelt die steuerschuldrechtliche Zurechnung eines Wirtschaftsguts zu einem Steuersubjekt. Diese verbindliche Zuordnung folgt dem zivilrechtlichem Eigentum oder erfolgt abweichend davon nach wirtschaftlichen Gesichtspunkten. Die Zuordnung des Wirtschaftsguts dient der Feststellung des Schuldners von Steuern, die an die Herrschaft über ein Wirtschaftsgut anknüpfen.[398] Die dadurch begründete Beziehung zum Wirtschaftsgut rechtfertigt die Belastung des Steuersubjekts mit den materiell-steuerrechtlichen Folgen der Zurechnung.[399] Hingegen korrigiert § 42 AO als Missbrauchsregelung die Einkünftezurechnung im Falle unangemessener Gestaltungen. In diesem Ausnahmefall werden Einkünfte abweichend den inländischen Gesellschaftern zugerechnet.

Die Anwendung der Grundsätze des Scheingeschäfts (§ 41 Abs. 2 AO) und Steuerumgehung (§ 42 AO) schließt sich gegenseitig aus. Der Gestaltungsmissbrauch setzt eine wirksame Gestaltung voraus. Das Umgehungsgeschäft ist im Gegensatz zum Scheingeschäft ernstlich gewollt und wird tatsächlich durchgeführt, um den Umgehungserfolg zu erreichen.[400] Im Fall der Einschaltung ausländischer Gesellschaften kommt in aller Regel nur die Anwendung des § 42 AO in Betracht. Der erstrebte steuerliche Vorteil ergibt sich aus der Abschirmwirkung der ausländischen Gesellschaft gegenüber der Besteuerung im Inland. Dies setzt eine wirksame Gesellschaftsgründung voraus.

---

397 BFH v. 19.03.2002 – I R 15/01, IStR 2002, 707, 708; Fischer, in: H/H/S, AO, § 42, Rn. 541, Stand: 203.EL, Juni 2009; Graffe in: D/P/M, § 1 KStG, Rn. 97, Stand: 68.EL, März 2010; Jacobs, 1032; Burwitz, 134; Bosch, IStR 1998, 393; Raupach, FR 1969, 72, 73; v. Busekist, GmbHR 2006, 132, 135, 137; Hölzemann, IStR 2006, 830, 832; unklar BFH v. 01.12.1982 – I R 43/79, BStBl. II 1985, 2, 3, zwar „voneinander unabhängige und nebeneinander bestehende Regelungen", aber „"Basiseffekt" dürfte [...] in der Regel nicht erreicht werden, wenn eine Basisgesellschaft der unbeschränkten Steuerpflicht unterliegt".

398 Drüen, in: Tipke/Kruse, AO, § 39, Rn. 2, Stand: 129.EL, Juni 2012; dazu auch Haarmann, IStR 2018, 561, 563.

399 Vgl. Ratschow, in: Klein, § 39, Rn. 2, 10; vgl. Haarmann, IStR 2018, 561, 563.

400 Blesinger, in: Kühn/v. Wedelstädt, AO, § 41, Rn. 12; Drüen, in: Tipke/Kruse, AO, § 41, Rn. 74, Stand: 145.EL, Juli 2016; Koenig, in: Koenig, § 41, Rn. 39; Protzen, in: Kraft, § 7, Rn. 45; Ratschow, in: Klein, § 42, Rn. 40; Englisch, in: Tipke/Lang, § 5, Rn. 101; kritisch Fischer, in: H/H/S, AO, § 41, Rn. 172, 202 ff, Stand: 193.EL, März 2007.

IV. Europarechtliche Vorgaben

1. Sekundärrecht

Die EU-Kommission befürwortete als Mittel zur Bekämpfung aggressiver Steuerplanung seit geraumer Zeit die Implementierung einer allgemeinen steuerlichen Missbrauchsverhinderungsklausel in den mitgliedstaatlichen Rechtsordnungen.[401] Die sog. Anti-BEPS-Richtlinie[402] (ATAD[403]) sieht in Art. 6 eine „Allgemeine Vorschrift zur Verhinderung von Missbrauch" vor. Die Richtlinie harmonisiert die allgemeine Missbrauchsabwehr und begründet ein Mindestschutzniveau des mitgliedstaatlichen Steuerrechts (Art. 3 ATAD). Die Richtlinienvorgabe ist bis zum 31. Dezember 2018 in nationales Recht umzusetzen (vgl. Art. 11 Abs. 1 ATAD). Dies begründet Vorgaben an eine allgemeine Missbrauchsklausel, jedenfalls mit Bezug zum Körperschaftsteuerrecht und bezogen auf grenzüberschreitende Vorgänge.[404]

Tatbestandlich setzt die europäische Richtlinienvorgabe eine unangemessene Gestaltung (oder Abfolge von Gestaltungen) voraus, bei der mindestens ein wesentlicher Zweck die Erlangung eines steuerlichen Vorteils ist, der dem Zweck des geltenden Steuerrechts widerspricht (Art. 6 Abs. 1 S. 1 ATAD). Als unangemessen gilt eine Gestaltung in dem Umfang, wie sie nicht aus triftigen wirtschaftlichen Gründen vorgenommen wurde, die die wirtschaftliche Realität widerspiegeln (Art. 6 Abs. 2 ATAD). Alle relevanten Fakten und Umstände sind in die Beurteilung einzubeziehen (Art. 6 Abs. 1 S. 1 ATAD). Eine Gestaltung kann aus mehreren Schritten oder Teilen bestehen (Art. 6 Abs. 1 S. 2 ATAD). Rechtliche Folge ist, dass missbräuchliche Gestaltungen steuerlich unberücksichtigt bleiben (Art. 6 Abs. 1 S. 1 und Abs. 3 ATAD). Künftig wird – jedenfalls in europarechtlich geprägten Fällen[405] – der Europäische Gerichtshof darüber zu befinden haben, ob nationale Regelungen mit der Richtlinienvorgabe vereinbar sind.

§ 42 AO kann den Anforderungen aber, zumindest im Wege richtlinienkonformer Auslegung, gerecht werden.[406] Die nationale Regelung setzt in § 42 Abs. 2 S. 1 AO wie die Richtlinienvorgabe (in Art. 6 Abs. 1 ATAD) eine unangemessene (rechtliche) Gestaltung voraus.[407] Fehlende wirtschaftliche Zweckverfolgung ist

---

401 Empfehlung der Kommission v. 06.12.2012 betreffend aggressive Steuerplanung, C (2012) 8806 final, 4 ff.

402 Richtlinie (EU) 2016/1164 des Rates vom 12. Juli 2016 mit Vorschriften zur Bekämpfung von Steuervermeidungspraktiken mit unmittelbaren Auswirkungen auf das Funktionieren des Binnenmarkts, Abl. 2016 L 193, 1.

403 Akronym der englischen Kurzbezeichnung „Anti-Tax Avoidance Directive": u.a. Linn, IStR 2016, 645; Oppel, IStR 2016, 797; Rautenstrauch/Suttner, BB 2016, 2391.

404 Zum (weiteren) Anwendungsbereich der Richtlinienvorgabe Hey, StuW 2017, 248, 258, 261.

405 Oppel, IStR 2016, 797, 799; Hey, StuW 2017, 248, 264.

406 So im Ergebnis Hey, StuW 2017, 248, 263; Leukefeld, 225 m.w.N.

407 Auch Hey, StuW 2017, 248, 263.

dabei auch nach der Vorgabe des Art. 6 Abs. 2 ATAD schädlich. Unangemessenheit ergibt sich aus dem Fehlen triftiger wirtschaftlicher Gründe, die die wirtschaftliche Realität widerspiegeln. Der Wertungsmaßstab des potentiell umgangenen Steuergesetzes wird in Art. 6 Abs. 1 ATAD genutzt, um die Zweckwidrigkeit des erstrebten steuerlichen Vorteils zu bestimmen. Die Unangemessenheit im Rahmen des § 42 Abs. 2 S. 1 AO bestimmt sich damit vergleichbar bezogen auf eine den wirtschaftlichen Vorgängen angemessene rechtliche Gestaltung und wird bewertet anhand des potentiell umgangenen Steuergesetzes. Nach der Richtlinienvorgabe können *wirtschaftliche* Gründe beachtlich sein, die die wirtschaftliche Realität widerspiegeln; im Rahmen des Gegenbeweises des § 42 Abs. 2 S. 2 AO können bisher (theoretisch) wirtschaftliche und *sonst* beachtliche Gründe Berücksichtigung finden.[408] Sollte dies ein engeres unionsrechtliches Verständnis bedeuten, ließe sich § 42 Abs. 2 S. 2 AO aber insoweit unionsrechtskonform (einschränkend) auslegen.

Den Gegenbeweis für das Vorliegen beachtlicher Gründe muss der Steuerpflichtige antreten (§ 42 Abs. 2 S. 2 AO).[409] Die grundsätzliche Beweislast für die unangemessene Gestaltung liegt nach § 42 AO und nach Art. 6 ATAD aufseiten der Verwaltung. In Bezug auf den Gegenbeweis ist ein Gleichlauf der Regelungen aber unklar. Den Nachweis beachtlicher Gründe muss nach § 42 Abs. 2 S. 2 AO der Steuerpflichtige erbringen. Eine Beweislast des Steuerpflichtigen geht aus Art. 6 Abs. 1 und 2 ATAD nicht deutlich hervor.[410] Eine strengere nationale Regelung wäre aber nicht zu beanstanden (vgl. Art. 3 ATAD).[411]

In Bezug auf die steuerliche Vorteilhaftigkeit dürften Unterschiede zwischen § 42 AO und Art. 6 ATAD allein sprachlicher Natur sein. Die Richtlinienregelung betont den Zweck der rechtlichen Gestaltung des Steuerpflichtigen, einen Steuervorteil zu erzielen. § 42 Abs. 2 S. 1 AO stellt darauf ab, dass die Gestaltung beim Steuerpflichtigen zu einem Steuervorteil führt, der allerdings bei Anwendung des § 42 AO im Ergebnis nicht entsteht.[412]

Ein subjektives Element kommt in der Zwecksetzung des Art. 6 Abs. 1 ATAD zum Ausdruck. Einer der wesentlichen Zwecke muss in der Erlangung eines missbräuchlichen steuerlichen Vorteils bestehen. Nach vorzugswürdiger Ansicht ist eine Missbrauchsabsicht im Rahmen des § 42 AO erforderlich, doch kann genügen, dass die Steuerumgehungsabsicht ein wesentlicher Zweck ist.[413]

Schließlich bleibt nach Art. 6 Abs. 1 i.V.m. 3 ATAD die unangemessene Gestaltung in der Berechnung der Körperschaftsteuerschuld unberücksichtigt; diese berechnet sich nach nationalem Recht. Gemäß § 42 Abs. 1 S. 3 AO entsteht der

---

408 Auf Gemeinsamkeit abstellend Hey, StuW 2017, 248, 263; vgl. Leukefeld, 174.

409 Vgl. im Einzelnen Drüen, in: Tipke/Kruse, AO, Vor § 42, Rn. 27 ff, Stand: 145. EL, Juli 2016.

410 Anders Hey, StuW 2017, 248, 263.

411 A.A. Haarmann, IStR 2018, 561, 564.

412 Anders Hey, StuW 2017, 248, 263; Leukefeld, 225.

413 Vgl. Fischer, in: H/H/S, AO, § 42, Rn. 271, Stand: 200.EL, September 2008.

Steueranspruch bei Vorliegen eines Missbrauchs im Sinne des § 42 Abs. 2 AO so, wie er bei einer den wirtschaftlichen Vorgängen angemessenen rechtlichen Gestaltung entstanden wäre.

2. Primärrecht

Ferner muss § 42 AO primärrechtlichen Anforderungen gerecht werden;[414] an den primärrechtlichen Vorgaben muss sich aber wiederum auch die Regelung des Art. 6 ATAD messen lassen.

Allgemein dürfen Missbrauchsregelungen die Grundfreiheiten nicht ungerechtfertigt beschränken. Einschränkungen der grundfreiheitlichen Gewährleistungen in Bezug auf die Einschaltung ausländischer Gesellschaften können insbesondere zur Verhinderung der Steuerumgehung gerechtfertigt sein.[415] Die Inanspruchnahme der vorteilhaften Steuerregeln eines anderen Mitgliedstaates allein begründet keinen steuerlichen Missbrauch.[416] Missbräuchlich ist mit Blick auf das Integrationsziel des Binnenmarkts eine rechtliche Gestaltung, die keine wirtschaftliche Realität widerspiegelt. Diese wird jedenfalls bezogen auf die Grundfreiheiten als rein künstliche Gestaltung zur Umgehung der national geschuldeten Steuer bezeichnet.[417] Steuerumgehung setzt über das Vorliegen der künstlichen Gestaltung ein subjektives Element – das Abzielen auf einen steuerlichen Vorteil – voraus.[418] Das Fehlen wirtschaftlicher Gründe kann dies indizieren; dabei ist dem

---

414 Der Einfluss des primären Unionsrechts auf § 42 AO wird noch nicht einheitlich beurteilt. So sieht Ratschow, in: Klein, § 42, Rn. 140, die Rechtsprechung als durch „europarechtliche Überlegungen mitbeeinflusst“ an. Laut Drüen, in: Tipke/Kruse, AO, Vor § 42, Rn. 39a, Stand: 149.EL, Juli 2017 ist die „europarechtliche Überlagerung von § 42 [...] noch ungeklärt“.

415 Ausführlich zu den europarechtlichen Anforderungen an die Missbrauchsbekämpfung im Rahmen der §§ 7 ff AStG.

416 Schon EuGH v. 11.12.2003 – Rs. C-364/01, Erben von H. Barbier gegen Inspecteur van de Belastingdienst Particulieren/Ondernemingen buitenland te Heerlen, ECLI:EU:C:2003:665; Rn. 71.

417 EuGH v. 16.07.1998 – Rs. C-264/96, Imperial Chemical Industries (ICI) gg. Kenneth Hall Colmer (HM Inspector of Taxes), Slg. 1998 I-4711, Rn. 26; EuGH v. 12.12.2002 – Rs. C-324/00, Lankhorst-Hohorst GmbH gg. Finanzamt Steinfurt, 2002 I-11802, Rn. 37; EuGH v. 12.09.2006 – Rs. C-196/04, Cadbury Schweppes plc und Cadbury Schweppes Overseas Ltd gg. Commissioners of Inland Revenue, Slg. 2006 I 8031, Rn. 55; EuGH v. 20.12.2017 – C-504/16, C-613/16, DStR 2018, 119 (Inbound-Fall); ähnlich: EuGH v. 13.03.2007, Test Claimants in the Thin Cap Group Litigation gg. Commissioners of Inland Revenue – Rs. C-524/04, Slg. 2007 I-2157, Rn. 72.

418 EuGH v. 16.07.1998 – Rs. C-264/96, Imperial Chemical Industries (ICI) gg. Kenneth Hall Colmer (HM Inspector of Taxes), Slg. 1998 I-4711, Rn. 26; EuGH v. 12.09.2006 – Rs. C-196/04, Cadbury Schweppes plc und Cadbury Schweppes Overseas Ltd gg. Commissioners of Inland Revenue, Slg. 2006 I 8031, Rn. 64.

Steuerpflichtigen zumindest der Nachweis wirtschaftlicher Gründe einzuräumen.[419] Das heißt, dass das objektive Vorliegen wirtschaftlicher Gründe Missbrauch ausschließt.[420] Die Missbrauchsfeststellung erfordert eine Einzelfallprüfung.[421] Bei Einschaltung einer beherrschten, niedrig besteuerten, ausländischen Gesellschaft ist (jedenfalls in Bezug auf die Niederlassungsfreiheit) kein steuerlicher Missbrauch anzunehmen, wenn die ausländische Gesellschaft im Aufnahmemitgliedstaat eine wirkliche wirtschaftliche Tätigkeit ausübt und tatsächlich angesiedelt ist, was sich anhand objektiver Anhaltspunkte, u.a. in Form (zur Funktionsausübung ausreichender)[422] personeller und sachlicher Mittel, bemisst.[423]

Dies begründet Zweifel, ob die Richtlinienregelung in Art. 6 ATAD primärrechtskonform ausgestaltet ist. Gemäß Art. 6 Abs. 1 S. 1 ATAD genügt, dass ein wesentlicher Zweck der Gestaltung in der Erzielung eines steuerlichen Vorteils besteht. Dies könnte weiter greifen als eine rein steuerlich motivierte künstliche Gestaltung, die steuerlichen Missbrauch begründet.[424] Diese Richtlinienvorgabe dürfte sich letztlich jedoch mit der primärrechtlichen Vorgabe zumindest im Wege primärrechtskonformer Auslegung vereinbaren lassen. Der Vorwurf einer rein steuerlich motivierten Gestaltung muss durch wirtschaftliche Gründe widerlegbar sein. Dies dürfte sichergestellt sein, da nach Art. 6 Abs. 2 ATAD eine Gestaltung nur insoweit als unangemessen gilt, als sie nicht aus triftigen wirtschaftlichen Gründen vorgenommen wurde, die die wirtschaftliche Realität widerspiegeln.

---

419 EuGH v. 21.11.2002 – Rs. C-436/00, X und Y gg. Riksskatteverk, Slg. 2002 I 10847, Rn. 42 ff; EuGH v. 12.09.2006 – Rs. C-196/04, Cadbury Schweppes plc und Cadbury Schweppes Overseas Ltd gg. Commissioners of Inland Revenue, Slg. 2006 I 8031, Rn. 64 mit Verweis auf Urteile zu indirekten Steuern; EuGH v. 13.03.2007 – Rs. C-524/04, Test Claimants in the Thin Cap Group Litigation gg. Commissioners of Inland Revenue, Slg. 2007 I-2157, Rn. 82; EuGH v. 20.12.2017 – C-504/16, C-613/16, DStR 2018, 119 (Inbound), dazu Lohmann, 231 f.

420 Vgl. Thiele, 141.

421 EuGH v. 21.11.2002 – Rs. C-436/00, X und Y gg. Riksskatteverk, Slg. 2002 I 10847, Rn. 42 ff; EuGH v. 13.03.2007, Test Claimants in the Thin Cap Group Litigation gg. Commissioners of Inland Revenue – Rs. C-524/04, Slg. 2007 I-2157, Rn. 82; EuGH v. 20.12.2017 – C-504/16, C-613/16, DStR 2018, 119 (Inbound).

422 Gosch, in: Kirchhof, § 50d, Rn. 26 m.w.N; Schönfeld, DBA-Missbrauch, 137, 148; Englisch, StuW 2009, 3, 8. – Für bloßes Erfordernis eines (effektiven) Ortes der Geschäftsleitung (mindestens Räume und angestellter Geschäftsführer) als Ausdruck wirtschaftlicher Integration zum Ausschluss künstlicher Gestaltung Schön, in: FS Reiss, 571, 589.

423 EuGH v. 12.09.2006 – Rs. C-196/04, Cadbury Schweppes plc und Cadbury Schweppes Overseas Ltd gg. Commissioners of Inland Revenue, Slg. 2006 I 8031, Rn. 67.

424 Oppel, IStR 2016, 797, 802; Hey, StuW 2017, 248, 260; Leukefeld, 175 f.

In Bezug auf § 42 AO bestehen keine Bedenken gegen die Vereinbarkeit mit den primärrechtlichen Vorgaben.[425] In der Anwendung des flexibel formulierten § 42 AO können die primärrechtlichen Vorgaben bei der Frage der Unangemessenheit Berücksichtigung finden. Die gebotene Gegenbeweismöglichkeit kann dem Steuerpflichtigen im Rahmen der beachtlichen außersteuerlichen Gründe (§ 42 Abs. 2 S. 2 AO) gewährt werden.[426] Die Beschränkung auf rein künstliche Gestaltungen in europarechtlichen Fällen entspricht dem nationalen gesetzgeberischen Willen.[427]

Auch eine grundfreiheitsbeschränkende Wirkung der Basisgesellschaftsrechtsprechung,[428] lässt sich zur Missbrauchsbekämpfung rechtfertigen. Mittlerweile dient ihre Anwendung, vor allem in Abgrenzung zur Hinzurechnungsbesteuerung, der Identifizierung und Bekämpfung von Briefkastengesellschaften[429] – soweit diese nicht bereits gemäß §§ 1 Abs. 1 KStG i.V.m. 10 AO im Inland unbeschränkt steuerpflichtig sind. Die entspannteren Kriterien der jüngeren Basisgesellschaftsrechtsprechung sind mit den europarechtlichen Vorgaben vereinbar und berücksichtigen europarechtliche Vorgaben ausdrücklich – so in Dublin Docks III[430] oder durch Übernahme des Begriffs der Künstlichkeit.[431] Funktionsschwache Tätigkeiten werden in den Entscheidungen Dublin Docks I bis III und Delaware nicht per se als schädlich erachtet. Die Kriterien der eigenen wirtschaftlichen Tätigkeit stehen in keinem Widerspruch zu den Vorgaben des Europäischen Gerichtshofs. Einen Gegenbeweis ermöglicht im Einzelfall das Merkmal der beachtlichen Gründe.[432]

---

425 Gosch, in: FS Reiss, 597, 610 f; Schaumburg, in: Schaumburg, Rn. 13.38; Petschulat, 166; Musil, RIW 2006, 287, 293; Böing, EWS 2007, 55, 63; Drüen, StuW 2008, 154, 164 f.

426 So im Ergebnis auch Musil, RIW 2006, 287, 293; Englisch, StuW 2009, 3, 8; Heintzen, FR 2009, 599, 602 (für europarechtskonforme Auslegung der „unangemessenen rechtlichen Gestaltung").

427 Bericht des Fin.auss., BT-Drs. 16/7036, 24; BMF v. 17.07.2008 – IV A 3 – S 0062/08/10006, BStBl. I 2008, 695, Tz. 2.2.2 (dort allerdings unangemessen *insbesondere*, wenn Künstlichkeit gegeben); Ratschow, in: Klein, § 42, Rn. 140; Petschulat, 165; Heintzen, FR 2009, 599, 602.

428 BFH v. 25.02.2004 – I R 42/02, BStBl. II 2005, 14, 17 (Niederlassungsfreiheit im konkreten Fall); Schönfeld/Häck, in: Schönfeld/Ditz, Syst, Rn. 166; Petschulat, 169 (beide Freiheiten grds. anwendbar). – Ausführlich im Rahmen der §§ 7 ff AStG.

429 EuGH v. 12.09.2006 – Rs. C-196/04, Cadbury Schweppes plc und Cadbury Schweppes Overseas Ltd gg. Commissioners of Inland Revenue, Slg. 2006 I 8031, Rn. 67 f. – Es bestehen keine wesentlichen Unterschiede zwischen dem deutschen und dem europäischen Verständnis der Briefkastengesellschaft, vgl. Musil, RIW 2006, 287, 293.

430 BFH v. 25.02.2004 – I R 42/02, BStBl. II 2005, 14, 17.

431 BFH v. 29.1.2008 – I R 26/06, BStBl. II 2008, 978, 980 im Zusammenhang mit § 50d Abs. 1a (mittlerweile § 50d Abs. 3) EStG.

432 Im Ergebnis auch Petschulat, 166 ff.

V. Zwischenergebnis

§ 42 AO in Form der Basisgesellschaftsrechtsprechung bekämpft die Einschaltung beherrschter niedrig besteuerter ausländischer Gesellschaften ohne beachtliche Gründe. Beachtlich ist insbesondere die Ausübung einer eigenen wirtschaftlichen Tätigkeit. Die Basisgesellschaftsrechtsprechung dient vor allem der Identifizierung von Briefkastengesellschaften, soweit diese nicht nach §§ 1 KStG i.V.m. 10 AO im Inland der unbeschränkten Steuerpflicht unterliegen. Die Regelung bleibt für die Prüfung der missbräuchlichen Einschaltung ausländischer Gesellschaften in der Outbound-Situation relevant.

F. Hinzurechnungsbesteuerung (§§ 7 ff AStG)

I. Einführung

Als unzureichend empfundene gesetzliche Regelungen zur Verhinderung der „Steuerflucht durch Basisgesellschaften“[433] veranlassten den Gesetzgeber, die Hinzurechnungsbesteuerung einzuführen. Im sog. Oasenbericht[434] war zunächst das Phänomen der Gründung von Basisgesellschaften erläutert worden. Sodann war mit dem sog. Oasenerlass I[435] der Versuch unternommen worden, deren Einschaltung mittels bestehender gesetzlicher Regelungen, vor allem § 11 StAnpG (Vorgängerregelung des § 39 AO) und § 6 StAnpG (Vorgängerregelung des § 42 AO), zu bekämpfen.[436]

Die Einführung der Hinzurechnungsbesteuerung sollte fortan ausschließen, dass durch bloße Gründung von Rechtsträgern im Ausland steuerliche Vorteile (jedenfalls in Form eines Besteuerungsaufschubs durch Einkünfteabschirmung

---

433 Gesetz zur Wahrung der steuerlichen Gleichmäßigkeit bei Auslandsbeziehungen und zur Verbesserung der steuerlichen Wettbewerbslage bei Auslandsinvestitionen v. 08.09.1972 mit dem Gesetz über die Besteuerung bei Auslandsinvestitionen (Außensteuergesetz), BGBl. I 1972, 1713 ff, dazu Protzen, in: Kraft, § 7, Rn. 2 (auch das Zitat); Gropp, in: Lademann, Einf. §§ 7-14, Rn. 4 f; Henkel/Klein, in: Mössner, Rn. 8.4.

434 Bericht der Bundesregierung an den Deutschen Bundestag über die Wettbewerbsverfälschungen, die sich aus Sitzverlagerungen und aus dem zwischenstaatlichen Steuergefälle ergeben können v. 23.06.1964, BT-Drs. 4/2412.

435 Oasenerlass I (gleichlautender Ländererlass, so z.B. Erlass betreffend Verlagerung von Einkünften und Vermögen in sogenannte Steueroasenländer, Nds. Minister der Finanzen v. 14.06.1965 – S 1301 – 99 – 31 1, BStBl. II 1965, 74 f). – Der sog. Oasenerlass II (FinMin. NRW v. 02.05.1977 – S 1300- 47 – V B 2, DB 1977, 937) ordnete die weitere Anwendung des Oasenerlass I nach Einführung der AO 1977 an.

436 Dazu Protzen, in: Kraft, § 7, Rn. 2; Uckermann, 315 f.

gegenüber inländischer Besteuerung) entstehen konnten.[437] Der Vorteil des Besteuerungsaufschubs sollte beseitigt werden – ohne jedoch eine über das nationale Steuerniveau hinausgehende (bestrafende) Steuerbelastung zu begründen.[438] Vielmehr sollten Einkünfte der Basisgesellschaft dem beherrschenden inländischen Gesellschafter zugerechnet werden, wenn die „Abschirmwirkung angesichts des Fehlens einer aktiven Geschäftsentfaltung [...] als unangemessen erscheint".[439]

Zur Identifizierung schädlicher Einkünfteverlagerung werden in den §§ 7 ff AStG zwei international übliche Konzepte – der sog. comparable tax approach und der sog. transactional approach – verwendet. Der comparable tax approach macht die Anwendung der Hinzurechnungsbesteuerung von dem effektiven Steuerniveau des ausländischen Staates abhängig, der transactional approach begrenzt die Hinzurechnung auf definierte schädliche Einkunftsbereiche.[440] Durch die Hinzurechnungsbesteuerung (§§ 7 ff AStG) werden als schädlich definierte Einkünfte beim inländischen Gesellschafter erfasst,[441] indem – unter grundsätzlicher Beachtung der Rechtssubjektivität und Abschirmwirkung der ausländischen Gesellschaft – insoweit eine Ausschüttung an diesen fingiert wird.[442]

II. Regelung der Hinzurechnungsbesteuerung

1. Überblick über die tatbestandlichen Voraussetzungen

Die Voraussetzungen der Hinzurechnungsbesteuerung ergeben sich aus den §§ 7 ff AStG. § 7 Abs. 1 AStG setzt zunächst eine (nicht gemäß § 3 Abs. 1 KStG steuerbefreite) ausländische[443] Gesellschaft voraus. Diese müsste bei inländischer

---

437 Entwurf eines Gesetzes zur Wahrung der steuerlichen Gleichmäßigkeit bei Auslandsbeziehungen und zur Verbesserung der Wettbewerbslage bei Auslandsinvestitionen v. 02.12.1971, BT-Drs. VI/2883, 16.

438 Entwurf eines Gesetzes zur Wahrung der steuerlichen Gleichmäßigkeit bei Auslandsbeziehungen und zur Verbesserung der Wettbewerbslage bei Auslandsinvestitionen v. 02.12.1971, BT-Drs. VI/2883, 16, 18 f; Gropp, in: Lademann, Einf. §§ 7-14, Rn. 5; Köhler, in: S/K/K, Vor §§ 7-14 AStG, Rn. 38, Stand: Februar 2017; Protzen, in: Kraft, § 7, Rn. 8; Reiche, in: Haase, AStG/DBA, § 7, Rn. 1.

439 Entwurf eines Gesetzes zur Wahrung der steuerlichen Gleichmäßigkeit bei Auslandsbeziehungen und zur Verbesserung der Wettbewerbslage bei Auslandsinvestitionen v. 02.12.1971, BT-Drs. VI/2883, 19.

440 Dazu Cortez, 106 f; Mammen/Nielsen, Wpg 2017, 289, 293.

441 Lohmann, 30.

442 Gropp, in: Lademann, Einf. §§ 7-14, Rn. 7; Wassermeyer, in: F/W/B/S, Vor §§ 7-14 AStG, Stand: 79.EL, August 2016, Rn. 1 f; Protzen, in: Kraft, § 7, Rn. 6; Lohmann, 31 ff. – Der Gesetzgeber hat sich im Wesentlichen für das sog. Zuflussprinzip entschieden, Lohmann, 30 ff (auch zur umstrittenen Konzeption der Hinzurechnung).

443 Ort der Geschäftsleitung (§ 10 AO) und Sitz (§ 11 AO) nicht im Inland.

Ansässigkeit körperschaftsteuerpflichtig – also mit einer von § 1 KStG erfassten inländischen Gesellschaftsform vergleichbar – sein; in der Regel sind ausländische Kapitalgesellschaften eingeschaltet.[444]

Ferner muss die ausländische Gesellschaft grundsätzlich durch inländische unbeschränkt Steuerpflichtige beherrscht sein (§ 7 Abs. 1 AStG).[445] Eine beherrschende Beteiligung ist gegeben, wenn den unbeschränkt Steuerpflichtigen[446] mehr als 50 % der Anteile oder Stimmrechte der ausländischen Gesellschaft zuzurechnen sind (§ 7 Abs. 2 S. 1 AStG).[447] Subsidiär ist auf die Beteiligung am Gesellschaftsvermögen abzustellen (§ 7 Abs. 2 S. 3 AStG). Unbeschränkt Steuerpflichtige gelten als an der ausländischen Gesellschaft beteiligt, wenn sie ihre Beteiligung über eine oder mehrere Personengesellschaften halten (§ 7 Abs. 3 AStG).[448] Ferner sind einem unbeschränkt Steuerpflichtigen Anteile oder Stimmrechte einer Person zuzurechnen, die seinen Weisungen ohne erheblichen eigenen Entscheidungsspielraum (rechtlich oder faktisch) unterliegt (§ 7 Abs. 4 AStG).[449]

In Bezug auf Zwischeneinkünfte mit Kapitalanlagecharakter (§ 7 Abs. 6a AStG) beträgt die erforderliche Beteiligungsquote – ohne Erfordernis der Beherrschung durch Inländer –[450] mindestens 1 % (§ 7 Abs. 6 S. 1 AStG). Der Hinzurechnungsbesteuerung unterliegen aber allein die Einkünfte mit Kapitalanlagecharakter,

444 Gropp, in: Lademann, § 7, Rn. 4; Köhler, in: S/K/K, § 7 AStG, Rn. 42 f, Stand: Juli 2017; Reiche, in: Haase, AStG/DBA, § 7, Rn. 48 f; Henkel/Klein, in: Mössner, Rn. 8.53 ff.

445 Hält eine inländische Personengesellschaft die Beteiligung an der ausländischen Gesellschaft, ist diese den Mitunternehmern anteilig zuzurechnen, Gropp, in: Lademann, § 7, Rn. 8; Reiche, in: Haase, AStG/DBA, § 7, Rn. 34; Wassermeyer, in: F/W/B/S, § 7 AStG, Rn. 9 ff, Stand: 69.EL, August 2012. – Kritisch zum Fall, dass nur ein unbeschränkt Steuerpflichtiger an einer ausländischen Gesellschaft beteiligt ist Schwarz, IStR 2012, 861, 862.

446 Allein oder zusammen mit Personen nach § 2 AStG.

447 § 7 Abs. 2 S. 2 AStG bezieht Anteile/Stimmrechte ein, die durch eine andere – ausländische (Wassermeyer, in: F/W/B/S, § 7 AStG, Rn. 73, Stand: 69.EL, Stand: August 2012 m.w.N.) – Gesellschaft vermittelt werden.

448 Str. ist, ob dies für die Hinzurechnungsbeteiligung gilt, Lademann, § 7, Rn. 19 m.w.N.

449 Dazu BMF v. 14.05.2004 – IV B 4-S 1340-11/04, Tz. 7.4.3; Gropp, in: Lademann, § 7, Rn. 20 f; Köhler, in: S/K/K, § 7 AStG, Rn. 134 ff, Stand: Juli 2017; Reiche, in: Haase, AStG/DBA, § 7, Rn. 98 ff. – Bei Einschaltung weiterer (Zwischen-) Gesellschaften können Einkünfte von Untergesellschaften in der Beteiligungskette der ausländischen Gesellschaft zuzurechnen sein (§ 14 AStG). Dies hat bei der Berechnung des Hinzurechnungsbetrags (§ 10 AStG) zu erfolgen, vgl. Schaumburg, in: Schaumburg, Rn. 13.180.

450 BMF v. 14.05.2004 – IV B 4-S 1340-11/04, Tz. 7.6.4; Köhler, in: S/K/K, § 7 AStG, Rn. 154, Stand: Juli 2017; Henkel/Klein, in: Mössner, Rn. 8.62; Gropp, in: Lademann, § 7, Rn. 32. – Im Fall der Beherrschung geht § 7 Abs. 1, 2 AStG vor, Henkel/Klein, in: Mössner, Rn. 8.62.

wenn die Gesellschaft nicht durch Inländer beherrscht ist.[451] Noch geringere Beteiligungen werden erfasst, wenn die ausländische Gesellschaft mindestens fast ausschließlich, d.h. zu mindestens 90 %,[452] Bruttoerträge aus Einkünften mit Kapitalanlagecharakter erzielt, es sei denn, die Hauptgattung der Aktien der ausländischen Gesellschaft wird wesentlich und regelmäßig an einer anerkannten Börse gehandelt (§ 7 Abs. 6 S. 3 AStG). Diese Sonderregelungen gelten nicht,[453] wenn (relativ) die den Einkünften mit Kapitalanlagecharakter zugrunde liegenden Bruttoerträge maximal 10 % der gesamten den Zwischeneinkünften zugrunde liegenden Bruttoerträge betragen und die Beträge bei der Gesellschaft oder einem Steuerpflichtigen (absolut) 80.000 Euro nicht übersteigen (§ 7 Abs. 6 S. 2 AStG).[454]

Ferner setzt die Hinzurechnungsbesteuerung voraus, dass Einkünfte der ausländischen Gesellschaft niedrig besteuert sind (§ 8 Abs. 1 AStG). Niedrig besteuert sind Einkünfte, die einer effektiven Ertragsteuerbelastung von weniger als 25 % unterliegen (§ 8 Abs. 3 AStG).[455]

Schließlich werden allein sog. schädliche oder passive Einkünfte hinzugerechnet. Dem Katalog des § 8 Abs. 1 AStG ist zu entnehmen, welche Einkünfte aus „unschädlichen“, „werbenden“, „guten“ oder „aktiven“ Betätigungen stammen,[456] wobei dieser Katalog im Fall von Einkünften mit Kapitalanlagecharakter reduziert ist (§ 7 Abs. 6a, 2. Hs. AStG).[457] Die Auflistung erfolgt unabhängig vom Katalog des § 2 Abs. 1 EStG,[458] setzt aber steuerbare Einkünfte voraus.[459] Die Einordnung

451 Köhler, in: S/K/K, § 7 AStG, Rn. 154 f, Stand: Juli 2017; Wassermeyer, in: F/W/B/S, § 7 AStG, Rn. 113, Stand: 69.EL, August 2012.

452 BMF v. 14.05.2004 – IV B 4-S 1340-11/04, Tz. 7.6.2; Gropp, in: Lademann, § 7, Rn. 27; Köhler, in: S/K/K, § 7 AStG, Rn. 165, Stand: Juli 2017; Reiche, in: Haase, AStG/DBA, § 7, Rn. 131; vgl. BFH v. 30.08.1995 – I R 77/94, BStBl. II 1996, 122, 124 f.

453 § 7 Abs. 6 S. 2 AStG bezieht sich auch auf S. 3, Reiche, in: Haase, AStG/DBA, § 7, Rn. 137; Wassermeyer, in: F/W/B/S, § 7 AStG, Rn. 139, Stand: 69.EL, August 2012.

454 Vgl. Vogt, in: Blümich, AStG, § 7, Rn. 57, Stand: 132.EL, Mai 2016.

455 Dazu BMF v. 14.05.2004 – IV B 4-S 1340-11/04, Tz. 8.3.1; Lehfeldt, in: S/K/K, § 8 AStG, Rn. 183 ff, Stand: September 2016; Reiche, in: Haase, AStG/DBA, § 8, Rn. 162 ff; Henkel/Klein, in: Mössner, Rn. 8.98 ff.

456 Zu den Begrifflichkeiten Wassermeyer, in: F/W/B/S, § 8 AStG, Rn. 13, Stand: 73.EL, August 2014. – Der Aktivitätskatalog ist relevant für weitere Vorschriften – beispielsweise §§ 9 Nr. 7 GewStG, 20 Abs. 2 AStG und derivative DBA-Aktivitätsklauseln, Fuhrmann, in: Fuhrmann, § 8, Rn. 10 ff; Vogt, in: Blümich, AStG, § 8, Rn. 6, Stand: 135.EL, November 2016; Cortez/Schmidt, Ubg 2013, 13, 13.

457 Dazu Henkel/Klein, in: Mössner, Rn. 8.87. – Die funktionale Betrachtungsweise gilt ebenfalls, dazu Herrmann/Stenert, IStR 2013, 338, 338.

458 BMF v. 14.05.2004 – IV B 4-S 1340-11/04, Tz. 8.0.1; Geurts, in: Fuhrmann, § 8, Rn. 31; Reiche, in: Haase, AStG/DBA, § 8, Rn. 10; Vogt, in: Blümich, AStG, § 8, Rn. 12, Stand: 135.EL, November 2016. – Für Anlehnung an Einkunftsarten des EStG Rödel, in: Kraft, § 8, Rn. 17.

459 BFH v. 21.01.1998 – I R 3/96, BStBl. II 1998, 468, 470; Geurts, in: Fuhrmann, § 8, Rn. 31; Reiche, in: Haase, AStG/DBA, § 8, Rn. 7, 10; Rödel, in: Kraft, § 8, Rn. 19;

in den Katalog des § 8 Abs. 1 AStG erfordert, dass Einkünfte durch die jeweilige Tätigkeit wirtschaftlich veranlasst sind.[460] Es genügt, dass sich eine Aktivität unter einen Tatbestand des § 8 Abs. 1 AStG subsumieren lässt.[461] Der Ort der Tätigkeitsausübung ist irrelevant.[462] Einkünfte aus im Katalog nicht aufgeführten Tätigkeiten sind schädlich, es sei denn, es besteht ein funktionaler Zusammenhang mit unschädlichen Tätigkeiten.[463] Wirtschaftlich zusammenhängende Tätigkeiten sind im Wege funktionaler Betrachtungsweise einheitlich nach der schwerpunktmäßigen Tätigkeit einzuordnen. Der wirtschaftliche Zusammenhang beurteilt sich nach der Verkehrsauffassung.[464]

2. *Betrachtung des Aktivitätskatalogs*

Herzstück der Hinzurechnungsbesteuerung ist der Aktivitätskatalog des § 8 Abs. 1 AStG. Die Auflistung bringt das gesetzgeberische Verständnis anerkennenswerter wirtschaftlicher Betätigung zum Ausdruck. Die ausländische Gesellschaft hat grundsätzlich eine eigenständige unternehmerische Leistung mit einer gewissen Verankerung im Aufnahmestaat zu erbringen. Nur ausgewählte

---

Wassermeyer, in: F/W/B/S, § 8 AStG, Rn. 46, Stand: 73.EL, August 2014; Schaumburg, in: Schaumburg, Rn. 13.78. – Die durch eine Tätigkeit erzielten Einkünfte sind nach ertragsteuerlichen Grundsätzen derjenigen Person zuzurechnen, auf deren Gefahr und Rechnung die Tätigkeit durchgeführt wird, BMF v. 14.05.2004 – IV B 4-S 1340-11/04, Tz. 8.0.1; Geurts, in: Fuhrmann, § 8, Rn. 33; Lehfeldt, in: S/K/K, § 8 AStG, Rn. 11, Stand: September 2016; Schaumburg, in: Schaumburg, Rn. 13.76.

460 Rödel, in: Kraft, § 8, Rn. 30; Wassermeyer, in: F/W/B/S, § 8 AStG, Rn. 23, 25, Stand: 73.EL, August 2014.

461 Geurts, in: Fuhrmann, § 8, Rn. 32; Gropp, in: Lademann, § 8, Rn. 12; Rödel, in: Kraft, § 8, Rn. 18; Vogt, in: Blümich, AStG, § 8, Rn. 17, Stand: 135.EL, November 2016; Wassermeyer, in: F/W/B/S, § 8 AStG, Rn. 21, Stand: 73.EL, August 2014.

462 Reiche, in: Haase, AStG/DBA, § 8, Rn. 6; Wassermeyer, in: F/W/B/S, § 8 AStG, Rn. 41, Stand: 73.EL, August 2014.

463 Fuhrmann, in: Fuhrmann, § 8, Rn. 8; Henkel/Klein, in: Mössner, Rn. 8.64; Schaumburg, in: Schaumburg, Rn. 13.79 f.

464 BMF v. 14.05.2004 – IV B 4-S 1340-11/04, Tz. 8.0.2; Gropp, in: Lademann, § 8, Rn. 10 f; Lehfeldt, in: S/K/K, § 8 AStG, Rn. 14 ff, Stand: September 2016; Reiche, in: Haase, AStG/DBA, § 8, Rn. 13 f; Rödel, in: Kraft, § 8, Rn. 33; Vogt, in: Blümich, AStG, § 8, Rn. 13 f, Stand: 135.EL, November 2016; Wassermeyer, in: F/W/B/S, § 8 AStG, Rn. 24 ff, 31 ff, Stand: 73.EL, August 2014; Henkel/Klein, in: Mössner, Rn. 8.64. Vertiefend: Herrmann/Stenert, IStR 2013, 338, 339 ff. – Beispielsweise können Zinserträge der ausländischen Gesellschaft aktiv sein, wenn sie der aktiven Haupttätigkeit zugeordnet werden können und keine außergewöhnliche Höhe erreichen, die für eine hauptsächliche Kapitalanlagetätigkeit sprechen, Lehfeldt, in: S/K/K, § 8 AStG, Rn. 18 f, Stand: September 2016; Herrmann/Stenert, IStR 2013, 338, 339; einschränkend für Einkünfte mit Kapitalanlagecharakter Rödel, in: Kraft, § 8, Rn. 34.

wirtschaftliche Tätigkeitsbereiche und Vorgänge finden im Aktivitätskatalog Erwähnung, ferner stuft der Gesetzgeber zwischen uneingeschränkt und eingeschränkt aktiven Betätigungen ab.[465] Die enumerierten wirtschaftlichen Vorgänge zeichnen sich, teilweise erst bei Erfüllung qualifizierender Voraussetzungen, regelmäßig durch einen verfestigten Bezug zum aufnehmenden Staat auf. Typischerweise bringen die Tätigkeiten erhebliche Investitionskosten und -risiken mit sich. Im Ausland geschaffene Vermögenswerte und betriebliche Strukturen (personelle und sachliche Mittel) begründen eine enge Verbindung zur aufnehmenden Volkswirtschaft, die wirtschaftliche Tätigkeiten und Vorgänge als weniger missbrauchsverdächtig erscheinen lassen[466] Ohne Weiteres unschädlich sind allein Einkünfte aus Land- und Forstwirtschaft (§ 8 Abs. 1 Nr. 1 AStG), Herstellung, Bearbeitung, Verarbeitung und Montage von Sachen, Erzeugung von Energie und Gewinnung von Bodenschätzen (§ 8 Abs. 1 Nr. 2 AStG) sowie Gewinnausschüttungen (§ 8 Abs. 1 Nr. 8 AStG). Die übrigen Tätigkeiten und Vorgänge, die typisiert einem höheren Missbrauchsverdacht ausgesetzt sind, unterliegen qualifizierenden Voraussetzungen.

a. Land- und Forstwirtschaft sowie industrielle Tätigkeiten[467]

Aus der Land- und Forstwirtschaft (§ 8 Abs. 1 Nr. 1 AStG) und aus industriellen Tätigkeiten (§ 8 Abs. 1 Nr. 2 AStG) stammende Einkünfte sind unschädlich. Die Land- und Forstwirtschaft begründet typischerweise durch Belegenheit von Betrieben mit sachlicher und personeller Ausstattung eine feste Verankerung zur ausländischen Volkswirtschaft. Gleiches gilt für produzierende Tätigkeiten, die regelmäßig einen erheblichen Mitteleinsatz vor Ort erfordern.

Land- und Forstwirtschaft ist im Sinne der §§ 13 und 14 EStG zu verstehen und umfasst die Veräußerung der eingesetzten Wirtschaftsgüter (§ 8 Abs. 1 Nr. 1 AStG).[468] Herstellung, Be- und Verarbeitung sowie Montage von Sachen, Energieerzeugung und Aufsuchen und Gewinnen von Bodenschätzen

---

465 Zur diesbezüglichen Einteilung Fuhrmann, in: Fuhrmann, § 8, Rn. 6; Rödel, in: Kraft, § 8, Rn. 5; Cortez/Schmidt, Ubg 2013, 13, 14. – Die Tatbestände der Nrn. 1 bis 7 sind tätigkeitsbezogen. Seit Einführung der Nrn. 8 bis 10 liegt aber kein reiner „Tätigkeitskatalog" mehr vor, Fuhrmann, in: Fuhrmann, § 8, Rn. 6; Lehfeldt, in: S/K/K, § 8 AStG, Rn. 3, Stand: September 2016; Rödel, in: Kraft, § 8, Rn. 15. – Schließlich lässt sich die Aufzählung in einmalige und laufende Einkünfte einteilen, Lehfeldt, in: S/K/K, § 8 AStG, Rn. 182.1 ff, Stand: September 2016.

466 Cortez, 255.

467 Treffende Einordnung als „industrielle Tätigkeit": u.a. Vogt, in: Blümich, AStG, § 8, Rn. 20 (Überschrift), Stand: 135.EL, November 2016.

468 BMF v. 14.05.2004 – IV B 4-S 1340-11/04, Tz. 8.1.1; Gropp, in: Lademann, § 8, Rn. 16 ff; Reiche, in: Haase, AStG/DBA, § 8, Rn. 21 f; Rödel, in: Kraft, § 8, Rn. 73; Vogt, in: Blümich, AStG, § 8, Rn. 19, Stand: 135.EL, November 2016; Wassermeyer, in: F/W/B/S, § 8 AStG, Rn. 52 ff, Stand: 73.EL, August 2014.

(§ 8 Abs. 1 Nr. 2 AStG) deckt zahlreiche Facetten produzierender Tätigkeiten inklusive der Veräußerung von Wirtschaftsgütern ab.[469] Begünstigt sind industrielle und regelmäßig handwerkliche Tätigkeiten.[470] In Abgrenzung zur bloßen Handelstätigkeit muss ein Gegenstand anderer Marktgängigkeit hervorgebracht werden.[471] Charakteristisch ist ein wertschöpfender Prozess, durch den ein Produkt erheblich verändert wird.[472]

b. Betrieb von Kreditinstituten und Versicherungsunternehmen

Einkünfte aus dem Betrieb von Kreditinstituten und Versicherungsunternehmen, die für ihre Geschäfte einen in kaufmännischer Weise eingerichteten Betrieb unterhalten (§ 8 Abs. 1 Nr. 3 AStG), sind vorbehaltlich einer Mitwirkungsregelung unschädlich.

Kreditinstitut meint jedes ausländische Unternehmen, das die Voraussetzungen des § 1 Abs. 1 KWG erfüllt.[473] Dies erfasst Finanzdienstleistungen über § 1 Abs. 1 S. 2 KWG hinaus, die Banken tatsächlich tätigen. Erforderlich ist das gewerbsmäßige Betreiben von Bankgeschäften. Dies ist grundsätzlich unabhängig von öffentlich-rechtlichen Aufsichtsregelungen auszulegen.[474] Versicherungsunternehmen sind ausländische Unternehmen, die Tätigkeiten nach § 1 VAG ausüben.[475] Das Versicherungsgeschäft ist gekennzeichnet durch Risikokompensation und -verteilung nach statistischen Verfahren.[476] Grundsätzlich kann der nicht genehmigte Betrieb nach § 8 Abs. 1 Nr. 3 AStG unschädlich sein, wenngleich die fehlende Erlaubnis ein starkes Indiz gegen die tatsächliche Ausübung

469 Reiche, in: Haase, AStG/DBA, § 8, Rn. 23; Henkel/Klein, in: Mössner, Rn. 8.66; Schaumburg, in: Schaumburg, Rn. 13.84 f.

470 BMF v. 14.05.2004 – IV B 4-S 1340-11/04, Tz. 8.1.2 („industrielle Tätigkeiten"); Gropp, in: Lademann, § 8, Rn. 19; Rödel, in: Kraft, § 8, Rn. 85 f; Vogt, in: Blümich, AStG, § 8, Rn. 20, Stand: 135. EL, November 2016; Wassermeyer, in: F/W/B/S, § 8 AStG, Rn. 66, Stand: 73. EL, August 2014.

471 BMF v. 14.05.2004 – IV B 4-S 1340-11/04, Tz. 8.1.2.2; Schaumburg, in: Schaumburg, Rn. 13.85.

472 Vgl. Cortez, 142 m.w.N.

473 BMF v. 14.05.2004 – IV B 4-S 1340-11/04, Tz. 8.1.3.1; Gropp, in: Lademann, § 8, Rn. 25; Lehfeldt, in: S/K/K, § 8 AStG, Rn. 54, Stand: September 2016; Rödel, in: Kraft, § 8, Rn. 122 f; Wassermeyer/Schönfeld, in: F/W/B/S, § 8 AStG, Rn. 87 ff, Stand: 73. EL, August 2014; Schaumburg, in: Schaumburg, Rn. 13.87.

474 Gropp, in: Lademann, § 8, Rn. 25 f; Lehfeldt, in: S/K/K, § 8 AStG, Rn. 55, Stand: September 2016.

475 BMF v. 14.05.2004 – IV B 4-S 1340-11/04, Tz. 8.1.3.2; Gropp, in: Lademann, § 8, Rn. 28; Lehfeldt, in: S/K/K, § 8 AStG, Rn. 60, Stand: September 2016; Reiche, in: Haase, AStG/DBA, § 8, Rn. 33; Rödel, in: Kraft, § 8, Rn. 171 ff; Wassermeyer/Schönfeld, in: F/W/B/S, § 8 AStG, Rn. 97, Stand: 73.EL, August 2014.

476 Gropp, in: Lademann, § 8, Rn. 29 ff; Lehfeldt, in: S/K/K, § 8 AStG, Rn. 60, Stand: September 2016.

von Bank- und Versicherungsgeschäften ist.[477] Die ausländische Gesellschaft muss (insbesondere in Abgrenzung zu einer Finanzdienstleistungsgesellschaft) in ihrer Gesamttätigkeit dem Bild einer Bank- oder Versicherungsgesellschaft entsprechen. Teilweise werden (pauschal) Vermögensverwaltung, Holdingtätigkeit und konzerninterne Finanzierungstätigkeiten ausgenommen.[478] Finanzierung und Vermögensverwaltung können aber jedenfalls nach der funktionalen Betrachtungsweise der Haupttätigkeit des Bank- und Versicherungsgeschäfts zugeordnet sein.[479]

Ferner ist das Unterhalten eines in kaufmännischer Weise eingerichteten Betriebs vorausgesetzt. Dies begründet eine interne Organisationsanforderung an Struktur und Einrichtung des Betriebs.[480] Der Geschäftsbetrieb muss dabei §§ 238 ff HGB entsprechende ausländische Handelsgewohnheiten einhalten.[481] Indizien für einen solchen Betrieb können Bilanzierung, Buchführung, Lohnbuchhaltung, Kassenführung, Hilfspersonal oder Aufbewahrung der Korrespondenz sein.[482] Ausreichende personelle und sachliche Mittel für die Tätigkeit sowie ein gewisser Tätigkeitsumfang sind nötig.[483] Das Unternehmen muss so beschaffen sein, „dass es über eine personelle und sachliche Mindestausstattung für Bank- oder Versicherungsgeschäfte verfügt und die für die Geschäfte eines Bank- oder Versicherungsunternehmens nach dem jeweiligen ausländischen Recht erforderlichen Handelsbücher führt und Bilanzen aufstellt".[484] Das Unterhalten eines Geschäftsbetriebs setzt demnach aber nicht zwingend *eigene* personelle und sachliche Mittel voraus. Dem Unterhalten eines Geschäftsbetriebs steht nicht entgegen, dass eine Managementgesellschaft den Betrieb führt.[485] Voraussetzung ist jedoch, dass die kaufmännischen Organisationsanforderungen eingehalten werden und die ausländische Gesellschaft aus den Geschäften berechtigt und verpflichtet wird bzw. Chancen und Risiken der Tätigkeit trägt.

Im Gegensatz zu anderen Tatbeständen des Aktivitätskatalogs ist nach dem Wortlaut keine Teilnahme am allgemeinen wirtschaftlichen Verkehr erforderlich.

---

477 Rödel, in: Kraft, § 8, Rn. 129; Vogt, in: Blümich, AStG, § 8, Rn. 30, Stand: 135.EL, November 2016.

478 BMF v. 14.05.2004 – IV B 4-S 1340-11/04, Tz. 8.1.3.3.

479 BMF v. 14.05.2004 – IV B 4-S 1340-11/04, Tz. 8.1.3.4, 8.0.2.

480 BFH v. 13.10.2010 – I R 61/09, BStBl. II 2011, 249, 250; Gropp, in: Lademann, § 8, Rn. 33; Lehfeldt, in: S/K/K, § 8 AStG, Rn. 56, 29, Stand: September 2016; Reiche, in: Haase, AStG/DBA, § 8, Rn. 34; Rödel, in: Kraft, § 8, Rn. 183; Wassermeyer/Schönfeld, in: F/W/B/S, § 8 AStG, Rn. 100, Stand: 73.EL, August 2014; Loose/Herbst, BB 2011, 294, 295.

481 Gropp, in: Lademann, § 8, Rn. 33; Lehfeldt, in: S/K/K, § 8 AStG, Rn. 30, Stand: September 2016; Rödel, in: Kraft, § 8, Rn. 181.

482 Gropp, in: Lademann, § 8, Rn. 33; Reiche, in: Haase, AStG/DBA, § 8, Rn. 34; Wassermeyer/Schönfeld, in: F/W/B/S, § 8 AStG, Rn. 101, Stand: 73.EL, August 2014.

483 BMF v. 14.05.2004 – IV B 4-S 1340-11/04, Tz. 8.1.3.5.

484 BFH v. 13.10.2010 – I R 61/09, BStBl. II 2011, 249, 250.

485 BFH v. 13.10.2010 – I R 61/09, BStBl. II 2011, 249, 250.

Die Teilnahme meint das äußere Auftreten des Betriebs. Nichtsdestotrotz ist eine Marktteilnahme im gewissem Umfang für die Ausübung von Bank- und Versicherungsgeschäften erforderlich.[486]

Der Erzielung aktiver Einkünfte kann eine schädliche Mitwirkung entgegenstehen. Dies ist der Fall, wenn überwiegend[487] Geschäfte mit an der Gesellschaft gemäß § 7 AStG Beteiligten oder diesen nahe stehenden Personen (im Sinne des § 1 Abs. 2 AStG) vorgenommen werden. Die Einschränkung soll den Marktbezug der Tätigkeit bei konzerninterner Betätigung sicherstellen. Insbesondere im Bank- und Versicherungssektor besteht die Gefahr, dass durch Einschaltung konzernangehöriger Bank- und Versicherungsgesellschaften mit Funktions- und Risikoverlagerung die inländische Steuerbemessungsgrundlage verringert wird.[488] Dies steht der Anerkennung einer klar dokumentierten, zu angemessenen Konditionen vorab vereinbarten und tatsächlich durchgeführten Funktionsteilung zwischen der ausländischen Gesellschaft und dem potentiell schädlich Mitwirkenden nicht entgegen. Diese ist jedenfalls bis zur Grenze der Auslagerung von Kernfunktionen[489] unschädlich.[490] Untergeordnete Mitwirkungshandlungen sind ohnehin unbeachtlich.[491]

c. Handel

Der Handel (§ 8 Abs. 1 Nr. 4 AStG) meint den Erwerb und die anschließende Weiterveräußerung von (in der Marktgängigkeit nicht veränderten) Gegenständen.[492] Passiv sind Einkünfte aus der Tätigkeit, soweit eine schädliche Mitwirkung an der Handelstätigkeit vorliegt. Die Einschränkung richtet sich gegen die Einschaltung (rein steuerlich motivierter) konzerninterner Einkaufs- und

---

486 Rödel, in: Kraft, § 8, Rn. 183; Wassermeyer/Schönfeld, in: F/W/B/S, § 8 AStG, Rn. 102, Stand: 73.EL, August 2014; Cortez, 149.

487 Überwiegend meint mehr als die Hälfte, wobei der Bezugspunkt (bspw. Umsatz, Gewinn oder Anzahl der Geschäfte) nicht geklärt ist, vgl. Rödel, in: Kraft, § 8, Rn. 205; Schaumburg, in: Schaumburg, Rn. 13.91 m.w.N.

488 Vogt, in: Blümich, AStG, § 8, Rn. 32 f, Stand: 135.EL, November 2016; Wassermeyer/Schönfeld, in: F/W/B/S, § 8 AStG, Rn. 104 ff, Stand: 73.EL, August 2014. – Vergleiche auch die strengen Anforderungen in BMF v. 14.05.2004 – IV B 4-S 1340-11/04, Tz. 8.1.3.6.

489 Die ausländische Gesellschaft als solche muss ein Bank- und Versicherungsgeschäft betreiben. Kernfunktionen sind schwierig zu bestimmen, dazu im Rahmen der Funktionsnachweise.

490 Auch Lehfeldt, in: S/K/K, § 8 AStG, Rn. 40, Stand: September 2016 – mit Vorrang der Korrektur unangemessener Preise nach § 1 AStG.

491 BMF v. 14.05.2004 – IV B 4-S 1340-11/04, Tz. 8.1.3.6.

492 Gropp, in: Lademann, § 8, Rn. 45; Reiche, in: Haase, AStG/DBA, § 8, Rn. 39; Rödel, in: Kraft, § 8, Rn. 222 ff; Vogt, in: Blümich, AStG, § 8, Rn. 38, Stand: 135.EL, November 2016. – Mögliche Gegenstände der Handelstätigkeit sind umstritten Schaumburg, in: Schaumburg, Rn. 13.93; Rödel, in: Kraft, § 8, Rn. 223.

Vertriebsgesellschaften im Ausland.[493] Schädlich ist die Verschaffung der Verfügungsmacht an den Handelsgegenständen durch einen gemäß § 7 AStG an der ausländischen Gesellschaft beteiligten unbeschränkt Steuerpflichtigen oder eine diesem nahe stehende – mit Einkünften hieraus im Inland steuerpflichtige – Person im Sinne des § 1 Abs. 2 AStG (§ 8 Abs. 1 Nr. 4 lit. a) AStG). Die Verschaffung der Verfügungsmacht setzt voraus, dass die ausländische Gesellschaft berechtigt ist, im eigenen Namen über Gegenstände zu verfügen.[494] Im umgekehrten Fall ist es schädlich, Mitwirkenden im Sinne der ersten Variante (lit. a) die Verfügungsmacht zu verschaffen (§ 8 Abs. 1 Nr. 4 lit. b) AStG).

Die Mitwirkung ist jedoch unschädlich, wenn der Steuerpflichtige nachweist, dass die ausländische Gesellschaft einen für derartige Handelsgeschäfte in kaufmännischer Weise eingerichteten Geschäftsbetrieb unter Teilnahme am allgemeinen wirtschaftlichen Verkehr unterhält und bei Vorbereitung, Abschluss und Ausführung der geschäftlichen Tätigkeiten keine schädliche Mitwirkung vorliegt. Das Erfordernis eines kaufmännisch eingerichteten Geschäftsbetriebs ist wie im Fall des § 8 Abs. 1 S. 3 AStG organisatorisch zu verstehen: eine für die Ausübung der Handelstätigkeit erforderliche Organisationsstruktur muss vorhanden sein.[495] Die konkreten Anforderungen sind mit Blick auf die ausgeübten Funktionen zu bestimmen („derartige Handelsgeschäfte").[496] Dabei sind nicht vorrangig ausreichende personelle und sachliche Mittel relevant,[497] vielmehr ist auf die Organisationsstruktur abzustellen. Dies erfordert regelmäßig angemessene, aber nicht zwingend eigene, personelle und sachliche Mittel. Ressourcen können von (dritten) Dienstleistungsunternehmen beschafft werden. Ein eigener Geschäftsbetrieb kann nach ertragsteuerlichen Grundsätzen zugerechnet werden, wenn die ausländische Gesellschaft aus der Tätigkeit berechtigt und verpflichtet wird.[498] Die Einschaltung einer konzernangehörigen Managementgesellschaft könnte hingegen eine schädliche Mitwirkung in Form des Bedienens begründen.[499]

---

493 Gropp, in: Lademann, § 8, Rn. 46 ff; Lehfeldt, in: S/K/K, § 8 AStG, Rn. 79, Stand: September 2016; Rödel, in: Kraft, § 8, Rn. 230 f; Schaumburg, in: Schaumburg, Rn. 13.94 f. – Dies verhindert die „Gewinnverlagerung" ins Ausland durch Schaffung (überhöhter) Betriebsausgaben im Inland und Entstehung (höheren) Gewinns im Ausland, dazu Wassermeyer/Schönfeld, in: F/W/B/S, § 8 AStG, Rn. 123, Stand: 73.EL, August 2014.

494 Lehfeldt, in: S/K/K, § 8 AStG, Rn. 83, Stand: September 2016; Reiche, in: Haase, AStG/DBA, § 8, Rn. 43.

495 Gropp, in: Lademann, § 8, Rn. 51; Lehfeldt, in: S/K/K, § 8 AStG, Rn. 86, Stand: September 2016; Rödel, in: Kraft, § 8, Rn. 241; Wassermeyer/Schönfeld, in: F/W/B/S, § 8 AStG, Rn. 138, Stand: 73.EL, August 2014.

496 Lehfeldt, in: S/K/K, § 8 AStG, Rn. 86, Stand: September 2016; Vogt, in: Blümich, AStG, § 8, Rn. 43, Stand: 135.EL, November 2016.

497 So aber BMF v. 14.05.2004 – IV B 4-S 1340-11/04, Tz. 8.1.4.2.1.

498 BFH v. 13.10.2010 – I R 61/09, BStBl. II 2011, 249.

499 Frotscher, Rn. 1156.

Die Teilnahme am allgemeinen wirtschaftlichen Verkehr setzt eine entgeltliche, nachhaltige und nach außen (für Dritte) erkennbare Tätigkeit voraus[500] – entsprechend den Grundsätzen zu § 15 Abs. 2 EStG.[501] Erforderlich sind ein Angebot der Leistung am Markt sowie ein Leistungs- und Güteraustausch. Die Teilnahme am allgemeinen wirtschaftlichen Verkehr ist aber nicht ausgeschlossen, wenn tatsächlich nur ein kleiner Kunden- oder Lieferantenkreis (gar bestehend aus Konzerngesellschaften) vorhanden ist. Die Tätigkeit muss aber für einen Wechsel der Geschäftspartner offen sein.[502] Schädlich ist eine Ausrichtung auf konzerninternen Handel bei Ein- und Verkauf ohne Offenheit für Erweiterungen oder Wechsel im Kunden-/Lieferantenkreis. Die Teilnahme am allgemeinen wirtschaftlichen Verkehr darf auf Angebot oder Nachfrage beschränkt sein.[503]

Das Verbot der Mitwirkung bei Vorbereitung, Abschluss und Ausführung von Handelsgeschäften soll verhindern, dass Funktionen der konkreten Handelstätigkeit der ausländischen Gesellschaft von nahe stehenden Personen übernommen werden.[504] Dieses Verbot gilt für den Kernbereich der Handelstätigkeit der ausländischen Gesellschaft.[505] Die relevanten und eigenständig auszuübenden Funktionen

---

500 BFH v. 09.08.1986 – I R 85/83, BStBl. II 1986, 851, 851, zwar für die Gewerbesteuer, aber mit hilfreichen (und übertragbaren, vgl. BFH v. 19.08.1984 – I R 68/81, BStBl. II 1985, 120, 124) Auslegungsbemühungen; Gropp, in: Lademann, § 8, Rn. 53; Rödel, in: Kraft, § 8, Rn. 243; Vogt, in: Blümich, AStG, § 8, Rn. 44, Stand: 135.EL, November 2016.

501 Rödel, in: Kraft, § 8, Rn. 244; Wassermeyer/Schönfeld, in: F/W/B/S, § 8 AStG, Rn. 139, Stand: 73.EL, August 2014.

502 BFH v. 19.08.1984 – I R 68/81, BStBl. II 1985, 120, 124; BFH v. 09.08.1986 – I R 85/83, BStBl. II 1986, 851, 851; BMF v. 14.05.2004 – IV B 4-S 1340-11/04, Tz. 8.1.4.2.3; Lehfeldt, in: S/K/K, § 8 AStG, Rn. 87, Stand: September 2016; Reiche, in: Haase, AStG/DBA, § 8, Rn. 46; Rödel, in: Kraft, § 8, Rn. 245 f; Vogt, in: Blümich, AStG, § 8, Rn. 44, Stand: 135.EL, November 2016; Schaumburg, in: Schaumburg, Rn. 13.97.

503 BFH v. 19.08.1984 – I R 68/81, BStBl. II 1985, 120, 124 – bzgl. beschränktem Personenkreis; BMF v. 14.05.2004 – IV B 4-S 1340-11/04, Tz. 8.1.4.2.2; Lehfeldt, in: S/K/K, § 8 AStG, Rn. 87, Stand: September 2016; Reiche, in: Haase, AStG/DBA, § 8, Rn. 46; Rödel, in: Kraft, § 8, Rn. 246; Vogt, in: Blümich, AStG, § 8, Rn. 45, Stand: 135.EL, November 2016; Schaumburg, in: Schaumburg, Rn. 13.97. – Keine Teilnahme am wirtschaftlichen Verkehr über abhängige Konzerngesellschaften meint BMF v. 14.05.2004 – IV B 4-S 1340-11/04, Tz. 8.1.4.2.1.

504 BMF v. 14.05.2004 – IV B 4-S 1340-11/04, Tz. 8.1.4.3.1 (unklar, ob konkret-individuelle Betrachtung); Lehfeldt, in: S/K/K, § 8 AStG, Rn. 88 f, Stand: September 2016; Rödel, in: Kraft, § 8, Rn. 250 ff, 258; Vogt, in: Blümich, AStG, § 8, Rn. 46 ff, Stand: 135.EL, November 2016; Wassermeyer/Schönfeld, in: F/W/B/S, § 8 AStG, Rn. 147, Stand: 73.EL, August 2014; Schaumburg, in: Schaumburg, Rn. 13.98.

505 Lehfeldt, in: S/K/K, § 8 AStG, Rn. 88 f, Stand: September 2016; Rödel, in: Kraft, § 8, Rn. 250 ff, 258; Wassermeyer/Schönfeld, in: F/W/B/S, § 8 AStG, Rn. 145 f, Stand: 73.EL, August 2014; kritisch wegen mangelnder Abgrenzbarkeit des Kernbereichs Vogt, in: Blümich, AStG, § 8, Rn. 46 ff, Stand: 135.EL, November 2016; a.A. wohl

sind mit Blick auf die jeweiligen Verhältnisse der ausländischen Gesellschaft zu definieren.[506] Schädlich ist die Übernahme einer konkreten Kernhandelstätigkeit in den bezeichneten Phasen (Vorbereitung, Abschluss, Ausführung). Unschädlich sind stets Mitwirkungshandlungen untergeordneter Bedeutung, einzelne Dienstleistungen außerhalb der Kernhandelstätigkeit oder die bloße Ausübung des gesellschafterlichen Einflusses; dies umfasst die typische Mitwirkung des inländischen Steuerpflichtigen in seiner Funktion als Hersteller bzw. Zulieferer.[507] Zwischen den inländischen Beteiligten und der ausländischen Gesellschaft ist eine Funktionsaufteilung grundsätzlich anzuerkennen und in aller Regel erforderlich, um keine schädliche Mitwirkung zu riskieren.[508] Eine solche Funktionsabgrenzung muss der ausländischen Gesellschaft einen konkreten Kernbereich von Handelstätigkeiten belassen; die Tätigkeit muss als Handel angesehen werden können. Die vereinbarte Funktionsaufteilung muss praktiziert und darf nicht durch Mitwirkungsakte verletzt werden.[509]

d. Dienstleistungen

Kennzeichen einer Dienstleistung (§ 8 Abs. 1 Nr. 5 AStG) ist die (persönliche) Erbringung einer Leistung in Abgrenzung zur Herbeiführung eines Erfolgs. Dienstleistung umfasst jedenfalls Leistungen nach § 611 BGB. Die bloße Tätigkeit muss Dritten gegenüber gegen Entgelt geschuldet sein.[510] Schädlich ist, wenn die ausländische Gesellschaft sich für die Dienstleistung eines gemäß § 7 AStG an der Gesellschaft beteiligten unbeschränkt Steuerpflichtigen oder einer diesem nahe

---

Schaumburg, in: Schaumburg, Rn. 13.98. – Die Bestimmung von Kernfunktionen ist schwierig, dazu im Rahmen der Funktionsnachweise.

506 Wassermeyer/Schönfeld, in: F/W/B/S, § 8 AStG, Rn. 144, Stand: 73.EL, August 2014; Vogt, in: Blümich, AStG, § 8, Rn. 42 f, 46, Stand: 135.EL, November 2016.

507 BMF v. 14.05.2004 – IV B 4-S 1340-11/04, Tz. 8.1.4.3.2; Gropp, in: Lademann, § 8, Rn. 57 f; Rödel, in: Kraft, § 8, Rn. 251 ff; Vogt, in: Blümich, AStG, § 8, Rn. 46, Stand: 135.EL, November 2016; Wassermeyer/Schönfeld, in: F/W/B/S, § 8 AStG, Rn. 147 f, Stand: 73.EL, August 2014. – Ein Beispiel für eine unschädliche Mitwirkung kann die Bereitstellung einer IT-Plattform durch die inländische Muttergesellschaft sein.

508 Lehfeldt, in: S/K/K, § 8 AStG, Rn. 88 f, Stand: September 2016; Rödel, in: Kraft, § 8, Rn. 250 ff, insb. 259; Vogt, in: Blümich, AStG, § 8, Rn. 46 ff, insb. 48, Stand: 135.EL, November 2016; Wassermeyer/Schönfeld, in: F/W/B/S, § 8 AStG, Rn. 147, Stand: 73.EL, August 2014; unklar BMF v. 14.05.2004 – IV B 4-S 1340-11/04, Tz. 8.1.4.3.1 stellt auf die Übernahme der Funktionen ab, die Teil von Vorbereitung, Abschluss oder Ausführung sind. Eine Funktionsabgrenzung wird nicht explizit behandelt.

509 Gropp, in: Lademann, § 8, Rn. 58; Rödel, in: Kraft, § 8, Rn. 259; Vogt, in: Blümich, AStG, § 8, Rn. 48, Stand: 135.EL, November 2016.

510 Gropp, in: Lademann, § 8, Rn. 60; Lehfeldt, in: S/K/K, § 8 AStG, Rn. 93, Stand: September 2016; Reiche, in: Haase, AStG/DBA, § 8, Rn. 49; Rödel, in: Kraft, § 8, Rn. 282 ff; Wassermeyer/Schönfeld, in: F/W/B/S, § 8 AStG, Rn. 172, Stand: 73.EL, August 2014; Vogt, in: Blümich, AStG, § 8, Rn. 51, Stand: 135.EL, November 2016.

stehenden (mit Einkünften aus der Leistung im Inland steuerpflichtigen) Person im Sinne des § 1 Abs. 2 AStG bedient (sog. Bedienenstatbestand) oder sie die Dienstleistung gegenüber einer solchen Person erbringt (sog. Erbringenstatbestand).[511]

Der Bedienenstatbestand (§ 8 Abs. 1 Nr. 5 lit. a) AStG) soll die rein formale Einschaltung von (Dienstleistungs-)Gesellschaften verhindern, deren Leistungen faktisch von einem inländischen Steuerpflichtigen erbracht werden.[512] Schädlich ist die nicht bloß unwesentliche Leistungserbringung oder -verschaffung (im Aufgabenbereich der ausländischen Gesellschaft) durch den Mitwirkenden, obwohl die ausländische Gesellschaft dem Geschäftspartner gegenüber zur Dienstleistung verpflichtet ist. Dies kann (wesentliche) Einzelfunktionen oder die gesamte Leistungserbringung betreffen.[513] In den Kernbereich der konkreten Tätigkeit der ausländischen Gesellschaft darf nicht eingegriffen werden. Unschädlich sind demgegenüber Tätigkeiten untergeordneter Bedeutung (bspw. Verwaltungstätigkeiten), eine bloße Vermittlung der Dienstleistung[514] – die zwischen nahe stehender Person und Kunden unmittelbar vereinbart und durchgeführt wird – oder eine Tätigkeit (neben der ausländischen Gesellschaft) unmittelbar für einen Kunden im Ausland.[515]

Der Erbringenstatbestand (§ 8 Abs. 1 Nr. 5 lit. b) AStG) verhindert den Verlust von Besteuerungssubstrat durch überwiegende Leistungserbringung der ausländischen Gesellschaft gegenüber inländischen Gesellschaftern.[516] Die Dienstleistung wird derjenigen Person erbracht, die sie für eigene Rechnung nutzt.[517]

In Bezug auf den Erbringenstatbestand kann der Steuerpflichtige nachweisen, dass die ausländische Gesellschaft einen für das Bewirken derartiger Dienstleistungen eingerichteten Geschäftsbetrieb unter Teilnahme am wirtschaftlichen

---

511 Gropp, in: Lademann, § 8, Rn. 59; Rödel, in: Kraft, § 8, Rn. 280; Schaumburg, in: Schaumburg, Rn. 13.102 ff. – Konzerninterne Finanzdienstleistungen können nach BMF v. 14.05.2004 – IV B 4-S 1340-11/04, Tz. 8.1.5.1.1, Nr. 2 nur nach Nrn. 3 oder 7 aktiv sein.

512 Gropp, in: Lademann, § 8, Rn. 61; Reiche, in: Haase, AStG/DBA, § 8, Rn. 51; Wassermeyer/Schönfeld, in: F/W/B/S, § 8 AStG, Rn. 180 ff, Stand: 73.EL, August 2014.

513 BMF v. 14.05.2004 – IV B 4-S 1340-11/04, Tz. 8.1.5.2.1; Lehfeldt, in: S/K/K, § 8 AStG, Rn. 101, Stand: September 2016; Vogt, in: Blümich, AStG, § 8, Rn. 57, Stand: 135.EL, November 2016; Wassermeyer/Schönfeld, in: F/W/B/S, § 8 AStG, Rn. 182, Stand: 73.EL, August 2014; Henkel/Klein, in: Mössner, Rn. 8.70; Käbisch, IStR 2014, 674, 678.

514 Eine Vermittlungsleistung kann aber § 8 Abs. 1 Nr. 5 lit. b) AStG unterfallen, Rödel, in: Kraft, § 8, Rn. 310; Vogt, in: Blümich, AStG, § 8, Rn. 59, Stand: 135.EL, November 2016.

515 Gropp, in: Lademann, § 8, Rn. 62; Rödel, in: Kraft, § 8, Rn. 310; Vogt, in: Blümich, AStG, § 8, Rn. 57 ff, Stand: 135. EL, November 2016; Käbisch, IStR 2014, 674, 677.

516 Dies würde im Inland Betriebsausgaben produzieren, im Ausland (niedrig besteuerte) Gewinne entstehen lassen.

517 Vogt, in: Blümich, AStG, § 8, Rn. 61, Stand: 135.EL, November 2016.

Verkehr unterhält und die zur Dienstleistung gehörenden Tätigkeiten ohne schädliche Mitwirkung ausübt. Mit dem Erfordernis eines für das Bewirken derartiger Dienstleistungen eingerichteten Geschäftsbetriebs geht keine *kaufmännische* Organisationsanforderung einher. Vielmehr ist eine Organisationsstruktur zu schaffen, die die Leistungserbringung ermöglicht.[518] Dies erfordert eine angemessene personelle und sachliche Ausstattung.[519] Ferner ist mittels des Geschäftsbetriebs eine Teilnahme am allgemeinen wirtschaftlichen Verkehr erforderlich. Dies setzt wiederum voraus, dass die Tätigkeit nachhaltig, für Dritte erkennbar am Markt gegen Entgelt angeboten wird. Per se schädlich sind nur auf rein konzerninterne Dienstleistungen – sowohl auf Angebots- wie auf Nachfrageseite – ausgerichtete Gesellschaften.[520] Es darf keine schädliche Mitwirkung in Bezug auf die wesentlichen Dienstleistungstätigkeiten vorliegen. Dies umfasst die von der ausländischen Gesellschaft geschuldete Vorbereitung der Leistungserbringung oder das Erbringen selbst. Bei vertraglicher Aufgabenzuweisung ist ein Eingriff in diesen Bereich schädlich.[521] Eine individuelle Betrachtung der Tätigkeit der ausländischen Gesellschaft ist angezeigt. Der Kernbereich der konkreten Dienstleistung darf nicht durch Mitwirkungshandlungen ausgehöhlt werden. Dies steht einer vorab vereinbarten, durchgeführten und angemessen ausgestalteten Funktionsaufteilung nicht entgegen. Tätigkeiten von untergeordneter Bedeutung begründen in keinem Fall eine schädliche Mitwirkung.[522]

e. Vermietung und Verpachtung

Vermietung und Verpachtung (§ 8 Abs. 1 Nr. 6 AStG) meint die zeitlich begrenzte Nutzungsüberlassung eines Wirtschaftsguts. Der Begriff der Vermietung und Verpachtung ist weiter zu verstehen als im Rahmen des § 21 EStG und umfasst gewerbliche Vermietungen und Verpachtungen.[523] Die Vermietung und Verpachtung ist als

518 Rödel, in: Kraft, § 8, Rn. 321; Gropp, in: Lademann, § 8, Rn. 68; a.A. BMF v. 14.05.2004 – IV B 4-S 1340-11/04, Tz. 8.1.5.1.2; Lehfeldt, in: S/K/K, § 8 AStG, Rn. 110, Stand: September 2016 (wie kfm. Geschäftsbetrieb); Reiche, in: Haase, AStG/DBA, § 8, Rn. 53 („materiell" kein Unterschied zu kfm. Geschäftsbetrieb).

519 BMF v. 14.05.2004 – IV B 4-S 1340-11/04, Tz. 8.1.5.1.2.

520 BMF v. 14.05.2004 – IV B 4-S 1340-11/04, Tz. 8.1.5.1.2; Reiche, in: Haase, AStG/DBA, § 8, Rn. 53; Vogt, in: Blümich, AStG, § 8, Rn. 62, 44 f, Stand: 135.EL, November 2016; Schaumburg, in: Schaumburg, Rn. 13.106; Käbisch, IStR 2014, 674, 677.

521 BMF v. 14.05.2004 – IV B 4-S 1340-11/04, Tz. 8.1.5.3.2; Gropp, in: Lademann, § 8, Rn. 71; Vogt, in: Blümich, AStG, § 8, Rn. 61 f, Stand: 135.EL, November 2016.

522 Lehfeldt, in: S/K/K, § 8 AStG, Rn. 112, Stand: September 2016; Rödel, in: Kraft, § 8, Rn. 324 f, 327; Vogt, in: Blümich, AStG, § 8, Rn. 62, Stand: 135.EL, November 2016.

523 Gropp, in: Lademann, § 8, Rn. 74; Rödel, in: Kraft, § 8, Rn. 342 ff; Vogt, in: Blümich, AStG, § 8, Rn. 66, Stand: 135.EL, November 2016; Wassermeyer/Schönfeld, in: F/W/B/S, § 8 AStG, Rn. 217, Stand: 73.EL, August 2014; wohl a.A. bzgl. gewerblicher Vermietung Reiche, in: Haase, AStG/DBA, § 8, Rn. 55.

unschädliche Tätigkeit aufgelistet, allerdings sind die Ausnahmen – insbesondere zur Erfassung von Patentverwertungs-, Grundstücks- und Leasinggesellschaften – derart weit gefasst, dass im Grundsatz eher von schädlichen Einkünften auszugehen ist.[524]

Einkünfte aus der Überlassung immaterieller Wirtschaftsgüter (§ 8 Abs. 1 Nr. 6 lit. a) AStG) sind schädlich, es sei denn, die ausländische Gesellschaft wertet die Ergebnisse eigener Forschungs- und Entwicklungsarbeit aus. Dies setzt die Gewinnung neuer oder die Weiterentwicklung vorhandener Erkenntnisse oder Verfahren durch die ausländische Gesellschaft voraus.[525] Die Auswertung erfolgt durch entgeltliche Nutzungsüberlassung der Ergebnisse.[526] Die Entstehung von Forschungs- und Entwicklungsaufwand im Inland bei Einnahmeerzielung aus Lizenzvergabe im Ausland soll dadurch verhindert werden. Die Erfassung von Lizenzgebühren aus von dritter Seite erworbenen Rechten, die von dritten im Ausland ansässigen Lizenznehmern gezahlt werden,[527] ist daher überschießend und bietet Anlass zur teleologischen Reduktion.[528] Ferner darf an der Auswertung nicht schädlich mitgewirkt werden, die Funktionsausübung der ausländischen Gesellschaft nicht infrage gestellt sein.[529] Die Möglichkeit schädlicher Mitwirkung ist auf im Inland unbeschränkt Steuerpflichtige zu begrenzen.[530] Zulässig ist Auftragsforschung, wenn die ausländische Gesellschaft die wesentlichen Entscheidungen trifft, das wirtschaftliche Risiko trägt und die Rechte an den Ergebnissen erhält. Voraussetzung ist eine angemessene fachliche Qualifikation des Personals der ausländischen Gesellschaft.[531]

Die Vermietung und Verpachtung von Immobilien (§ 8 Abs. 1 Nr. 6 lit b) AStG) bringt grundsätzlich passive Einkünfte hervor, es sei denn, die Einkünfte daraus wären nach einem DBA bei Direktbezug durch die Gesellschaft freigestellt. In

---

524 Reiche, in: Haase, AStG/DBA, § 8, Rn. 56; Rödel, in: Kraft, § 8, Rn. 352; Wassermeyer/Schönfeld, in: F/W/B/S, § 8 AStG, Rn. 216, Stand: 73.EL, August 2014; Schaumburg, in: Schaumburg, Rn. 13.108. – BMF v. 14.05.2004 – IV B 4-S 1340-11/04, Tz. 8.1.6.1. ordnet die Vermietung und Verpachtung den passiven Tätigkeiten zu, wenn nicht bestimmte „Ausnahmen“ vorliegen.

525 Lehfeldt, in: S/K/K, § 8 AStG, Rn. 119, Stand: September 2016; Reiche, in: Haase, AStG/DBA, § 8, Rn. 59; Vogt, in: Blümich, AStG, § 8, Rn. 67, Stand: 135.EL, November 2016.

526 Wassermeyer/Schönfeld, in: F/W/B/S, § 8 AStG, Rn. 223, Stand: 73. EL, August 2014; ggf. weiter Reiche, in: Haase, AStG/DBA, § 8, Rn. 59.

527 Dazu Vogt, in Blümich, AStG, § 8, Rn. 67, Stand: 135.EL, November 2016; Schaumburg, in: Schaumburg, Rn. 13.111.

528 A.A. FG Münster v. 20.11.2015 – 10 K 1410/12 F, BB 2016, 2208, 2213 (m.N. zur zutreffenden Gegenansicht).

529 BMF v. 14.05.2004 – IV B 4-S 1340-11/04, Tz. 8.1.6.3; Reiche, in: Haase, AStG/DBA, § 8, Rn. 60.

530 FG Münster v. 20.11.2015 – 10 K 1410/12 F, BB 2016, 2208, 2213 m.w.N.

531 Lehfeldt, in: S/K/K, § 8 AStG, Rn. 120, Stand: September 2016; ansatzweise Reiche, in: Haase, AStG/DBA, § 8, Rn. 60.

diesem Fall ergibt sich kein Steuervorteil durch die Einschaltung der ausländischen Gesellschaft. Dies ist insbesondere bei Belegenheit des Grundstücks in einem DBA-Vertragspartnerstaat der Fall, da nach deutschen DBA der Belegenheitsstaat das Besteuerungsrecht erhält.[532]

Die Vermietung und Verpachtung beweglicher Sachen (§ 8 Abs. 1 Nr. 6 lit. c) AStG) führt zu schädlichen Einkünften, es sei denn, die ausländische Gesellschaft unterhält einen Geschäftsbetrieb gewerbsmäßiger Vermietung oder Verpachtung unter Teilnahme am allgemeinen wirtschaftlichen Verkehr ohne schädliche Mitwirkung. Die Gewerbsmäßigkeit des Geschäftsbetriebs bestimmt sich nach § 15 Abs. 2 EStG.[533] Angesichts des Wortlauts dürfte eine bloße gewerbsmäßige Vermietung und Verpachtung durch einen Betrieb mit personeller und sachlicher Mindestausstattung ohne strenge Organisationsanforderungen ausreichen.[534] Eine Teilnahme am allgemeinen Wirtschaftsverkehr ist gegeben, wenn äußerlich erkennbar eine Tätigkeit nachhaltig gegen Entgelt am Markt ausgeübt wird. Dabei darf auf Angebots- bzw. Nachfrageseite keine Beschränkung auf konzerninterne Betätigung vorliegen.[535] Die schädliche Mitwirkung wird relevant, wenn sie im Aufgabenbereich der ausländischen Gesellschaft liegt und über Mitwirkung untergeordneter Art oder allgemeine Beratungsleistungen hinausgeht.[536] Trotz des Wortlauts („alle") – oder diesen reduzierend – sollten Mitwirkungshandlungen, dem Zweck der Einschränkung genügend, nicht per se ausgeschlossen sein.[537] Erforderlich ist jedenfalls, dass die Aufgaben zwischen ausländischer Gesellschaft und Mitwirkendem klar dokumentiert sind und nicht in den Kernbereich der auf die ausländische Gesellschaft übertragenen Funktionen eingegriffen wird.[538]

532 Gropp, in: Lademann, § 8, Rn. 84 f; Wassermeyer/Schönfeld, in: F/W/B/S, § 8 AStG, Rn. 227, Stand: 73.EL, August 2014.

533 Gropp, in: Lademann, § 8, Rn. 93; Wassermeyer/Schönfeld, in: F/W/B/S, § 8 AStG, Rn. 236, Stand: 73.EL, August 2014.

534 Wassermeyer/Schönfeld, in: F/W/B/S, § 8 AStG, Rn. 236, Stand: 73.EL, August 2014; a.A. (wie kaufmännischer Geschäftsbetrieb) BMF v. 14.05.2004 – IV B 4-S 1340-11/04, Tz. 8.1.6.2; Reiche, in: Haase, AStG/DBA, § 8, Rn. 68; Vogt, in: Blümich, AStG, § 8, Rn. 71, Stand: 135.EL, November 2016; wohl auch Rödel, in: Kraft, § 8, Rn. 392.

535 BMF v. 14.05.2004 – IV B 4-S 1340-11/04, Tz. 8.1.6.2; Lehfeldt, in: S/K/K, § 8 AStG, Rn. 132, Stand: September 2016; Reiche, in: Haase, AStG/DBA, § 8, Rn. 68; Vogt, in: Blümich, AStG, § 8, Rn. 71, 44 f, Stand: 135.EL, November 2016.

536 Gropp, in: Lademann, § 8, Rn. 96; Reiche, in: Haase, AStG/DBA, § 8, Rn. 69.

537 Lehfeldt, in: S/K/K, § 8 AStG, Rn. 133, Stand: September 2016, a.A. BMF v. 14.05.2004 – IV B 4-S 1340-11/04, Tz. 8.1.6.3.

538 Lehfeldt, in: S/K/K, § 8 AStG, Rn. 133, Stand: September 2016; Reiche, in: Haase, AStG/DBA, § 8, Rn. 69; Vogt, in: Blümich, AStG, § 8, Rn. 71, 48, Stand: 135.EL, November 2016.

f. Finanzierung

Die Aufnahme und darlehensweise Vergabe von Kapital führt zu unschädlichen Einkünften, wenn das Kapital nachgewiesen auf ausländischen Kapitalmärkten und nicht bei einer dem Steuerpflichtigen oder der ausländischen Gesellschaft nahe stehenden Person im Sinne des § 1 Abs. 2 AStG aufgenommen und darlehensweise inländischen oder aktiven (Voraussetzung: Bruttoerträge zu mindestens 90 %[539] aus Tätigkeiten nach § 8 Abs. 1 Nr. 1 bis 6 AStG) ausländischen Betrieben oder Betriebsstätten zugeführt wird (§ 8 Abs. 1 Nr. 7 AStG). Die Vergabe meint die zeitlich begrenzte Überlassung von Fremdkapital; wobei grundsätzlich das aufgenommene Kapital zu vergeben ist.[540] Dies ist unverhältnismäßig schwierig nachzuvollziehen. Es sollte ausreichen, dass Darlehensvaluta durch entsprechend aufgenommene Fremdmittel gedeckt sind.[541] Teilweise wird für ausreichend gehalten, dass auf einem bestimmten Konto Mittel eingezahlt werden, die die Voraussetzungen erfüllen und nur diese darlehensweise vergeben werden.[542]

g. Weitere Vorgänge

Offene wie verdeckte[543] Gewinnausschüttungen von Kapitalgesellschaften führen vollständig zu aktiven Einkünften (§ 8 Abs. 1 Nr. 8 AStG).[544]

Ferner sind Gewinne aus der Veräußerung eines Anteils an einer anderen Gesellschaft sowie aus deren Auflösung oder Kapitalherabsetzung begünstigt (§ 8 Abs. 1 Nr. 9 AStG). Einschränkungen sind mit Bezug zu Einkünften mit Kapitalanlagecharakter und der Vermietung und Verpachtung durch REIT-Gesellschaften

---

539 Lehfeldt, in: S/K/K, § 8 AStG, Rn. 154, Stand: September 2016; vgl. BFH v. 30.08.1995 – I R 77/94, BStBl. II 1996, 122, 124 f.

540 BMF v. 14.05.2004 – IV B 4-S 1340-11/04, Tz. 8.1.7.3; Lehfeldt, in: S/K/K, § 8 AStG, Rn. 139 ff, Stand: September 2016; Wassermeyer/Schönfeld, in: F/W/B/S, § 8 AStG, Rn. 242, 248 ff, Stand: 73.EL, August 2014.

541 Schaumburg, in: Schaumburg, Rn. 13.119; evtl. auch Wassermeyer/Schönfeld, in: F/W/B/S, § 8 AStG, Rn. 246, Stand: 73.EL, August 2014. – Kritisch auch Rödel, in: Kraft, § 8, Rn. 452; Vogt, in: Blümich, AStG, § 8, Rn. 78, Stand: 135.EL, November 2016.

542 Gropp, in: Lademann, § 8, Rn. 109.

543 BMF v. 14.05.2004 – IV B 4-S 1340-11/04, Tz. 8.1.8; Lehfeldt, in: S/K/K, § 8 AStG, Rn. 161, Stand: September 2016; Reiche, in: Haase, AStG/DBA, § 8, Rn. 82.

544 Gropp, in: Lademann, § 8, Rn. 117; Rödel, in: Kraft, § 8, Rn. 492; Schaumburg, in: Schaumburg, Rn. 13.124. – Die Beschränkung auf Kapitalgesellschaften (§ 1 Abs. 1 Nr. 1 KStG) erfordert einen Typenvergleich mit inländischen Gesellschaftsformen, BMF v. 14.05.2004 – IV B 4-S 1340-11/04, Tz. 8.1.8; Gropp, in: Lademann, § 8, Rn. 118; Reiche, in: Haase, AStG/DBA, § 8, Rn. 83; Wassermeyer/Schönfeld, in: F/W/B/S, § 8 AStG, Rn. 292, Stand: 73.EL, August 2014; Schaumburg, in: Schaumburg, Rn. 13.124.

vorgesehen.[545] Die Regelung ergänzt die Begünstigung von Gewinnausschüttungen durch Ausdehnung auf Veräußerungsgewinne.[546] Veräußerung meint in erster Linie die entgeltliche Übertragung des (wirtschaftlichen) Eigentums an einem (Kapital-)Gesellschaftsanteil auf eine andere Person.[547]

Einkünfte aus Umwandlungen, die ungeachtet § 1 Abs. 2 und 4 UmwStG zu Buchwerten erfolgen könnten, sind unschädlich. Dies gilt nicht, soweit eine Umwandlung einen Kapitalgesellschaftsanteil erfasst, dessen Veräußerung nicht die Voraussetzungen der Nr. 9 erfüllen würde (§ 8 Abs. 1 Nr. 10 AStG). Damit wird die Gleichbehandlung einer Umwandlung mit einer Veräußerung erreicht.[548]

3. *Funktionsnachweise*

Einige Tätigkeiten des Aktivitätskatalogs bringen nur unschädliche Einkünfte hervor, wenn zusätzliche Voraussetzungen („Funktionsnachweise“[549]) erfüllt sind. Zu diesen Funktionsnachweisen zählen das Unterhalten eines Geschäftsbetriebs, die Teilnahme am wirtschaftlichen Verkehr und das Fehlen einer schädlichen Mitwirkung. Die Funktionsnachweise sollen sicherstellen, dass die ausländische Gesellschaft eine eigenständige unternehmerische Leistung erbringt und im anderen Staat ausreichend verankert ist.

a. *Unterhalten eines Geschäftsbetriebs*

Aktive Einkünfte aus dem Betrieb von Kreditinstituten und Versicherungsunternehmen liegen nur vor, wenn die Unternehmen für ihre Geschäfte einen in kaufmännischer Weise eingerichteten Betrieb unterhalten (§ 8 Abs. 1 Nr. 3 AStG). In Bezug auf

---

545 Gropp, in: Lademann, § 8, Rn. 130 f; Rödel, in: Kraft, § 8, Rn. 575 ff; Schaumburg, in: Schaumburg, Rn. 13.127.

546 Lehfeldt, in: S/K/K, § 8 AStG, Rn. 165, Stand: September 2016; Reiche, in: Haase, AStG/DBA, § 8, Rn. 85; Schaumburg, in: Schaumburg, Rn. 13.126 f.

547 Gropp, in: Lademann, § 8, Rn. 121 ff; Reiche, in: Haase, AStG/DBA, § 8, Rn. 86; Wassermeyer/Schönfeld, in: F/W/B/S, § 8 AStG, Rn. 298, 304, Stand: 73.EL, August 2014.

548 Reiche, in: Haase, AStG/DBA, § 8, Rn. 100 ff; Schaumburg, in: Schaumburg, Rn. 13.139. – Steuerneutrale Umwandlungen im Ausland sollen nicht unterlaufen werden, wenn die Umwandlung hypothetisch im Inland steuerfrei gewesen wäre. Bei Steuerneutralität könnte eine niedrige Besteuerung im Sinne des § 8 Abs. 3 AStG angenommen werden, Gropp, in: Lademann, § 8, Rn. 133; Lehfeldt, in: S/K/K, § 8 AStG, Rn. 182.1, Stand: September 2016; Wassermeyer/Schönfeld, in: F/W/B/S, § 8 AStG, Rn. 358 ff, Stand: 73.EL, August 2014; Schaumburg, in: Schaumburg, Rn. 13.136. – Nr. 10 greift unabhängig davon, ob die umgewandelte Gesellschaft aktiv oder passiv tätig war, Lehfeldt, in: S/K/K, § 8 AStG, Rn. 182.1, Stand: September 2016; Reiche, in: Haase, AStG/DBA, § 8, Rn. 100.

549 Begriff „Funktionsnachweis“ u.a. bei Lehfeldt, in: S/K/K, § 8 AStG, Rn. 26, Stand: September 2016; Vogt, in: Blümich, AStG, § 8, Rn. 35, Stand: 135.EL, November 2016; Henkel/Klein, in: Mössner, u.a. vor Rn. 8.68.

Handel (§ 8 Abs. 1 Nr. 4 AStG) und Dienstleistungen (§ 8 Abs. 1 Nr. 5 lit. b) AStG) können trotz grundsätzlich schädlicher Mitwirkung aktive Einkünfte vorliegen, wenn die ausländische Gesellschaft einen Geschäftsbetrieb unterhält, wobei dieser im Fall des Handels in kaufmännischer Weise eingerichtet sein muss. Schließlich können Einkünfte aus der Vermietung und Verpachtung von beweglichen Sachen nur aktiv sein, wenn die ausländische Gesellschaft einen Geschäftsbetrieb gewerbsmäßiger Vermietung oder Verpachtung unterhält (§ 8 Abs. 1 Nr. 6 lit. c) AStG).

Das Unterhalten eines kaufmännisch eingerichteten Geschäftsbetriebs begründet Anforderungen an die interne Organisation der ausländischen Gesellschaft.[550] Der Geschäftsbetrieb muss einen gewissen Umfang aufweisen und nachhaltig, nicht bloß gelegentlich, genutzt werden.[551] Die kaufmännischen Organisationsanforderungen werden bspw. durch Bilanzierung, Buchführung, Lohnbuchhaltung, Führen von Handelsbüchern, Aufbewahrung von Geschäftskorrespondenz, Vornahme einer Inventur oder Aufstellen von Jahresabschlüssen erfüllt. Indizien können ferner eine ordnungsgemäße Kassenführung und die Anstellung von kaufmännischem Hilfspersonal sein. Dabei sind die ausländischen Regelungen zu befolgen, die §§ 238 ff HGB entsprechen.[552]

Hingegen erfordert das Unterhalten eines für das Bewirken von Dienstleistungen eingerichteten Geschäftsbetriebs keine kaufmännische Organisation. Vielmehr muss der Geschäftsbetrieb bloß die Leistungserbringung ermöglichen.[553] Gleichfalls setzt der Geschäftsbetrieb gewerbsmäßiger Vermietung und Verpachtung (schon nach dem abweichenden Wortlaut) keine kaufmännische Organisation voraus.[554] Die gewerbsmäßige Ausübung begründet Anforderungen an die Art und Weise der Ausübung, die sich entsprechend der Gewerblichkeit im Sinne des § 15 Abs. 2 EStG bestimmen.[555]

---

550 BFH v. 13.10.2010 – I R 61/09, BStBl. II 2011, 249; Geurts, in: Fuhrmann, § 8, Rn. 85; Gropp, in: Lademann, § 8, Rn. 33, 51; Lehfeldt, in: S/K/K, § 8 AStG, Rn. 56, 29, Stand: September 2016; Reiche, in: Haase, AStG/DBA, § 8, Rn. 34; Wassermeyer/Schönfeld, in: F/W/B/S, § 8 AStG, Rn. 100, 138, Stand: 73.EL, August 2014.

551 Geurts, in: Fuhrmann, § 8, Rn. 85; Lehfeldt, in: S/K/K, § 8 AStG, Rn. 56, 30, Stand: September 2016.

552 BFH v. 13.10.2010 – I R 61/09, BStBl. II 2011, 249 (Handelsbücher, Bilanzen); Gropp, in: Lademann, § 8, Rn. 33; Lehfeldt, in: S/K/K, § 8 AStG, Rn. 30, Stand: September 2016; Reiche, in: Haase, AStG/DBA, § 8, Rn. 34; Wassermeyer/Schönfeld, in: F/W/B/S, § 8 AStG, Rn. 101, Stand: 73.EL, August 2014.

553 Gropp, in: Lademann, § 8, Rn. 68; a.A. Reiche, in: Haase, AStG/DBA, § 8, Rn. 53, „materiell“ wie kfm. Geschäftsbetrieb; Lehfeldt, in: S/K/K, § 8 AStG, Rn. 37, Stand: September 2016 – wie kfm. Geschäftsbetrieb.

554 Wassermeyer/Schönfeld, in: F/W/B/S, § 8 AStG, Rn. 236, Stand: 73.EL, August 2014; a.A. BMF v. 14.05.2004 – IV B 4-S 1340-11/04, Tz. 8.1.6.2; Reiche, in: Haase, AStG/DBA, § 8, Rn. 68.

555 Gropp, in: Lademann, § 8, Rn. 93; Wassermeyer/Schönfeld, in: F/W/B/S, § 8 AStG, Rn. 236, Stand: 73.EL, August 2014.

Neben den Mindestanforderungen an Dauer, Umfang und vor allem interne Organisation des Betriebs sind zusätzlich angemessene sachliche und personelle Mittel zur Tätigkeitsausübung durch den Geschäftsbetrieb erforderlich.[556] Das Ausstattungserfordernis ergibt sich aus der kaufmännischen Struktur und muss auf diese abgestimmt sein. Personelle und sachliche Ausstattung sind aber kein Selbstzweck. Die Ausstattung muss so bemessen sein, dass die ausländische Gesellschaft in die Lage versetzt wird, die ihr übertragenen Aufgaben zu erfüllen. Sie benötigt nur diejenige Ausstattung, die nach ihrer individuell zu bestimmenden Funktion erforderlich ist.[557] Die personellen und sachlichen Ressourcen müssen quantitativ und qualitativ zur Funktionserfüllung ausreichen.[558] Sachliche und personelle Mittel erfordert auch das Unterhalten eines für das Bewirken von Dienstleistungen eingerichteten Geschäftsbetriebs. Das Maß ist mit Blick auf die konkrete Tätigkeit (in Bezug auf *derartige* Dienstleistungen) zu bestimmen. Schließlich setzt das Unterhalten eines Geschäftsbetriebs gewerbsmäßiger Vermietung und Verpachtung das Vorhandensein angemessener personeller und sachlicher Mittel voraus.[559]

b. Teilnahme am allgemeinen wirtschaftlichen Verkehr

Handel (§ 8 Abs. 1 Nr. 4 AStG), Dienstleistungen (§ 8 Abs. 1 Nr. 5 lit. b) AStG) sowie Vermietung und Verpachtung beweglicher Sachen (§ 8 Abs. 1 Nr. 6 lit. c) AStG) können zur Herbeiführung aktiver Einkünfte eine Teilnahme am allgemeinen wirtschaftlichen Verkehr erfordern. Der Steuerpflichtige kann nachweisen, dass die ausländische Gesellschaft einen Geschäftsbetrieb *unter Teilnahme am allgemeinen wirtschaftlichen Verkehr* unterhält. Die Gesellschaft nimmt mit ihrem Geschäftsbetrieb am allgemeinen wirtschaftlichen Verkehr teil.[560] Der Geschäftsbetrieb betrifft dabei eine interne Organisationsanforderung, die Teilnahme am allgemeinen wirtschaftlichen Verkehr das Wirken der Gesellschaft nach außen.[561]

Die Teilnahme am allgemeinen wirtschaftlichen Verkehr setzt eine nach außen erkennbare Tätigkeit in Form eines Angebots von Leistungen am Markt gegen

---

556 BMF v. 14.05.2004 – IV B 4-S 1340-11/04, u.a. in Tz. 8.1.4.2.1, 8.1.3.5; Geurts, in: Fuhrmann, § 8, Rn. 85; Lehfeldt, in: S/K/K, § 8 AStG, Rn. 29, 56, 64, 86, Stand: September 2016; Wassermeyer/Schönfeld, in: F/W/B/S, § 8 AStG, Rn. 101, Stand: 73.EL, August 2014.

557 Lehfeldt, in: S/K/K, § 8 AStG, Rn. 29 f, Stand: September 2016.

558 BMF v. 14.05.2004 – IV B 4-S 1340-11/04, u.a. Tz. 8.1.3.5; Lehfeldt, in: S/K/K, § 8 AStG, Rn. 29 f, Stand: September 2016.

559 Lehfeldt, in: S/K/K, § 8 AStG, Rn. 131, Stand: September 2016; Wassermeyer/Schönfeld, in: F/W/B/S, § 8 AStG, Rn. 236, Stand: 73.EL, August 2014.

560 BMF v. 14.05.2004 – IV B 4-S 1340-11/04, u.a. in Tz. 8.1.4.2.1; Geurts, in: Fuhrmann, § 8, Rn. 123; Wassermeyer/Schönfeld, in: F/W/B/S, § 8 AStG, Rn. 100, 139, Stand: 73.EL, August 2014.

561 Lehfeldt, in: S/K/K, § 8 AStG, Rn. 33, Stand: September 2016; Wassermeyer/Schönfeld, in: F/W/B/S, § 8 AStG, Rn. 100, Stand: 73.EL, August 2014.

Entgelt voraus.[562] Dies erfordert eine nachhaltige Teilnahme am Güter- und Leistungsaustausch durch Tätigwerden gegenüber einer unbestimmten Vielzahl an Personen.[563]

Rein konzernintern erbrachte Tätigkeiten genügen dem mangels Beteiligung am *allgemeinen* wirtschaftlichen Verkehr nicht, wenn die Tätigkeit auf den Konzern beschränkt ist.[564] Die Einengung auf einen eingeschränkten Kundenkreis, gar nur auf einen Geschäftspartner, ist aber nicht schädlich, wenn die Tätigkeit nach außen erkennbar betrieben wird und potentiell Geschäfte mit Dritten abgeschlossen werden.[565] Es kann der ausländischen Gesellschaft nicht zum Nachteil gereichen, dass sie sich – bis zur Grenze der unzulässigen Ausrichtung des Geschäftsbetriebs auf Beziehungen mit bloß einer anderen Konzerngesellschaft – auf wenige potentielle Geschäftspartner konzentriert.[566] Die Ausrichtung kann durch einen beschränkten Unternehmensgegenstand oder eine spezifische wirtschaftliche Tätigkeit der ausländischen Gesellschaft begründet sein.[567] Es ist ferner zu berücksichtigen, ob sich die Gesellschaft im Rahmen ihrer Gesamttätigkeit am wirtschaftlichen Verkehr beteiligt und mit Dritten geschäftlich tätig wird.[568] Entscheidend ist folglich die Offenheit für externe Geschäftspartner. Gesellschaften, die in ihrer Tätigkeit nicht auf den Konzern beschränkt sind und auch mit Dritten Geschäfte tätigen, jedenfalls aber für Geschäfte mit Dritten ernsthaft offen sind, nehmen am allgemeinen wirtschaftlichen Verkehr teil.[569]

---

562 Geurts, in: Fuhrmann, § 8, Rn. 124; Lehfeldt, in: S/K/K, § 8 AStG, Rn. 56, 29, Stand: September 2016; Reiche, in: Haase, AStG/DBA, § 8, Rn. 34; Vogt, in: Blümich, § 8 AStG, Rn. 44, Stand: 135.EL, November 2016; Wassermeyer/Schönfeld, in: F/W/B/S, § 8 AStG, Rn. 101, 139, Stand: 73.EL, August 2014.

563 BMF v. 14.05.2004 – IV B 4-S 1340-11/04, u.a. in Tz. 8.1.4.2.2; Gropp, in: Lademann, § 8, Rn. 53; Lehfeldt, in: S/K/K, § 8 AStG, Rn. 33 ff, Stand: September 2016 m.w.N.

564 BFH v. 29.08.1984 – I R 68/81, BStBl. II 1985, 120, 124 (für § 8 Abs. 1 Nr. 5 lit. b); BMF v. 14.05.2004 – IV B 4-S 1340-11/04, Tz. 8.1.4.2; Lehfeldt, in: S/K/K, § 8 AStG, Rn. 35, Stand: September 2016.

565 Lehfeldt, in: S/K/K, § 8 AStG, Rn. 35, Stand: September 2016; Stapperfend, in: H/H/R, § 15 EStG, Rn. 1051, Stand: 280.EL, August 2017 m.w.N.; Wassermeyer/Schönfeld, in: F/W/B/S, § 8 AStG, Rn. 139, Stand: 73.EL, August 2014.

566 So auch BMF v. 14.05.2004 – IV B 4-S 1340-11/04, u.a. in Tz. 8.1.4.2.3; Geurts, in: Fuhrmann, § 8, Rn. 124; Lehfeldt, in: S/K/K, § 8 AStG, Rn. 35, Stand: September 2016; Wassermeyer/Schönfeld, in: F/W/B/S, § 8 AStG, Rn. 139, Stand: 73.EL, August 2014.

567 BMF v. 14.05.2004 – IV B 4-S 1340-11/04, u.a. in Tz. 8.1.4.2.3; Geurts, in: Fuhrmann, § 8, Rn. 124; Gropp, in: Lademann, § 8, Rn. 53; Wassermeyer/Schönfeld, in: F/W/B/S, § 8 AStG, Rn. 139, Stand: 73.EL, August 2014.

568 Geurts, in: Fuhrmann, § 8, Rn. 124; Lehfeldt, in: S/K/K, § 8 AStG, Rn. 34 ff, Stand: September 2016.

569 BFH v. 29.08.1984 – I R 68/81, BStBl. II 1985, 120, 124; BMF v. 14.05.2004 – IV B 4-S 1340-11/04, Tz. 8.1.4.2.3; Geurts, in: Fuhrmann, § 8, Rn. 124; Gropp, in: Lademann, § 8, Rn. 53; Lehfeldt, in: S/K/K, § 8 AStG, Rn. 35 f, Stand: September 2016;

c. *Mitwirkungshandlungen*

Schädliche Mitwirkungshandlungen führen zur Passivierung der jeweiligen Einkünfte der ausländischen Gesellschaft. Die Mitwirkungsverbote sollen die eigenständige Funktionsausübung der ausländischen Gesellschaft absichern.[570] Sie richten sich jeweils gegen die formale Einschaltung einer ausländischen Gesellschaft bei tatsächlicher Leistungserbringung aus dem Inland heraus. Dies betrifft die Mitwirkung von Gesellschaftern und diesen im Sinne des § 1 Abs. 2 AStG nahe stehenden Personen an der Tätigkeit der ausländischen Gesellschaft, wobei im Fall des § 8 Abs. 1 Nr. 7 AStG auch eine der ausländischen Gesellschaft nahe stehende Person schädlich mitwirken kann.

Da die eigenständige Funktionsausübung abgesichert wird, liegt eine schädliche Mitwirkung vor, wenn in die eigenständige Funktionsausübung (nicht bloß unwesentlich) eingegriffen wird und somit die funktionale Abgrenzung zwischen ausländischer Gesellschaft und inländischem Mitwirkenden verletzt wird. Unzulässig ist ein Eingriff in den Tätigkeitsbereich der ausländischen Gesellschaft.[571] Eine außerhalb dieser Funktion liegende Mitwirkung oder eine untergeordnete Mitwirkung, die die funktionale Abgrenzung nicht infrage stellt, bleibt zulässig.[572] Insbesondere Beratungsleistungen, Verwaltungstätigkeiten und IT-Unterstützung sind regelmäßig als untergeordnete Mitwirkungshandlungen zulässig.[573] Mitwirkungshandlungen, die nur in Wahrnehmung gesellschafterlicher Rechte erfolgen, sind gleichsam unschädlich; so insbesondere Überwachungs- und Weisungskompetenzen.[574]

Die Mitwirkungstatbestände sind restriktiv auszulegen, da sie weitreichend ausgestaltet sind und mit zeitgemäßer arbeitsteiliger Tätigkeitserbringung konfligieren. Schädlich ist nur die Übernahme von Kernaufgaben der ausländischen Gesellschaft, die deren funktionaler Verteiler- und Leistungsfunktion zuzuordnen

---

Reiche, in: Haase, AStG/DBA, § 8, Rn. 53, 68; Wassermeyer/Schönfeld, in: F/W/B/S, § 8 AStG, Rn. 141, Stand: 73.EL, August 2014.

570 Lehfeldt, in: S/K/K, § 8 AStG, Rn. 37, Stand: September 2016.

571 BMF v. 14.05.2004 – IV B 4-S 1340-11/04, u.a. in Tz. 8.1.4.3.1; Geurts, in: Fuhrmann, § 8, Rn. 127; Gropp, in: Lademann, § 8, u.a. Rn. 57; Lehfeldt, in: S/K/K, § 8 AStG, Rn. 37, Stand: September 2016.

572 BMF v. 14.05.2004 – IV B 4-S 1340-11/04, u.a. in Tz. 8.1.4.3.1.-2; Geurts, in: Fuhrmann, § 8, Rn. 126; Gropp, in: Lademann, § 8, u.a. in Rn. 57; Lehfeldt, in: S/K/K, § 8 AStG, Rn. 37, Stand: September 2016; Cortez/Schmidt, Ubg 2013, 13, 19 f.

573 Gropp, in: Lademann, § 8, u.a. in Rn. 57; Lehfeldt, in: S/K/K, § 8 AStG, Rn. 37, 41.1, Stand: September 2016; auch Wassermeyer/Schönfeld, in: F/W/B/S, § 8 AStG, Rn. 147, Stand: 73.EL, August 2014; vgl. auch Geurts, in: Fuhrmann, § 8, Rn. 126. – Das Bereitstellen einer IT-Plattform kann eine unschädliche IT-Unterstützung bedeuten.

574 Cortez, 242.

sind.[575] Zur Bestimmung der Kerntätigkeiten wäre eine abstrakte, generalisierende oder typisierte Betrachtung *eines* ausländischen (z.B. Handels-, Dienstleistungs- oder Vermietungs-)Unternehmens denkbar.[576] Dies ist angesichts der Vielgestaltigkeit der Erscheinungsformen wirtschaftlicher Betätigungen abzulehnen. Die Tätigkeitserbringung auch innerhalb von Branchen kann sich erheblich unterscheiden, vor allem aber angesichts wirtschaftlicher Dynamik ständig verändern. Eine abstrakte Bestimmung kann mit sich verändernden wirtschaftlichen Strukturen schwerlich Schritt halten und neuen Erscheinungsformen nicht gerecht werden. Es ist daher stets im konkreten Fall eine individuelle Bestimmung und Gewichtung der *konkret* relevanten Funktionen der ausländischen Gesellschaft vorzunehmen.[577] Somit gelingt nicht bloß eine angemessene Berücksichtigung von Konzernstrukturen,[578] vielmehr können auch Kernbereiche der jeweiligen Tätigkeiten und schädliche Eingriffe individuell bestimmt werden.

Dieses Vorgehen ermöglicht Funktionsaufteilungen – vertragliche Vereinbarungen über die ausgeübten Funktionen der ausländischen Gesellschaft und die Abgrenzung zu Handlungen ihrer Gesellschafter, die jeweiligen Rechte und Pflichten der Gesellschaft und ihrer Gesellschafter in der Ausübung und der für Leistungen der Gesellschafter zu zahlenden Entgelte.[579] Formell sind solche Funktionsaufteilungen vorab zu vereinbaren, vereinbarungsgemäß durchzuführen und klar zu dokumentieren.[580] Die Tätigkeiten sind deutlich voneinander abzugrenzen.[581] Materiell dürfen Tätigkeiten der Gesellschafter nicht den individuell bestimmten Kernbereich der Funktionen der ausländischen Gesellschaft verletzen[582] und als äußere Grenze, trotz grundsätzlich konkreter Funktionsbestimmung, die Funktion der ausländischen Gesellschaft nicht völlig entkernen.[583]

---

575 Vogt, in: Blümich, § 8 AStG, Rn. 42, Stand: 135.EL, November 2016; Wassermeyer/Schönfeld, in: F/W/B/S, § 8 AStG, Rn. 143, Stand: 73.EL, August 2014; Haase, IStR 2007, 437, 437 f; Cortez/Schmidt, Ubg 2013, 13, 20.

576 So könnte BMF v. 14.05.2004 – IV B 4-S 1340-11/04, u.a. in Tz. 8.1.4.3 zu verstehen sein.

577 Gropp, in: Lademann, § 8, u.a. in Rn. 71; Lehfeldt, in: S/K/K, § 8 AStG, Rn. 38, Stand: September 2016; Vogt, in: Blümich, § 8 AStG, Rn. 42, Stand: 135.EL, November 2016; Wassermeyer/Schönfeld, in: F/W/B/S, § 8 AStG, Rn. 144, Stand: 73.EL, August 2014; Cortez, 251 f.

578 Lehfeldt, in: S/K/K, § 8 AStG, Rn. 37 f, Stand: September 2016.

579 Gropp, in: Lademann, § 8, u.a. in Rn. 58; Lehfeldt, in: S/K/K, § 8 AStG, Rn. 40, Stand: September 2016.

580 Lehfeldt, in: S/K/K, § 8 AStG, Rn. 40, Stand: September 2016; Vogt, in: Blümich, § 8 AStG, Rn. 43, Stand: 135.EL, November 2016; Wassermeyer/Schönfeld, in: F/W/B/S, § 8 AStG, Rn. 144, Stand: 73.EL, August 2014.

581 Wassermeyer/Schönfeld, in: F/W/B/S, § 8 AStG, Rn. 144, Stand: 73.EL, August 2014.

582 Wassermeyer/Schönfeld, in: F/W/B/S, § 8 AStG, Rn. 146, Stand: 73.EL, August 2014, wohl a.A. (weitergehend jede vertragliche Abgrenzung zulässig) Gropp, in: Lademann, § 8, Rn. 58; Lehfeldt, in: S/K/K, § 8 AStG, Rn. 41, Stand: September 2016.

583 Vogt, in: Blümich, § 8 AStG, Rn. 42 f, Stand: 135.EL, November 2016; Wassermeyer/Schönfeld, in: F/W/B/S, § 8 AStG, Rn. 146, Stand: 73.EL, August 2014; a.A. Lehfeldt,

Bei (Funktions-)Vereinbarungen ist stets die Angemessenheit der vereinbarten Regelungen zu beachten. Diese Vereinbarungen beinhalten auch Regelungen zu den Entgelten zwischen den verbundenen Unternehmen. Diese können Aufschluss über die Funktionsverteilung geben und somit als Maßstab der Funktionsabgrenzung dienen.[584] Hingegen sind unangemessene Preise bei Einhaltung der sonstigen Anforderungen an Funktionsaufteilungen (insb. kein Eingriff in die konkreten Funktionen der ausländischen Gesellschaften während der tatsächlichen Durchführung) vorrangig über die Spezialregelungen zu Verrechnungspreisen zu korrigieren.[585] Der Anwendungsbereich der Regelungen ist unterschiedlich. Während Verrechnungspreise eine Einkünftekorrektur und Gewinnabgrenzung vornehmen, erweitert die Hinzurechnung das nationale Besteuerungsrecht auf wirtschaftliche Vorgänge, die ohne dieses spezifische Steuerregime nicht erfasst würden.[586]

Nach diesen Grundsätzen kann die Entsendung von Mitarbeitern von Konzerngesellschaften zur ausländischen Gesellschaft unschädlich sein, wenn die ausländische Gesellschaft den Arbeitnehmer (der nicht selbst zum schädlichen Personenkreis gehören darf) beschäftigt und insbesondere dessen Gehalt zahlt.[587] Sonstige Dienstleistungsvereinbarungen in Bezug auf Mitarbeiter sind (gerade bei Weisungsgebundenheit des Mitarbeiters gegenüber dem inländischen Steuerpflichtigen) regelmäßig schädlich, da sie bei insoweit nicht anzuerkennender Funktionsteilung die Mitwirkung unterlaufen.[588] Mitarbeiter inländischer Konzerngesellschaften dürfen nicht ohne Weiteres als Geschäftsführer der ausländischen Gesellschaft bestellt werden. Der Geschäftsleitungsort (§ 10 AO) kann ungewollt ins Inland verlagert werden. Bei Managementaufgaben liegt regelmäßig eine schädliche Mitwirkung vor, es sei denn, die Aufgaben in den unterschiedlichen Gesellschaften sind vorab rechtlich und tatsächlich klar getrennt und die Tätigkeiten stellen sich als vollständig voneinander unabhängig dar.[589]

---

in: S/K/K, § 8 AStG, Rn. 40 f, Stand: September 2016 (stets nach vertraglicher Vereinbarung).

584 Lehfeldt, in: S/K/K, § 8 AStG, Rn. 40, Stand: September 2016; Wassermeyer/Schönfeld, in: F/W/B/S, § 8 AStG, Rn. 146, Stand: 73.EL, August 2014.

585 Lehfeldt, in: S/K/K, § 8 AStG, Rn. 40, Stand: September 2016; wohl auch Wassermeyer/Schönfeld, in: F/W/B/S, § 8 AStG, Rn. 144, Stand: 73.EL, August 2014; a.A. Vogt, in: Blümich, § 8 AStG, Rn. 43, 48, Stand: 135.EL, November 2016, wenn Ausführungen bedeuten sollen, dass unangemessener Verrechnungspreis per se insoweit zur schädlichen Mitwirkung führt.

586 Geurts, in: Fuhrmann, § 8, Rn. 88; vgl. auch BMF v. 14.05.2004 – IV B 4-S 1340-11/04, Tz. 7.0.1.

587 Gropp, in: Lademann, § 8, Rn. 56; Lehfeldt, in: S/K/K, § 8 AStG, Rn. 41.1, Stand: September 2016; Cortez, 252.

588 A.A. Cortez, 252.

589 FG München v. 07.12.2009 – 7 K 1390/07, BeckRS 2009, 26028452, 2.1, 2.5 a.E. (zur schädlichen Mitwirkung durch faktisch leitende Position, wenngleich eine Prüfung des § 10 AO nötig gewesen wäre); Lehfeldt, in: S/K/K, § 8 AStG, Rn. 41.1,

Überwachungstätigkeiten sind hingegen in der Regel unschädlich, da sie nicht den konkreten Tätigkeitsbereich der ausländischen Gesellschaft betreffen.[590]

Umlagen und Poolverträge bezüglich Hilfstätigkeiten können zulässig sein, da das Pooling selbst noch keinen Leistungsaustausch begründet. Die ausländische Gesellschaft muss aber in der Lage sein, ihre Interessen und Risiken im Pool (Innengesellschaft) effektiv wahrzunehmen.[591]

d. Auswirkungen des Outsourcings auf die Funktionsnachweise

Das Unterhalten eines Geschäftsbetriebs erfordert personelle und sachliche Mittel. Diese können aber grundsätzlich auf Basis eines Betriebsführungsvertrags (Managementvertrags) von einer Managementgesellschaft beschafft werden. Ob die Funktionsnachweise trotz Outsourcing erfüllt sind, ist im Einzelfall zu beurteilen.

Grundsätzlich ist ein Geschäftsbetrieb zu *unterhalten*. Das *Unterhalten* kann als bloße organisatorische Anforderung verstanden werden, die eine Übertragung der Betriebsführung nicht ausschließt. Darauf deuten Synonyme des Begriffs (wie betreiben, führen, leiten, lenken, steuern) hin.[592] Für die Vereinbarkeit des Outsourcings mit dem Unterhalten eines Geschäftsbetriebs streitet ferner, dass der Funktionsnachweis Anforderungen an Umfang, Dauer und vor allem Organisation eines Betriebs begründet.[593] Der Geschäftsbetrieb dient der Teilnahme am allgemeinen wirtschaftlichen Verkehr. Die ausländische Gesellschaft muss vorrangig über eine Organisationsstruktur und die zur Tätigkeitsausübung erforderliche Ausstattung verfügen, die dem Bild einer eigenständig wirtschaftlich tätigen Gesellschaft mit festem Bezug zum Aufnahmestaat gerecht wird. Diese Erfordernisse in Bezug auf Organisation, Dauer und Umfang lassen sich aber nicht allein dadurch erfüllen, dass die ausländische Gesellschaft Arbeitsverträge mit Arbeitnehmern des Aufnahmestaats schließt und sachliche Mittel erwirbt. Eine von Dienstleistern erworbene Mindestausstattung mit sachlichen und personellen Mitteln (unter Beachtung der Organisationsanforderungen) kann die Teilnahme am Wirtschaftsleben gleichermaßen ermöglichen. Die ausländische Gesellschaft kann einen Geschäftsbetrieb auch *unterhalten*, wenn er ihr als eigener zugerechnet werden kann.

Stand: September 2016; vgl. auch Wassermeyer/Schönfeld, in: F/W/B/S, § 8 AStG, Rn. 147, Stand: 73.EL, August 2014.

590 Lehfeldt, in: S/K/K, § 8 AStG, Rn. 41.1, Stand: September 2016; Wassermeyer/Schönfeld, in: F/W/B/S, § 8 AStG, Rn. 143, Stand: 73.EL, August 2014; vgl. auch Geurts, in: Fuhrmann, § 8, Rn. 126.

591 Vogt, in: Blümich, § 8 AStG, Rn. 48, Stand: 135.EL, November 2016; näher Lehfeldt, in: S/K/K, § 8 AStG, Rn. 41.1, Stand: September 2016; jeweils mit Verweis auf BMF v. 30.12.1999 – IV B 4 – S 1341 – 14/99, BStBl. I 1999, 1122.

592 Vgl. duden.de („unterhalten"), zuletzt abgerufen am 23.08.2017.

593 BFH v. 13.10.2010 – I R 61/09, BStBl. II 2011, 249, Rn. 14.

Nach ertragsteuerlichen Grundsätzen kann eine Zurechnung der Tätigkeit der Managementgesellschaft zur ausländischen Gesellschaft erfolgen.[594] Die ausländische Gesellschaft muss die organisatorischen und substanziellen Anforderungen nicht in eigener Person erfüllen, sondern darf sich Strukturen und Ressourcen beschaffen. In der Folge verfügt die ausländische Gesellschaft über eine betriebliche Organisation, die die Funktionserfüllung ermöglicht.[595] Die ausländische Gesellschaft ist nicht rein formal eingeschaltet, wenn sie mit dem zugerechneten Geschäftsbetrieb über eine funktionsspezifische und angemessene Ausstattung verfügt und dadurch ihre Tätigkeit tatsächlich erbringen kann.[596] Die Einschaltung eines Managementdienstleisters kann im Vergleich mit dem Aufbau eigener Ressourcen (insb., wenn spezifisches Know-how erforderlich ist) die einzig wirtschaftlich vernünftige Lösung bedeuten.[597]

Die Zurechnung der Betriebsführung hat ausdrücklich in Bezug auf Bank- und Versicherungsgeschäfte (§ 8 Abs. 1 Nr. 3 AStG) Anerkennung gefunden,[598] die Grundsätze lassen sich aber übertragen.[599] Die Managementgesellschaft erfüllte im konkreten Fall die kaufmännischen Organisationsanforderungen; deren Einschaltung beschaffte die „personelle und sachliche Mindestausstattung für das Bank- und Versicherungsgeschäft“ der ausländischen Gesellschaft. Die Managementgesellschaft übte die wirtschaftliche Tätigkeit (tatsächlich) aus, wobei aber die ausländische Gesellschaft Chancen und Risiken der Betätigung (als Voraussetzung

594 BFH v. 13.10.2010 – I R 61/09, BStBl. II 2011, 249; Cortez, 246; Fuhrmann/Steierberg, IWB 2011, 8, 11; Müller, FR 2011, 392; Süß/Mayer-Theobald, IStR 2011, 114, 115.

595 BFH v. 13.10.2010 – I R 61/09, BStBl. II 2011, 249, 250, Rn. 15 aE, 17; Wassermeyer/Schönfeld, in: F/W/B/S, § 8 AStG, Rn. 99, Stand: 73.EL, August 2014; Fuhrmann/Steierberg, IWB 2011, 8, 11; Loose/Herbst, BB 2011, 294, 295.

596 BFH v. 13.10.2010 – I R 61/09, BStBl. II 2011, 249, 250, Rn. 15 aE, 17; Lehfeldt, in: S/K/K, § 8 AStG, Rn. 29 ff, Stand: September 2016; Wassermeyer/Schönfeld, in: F/W/B/S, § 8 AStG, Rn. 99, Stand: 73.EL, August 2014.

597 Lehfeldt, in: S/K/K, § 8 AStG, Rn. 32, Stand: September 2016.

598 BFH v. 13.10.2010 – I R 61/09, BStBl. II 2011, 249 (Vorinstanz Nds. FG v. 13.05.2009 – 6 K 476/06, BB 2009, 2297): Ein in Irland ansässiges Versicherungsunternehmen, Tochtergesellschaft eines Versicherungsvereins auf Gegenseitigkeit, und zwei weitere konzernangehörige Gesellschaften mit derselben Ansässigkeit hatten eine Managementgesellschaft gegründet und Betriebsführungsverträge mit dieser abgeschlossen. Managing Director aller vier Kapitalgesellschaften war eine Person. Sämtliche für die Geschäftsausübung erforderlichen Tätigkeiten sollten von der Managementgesellschaft erbracht werden. Diese verfügte vor Ort über sachliche und personelle Mittel (ausgestattete Büros und mehrere Arbeitnehmer). Einige Arbeitnehmer schlossen zusätzlich Arbeitsverträge mit den drei Gesellschaften.

599 Vogt, in: Blümich, AStG, § 8, Rn. 31, Stand: 135.EL, November 2016 für Nrn. 4 und 5; Cortez für Nrn. 4 und 5 und § 8 Abs. 2 AStG; Fuhrmann/Steierberg, IWB 2011, 8, 11 für Nrn. 4, 5, 6; Heinsen/Handwerker, DB 2011, 82, 82 f für Nrn. 4 und 5; Kaminski, StBg 2011, 338, 345 für Nrn. 4, 5 b), 6 c); Loose/Herbst, BB 2011, 294, 295 für Nrn. 4, 5 b), 6 c).

der Zurechnung) trug. Ohnehin durfte nur die vertretene Gesellschaft – aufsichtsrechtlich bedingt – als Versicherungsunternehmen tätig und durch die Versicherungsgeschäfte berechtigt und verpflichtet werden.[600]

Die mögliche Zurechnung des Geschäftsbetriebs ist nicht auf das Versicherungsgeschäft begrenzt.[601] Die ertragsteuerliche Zurechnung gilt gleichermaßen für andere Betätigungen. Dass allein eine vertretene Gesellschaft über eine versicherungsrechtliche Erlaubnis verfügt, untermauert lediglich die Richtigkeit der Zurechnung des Funktionsnachweises zu dieser. Anders als im Rahmen des § 42 AO ist nicht die missbräuchliche Einschaltung einer ausländischen Gesellschaft, sondern die Zurechnung der Betriebsführung zur ausländischen Gesellschaft zu beurteilen.[602] Die zulässige Übertragung der Betriebsführung liegt dabei auf einer Linie mit den Dublin-Docks-Entscheidungen, in denen das Outsourcing des Geschäfts auf Managementgesellschaften keine missbräuchliche Einschaltung der ausländischen Gesellschaft begründen konnte.[603]

Die Zurechnung des Handelns der Managementgesellschaft zur ausländischen Gesellschaft setzt die Beachtung ertragsteuerlicher Zurechnungsgrundsätze voraus. Die Tätigkeit der Managementgesellschaft wird der ausländischen Gesellschaft zugerechnet, wenn die Dienstleistungsgesellschaft im Namen und auf Rechnung der ausländischen Gesellschaft handelt und die ausländische Gesellschaft Chancen und Risiken der wirtschaftlichen Tätigkeit trägt.[604] Es ist ferner grundsätzlich erforderlich, dass die ausländische Gesellschaft durch geschäftsleitendes Personal (eigene) wesentliche Entscheidungen treffen kann, jedenfalls die Tätigkeit der Managementgesellschaft überwacht und ggf. einen anderen Dienstleister einschalten kann.[605] Die kaufmännischen Organisationsanforderungen sind von der Managementgesellschaft zu beachten.[606]

Die Betriebsführung kann grundsätzlich auf konzernangehörige oder nicht konzernangehörige Managementgesellschaften im Ansässigkeitsstaat der ausländischen Gesellschaft ausgelagert werden. Durch die Tätigkeit einer

---

600 Loose/Herbst, BB 2011, 294, 295; Müller, FR 2011, 392.

601 BFH v. 13.10.2010 – I R 61/09, BStBl. II 2011, 249, 251, Rn. 15 ff.

602 BFH v. 13.10.2010 – I R 61/09, BStBl. II 2011, 249, 250, Rn. 16.

603 BFH v. 13.10.2010 – I R 61/09, BStBl. II 2011, 249, 250, Rn. 17; BFH v. 19.01.2000 – I R 94/97, BStBl. II 2001, 222; BFH v. 25.02.2004 – I R 42/02, BStBl. II 2005, 14, dazu Müller, FR 2011, 392.

604 BFH v. 13.10.2010 – I R 61/09, BStBl. II 2011, 249, 250, Rn. 16; Gropp, in: Lademann, § 8, Rn. 33; Lehfeldt, in: S/K/K, § 8 AStG, Rn. 32, Stand: September 2016; Wassermeyer/Schönfeld, in: F/W/B/S, § 8 AStG, Rn. 99, Stand: 73.EL, August 2014; Cortez, 247; Fuhrmann/Steierberg, IWB 2011, 8, 10; Loose/Herbst, BB 2011, 294, 295; Müller, FR 2011, 392, 392; Süß/Mayer-Theobald, IStR 2011, 114, 115.

605 U.a. Lehfeldt, in: S/K/K, § 8 AStG, Rn. 32, Stand: September 2016; Cortez, 248.

606 BFH v. 13.10.2010 – I R 61/09, BStBl. II 2011, 249, 250, Rn. 15; Lehfeldt, in: S/K/K, § 8 AStG, Rn. 32 f, Stand: September 2016; Cortez, 247; Wittkowski, BB 2009, 2299, 2300; Fuhrmann/Steierberg, IWB 2011, 8, 11; Loose/Herbst, BB 2011, 294, 295.

Managementgesellschaft erhält die Gesellschaft neben der Organisationsstruktur die erforderlichen personellen und sachlichen Ressourcen zur Bewältigung ihres operativen Geschäfts gegen Entgelt. Die Zurechnungsgrundsätze und -voraussetzungen gelten in beiden Fällen gleichermaßen. Es macht insoweit keinen Unterschied, ob die Managementgesellschaft konzernzugehörig ist oder nicht.[607] Allerdings können im Einzelfall externe Dienstleister zu wählen sein, um keine schädliche Mitwirkung bei Einschaltung einer konzernangehörigen Managementgesellschaft zu riskieren.[608]

Im Ergebnis kann die Einschaltung einer Managementgesellschaft unschädlich und deren Betriebsführung der ausländischen Gesellschaft zuzurechnen sein.[609] Dies setzt vor allem voraus, dass die Managementgesellschaft die Organisationsanforderungen des Geschäftsbetriebs einhält, über ausreichende personelle und sachliche Mittel zur Ausübung der Tätigkeit verfügt und die ausländische Gesellschaft aus der Tätigkeit berechtigt und verpflichtet wird, die Chancen und Risiken der Tätigkeit trägt – was in aller Regel bei Einschaltung von Managementgesellschaften der Fall ist.[610]

Anschließend stellt sich die Frage, ob sich eine ausländische Gesellschaft am allgemeinen wirtschaftlichen Verkehr beteiligt, wenn sie mittels eines Managementdienstleisters agiert.[611] Durch die Betriebsführung der Managementgesellschaft (unter Zurechnung des Funktionsnachweises *Unterhalten eines Geschäftsbetriebs*) wird der ausländischen Gesellschaft eine Teilnahme am allgemeinen wirtschaftlichen Verkehr ermöglicht. Die Teilnahme am Wirtschaftsleben wiederum bestimmt sich nach allgemeinen Regeln. Die mögliche Zurechnung nach ertragsteuerlichen Grundsätzen gestaltet sich vergleichbar mit der Zurechnung des Funktionsmerkmals des Geschäftsbetriebs. Eine der ausländischen Gesellschaft zugerechnete Teilnahme am allgemeinen wirtschaftlichen Verkehr ist bei Handeln im Namen und auf Rechnung der ausländischen Gesellschaft möglich.[612]

---

607 Heinsen/Handwerker, DB 2011, 82, 84; Loose/Herbst, BB 2011, 294, 295; in diese Richtung FG Münster v. 20.11.2015 – 10 K 1410/12 F, BeckRS 2016, 94315, I.1.b)(cc)(3)(dd).

608 Vgl. Frotscher, Rn. 1156.

609 Die Frage der Teilnahme am allgemeinen wirtschaftlichen Verkehr ist damit noch nicht beantwortet, BFH v. 13.10.2010 – I R 61/09, BStBl. II 2011, 249, Rn. 14; Wittkowski, BB 2009, 2299, 2300; Heinsen/Handwerker, DB 2011, 82, 84; Müller, FR 2011,392.

610 Lehfeldt, in: S/K/K, § 8 AStG, Rn. 32, Stand: September 2016.

611 BFH v. 13.10.2010 – I R 61/09, BStBl. II 2011, 249 trifft keine Aussage dazu, da § 8 Abs. 1 Nr. 3 AStG diese Voraussetzung nicht aufstellt, wenngleich Geurts, in: Fuhrmann, § 8, Rn. 86 überzeugend argumentiert, dass der Gegenausnahme für konzerninterne Geschäfte ein solches Erfordernis entnommen werden könnte.

612 Im Ergebnis Lehfeldt, in: S/K/K, § 8 AStG, Rn. 36, Stand: September 2016; Fuhrmann/Steierberg, IWB 2011, 8, 11, a.A. wohl Gosch, in: Kirchhof, § 50d, Rn. 29e.

4. Gegenbeweismöglichkeit

Die Regelung des § 8 Abs. 2 AStG ermöglicht in Bezug auf in der EU und dem EWR ansässige Gesellschaften eine Widerlegung des typisierten Missbrauchsverdachts der §§ 7 ff AStG, um diese europarechtlichen Vorgaben anzupassen.[613] Soweit die Voraussetzungen des § 8 Abs. 2 AStG erfüllt sind, liegen unschädliche Einkünfte der ausländischen Gesellschaft vor.

a. Tatsächliche wirtschaftliche Tätigkeit

In Bezug auf Einkünfte der ausländischen Gesellschaft ist nachzuweisen, dass die ausländische Gesellschaft (insoweit) einer tatsächlichen wirtschaftlichen Tätigkeit nachgeht (§ 8 Abs. 2 S. 1 AStG). Der Begriff der *tatsächlichen wirtschaftlichen Tätigkeit* entstammt der Entscheidung des Europäischen Gerichtshofs in der Rechtssache Cadbury Schweppes.[614] Aufgrund der Übernahme der Begrifflichkeit wird eine autonom unionsrechtliche Auslegung der tatsächlichen wirtschaftlichen Tätigkeit unter Heranziehung der Grundsätze der Cadbury Schweppes-Entscheidung befürwortet.[615] Dem ist zuzugeben, dass sich schwerlich Maßstäbe für eine vom europäischen Begriffsverständnis losgelöste Auslegung bilden lassen. Die Bezugnahme auf Cadbury Schweppes und das Ziel der Anpassung der §§ 7 ff AStG „an die Rechtsprechung des EuGH",[616] bedeuten aber nicht zwingend eine inhaltsgleiche Übernahme der europäischen Vorgaben durch den nationalen Gesetzgeber. Die *tatsächliche wirtschaftliche Tätigkeit* des § 8 Abs. 2 S. 1 AStG setzt die europäischen Anforderungen nach dem Verständnis des Gesetzgebers (bzw. der Entwurfsverfasser des Gesetzes) um,[617] was sich an den (wenngleich sehr knappen) Ausführungen der Gesetzesbegründung(en)[618] ablesen lässt. Aus der Berücksichtigung dieser Anhaltspunkte des gesetzgeberischen Willens können punktuelle Abweichungen zu den (tatsächlichen) europäischen Vorgaben resultieren, die (insoweit) Anlass zu einer europarechtskonformen Auslegung bieten können.[619] Eine Konkretisierung

---

613 Entwurf eines JStG 2008, BT-Drs. 16/6290, 92 ff; Entwurf eines JStG 2008, BR-Drs. 544/07, 123. – Die Überprüfung der Europarechtskonformität der §§ 7 ff AStG erfolgt getrennt.

614 Entwurf eines JStG 2008, BT-Drs. 16/6290, 92. – Es handelt sich um eine allein sprachliche Abweichung der *tatsächlichen* von der *wirklichen* wirtschaftlichen Tätigkeit; Entwurf eines JStG 2008, BT-Drs. 16/6290, 92 bezieht sich ausdrücklich auf die Rechtssache Cadbury Schweppes.

615 U.a. Schönfeld, in: F/W/B/S, § 8 AStG, Rn. 461, Stand: 63.EL, März 2009 m.w.N.

616 Entwurf eines JStG 2008, BT-Drs. 16/6290, 91.

617 Teilweise wird nicht klar, welche Funktion die Auslegung des EuGH einnehmen soll z.B. Gropp, in Lademann, § 8, Rn. 148; Thiele, 15.

618 Entwurf eines JStG 2008, BT-Drs. 16/6290, 92.

619 Darüber hinaus könnte dem Begriff in der nationalen Anwendungspraxis ein eigenes – von europäischen Vorgaben abweichendes Verständnis – beigemessen werden. Das BMF formulierte im Schreiben v. 08.01.2007 – IV B 4 – S 1351 – 1/07,

des Begriffs gelingt jedoch zunächst nur sinnvoll unter Rückgriff auf europarechtliche Vorgaben.[620]

Ausgangspunkt des gesetzgeberischen Verständnisses wirtschaftlicher Betätigung ist eine stabile und kontinuierliche Teilnahme der ausländischen Gesellschaft am Wirtschaftsleben des Aufnahmemitgliedstaats. Diese Integration erfordert wiederum eine tatsächliche Ansiedlung im Aufnahmestaat und die Ausübung einer wirklichen wirtschaftlichen Tätigkeit. Dies bemisst sich nach objektiven Anhaltspunkten, u.a. nach dem „Ausmaß des greifbaren Vorhandenseins der beherrschten ausländischen Gesellschaft" (Räume, Personal, Ausrüstung).[621] Das Erfordernis einer stabilen und kontinuierlichen Teilnahme am Wirtschaftsleben – oder (synonym verwandt): der Teilnahme am allgemeinen wirtschaftlichen Verkehr – soll der Auslagerung von Kernfunktionen der ausländischen Gesellschaft per se entgegenstehen.[622] Die gelegentliche Kapitalanlage und Beteiligungsverwaltung ohne geschäftsleitende Funktionen begründen demnach ferner keine tatsächliche wirtschaftliche Tätigkeit.[623] Die Tätigkeit gegenüber verbundenen Unternehmen schließt hingegen eine stabile und kontinuierliche Teilnahme am Wirtschaftsleben des Aufnahmestaats nicht aus.[624] Allein das Vorliegen eines in kaufmännischer

---

BStBl. I 2007, 99, Vorgaben eines Gegenbeweises zur Herstellung der Europarechtskonformität der §§ 7 ff AStG vor Einführung des § 8 Abs. 2 AStG. Demnach sollte die ausländische Gesellschaft im Aufnahmestaat am dortigen Marktgeschehen im Rahmen ihrer gewöhnlichen Geschäftstätigkeit aktiv, ständig und nachhaltig teilnehmen, für die Ausübung ihrer Tätigkeit ständig sowohl geschäftsleitendes als auch anderes Personal beschäftigen, das über Qualifikationen verfügt, um die der Gesellschaft übertragenen Aufgaben eigenverantwortlich und selbstständig zu erfüllen, Einkünfte ursächlich aufgrund eigener Aktivitäten der Gesellschaft erzielen – bei überwiegenden Geschäften mit nahe stehenden Personen – den Leistungen wertschöpfende Bedeutung für die Empfänger zukommen und eine angemessene Kapitalausstattung vorliegen. Das Schreiben wurde als mögliche Interpretation der Cadbury-Kriterien durch die Finanzverwaltung verstanden, so Reiche, in: Haase, AStG/DBA, § 8, Rn. 126 f. Dies ist aber fragwürdig, da später die weniger weitreichende Regelung des § 8 Abs. 2 AStG als gesetzliche Grundlage und ohne jede Bezugnahme auf die Verwaltungsvorschrift erlassen wurde. Zu Recht kritisch bzgl. Auslegungshilfe des § 8 Abs. 2 AStG Kraft, in: Kraft, § 8, Rn. 748 ff; Vogt, in: Blümich, § 8 AStG, Rn. 154, Stand: 135.EL, November 2016.

620 Dies erfolgt im Rahmen der Überprüfung der Europarechtskonformität der §§ 7 ff AStG.

621 Entwurf eines JStG 2008, BT-Drs. 16/6290, 92.

622 Entwurf eines JStG 2008, BT-Drs. 16/6290, 92; Entwurf eines JStG 2008, BR-Drs. 544/07, 123; auch FG Münster v. 20.11.2015 – 10 K 1410/12 F, BB 2016, 2208, 2215.

623 Entwurf eines JStG 2008, BT-Drs. 16/6290, 92; Gesetzentwurf eines JStG 2008, BR-Drs. 544/07, 123.

624 Entwurf eines JStG 2008, BT-Drs. 16/6290, 92.

Weise eingerichteten Betriebs weist keine tatsächliche wirtschaftliche Tätigkeit nach.[625]

Die wirtschaftliche Tätigkeit der ausländischen Gesellschaft muss im Aufnahmemitgliedstaat („in diesem Staat") ausgeübt werden (§ 8 Abs. 2 S. 1 AStG). Unschädlich sind Einkünfte der ausländischen Gesellschaft, für die der Nachweis geführt wird, dass die Gesellschaft *insoweit* eine tatsächliche wirtschaftliche Tätigkeit ausübt. Der Gegenbeweis erstreckt sich nicht auf die ausländische Gesellschaft als solche, sondern auf die jeweiligen Einkünfte, die aus einer tatsächlichen wirtschaftlichen Tätigkeit stammen. Der Nachweis ist für jede einzelne wirtschaftliche Tätigkeit der Gesellschaft zu erbringen.[626] Diese Beschränkung kommt ferner in § 8 Abs. 2 S. 5, 1. Hs. AStG zum Ausdruck.

Der Nachweis obliegt dem unbeschränkt Steuerpflichtigen, der gemäß § 7 Abs. 2 oder 6 AStG an der ausländischen Gesellschaft beteiligt ist (§ 8 Abs. 2 S. 1 AStG). Die Darlegungs- und Beweislast trifft den Steuerpflichtigen. Die typisierte Missbrauchsvermutung ist widerleglich. Dieser Nachweis ist in Bezug auf die jeweiligen Einkünfte des § 8 Abs. 1 AStG zu führen.[627] Der Nachweis durch einen unbeschränkt Steuerpflichtigen ist aber ausreichend, weil dies bereits den Missbrauchsverdacht in Bezug auf die Einkünfte widerlegt.[628] Voraussetzung des § 7 Abs. 2 AStG ist eine durch inländische Steuerpflichtige beherrschte ausländische Gesellschaft, wobei der nachweispflichtige Steuerpflichtige nicht allein mehrheitlich beteiligt sein muss.[629] Der Verweis auf § 7 Abs. 2 AStG bezieht die folgenden Absätze mit ein, da sie die relevante Beteiligungshöhe für Anwendung der Hinzurechnungsbesteuerung bestimmen. In Bezug auf § 7 Abs. 6 AStG ist keine Beherrschung der ausländischen Gesellschaft durch inländische Steuerpflichtige erforderlich.

b. Informationsaustausch

Der Gegenbeweis setzt ferner voraus, dass im Verhältnis zum anderen Staat aufgrund der Amtshilferichtlinie[630] oder einer vergleichbaren Vereinbarung

---

625 Entwurf eines JStG 2008, BT-Drs. 16/6290, 92.

626 Schönfeld, in: F/W/B/S, § 8 AStG, Rn. 501 f, Stand: 63.EL, März 2009; Reiche, in: Haase, AStG/DBA, § 8, Rn. 160; Schaumburg, in: Schaumburg, Rn. 13.144; kritisch Köhler/Haun, Ubg 2008, 73, 80 f. – Zusammengehörige Tätigkeiten können bei funktionaler Betrachtung einheitlich zu beurteilen sein.

627 Entwurf eines JStG 2008, BT-Drs. 16/6290, 92; Reiche, in: Haase, AStG/DBA, § 8, Rn. 160; vgl. auch Fuhrmann, in: Fuhrmann, § 8, Rn. 294.

628 Schönfeld, in: F/W/B/S, § 8 AStG, Rn. 447, Stand: 63.EL, März 2009; Schaumburg, in: Schaumburg, Rn. 13.144.

629 Fuhrmann, in: Fuhrmann, § 8, Rn. 290; Schaumburg, in: Schaumburg, Rn. 13.144.

630 Richtlinie 2011/16/EU des Rates vom 15.02.2011 über die Zusammenarbeit der Verwaltungsbehörden im Bereich der Besteuerung und zur Aufhebung der Richtlinie 77/799/EWG, Abl. EU L 64/1.

für die Durchführung der Besteuerung erforderliche Auskünfte erteilt werden (§ 8 Abs. 2 S. 2 AStG). Mittlerweile setzt das EU-Amtshilfegesetz die Amtshilferichtlinie national um.[631] Die vergleichbaren Vereinbarungen sind jedenfalls in Bezug auf Vertragsstaaten des EWR relevant. Der andere Staat meint den EU- oder EWR-Aufnahmemitgliedstaat nach § 8 Abs. 2 S. 1 AStG, in dem die ausländische Gesellschaft Sitz oder Geschäftsleitung hat. Vergleichbare Regelungen können (große) Auskunftsklauseln der DBA (gemäß Art. 26 OECD-MA) oder anderer Abkommen sein, die einen umfassenden Informationsaustausch vorsehen. Nur sog. große DBA-Auskunftsklauseln entsprechen den Anforderungen, weil sie nicht auf zur Durchführung des DBA erforderliche Auskünfte beschränkt sind, sondern einen Informationsaustausch in Bezug auf die Durchführung rein innerstaatlichen Rechts ermöglichen.[632] Nach dem Wortlaut ist darüber hinaus eine tatsächliche und ausreichende Auskunftserteilung durch den anderen Staat Voraussetzung des Gegenbeweises.[633]

c. Räumliche Reichweite des Gegenbeweises

Der Gegenbeweis kann grundsätzlich für ausländische Gesellschaften erbracht werden, deren Sitz oder Geschäftsleitung sich in einem Mitgliedstaat der EU oder in einem Vertragsstaat des EWR befindet (§ 8 Abs. 2 S. 1 AStG). Der Begriff der ausländischen Gesellschaft ist bezogen auf Gesellschaften im Sinne des § 7 Abs. 1 AStG.[634] Sitz und Geschäftsleitung bestimmen sich nach deutschem Steuerrecht (§ 10 f AO).[635] Die Regelung umfasst die von nachgeschalteten Gesellschaften mit Ansässigkeit in der EU oder dem EWR zugerechneten Einkünfte.[636] Der Gegenbeweis des § 8 Abs. 2 S. 1 AStG ist grundsätzlich anwendbar, wenn nur Geschäftsleitung *oder* Sitz innerhalb der EU oder des EWR liegen, der jeweils andere Anknüpfungspunkt sich aber in einem Drittstaat befindet.[637] In Bezug auf Gesellschaften mit Ansässigkeit außerhalb der Union ist § 8 Abs. 2 S. 1 AStG nicht anwendbar.

---

631 Dazu Vogt, in: Blümich, AStG, § 8, Rn. 168, Stand: 135.EL, November 2016.

632 Entwurf eines JStG 2008, BT-Drs. 16/6290, 92 f; Entwurf eines JStG 2008 der Bundesregierung, BR-Drs. 544/07, 122; Fuhrmann, in: Fuhrmann, § 8, Rn. 295; Schönfeld, in: F/W/B/S, § 8, Rn. 520 ff, Stand: 63.EL, März 2009; Reiche, in: Haase, AStG/DBA, § 8, Rn. 155.

633 So auch Entwurf eines JStG 2008, BR-Drs. 544/07, 124; anders Entwurf eines JStG 2008, BT-Drs. 16/6290, 93; Fuhrmann, in: Fuhrmann, § 8, Rn. 295.

634 Schaumburg, in: Schaumburg, Rn. 13.143.

635 Reiche, in: Haase, AStG/DBA, § 8, Rn. 147.

636 Schaumburg, in: Schaumburg, Rn. 13.143.

637 Fuhrmann, in: Fuhrmann, § 8, Rn. 283; Reiche, in: Haase, AStG/DBA, § 8, Rn. 147. – Bei Doppelansässigkeit ist nachzuweisen, dass Einkünfte aus einer tatsächlichen wirtschaftlichen Tätigkeit in EU oder EWR stammen, Vogt, in: Blümich, AStG, § 8, Rn. 160, Stand: 135.EL, November 2016.

Der Gegenbeweis bleibt stets auf in der EU oder dem EWR erzielte Einkünfte beschränkt. Der Gegenbeweis ist nicht für der ausländischen Gesellschaft nach § 14 AStG zuzurechnende Einkünfte aus in Drittstaaten ansässigen (Sitz *und* Geschäftsleitung im Drittstaat) Untergesellschaften eröffnet (§ 8 Abs. 2 S. 3 AStG). Der Nachweis erstreckt sich aber grundsätzlich auf zuzurechnende Einkünfte von Untergesellschaften, die in EU oder EWR ansässig sind. In Bezug auf diese Einkünfte ist der Nachweis der Erzielung aus tatsächlicher wirtschaftlicher Tätigkeit zu führen.[638] Im Fall der Zwischenschaltung von in der EU oder dem EWR ansässigen Gesellschaften bei Beteiligung an in Drittstaaten ansässigen Gesellschaften ist kein Gegenbeweis eröffnet. In einem solchen Fall wird die Beteiligungsstruktur im Ergebnis wie eine direkte Beteiligung an der Drittstaaten-Gesellschaft behandelt.[639] Von der Gegenbeweismöglichkeit erfasst sind jedoch Einkünfte einer in EU oder EWR ansässigen Gesellschaft, die über eine in einem Drittstaat ansässige Personengesellschaft gehalten wird.[640]

Ferner ist der Gegenbeweis (parallel zur Regelung des § 8 Abs. 2 S. 3 AStG) für passive Einkünfte ausgeschlossen, die außerhalb der EU oder des EWR belegenen Betriebsstätten der ausländischen Gesellschaft zuzurechnen sind (§ 8 Abs. 2 S. 4 AStG).

d. Zurechnung und Fremdvergleich

Schließlich ist der Gegenbeweis beschränkt auf Einkünfte, die durch die tatsächliche wirtschaftliche Tätigkeit erzielt werden, soweit in Bezug auf diese Einkünfte der Fremdvergleichsgrundsatz des § 1 AStG beachtet worden ist (§ 8 Abs. 2 S. 5 AStG). Die Regelung soll verhindern, dass schädliche Tätigkeiten einer in geringem Umfang aktiv tätigen ausländischen (Konzern-)Gesellschaft zugeordnet werden, um vollumfänglich aktive Einkünfte zu generieren.[641] Dies schließt aber nicht aus, dass Nebenerträge nach der funktionalen Betrachtungsweise der Haupttätigkeit (mit der Folge einheitlich unschädlicher Erträge) zugeordnet werden.[642]

Das Erzielen *durch* die tatsächliche wirtschaftliche Tätigkeit setzt einen ursächlichen Zusammenhang dergestalt voraus, dass sich in der Erzielung der konkreten Einkünfte die Ausübung einer tatsächlichen wirtschaftlichen Tätigkeit niederschlägt.[643] Dies meint einen wirtschaftlichen Veranlassungszusammenhang.[644] Diese

---

638 Fuhrmann, in: Fuhrmann, § 8, Rn. 296 f; Vogt, in: Blümich, AStG, § 8, Rn. 160, Stand: 135.EL, November 2016 m.w.N.; Schaumburg, in: Schaumburg, Rn. 13.150.
639 Reiche, in: Haase, AStG/DBA, § 8, Rn. 157.
640 Kraft, in: Kraft, § 8, Rn. 771; Vogt, in: Blümich, AStG, § 8, Rn. 160, Stand: 135.EL, November 2016.
641 Vgl. Vogt, in: Blümich, AStG, § 8, Rn. 171, Stand: 135.EL, November 2016.
642 Entwurf eines JStG 2008, BT-Drs. 16/6290, 93; Schönfeld, in: F/W/B/S, § 8, Rn. 564, Stand: 63.EL, März 2009.
643 Schönfeld, in: F/W/B/S, § 8, Rn. 564, Stand: 63.EL, März 2009.
644 Schaumburg, in: Schaumburg, Rn. 13.152.

Voraussetzung sichert die Beschränkung der Aktivierung auf Einkünfte aus der wirtschaftlichen Tätigkeit im Sinne des § 8 Abs. 2 S. 1 AStG („insoweit") ab.[645] Dies soll nach teilweise vertretener Ansicht der Zurechnung von Einkünften entgegenstehen, soweit diese unter Auslagerung von Kernfunktionen erzielt werden. Einkünfte seien nur insoweit der tatsächlichen wirtschaftlichen Tätigkeit der ausländischen Gesellschaft zuzurechnen wie diese durch Ausübung der bei der ausländischen Gesellschaft verbliebenen Kernfunktionen erzielt seien.[646] Allerdings steht nach Ansicht des Gesetzgebers ein solches Outsourcing von Kernfunktionen bereits der Ausübung einer tatsächlichen wirtschaftlichen Tätigkeit im Sinne des § 8 Abs. 2 S. 1 AStG entgegen.

Die Zuordnung der Einkünfte zur Tätigkeit soll ferner nur Anerkennung finden, soweit der Fremdvergleichsgrundsatz des § 1 AStG Beachtung gefunden hat. Dem Leistungsaustausch müssen fremdübliche Bedingungen zugrunde liegen. Die Zurechnung erfolgt in der Höhe, die dem Fremdvergleichsgrundsatz entspricht.[647] Die Korrektur nach § 1 AStG genießt aber ohnehin Vorrang vor der Hinzurechnungsbesteuerung nach §§ 7 ff AStG.[648]

5. *Rechtsfolgen*

Nach §§ 7 ff AStG schädliche Einkünfte werden den inländischen unbeschränkt steuerpflichtigen Gesellschaftern anteilig zugerechnet (§ 7 Abs. 1 AStG). Die Einkünfte[649] sind – mit Korrekturen[650] – beim unbeschränkt Steuerpflichtigen als sog. Hinzurechnungsbetrag anzusetzen (§ 10 Abs. 1 S. 1 AStG).[651] Der Hinzurechnungsbetrag kann den Einkünften aus § 20 Abs. 1 Nr. 1 EStG (§ 10 Abs. 2 S. 1 AStG) oder – wenn die Anteile an der ausländischen Gesellschaft zu einem Betriebsvermögen gehören – einer Gewinneinkunftsart zuzuordnen sein (§ 10 Abs. 2 S. 2 EStG). Die Steuerbefreiungen gemäß § 3 Nr. 40 lit. d) EStG und § 8b Abs. 1 KStG sind auf den Hinzurechnungsbetrag nicht anzuwenden (§ 10 Abs. 2 S. 3 AStG). Erfolgt später eine Ausschüttung an inländische Gesellschafter, bleiben die Einkünfte nach § 3 Nr. 41 EStG oder § 8b KStG steuerfrei. Dies verhindert eine Doppelbelastung

---

645 Vgl. auch Reiche, in: Haase, AStG/DBA, § 8, Rn. 159.

646 Schaumburg, in: Schaumburg, Rn. 13.152 m.w.N.

647 Reiche, in: Haase, AStG/DBA, § 8, Rn. 151.

648 Fuhrmann, in: Fuhrmann, § 8, Rn. 301 m.w.N.

649 Die Einkünfte der ausländischen Gesellschaft sind in entsprechender Anwendung deutscher steuerrechtlicher Vorschriften zu ermitteln (§ 10 Abs. 3 S. 1 AStG).

650 Vgl. Vogt, in: Blümich, AStG, § 10, Rn. 8, Stand: 135.EL, November 2016.

651 Bei Einschaltung weiterer (Zwischen-)Gesellschaften können Einkünfte von Untergesellschaften in der Beteiligungskette der ausländischen Gesellschaft zuzurechnen sein (§ 14 AStG). Dies erfolgt iRd Berechnung des Hinzurechnungsbetrags (§ 10 Abs. 3 AStG) der Obergesellschaft, vgl. Schaumburg, in: Schaumburg, 13.222 ff.

durch Hinzurechnungsbesteuerung in Bezug auf fingierte Ausschüttungen und spätere Ertragsbesteuerung der tatsächlichen Ausschüttungen.[652]

Gemäß der Freigrenze des § 9 AStG sind passive Einkünfte im Rahmen des § 7 Abs. 1 AStG außer Ansatz zu lassen, wenn die schädlichen Bruttoerträge (relativ) nicht mehr als zehn Prozent der gesamten Bruttoerträge der ausländischen Gesellschaft betragen und (absolut) die bei einer ausländischen Gesellschaft oder einem Steuerpflichtigen außer Ansatz zu lassenden Beträge jeweils insgesamt 80.000 Euro nicht übersteigen.[653]

III. Konzeptionelle Defizite der Hinzurechnungsbesteuerung

Die Hinzurechnungsbesteuerung begegnet in ihrer aktuellen Konzeption zahlreichen Bedenken.

1. Aktivitätskatalog

Die Missbrauchstypisierung des § 8 Abs. 1 AStG beschränkt unschädliche wirtschaftliche Betätigungsmöglichkeiten auf diese abschließende Aufzählung. Einkünfte aus nicht aufgezählten Aktivitäten sind, vorbehaltlich des Gegenbeweises aus § 8 Abs. 2 AStG in europarechtlichen Fällen, per se schädlich. Ein Aktivitätskatalog als solcher ist fragwürdig. Der Gesetzgeber kann mittels eines Aktivitätkatalogs missbräuchliche Einkünfteverlagerung zwar lückenlos, aber nicht zielgenau bekämpfen. Eine überschießende Wirkung lässt sich kaum vermeiden.

Angesichts der Vielgestaltigkeit und Dynamik des Wirtschaftslebens ist ferner unwahrscheinlich, dass der Gesetzgeber alle (aktuell und künftig) begünstigungswürdigen Tätigkeiten erfassen kann. Das Vorhandensein eines statischen Aktivkatalogs führt zu einem unflexiblen und innovationsfeindlichen Missbrauchsverständnis.[654] Mit der Passivierung jeder über den Katalog hinausgehenden Tätigkeit schießt die Missbrauchstypisierung über das Regelungsziel der Bekämpfung schädlicher Einkünfteverlagerung hinaus.[655] Die sog. Anti-BEPS-Richtlinie[656]

---

652 Vogt, in: Blümich, § 10 AStG, Rn. 43 ff, Stand: 139.EL, November 2017. – Problematisch ist aber die Frist des § 3 Nr. 41 lit. a) EStG, Vogt, in: Blümich, Vor §§ 7-14 AStG, Rn. 62, Stand: 132.EL, Mai 2016.

653 Edelmann, in: Kraft, § 9, Rn. 15; Vogt, in: Blümich, § 9 AStG, insb. Rn. 1, Stand: 129.EL, August 2015.

654 Fuhrmann, in: Fuhrmann, § 8, Rn. 8; Rödel, in: Kraft, § 8, Rn. 16; Cortez, 221; Quilitzsch, Ubg 2011, 942, 946; Cortez/Schmidt, Ubg 2013, 13, 14; Haase, BB 2017, Heft 18, I (Die Erste Seite).

655 Lehfeldt, in: S/K/K, § 8 AStG, Rn. 8, Stand: September 2016; Reiche, in: Haase, AStG/DBA, § 7, Rn. 2, 4; Wassermeyer/Schönfeld, in: F/W/B/S, § 8 AStG, Rn. 15, Stand: 73.EL, August 2014; Cortez, 221.

656 Richtlinie (EU) 2016/1164 des Rates vom 12. Juli 2016 mit Vorschriften zur Bekämpfung von Steuervermeidungspraktiken mit unmittelbaren Auswirkungen auf das Funktionieren des Binnenmarkts, Abl. 2016 L 193, 1.

(ATAD[657]) sieht in Art. 7 Abs. 2 lit. a) ATAD einen Katalog schädlicher Einkünfte, einen Passivkatalog, vor. Dies unterwirft im Gegensatz zur Ausgestaltung des § 8 Abs. 1 AStG nur Einkünfte aus enumerierten schädlichen Tätigkeiten einer Hinzurechnungsbesteuerung. Ob der Gesetzgeber in einer erwarteten Reformierung[658] dem Ansatz folgen wird, bleibt abzuwarten.

Die Ausgestaltung des Katalogs wird den Herausforderungen des modernen Wirtschaftslebens nicht gerecht. Die Auflistung des § 8 Abs. 1 AStG ist nicht in der Lage, zeitgemäße unternehmerische Tätigkeiten angemessen zu behandeln – z.B. allgemein in Bezug auf elektronischen Handel oder Finanzierungstätigkeiten, speziell Leasing oder Factoring.[659] Der Aktivitätskatalog des § 8 Abs. 1 AStG ist ein Relikt der 1970er und spiegelt deren stärkere Prägung durch klassische, weniger international ausgerichtete, industrielle Tätigkeit wider.[660] Innerhalb des Aktivitätskatalogs bevorteilt der Gesetzgeber Tätigkeiten (des primären und sekundären Wirtschaftssektors), deren materielle Wertschöpfung leichter erkennbar ist. Uneingeschränkt unschädlich sind allein Einkünfte aus Land- und Forstwirtschaft (§ 8 Abs. 1 Nr. 1 AStG) und industriellen Tätigkeiten (§ 8 Abs. 1 Nr. 2 AStG), während in Bezug auf sonstige Einkünfte Einschränkungen gelten.[661] Die Einschränkungen in mehreren Ziffern des § 8 Abs. 1 AStG sind der gesetzgeberischen Skepsis geschuldet. Der Versuch zielgenauer Missbrauchsbekämpfung resultiert in zusätzlichen Voraussetzungen an das Vorliegen aktiver Einkünfte.

Dies führt zum einen zu einer schwer überschaubaren Normstruktur des § 8 Abs. 1 AStG. Insbesondere § 8 Abs. 1 Nr. 4 und 5 AStG sind durch qualifizierende Voraussetzungen (insb. die Formulierungen der Mitwirkungstatbestände) und den verschachtelten Aufbau (Grundsatz, Ausnahmen und Gegenausnahmen) unübersichtlich geraten. Dabei ist auch zu beachten, dass der Aktivitätskatalog nur einen Teil des Normkomplexes der §§ 7 ff AStG bildet.[662] Zum anderen sind Voraussetzungen überschießend gestaltet. So lassen sich Nachweiserfordernisse des § 8 Abs. 1 Nr. 7 AStG (Identität des aufgenommenen und vergebenen Kapitals,

---

657 Es handelt sich um ein Akronym der englischen Kurzbezeichnung „Anti-Tax Avoidance Directive", das zahlreich verwendet wird u.a. Linn, IStR 2016, 645; Oppel, IStR 2016, 797; Rautenstrauch/Suttner, BB 2016, 2391.

658 Vgl. Haase, BB 2017, Heft 18, I (Die Erste Seite).

659 Lehfeldt, in: S/K/K, § 8 AStG, Rn. 8, Stand: September 2016; Rödel, in: Kraft, § 8, Rn. 16; Wassermeyer/Schönfeld, in: F/W/B/S, § 8 AStG, Rn. 15, Stand: 73.EL, August 2014; Cortez, 222 f; Kraft, IStR 2010, 377, 379; Cortez/Schmidt, Ubg 2013, 13, 14; Waldhoff/Grefrath, IStR 2013, 477, 481.

660 Köhler, in: S/K/K, Vor §§ 7-14 AStG, Rn. 26, Stand: Februar 2017; Rödel, in: Kraft, § 8, Rn. 16; Cortez, 222; Kraft, IStR 2010, 377, 379; Quilitzsch, Ubg 2011, 942, 946 f.

661 Vgl. Cortez, 222 m.w.N.

662 Fuhrmann, in: Fuhrmann, § 8, Rn. 7; Reiche, in: Haase, AStG/DBA, § 8, Rn. 5; Vogt, in: Blümich, § 8 AStG, Rn. 6, Stand: 135.EL, November 2016; Cortez, 224 f; Kraft, IStR 2010, 377, 379; Quilitzsch, Ubg 2011, 942, 946; Cortez/Schmidt, Ubg 2013, 13, 14 f.

Kapitalaufnahme ausschließlich auf ausländischem Kapitalmarkt) kaum erfüllen.[663] Es erscheint aber widersprüchlich, dass prohibitive Nachweiserfordernisse die grundsätzlich durch Aufnahme in den Katalog des § 8 Abs. 1 AStG zum Ausdruck kommende Unschädlichkeit von Einkünften aus der Finanzierungstätigkeit unterlaufen.

Schließlich führen die Mitwirkungstatbestände potentiell zu einer weitgehenden Passivierung arbeitsteiliger Tätigkeitserbringung. Nachvollziehbar ist das gesetzgeberische Anliegen, die eigenständige Funktionsausübung der ausländischen Gesellschaft abzusichern. Jedoch sind Kooperation und funktionale Aufteilung der Leistungserbringung Kennzeichen moderner Tätigkeitsausübung. Die weitreichende Skepsis gegenüber konzerntypischer Arbeitsteilung ist antiquiert.[664] Die Rechtsfolge der Passivierung von Einkünften bei schädlicher Mitwirkung überzeugt nicht (mehr), da eine Regelung über Verrechnungspreiskorrekturen vorzugswürdig erscheint. Korrekturen mithilfe des § 1 AStG können der jeweiligen Funktion der ausländischen Gesellschaft, auch einem etwaig geringen Wertschöpfungsbeitrag der Gesellschaft, im konzerninternen Leistungsaustausch gerecht werden. Die Verrechnungspreisregelungen sind seit Inkrafttreten des AStG effektuiert und unter anderen im Rahmen des BEPS-Projekts fortentwickelt worden. Es besteht keine Notwendigkeit, Mitwirkungen in der bestehenden Form zu sanktionieren. Mit der Einkünftekorrektur kann der individuellen Funktion der ausländischen Gesellschaft effektiv Rechnung getragen werden.[665]

Hingegen geht Kritik an der funktionalen Betrachtungsweise fehl; geäußert vor allem in Bezug auf die (unklare) Reichweite, die eine besondere Streitanfälligkeit bedeute, so z.B. bei der Zuordnung von Kapitalerträgen zu einer aktiven Haupttätigkeit.[666] Die Zuordnungsmethode ist im internationalen Steuerrecht erprobt und führt grundsätzlich zu sachgerechten Ergebnissen. Gerade die fallbezogene Bewertung ermöglicht eine treffende Einordnung konkreter Erträge. Abgrenzungsprobleme lassen sich, selbst bei Implementierung eines Passivkatalogs, nicht vollständig vermeiden.

---

663 Cortez, 239 f.

664 So auch Köhler, in: S/K/K, Vor §§ 7-14 AStG, Rn. 26, Stand: Februar 2017; Vogt, in: Blümich, AStG, § 8, Rn. 36, Stand: 135.EL, November 2016 und Vor §§ 7-14 AStG, Rn. 68, Stand: 132.EL, Mai 2016; Benecke/Schnitger, IStR 2010, 432, 437; Haas, IStR 2011, 353, 359; Quilitzsch, Ubg 2011, 942, 946; Cortez/Schmidt, Ubg 2013, 13, 20.

665 Vogt, in: Blümich, § 8 AStG, Rn. 36, Stand: 135.EL, November 2016; Wassermeyer/Schönfeld, in: F/W/B/S, § 8 AStG, Rn. 143, Stand: 73.EL, August 2014; Cortez, 244, 255 m.w.N; Haas, IStR 2011, 353, 359. - Mitwirkungstatbestände können überdies zur vollständigen Verlagerung der Tätigkeit ins Ausland anreizen, da sich auch so eine Mitwirkung aus dem Inland vermeiden lässt, Cortez, 244; Haas, IStR 2011, 353, 359; Haase, BB 2017, Heft 18, I (Die Erste Seite).

666 Cortez, 225 ff; Cortez/Schmidt, Ubg 2013, 13, 18 f.

2. *Niedrigsteuergrenze*

Schädliche Einkünfte unterliegen dem typisierten Missbrauchsvorwurf, wenn sie zusätzlich niedrig besteuert sind. Dies wird grundsätzlich ab einer Ertragsteuerbelastung der Einkünfte der ausländischen Gesellschaft von weniger als 25 % angenommen (§ 8 Abs. 3 AStG). Eine Niedrigsteuergrenze in Höhe von 25 % im Vergleich mit der nationalen Steuerbelastung kann als Missbrauchsindiz nicht überzeugen. Die Grenze liegt höher als die niedrigstmögliche nationale Steuerbelastung von Körperschaften.[667] Eine national mögliche Besteuerungshöhe, selbst deren geringfügige Unterschreitung, kann grenzüberschreitend nicht als missbräuchlich angesehen werden.[668] Jedenfalls in Höhe der Differenz ist die Regelung des § 8 Abs. 3 AStG überschießend.

Eine Belassung der Niedrigsteuergrenze bei einer Ertragsteuerbelastung der Einkünfte von 25 % kann aber auch in Anbetracht von Entwicklungen auf internationaler Ebene nicht überzeugen. Die für eine Niedrigsteuergrenze von 25 % im Jahr 2007 angeführten Gründe (Niedrigsteuergebiete, Präferenzregimes, mangelnder steuerlicher Informationsaustausch, Wettbewerbsfähigkeit einer nominalen Steuerbelastung von 30 %)[669] können nicht mehr im gleichen Maße Geltung beanspruchen. Der Kampf gegen Steuervermeidung ist seit BEPS erheblich verschärft, der steuerliche Informationsaustausch verbessert worden. Selbst in hoch entwickelten Ländern sind Gesamtsteuerbelastungen von deutlich unter der Niedrigsteuergrenze vorzufinden. Das Vereinigte Königreich plante bereits mit dem Summer Finance Bill 2015 eine Absenkung des Körperschaftsteuersatzes auf 18 % bis 2020.[670] Nach der sog. Anti-BEPS-Richtlinie ist eine effektive Steuerbelastung von weniger als 50 % der hypothetisch im Mitgliedstaat des Steuerpflichtigen geltenden Belastung schädlich (Art. 7 Abs. 1 lit. b ATAD).[671] Eine deutsche Niedrigsteuergrenze in Höhe von 7,5 % könnte der Richtlinienvorgabe bereits genügen;[672] in anderen Mitgliedstaaten mit geringerer Steuerbelastung könnte das Pendant zur Hinzurechnungsbesteuerung gar noch niedrigere Grenzen vorsehen.[673] Eine

---

667 Mindestens 22,83 % bei Berücksichtigung von Körperschaft-, Gewerbesteuer und Solidaritätszuschlag, vgl. Schlenker, in: Blümich, KStG, § 23, Rn. 46, Stand: 140.EL, Januar 2018.

668 U.a. Vogt, in: Blümich, Vor §§ 7-14 AStG, Rn. 61, Stand: 132.EL, Mai 2016; Cortez, 266 ff (zu 22,83 %); Kraft, IStR 2010, 377, 377 f; Haas, IStR 2011, 353, 360; Haase, BB 2017, Heft 18, I (Die Erste Seite).

669 Entwurf eines JStG 2008, BT-Drs. 16/6290, 92.

670 Summer Finance Bill 2015, abrufbar unter gov.uk (zuletzt abgerufen am 23.11.2015).

671 Zur Erläuterung der umständlichen Formulierung der Richtlinienregelung Linn, IStR 2016, 645, 646; Rautenstrauch/Suttner, BB 2016, 2391, 2392.

672 Bei isoliertem Abstellen auf die KSt-Belastung, so Vogt, in: Blümich, § 8 AStG, Rn. 8 a.E., Stand: 135.EL, November 2016; Rautenstrauch/Suttner, BB 2016, 2391, 2392; Schnitger/Nitzschke/Gebhardt, IStR 2016, 960, 963.

673 Teilweise ist dies bereits der Fall, vgl. Vogt, in: Blümich, Vor §§ 7 ff AStG, Rn. 61, Stand: 132.EL, Mai 2016.

Beibehaltung der hohen Niedrigsteuergrenze kann inländische Unternehmen mit Outbound-Aktivitäten gegenüber europäischer Konkurrenz benachteiligen.

Unter Berücksichtigung der inländischen Steuerbelastung und internationaler Entwicklungen ist eine Absenkung der Niedrigsteuergrenze angezeigt.

3. *Beteiligungskriterium*

Ein steuerlicher Vorteil (insb. Besteuerungsaufschub) aus der Einschaltung einer niedrig besteuerten, passiv tätigen ausländischen Gesellschaft setzt voraus, dass inländische Gesellschafter die Entscheidungen (insb. die Ausschüttungspolitik) der ausländischen Gesellschaft kontrollieren können. Die Hinzurechnungsbesteuerung setzt auch grundsätzlich die Beherrschung der ausländischen Gesellschaft voraus (§ 7 Abs. 1 AStG). Allerdings ist dieser Voraussetzung genügt, wenn unbeschränkt Steuerpflichtige mehrheitlich an der ausländischen Gesellschaft beteiligt sind. Nicht beherrschende Beteiligungen sind bei insgesamt vorliegender Beherrschung durch inländische Steuerpflichtige einbezogen. Gerade bei geringer Beteiligungshöhe kann der Steuerpflichtige jedoch keinen relevanten Einfluss auf die Entscheidungen der ausländischen Gesellschaft ausüben. Die Einbeziehung – ohne Voraussetzung eines koordinierten Handelns[674] – wird dem Grundgedanken der „Verhinderung der Steuerflucht durch Basisgesellschaften“ nicht gerecht.[675] Dies gilt erst recht in Bezug auf § 7 Abs. 6 AStG, der schon minimale Beteiligungen der Hinzurechnung unterstellt.[676] § 7 Abs. 6 S. 3 AStG betrifft gar Kleinstanleger. Mangels Beherrschungsmöglichkeit oder Erfassung koordinierten Handelns lässt sich kein typisierter Missbrauchsvorwurf rechtfertigen.[677]

Nicht beherrschend an der ausländischen Gesellschaft beteiligte Steuerpflichtige können ohne Kenntnis der Hinzurechnungsbesteuerung und damit den Pflichten aus § 18 AStG unterliegen, wenn durch Beteiligung anderer inländischer Steuerpflichtiger das Beherrschungskriterium des § 7 Abs. 1 AStG erfüllt ist.[678]

Systematisch verfehlt ist schließlich die mögliche Einbeziehung der Einkünfte beschränkt Steuerpflichtiger. Der Wortlaut des § 8 Abs. 1 AStG ist nicht auf ausländische Einkünfte beschränkt, sodass im Inland erzielte Einkünfte einer beschränkt steuerpflichtigen ausländischen Gesellschaft erfasst werden könnten. Eine niedrige Besteuerung im Sinne des § 8 Abs. 3 AStG kann sich ohne inländischen

---

674 Lohmann, 276, in Bezug auf europarechtliche Vorgaben.

675 Kraft, IStR 2010, 377, 382 f; Quilitzsch, Ubg 2011, 942, 942 f.

676 U.a. Protzen, in: Kraft, § 7, Rn. 273; im europarechtlichen Kontext Oellerich, in: Schaumburg/Englisch, Rn. 8.152; Lohmann 276; Thiele, 182.

677 U.a. Protzen, in: Kraft, § 7, Rn. 273; im europarechtlichen Kontext Cortez, 132 f; Thiele, 182.

678 U.a. Vogt, in: Blümich, Vor §§ 7-14 AStG, Rn. 64, Stand: 132.EL, Mai 2016; Haase, BB 2017, Heft 18, I (Die Erste Seite).

Gewerbebetrieb oder bei Gewerbesteuerhebesätzen nahe der Untergrenze ergeben. Dies entspricht – ungeachtet einer u.U. möglichen Steueranrechnung – nicht dem Ziel der Verhinderung schädlicher Einkünfteverlagerung ins Ausland.[679]

4. Gegenbeweismöglichkeit

Angesichts der teilweise überschießenden Missbrauchstypisierung ist bedenklich, dass nur mit Bezug zu EU oder EWR der typisierte Missbrauchsverdacht durch Nachweis einer tatsächlichen wirtschaftlichen Tätigkeit widerlegt werden kann (§ 8 Abs. 2 S. 1, 3, 4 AStG). In anderen Fällen können die §§ 7 ff AStG (dem Wortlaut nach)[680] nicht auf das zur Missbrauchsbekämpfung erforderliche Maß zurückgeführt werden.

Ferner ist kritikwürdig, dass der Gesetzgeber, wie dargestellt, überschießend einen Missbrauchsverdacht typisiert und dennoch dem Steuerpflichtigen (trotz inkorrekter Typisierung) die Darlegungs- und Beweislast in Bezug auf das Vorliegen einer tatsächlichen wirtschaftlichen Tätigkeit aufbürdet.

In Bezug auf Steuerpflichtige, die an einer ausländischen Gesellschaft, die Zwischeneinkünfte mit Kapitalanlagecharakter erzielt oder sonst in geringem Maße an einer ausländischen Gesellschaft beteiligt sind, kann der Nachweis einer tatsächlichen wirtschaftlichen Tätigkeit in der Praxis daran scheitern, dass Steuerpflichtige nicht über zur Erlangung von Beweismitteln nötige Einflussmöglichkeiten auf die ausländische Gesellschaft verfügen.[681]

IV. Verfassungsrechtliche Bewertung[682]

1. Folgen der Einführung sekundärrechtlicher Vorgaben

Die Hinzurechnungsbesteuerung könnte in Zukunft einer nationalen verfassungsrechtlichen Überprüfung in Teilen entzogen sein. Die sog. Anti-BEPS-Richtlinie[683] (ATAD[684]) begründet in Art. 7 und 8 ATAD sekundärrechtliche Vorgaben an die

679 So auch Cortez, 236 ff.

680 Zur Anwendbarkeit der Kapitalverkehrsfreiheit bei Drittstaatenbezug im Rahmen der Prüfung der Europarechtskonformität der Hinzurechnungsbesteuerung.

681 Knapp Vogt, in: Blümich, Vor §§ 7-14 AStG, Rn. 65, Stand: 132.EL, Mai 2016 m.w.N.

682 Allgemein zur verfassungsrechtlichen Überprüfung spezieller Missbrauchsnormen im Steuerrecht Gabel, StuW 2011, 3 und Gabel, 50 ff.

683 Richtlinie (EU) 2016/1164 des Rates vom 12. Juli 2016 mit Vorschriften zur Bekämpfung von Steuervermeidungspraktiken mit unmittelbaren Auswirkungen auf das Funktionieren des Binnenmarkts, Abl. 2016 L 193, 1.

684 Es handelt sich um ein Akronym der englischen Kurzbezeichnung „Anti-Tax Avoidance Directive", das zahlreich verwendet wird: u.a. Linn, IStR 2016, 645; Oppel, IStR 2016, 797; Rautenstrauch/Suttner, BB 2016, 2391.

Hinzurechnungsbesteuerung, die bis zum 31. Dezember 2018 durch die Mitgliedstaaten der EU umzusetzen sind (Art. 11 Abs. 1 ATAD).

Unionsrecht wird grundsätzlich nicht (mehr) am Maßstab der Grundrechte des Grundgesetzes überprüft.[685] Die verfassungsgerichtliche Kontrolle beschränkt sich auf die Beachtung des Kerngehalts des Grundgesetzes (sog. Identitätskontrolle) und der Verhinderung von Kompetenzüberschreitungen der Unionsorgane (sog. Ultra-Vires-Kontrolle).[686] Verfassungsbeschwerden oder Vorlagen in Bezug auf sekundäres Unionsrecht sind unzulässig,[687] soweit nicht dargelegt wird, dass der generelle Grundrechtsschutz auf Ebene der Union nicht mehr gewährleistet ist, der Rechtsakt den Kerngehalt der Verfassungsidentität des Grundgesetzes verletzt oder die unionsrechtliche Kompetenz überschreitet.[688] Diese Maßstäbe gelten auch für die Umsetzung unionsrechtlicher Vorgaben in nationales Recht. Soweit das deutsche Recht zwingende sekundärrechtliche Vorgaben (ohne Entscheidungsspielraum) umsetzt, findet keine Überprüfung am Maßstab des Grundgesetzes statt.[689] Es ist nicht ersichtlich, dass die Umsetzung der Art. 7 und 8 ATAD die Verfassungsidentität berühren könnte oder die Regelungen einen ausbrechenden Rechtsakt bedeuten. Wenngleich berechtigte Zweifel an einer Erlasskompetenz der Europäischen Union und der Wahrung des Subsidiaritätsgrundsatzes in Bezug auf die Anti-BEPS-Richtlinie bestehen,[690] dürfte kein hinreichend qualifizierter Kompetenzverstoß vorliegen.[691]

In Bezug auf die Verfassungsmäßigkeitskontrolle der §§ 7 ff AStG ist jedenfalls nach Ablauf der Umsetzungsfrist im Einzelnen zu prüfen, ob zwingende Vorgaben aus Art. 7 und 8 ATAD zugrunde liegen. Insoweit fände keine verfassungsrechtliche Prüfung der §§ 7 ff AStG am Maßstab des Grundgesetzes statt. Eine solche Beschränkung der verfassungsrechtlichen Kontrolle kann je nach Umsetzung im

685 Grundlegend: BVerfG v. 22.10.1986 – 2 BvR 197/83, BVerfGE 73, 339 (Solange II), dazu Mayer, in: Grabitz/Hilf/Nettesheim, EUV, Art. 19, Rn. 78 ff, Stand: 41.EL, Juli 2010; speziell Hey, StuW 2017, 248, 255. – Allgemein zur Auswirkung der sog. Anti-BEPS-Richtlinie auf Prüfung am Maßstab des Grundgesetzes Oppel, IStR 2016, 797, 799; Mitschke, FR 2016, 412, 414 f.

686 BVerfG v. 30.06.2009 – 2 BvE 2/08 u.a., NJW 2009, 2267 (Lissabon), dazu Mayer, in: Grabitz/Hilf/Nettesheim, EUV, Art. 19, Rn. 83 ff, Stand: 41.EL, Juli 2010.

687 BVerfG v. 02.03.2010 – 1 BvR 256/98 u.a., NJW 2010, 833, 835 (Vorratsdatenspeicherung), ggf. bloß keine Verwerfungskompetenz.

688 BVerfG v. 30.06.2009 – 2 BvE 2/08 u.a., NJW 2009, 2267 (Lissabon).

689 BVerfG v. 02.03.2010 – 1 BvR 256/98 u.a., NJW 2010, 833, 835 (Vorratsdatenspeicherung); Nettesheim, in: Grabitz/Hilf/Nettesheim, AEUV, Art. 288, Rn. 57 ff, Stand: 48.EL, August 2012.

690 Oppel, IStR 2016, 797, 798 f.

691 Nach BVerfG v. 06.07.2010 – 2 BvR 2661/06, NJW 2010, 3422 (Honeywell/Mangold) Erfordernis, offensichtlich kompetenzwidrigen Handelns der Unionsorgane und strukturell bedeutsamer Verschiebung des Kompetenzgefüges zulasten der Mitgliedstaaten.

nationalen Recht angesichts des bloßen Mindeststandards der Anti-BEPS-Richtlinie (Art. 3 ATAD) und vielfach bestehenden Umsetzungsspielraums aber zurückhaltend anzunehmen sein.[692]

2. Vereinbarkeit der aktuellen Konzeption mit verfassungsrechtlichen Vorgaben

Die Bekämpfung steuerlichen Gestaltungsmissbrauchs ist verfassungsrechtlich geboten.[693] Dem Ziel der gleichmäßigen Besteuerung durch effektive Missbrauchsabwehr dient die Hinzurechnungsbesteuerung.[694] Aus dem Verfassungsrecht ergeben sich aber zugleich Anforderungen an die Ausgestaltung der Missbrauchsabwehr.

a. Gleichheitssatz

Prägender Maßstab der Ausgestaltung steuerrechtlicher Regelungen ist der Gleichheitssatz (Art. 3 Abs. 1 GG); dies gilt gleichermaßen für die verfassungsrechtliche Kontrolle spezieller Missbrauchsnormen. Zur Feststellung einer Ungleichbehandlung sind als bereichsspezifische Konkretisierungen im Steuerrecht insbesondere das Leistungsfähigkeitsprinzip und ferner das Folgerichtigkeitsprinzip anerkannt.[695]

Der Grundsatz der Leistungsfähigkeit verlangt eine an der jeweiligen wirtschaftlichen Leistungsfähigkeit des Steuerpflichtigen ausgerichtete (Einkommen-) Steuerbelastung. Der Gestaltungsspielraum des Gesetzgebers ist begrenzt durch das Erfordernis (selbst statuierter) sachgerechter Regelungen (Sachgesetzlichkeitsprinzip) und einer folgerichtigen Umsetzung getroffener Belastungsentscheidungen (Folgerichtigkeitsprinzip).[696].

Eine rechtfertigungsbedürftige Ungleichbehandlung besteht in Bezug auf die Beteiligung an in- und ausländischen Kapitalgesellschaften. Das Besteuerungsregime der §§ 7 ff AStG begründet steuerliche Pflichten – ggf. eine zusätzliche

---

692 Hey, StuW 2017, 248, 256 und im Folgenden in der Darstellung der sekundärrechtlichen Anforderungen an die §§ 7 ff AStG.

693 Albert, 55, 59 ff; Gabel, 50 ff; Leukefeld, 187; Maciejewski, IStR 2013, 449, 449.

694 Maciejewski, IStR 2013, 449, 449.

695 Nußberger, in: Sachs, Art. 3, Rn. 98 ff, 134 ff; Hey, in: Tipke/Lang, § 3, Rn. 40 f, 121; Gabel, 87 m.w.N.; Jahndorf, StuW 2016, 256, 258.

696 Nußberger, in: Sachs, Art. 3, Rn. 98 ff; Hey, in: Tipke/Lang, § 3, Rn. 40 f, 118 ff, 121; Gabel, 88 f; Albert, 59 ff; Jahndorf, StuW 2016, 256, 258 f. – Dabei ist in Bezug auf die Kontrolle spezieller Missbrauchsnormen im Unternehmenssteuerrecht ein strenger Verhältnismäßigkeitsmaßstab anzulegen Gabel, 93 f. – In Bezug auf §§ 7 ff AStG auch wegen Betroffenheit von Freiheitsgrundrechten, dazu Maciejewski, IStR 2013, 449, 449 f, aber mit zu knapper Begründung.

steuerliche Belastung, die die Abschirmwirkung der ausländischen Gesellschaft unterläuft – allein im grenzüberschreitenden Fall.[697]

aa) Typisierte Missbrauchsabwehr

Eine Rechtfertigung kann das Ziel der (typisierenden) Missbrauchsabwehr bieten.[698] Spezialgesetzliche Missbrauchsabwehr bedient sich zur Verwaltungsvereinfachung regelmäßig typisierender Regelungen. Typisierungen stehen nicht per se im Widerspruch zum Gleichheitssatz. Die Ziele der Missbrauchsabwehr und der Verwaltungsvereinfachung können Ungleichbehandlungen rechtfertigen. Erforderlich ist aber ein Typisierungsbedürfnis; die Typisierung muss auch zur Verwaltungsvereinfachung geeignet sein. Eine verhältnismäßige Ausgestaltung setzt ferner voraus, dass der typisierenden Regelung tatbestandlich ein realitätsgerechter, üblicher (Durchschnitts-)Fall zugrunde gelegt wird und die Regelung auf Rechtsfolgenseite allenfalls in einem dem Grundrechtseingriff angemessenen Maße (in Bezug auf den erfassten Personenkreis und die Eingriffsintensität) überschießt. Dies erfordert eine zielgenaue Konstruktion typisierender Missbrauchsregelungen.[699] Typisierungskriterien müssen sachgerecht gewählt sein, um die Identifizierung der Umgehungsgestaltungen zu ermöglichen. Der typisierte Tatbestand in seiner Gesamtheit muss realitätsgerecht und zielgenau auf die zu verhindernde Umgehungsgestaltung ausgerichtet sein; dies setzt eine exakte Beschreibung des Missbrauchsleitbilds voraus.[700]

Diese Maßstäbe begründen Zweifel an einer korrekten Missbrauchstypisierung der §§ 7 ff AStG. Die Beteiligungsvoraussetzung des § 7 Abs. 2 AStG knüpft grundsätzlich zu Recht an die Beherrschung der ausländischen Gesellschaft an, da Steuervorteile (insbesondere in Form eines Steuerstundungseffekts) die Kontrolle über die Ausschüttungspolitik der Gesellschaft voraussetzen. Dieser Grundidee entspricht aber nicht, dass die Beherrschung der ausländischen Gesellschaft durch inländische Steuerpflichtige unabhängig von einem Zusammenwirken ausreicht. Ein geringfügig an der ausländischen Gesellschaft Beteiligter ohne Kontrollmöglichkeit kann miterfasst sein. Dies gilt in besonderem Maße für im Sinne des § 7 Abs. 6 AStG Beteiligte.[701]

Der Aktivitätskatalog des § 8 Abs. 1 AStG lässt eine positive Beschreibung missbräuchlicher Einkünfteerzielung vermissen. Die Passivierung aller außerhalb

---

697 Näher Maciejewski, IStR 2013, 449, 449; Wissenschaftlicher Beirat Steuern der Ernst & Young GmbH, IStR 2013, 549, 550 ff.

698 Gabel, 134 ff; Maciejewski, IStR 2013, 449, 450.

699 Hey, in: Tipke/Lang, § 3, Rn. 145 ff; Gabel, 48 f, 98 ff, 134 ff, 138 ff; Albert, 61 f; Hey, in: DStJG Bd. 33, 139, 168 f. – Allgemein zur Typisierung Jahndorf, StuW 2016, 256, 260 f.

700 Vogt, in: Blümich, AStG, § 8, Rn. 5, Stand: 135.EL, November 2016; Gabel, 153 ff.

701 Maciejewski, IStR 2013, 449, 450 m.w.N.

des Aktivitätskatalogs liegenden Tätigkeiten beschreibt Missbrauch nicht präzise.[702] Unverhältnismäßig erscheint ferner die Passivierung von Tätigkeiten durch weite Mitwirkungstatbestände. Zum einen bedeutet dies angesichts zeitgemäßer Arbeitsteilung und konzerntypischer Leistungserbringung keine zielgenaue Typisierung. Zum anderen ist eine Passivierung nicht erforderlich, da einer schwachen Funktion der ausländischen Gesellschaft und ausgeprägter konzerninterner Leistungsbeziehungen durch Korrekturen nach § 1 AStG Rechnung getragen werden kann.[703]

Nicht sachgerechtes Typisierungskriterium ist die Niedrigsteuergrenze des § 8 Abs. 3 AStG, jedenfalls soweit diese eine denkbare inländische Steuerbelastung[704] überschreitet. Missbrauch ist insoweit nicht indiziert. Entgegen der ursprünglichen gesetzgeberischen Intention kann dies, in Höhe der Differenz, eine strafende Besteuerung des Auslandsfalls zur Folge haben.[705] Die Typisierung ist aber auch fragwürdig, soweit sie die Steuerbelastung in anderen hoch entwickelten Staaten der EU – wie bspw. dem Vereinigten Königreich – übersteigt;[706] zumal sich eine Unterschreitung der Niedrigsteuergrenze in Folge der Ermittlung der Besteuerungsgrundlagen nach deutschem Steuerrecht ergeben kann.[707] Schließlich ist die pauschale Berücksichtigung jedweden Steuererlasses im ausländischen Staat bei Ermittlung der Niedrigbesteuerung im Sinne des § 8 Abs. 3 AStG bedenklich.[708]

Die überschießende, nicht folgerichtige Ausgestaltung der Hinzurechnungsbesteuerung betrifft des Weiteren die Rechtsfolge. Eine Ertragsteuerbelastung von Gewinnausschüttungen zusätzlich zur Anwendung der §§ 7 ff AStG greift über den Grundgedanken der Hinzurechnungsbesteuerung hinaus. Steuerliche Vorteile aus der Einschaltung einer ausländischen Gesellschaft sollen genommen, aber keine zusätzliche strafende Besteuerung begründet werden. Insbesondere kann eine zeitliche Beschränkung der Steuerbefreiungen späterer tatsächlicher Gewinnausschüttungen der ausländischen Gesellschaft eine überschießende Doppelbelastung begründen.[709] Ein solcher Strafcharakter kann sich ferner aus Überhängen ergeben,

---

702 Protzen, in: Kraft, § 7, Rn. 15 ff; Vogt, in: Blümich, AStG, § 8, Rn. 5, Stand: 135.EL, November 2016; Gabel, 98 ff, 157 f; Haarmann, IStR 2011, 565, 572; Maciejewski, IStR 2013, 449, 450.

703 In diese Richtung Maciejewski, IStR 2013, 449, 450.

704 Mindestens 22,83 % bei Berücksichtigung von Körperschaft-, Gewerbesteuer und Solidaritätszuschlag, vgl. Schlenker, in: Blümich, KStG, § 23, Rn. 46, Stand: 140.EL, Januar 2018.

705 Vogt, in: Blümich, AStG, § 8, Rn. 5, Stand: 135.EL, November 2016 m.w.N.; Haarmann, IStR 2011, 565, 572; Maciejewski, IStR 2013, 449, 451; Wissenschaftlicher Beirat Steuern der Ernst & Young GmbH, IStR 2013, 549, 549 f.

706 Wissenschaftlicher Beirat Steuern der Ernst & Young GmbH, IStR 2013, 549, 549 f mit Beispielen.

707 Wissenschaftlicher Beirat Steuern der Ernst & Young GmbH, IStR 2013, 549, 549 f.

708 Vogt, in: Blümich, AStG, § 8, Rn. 5, Stand: 135.EL, November 2016 m.w.N.

709 Vgl. insbesondere § 3 Nr. 41 EStG; auch § 12 Abs. 3 AStG (Anrechnung), dazu Maciejewski, IStR 2013, 449, 452 m.w.N.

die jedenfalls bei Anrechnung einer ausländischen Steuer der Zwischengesellschaft nach § 12 Abs. 1 AStG auf die Körperschaftsteuer entstehen können. Dies gestaltet den Steuerzugriff nicht sachgerecht aus und übersteigt die wirtschaftliche Leistungsfähigkeit des Steuerpflichtigen.[710] Eine unverhältnismäßige Belastung kann erwachsen, wenn geringfügig an der ausländischen Gesellschaft beteiligten Steuerpflichtigen der Nachweis der tatsächlichen Zwischeneinkünfte mangels ausreichender Einflussmöglichkeit nicht gelingt und in der Folge Besteuerungsgrundlagen (überhöht)[711] geschätzt werden (§ 162 AO).[712]

Schließlich bedeutet eine unwiderlegliche Typisierung einen intensiven Eingriff. § 8 Abs. 2 AStG eröffnet nicht in allen Fällen einen Gegenbeweis; Drittstaatenkonstellationen sind ausgenommen (§ 8 Abs. 2 S. 1, 3, 4 AStG).[713] Fraglich ist bereits die Erforderlichkeit einer unwiderleglichen Typisierung.[714] Das Ziel der Verwaltungsvereinfachung steht nicht per se der Öffnung hin zu einem Gegenbeweis entgegen. Zu berücksichtigen ist, dass grundsätzlich dem Steuerpflichtigen (wie in § 8 Abs. 2 AStG angelegt) die Darlegungs- und Beweislast aufgebürdet werden kann.[715] Gerade eine weitreichende und grobe Typisierung, die im besonderen Maße die Verwaltung vereinfacht und überschießend wirkt, kann die Zulassung eines Gegenbeweises gebieten.[716] Dies ist in Bezug auf §§ 7 ff AStG anzunehmen, da einzelne nicht sachgerechte Kriterien und auch die Zusammenfassung von Kriterien in §§ 7 f AStG aus den bezeichneten Gründen eine zu grobe Typisierung bewirken, die über das Ziel echter Missbrauchsbekämpfung unverhältnismäßig hinausreicht. Eine Ausdehnung des Gegenbeweis kann zu einer Rückführung der Missbrauchsbekämpfung auf das erforderliche Maß beitragen.[717]

Eine einschränkende Auslegung[718] der §§ 7 ff AStG scheidet angesichts des klaren Wortlauts der Typisierungsregeln jedoch aus. Zur Rückführung auf das erforderliche und dem Gesetzeszweck entsprechende Maß käme allein eine teleologische Reduktion in Betracht.[719] Eine solche Durchbrechung der Typisierung erscheint

---

710 Haarmann, IStR 2011, 565, 571 f; Maciejewski, IStR 2013, 449, 452 m.w.N.

711 Dazu Maciejewski, IStR 2013, 449, 452.

712 Maciejewski, IStR 2013, 449, 452 m.w.N.

713 In Bezug auf § 8 Abs. 2 AStG bestehen Zweifel an der Erforderlichkeit der Aufbürdung der Beweislast auf den Steuerpflichtigen, soweit eigene Ermittlungsmöglichkeiten der Verwaltung (z.B. Informationsmöglichkeiten auf Basis der Amtshilferichtlinie) bestehen, und auch an der Angemessenheit, soweit in Bezug auf kleine Beteiligungen eine Beschaffung erforderlicher Nachweise unmöglich ist, dazu Maciejewski, IStR 2013, 449, 451.

714 Albert, 62 m.w.N.

715 Gabel, 185 f.

716 Gabel, 187 ff.

717 So auch Maciejewski, IStR 2013, 449, 451.

718 Gabel, 204 ff.

719 FG Münster v. 20.11.2015 – 10 H 1410/12 F, BeckRS 2016, 94315 (zu teleologischer Reduktion des § 8 Abs. 1 Nr. 6 lit. a) AStG); Gabel, 206 ff.

mit Blick auf den Vereinfachungszweck und die eindeutigen Typisierungskriterien der §§ 7 ff AStG schwerlich möglich. Der Beschränkung des Gegenbeweises auf EU- und EWR-Fälle liegt gar eine gesetzgeberische Entscheidung zugrunde, die der Annahme einer planwidrig überschießenden Regelung entgegensteht.

bb) Vollzugsdefizit

Der Gleichheitssatz (Art. 3 Abs. 1 GG) kann ferner verletzt sein, wenn eine Steuernorm für den praktischen Vollzug unzulänglich ausgestaltet ist. Rechtliche und tatsächliche Belastungsgleichheit sind verfassungsrechtlich geboten. Der Gebot der Belastungsgleichheit wird unterlaufen, wenn ein dem Gesetzgeber zurechenbares strukturelles Erhebungsdefizit vorliegt, das eine ungleichmäßige Durchsetzung des Steueranspruchs zur Folge hat. Ein solches Defizit in der praktischen Anwendung führt zur Gleichheitswidrigkeit der Steuernorm. Vollzugsdefizite resultieren insbesondere aus unzureichenden Ermittlungsmöglichkeiten.[720] Ein solches Defizit kann sich ergeben, wenn nicht beherrschend an der ausländischen Gesellschaft beteiligte Steuerpflichtige (§ 7 Abs. 2 AStG oder gar § 7 Abs. 6 AStG) die für die Besteuerung notwendigen Informationen nicht beschaffen können oder gar nicht um die Beherrschung der ausländischen Gesellschaft wissen; diese Schwierigkeiten betreffen besonders Portfoliobeteiligungen und nachgeschaltete Gesellschaften (§ 14 AStG). Eine unzulässige Zufälligkeit in der Besteuerung ergibt sich, wenn die Verwaltung der gleichen Unkenntnis über die Beherrschung der ausländischen Gesellschaft unterliegt oder, wie teilweise vorgebracht, Auskünfte für Zwecke der Hinzurechnungsbesteuerung zu zurückhaltend einholt oder nicht verifizieren kann.[721] Gerade im Fall der Unkenntnis können erhöhte Mitwirkungspflichten des Steuerpflichtigen (§§ 90, 93 AO; § 17 AStG) oder das verstärkte Bemühen um internationalen Informationsaustausch keine Abhilfe schaffen.

b. Verhältnismäßigkeit der Nachweiserfordernisse

Freiheitsrechtliche Gewährleistungen (jedenfalls des Art. 2 Abs. 1 GG) erfordern auch eine verhältnismäßige Ausgestaltung der steuerlichen Missbrauchsregelungen in verfahrensrechtlicher Hinsicht. Die Besteuerung grenzüberschreitender Vorgänge bedarf der Mitwirkung des Steuerpflichtigen in der Sachverhaltsermittlung. Eine Kooperation zwischen Steuerpflichtigem und Verwaltung dient dem

---

720 Gabel, 124 ff; Haarmann, IStR 2011, 565, 572.

721 Haarmann, IStR 2011, 565, 572; Wissenschaftlicher Beirat Steuern der Ernst & Young GmbH, IStR 2013, 549, 552 f; Waldhoff, StuW 2013, 121, 140 ff. – Ferner ist der erhebliche Ermittlungsaufwand durch Überprüfung einer Vielzahl von Fällen zu berücksichtigen, insbesondere in Bezug auf die erweiterte Hinzurechnungsbesteuerung, die Bestimmung der jeweiligen Niedrigbesteuerung sowie die Informationsbeschaffung im Auslandsfall, so insb. Waldhoff, StuW 2013, 121, 140 ff; auch Wissenschaftlicher Beirat Steuern der Ernst & Young GmbH, IStR 2013, 549, 552 f.

gleichmäßigen Steuervollzug, auch infolge der Durchsetzung von Missbrauchsnormen.[722] Besondere verfahrensrechtliche Pflichten können im Auslandsfall zwar grundsätzlich erforderlich sein. Diese dürfen aber nicht über das zumutbare Maß hinausgreifen,[723] was vor allem bei subjektiv nicht erfüllbaren Nachweispflichten der Fall ist.[724] Insbesondere Steuerpflichtige mit geringen Beteiligungen an der ausländischen Gesellschaft (im Rahmen des § 7 Abs. 2 AStG oder gar § 7 Abs. 6 AStG) sind steuerlichen Erklärungspflichten (§ 18 AStG) unterworfen, die sie nicht erfüllen können, wenn keine ausreichenden Erkenntnisse über die Verhältnisse der ausländischen Gesellschaft (insb. Beherrschung durch inländische Steuerpflichtige oder konkret erzielte Einkünfte) zu erlangen sind. Gleiches kann in Bezug auf die Verhältnisse der Untergesellschaften (§ 14 AStG) gelten.[725] Die Pflichterfüllung übersteigt in diesem Fall das mögliche und damit zulässige Maß. Bedenken bestehen gleichermaßen in Bezug auf praktisch kaum erfüllbare Nachweiserfordernisse wie gemäß § 8 Abs. 1 Nr. 7 AStG (Identität des aufgenommenen und vergebenen Kapitals, Kapitalaufnahme ausschließlich auf ausländischem Kapitalmarkt). Es ist widersprüchlich, dass die Unschädlichkeit einer aufgelisteten Tätigkeit durch unverhältnismäßige Nachweiserfordernisse unterlaufen wird.[726]

c. *Bestimmtheit und Normenklarheit*

Die Besteuerung hat rechtsstaatlichen Grundsätzen (insb. Art. 20 Abs. 3 GG) zu genügen. Ausfluss des Rechtsstaatsprinzips ist der Grundsatz der Gesetzmäßigkeit der Besteuerung (mit den Ausformungen Gesetzesvorbehalt und Gesetzesvorrang). Insbesondere bedarf eine steuerliche Belastung einer gesetzlichen Grundlage und deren Tatbestandserfüllung im konkreten Fall.[727] Diesbezüglich lassen sich insbesondere dem Rechtsstaatsprinzip als weitere Anforderungen die Grundsätze der Bestimmtheit und der Normenklarheit entnehmen, die eine Voraussehbarkeit steuerlicher Belastungen sicherstellen sollen.[728] Dies erfordert die Bestimmbarkeit von Tatbestand und Rechtsfolge einer steuerlichen Norm (Bestimmtheit) und die Verständlichkeit von Normen, einschließlich der sicheren Erkennbarkeit des

722 Gabel, 222.
723 Vogt, in: Blümich, AStG, § 8, Rn. 5, Stand: 135.EL, November 2016; Gabel, 221 ff; anders angeknüpft Haarmann, IStR 2011, 565, 572.
724 Vogt, in: Blümich, AStG, § 8, Rn. 5, Stand: 135.EL, November 2016; Gabel, 222 f. – Im Übrigen bestimmen sich Erforderlichkeit und Angemessenheit von Erklärungs- und Mitwirkungspflichten vorrangig nach Art und Komplexität der Regelungsmaterie sowie dem Verhalten des Steuerpflichtigen, Gabel, 223 f.
725 Wissenschaftlicher Beirat Steuern der Ernst & Young GmbH, IStR 2013, 549, insb. 552; Maciejewski, IStR 2013, 449, 451 ff.
726 Vogt, in: Blümich, AStG, § 8, Rn. 5, Stand: 135.EL, November 2016.
727 Hey, in: Tipke/Lang, § 3, Rn. 230 ff, 243 ff; Gabel, 229 f, 236 f.
728 Hey, in: Tipke/Lang, § 3, Rn. 230 ff, 243 ff; Albert, 63 f; Gabel, 229 f, 236 f; Waldhoff/Grefrath, IStR 2013, 477, 477 f.

Zusammenwirkens verschiedener Normen, (Normenklarheit). Die (praktisch eher geringen) Anforderungen richten sich im Einzelfall u.a. nach den Verständnismöglichkeiten der Normunterworfenen[729], den Eigenarten der Sachmaterie und der Eingriffsintensität, wobei alle Erkenntnismöglichkeiten des Normunterworfenen berücksichtigt werden.[730] Allein hohe Komplexität begründet keinen Verstoß. Ein solcher wird bei sog. überkomplexen[731] Normen angenommen, sodass allein extreme Fälle mangelnder Bestimmtheit und Verständlichkeit einen Verstoß begründen können.[732]

Einen Grenzfall stellt der Aktivitätskatalog des § 8 Abs. 1 AStG dar. Die Regel-Ausnahme-Technik zur Bestimmung aktiver Einkünfte nach mehreren Ziffern erschwert das Verständnis der Norm. Dies ist ein Defizit gegenüber einem klar gefassten (Passiv-)Katalog.[733] Schwierigkeiten in der Abgrenzung der Tatbestände und der Erfassung moderner wirtschaftlicher Tätigkeiten begründen jedoch eher systematische als verfassungsrechtliche Bedenken.[734] Die unübersichtliche Regelungstechnik schafft keine derartige Unklarheit, dass sich ein evidenter Verfassungsverstoß annehmen lässt. Gleiches gilt für den „Regelungsstil im Ganzen“.[735] Unter Berücksichtigung der komplexen Regelungsmaterie, des Auslandsbezugs und regelmäßig erheblicher geschäftlicher Erfahrung der (auch in aller Regel steuerlich beratenen) Normadressaten ist kein Verfassungsverstoß anzunehmen. Schwer verständliche Normen sind nicht mit unverständlichen Normen gleichzusetzen; nur letztere stehen Voraussehbarkeit und rechtssicherer Anwendbarkeit entgegen. Berechtige Bedenken in Bezug auf die Bestimmtheit löst aber der unklare Maßstab zur Ermittlung der Bemessungsgrundlage im Rahmen des § 8 Abs. 3 AStG aus. Maßgeblich könnte das ausländische oder das inländische Steuerrecht sein.[736]

---

729 Wobei in Bezug auf typischerweise steuerlich Beratene (wohl regelmäßig im Fall internationaler Steuergestaltung) die Perspektive eines Rechtskundigen maßgeblich sein kann: Gabel, 231 m.w.N.

730 Hey, in: Tipke/Lang, § 3, Rn. 230 ff, 243 ff; Gabel, 229 f, 236 f; Waldhoff/Grefrath, IStR 2013, 477, 478 f.

731 Wobei unklar bleibt, wann eine Norm nicht nur komplex, sondern *über*komplex ist.

732 Hey, in: Tipke/Lang, § 3, Rn. 247; Albert, 63 f; Gabel, 236; Waldhoff/Grefrath, IStR 2013, 477, 480.

733 Verfassungswidrigkeit nehmen an Vogt, in: Blümich, AStG, § 8, Rn. 5, Stand: 135.EL, November 2016 (in Ansätzen); Waldhoff/Grefrath, IStR 2013, 477, 481.

734 Anders und für Verfassungswidrigkeit Waldhoff/Grefrath, IStR 2013, 477, 481.

735 Verfassungsverstoß nehmen an Waldhoff/Grefrath, IStR 2013, 477, 484; wohl auch Vogt, in: Blümich, AStG, § 8, Rn. 5, Stand: 135.EL, November 2016.

736 Vogt, in: Blümich, AStG, § 8, Rn. 5, Stand: 135.EL, November 2016; Haarmann, IStR 2011, 565, 572; Waldhoff/Grefrath, IStR 2013, 477, 481 f; Wissenschaftlicher Beirat Steuern der Ernst & Young GmbH, IStR 2013, 549, 552 (auch zur Frage des Verpflichteten).

d. *Problematik eines Treaty Override*

Verfassungsrechtliche Bedenken werden gegen einen möglichen Treaty Override durch Anwendung der §§ 7 ff AStG vorgebracht. Doppelbesteuerungsabkommen sind völkerrechtliche Verträge auf dem Gebiet des internationalen Steuerrechts, die den steuerlichen Zugriff der Vertragsstaaten auf Einkünfte des Steuerpflichtigen zur Vermeidung der Doppelbesteuerung beschränken.[737] Die innerstaatliche Geltung setzt in Deutschland voraus, dass das DBA per einfach-rechtlichem Zustimmungsgesetz für anwendbar erklärt ist.[738] Die abkommensrechtlichen Regelungen – durch das Zustimmungsgesetz innerstaatlich wirksam – genießen regelmäßig als spezielle Regelungen Vorrang vor sonstigen innerstaatlichen Steuernormen. Dieser Grundsatz kommt in § 2 AO zum Ausdruck.[739]

Die Anwendung der §§ 7 ff AStG (oder sonstiger sog. CFC-Regime) könnte einen Verstoß gegen Verpflichtungen aus dem DBA bedeuten, wenn man die Hinzurechnungsbesteuerung für unvereinbar mit abkommensrechtlichen Regelungen (u.a. Art. 10 OECD-MA) hält[740] und im jeweiligen DBA kein Vorbehalt zugunsten nationaler Missbrauchsabwehr oder gar den Hinzurechnungsregeln vorgesehen ist.[741] Gemäß § 20 Abs. 1 AStG berühren DBA die Vorschriften der §§ 7 ff AStG nicht. Geht man von einer Kollision der §§ 7 ff AStG mit abkommensrechtlichen Regelungen aus, so könnte § 20 Abs. 1 AStG einen (potentiell unzulässigen) Vorrang der Hinzurechnungsbesteuerung bedeuten.[742] Eine innerstaatliche Regelung kann abkommensrechtliche Gewährleistungen überlagern. Ein DBA erlangt innerstaatliche Geltung durch einen Anwendungsbefehl in Form des Zustimmungsgesetzes zum DBA. Dies steht im gleichen Rang wie sonstiges einfaches (Steuer-)Recht. Der Vorrang der DBA-Regelungen gegenüber sonstigem innerstaatlichen Recht (als spezielle Regelung) kann durchbrochen werden, wenn der Gesetzgeber erkennbar

---

737 Lehner, in: Vogel/Lehner, Grundlagen des Abkommensrechts, Rn. 3 ff.

738 Lehner, in: Vogel/Lehner, Grundlagen des Abkommensrechts, Rn. 45 ff.

739 Protzen, in: Kraft, § 7, Rn. 150.

740 Str., so Vogt, in: Blümich, AStG, § 20, Rn. 13 ff; Stand: 130.EL, Oktober 2015 m.w.N., a.A. u.a. Reiche, in: Haase, AStG/DBA, § 7, Rn. 20; Protzen, in: Kraft, § 7, Rn. 151 ff.

741 Wenig überzeugend erscheint, eine Rechtfertigung des Vorrangs der §§ 7 ff AStG in der DBA-Anwendung – wohl auf einen ungeschriebenen Missbrauchsvorbehalt gestützt – anzunehmen, wenn eine konsequente Beschränkung der Hinzurechnungsbesteuerung auf tatsächlich missbräuchliche Gestaltungen erfolgt, Haarmann, IStR 2011, 565, 572. Ein solcher Vorbehalt ist u.a. mangels inhaltlicher Bestimmbarkeit nicht anzuerkennen.

742 Wiederum kann diese Regelung eher Ausdruck von lex specialis oder lex posterior sein, da die einfach-gesetzliche Regelung des § 20 Abs. 1 AStG keinen Vorrang der einfach-gesetzlichen §§ 7 ff AStG vor dem einfach-gesetzlichen innerstaatlichen Anwendungsbefehl des Zustimmungsgesetzes zum DBA regeln kann.

vom Vorrang abweichen will. Eine solche Überlagerung abkommensrechtlicher Vorschriften durch innerstaatliches Recht wird als *Treaty Override* bezeichnet.[743]

So in § 20 Abs. 1 AStG überhaupt ein solcher Treaty Override zum Ausdruck kommt, liegt darin aber jedenfalls kein Verfassungsverstoß. Die Überlagerung der abkommensrechtlichen Regelungen durch widersprechende gleichrangige Gesetzgebung begründet einen Verstoß gegen bindende völkerrechtliche DBA-Verpflichtungen (pacta sunt servanda), die gegenüber dem anderen Vertragsstaat bestehen. Der Gesetzgeber ist aber verfassungsrechtlich nicht an die völkerrechtlichen Pflichten gebunden, sondern als Ausdruck des Demokratieprinzips (Art. 20 Abs. 1, 2 GG) und der parlamentarischen Diskontinuität frei, Rechtsakte zu setzen und zu ändern. Die Völkerrechtsfreundlichkeit des Grundgesetzes und das Rechtsstaatsprinzip (Art. 20 Abs. 3 GG) gebieten keine uneingeschränkte Befolgung völkerrechtlicher Verpflichtungen.[744]

V. Europarechtliche Vorgaben

Die Hinzurechnungsbesteuerung soll die steuerlich motivierte Einschaltung beherrschter und niedrig besteuerter *ausländischer* Gesellschaften eindämmen. (Potentielle) Nachteile aus der Beteiligung an einer ausländischen gegenüber derjenigen an einer inländischen Gesellschaft können einen Verstoß gegen die Grundfreiheiten bedeuten.[745] Ferner sind sekundärrechtliche Vorgaben zur Ausgestaltung der Hinzurechnungsbesteuerung zu beachten, die sich aus der sog. Anti-BEPS-Richtlinie[746] ergeben.

---

743 Dazu Lehner, in: Vogel/Lehner, Grundlagen des Abkommensrechts, Rn. 194 m.w.N., 200.

744 So BVerfG v. 15.12.2015 – 2 BvL 1/12, IStR 2016, 191 m.w.N.; gl. Ansicht u.a. Oellerich, in: Schaumburg/Englisch, Rn. 8.178; Lehner, IStR 2012, 389 m.w.N; Musil, FR 2012, 149, 150 f; Ismer/Baur, IStR 2014, 421; Musil, IStR 2014, 192; a.A. u.a. BFH v. 10.01.2012 – I R 66/09, DStR 2012, 949 und v. 20.08.2014 – I R 86/13, DStR 2014, 2065. – Näher zur verfassungsrechtlichen Bewertung u.a. bei Jansen/Weidmann, IStR 2010, 596 ff; Hahn, BB 2012, 1955, 1957 ff; Ismer/Baur, IStR 2014, 421.

745 Das europäische Primärrecht, insbesondere die Grundfreiheiten, begrenzt die mitgliedstaatliche Kompetenzausübung. Die nationalen Gesetzgeber müssen, obwohl die EU keine Rechtssetzungskompetenz für direkte Steuern besitzt, ihre Kompetenzen in Einklang mit dem Unionsrecht ausüben, u.a. EuGH v. 14.02.1995 – Rs. C 279-93, Finanzamt Köln-Altstadt gg. Roland Schumacker, Slg. 1995 I 249, Rn. 21; EuGH v. 14.12.2006 – Rs. C-170/05, Denkavit international BV und Denkavit France SARL gg. Ministre de l'Economie, des Finances et de l'Industrie, Slg. 2006 I 11949, Rn. 19 m.w.N., dazu Sedemund, Ubg 2009, 560, 561.

746 Richtlinie (EU) 2016/1164 des Rates vom 12. Juli 2016 mit Vorschriften zur Bekämpfung von Steuervermeidungspraktiken mit unmittelbaren Auswirkungen auf das Funktionieren des Binnenmarkts, Abl. 2016 L 193, 1.

1. *Anti-BEPS-Richtlinie*

Die sog. Anti-BEPS-Richtlinie (ATAD[747]) enthält Vorschriften über beherrschte ausländische Gesellschaften (Art. 7 und 8[748] ATAD). Daraus ergibt sich künftig[749] eine Verpflichtung aller EU-Mitgliedstaaten entsprechende Regelungen zu schaffen (Art. 11 ATAD; Art. 288 Abs. 3 AEUV). Die Richtlinie begründet ein Mindestschutzniveau (Art. 3 ATAD); sie „verhindert nicht die Anwendung nationaler oder vertraglicher Bestimmungen zur Wahrung eines höheren Maßes an Schutz der inländischen Körperschaftsteuerbemessungsgrundlagen". Weitergehende Regelungen sind mit der Richtlinie grundsätzlich zu vereinbaren.[750] National ist das Regelungsziel von der Hinzurechnungsbesteuerung erfasst.

a. *Steuerpflichtige*

Die Richtlinie betrifft in der EU körperschaftsteuerpflichtige Personen und deren Betriebsstätten sowie in der EU belegene Betriebsstätten von Unternehmen, die steuerlich in einem Drittland ansässig sind (vgl. Art. 1 ATAD).[751] Die Pflicht zur Hinzurechnung richtet sich an den Mitgliedstaat eines Steuerpflichtigen (Art. 7 Abs. 1 ATAD). Dies dürfte sich auf den[752] Staat beziehen, in dem

---

747 Es handelt sich um ein Akronym der englischen Kurzbezeichnung „Anti-Tax Avoidance Directive", das zahlreich verwendet wird: u.a. Linn, IStR 2016, 645; Oppel, IStR 2016, 797; Rautenstrauch/Suttner, BB 2016, 2391; Dehne, ISR 2018, 232.

748 Die Einkünfteberechnung in Bezug auf das beherrschte ausländische Unternehmen erfolgt nach Maßgabe des Art. 8 ATAD und ist vergleichbar mit den §§ 7 ff AStG ausgestaltet. Nicht ausgeschüttete schädliche Einkünfte sind in die Steuerbemessungsgrundlage des Körperschaftsteuerpflichtigen einzubeziehen (Art. 7 Abs. 2 ATAD). Die Zurechnung richtet sich nach der Beteiligung iSd Art. 7 Abs. 2 lit. a) ATAD (Art. 8 Abs. 3 ATAD), dazu Rautenstrauch/Suttner, BB 2016, 2391, 2393; Schnitger/Nitzschke/Gebhardt, IStR 2016, 960, 971. Eine Doppelbesteuerung wird vermieden, indem bei späterer steuerpflichtiger Gewinnausschüttung an den inländischen Steuerpflichtigen oder im Falle späterer steuerpflichtiger Beteiligungsveräußerung die zuvor zugerechneten Einkünfte von der Bemessungsgrundlage abgezogen werden (Art. 8 Abs. 5 und 6 ATAD). Schließlich sind die von der ausländischen Gesellschaft entrichteten Steuern auf die Steuerschuld des inländischen Steuerpflichtigen anzurechnen (Art. 8 Abs. 7 ATAD).

749 Umsetzungsfrist bis Ende 2018 (Art. 11 Abs. 1 ATAD).

750 Rautenstrauch/Suttner, BB 2016, 2391, 2391; Fehling, DB 2016, 2862, 2862; einschränkend: Hey, StuW 2017, 248, 250 f. – Die sekundärrechtlichen Vorgaben sind begrenzt durch das primäre Unionsrecht, Erwägungsgrund 12 Abs. 2 ATAD; Leukefeld, 172 f; Fehling, DB 2016, 2862, 2862, 2864; Kahlenberg/Prusko, IStR 2017, 304, 307; Schnitger/Nitzschke/Gebhardt, IStR 2016, 960, 960; Hey, StuW 2017, 248, 249 ff (zur Zielsetzung der Richtlinie), 253 f.

751 Rautenstrauch/Suttner, BB 2016, 2391, 2391.

752 Zum Problem der Doppelansässigkeit Schnitger/Nitschke/Gebhardt, IStR 2016, 960, 961 f.

unbeschränkte Körperschaftsteuerpflicht besteht.[753] Die Erfassung unbeschränkt Steuerpflichtiger durch den jeweiligen Ansässigkeitsstaat der beherrschenden Gesellschafter ist Kennzeichen einer sog. CFC[754]-Gesetzgebung. Die steuerliche Ansässigkeit der Muttergesellschaft ist für die Einkünftezurechnung nach der Richtlinienvorgabe maßgeblich (Erwägungsgrund 12 ATAD). § 7 Abs. 1 AStG erfasst unbeschränkt Steuerpflichtige.

b. Beherrschung

Die Richtlinienvorgabe setzt die Beherrschung der ausländischen Gesellschaft voraus. Dies erfordert, dass der Steuerpflichtige allein oder zusammen mit verbundenen Unternehmen[755] unmittelbar oder mittelbar mehr 50 % der Stimmrechte oder des Kapitals hält oder einen Anspruch auf mehr als 50 % des Gewinns hat (Art. 7 Abs. 1 lit. a) ATAD). Die Richtlinie stellt allein auf körperschaftsteuerpflichtige Personen ab.[756]

Im Wesentlichen entspricht die deutsche Regelung dieser Vorgabe. Im Grundfall ist die Beteiligung inländischer Steuerpflichtiger an der ausländischen Gesellschaft zu mehr als der Hälfte erforderlich (§ 7 Abs. 1 AStG). Die Beteiligung bestimmt sich nach Anteilen, Stimmrechten oder, subsidiär, nach der Gewinnverteilung (§ 7 Abs. 2 , 5 AStG). Die deutsche Regelung verlangt aber keine Mindestbeteiligung einzelner Steuerpflichtiger und keine Verbindung oder Zusammenwirken von Anteilsinhabern,[757] auch sind natürliche Person als Anteilseigner erfasst. Geringere Beteiligungsvoraussetzungen der deutschen Regelung (§ 7 Abs. 6 AStG) sind gleichermaßen mit Blick auf die bloße Mindestharmonisierung (Art. 3 ATAD) und (ausdrücklich) Erwägungsgrund 12 ATAD zulässig.[758] Anlass zur Verschärfung des deutschen Beherrschungskriteriums könnte jedoch insoweit bestehen, dass Art. 7 Abs. 1 lit. a) ATAD in- und ausländische verbundene Unternehmen einbezieht.[759]

---

753 Schnitger/Nitschke/Gebhardt, IStR 2016, 960, 961.

754 Regelungen wie die §§ 7 ff AStG werden international als Controlled Foreign Companies (CFC) Rules (Regelungen über beherrschte ausländische Gesellschaften) bezeichnet, OECD/G20, BEPS, Designing Effective Controlled Foreign Company Rules, Action 3 – 2015 Final Report, abrufbar unter oecd.org/tax/designing-effective-controlled-foreign-company-rules-action-3-2015-final-report-9789264241152-en.htm (zuletzt abgerufen am 16.01.2016).

755 Verbundene Unternehmen sind definiert in Art. 2 Abs. 4 ATAD.

756 Schnitger/Nitzschke/Gebhardt, IStR 2016, 960, 962 f; Hey, StuW 2017, 248, 252 f.

757 Rautenstrauch/Suttner, BB 2016, 2391, 2392; Schnitger/Nitzschke/Gebhardt, IStR 2016, 960, 963.

758 Im Ergebnis auch Rautenstrauch/Suttner, BB 2016, 2391, 2392; vgl. Dehne, ISR 2018, 132, 135.

759 Vgl. Beispiel von Schnitger/Nitzschke/Gebhardt, IStR 2016, 960, 963.

c. Niedrige Besteuerung

Die niedrige Besteuerung wird in Art. 7 Abs. 1 lit. b) ATAD definiert. Schädlich ist eine effektive Steuerbelastung der ausländischen Gesellschaft von weniger als 50 % der (hypothetisch) im Mitgliedstaat des Steuerpflichtigen geltenden Belastung.[760] Die Niedrigsteuergrenze zieht der deutsche Gesetzgeber bis dato bei einer effektiven Ertragsteuerbelastung der ausländischen Gesellschaft von weniger als 25 % (§ 8 Abs. 3 AStG). Bei – dem Wortlaut der Richtlinie und dem Regelungsbereich getreu – isoliertem Abstellen auf die Körperschaftsteuerbelastung,[761] darf die Grenze von 7,5 % nicht unterschritten werden.[762] Die Richtlinie setzt aber nur einen Mindeststandard (Art. 3 ATAD und Erwägungsgrund 12 ATAD). Wenngleich eine Absenkung geboten erscheint,[763] ist die geltende Grenze in § 8 Abs. 3 AStG mit der Richtlinienvorgabe zu vereinbaren.[764]

d. Einkünftekatalog

Schädliche Einkünfte sind in Art. 7 Abs. 2 ATAD abschließend festgelegt. Dies können nicht ausgeschüttete Einkünfte aus aufgezählten Kategorien (Art. 7 Abs. 2 lit. a) ATAD) *oder* aus missbräuchlichen Steuergestaltungen (Art. 7 Abs. 2 lit. b) ATAD)[765] sein. Insoweit besteht eine Wahlmöglichkeit.[766] Die Regelung des § 8 Abs. 1 AStG regelt einen Einkünftekatalog. Allerdings werden

---

760 Linn, IStR 2016, 645, 646; Rautenstrauch/Suttner, BB 2016, 2391, 2392.

761 Vogt, in: Blümich, § 8 AStG, Rn. 8, Stand: 135.EL, November 2016; Rautenstrauch/Suttner, BB 2016, 2391, 2392; Schnitger/Nitzschke/Gebhardt, IStR 2016, 960, 963; Dehne, ISR 2018, 132, 136; allgemein Hey, StuW 2017, 248, 252 f.

762 Bei Einbeziehung von Gewerbesteuer und Solidaritätszuschlag, was ganz herrschend abgelehnt wird, könnte eine Ertragsteuerbelastung von ca. 15 % die Untergrenze bilden.

763 Dazu im Rahmen der Kritik an der Konzeption und verfassungsrechtlichen Bedenken gegenüber §§ 7 ff AStG.

764 Linn, IStR 2016, 645, 649; Rautenstrauch/Suttner, BB 2016, 2392. – Eine Abweichung zwischen geltender Rechtslage und Richtlinienvorgabe könnte darin bestehen, dass die Richtlinie bei der Bestimmung der Niedrigsteuergrenze auf die gesamten Gewinne der ausländischen Gesellschaft abstellt, vgl. Schnitger/Nitzschke/Gebhardt, IStR 2016, 960, 964.

765 Die alternative Definition der Schädlichkeit (Art. 7 Abs. 2 lit. b) UAbs. 2 ATAD) unterwirft Einkünfte aus unangemessenen Gestaltungen, deren wesentlicher Zweck darin besteht, einen steuerlichen Vorteil zu erlangen, der Hinzurechnung, dazu Leukefeld, 181 ff; Kahlenberg/Prusko, IStR 2017, 304, 307 f; Schnitger/Nitzschke/Gebhardt, IStR 2016, 960, 969 f. Die §§ 7 ff AStG verfolgen einen anderen Ansatz, sodass sie (ohne grundlegende Reformierung der Hinzurechnungsbesteuerung) an Art. 7 Abs. 2 lit. b) ATAD zu messen sind.

766 Leukefeld, 178; Rautenstrauch/Suttner, BB 2016, 2391, 2392 f; Schnitger/Nitzschke/Gebhardt, IStR 2016, 960, 966; Mammen/Nielsen, Wpg 2017, 289, 293 f. – Für Möglichkeit der Kombination beider Tests Kahlenberg/Prusko, IStR 2017, 304, 306.

nicht die schädlichen, sondern die unschädlichen Einkünfte bestimmt. Ein sog. transactional approach des § 8 Abs. 1 AStG – die Hinzurechnung auf die schädlichen Einkünfte der ausländischen Gesellschaft zu beschränken – ist grundsätzlich mit der Richtlinie vereinbar.[767]

Unterschiede bestehen aber in Bezug auf einzelne Aktivitäten. Strenger als gemäß § 8 Abs. 1 Nr. 7 AStG sind Zinsen und sonstige Einkünfte aus Finanzanlagevermögen per se schädlich (Art. 7 Abs. 2 lit. a) i) ATAD).[768] Ferner sind Lizenzgebühren und sonstige Einkünfte aus geistigem Eigentum – anders als nach § 8 Abs. 1 Nr. 6 lit. a) AStG – hinzuzurechnen (Art. 7 Abs. 2 lit. a) ii) ATAD). Eine Forschungstätigkeit der ausländischen Gesellschaft (wie in § 8 Abs. 1 Nr. 6 lit. a) AStG) kann allenfalls in EU-/EWR-Fällen zur Aktivierung der Einkünfte führen (Art. 7 Abs. 2 lit. a) UAbs. 2 ATAD).[769] Art. 7 Abs. 2 lit. a) iii) ATAD zählt Dividenden und Gewinne aus der Anteilsveräußerung des ausländischen Unternehmens oder der Betriebsstätte (im Gegensatz zu § 8 Abs. 1 Nr. 8 und 9 AStG) zu den schädlichen Einkünften.[770] Die Einkünfteberechnung nach nationalem Steuerrecht (inklusive § 8b KStG) könnte die deutsche Regelung aber im Ergebnis rechtfertigen.[771] Überdies sind Einkünfte aus Finanzierungsleasing (Art. 7 Abs. 2 lit. a) iv) ATAD) per se passiv.[772] Des Weiteren sind nach der Richtlinie – im Gegensatz zu § 8 Abs. 1 Nr. 3 AStG – Einkünfte aus Tätigkeiten von Versicherungen und Banken und aus anderen finanziellen Tätigkeiten (Art. 7 Abs. 2 lit. a) v) ATAD) stets schädlich.[773] Eine eigene Kategorie bilden abschließend die Einkünfte aus Abrechnungsunternehmen nach Art. 7 Abs. 2 lit. a) vi) ATAD. Die Schädlichkeit könnte – im Vergleich mit anderen Sprachfassungen – auf rein konzerninterne Dienstleistungs- und Handelstätigkeit zu beschränken sein.[774] Jedoch bestehen gegenüber § 8 Abs. 1 Nr. 4 und 5 AStG Abweichungen in Bezug auf ein Mehrwerterfordernis.[775]

---

767 Schnitger/Nitzschke/Gebhardt, IStR 2016, 960, 967; Mammen/Nielsen, Wpg 2017, 289, 293 f.

768 Vgl. Schnitger/Nitzschke/Gebhardt, IStR 2016, 960, 967.

769 Linn, IStR 2016, 645, 650; Schnitger/Nitzschke/Gebhardt, IStR 2016, 960, 967. – Dies lässt sich nicht im Wege richtlinienkonformer Auslegung erreichen, so aber Linn, IStR 2016, 645, 651.

770 Linn, IStR 2016, 645, 650; Schnitger/Nitzschke/Gebhardt, IStR 2016, 960, 967; Mammen/Nielsen, Wpg 2017, 289, 295; Dehne, ISR 2018, 132, 137.

771 Linn, IStR 2016, 645, 650; Schnitger/Nitzschke/Gebhardt, IStR 2016, 960, 968 und 971; Kahlenberg/Prusko, IStR 2017, 304, 310. – § 10 Abs. 3 S. 2 AStG gilt nur für die Ermittlung des Hinzurechnungsbetrags. Ein Ausschluss des § 8 Abs. 5 KStG (so Linn, IStR 2016, 645, 650) ist zu bezweifeln.

772 Vgl. dazu Schnitger/Nitzschke/Gebhardt, IStR 2016, 960, 968.

773 Schnitger/Nitzschke/Gebhardt, IStR 2016, 960, 968.

774 Linn, IStR 2016, 645, 650; Schnitger/Nitzschke/Gebhardt, IStR 2016, 960, 969.

775 Schnitger/Nitzschke/Gebhardt, IStR 2016, 960, 969.

e. Gegenbeweismöglichkeit

In Bezug auf die schädlichen Einkunftskategorien ist eine Gegenbeweismöglichkeit vorgeschrieben, dass das beherrschte ausländische Unternehmen – gestützt auf Personal, Ausstattung, Vermögenswerte, Räumlichkeiten – eine wesentliche wirtschaftliche Tätigkeit ausübt (Art. 7 Abs. 2 lit. a) UAbs. 2 ATAD).[776] Dieser Gegenbeweis kann ausgeschlossen werden in Bezug auf in einem Drittland (nicht in EU oder EWR) ansässige oder belegene beherrschte ausländische Unternehmen (Art. 7 Abs. 2 lit. a) UAbs. 3 ATAD). Diese Gegenbeweismöglichkeit kann grundsätzlich mittels § 8 Abs. 2 AStG umgesetzt werden.[777] Die primärrechtskonforme Auslegung gebietet aber, die Hinzurechnungsregeln auf steuerlich motivierte, rein künstliche Gestaltungen zu beschränken;[778] dies gilt gleichermaßen für die Auslegung des Aktivitätstests (vgl. Erwägungsgrund 12 Abs. 2 ATAD).

f. Ausnahmeregelung

Trotz schädlicher Einkünfteerzielung (gemäß dem Katalog des Art. 7 Abs. 2 lit. a) ATAD) kann eine Hinzurechnung unterbleiben, wenn maximal ein Drittel der Einkünfte des ausländischen Unternehmens schädlich sind bzw. in Bezug auf Finanzunternehmen maximal ein Drittel der schädlichen Einkünfte aus Transaktionen mit dem Steuerpflichtigen oder seinen verbundenen Unternehmen stammen (Art. 7 Abs. 3 ATAD).[779] Nach der Freigrenze des § 9 AStG bleiben bei gemischten Einkünften schädliche Einkünfte außer Ansatz, wenn die ihnen zugrunde liegenden Bruttoerträge nicht mehr als 10 % der Bruttoerträge der Gesellschaft ausmachen und die Beträge bei Gesellschaft und jeweiligen Gesellschaftern 80.000 Euro nicht übersteigen. Die Regelung des § 9 AStG ist enger als die Richtlinienregelung, die den Anteil schädlicher Einkünfte auf maximal ein Drittel der Gesamteinkünfte des ausländischen Unternehmens beschränkt. Die Freigrenze des § 9 AStG ist dennoch richtlinienkonform.[780]

g. Zwischenergebnis

Der Gesetzgeber ist verpflichtet, die § 7 ff AStG punktuell zu verschärfen. Dass die nationalen Regelungen in Teilen strenger als die Richtlinienvorgabe ausgestaltet sind, lässt den Anpassungsbedarf nicht entfallen. Die (klaren) „Vorgaben der Richtlinie eher flexibel" auszulegen,[781] ist mit dem Ziel der Mindestharmonisierung in

---

776 Ausführlich zum Substanztest Leukefeld, 179 ff.

777 Schnitger/Nitzschke/Gebhardt, IStR 2016, 960, 969; Dehne, ISR 2018, 132, 138.

778 Schnitger/Nitzschke/Gebhardt, IStR 2016, 960, 969; Kahlenberg/Prusko, IStR 2017, 304, 306 ff; Hey, StuW 2017, 248, 253; Dehne, ISR 2018, 132, 138; vgl. auch Leukefeld, 178 f.

779 In Bezug auf Einkünfte aus Umgehungsgestaltungen (Art. 7 Abs. 2 lit. b) AStG) kann eine Ausnahme nach Art. 7 Abs. 4 ATAD vorgesehen werden.

780 Schnitger/Nitzschke/Gebhardt, IStR 2016, 960, 974.

781 So Linn, IStR 2016, 645, 652.

den Regelungsbereichen (Art. 3 ATAD) und der bestehenden Umsetzungspflicht (Art. 288 Abs. 3 AEUV) nicht zu vereinbaren.[782]

2. *Grundfreiheiten*

Die Grundfreiheiten dienen der Errichtung eines gemeinsamen Binnenmarkts (Art. 26 Abs. 2 AEUV) und einer möglichst effizienten Allokation von Ressourcen innerhalb des Binnenmarkts. Sie richten sich gegen Behinderungen und Verzerrungen des wirtschaftlichen Austausches innerhalb der Union.[783]

a. *Prüfungsmaßstab*

aa) Anwendungsbereich der Niederlassungs- und der Kapitalverkehrsfreiheit

Die deutschen Regelungen über die Hinzurechnungsbesteuerung (§§ 7 ff AStG) fallen in den Anwendungsbereich der Niederlassungs- und der Kapitalverkehrsfreiheit. Die Niederlassungsfreiheit schützt die Aufnahme und Ausübung einer selbstständigen Erwerbstätigkeit sowie die Gründung und Leitung von Unternehmen (Art. 49 Abs. 1 S. 1 AEUV, sog. primäre Niederlassung)[784] in grenzüberschreitenden Sachverhalten[785]. Ferner ist die Ausübung oder Leitung der Tätigkeit innerhalb der Union durch Tochtergesellschaften, Zweigniederlassungen und Agenturen geschützt (Art. 49 Abs. 1. S. 2 AEUV, sog. sekundäre Niederlassung),[786] wobei diejenige Person, die sich auf die Freiheit beruft, innerhalb der Union ansässig sein muss (Art. 49 Abs. 1 S. 2 AEUV).[787] Eine Niederlassung setzt die Ausübung einer wirtschaftlichen Tätigkeit auf unbestimmte Zeit mittels fester Einrichtung in einem anderen Mitgliedstaat der Union voraus.[788] Die Niederlassungsfreiheit

782 Fehling, DB 2016, 2862, 2863. – Zu einer (erwarteten) Reformierung Haase, BB 2017, Heft 18, I (Die Erste Seite).

783 Ehlers, in: Ehlers, § 7, Rn. 1 ff; Pache, in: Schulze, § 10, Rn. 1 ff; Schön, in: FS Reiss, 571, 578 f; Lohmann, 83 f; Schön, IStR 2013, Beihefter H6, 3, 4.

784 Korte, in: Calliess/Ruffert, AEUV, Art. 49, Rn. 16 ff, 29 f.

785 Dazu Sedemund, Ubg 2009, 560, 561.

786 Korte, in: Calliess/Ruffert, AEUV, Art. 49, Rn. 18, 29 f.

787 Dies meint insbesondere Hauptsitz oder Hauptverwaltung innerhalb der Union, EuGH v. 12.12.2006 – Rs. C-446/04, Test Claimants in the FII Group Litigation gg. Commissioners of Inland Revenue, ECLI:EU:C:2006:774, Rn. 39; Korte, in: Calliess/Ruffert, AEUV, Art. 49, Rn. 29 f. – Irrelevant ist hingegen die Ansässigkeit der Anteilseigner der freiheitsausübenden (und zwingend innerhalb der Union ansässigen) Person, Schade, 98 f.

788 EuGH v. 25.07.1991 – Rs. C-221/89, The Queen gg. Secretary of State for Transport, ex parte Factortame Ltd. u.a., Slg. 1991 I 3956, Rn. 20; EuGH v. 12.09.2006 – Rs. C-196/04, Cadbury Schweppes plc und Cadbury Schweppes Overseas Ltd. gg. Commissioners of Inland Revenue, Slg. 2006 I 8031, Rn. 54; Korte, in: Calliess/Ruffert,

schützt auch vor Beschränkungen durch den Herkunftsstaat.[789] Geschützt sind Gesellschaften, die nach dem Recht eines Mitgliedstaates gegründet sind und ihren satzungsmäßigen Sitz, ihre Hauptverwaltung oder Hauptniederlassung innerhalb der Union haben (Art. 54 AEUV).[790] Die ausländische Gesellschaft muss einen eigenen Erwerbszweck verfolgen (Art. 54 Abs. 2 AEUV), was aber lediglich Tätigkeiten ausschließt, die nicht Teil des Wirtschaftslebens sind.[791] Ferner setzt die Niederlassungsfreiheit in Bezug auf Beteiligungen voraus, dass der Anteilseigner einen sicheren Einfluss auf die Entscheidungen der Beteiligung ausüben kann.[792] In den Anwendungsbereich der Niederlassungsfreiheit kann eine (beherrschende) Beteiligung inländischer unbeschränkt Steuerpflichtiger an ausländischen Gesellschaften innerhalb der Union (§ 7 Abs. 1 AStG) fallen.

Die Kapitalverkehrsfreiheit schützt Kapitalbewegungen (Übertragung von vermögenswerten Gegenständen, einschließlich [ausländischer] Gesellschaftsanteile[793]) zwischen Mitgliedstaaten der Union und im Verhältnis zu Drittstaaten,[794] sog. erga-omnes-Wirkung.[795] Dies umfasst Erwerb und Halten von Gesellschaftsanteilen sowie die Ausübung der damit verbundenen Rechte (bspw. Dividendenbezug).[796] Ein sicherer Einfluss auf die Entscheidungen der Gesellschaft wird nicht vorausgesetzt; erfasst sind Portfolio- wie Direktinvestitionen.[797] Ausreichend ist,

---

Art. 49 AEUV, Rn. 12 ff; Pache, in: Schulze, § 10, Rn. 167 ff; Hahn, DStZ 2005, 469, 472 f; Leukefeld, 140 ff; Kokott/Henze, BB 2007, 913, 916.

789 U.a. EuGH v. 12.09.2006 – Rs. C-196/04, Cadbury Schweppes plc und Cadbury Schweppes Overseas Ltd. gg. Commissioners of Inland Revenue, Slg. 2006 I 8031, Rn. 42; Lohmann, 146 f.

790 Lohmann, 88.

791 Schade, 101 m.w.N.

792 EuGH v. 13.03.2007, Test Claimants in the Thin Cap Group Litigation gg. Commissioners of Inland Revenue – Rs. C-524/04, Slg. 2007 I-2157, Rn. 27 m.w.N. – Zur erforderlichen Höhe im Rahmen der Abgrenzung der Freiheiten.

793 v. Wilmowsky, in: Ehlers, § 12, Rn. 2; Lohmann, 97.

794 Ehlers, in: Ehlers, § 7, Rn. 6; Pache, in: Schulze, § 10, Rn. 203 f; auch Sedemund, Ubg 2009, 560, 562. – Bestimmung in der Rechtsprechung des Europäischen Gerichtshofs insbesondere unter Bezugnahme auf Anhang I der Kapitalverkehrsrichtlinie (Richtlinie des Rates v 24.06.1988 zur Durchführung von Artikel 67 des Vertrages, 88/361 /EWG, Abl. L 178, 5), EuGH v. 03.10.2006 – Rs. C-452/04, Fidium Finanz AG gg. Bundesanstalt für Finanzdienstleistungsaufsicht, ECLI:EU:C:2006:631, Rn. 5 f; Reimer, in: Schaumburg/Englisch, Rn. 7.100.

795 Vgl. Watrin/Eberhardt, BB 2014, 2967, 2967.

796 Schade, 102 m.w.N.

797 Lohmann, 97; Thiele, 62. – Eine Direktinvestition meint eine dauerhafte, regelmäßig größere Gesellschaftsbeteiligung mit dem Ziel der Kontrolle der Gesellschaft, EuGH v. 12.12.2006 – Rs. C-446/04, Test Claimants in the FII Group Litigation gg. Commissioners of Inland Revenue, I-11814, 11869 f; Thiele, 62 f. – Als Portfoliobeteiligungen werden regelmäßig allein der Kapitalanlage dienende, geringfügige Gesellschaftsbeteiligungen bezeichnet, Thiele, 62.

dass das Kapital die Grenze überschreitet, so bspw. bei einem grenzüberschreitenden Beteiligungserwerb oder einem Eigentümerwechsel.[798] Die Kapitalverkehrsfreiheit schützt als einzige Grundfreiheit grenzüberschreitende Sachverhalte mit Bezug zu Drittstaaten – in der Inbound- wie der Outbound-Situation.[799] Erforderlich ist ein Unionsbezug, der bei Investition in die oder aus der Union heraus gegeben ist.[800] Beteiligungen inländischer unbeschränkt Steuerpflichtiger an ausländischen Gesellschaften (§ 7 Abs. 1 oder 6 AStG) können in den Anwendungsbereich der Kapitalverkehrsfreiheit fallen.

Die Prüfung der §§ 7 ff AStG am Maßstab der Kapitalverkehrsfreiheit ist auch nicht durch Art. 64 Abs. 1 AEUV (sog. Stillstandsklausel) eingeschränkt. Diese Regelung gewährt Beschränkungen von Direktinvestitionen mit Bezug zu Drittstaaten Bestandsschutz, die bereits vor dem 31. Dezember 1993 in Kraft waren und nicht wesentlich geändert wurden – und begrenzt so den Schutzbereich. Betroffen sind allein Direktinvestitionen, wobei die mitgliedstaatliche Regelung auch Direktinvestitionen erfassen und im konkreten Fall eine solche vorliegen muss.[801] Direktinvestitionen setzen die Schaffung oder Aufrechterhaltung dauerhafter und direkter wirtschaftlicher Beziehungen zwischen Investor und Investitionsobjekt – und speziell bei Beteiligungen an Gesellschaften eine Kontrollmöglichkeit über die Gesellschaft – voraus.[802] Art. 64 Abs. 1 AEUV kann auch Regelungen Schutz gewähren, die nach dem Stichtag erlassen worden sind, aber im Wesentlichen mit einer früheren geschützten Regelung übereinstimmen oder diese lediglich abmildern.[803] Eine wesentliche Übereinstimmung scheidet jedenfalls aus, wenn eine Regelung „auf einem anderen Grundgedanken als das frühere Recht" beruht und „neue Verfahren" einführt.[804] Der rechtliche Rahmen der nationalen Regelung muss im Wesentlichen unverändert fortbestehen.[805] Infolge eines Systemwechsels vom Anrechnungs- zum Halbeinkünfteverfahren mit Anpassungen des AStG ist von einem anderen Grundgedanken der § 7 ff AStG auszugehen.[806] Ferner bedeutet

---

798 Pache, in: Schulze, § 10, Rn. 210 f; Hahn, DStZ 2005, 469, 479 f.

799 Reimer, in: Schaumburg/Englisch, Rn. 7.106; Pache, in: Schulze § 10, Rn. 209 f.

800 Thiele, 62; Lohmann, 103.

801 BFH v. 12.10.2016 – I R 80/14, IStR 2017, 316, Rn. 43 m.w.N.; Bannes/Cloer/Holle, FR 2017, 620, 622 m.w.N.

802 EuGH v. 12.12.2006 – Rs. C-446/04, Test Claimants in the FII Group Litigation gg. Commissioners of Inland Revenue, I-11814, 11869 f; BFH v. 12.10.2016 – I R 80/14, IStR 2017, 316, Rn. 44; Bannes/Cloer/Holle, FR 2017, 620, 621 f m.w.N.

803 EuGH v. 12.12.2006 – Rs. C-446/04, Test Claimants in the FII Group Litigation gg. Commissioners of Inland Revenue, I-11814, 11873 f; BFH v. 12.10.2016 – I R 80/14, IStR 2017, 316, Rn. 45.

804 EuGH v. 12.12.2006 – Rs. C-446/04, Test Claimants in the FII Group Litigation gg. Commissioners of Inland Revenue, I-11814, 11872.

805 Vgl. BFH v. 12.10.2016 – I R 80/14, IStR 2017, 316, Rn. 45.

806 FG Baden-Württemberg v. 12.08.2015 – 3 V 4193/13 (aber lediglich AdV-Verfahren); Haarmann, IStR 2011, 565, 568; Kraft/Quilitzsch, EWS 2012, 130, 132; Schönfeld, IStR 2016, 416, 417; Kraft, IStR 2017, 327, 329; vgl. BFH v. 12.10.2016 – I R 80/14, IStR

die erhebliche Absenkung der Mindestbeteiligungsquote des § 7 Abs. 6 AStG eine wesentliche Veränderung[807] – wobei Portfoliobeteiligungen ohnehin nicht als geschützte Direktinvestition im Sinne des Art. 64 Abs. 1 AEUV qualifizieren können.[808]

Welche Freiheit in Bezug auf ein bestimmtes Verhalten zur Anwendung gelangt, ist im Einzelfall abzugrenzen. Maßgebliches Abgrenzungskriterium zwischen Niederlassungs- und Kapitalverkehrsfreiheit in Bezug auf Gesellschaftsbeteiligungen ist die Beteiligungshöhe. Dabei ist nach dem Gegenstand der nationalen Regelung zu differenzieren.[809] Eine nationale Regelung, die allein Beteiligungen erfasst, die einen sicheren Einfluss auf die Entscheidungen der Gesellschaft vermitteln, wird grundsätzlich am Maßstab der Niederlassungsfreiheit gemessen.[810] Bestimmungen, die Streubesitzanteile betreffen oder (auch wesentliche) Beteiligungen erfassen, die der Geldanlage, nicht der Verwaltung und Kontrolle des Zielunternehmens, dienen, sind ausschließlich am Maßstab der Kapitalverkehrsfreiheit zu überprüfen.[811] Wenn

---

2017, 316, Rn. 47 ff, dazu Patzner/Nagler, GmbHR 2017, 548, 549; Brandis, BFH/PR 2017, 200, 202; Bannes/Cloer/Holle, FR 2017, 620, 622; Ellenrieder/Kahlenberg, BB 2018, 1815, 1818; a.A. u.a. FG Münster v. 30.10.2014 – 2 K 618/11 F, BeckRS 2015, 94269 m.w.N.; Schlussanträge des Generalanwalts Paolo Mengozzi v. 5.6.2018 – C-135/17, X-GmbH/FA Stuttgart-Körperschaften, IStR 2018, 685, Rn. 58 ff. Vgl. auch Thiele, 63 f, Lohmann, 109 f.

807 Lohmann, 109 f; Haarmann, IStR 2011, 565, 569; Bannes/Cloer/Holle, FR 2017, 620, 622; vgl. auch Patzner/Nagler, GmbHR 2017, 548, 549; Brandis, BFH/PR 2017, 200, 202; vgl. BFH v. 12.10.2016 – I R 80/14, IStR 2017, 316, Rn. 52 ff, aber nur Vorlage an EuGH, nach Ansicht des Senats Stand-Still-Schutz für Portfoliobeteiligungen denkbar, aber ggf. relevante Änderung durch Systemwechsel; a.A. FG Münster v. 30.10.2014 – 2 K 618/11 F, BeckRS 2015, 94269 m.w.N.; Schlussanträge des Generalanwalts Paolo Mengozzi v. 5.6.2018 – C-135/17, X-GmbH/FA Stuttgart-Körperschaften, IStR 2018, 685, Rn. 58 ff.

808 Bannes/Cloer/Holle, FR 2017, 620, 622.

809 EuGH v. 20.12.2017 – C-504/16, C-613/16, DStR 2018, 119, Tz. 77; EuGH v. 13.11.2012 – Rs. C-35/11, Test Claimants in the FII Group Litigation gg. Commissioners of Inland Revenue, The Commissioners for Her Majesty's Revenue & Customs, ECLI:EU:C:2012:707, Rn. 90 m.w.N.; Leukefeld, 147; Patzner/Nagler, GmbHR 2017, 548, 549.

810 EuGH v. 20.12.2017 – C-504/16, C-613/16, DStR 2018, 119, Tz. 78; EuGH v. 12.09.2006 – Rs. C-196/04, Cadbury Schweppes plc und Cadbury Schweppes Overseas Ltd gg. Commissioners of Inland Revenue, Slg. 2006 I 8031, Rn. 31 m.w.N; EuGH v. 13.11.2012 – Rs. C-35/11, Test Claimants in the FII Group Litigation gg. Commissioners of Inland Revenue, The Commissioners for Her Majesty's Revenue & Customs, ECLI:EU:C:2012:707, Rn. 91 m.w.N; BFH v. 12.10.2016 – I R 80/14, IStR 2017, 316, Rn. 39; Reimer, in: Schaumburg/Englisch, Rn. 7.89; Leukefeld, 146 ff; Kraft/Quilitzsch, EWS 2012, 130, 131 f; Schön, IStR 2013, Beihefter H6, 3, 7 f; Patzner/Nagler, GmbHR 2017, 548, 549.

811 EuGH v. 20.12.2017 – C-504/16, C-613/16, DStR 2018, 119, Tz. 78; EuGH v. 13.11.2012 – Rs. C-35/11, Test Claimants in the FII Group Litigation gg. Commissioners of

die mitgliedstaatliche Regelung sowohl beherrschende wie nicht beherrschende Beteiligungen erfasst, bestimmt sich grundsätzlich die im Einzelfall anwendbare Freiheit nach den tatsächlichen Gegebenheiten des konkreten Falles. Dabei wird berücksichtigt, ob im konkreten Fall eine beherrschende Beteiligung vorliegt, was zur Anwendung der Niederlassungsfreiheit führt.[812] Bei Drittstaatenbezug wird zur Bestimmung der anwendbaren Grundfreiheit wiederum eine abstrakt-generelle Prüfung in Anknüpfung an den Gegenstand der nationalen Regelung vorgenommen. Eine Regelung wird unabhängig von der konkreten Beteiligungshöhe an der Kapitalverkehrsfreiheit gemessen, wenn sie nicht ausschließlich Situationen erfasst, in denen der Anteilseigner entscheidenden Einfluss auf die Beteiligung ausüben kann.[813]

Im Ergebnis sind nationale Regelungen, die unterschiedslos wirken – beherrschende und im wesentlichen Umfang nicht beherrschende Beteiligungen erfassen – auch am Maßstab der Kapitalverkehrsfreiheit zu messen; so jedenfalls in Bezug auf Drittstaatensachverhalte, in unionsinternen Sachverhalten abhängig von den Umständen des Einzelfalles.[814] Dabei kann jedenfalls eine Beteiligung in Höhe von mehr als 25 % einen beherrschenden Einfluss vermitteln,[815] eine Mindestbeteiligungshöhe von unter 10 %[816] oder 10 % (regelmäßig)

Inland Revenue, The Commissioners for Her Majesty's Revenue & Customs, ECLI:EU:C:2012:707, Rn. 92 m.w.N.; BFH v. 12.10.2016 – I R 80/14, IStR 2017, 316, Rn. 39; Reimer, in: Schaumburg/Englisch, Rn. 7.90; Leukefeld, 147 f.

812 EuGH v. 20.12.2017 – C-504/16, C-613/15, DStR 2018, 119, Tz. 81 f; EuGH v. 13.11.2012 – Rs. C-35/11, Test Claimants in the FII Group Litigation gg. Commissioners of Inland Revenue, The Commissioners for Her Majesty's Revenue & Customs, ECLI:EU:C:2012:707, Rn. 93 ff; Reimer, in: Schaumburg/Englisch, Rn. 7.93; Watrin/Eberhardt, BB 2014, 2967, 2970.

813 EuGH v. 13.11.2012 – Rs. C-35/11, Test Claimants in the FII Group Litigation gg. Commissioners of Inland Revenue, The Commissioners for Her Majesty's Revenue & Customs, ECLI:EU:C:2012:707, Rn. 99; BFH v. 12.10.2016 – I R 80/14, IStR 2017, 316, Rn. 39; Schlussanträge des Generalanwalts Paolo Mengozzi v. 5.6.2018 – C-135/17, X-GmbH/FA Stuttgart-Körperschaften, IStR 2018, 685, Rn. 16 ff; Reimer, in: Schaumburg/Englisch, Rn. 7.94; Mitschke, IStR 2014, 37, 37; Watrin/Eberhardt, BB 2014, 2967, 2970; Brandis, BFH/PR 2017, 200, 201 f; Bannes/Cloer/Holle, FR 2017, 620, 620.

814 Vgl. BFH v. 12.10.2016 – I R 80/14, IStR 2017, 316, Rn. 39; wohl auch FG Münster v. 30.10.2014 – 2 K 618/11 F; Köhler, in: S/K/K, Vor §§ 7-14 AStG, Rn. 50, Stand: Februar 2017; Schlussanträge des Generalanwalts Paolo Mengozzi v. 5.6.2018 – C-135/17, X-GmbH/FA Stuttgart-Körperschaften, IStR 2018, 685, Rn. 16 ff; Reimer, in: Schaumburg/Englisch, Rn. 7.94; Haarmann, IStR 2011, 565, 568; Kraft/Quilitzsch, EWS 2012, 130, 131 f; Ditz/Quilitzsch, DStR 2013, 1917, 1921 m.w.N; Mitschke, IStR 2014, 37, 37; Schönfeld, IStR 2016, 416, 417; Cloer/Hagemann, IStR 2018, 697, 699.

815 EuGH v. 10.05.2007 – Rs. C-492/04, Lasertec Gesellschaft für Stanzformen mbH gg. Finanzamt Emmendingen, ECLI:EU:C:2007:273, Rn. 19 ff; Leukefeld, 148.

816 EuGH v. 12.12.2006 – Rs. C-446/04, Test Claimants in the FII Group Litigation gg. Commissioners of Inland Revenue, ECLI:EU:C:2006:774, Rn. 65; EuGH

nicht.[817] Eine feste Größe lässt sich pauschal schwerlich definieren. Es ist zu bestimmen, ob eine Beteiligungsquote vorliegt, die einen sicheren Einfluss auf die Entscheidungen der Gesellschaft ermöglicht.[818] Geringere Beteiligungen können zusammenzufassen sein, wenn Gesellschafter gleichgerichtete Interessen verfolgen und koordiniert handeln.[819]

Die Hinzurechnungsbesteuerung setzt keine beherrschende Beteiligung eines (jeden) inländischen Steuerpflichtigen voraus. § 7 Abs. 1 AStG verlangt eine beherrschende Beteiligung durch im Inland unbeschränkt Steuerpflichtige, wobei der einzelne inländische Gesellschafter geringer beteiligt sein kann, wenn insgesamt eine Beherrschung durch inländische Steuerpflichtige vorliegt. Sondertatbestände wie § 7 Abs. 6 AStG lassen gar wesentlich geringere Beteiligungen ohne Erfordernis inländischer Beherrschung genügen. Die Hinzurechnungsregelungen müssen sich am Maßstab der Niederlassungs- und (in Drittstaatenfällen oder in Bezug auf geringe Beteiligungen) der Kapitalverkehrsfreiheit messen lassen.[820]

bb) Exkurs: institutioneller Rechtsmissbrauch

Eine missbräuchliche Berufung auf Unionsrecht zur Umgehung nationalen Rechts, ein Fall sog. institutionellen Rechtsmissbrauchs,[821] kann außerhalb des

---

v. 03.10.2013 – Rs. C-282/12, Itelcar – Automóveis de Aluguer Lda gg. Fazenda Pública, ECLI:EU:C:2013:629, Rn. 22.

817 EuGH v. 03.10.2013 – Rs. C-282/12, Itelcar – Automóveis de Aluguer Lda gg. Fazenda Pública, ECLI:EU:C:2013:629, Rn. 22; Watrin/Eberhardt, BB 2014, 2967, 2969 m.w.N.; Patzner/Nagler, GmbHR 2017, 548, 549 m.w.N.; Leukefeld, 148; a.A. BFH v. 29.08.2012 – I R 7/12, BStBl. II 2013, 89 (Rn. 13 bei juris).

818 EuGH v. 20.12.2017 – C-504/16, C-613/15, DStR 2018, 119, Tz. 77 ff; Lohmann, 93 ff; Schade, 100 m.w.N; Kraft/Hohage, IStR 2014, 174, 175; Watrin/Eberhardt, BB 2014, 2267, 2268; ggf. a.A. BFH v. 12.10.2016 – I R 80/14, IStR 2017, 316, Rn. 44, dazu Patzner/Nagler, GmbHR 2017, 548, 549. – BFH (v. 06.03.2013 – I R 10/11, BStBl. II 2013, 707, Rn. 20 bei juris) und EuGH (v. 03.10.2013 – Rs. C-282/12, Itelcar – Automóveis de Aluguer Lda gg. Fazenda Pública, ECLI:EU:C:2013:629, Rn. 22; zustimmend Watrin/Eberhardt, BB 2014, 2267, 2268) sind uneins, wer darüber zu befinden hat, ob die nationale Regelung an eine Beherrschungssituation anknüpft und beanspruchen jeweils die Entscheidungshoheit.

819 EuGH v. 06.12.2007 – Rs. C-298/05, Columbus Container Services BVBA & Co. gg. FA Bielefeld-Innenstadt, Slg. 2007 I-10497, Rn. 31 f.

820 Vgl. BFH v. 12.10.2016 – I R 80/14, IStR 2017, 316, Rn. 40; Schlussanträge des Generalanwalts Paolo Mengozzi v. 5.6.2018 – C-135/17, X-GmbH/FA Stuttgart-Körperschaften, IStR 2018, 685, Rn. 16 ff; Köhler, in: S/K/K, Vor §§ 7-14 AStG, Rn. 43 ff, Stand: Februar 2017; Reiche, in: Haase, AStG/DBA, § 8, Rn. 137 ff; Kraft/Quilitzsch, EWS 2012, 130, 132; Ditz/Quilitzsch, DStR 2013, 1917, 1921; Schönfeld, IStR 2016, 416, 417; Bannes/Cloer/Holle, FR 2017, 620, 620; Cloer/Hagemann, IStR 2018, 697, 699.

821 Vgl. Fischer, in: H/H/S, AO, § 42, Rn. 156, Stand: 197.EL, März 2008; Leukefeld, 150 ff; Englisch, StuW 2009, 3, 5 f.

Anwendungsbereichs der Grundfreiheiten liegen.[822] Die formale, aber zweckwidrige, Berufung auf Grundfreiheiten unterfällt nicht der tatbestandlichen Gewährleistung. Als maßgebliche Zielsetzung, die den grundfreiheitlichen Schutz immanent begrenzt, wird der Gedanke des Binnenmarkts herangezogen.[823] Verhaltensweisen, denen jeglicher wirtschaftlicher Bezug fehlt, könnte bereits tatbestandlich der grundfreiheitliche Schutz versagt sein. Ein Anwendungsfall könnten steuerlich motivierte rein künstliche Gestaltungen zur Umgehung mitgliedstaatlicher Besteuerung sein; diese sind nicht Ausdruck grenzüberschreitender wirtschaftlicher Betätigung und Integration.[824]

In der praktischen Rechtsanwendung unterfallen Gesellschaftsgründungen weitestgehend dem grundfreiheitlichen Schutz – allenfalls mit Ausnahme evidenter Missbrauchsfälle – während eine Auseinandersetzung mit steuerlichem Missbrauch auf Rechtfertigungsebene stattfindet.[825] Dieses Vorgehen wird mit dem Interesse an der Gewährleistung weitreichenden grundfreiheitlichen Rechtsschutzes und der effektiven Durchsetzung wirtschaftlicher Integration im Binnenmarkt gerechtfertigt.[826] Der Europäische Gerichtshof erhält in Missbrauchsfällen Gelegenheit durch Verhältnismäßigkeitserwägungen mitgliedstaatliche Missbrauchsabwehr effektiv zu kontrollieren und abgestufte Rechtfertigungsanforderungen zu entwickeln.[827] Letztlich wird tatbestandlich nur offensichtlicher Missbrauch bekämpft; eine Überprüfung typisierender Missbrauchsvorschriften mit Bezug zu funktionsschwachen Gesellschaften findet auf Rechtfertigungsebene statt.[828]

cc) Beschränkende Wirkung der Hinzurechnungsbesteuerung

Die Hinzurechnungsbesteuerung beschränkt den Anwendungsbereich der Grundfreiheiten. Beschränkungen sind staatliche Maßnahmen, die die

---

822 EuGH v. 12.09.2006 – Rs. C-196/04, Cadbury Schweppes plc und Cadbury Schweppes Overseas Ltd gg. Commissioners of Inland Revenue, Slg. 2006 I 8031, Rn. 35 ff; EuGH v. 21.11.2002 – Rs. C-436/00, X und Y gg. Riksskatteverk, Slg. 2002 I 10847, Rn. 40 ff; Thiele, IStR 2011, 452, 453.

823 Fischer, in: FS Reiss, 621, 635 m.w.N; Englisch, StuW 2009, 3, 5 ff.

824 Hahn, IStR 2006, 667, 669; Englisch, StuW 2009, 3, 6 ff, 17 f.

825 EuGH v. 09.03.1999 – Rs. C-212/97, Centros Ltd. gg. Erhvervs – og Selskabsstyrelsen, Slg. 1999 I 1459; EuGH v. 12.09.2006 – Rs. C-196/04, Cadbury Schweppes plc und Cadbury Schweppes Overseas Ltd gg. Commissioners of Inland Revenue, Slg. 2006 I 8031, Rn. 51 ff; Lang/Heidenbauer, in: FS Vanistendael, 597, 607 f; Englisch, StuW 2009, 3, 16, 18.

826 U.a. Thiele, 70 f.

827 Ghosh, in: De La Feria/Vogenauer, 459, 460 f; Lang, in: De La Feria/Vogenauer, 435, 448; Lang/Heidenbauer, in: FS Vanistendael, 597, 608; Schade, 112 f.

828 EuGH v. 12.09.2006 – Rs. C-196/04, Cadbury Schweppes plc und Cadbury Schweppes Overseas Ltd gg. Commissioners of Inland Revenue, Slg. 2006 I 8031, Rn. 35 ff; Lohmann, 134 f; Thiele, 70 f; Englisch, StuW 2009, 8, 16.

Grundfreiheitsausübung behindern oder weniger attraktiv machen.[829] Dies wird im Wege eines Vergleichs in- und ausländischer Situationen ermittelt,[830] wobei von einer Vergleichbarkeit des Haltens in- und ausländischer Beteiligungen durch einen inländischen Steuerpflichtigen zur Ermittlung von Benachteiligungen im grenzüberschreiten Fall auszugehen ist.[831]

Zwar bewirkt die Hinzurechnungsbesteuerung regelmäßig nur eine Hochschleusung auf das nationale Besteuerungsniveau, jedoch erwachsen zusätzliche steuerliche Folgen für den inländischen Steuerpflichtigen aus dem Halten einer niedrig besteuerten, passiv tätigen, beherrschten *ausländischen* Gesellschaft. Dies macht die Gründung einer ausländischen (Tochter-)Gesellschaft weniger attraktiv.[832] Die §§ 7 ff AStG fingieren eine Ausschüttung, wodurch – im Gegensatz zu einer inländischen Gesellschaftsbeteiligung – *stets* insoweit eine steuerliche Belastung und Liquiditätsnachteile, ggf. auch Zinsbelastungen, eintreten.[833] Die Hinzurechnungsbesteuerung eliminiert einen steuerlichen Vorteil aus der Tätigkeit im anderen Mitgliedstaat, was zu Rentabilitätseinbußen führt und die freie Allokation von Produktionsfaktoren behindert.[834] Ferner begründet die Hinzurechnungsbesteuerung zusätzliche (Erklärungs- und Mitwirkungs-)Pflichten im grenzüberschreitenden Fall.[835]

---

829 Sog. „Gebhard"-Formel EuGH v. 30.11.1995 – Rs. C-55/94, Reinhard Gebhard gg. Consiglio dell'ordine degli avvocati e procuratori di Milano, Slg. 1995 I 4165; Pache, in: Schulze, § 10, Rn. 21 ff.

830 Dazu Frotscher, 44 ff.

831 Schön, IStR 2013, Beihefter H6, 3, 4.

832 EuGH v. 12.09.2006 – Rs. C-196/04, Cadbury Schweppes plc und Cadbury Schweppes Overseas Ltd. gg. Commissioners of Inland Revenue, Slg. 2006 I 8031, Rn. 45; ausdrücklich auch BFH v. 12.10.2016 – I R 80/14, IStR 2017, 316, Rn. 66 ff (auch in Bezug auf Kapitalverkehrsfreiheit); Köhler, in: S/K/K, Vor §§ 7-14 AStG, Rn. 58, Stand: Februar 2017; Haarmann, IStR 2011, 565, 569; Schön, IStR 2013, Beihefter H6, 3, 4 ff; Brandis, BFH/PR, 2017, 200, 202.

833 BFH v. 12.10.2016 – I R 80/14, IStR 2017, 316, Rn. 70 (aber im Rahmen der Rechtfertigungsprüfung); Lohmann, 160 f m.w.N.

834 Thiele, 114 f. – Die Verlagerung (echter) wirtschaftlicher Aktivitäten auch zur Erlangung rechtlicher oder auch steuerlicher Vorteile ist anerkannt, EuGH v. 11.12.2003 – Rs. C-364/01, Erben von H. Barbier gegen Inspecteur van de Belastingdienst Particulieren/Ondernemingen buitenland te Heerlen, ECLI:EU:C:2003:665, Rn. 71; EuGH v. 12.09.2006 – Rs. C-196/04, Cadbury Schweppes plc und Cadbury Schweppes Overseas Ltd. gg. Commissioners of Inland Revenue, Slg. 2006 I 8031, Rn. 36 f; EuGH v. 09.03.1999 – Rs. C-212/97, Centros Ltd. gg. Erhvervs – og Selskabsstyrelsen, Slg. 1999 I 1459.

835 Zum Ganzen Thiele, 113 ff.

dd) Rechtfertigung der Beschränkung

Beschränkungen von Grundfreiheiten können durch geschriebene Rechtfertigungsgründe oder zwingende Gründe des Allgemeinwohls gerechtfertigt sein.[836] Mit Bezug zu den §§ 7 ff AStG ist hervorzuheben, dass die Verhinderung von Steuerumgehung, Steuerflucht und Steuerhinterziehung als ungeschriebene Gründe des Gemeinwohls zur Rechtfertigung von Grundfreiheitsbeschränkungen anerkannt sind.[837] Dies verhindert die Umgehung *nationalen* Rechts unter Berufung auf Unionsrecht.[838] Der jüngere Rechtfertigungsgrund der Bekämpfung von Steueroasen,[839] bedeutet hingegen (bislang) keine inhaltliche Erweiterung, da er unter dem Vorbehalt der Bekämpfung rein künstlicher Konstruktionen steht.[840]

Eine Begrenzung finden Maßnahmen der Missbrauchsabwehr im Verhältnismäßigkeitsprinzip.[841] Eine Maßnahme muss zur Erreichung des Rechtfertigungsziels geeignet, erforderlich und angemessen sein; den Schwerpunkt bildet regelmäßig die Erforderlichkeitsprüfung.[842] Auf Ebene der Rechtfertigung findet die effektive europarechtliche Überprüfung grenzüberschreitender Missbrauchsabwehr statt.

Seit Anerkennung als ungeschriebener Rechtfertigungsgrund in Bezug auf Grundfreiheitsbeschränkungen wird das Erfordernis der Verhinderung von

---

836 Jüngst u.a. EuGH v. 20.12.2017 – C-504/16, C-613/16, DStR 2018, 119, Tz. 91, dazu auch Wernsmann, in: Schulze, § 30, Rn. 113 ff. – Geschriebene Rechtfertigungsgründe (über Art. 64 Abs. 1 AEUV hinaus) in Bezug auf Kapitalverkehrsfreiheit in Drittstaatenfällen sind hier nicht einschlägig, Lohmann, 163 f, 171. – Eine Rechtfertigung durch kollidierende Interessen, wie Unionsgrundrechte, kommt in Betracht, Kingreen, in: Calliess/Ruffert, Art. 34-36 AEUV, Rn. 74 ff.

837 Z.B. EuGH v. 16.07.1998 – Rs. C-264/96, Imperial Chemical Industries (ICI) gg. Kenneth Hall Colmer (HM Inspector of Taxes), Slg. 1998 I-4711; EuGH v. 12.12.2002 – Rs. C-324/00, Lankhorst-Hohorst GmbH gg. Finanzamt Steinfurt, 2002 I-11802, Rn. 37; EuGH v. 12.09.2006 – Rs. C-196/04, Cadbury Schweppes plc und Cadbury Schweppes Overseas Ltd gg. Commissioners of Inland Revenue, Slg. 2006 I 8031; Wernsmann, in: Schulze, § 30, Rn. 115; Leukefeld, 155 ff; Panayi, 202; Hahn, DStZ 2005, 507, 510 f; Böing, RIW 2007, 161, 167; Hey, StuW 2008, 167, 179. – Zur Terminologie, u.a. Hahn, IStR 2004, 275, 277 f; Sedemund, Ubg 2009, 560, 564. – Zu weiteren ungeschriebenen, hier nicht einschlägigen, Rechtfertigungsgründen Lohmann, 171 ff.

838 Kofler, in: Schaumburg/Englisch, Rn. 13.19; Leukefeld, 150. – Zur Unzulässigkeit dieses Vorgehens bereits EuGH v. 03.12.1974 – Rs. C-33/74, Johannes Henricus Maria van Binsbergen gg. Bestuur van de Bedrijfsvereniging voor de Metaalnijverheid, Slg. 1974 I 1299, Rn. 13; EuGH v. 07.02.1979 – Rs. C-115/78, J.Knoors gg. Staatsecretaris van Economische Zaken, Slg. 1979 I 399, Rn. 25.

839 EuGH v. 01.04.2014 – Rs. C- 80/12, Felixstowe Dock and Railway Company u.a., AG 2014, 699, 701.

840 Möglicherweise a.A. Böhmer, ISR 2017, 54, 55.

841 Dazu Hahn, DStZ 2005, 507, 513 ff.

842 Vgl. Thiele, 155 ff.

Steuerumgehung[843] im Bereich der direkten Steuern regelmäßig bemüht.[844] Als grundlegender Maßstab hat sich insoweit der Begriff der *künstlichen Gestaltung* entwickelt. Steuerliche Missbrauchsabwehr ist mit grundfreiheitlichen Gewährleistungen zu vereinbaren, wenn sie sich gegen rein künstliche Gestaltungen zur Umgehung mitgliedstaatlichen Rechts richtet,[845] wobei sich die Künstlichkeit mit Blick auf den Zweck der (potentiell) umgangenen/en Freiheit/en bestimmt. Grundfreiheitlichen Schutz erfahren Verhaltensweisen, die in Übereinstimmung mit den Zielen der Grundfreiheiten erfolgen.[846] Eine künstliche Gestaltung entbehrt jeder wirtschaftlichen Realität.[847] Rein künstliche Konstruktionen können ferner die ausgewogene Aufteilung der Besteuerungsbefugnisse gefährden.[848] Die

---

843 EuGH v. 16.07.1998 – Rs. C-264/96, Imperial Chemical Industries (ICI) gg. Kenneth Hall Colmer (HM Inspector of Taxes), Slg. 1998 I-4711, Rn. 26. – Rechtfertigung durch die Gefahr der Steuerflucht noch abgelehnt in EuGH v. 28.01.1986 – Rs. C-270/83, Kommission der Europäischen Gemeinschaften gg. Französische Republik, Slg 1986 I 273, Rn. 25 („keine Ausnahme vom Grundprinzip der Niederlassungsfreiheit aus solchen Gründen").

844 U.a. EuGH v. 16.07.1998 – Rs. C-264/96, Imperial Chemical Industries (ICI) gg. Kenneth Hall Colmer (HM Inspector of Taxes), Slg. 1998 I-4711, Rn. 26; EuGH v. 08.03.2001 – Rs. C-397/98 – Rs. C-410/98 (verb. RS), Metallgesellschaft Ltd. u.a., Slg. 2001 I 1727, Rn. 57; EuGH v. 12.12.2002 – Rs. C-324/00, Lankhorst-Hohorst GmbH gg. Finanzamt Steinfurt, 2002 I-11802, Rn. 37; EuGH v. 11.03.2004 – Rs. C-9/02, Hughes de Lasteyrie du Saillant gg. Ministère de l'Économie, des Finances et de l'Industrie, ECLI:EU:C:2004:138, Rn. 50 ff; EuGH v. 17.01.2008 – Rs. C-105/07, Lammers & Van Cleeff NV gg. Belgischer Staat, ECLI:EU:C:2008:24, Rn. 28 ff; EuGH v. 21.01.2010 – Rs. C-311/08, Societe de Gestion Industrielle SA (SGI) gg. Etat belge, 2010 I-487, Rn. 65 ff.

845 Seit EuGH v. 16.07.1998 – Rs. C-264/96, Imperial Chemical Industries (ICI) gg. Kenneth Hall Colmer (HM Inspector of Taxes), Slg. 1998 I-4711, Rn. 26; auch EuGH v. 12.09.2006 – Rs. C-196/04, Cadbury Schweppes plc und Cadbury Schweppes Overseas Ltd gg. Commissioners of Inland Revenue, Slg. 2006 I 8031; Leukefeld, 155 ff; Hahn, IStR 2006, 667, 668 m.w.N; Thiele, IStR 2011, 452, 453.

846 EuGH v. 21.11.2002 – Rs. C-436/00, X und Y gg. Riksskatteverk, Slg. 2002 I 10847, Rn. 42; EuGH v. 12.09.2006 – Rs. C-196/04, Cadbury Schweppes plc und Cadbury Schweppes Overseas Ltd gg. Commissioners of Inland Revenue, Slg. 2006 I 8031, Rn. 52, dazu allgemein Lang, in: De La Feria/Vogenauer, 435, 446 f; Vanistendael, in: De La Feria/Vogenauer, 407, 423 f; Vogenauer, in: De la Feria/Vogenauer, 521, 532 f; Hahn, IStR 2006, 667, 668 m.w.N; Thiele, IStR 2011, 452, 453.

847 Thiele, 128 f.

848 Fischer, in: H/H/S, AO, § 42, Rn. 203, 207 ff, 211, Stand: 197.EL, März 2008; Wagner, in: Blümich, EStG, § 50d, Rn. 70, Stand: 137.EL, Juni 2017; Englisch, in: Schaumburg/Englisch, Rn. 7.225 f; Fischer, in: FS Reiss, 621, 626, 641; Lyal, in: De La Feria/Vogenauer, 427, 433 f; Schön, in: FS Reiss, 571, 581 f; Hey, StuW 2008, 167, 180 f; Englisch, StuW 2009, 3, 17; Thiele, IStR 2011, 452, 455. – Der Rechtfertigungsgrund der ausgewogenen Aufteilung der Besteuerungsbefugnis zwischen den Mitgliedstaaten soll die grundfreiheitlichen Gewährleistungen mit dem Bestreben der Mitgliedstaaten,

Grundfreiheiten bieten grundsätzlich umfassenden Schutz wirtschaftlicher Betätigungen. Ein Verhalten stellt sich jedenfalls dann als künstlich dar, wenn es von keiner (einschlägigen) Grundfreiheit geschützt ist. Rechtfertigungsanforderungen lassen sich nicht mit Blick auf starre Kriterien in Bezug auf bloß eine (einschlägige) Freiheit entwickeln, was bspw. mit Blick auf die Kapitalverkehrsfreiheit flexiblere Maßstäbe begründen kann. Eine rein künstliche Gestaltung lässt sich im Ergebnis nur annehmen, wenn eine wirtschaftliche Betätigung von keiner einschlägigen Grundfreiheit geschützt ist.[849]

Maßgeblich werden die Hinzurechnungsregeln an den Vorgaben der Cadbury-Schweppes-Entscheidung gemessen, da insoweit eine bereichsspezifische Konkretisierung der Künstlichkeit in Bezug auf CFC[850]-Regelungen vorliegt. Wenngleich in jüngerer Zeit eine weitergehende Rechtfertigung von Beschränkungen durch das Ziel der Verhinderung der Steuerumgehung in Verbindung mit dem Ziel der Wahrung der ausgewogenen Aufteilung der Besteuerungsbefugnisse (ohne Reduzierung auf rein künstliche Konstruktionen) in Betracht gezogen werden kann,[851] sind in Bezug auf die Hinzurechnungsregelungen bisher keine veränderten Maßstäbe ersichtlich.[852] Die Cadbury-Schweppes-Entscheidung bietet weiterhin Orientierung für die unionsrechtskonforme Ausgestaltung mitgliedstaatlicher Hinzurechnungsregeln.[853]

---

ihre territoriale Steuerhoheit zu bewahren und Besteuerungssubstrat in grenzüberschreitenden Sachverhalten zu sichern, in einen angemessen Ausgleich bringen, dazu Englisch, in: Schaumburg/Englisch, Rn. 7.224 f.

849 Lang, in: De La Feria/Vogenauer, 435, 446 f; Thiele, 132 f; Hahn, IStR 2006, 667, 668; Schön, IStR 2013, Beihefter H6, 3, 9 ff, 15.

850 Controlled Foreign Companies (beherrschte ausländische Gesellschaften).

851 EuGH v. 18.07.2007 – Rs. C-231/05, Oy AA, 2007 I-6393, Rn. 62 ff; EuGH v. 21.01.2010 – Rs. C-311/08, Societe de Gestion Industrielle SA (SGI) gg. Etat belge, 2010 I-487, Rn. 66, vgl. Schlussanträge des Generalanwalts Paolo Mengozzi v. 5.6.2018 – C-135/17, X-GmbH/FA Stuttgart-Körperschaften, IStR 2018, 685, Rn. 91 ff.

852 Englisch, in: Schaumburg/Englisch, Rn. 7.253; Cloer/Hagemann, IStR 2018, 697, 699; vgl. auch jüngst EuGH v. 20.12.2017 – C-504/16, C-613/16, DStR 2018, 119, Tz. 95 ff zur Rechtfertigung durch die beiden verknüpften Gründe in Bezug auf § 50d Abs. 3 EStG, allerdings ohne weitergehende Bedeutung der ausgewogenen Aufteilung der Besteuerungsbefugnisse, da diese bereits sekundärrechtlich erfolgt sei.

853 EuGH v. 12.09.2006 – Rs. C-196/04, Cadbury Schweppes plc und Cadbury Schweppes Overseas Ltd gg. Commissioners of Inland Revenue, Slg. 2006 I 8031: Cadbury Schweppes plc war als Muttergesellschaft des Cadbury-Schweppes-Konzerns im Vereinigten Königreich ansässig und hatte Tochtergesellschaften in Irland – Cadbury Schweppes Treasury International (CSTI) und Cadbury Schweppes Treasury Services (CSTS)–, beide ansässig im International Financial Services Centre (IFSC) in Dublin, wo sie einer niedrigen Besteuerung unterlagen. CSTI war eine Tochter von CSTS. Gegenstand beider IFSC-Gesellschaften war die Finanzierung von Tochtergesellschaften des Konzerns. Die Anteile an den Gesellschaften hielt die Konzernmutter letztlich über die Tochtergesellschaft Cadbury Schweppes Overseas Ltd.

Weitergehend können Beschränkungen im Verhältnis zu Drittstaaten durch Gründe des Allgemeininteresses gerechtfertigt sein,[854] insbesondere durch das Erfordernis effektiver Steueraufsicht. Dies setzt voraus, dass mit einem Drittstaat kein mit dem Unionsniveau vergleichbarer steuerlicher Informationsaustausch[855] vereinbart ist.[856] Vergleichbar können große DBA-Auskunftsklauseln[857] oder sonstige völkerrechtliche Vereinbarungen sein. Entscheidend ist die rechtliche Möglichkeit zur Auskunftseinholung, nicht die tatsächliche Auskunftserteilung und deren Durchsetzbarkeit.[858] Das Erfordernis effektiver Steueraufsicht rechtfertigt keine unwiderlegbaren gesetzlichen Vermutungen zulasten des Steuerpflichtigen oder sonstige endgültige Steuernachteile zur Vermeidung von Ermittlungsschwierigkeiten.[859] Eine weitergehende Rechtfertigung durch das Erfordernis der

---

(CSO). Die britischen Steuerbehörden verlangten auf Grundlage des CFC-Regimes von der CSO eine bestimmte Steuerzahlung für von der CSTI erzielte Gewinne; die CSTS hatte nur Verluste erzielt. Die der Entscheidung zugrunde liegenden britischen Vorschriften bestimmten, dass Gewinne einer niedrig besteuerten, beherrschten ausländischen Gesellschaft der inländischen beherrschenden Gesellschaft zugerechnet werden. Ausnahmen galten für bestimmte aktive Tätigkeiten, bei kleinen Beträgen, bei Börsennotierung, bei einer bestimmten Ausschüttungspolitik und bei Bestehen eines Motivtests. Der Motivtest verlangte, dass die inländische Gesellschaft nachweist, dass die Steuerminderung nicht Hauptziel der Umsatzerzielung der ausländischen Gesellschaft und der Grund für die Einschaltung der ausländischen Gesellschaft nicht hauptsächlich durch das Ziel der Steuerminderung begründet war.

854 EuGH v. 12.12.2006 – Rs. C-446/04, Test Claimants in the FII Group Litigation gegen Commissioners of Inland Revenue, ECLI:EU:C:2006:774, Rn. 171, dazu Lohmann, 167 ff. – Die Sicherung von Steuereinnahmen allein bietet auch im Verhältnis zu Drittstaaten keine Rechtfertigung BFH v. 12.10.2016 – I R 80/14, IStR 2017, 316, Rn. 73 m.w.N.

855 Z.B. im Vergleich zur EU-Amtshilferichtlinie.

856 Köhler, in: S/K/K, Vor §§ 7-14 AStG; Rn. 58.2, Stand: Februar 2017; Reimer, in: Schaumburg/Englisch, Rn. 7.108; Schön, IStR 2013, Beihefter H6, 3, 20 ff; vgl. auch jüngst Schlussanträge des Generalanwalts Paolo Mengozzi v. 5.6.2018 – C-135/17, X-GmbH/FA Stuttgart-Körperschaften, IStR 2018, 685, Rn. 98 ff und Schlussanträge des Generalanwalts Melchior Wathelet v. 7.2.2018 – C-685/16, EV/FA Lippstadt, IStR 2018, 203, Rn. 100.

857 Insb. wie Art. 26 OECD-MA. – Die Klausel muss die Einholung von Auskünften über den Zweck der DBA-Anwendung hinaus ermöglichen, Englisch, in: Schaumburg/Englisch, Rn. 7.290 m.w.N.

858 Englisch, in: Schaumburg/Englisch, Rn. 7.290 m.w.N.

859 Englisch, in: Schaumburg/Englisch, Rn. 7.290 m.w.N; wohl auch Schlussanträge des Generalanwalts Melchior Wathelet v. 7.2.2018 – C-685/16, EV/FA Lippstadt, IStR 2018, 203, Rn. 98.

effektiven Steueraufsicht kann sich nur im Einzelfall in Bezug auf einen konkreten Drittstaat ergeben.[860]

ee) Speziell: typisierende Missbrauchsregelungen

Typisierungen sind grundfreiheitskonform, wenn sie zum einen Missbrauch zutreffend beschreiben, also spezifisch künstliche Gestaltungen herausfiltern, und zum anderen dem Steuerpflichtigen im Einzelfall ohne übermäßige Verwaltungsanforderungen den Nachweis ermöglichen, dass wirtschaftliche Gründe für seine Gestaltung vorliegen.[861] Allgemeine Vermutungen für das Vorliegen einer Steuerumgehung bzw. nicht auf hinreichenden Missbrauchsindizien fußende Missbrauchsregelungen sind dabei nicht zu rechtfertigen.[862] Die Zulässigkeit der Typisierung setzt voraus, dass die einzelnen und die Gesamtheit der Missbrauchskriterien zielgenau Umgehungsgestaltungen erfassen. Ein europarechtskonformes Ergebnis darf nicht erst durch Anwendung des Gegenbeweises hergestellt werden, sondern muss bereits in einer passgenauen Missbrauchstypisierung zum Ausdruck kommen. Dies ist geboten, da der Gegenbeweis dem inländischen Steuerpflichtigen aufgebürdet werden darf. Die Beweislastverteilung ist nur gerechtfertigt, wenn der Steuerpflichtige sich allein in einer tatsächlich missbrauchsverdächtigen Situation von einem Umgehungsvorwurf entlasten muss.[863]

---

860 Vgl. jüngst BFH v. 12.10.2016 – I R 80/14, IStR 2017, 316, Rn. 73 f; Bannes/Cloer/Holle, FR 2017, 620, 621 m.w.N.

861 EuGH v. 12.09.2006 – Rs. C-196/04, Cadbury Schweppes plc und Cadbury Schweppes Overseas Ltd gg. Commissioners of Inland Revenue, Slg. 2006 I 8031, Rn. 51 ff; EuGH v. 13.03.2007, Test Claimants in the Thin Cap Group Litigation gg. Commissioners of Inland Revenue – Rs. C-524/04, Slg. 2007 I-2157, Rn. 82; EuGH v. 13.11.2012 – Rs. C-35/11, Test Claimants in the FII Group Litigation gg. Commissioners of Inland Revenue, The Commissioners for Her Majesty's Revenue & Customs, ECLI:EU:C:2012:707; EuGH v. 7.9.2017 – C-6/16, HFR 2018, 175, Rn. 31 f; Englisch, in: Schaumburg/Englisch, Rn. 7.26; Englisch, IFSt, 98, 100; Hey, in: DStJG Bd. 33, 139, 170; Schade, 131 ff, 220 f; Thiele, 157; Böing, EWS 2007, 55, 58 f, 61; Englisch, StuW 2009, 3, 8; Schön, IStR 2013, Beihefter H6, 3, 131; Mitteilung der Kommission an den Rat, das Europäische Parlament und den Europäischen Wirtschafts- und Sozialausschuss, Anwendung von Maßnahmen zur Missbrauchsbekämpfung im Bereich der direkten Steuern (innerhalb der EU und in Hinblick auf Drittländer) v. 10.12.2007, KOM (2007), 785, 6. – Anders noch (Typisierungen als nicht erforderlich) z.B. EuGH v. 17.07.1997 – Rs. C-28/95, A. Leur-Bloem gg. Inspecteur der Belastingdienst/Ondernemingen Amsterdam 2, Slg. 1997, I-4190, Rn. 44; EuGH v. 16.07.1998 – Rs. C-264/96, Imperial Chemical Industries (ICI) gg. Kenneth Hall Colmer (HM Inspector of Taxes), Slg. 1998 I-4711, Rn. 26 f; ggf. nun strenger Ellenrieder/Kahlenberg, BB 2018, 1815, 1815 f im Anschluss an EuGH v. 20.12.2017 – C-504/16, C-613/16 (Deister Holding, Juhler Holding).

862 Z.B. EuGH v. 7.9.2017 – C-6/16, HFR 2018, 175, Rn. 31 f; EuGH v. 14.6.2018 – C-440/17, IStR 2018, 543, Rn. 43 ff.

863 Z.B. Thiele, 189 m.w.N.

b. *Künstlichkeit einer Steuergestaltung (mit Blick auf die §§ 7 ff AStG)*

Der Begriff der Künstlichkeit ist in der Entscheidung Cadbury Schweppes in Bezug auf die Niederlassungsfreiheit konkretisiert worden. Die darin entwickelten Kriterien spiegeln das Wesen der Freiheit wider.[864] Die Niederlassungsfreiheit soll „die gegenseitige wirtschaftliche und soziale Durchdringung auf dem Gebiet der selbstständigen Erwerbstätigkeit innerhalb der Gemeinschaft" fördern und eine „stabile[...] und kontinuierliche[...]" Teilnahme am Wirtschaftsleben eines anderen Mitgliedstaates ermöglichen. Dies setzt die „tatsächliche Ausübung einer wirtschaftlichen Tätigkeit mittels einer festen Einrichtung in diesem Staat auf unbestimmte Zeit" voraus. Die Wahrnehmung der Niederlassungsfreiheit erfordert „eine tatsächliche Ansiedlung" der Gesellschaft im Aufnahmemitgliedstaat und die dortige „Ausübung einer wirklichen wirtschaftlichen Tätigkeit".[865] Als missbräuchlich ist demgegenüber eine bloß fiktive Ansiedlung der ausländischen Gesellschaft ohne Ausübung einer wirklichen wirtschaftlichen Tätigkeit im Aufnahmestaat zu beurteilen, insbesondere die Gründung einer „Briefkastenfirma" oder „Strohfirma".[866] Denn so könnte die im Inland geschuldete Steuer mit dem alleinigen Zweck der Steuerreduzierung, den Integrationszweck verfehlend, durch eine Steuergestaltung im Ausland umgangen werden, die keine wirtschaftliche Realität widerspiegelt.[867]

---

864 Ghosh, in: De La Feria/Vogenauer, 459, 464; Kokott/Henze, BB 2007, 913, 916. – Der Generalanwalt hatte drei Kriterien zur Feststellung der Künstlichkeit von Gründung/Tätigkeit einer Tochtergesellschaft im Ausland entwickelt „Grad der materiellen Präsenz der Tochtergesellschaft im Aufnahmestaat", „Echtheit der von ihr ausgeübten Tätigkeit" und „wirtschaftlichen Wert dieser Tätigkeit für die Muttergesellschaft und den gesamten Konzern", Schlussanträge des Generalanwalts Philippe Leger v. 02.05.2006 – Rs. C-196/04, Cadbury Schweppes plc und Cadbury Schweppes Overseas Ltd gg. Commissioners of Inland Revenue, Slg. 2006 I 7997, Rn. 111. Das erste Kriterium sollte die „Realität des Standorts der Tochtergesellschaft" – insb. durch Räumlichkeiten, Personal und Ausrüstung im für die Tätigkeitsausübung erforderlichen Umfang – nachweisen, aaO, Rn. 112. Die Echtheit der Leistungen sollte ausschließen, dass die Tochtergesellschaft bloßes Vollzugsorgan ist, insb. durch Ermittlung der Kompetenzen des Personals und der Ebene, auf der die relevanten geschäftlichen Entscheidungen getroffen werden, aaO, Rn. 113. Schließlich sollte sich das dritte Merkmal auf die Wertschöpfung beziehen, um einen Gewinntransfer durch Zahlungen für wirtschaftlich nicht interessante Leistungen von der Mutter- an die Tochtergesellschaft auszuschließen, aaO, Rn. 114, dazu Leukefeld, 164 f.

865 EuGH v. 12.09.2006 – Rs. C-196/04, Cadbury Schweppes plc und Cadbury Schweppes Overseas Ltd gg. Commissioners of Inland Revenue, Slg. 2006 I 8031, Rn. 54.

866 EuGH v. 12.09.2006 – Rs. C-196/04, Cadbury Schweppes plc und Cadbury Schweppes Overseas Ltd gg. Commissioners of Inland Revenue, Slg. 2006 I 8031, Rn. 68.

867 EuGH v. 12.09.2006 – Rs. C-196/04, Cadbury Schweppes plc und Cadbury Schweppes Overseas Ltd gg. Commissioners of Inland Revenue, Slg. 2006 I 8031, Rn. 35, 52 ff.

Eine rein künstliche Gestaltung darf nur angenommen werden, wenn neben einem erforderlichen subjektiven Element, dem Streben nach einem Steuervorteil,[868] die Zweckverfehlung der Niederlassungsfreiheit objektiv erkennbar ist. Eine wirtschaftliche Realität in Form tatsächlicher Ansiedlung und dem Nachgehen einer wirklichen wirtschaftlichen Tätigkeit im anderen Mitgliedstaat, muss (trotz Steuersparmotivs) den Missbrauchsvorwurf ausschließen.[869] Die objektive, durch Dritte nachprüfbare, Feststellung kann sich u.a. auf das Ausmaß des greifbaren Vorhandenseins der ausländischen Gesellschaft (Geschäftsräume, Personal, Ausrüstungsgegenstände) gründen.[870] Der inländische Gesellschafter muss Gelegenheit erhalten, tatsächliche Ansiedlung und Tätigkeit der beherrschten ausländischen Gesellschaft nachzuweisen. Die nationale Steuerverwaltung kann mittels zwischenstaatlichen Informationsaustauschs die für die Besteuerung erforderlichen Verhältnisse der ausländischen Gesellschaft überprüfen.[871]

aa) Wirtschaftliche Tätigkeit

Die ausländische Gesellschaft muss im Aufnahmestaat[872] eine wirkliche wirtschaftliche Tätigkeit ausüben. Generelle Vorgaben in Bezug auf die Art der wirtschaftlichen Tätigkeit oder die Schädlichkeit bestimmter Tätigkeiten oder Branchen bestehen nicht.[873] Der Begriff der wirklichen wirtschaftlichen Tätigkeit schließt die Beteiligungsverwaltung, auch ohne geschäftsleitende Funktionen, nicht per se aus. Das europäische Verständnis wirtschaftlicher Betätigung gebietet eine Einzelfallbetrachtung. Reine Holdinggesellschaften und rein vermögensverwaltende

---

868 EuGH v. 12.09.2006 – Rs. C-196/04, Cadbury Schweppes plc und Cadbury Schweppes Overseas Ltd gg. Commissioners of Inland Revenue, Slg. 2006 I 8031, Rn. 64, aber Ausnutzung des vorteilhaften Steuerrechts eines anderen Mitgliedstaats begründet allein keinen Missbrauch, Rn. 37.

869 EuGH v. 12.09.2006 – Rs. C-196/04, Cadbury Schweppes plc und Cadbury Schweppes Overseas Ltd gg. Commissioners of Inland Revenue, Slg. 2006 I 8031, Rn. 36, 64 ff.

870 EuGH v. 12.09.2006 – Rs. C-196/04, Cadbury Schweppes plc und Cadbury Schweppes Overseas Ltd gg. Commissioners of Inland Revenue, Slg. 2006 I 8031, Rn. 67 f.

871 EuGH v. 12.09.2006 – Rs. C-196/04, Cadbury Schweppes plc und Cadbury Schweppes Overseas Ltd gg. Commissioners of Inland Revenue, Slg. 2006 I 8031, Rn. 70 f.

872 Der Aufnahmemitgliedstaat ist derjenige, in dem die ausländische Gesellschaft ihren Sitz oder ihre Geschäftsleitung hat, Schönfeld, in: F/W/B/S, § 8 AStG, Rn. 471, Stand: 63.EL, März 2009.

873 EuGH v. 13.04.2000 – Rs. C-251/98, C. Baars gg. Inspecteur der Belastingen Particulieren/Ondernemingen Gorinchem, 2000 I-2805; BFH v. 21.10.2009 – I R 114/08, BStBl. II 2010, 774, 777; EuGH v. 20.12.2017 – C-504/16, C-613/16, DStR 2018, 119; BFH v. 19.01.2000 – I R 94/97, BStBl. II 2001, 222; Oellerich, in: Schaumburg/Englisch, Rn. 8.150; Leukefeld, 141 f; Lohmann, 89; Thiele, 130 f, 192; Sedemund, BB 2008, 696, 698 f; Thiele, IStR 2011, 452, 454; Quilitzsch, IStR 2012, 645, 647; Haase, IStR 2016, 767, 768.

Gesellschaften (inklusive Kapitalanlagetätigkeiten) sind europarechtlich geschützt.[874] Die wirtschaftliche Tätigkeit setzt ohnehin keine ausschließlich gewerblichen Einkünfte der ausländischen Gesellschaft voraus,[875] sondern lediglich die Verfolgung eines Erwerbszwecks – die Erbringung einer Leistung um den Erhalt einer Gegenleistung.[876]

Die wirkliche wirtschaftliche Tätigkeit verwirklicht die stabile und kontinuierliche Teilnahme am Wirtschaftsleben des anderen Mitgliedstaates. Eine solche verlangt grundsätzlich eine Teilnahme der ausländischen Gesellschaft am Leistungsaustausch im Aufnahmestaat. Dies kann sich auf Absatz oder Beschaffung beziehen, d.h. die ausländische Gesellschaft kann als Anbieter oder als Nachfrager von Waren oder Leistungen auftreten.[877] Die ausländische Gesellschaft muss nicht notwendig am örtlichen Marktgeschehen teilnehmen, sondern kann durch Inanspruchnahme lokaler Infrastruktur und Ressourcen, z.B. Arbeitskräfte, am Wirtschaftsleben partizipieren. Allerdings bedeutet die alleinige Nutzung der steuer- und gesellschaftsrechtlichen Rahmenbedingungen, die Teilnahme am *Rechtsleben*, noch keine Teilnahme am *Wirtschaftsleben* des Aufnahmestaats;[878] dies begründet keine „Verflechtung mit dem Auslandsmarkt".[879]

---

874 EuGH v. 20.12.2017 – C-504/16, C-613/16, DStR 2018, 119; EuGH v. 14.6.2018 – C-440/17, IStR 2018, 543, Rn. 53; Schlussanträge der Generalanwältin Kokott v. 1.3.2018, C-299/16, Z Denmark gg. Skatteministeriet, BeckRS 2018, 2030, Rz. 66; Cortez, 260; Leukefeld, 142 f, 162; Lohmann, 89; Köhler/Haun Ubg 2008, 73, 79; Haase, IStR 2016, 767, 768; Kahlenberg, FR 2018, 499, 503 f.

875 Kofler, in: Schaumburg/Englisch, Rn. 14.88 m.w.N; Thiele, 130; Schön, IStR 2013, Beihefter H6, 3, 16, 23.

876 Schönfeld, in: F/W/B/S, § 8 AStG, Rn. 481, Stand: 63.EL, März 2009; Leukefeld, 142; Lohmann, 89; Thiele, 130.

877 Schönfeld, in: F/W/B/S, § 8 AStG, Rn. 471 f, Stand: 63.EL, März 2009; Schön, in: FS Reiss, 571, 588; Schaumburg, in: Schaumburg, Rn. 13.146; Thiele, IStR 2011, 452, 454; Eggeling, Ubg 2011, 676, 681.

878 A.A. wohl Schönfeld, in: F/W/B/S, Vor §§ 7-14 AStG, Rn. 277 und § 8, Rn. 473; Leukefeld, 260.

879 Daher nur vermeintlich reduzierte Anforderungen bei Eggeling, Ubg 2011, 676, 681. – Großzügiger die Rechtsprechung des EuGH im Bereich des Gesellschaftsrechts EuGH v. 10.07.1986 – Rs. C-79/85, D.H.M. Segers gg. Bestuur van de Bedrijfsvereniging voor Bank- en Verzekeringswezen, Groothandel en Vrije Beroepen, Slg. 1986 I 2375; EuGH v. 09.03.1999 – Rs. C-212/97, Centros Ltd. gg. Erhvervs – og Selskabsstyrelsen, Slg. 1999 I 1459; EuGH v. 05.11.2002 – Rs. C-208/00, Überseering BV gg. Nordic Construction Company Baumanagement GmbH (NCC), Slg. 2002 I 9943; EuGH v. 30.09.2003 – Rs. C-167/01, Kamer van Koophandel en Fabrieken voor Amsterdam gg. Inspire Art Ltd, Slg. 2003 I 10195. Trotz Bezugnahme auf Niederlassungsbegriff in jüngerer Zeit (EuGH v. 12.07.2012 – Rs. C-378/10, VALE Epitesi kft, ECLI:EU:C:2012:440) wohl noch kein Wandel, vgl. v. Hein, in: MüKo-BGB, Art. 3 EGBGB, Rn. 105 ff m.w.N.

Nicht erforderlich im Falle der alleinigen Nutzung des Beschaffungsmarkts ist, dass die ausländische Gesellschaft *gezielt* örtliche Ressourcen des Aufnahmestaats in Anspruch nimmt.[880] Die Standortentscheidung muss nicht durch Vorteile gegenüber dem Heimatmarkt (bspw. besser ausgebildete Arbeitskräfte oder günstigere Räumlichkeiten) begründet sein. Eine solche Auffassung verkennt die grundfreiheitlich geschützte Wahlfreiheit in Bezug auf den Standort der wirtschaftlichen Tätigkeit. Die „wirtschaftliche Verflechtung“[881] mit dem Aufnahmestaat ergibt sich bereits aus der Inanspruchnahme lokaler Ressourcen. Die Standortwahl darf lediglich nicht rein steuerlich motiviert und künstlich gestaltet sein.

Dies bedeutet einen wesentlichen Unterschied zum europäischen Gesellschaftsrecht. In diesem Bereich können formal eingeschaltete ausländische Gesellschaften ohne dauerhafte und stabile Integration in das Wirtschaftsleben des Ansässigkeitsstaates (Ausübung einer wirtschaftlichen Tätigkeit mittels fester Geschäftseinrichtung) den Schutz der Niederlassungsfreiheit genießen.[882] Die Anerkennung formaler Gesellschaftsgründungen begründet eine Wahlfreiheit bezüglich der anwendbaren Gesellschaftsrechtsordnung mit der Folge regulatorischen Wettbewerbs.[883] Aus steuerlicher Perspektive ist dabei jedoch zu beachten, dass in diesen Fällen geringe Steuerumgehungsgefahr besteht, weil sich eine unbeschränkte Steuerpflicht regelmäßig durch Anknüpfung an den Geschäftsleitungsort ergibt.[884] Steuerrechtlich besteht Entscheidungsfreiheit aber nur hinsichtlich des Orts der wirtschaftlichen Tätigkeit. Der Steuerpflichtige ist frei, seine wirtschaftliche Aktivität in einen anderen Mitgliedstaat zu verlagern. Dies verlangt in Verwirklichung der Binnenmarktzielsetzung die Ausübung einer wirklichen wirtschaftlichen Tätigkeit; ferner ist – jedenfalls in Bezug auf die Niederlassungsfreiheit – eine feste Einrichtung

---

880 So auch Leukefeld, 260; anders FG Münster v. 20.11.2015 – 10 K 1410/12 F, BB 2016, 2208, 2215.

881 Wie von FG Münster v. 20.11.2015 – 10 K 1410/12 F, BB 2016, 2208, 2215 gefordert, dazu Leukefeld, 259 ff.

882 EuGH v. 10.07.1986 – Rs. C-79/85, D.H.M. Segers gg. Bestuur van de Bedrijfsvereniging voor Bank- en Verzekeringswezen, Groothandel en Vrije Beroepen, Slg. 1986 I 2375; EuGH v. 09.03.1999 – Rs. C-212/97, Centros Ltd. gg. Erhvervs – og Selskabsstyrelsen, Slg. 1999 I 1459; EuGH v. 05.11.2002 – Rs. C-208/00, Überseering BV gg. Nordic Construction Company Baumanagement GmbH (NCC), Slg. 2002 I 9943; EuGH v. 30.09.2003 – Rs. C-167/01, Kamer van Koophandel en Fabrieken voor Amsterdam gg. Inspire Art Ltd, Slg. 2003 I 10195. Trotz Bezugnahme auf Niederlassungsbegriff in jüngerer Zeit (EuGH v. 12.07.2012 – Rs. C-378/10, VALE Epitesi kft, ECLI:EU:C:2012:440) wohl noch kein Wandel, vgl. v. Hein, in: MüKo-BGB, Art. 3 EGBGB, Rn. 105 ff m.w.N. Dazu Gosch, in: FS Reiss, 597, 605 f; Lang/Heidenbauer, in: FS Vanistendael, 597, 608; Schön, in: FS Reiss, 571, 580; Panayi, 181 ff; kritisch: Fischer, in: FS Reiss, 621, 624; Vella, in: De la Feria/Vogenauer, 127, 130 ff.

883 Ringe, in: De la Feria/Vogenauer, 107, 108; Schön, in: FS Reiss, 571, 580 f, 587; kurz bei Hey, StuW 2008, 167, 181.

884 Schön, in: FS Reiss, 571, 587, 589; Schade, 142.

im Aufnahmestaat erforderlich, die die Ausübung der wirtschaftlichen Tätigkeit ermöglicht und eine besondere territoriale Verbindung begründet. Steuerrechtlich besteht keine Wahlfreiheit bezüglich der anwendbaren Steuerrechtsordnung; rein formal eingeschaltete Gesellschaften sind steuerlich nicht anzuerkennen.[885] Die Inanspruchnahme vorteilhafter (Steuer-)Rechtsregeln eines anderen Mitgliedstaates kann nicht frei gewählt werden. Voraussetzung der Inanspruchnahme ist, dass eine echte wirtschaftliche Betätigung (und keine rein künstliche Gestaltung) einen Bezug zum Mitgliedstaat begründet, an den die Besteuerung anknüpft.[886]

Einer Teilnahme am Wirtschaftsleben des Aufnahmestaats steht nicht entgegen, dass die Tätigkeit der ausländischen Gesellschaft (auch) gegenüber Konzerngesellschaften oder ausländischen Geschäftspartnern ausgeübt wird. Weder muss sich die wirtschaftliche Betätigung auf den Aufnahmestaat beschränken,[887] noch ist eine Leistungserbringung innerhalb eines Konzerns per se schädlich. Vielmehr ist eine Einzelfallbetrachtung geboten, ob eine solche Betätigung jeder wirtschaftlichen Realität entbehrt oder von wirtschaftlichen Gründen getragen ist.[888]

Der Niederlassungsbegriff setzt eine Tätigkeit auf unbestimmte Zeit voraus. Die Teilnahme am Wirtschaftsleben des Aufnahmemitgliedstaats muss stabil und kontinuierlich erfolgen. Stabilität erfordert eine dauerhafte Tätigkeit, Kontinuität ein wiederholtes, regelmäßiges Tätigwerden.[889] Allerdings sind keine bestimmte Anzahl von Geschäften und kein fester Umfang der Tätigkeitsausübung (abstrakt) definierbar. Eine echte wirtschaftliche Tätigkeit kommt in dauerhafter Ausübung und regelmäßiger wiederkehrender Betätigung zum Ausdruck; dies ist auch bei

---

885 Fischer, in: FS Reiss, 621, 640 ff; Schön, in: FS Reiss, 571, 582 ff m.w.N; Hey, StuW 2008, 167, 181: „Standortwahlrecht"; Englisch, StuW 2009, 3, 18 f, vgl. auch Panayi, 188; Schade, 144 ff.

886 Schön, in: FS Reiss, 571, 581 ff; Vella, in: De la Feria/Vogenauer, 127, 128 ff; Hey, StuW 2008, 167, 181; im Ergebnis auch Fischer, in: H/H/S, AO, § 42, Rn. 203, 207 ff, Stand: 197.EL, März 2008; Lang/Heidenbauer, in: FS Vanistendael, 597, 608. – Gosch, in: DStJG Bd. 36, 201, 215 ff sieht u.a. durch Cadbury Schweppes eine Erweiterung um eine funktionsspezifische Mindestsubstanz; strenger Fischer, in: H/H/S, AO, § 42, Rn. 203, 207 ff, insb. 211, Stand: 197.EL, März 2008; wohl a.A mit zu starker Betonung der gesellschaftsrechtlichen Rechtsprechungslinie des EuGH: Böing, RIW 2007, 161, 164, 166.

887 Lehfeldt, in: S/K/K, § 8 AStG, Rn. 182.20, Stand: September 2016; Schönfeld, in: F/W/B/S, § 8 AStG, Rn. 471 ff, 511, Stand: 63.EL, März 2009; Lohmann, 90; Thiele, 131 f; Köhler/Eicker, DStR 2006, 1871, 1873; a.A. wohl BMF v. 08.01.2007 – IV B 4 – S 1351 – 1/07, BStBl. I 2007, 99, 100 – vor Einführung des § 8 Abs. 2 AStG, dazu Köhler/Eicker, DStR 2006, 1871, 1873.

888 Eggeling, Ubg 2011, 676, 681; gegen pauschale Schädlichkeit auch Entwurf eines JStG 2008, BT-Drs. 16/6290, 92; strenger FG Münster v. 20.11.2015 – 10 K 1410/12 F, BB 2016, 2208, 2215.

889 Schönfeld, in: F/W/B/S, § 8 AStG, Rn. 475, Stand: 63.EL, März 2009; Köhler, in: S/K/K, Vor §§ 7-14 AStG, Rn. 19.20, Stand: Februar 2017; Vogt, in: Blümich, § 8 AStG, Rn. 164, Stand: 135.EL, November 2016; Köhler/Haun, Ubg 2008, 73, 79.

gelegentlicher Kapitalanlage und der reinen Holdingtätigkeit nicht zwangsläufig ausgeschlossen.[890] Eine regelmäßige und wiederholte Tätigkeit am Markt im Rahmen der eigenen wirtschaftlichen Tätigkeit reicht aus.[891] Unschädlich können auch Tätigkeiten geringen Umfangs sein; die substanziellen Anforderungen an die Tätigkeit sind ohnehin mit Blick auf die ausgeübte Funktion zu bestimmen[892] – und können, nicht zuletzt mit Blick auf die Anerkennung der vermögensverwaltenden Tätigkeit, gering ausfallen.[893]

Schließlich kann die ausländische Gesellschaft trotz Outsourcing von Aufgaben eine wirkliche wirtschaftliche Tätigkeit[894] ausüben. Mit Übertragung von Aufgaben auf einen Dienstleister[895] werden personelle und sachliche Ressourcen des Aufnahmestaates[896] gegen Entgelt in Anspruch genommen. Dies bedeutet eine Teilnahme am Wirtschaftsleben des anderen Mitgliedstaates (auf Beschaffungsseite).

---

890 EuGH v. 20.12.2017 – C-504/16, C-613/16, DStR 2018, 119 (Inbound); Vogt, in: Blümich, AStG, § 8, Rn. 163 f, Stand: 135.EL, November 2016; Cortez, 259 f; Thiele, 192; Köhler/Haun, Ubg 2008, 73, 79 mit Verweis auf EuGH v. 16.07.1998 – Rs. C-264/96, Imperial Chemical Industries (ICI) gg. Kenneth Hall Colmer (HM Inspector of Taxes), Slg. 1998 I-4711; Vogel/Cortez, RIW 2011, 532, 542.

891 Goebel/Palm, IStR 2007, 720, 724; Sedemund, BB 2008, 696, 699. – Hingegen wohl weitergehend (gelegentliche Tätigkeiten ausreichend) Köhler, in: S/K/K, Vor §§ 7-14 AStG, Rn. 19.20, Stand: Februar 2017; Lehfeldt, in: S/K/K, § 8 AStG, Rn. 182.21 f, Stand: September 2016; Lohmann, 255.

892 Lohmann, 89 ff; Kraft/Quilitzsch, EWS 2012, 130, 133; Quilitzsch, IStR 2012, 645, 647.

893 Vgl. Schlussanträge der Generalanwältin Kokott v. 1.3.2018, C-299/16, Z Denmark gg. Skatteministeriet, BeckRS 2018, 2030, Rz. 66; Kahlenberg, FR 2018, 499, 503.

894 Z.B. von FG Münster v. 20.11.2015 – 10 K 1410/12 F, BB 2016, 2208, 2215; Vogt, in: Blümich, AStG, § 8, Rn. 163, Stand: 135.EL, November 2016 anhand dieses Merkmals diskutiert. Der Entwurf eines JStG 2008, BT-Drs. 16/6290, 92 und Schönfeld, in: F/W/B/S, § 8 AStG, Rn. 476, Stand: 63.EL, März 2009 sprechen dies im Rahmen der stabilen und kontinuierlichen Teilnahme am Wirtschaftsleben des anderen Mitgliedstaats an. Der EuGH spricht in Cadbury Schweppes die stabile und kontinuierliche Teilnahme nicht explizit als negative Voraussetzung der künstlichen Gestaltung an. Vielmehr zielt die Niederlassungsfreiheit auf gegenseitige wirtschaftliche Durchdringung ab und soll eine stabile und kontinuierliche Teilnahme am Wirtschaftsleben des Aufnahmemitgliedstaates ermöglichen. Als Kriterien hat der EuGH aber im konkreten Fall wirtschaftliche Tätigkeit und die Ansiedlung herausgearbeitet, sodass diese Frage bei der Tätigkeit zu diskutieren ist.

895 Servicegesellschaft darf eine konzernangehörige oder dritte Gesellschaft sein, Schön, IStR 2013, Beihefter H6, 3, 15 f; Haase, IStR 2016, 767, 769.

896 FG Münster v. 20.11.2015 – 10 K 1410/12 F, BB 2016, 2208, 2216; Heinsen/Handwerker, DB 2011, 82, 84; dazu auch Leukefeld, 247 f; Haase, IStR 2016, 767, 769 f. – Ein vollständiges Outsourcing auf Servicegesellschaften in dritten Staaten könnte einer Verflechtung mit dem Aufnahmestaat aber entgegenstehen, wenn nicht auf Absatzseite eine ausreichende Teilnahme am allgemeinen wirtschaftlichen Verkehr (im Namen und auf Rechnung/Risiko der ausländischen Gesellschaft) erfolgt.

Das Teilnahmeerfordernis bedeutet nicht, dass die ausländische Gesellschaft jeden Aspekt ihrer Tätigkeit durch eigene personelle und sachliche Mittel ausüben muss. Die Verflechtung mit dem Wirtschaftsleben gelingt gleichermaßen, wenn die ausländische Gesellschaft eigenverantwortlich ihre Funktion leitet und durch das Handeln eines Dienstleisters verpflichtet wird (Handeln im Namen und auf Rechnung der ausländischen Gesellschaft). Daraus erzielte Einkünfte sind Folge eigener Tätigkeitsausübung der ausländischen Gesellschaft. Selbst Outsourcing wesentlicher Funktionen kann nicht pauschal als schädlich erachtet werden. Die Auslagerung wesentlicher Funktionen entbehrt nicht notwendig jeder wirtschaftlichen Realität. Auf Beschaffungsseite erfolgt eine Integration in das Wirtschaftsleben des Aufnahmestaats. Die Modalitäten der Tätigkeitsausübung, inklusive der Entscheidung über die Auslagerung von Funktionen, sind Gegenstand der unternehmerischen Entscheidungsfreiheit. Die eigenverantwortliche Leitung der übertragenen Funktion umfasst die Entscheidung über das Outsourcing von (auch wesentlichen) Funktionen und die Kontrolle über ausgelagerte Aufgaben. Nach europarechtlichen Maßstäben kann nur das Fehlen *jeder* wirtschaftlichen Realität *im Einzelfall* einen Missbrauchsvorwurf rechtfertigen, was allein bei sehr weitgehendem Outsourcing nicht zwingend anzunehmen ist.[897]

bb) Tatsächliche Ansiedlung

Die tatsächliche Ansiedlung dient dem Zweck, eine wirtschaftliche Tätigkeit im Aufnahmemitgliedstaat ausüben zu können, was objektiv u.a. durch personelle und sachliche Mittel der ausländischen Gesellschaft nachzuweisen ist.[898] Die Gründung einer ausländischen Gesellschaft muss mit einer tatsächlichen Ansiedlung einhergehen, „deren Zweck darin besteht, wirklichen wirtschaftlichen Tätigkeiten im Aufnahmemitgliedstaat nachzugehen“[899]. Die geschäftliche Ausstattung

---

897 Kraft, in: Kraft, § 8, Rn. 750; Köhler, in: S/K/K, Vor §§ 7-14 AStG, Rn. 19.20, Stand: Februar 2017; Lehfeldt, in: S/K/K, § 8 AStG, Rn. 182.21, Stand: September 2016; Vogt, in: Blümich, § 8 AStG, Rn. 163 ff, Stand: 135.EL, November 2016; Henkel/Klein, in: Mössner, Rn. 8.92; Cortez, 258 ff; Köhler/Haun, Ubg 2008, 73, 79; Haarmann, IStR 2011, 565, 571; Heinsen/Handwerker, DB 2011, 82, 84; Vogel/Cortez, RIW 2011, 532, 541 f; Schön, IStR 2013, Beihefter H6, 3, 15 f; Haase, IStR 2016, 767, 768 ff; Kahlenberg, FR 2018, 499, 503 f; a.A. Entwurf eines JStG 2008, BT-Drs. 16/6290, 92; (wohl auch) FG Münster v. 20.11.2015 – 10 K 1410/12 F, BB 2016, 2208, 2215 f; Gropp, in: Lademann, § 8, Rn. 150; Schönfeld, in: F/W/B/S, § 8 AStG, Rn. 476 ff, Stand: 63.EL, März 2009; Schaumburg, in: Schaumburg, Rn. 13.147; Lohmann, 223 ff; ansatzweise in BMF v. 08.01.2007 – IV B 4 – S 1351 – 1/07, BStBl. I 2007, 99, 100 (vor Einführung des § 8 Abs. 2 AStG) in Form eigenständiger Aufgabenerfüllung.

898 EuGH v. 12.09.2006 – Rs. C-196/04, Cadbury Schweppes plc und Cadbury Schweppes Overseas Ltd gg. Commissioners of Inland Revenue, Slg. 2006 I 8031, Rn. 64 ff; Schönfeld, in: F/W/B/S, § 8 AStG, Rn. 482, Stand: 63.EL, März 2009; Leukefeld, 161 f.

899 EuGH v. 12.09.2006 – Rs. C-196/04, Cadbury Schweppes plc und Cadbury Schweppes Overseas Ltd gg. Commissioners of Inland Revenue, Slg. 2006 I 8031, Rn. 54 und 66.

hat eine dienende Funktion; sie belegt allein nicht die Ausübung einer wirklichen wirtschaftlichen Tätigkeit.[900] Da die feste Einrichtung im Aufnahmestaat der Tätigkeitsausübung dient, sind personelle und sachliche Mittel nur in dem Umfang erforderlich, wie es die Ausübung der wirtschaftlichen Tätigkeit erfordert. Es muss sichergestellt sein, dass die ausländische Gesellschaft ihre eigene wirtschaftliche Funktion wahrnehmen kann. Das Ausmaß der tatsächlichen Ansiedlung im Aufnahmemitgliedstaat lässt sich nicht abstrakt, sondern nur konkret in Bezug auf die wirtschaftliche Tätigkeit/Funktion der ausländischen Gesellschaft und damit funktionsspezifisch bestimmen.[901] Dabei ist auch unterschiedlichen Phasen unternehmerischen Daseins (bspw. Gründung und Liquidation) angemessen Rechnung zu tragen.[902]

Eine (eigene) personelle und sachliche Ausstattung ist erforderlich, soweit die ausländische Gesellschaft ihre wirtschaftliche Tätigkeit selbst ausübt. Das Ausmaß der Ausstattung richtet sich nach der selbst ausgeübten Funktion. Mit dem Outsourcing von Aufgaben reduzieren sich die Ausstattungserfordernisse im Umfang der ausgelagerten Funktionen. Dem Zweck der Niederlassungsfreiheit entsprechend, eine wirtschaftliche Tätigkeit mittels einer festen Einrichtung im anderen Staat auf unbestimmte Zeit zu ermöglichen – eine „tatsächliche Ansiedlung der betreffenden Gesellschaft im Aufnahmemitgliedstaat“ verlangend[903] – könnte allenfalls der vollständige Verzicht auf jede (eigene) personelle und sachliche Ausstattung im Aufnahmestaat schädlich sein. Auf ein zwingendes Maß an (eigener) personeller und sachlicher Ausstattung abzustellen, würde aber zum einen dem umfassenden grundfreiheitlichen Schutz wirtschaftlicher Betätigungen nicht genügen. Die „wirtschaftliche Realität“ kann durch weitere Umstände (u.a. eigene Geschäftsleitung und eigene Investitionsentscheidungen der ausländischen Gesellschaft) belegt werden.[904] Zum anderen könnte – auch mit Bezug zur Niederlassungsfreiheit – bei Auslagerung von Funktionen die feste Verbindung zum Aufnahmestaat

---

900 Zu Recht Entwurf eines JStG 2008, BT-Drs. 16/6290, 92; Entwurf eines JStG 2008, BR-Drs. 544/07, 124; FG Münster v. 20.11.2015 – 10 K 1410/12 F, BB 2016, 2208, 2214; Leukefeld, 144 f; a.A. Thiele 192 f; wohl auch Köhler/Haun, Ubg 2008, 73, 79 f.

901 Schlussanträge der Generalanwältin Kokott v. 1.3.2018, C-299/16, Z Denmark gg. Skatteministeriet, BeckRS 2018, 2030, Rz. 66; Fischer, in: H/H/S, AO, § 42, Rn. 209, Stand: 197.EL, März 2008; Schönfeld, in: F/W/B/S, § 8 AStG, Rn. 486, Stand. 63.EL, März 2009; Lang, in: De La Feria/Vogenauer, 435, 444; Lang/Heidenbauer, in: FS Vanistendael, 597, 603; Schaumburg, in: Schaumburg, Rn. 13.148; Schade, 129; Schönfeld, DBA-Missbrauch, 137, 148; Leukefeld, 165 f, 243 ff; Thiele, 129 f; (wohl auch) Lohmann, 91; Englisch, StuW 2009, 3, 8; Haarmann, IStR 2011, 565, 571; Schön, IStR 2013, Beihefter H6, 3, 10; Haase, IStR 2016, 767, 770; Cloer/Hagemann, IStR 2018, 697, 699.

902 Thiele, 131.

903 EuGH v. 12.09.2006 – Rs. C-196/04, Cadbury Schweppes plc und Cadbury Schweppes Overseas Ltd gg. Commissioners of Inland Revenue, Slg. 2006 I 8031, Rn. 54.

904 Insb. Schön, IStR 2013, Beihefter H6, 3, 15.

durch einen Dienstleister vermittelt werden. Das Phänomen des Outsourcings ist Ausdruck unternehmerischer Handlungsfreiheit und wirtschaftlicher Realität. Die Ausübung „mittels“[905] einer festen Einrichtung im Aufnahmestaat kann erfolgen, indem die ausländische Gesellschaft einen Dienstleister in Anspruch nimmt, wenn die ausländische Gesellschaft ihre Funktion eigenverantwortlich leitet und die Folgen des wirtschaftlichen Handelns trägt (eigene Verpflichtung, Rechnung, Risiko). Die „tatsächliche Ansiedlung“ der ausländischen Gesellschaft im Aufnahmestaat kann sich „u.a.“, aber nicht zwingend und abschließend, aus dem „Ausmaß des greifbaren Vorhandenseins (...) in Form von Geschäftsräumen, Personal und Ausrüstungsgegenständen“[906], sondern auch aus weiteren Kriterien, ergeben.[907] Das Fehlen eigener sachlicher und personeller Mittel kann einen Anhaltspunkt für eine „fiktive Ansiedlung“ bilden – was insbesondere bei einer „Briefkastenfirma“[908] (einer außersteuerlich funktionslosen Gesellschaft) der Fall ist. Übt demgegenüber die ausländische Gesellschaft mittels eines Dienstleisters tatsächlich eine eigene wirtschaftliche Tätigkeit aus, ist – trotz des Anhaltspunkts – kein Missbrauchsvorwurf gerechtfertigt.

cc) Subjektives Element und Gegenbeweis

Die künstliche Gestaltung setzt ein subjektives Element, das Erstreben eines Steuervorteils, voraus. Der Missbrauchsvorwurf ist aber nur gerechtfertigt, wenn neben der Absicht der Steuerersparnis wirtschaftliche Gründe für eine Gestaltung fehlen. Der Missbrauchsvorwurf muss sich aus objektiven Anhaltspunkten ergeben.[909]

Eine mitgliedstaatliche Vorschrift muss einen individuellen Motivtest, d.h. eine Gegenbeweismöglichkeit im Einzelfall, vorsehen. Der Steuerpflichtige muss den Vorwurf der rein steuerlichen Motivation objektiv (durch wirtschaftliche Gründe) widerlegen können.[910] Dem inländischen Steuerpflichtigen darf der

---

905 EuGH v. 12.09.2006 – Rs. C-196/04, Cadbury Schweppes plc und Cadbury Schweppes Overseas Ltd gg. Commissioners of Inland Revenue, Slg. 2006 I 8031, Rn. 54.

906 EuGH v. 12.09.2006 – Rs. C-196/04, Cadbury Schweppes plc und Cadbury Schweppes Overseas Ltd gg. Commissioners of Inland Revenue, Slg. 2006 I 8031, Rn. 65-67.

907 Dazu Thiele, 129.

908 EuGH v. 12.09.2006 – Rs. C-196/04, Cadbury Schweppes plc und Cadbury Schweppes Overseas Ltd gg. Commissioners of Inland Revenue, Slg. 2006 I 8031, Rn. 68.

909 EuGH v. 12.09.2006 – Rs. C-196/04, Cadbury Schweppes plc und Cadbury Schweppes Overseas Ltd gg. Commissioners of Inland Revenue, Slg. 2006 I 8031, Rn. 64; Schön, IStR 2013, Beihefter H6, 3, 13, 16.

910 EuGH v. 12.09.2006 – Rs. C-196/04, Cadbury Schweppes plc und Cadbury Schweppes Overseas Ltd gg. Commissioners of Inland Revenue, Slg. 2006 I 8031, Rn. 64, 67 ff; EuGH v. 21.01.2010 – Rs. C-311/08, Societe de Gestion Industrielle SA (SGI) gg. Etat belge, 2010 I-487, Rn. 71; EuGH v. 20.12.2017 – C-504/16, C-613/16, DStR 2018, 119, Tz. 97, 70 (Inbound); Englisch, in: Schaumburg/Englisch, Rn. 7.259.

Entlastungsbeweis in Bezug auf die Ausübung einer wirklichen wirtschaftlichen Tätigkeit aufgebürdet werden.[911] Ein Nachweis kann bspw. durch Vorlage eines ausländischen Jahresabschlusses oder Geschäftsberichts erbracht werden, soweit relevante Positionen wie u.a. Personalaufwand, Abschreibungen, Aufwendungen für Miete entnommen werden können. Bei beherrschender Beteiligung können ggf. auch direkt Nachweise über die Rechtsverhältnisse der ausländischen Gesellschaft mit Dritten vorgelegt werden.[912]

dd) Abweichende Kriterien mit Bezug zur Kapitalverkehrsfreiheit

Die Kriterien der wirklichen wirtschaftlichen Tätigkeit und der tatsächlichen Ansiedlung im anderen Mitgliedstaat sind aus dem Niederlassungsbegriff abgeleitet worden. Auf Fälle im Anwendungsbereich der Kapitalverkehrsfreiheit lassen sich diese Kriterien nicht schablonenhaft übertragen.[913]

Die Kapitalverkehrsfreiheit setzt nicht per se eine Ansiedlung im anderen Mitgliedstaat voraus; im Vordergrund steht der Investitionsaspekt. Eine stabile und kontinuierliche wirtschaftliche Betätigung im anderen Staat muss damit nicht einhergehen. Mit dem eingesetzten Kapital soll bloß eine Rendite erzielt werden.[914] Die Echtheit einer Investition bemisst sich daher nicht zwingend nach dem Vorhandensein personeller und sachlicher Mittel. Im Regelfall sind die Anforderungen an eine solche Ausstattung deutlich, ggf. bis auf Null, reduziert.

Vorrangig lassen sich andere Kriterien zur Ermittlung der Echtheit der Investition anlegen. Als Kriterium kann die Dauerhaftigkeit eines Engagements dienen. Ferner kommt in Betracht, die *tatsächliche* Investition, also das tatsächliche Zurverfügungstellen von Kapital, in Bezug auf die ausländische Gesellschaft zu überprüfen.[915] Als weiterer Maßstab kann der Fremdvergleich herangezogen werden. Die Art des Kapitals (Eigen- oder Fremdkapital) und die Ausstattung können auf Fremdüblichkeit geprüft werden ist. Schließlich kann, dem Investitionszweck folgend, eine Renditeerzielung des überlassenen Kapitals überprüft werden,[916]

---

911 EuGH v. 12.09.2006 – Rs. C-196/04, Cadbury Schweppes plc und Cadbury Schweppes Overseas Ltd gg. Commissioners of Inland Revenue, Slg. 2006 I 8031, Rn. 64 ff; EuGH v. 21.11.2002 – Rs. C-436/00, X und Y gg. Riksskatteverk, Slg. 2002 I 10847, Rn. 42 ff; EuGH v. 21.01.2010 – Rs. C-311/08, Societe de Gestion Industrielle SA (SGI) gg. Etat belge, 2010 I-487, Rn. 71; Schön, IStR 2013, Beihefter H6, 3, 9.

912 Lehfeldt, in: S/K/K, § 8 AStG, Rn. 182.27, Stand: September 2016; so noch Schönfeld, in: F/W/B/S, Vor §§ 7-14 AStG, Rn. 256, Stand: 60.EL, Juni 2007.

913 BFH v. 12.10.2016 – I R 80/14, IStR 2017, 316, Rn. 75 (daher Vorlage an EuGH); Lang, in: De La Feria/Vogenauer, 435, 446 f; Englisch, StuW 2009, 3, 16; Schön, IStR 2013, Beihefter H6, 3, 20 ff.

914 Thiele, 133.

915 Schön, IStR 2013, Beihefter H6, 3, 11.

916 Thiele, 133.

wobei nicht der bloße wirtschaftliche Misserfolg gegen die Echtheit der Investition spricht.

c. *Europarechtliche Bewertung des § 8 AStG*

aa) § 8 Abs. 1 AStG

Die Hinzurechnungsbesteuerung bedient sich einer Missbrauchstypisierung. Die Besteuerung wird ausgelöst durch das kumulative Vorliegen schädlicher Einkünfte (§ 8 Abs. 1 AStG), deren niedriger Besteuerung (§ 8 Abs. 1 und 3 AStG) und regelmäßig der Beherrschung der ausländischen Gesellschaft (§ 7 AStG).

Der Aktivitätskatalog (§ 8 Abs. 1 AStG) listet unschädliche wirtschaftliche Betätigungen und Vorgänge auf. Eine zielgenaue Missbrauchsbestimmung kann jedoch nur mit einem *Passivitäts*katalog erreicht werden, der allein die schädlichen Einkünfte aufführt und der Hinzurechnungsbesteuerung unterwirft. Der Aktivitätskatalog knüpft nicht an einen spezifischen Missbrauchsverdacht in Bezug auf wirtschaftliche Betätigungen an, sondern regelt pauschal die Schädlichkeit von Einkünften aus nicht benannten Aktivitäten. Dies kann angesichts der regelmäßigen Lückenhaftigkeit eines Aktivitätskatalogs und der Dynamik des Wirtschaftslebens nicht ausreichen. Die aktuell vorzufindende Einteilung in aktive und passive Einkünfte bedeutet keine zulässige Typisierung.[917]

Ferner können die strengen gesetzlichen Anforderungen an die eigenständige Leistungserbringung der ausländischen Gesellschaft nicht überzeugen. Konzerninterne Betätigung kann nach zahlreichen Mitwirkungstatbeständen des Aktivitätskatalogs zu schädlichen Einkünften führen (z.B. § 8 Abs. 1 Nr. 3, 2. Hs., Nr. 4 und 5 AStG). Dies trägt zwar einem bestehenden Missbrauchspotential[918] Rechnung und unterbindet nicht jede konzerninterne Leistungsbeziehung, untergeordnete Mitwirkungshandlung oder Funktionsaufteilung zwischen der ausländischen Gesellschaft und potentiell schädlich Mitwirkenden. Dennoch gehen die Regeln über das erforderliche Maß hinaus. Mitwirkungshandlungen führen zur Passivierung der Tätigkeit. Dies ist gegenüber einer präziseren Korrektur nach Fremdvergleichsmaßstäben nicht erforderlich.[919] Eine Gewinnverlagerung durch fremdunübliche Entgelte und Bedingungen kann mittels Verrechnungspreiskorrekturen effektiv bekämpft werden. Die Maßstäbe sind international[920] und

---

917 Köhler, in: S/K/K, Vor §§ 7-14 AStG, Rn. 62, Stand: Februar 2017; Kraft, in: Kraft, § 8, Rn. 798; Hey, in: Lüdicke, Standort, 137, 168; Schaumburg, in: Schaumburg, Rn. 13.142; Thiele, 183; Hey, StuW 2008, 167, 179; Schön, IStR 2013, Beihefter H6, 3, 14; in diese Richtung auch Cortez, 219; Vogel/Cortez, RIW 2011, 532, 542; wohl a.A. Lohmann, 273 ff.

918 Mit guten Gründen dagegen Köhler, in: S/K/K, Vor §§ 7-14 AStG, Rn. 62, Stand: Februar 2017; Cortez, 220; Schön, IStR 2013, Beihefter H6, 3, 14.

919 Insb. Schön, IStR 2013, Beihefter H6, 3, 14.

920 Art. 9 OECD-MA.

europarechtlich[921] anerkannt, hinreichend entwickelt und werden modernen Herausforderungen fortwährend angepasst[922].

Eine Niedrigsteuergrenze (§ 8 Abs. 3 AStG) wird zur Identifizierung der Steuerumgehung herangezogen.[923] Die Gründung einer Gesellschaft in einem anderen Mitgliedstaat zur Steuerersparnis ist allein nicht rechtsmissbräuchlich.[924] Jedoch ist die niedrigere Besteuerung im anderen Staat notwendige Voraussetzung der relevanten Steuerminderung. Eine Norm, die sich gegen Umgehung der grundsätzlich im Inland geschuldeten Steuer richtet, darf an dieses Kriterium anknüpfen.[925] Das Besteuerungsniveau ist aber unzulässig hoch angesetzt.[926] Der Missbrauchsvorwurf ergibt sich zwar auch nach gesetzgeberischer Konzeption erst im Zusammenspiel mit der passiven Tätigkeit, allerdings liegt die Niedrigsteuergrenze höher als die niedrigstmögliche innerstaatliche Steuerbelastung von Körperschaften in Höhe von 22,83 %.[927] Daraus lässt sich kein Missbrauchsvorwurf ableiten.

Schließlich setzt die Hinzurechnungsbesteuerung grundsätzlich zu Recht eine Beherrschung der ausländischen Gesellschaft (§ 7 Abs. 1 AStG) voraus. Der steuerliche Vorteil aus der Einschaltung einer niedrig besteuerten, passiv tätigen ausländischen Gesellschaft liegt zumindest in einem Besteuerungsaufschub und setzt voraus, dass der inländische Gesellschafter die Ausschüttungspolitik der ausländischen Gesellschaft kontrollieren kann. § 7 AStG setzt aber nicht voraus, dass der einzelne unbeschränkt Steuerpflichtige mehrheitlich an der ausländischen

---

921 U.a. EuGH v. 13.03.2007, Test Claimants in the Thin Cap Group Litigation gg. Commissioners of Inland Revenue – Rs. C-524/04, Slg. 2007 I-2157, Rn. 80 ff; EuGH v. 21.01.2010 – Rs. C-311/08, Societe de Gestion Industrielle SA (SGI) gg Etat belge, 2010 I-487, Rn. 70 ff.

922 Zuletzt mit Ausgangspunkt OECD, BEPS, Aligning Transfer Pricing Outcomes with Value Creation, Actions 8-10 – 2015 Final Reports, abrufbar unter oecd.org (zuletzt abgerufen am 04.02.2016).

923 Die Niedrigsteuergrenze begründe (zusammen mit dem Aktivitätskatalog) die Vermutung einer künstlichen Gestaltung, so Entwurf eines JStG 2008, BR-Drs. 544/07, 123; Entwurf eines JStG 2008, BT-Drs. 16/6290, 92, aber Aktivitätskatalog unzutreffend als „Katalog passiver Einkünfte“, aaO, 92, bezeichnet.

924 EuGH v. 12.09.2006 – Rs. C-196/04, Cadbury Schweppes plc und Cadbury Schweppes Overseas Ltd gg. Commissioners of Inland Revenue, Slg. 2006 I 8031, Rn. 37 f m.w.N; Köhler, in: S/K/K, Vor §§ 7-14 AStG; Rn. 61 m.w.N., Stand: Februar 2017; Kofler, in: Schaumburg/Englisch, Rn. 13.17.

925 EuGH v. 12.09.2006 – Rs. C-196/04, Cadbury Schweppes plc und Cadbury Schweppes Overseas Ltd gg. Commissioners of Inland Revenue, Slg. 2006 I 8031, Rn. 64 (verlangt für Feststellung künstlicher Gestaltung subjektiv das Streben nach einem Steuervorteil); Lohmann, 269; Thiele, 187; Hey, StuW 2008, 167, 181; a.A. Köhler, in: S/K/K, Vor §§ 7-14 AStG; Rn. 61, Stand: Februar 2017; wohl auch Schön, IStR 2013, Beihefter H6, 3, 14.

926 U.a. Lohmann, 270 ff; Thiele, 187 f.

927 Insb. Lohmann, 270 ff. Vgl. zur Höhe Schlenker, in: Blümich, KStG, § 23, Rn. 46, Stand: 140.EL, Januar 2018.

Gesellschaft beteiligt ist. Nicht beherrschende Beteiligungen sind bei insgesamt vorliegender Beherrschung durch inländische Steuerpflichtige miterfasst. Dies stellt sich nicht als zutreffende Typisierung der Missbrauchssituation dar. Ohne eigene Beherrschung besitzt der Steuerpflichtige keinen derartigen Einfluss auf die Entscheidungen der ausländischen Gesellschaft und deren Ausschüttungspolitik, dass sich eine missbräuchliche Einkünfteverlagerung *per se* annehmen lässt.[928] Anders könnte dies zu beurteilen sein, wenn nicht beherrschend Beteiligte koordiniert handeln,[929] was aber gesetzlich nicht vorausgesetzt ist.

Aus diesem Grund ist erst recht § 7 Abs. 6 AStG zu beanstanden, der schon minimale Beteiligungen der Hinzurechnung unterstellt.[930] Insbesondere durch § 7 Abs. 6 S. 3 AStG werden Kleinstanleger getroffen. Kapitalanlageeinkünfte mögen besonders mobil und einfach gestaltbar sein, allerdings lässt sich gegenüber Kleinstanlegern mangels Einflussmöglichkeit auf die ausländische Gesellschaft kein typisierter Missbrauchsvorwurf rechtfertigen. Erfasst sind nicht allein Gestaltungen, die bewusst Kleinanleger sammeln.[931]

bb) § 8 Abs. 2 AStG

Die Regelung des § 8 Abs. 2 AStG soll die Hinzurechnungsbesteuerung auf das europarechtlich zulässige Maß zurückführen.[932]

Der Nachweis einer tatsächlichen wirtschaftlichen Tätigkeit der ausländischen Gesellschaft ermöglicht eine Widerlegung der typisierten Missbrauchsvermutung der §§ 7 ff AStG (§ 8 Abs. 2 S. 1 AStG). Die Konkretisierung des Begriffs der *tatsächlichen wirtschaftlichen Tätigkeit* (§ 8 Abs. 2 S. 1 AStG) hat in Übereinstimmung mit der *wirklichen wirtschaftlichen Tätigkeit* nach europäischem Verständnis zu erfolgen.[933] Der Begriff ist der Cadbury-Schweppes-Entscheidung entnommen. Im nationalen Recht lassen sich schwerlich Maßstäbe für die umfassende Auslegung des Begriffs gewinnen; die dargestellten abweichenden Auslegungsmöglichkeiten im nationalen Recht treten aber im Rahmen der europarechtskonformen Auslegung zurück.

---

928 Köhler, in: S/K/K, Vor §§ 7-14 AStG, Rn. 63, Stand: Februar 2017; Thiele, 181 f; Schön, IStR 2013, Beihefter H6, 3, 17; vgl. auch Konstellation in BFH v. 21.10.2009 – I R 114/08, BStBl. II 2010, 774 (Niederlassungsfreiheit bei Beteiligung mehrerer für sich genommen nicht beherrschender Familienmitglieder mit gleichen Interessen und einvernehmlicher Einflussnahme); kritisch wegen Verstoßes gegen die Grundidee der Hinzurechnungsbesteuerung (Einflussnahme auf Ausschüttungspolitik durch beherrschenden Gesellschafter und Möglichkeit zur Steuerstundung durch Thesaurierung) Kraft, IStR 2010, 377, 382 f; Quilitzsch, Ubg 2011, 942, 942 f.

929 Lohmann, 276.

930 Oellerich, in: Schaumburg/Englisch, Rn. 8.152; Lohmann 276; Thiele, 182.

931 Cortez, 132 f; im Ergebnis auch Thiele, 182

932 Entwurf eines JStG 2008, BT-Drs. 16/6290, 91.

933 Vgl. Leukefeld, 240 ff.

Bestimmte wirtschaftliche Betätigungen per se vom Gegenbeweis auszunehmen, ist mit europarechtlichen Vorgaben nicht vereinbar. Dies gilt in Bezug auf die völlige Versagung des Schutzes für reine Holdinggesellschaften (Beteiligungsverwaltung ohne geschäftsleitende Funktionen) oder gelegentliche Kapitalanlage.[934] Die Tätigkeiten können eine dauerhafte und regelmäßig wiederkehrende Betätigung begründen. Ein Missbrauchsvorwurf kann allenfalls auf das Fehlen der regelmäßigen Tätigkeit, nicht auf die Art der Betätigung, gegründet sein. Eine geringer Tätigkeitsumfang allein begründet gleichfalls keinen Missbrauchsvorwurf.

Dass eine Tätigkeit gegenüber verbundenen Unternehmen der stabilen und kontinuierlichen Teilnahme am Wirtschaftsleben des Aufnahmestaats nicht entgegensteht,[935] ermöglicht, die weite Typisierung im Bereich der Mitwirkungstatbestände (insb. durch § 8 Abs. 1 Nr. 4 und 5 AStG) auf das europarechtlich zulässige Maß zu begrenzen, wenn nicht bereits die (restriktive) Auslegung der Mitwirkungsregeln zu diesem Ergebnis führt.[936] Kein anerkannter Maßstab ist hingegen, dass – ähnlich wie in § 8 Abs. 2 S. 5 AStG – Leistungen der ausländischen Gesellschaft bei überwiegender Tätigkeit mit nahe stehenden Personen für die Leistungsempfänger wertschöpfende Bedeutung zukommen und die Ausstattung mit Kapital zu der erbrachten Wertschöpfung in einem angemessenen Verhältnis stehen müssen.[937] Ein solches Wertschöpfungskriterium (wirtschaftlicher Wert der Tätigkeit der Tochtergesellschaft für die Muttergesellschaft und den gesamten Konzern) hat der Generalanwalt in den Schlussanträgen zur Rechtssache Cadbury Schweppes formuliert, ohne dass dies im anschließenden Urteil Niederschlag gefunden hat.[938] Die Verhinderung eines Gewinntransfers durch Leistungserbringung ohne wirtschaftlichen Wert soll unterbunden werden.[939] Dies vermischt aber zusammen mit dem Erfordernis der angemessenen Kapitalausstattung die Hinzurechnungsbesteuerung mit der Einkünftekorrektur. Das Erfordernis angemessener Kapitalausstattung könnte, angesichts anerkannter Finanzierungsfreiheit mit Fremd- und Eigenkapital,[940] nur als Missbrauchsindiz ausgelegt werden, dass eine

934 Entwurf eines JStG 2008, BT-Drs. 16/6290, 92; Gesetzentwurf eines JStG 2008, BR-Drs. 544/07, 123; kritisch auch Leukefeld, 261 f.

935 Entwurf eines JStG 2008, BT-Drs. 16/6290, 92.

936 Gropp, in: Lademann, § 8, Rn. 150; Lehfeldt, in: S/K/K, § 8 AStG, Rn. 10.1, Stand: September 2016; Vogt, in: Blümich, AStG, § 8, Rn. 166, Stand: 135.EL, November 2016; Köhler/Haun, Ubg 2008, 73, 79; so noch Schönfeld, in: F/W/B/S, Vor §§ 7-14 AStG, Rn. 259, Stand: 60.EL, Juni 2007.

937 So aber BMF v. 08.01.2007 – IV B 4 – S 1351 – 1/07, BStBl. I 2007, 99, 100 – vor Einführung des § 8 Abs. 2 AStG; a.A. auch Leukefeld, 238 f.

938 Schlussanträge des Generalanwalts Philippe Leger v. 02.05.2006 – Rs. C-196/04, Cadbury Schweppes plc und Cadbury Schweppes Overseas Ltd gg. Commissioners of Inland Revenue, Slg. 2006 I 7997, Rn. 114.

939 Z.B. Thiele, 198 f.

940 Lohmann, 259 m.w.N.

hohe Wertschöpfung ohne entsprechende (finanzielle) Ausstattung eine rein formale Einschaltung einer Gesellschaft bedeuten kann.[941]

Das Erfordernis einer aktiven[942], ständigen und nachhaltigen Teilnahme der ausländischen Gesellschaft im Rahmen ihrer gewöhnlichen Geschäftstätigkeit am Marktgeschehen im Ansässigkeitsstaat,[943] darf schließlich nicht mehr als das Kriterium der Teilnahme am Wirtschaftsleben nach europarechtlichen Maßstäben verlangen.

Nach europarechtlichen Maßstäben dürfen der ausländischen Gesellschaft ferner bei Auslagerung von Kernfunktionen nicht per se die stabile und kontinuierliche Teilnahme am wirtschaftlichen Verkehr[944] oder Erzielung eigener aktiver Einkünfte[945] abgesprochen werden.

Eine ertragsteuerliche Zurechnung ist auch bei Auslagerung von Kernfunktionen der ausländischen Gesellschaft auf Dienstleister nicht ausgeschlossen.[946] Dies fügt sich ein in die weitgehende Anerkennung des Outsourcings mit Blick auf § 42 AO oder § 8 Abs. 1 (Nr. 3) AStG. Nur eine solche großzügige Anerkennung kann einen Konflikt mit unionsrechtlichen Vorgaben vermeiden.[947] Die Auslagerung wesentlicher Funktionen ist nicht als künstlich anzusehen, wenn sie die Funktionserfüllung ermöglicht, die ausländische Gesellschaft die von Muttergesellschaft übertragene Funktion dauerhaft eigenverantwortlich leitet,[948] die übertragenen Funktionen kontrolliert und Chancen und Risiken der wirtschaftlichen Tätigkeit trägt.[949] Im Einzelfall ist zu beurteilen, ob eine Auslagerung von Kernfunktionen den Vorwurf der rein künstlichen Gestaltung rechtfertigt.

---

941 Thiele, 199.

942 Der Begriff *aktiv* ist iRd § 8 Abs. 2 AStG fragwürdig gewählt. Aktiv wird regelmäßig iRd § 8 Abs. 1 AStG verwandt, wobei dann der Tatbestand der Hinzurechnungsbesteuerung nicht erfüllt ist, z.B. Goebel/Palm, IStR 2007, 720, 723 f.

943 BMF v. 08.01.2007 – IV B 4 – S 1351 – 1/07, BStBl. I 2007, 99, 100 – vor Einführung des § 8 Abs. 2 AStG.

944 Entwurf eines JStG 2008, BT-Drs. 16/6290, 92; Entwurf eines JStG 2008, BR-Drs. 544/07, 123; auch FG Münster v. 20.11.2015 – 10 K 1410/12 F, BB 2016, 2208, 2215.

945 BMF v. 08.01.2007 – IV B 4 – S 1351 – 1/07, BStBl. I 2007, 99, 100, vor Einführung des § 8 Abs. 2 AStG. – Genaue Anknüpfung bleibt unklar. Lohmann, 257, will dies als Beschränkung auf Wertschöpfung aus dem Faktor Arbeit verstehen. Insb. die Formulierung spricht gegen dieses Verständnis.

946 BFH v. 13.10.2010 – I R 61/09, BStBl. II 2011, 249.

947 BFH v. 25.02.2004 – I R 42/02, BStBl. II 2005, 14, 17; BFH v. 13.10.2010 – I R 61/09, BStBl. II 2011, 249, 250, Rn. 18 ff; Leukefeld, 244 ff.

948 FG Münster v. 20.11.2015 – 10 K 1410/12 F, BB 2016, 2208, 2216; Leukefeld, 248 f; Schön, IStR 2013, Beihefter H6, 3, 15.

949 BFH v. 13.10.2010 – I R 61/09, BStBl. II 2011, 249 (zu § 8 Abs. 1 Nr. 3 AStG); Cortez, 258 ff; Eggeling, Ubg 2011, 676, 681; Heinsen/Handwerker, DB 2011, 82, 83; Kaminski, StBg 2011, 338, 345; Loose/Herbst, BB 2011, 294, 295.

Der Nachweis der wirtschaftlichen Tätigkeit und der Ansiedlung im Aufnahmestaat kann objektiv u.a. durch personelle und sachliche Mittel geführt werden,[950] wobei allein das Vorliegen eines kaufmännisch eingerichteten Geschäftsbetriebs im Sinne des § 8 Abs. 1 AStG keine tatsächliche wirtschaftliche Tätigkeit belegt.[951] Das Ansiedlungserfordernis lässt sich nicht in Bezug auf die grundsätzlich anwendbare[952] Kapitalverkehrsfreiheit übertragen. Die Echtheit der wirtschaftlichen Tätigkeit bemisst sich insoweit nicht generell an den Ausstattungsmerkmalen. Eine Investition kann, muss aber nicht, eine feste Einrichtung erfordern.

Die ständige Beschäftigung geschäftsleitenden (und anderen Personals) durch die ausländische Gesellschaft,[953] drücken eine dauerhafte und verfestigte Integration im Aufnahmemitgliedstaat aus. Im Fall des Outsourcings sind die Anforderungen an die Personalausstattung aber zu verringern, wobei auf eine Geschäftsleitung nicht verzichtet werden kann.[954] Die ständige Beschäftigung geschäftsleitenden Personals ist nötig, da jederzeit eine Reaktion auf geschäftliche Entwicklungen (intern und extern) möglich sein muss und nur so eine dauerhafte eigenverantwortliche Leitung der übertragenen Aufgaben möglich ist.[955] Eine eigenständige ausländische Gesellschaft lässt sich bei bloß bedarfsgerechtem Einschalten von Geschäftsleitern nicht annehmen. Die ständige Beschäftigung sonstigen Personals ist jedoch entbehrlich, soweit die Geschäftsleitung die gesamte Tätigkeit bewältigen

---

950 Entwurf eines JStG 2008, BT-Drs. 16/6290, 92; Leukefeld, 243 f.

951 Zu Recht Entwurf eines JStG 2008, BT-Drs. 16/6290, 92; Entwurf eines JStG 2008, BR-Drs. 544/07, 124; FG Münster v. 20.11.2015 – 10 K 1410/12 F, BB 2016, 2208, 2214; a.A. Thiele 192 f; wohl auch Köhler/Haun, Ubg 2008, 73, 79 f.

952 A.A. noch Entwurf eines JStG 2008, BT-Drs. 16/6290, 91.

953 Erforderlich nach BMF v. 08.01.2007 – IV B 4 – S 1351 – 1/07, BStBl. I 2007, 99, 100 – vor Einführung des § 8 Abs. 2 AStG; Schönfeld, in: F/W/B/S, § 8 AStG, Rn. 488 f, Stand: 63.EL, März 2009; diff. Leukefeld, 237 f.

954 BFH v. 13.10.2010 – I R 61/09, BStBl. II 2011, 249; FG Münster v. 20.11.2015 – 10 K 1410/12 F, BB 2016, 2208, 2215 f; so auch Schönfeld, in: F/W/B/S, § 8 AStG, Rn. 489, Stand. 63.EL, März 2009; Lohmann, 256, 263 f; Schön, IStR 2013, Beihefter H6, 3, 15. – Eine Geschäftsleitung im Ausland ist bereits zur Vermeidung unbeschränkter Steuerpflicht nach §§ 1 KStG i.V.m. 10 AO erforderlich.

955 FG Münster v. 20.11.2015 – 10 K 1410/12 F, BB 2016, 2208, 2216 (wohl im Ergebnis so zu verstehen); Vogt, in: Blümich, AStG, § 8, Rn. 163, Stand: 135.EL, November 2016; Lohmann, 264; Thiele, 196; Schön, IStR 2013, Beihefter H6, 3, 15; a.A. Köhler, in: S/K/K, Vor §§ 7-14 AStG, Rn. 19.20, Stand: Februar 2017; ähnlich: Goebel/Palm, IStR 2007, 720, 724 (bei „einer Gesellschaft, die z.B. nur langfristige Darlehensverträge abschließt, wird in der Regel kein laufendes und nicht ständig geschäftsleitendes Personal benötigt"); Heinsen/Handwerker, DB 2011, 82, 83. – Entgegen Haase, IStR 2016, 767, 769 f ist das Vorhandensein ausreichender personeller und sachlicher Ressourcen zu überprüfen. Ohne diese kann eine wirtschaftliche Tätigkeit nicht ausgeübt werden.

kann (bei Tätigkeiten geringen Umfangs),[956] Funktionen ausgelagert sind oder die Geschäftsleitung weiteres Personal projektbezogen engagieren kann. Der Umfang muss sich nach den individuellen Verhältnissen der ausländischen Gesellschaft richten.[957] Das Personal der ausländischen Gesellschaft muss ausreichend qualifiziert sein, um die der Gesellschaft übertragenen Aufgaben eigenverantwortlich und selbstständig erfüllen zu können.[958] Entscheidend ist aber unabhängig von der formalen Qualifikation, dass das Personal der ausländischen Gesellschaft durch ausreichende Befugnisse und Fähigkeiten die übertragenen Aufgaben tatsächlich erfüllen kann.[959]

Die Regelung einer Gegenbeweismöglichkeit zur Widerlegung des typisierten Missbrauchsvorwurfs durch den inländischen Gesellschafter (wie in § 8 Abs. 2 S. 1 AStG) ist grundsätzlich zulässig und geboten.[960] Allerdings ist jedenfalls angesichts der inkorrekten Missbrauchstypisierung durch § 7 ff AStG eine vollständige Verschiebung der Beweislast auf den inländischen Steuerpflichtigen (§ 8 Abs. 2 S. 1 AStG) unzulässig.[961] Der Gegenbeweis soll eine *zusätzliche* Entlastungsmöglichkeit bieten, jedoch ohne die Amtsermittlungspflicht zu entkernen.[962] Die Regelung trägt insoweit auch den Nachweis- und Mitwirkungspflichten der §§ 7 ff AStG nicht ausreichend Rechnung.[963] Schließlich ist der Gegenbeweis für nicht beherrschend beteiligte Gesellschafter unverhältnismäßig, wenn die für den Gegenbeweis erforderlichen Informationen mangels ausreichenden gesellschaftsrechtlichen Einflusses nicht erlangt werden können.[964]

---

956 Vogt, in: Blümich, AStG, § 8, Rn. 163, Stand: 135.EL, November 2016 m.w.N.; ansatzweise Lohmann, 263 f.

957 Insoweit zutreffend FG Münster v. 20.11.2015 – 10 K 1410/12 F, BB 2016, 2208, 2216 (mit Zweifeln an der Ausübung der Tätigkeit durch die Geschäftsführerin im konkreten Fall).

958 BMF v. 08.01.2007 – IV B 4 – S 1351 – 1/07, BStBl. I 2007, 99, 100 – vor Einführung des § 8 Abs. 2 AStG; Leukefeld, 248 f; Goebel/Palm, IStR 2007, 720, 724; wohl a.A. Thiele, 197; Goebel/Palm, IStR 2007, 720; Vogel/Cortez, RIW 2011, 532, 541.

959 FG Münster v. 20.11.2015 – 10 K 1410/12 F, BB 2016, 2208, 2215 f; Leukefeld, 249; Lohmann, 256; wohl a.A. Thiele, 197; Goebel/Palm, IStR 2007, 720; Vogel/Cortez, RIW 2011, 532, 541.

960 Näher dazu Schönfeld, in: F/W/B/S, § 8 AStG, Rn. 456 ff, Stand: 63.EL, März 2009.

961 Kraft, in: Kraft, § 8, Rn. 800; Lang/Heidenbauer, in: FS Vanistendael, 597, 614 f; Englisch, in: Tipke/Lang, § 4, Rn. 99, 101, 104; Thiele, 207; Böing, EWS 2007, 55, 61 f. – Verbot „übermäßiger Verwaltungszwänge" beim Nachweis wirtschaftlicher Gründe (Gegenbeweis zum Missbrauchsvorwurf) EuGH v. 13.03.2007, Test Claimants in the Thin Cap Group Litigation gg. Commissioners of Inland Revenue – Rs. C-524/04, Slg. 2007 I-2157, Rn. 82; Englisch, StuW 2009, 3, 8.

962 Thiele, 206 f m.w.N.

963 Vogt, in: Blümich, AStG, § 8, Rn. 154, 165, Stand: 135.EL, November 2016; Thiele, 228 f; Haarmann, IStR 2011, 565, 570.

964 Vogt, in: Blümich, AStG, § 8, Rn. 165, Stand: 135.EL, November 2016; Schaumburg, in: Schaumburg, Rn. 13.142; Thiele, 207; Schön, IStR 2013, Beihefter H6, 3,

Die Voraussetzung der Auskunftserteilung durch den Aufnahmestaat der ausländischen Gesellschaft (im Sinne des § 8 Abs. 2 S. 2 AStG) ist dem Grunde nach nicht zu beanstanden. Das Kriterium schafft eine Überprüfungsmöglichkeit zur Durchführung der Besteuerung.[965] Die gesetzliche Regelung muss aber so verstanden werden, dass die Nachweismöglichkeit nicht von der tatsächlichen Auskunftserteilung im Einzelfall abhängt, sondern die Auskunftserlangung auf Basis einer zwischenstaatlichen Vereinbarung grundsätzlich möglich ist.[966] Ferner ist die Amtshilfebedingung unverhältnismäßig, soweit die Steuerverwaltung die Nachweise anderweitig, durch eigene Ermittlungen oder gar durch Vorlage durch den Steuerpflichtigen, erlangen kann.[967] Die fehlende Amtshilfe darf nur zur Versagung der Gegenbeweismöglichkeit führen, soweit die Auskunftserteilung tatsächlich zur Besteuerung erforderlich ist.[968] Auch in Bezug zu Drittstaaten gilt dies, soweit Angaben des Steuerpflichtigen z.B. auf Basis großer DBA-Auskunftsklauseln grundsätzlich überprüfbar sind.[969]

Die Beschränkungen in § 8 Abs. 2 S. 3, 4 AStG engen den Gegenbeweis unzulässig ein. Zu Unrecht ist der Gegenbeweis allein auf die Niederlassungsfreiheit zugeschnitten worden.[970] Der Anwendungsbereich der Kapitalverkehrsfreiheit ist jedenfalls in Bezug auf in Drittstaaten ansässige Gesellschaften grundsätzlich eröffnet. Über den Rechtfertigungsgrund der Verhinderung der Steuerumgehung *kann* eine Beschränkung mit Bezug zu Drittstaaten durch das Erfordernis der effektiven Steueraufsicht gerechtfertigt sein. Drittstaatenkonstellationen dürfen aber nicht von vornherein vom Gegenbeweis ausgeschlossen werden.[971]

---

17 f. – Durch die Ausdehnung des Gegenbeweises auf im Sinne des § 7 Abs. 6 AStG an der Gesellschaft beteiligte Steuerpflichtige, trägt der Gesetzgeber zuvor gehegten Bedenken an der Vereinbarkeit des Gegenbeweises mit der Kapitalverkehrsfreiheit Rechnung. – Zur Kritik an der a.F. Kraft, IStR 2010, 377, 380 f; Haarmann, IStR 2011, 565, 570; Quilitzsch, IStR 2012, 645, 646; Ditz/Quilitzsch, DStR 2013, 1917, 1921.

965 Reiche, in: Haase, AStG/DBA, § 8, Rn. 153; so noch Schönfeld, in: F/W/B/S, Vor §§ 7-14 AStG, Rn. 516 ff, Stand: 60.EL, Juni 2007.

966 Schaumburg, in: Schaumburg, Rn. 13.149; so noch Schönfeld, in: F/W/B/S, Vor §§ 7-14 AStG, Rn. 528, Stand: 60.EL, Juni 2007; vgl. auch Entwurf eines JStG 2008, BT-Drs. 16/6290, 92.

967 Englisch, in: Schaumburg/Englisch, Rn. 7.290; Thiele, 209 f.

968 Thiele, 209.

969 Englisch, in: Schaumburg/Englisch, Rn. 7.290.

970 Entwurf eines JStG 2008, BT-Drs. 16/6290, 92. – Die Einzelfallbetrachtung des Missbrauchs gelte „nicht für Fälle, in denen nur die Kapitalverkehrsfreiheit betroffen sein kann“, aaO, 91; auch Entwurf eines JStG 2008, BR-Drs. 544/07, 122.

971 Schönfeld, in F/W/B/S, § 8, Rn. 428 ff, Stand: 63.EL, März 2009; Kraft, in: Kraft, § 8, Rn. 795; Vogt, in: Blümich, AStG, § 8, Rn. 159, Stand: 135.EL, November 2016; Leukefeld, 263 ff; Thiele, 190, 210 ff; Haarmann, IStR 2011, 565, 570; Vogel/Cortez, RIW 2011, 532, 542 („Ausschluss von Drittstaateneinkünften [...] als kritisch anzusehen“); Kraft/Quilitzsch, EWS 2012, 130, 134; Ditz/Quilitzsch, DStR 2013, 1917, 1921; Ellenrieder/Kahlenberg, BB 2018, 1815, 1818; a.A. Lohmann, 266 ff.

Der Gegenbeweis darf auf Einkünfte beschränkt sein, die durch die tatsächliche wirtschaftliche Tätigkeit erzielt werden. Dies bedeutet gegenüber § 8 Abs. 2 S. 1 AStG keine Eingrenzung, sondern sichert die Beschränkung des Gegenbeweises auf Einkünfte aus der tatsächlichen wirtschaftlichen Tätigkeit ab (§ 8 Abs. 2 S. 1, letzter Hs. AStG). Der Nachweis einer wirklichen wirtschaftlichen Tätigkeit bezieht sich auf die jeweiligen Einkünfte und bedeutet nicht die Unschädlichkeit aller Einkünfte der eingeschalteten ausländischen Gesellschaft.[972] Dies darf aber in der praktischen Anwendung keine unverhältnismäßigen Nachweiserfordernisse in der Zuordnung der Einkünfte zu Tätigkeiten und in Bezug auf die jeweils funktionsspezifisch erforderliche Ausstattung begründen.[973] Ferner darf der Gegenbeweis bei weitgehender Auslagerung von Funktionen nicht per se auf Einkünfte beschränkt sein, die durch die eigene Ausübung der Kernfunktionen erzielt werden.

Die Erforderlichkeit einer Fremdvergleichskontrolle, wenngleich unionsrechtlich anerkannter Maßstab,[974] ist fragwürdig, da fremdunübliche Bedingungen des Leistungsaustaustauchs nicht ausschließen, dass die ausländische Gesellschaft einer wirklichen wirtschaftlichen Tätigkeit nachgeht.[975] Vor allem vermischt der zusätzliche Maßstab die Hinzurechnungsbesteuerung mit der Einkünftekorrektur. Letztlich sollte der Regelung, zur Vermeidung systematischer Bedenken, nur klarstellender Charakter beigemessen werden, dass ein Vorrang der Einkünftekorrektur[976] besteht und eine Hinzurechnungsbesteuerung in Bezug auf fremdübliche Einkünfte stattfindet.[977] Eine Ausdehnung der Verrechnungspreisdokumentation für Zwecke des Gegenbeweises wäre nicht angemessen.[978]

---

972 In diese Richtung Kraft, in: Kraft, § 8, Rn. 783, anders 794; a.A. Vogt, in: Blümich, AStG, § 8, Rn. 172, Stand: 135.EL, November 2016; Thiele, u.a. 190, 212; Haarmann, IStR 2011, 565, 570; Köhler/Haun, Ubg 2008, 73, 82.

973 Kraft, in: Kraft, § 8, Rn. 780 f; Vogt, in: Blümich, AStG, § 8, Rn. 172, Stand: 135.EL, November 2016.

974 EuGH v. 21.01.2010 – Rs. C-311/08, Societe de Gestion Industrielle SA (SGI) gg. Etat belge, 2010 I-487, Rn. 71 ff. – Zur Anerkennung des Grundsatzes Englisch, in: Schaumburg/Englisch, Rn. 7.227, 7.256 ff; Thiele, 131, 200 f.

975 Kraft, in: Kraft, § 8, Rn. 782, 794; Thiele, 214 f.

976 Sehr str., BFH v. 19.03.2002 – I R 4/01, BStBl. II 2002, 644 (zitiert nach juris); BMF v. 14.05.2014, Tz. 1.0.2; Vogt, in: Blümich, AStG, § 8, Rn. 173, Stand: 135.EL, November 2016. – Vgl. zum str. Konkurrenzverhältnis auch Pohl, in: Blümich, AStG, § 1, Rn. 21, Stand: 138. EL, August 2017; Wassermeyer, in: Wassermeyer/Baumhoff, Rn. 2.70 ff.

977 Vogt, in: Blümich, AStG, § 8, Rn. 172 f, Stand: 135.EL, November 2016; Haarmann, IStR 2011, 565, 571. – Zu handwerklichen Mängeln der Vorschrift Sieker, IStR 2009, 341, 342 f. – Zum Vorrang des § 1 AStG BMF v. 14.05.2004 – IV B 4-S 1340-11/04, Tz. 1.0.2 mit Verweis auf BFH.

978 Vogt, in: Blümich, AStG, § 8, Rn. 172 f, Stand: 135.EL, November 2016; Haarmann, IStR 2011, 565, 571. – Zur Bestimmung der sich ergebenden Pflichten Sieker, IStR 2009, 341, 342 ff.

VI. Konkurrenzverhältnis

1. §§ 10, 39 und 41 AO

Die Hinzurechnungsbesteuerung setzt eine ausländische Gesellschaft voraus (§ 7 Abs. 1 AStG). Der Abschirmeffekt gegenüber der inländischen Besteuerung kann allein erreicht werden, wenn Geschäftsleitung (§ 10 AO) und Sitz (§ 11 AO) im Ausland liegen. Da die ausländische Ansässigkeit tatbestandlich vorausgesetzt wird, muss vorrangig geprüft werden, ob der Geschäftsleitungsort mit der Folge unbeschränkter Steuerpflicht (§§ 1 KStG i.V.m. 10 AO) im Inland liegt.[979] Ferner würden dann die Einkünfte der (inländischen) Gesellschaft angesichts des inländischen Steuerniveaus nicht niedrig besteuert im Sinne § 8 Abs. 3 AStG.

Die steuerschuldrechtliche Zurechnung von Wirtschaftsgütern gerät nicht in Konflikt mit der Hinzurechnungsbesteuerung. Die Zurechnungsregelung setzt vor Anwendung der §§ 7 ff AStG an. Eine abweichende Zurechnung von Wirtschaftsgütern wird vorrangig über § 39 AO erreicht.[980] Dies kann (allenfalls ganz ausnahmsweise) die abweichende Zurechnung von Wirtschaftsgütern der ausländischen Gesellschaft oder des Anteils an der ausländischen Gesellschaft bewirken. Dem kann die Hinzurechnungsbesteuerung nachfolgen.

Eine Scheingründung einer ausländischen Gesellschaft bewirkt eine den §§ 7 ff AStG vorgehende abweichende steuerschuldrechtliche Zurechnung der Einkünfte zu den Gesellschaftern. Dies schließt aus, dass Einkünfte der ausländischen Gesellschaft den Gesellschaften hinzugerechnet werden können.[981] Vorrangig ist die Wirksamkeit der ausländischen Gesellschaftsgründung zu prüfen; der erforderliche Bindungswille liegt regelmäßig zur Abschirmung der durch die ausländische Gesellschaft erzielten Einkünfte von der inländischen Besteuerung vor.[982]

---

979 BMF v. 14.05.2004 – IV B 4-S 1340-11/04, Tz. 7.0.2. Nr. 1; Pohl, in: Fuhrmann, Vorb. §§ 7 – 14, Rn. 96; Protzen, in: Kraft, § 7, Rn. 30; Vogt, in: Blümich, AStG, § 7, Rn. 8, Stand: 135. EL, November 2016; Jacobs, 1032; Frotscher, Rn. 1141; Schaumburg, in: Schaumburg, Rn. 13.27, 13.32; Petschulat, 8; vgl. auch Burwitz, 134.

980 BMF v. 14.05.2004 – IV B 4-S 1340-11/04, Tz. 7.0.2., Nr. 2; Pohl, in: Fuhrmann, Vorb. §§ 7 – 14, Rn. 95 ff; Reiche, in: Haase, AStG/DBA, § 7, Rn. 10; Henkel/Klein, in: Mössner, Rn. 8.12 f; Cortez, 112.

981 BMF v. 14.05.2004 – IV B 4-S 1340-11/04, Tz. 7.0.2, Nr. 2; Köhler, in: S/K/K, § 7 AStG, Rn. 12 f, Stand: Juli 2017; Reiche, in: Haase, AStG/DBA, § 7, Rn. 11; Wassermeyer, in: F/W/B/S, § 7 AStG, Rn. 8.1, Stand: 69. EL, August 2012; Henkel/Klein, in: Mössner, Rn. 8.10 f; Jacobs, 405; Uckermann, 317 f.

982 Pohl, in: Fuhrmann, Vorb. §§ 7 – 14, Rn. 95; Henkel/Klein, in: Mössner, Rn. 8.10; Jacobs, 405; Schaumburg, in: Schaumburg, Rn. 13.29; Cortez, 113; wohl auch BMF v. 14.05.2004 – IV B 4-S 1340-11/04, Tz. 7.0.2, Nr. 2; Gropp, in: Lademann, Einf. §§ 7-14, Rn. 34; Protzen, in: Kraft, § 7, Rn. 45; Reiche, in: Haase, AStG/DBA, § 7, Rn. 11. – Anders aber, wenn rechtliche Konsequenzen der Gründung nicht gezogen werden, vgl. Schaumburg, Rn. 13.29; Lohmann, 47 f.

2. § 42 AO

Das Konkurrenzverhältnis der §§ 7 ff AStG zu § 42 AO ist wegen der unterschiedlichen Rechtsfolgen zu bestimmen. § 42 AO bewirkt eine Verschiebung der Einkünftezurechnung von der ausländischen Gesellschaft zu den inländischen Gesellschaftern. §§ 7 ff AStG fingieren die Ausschüttung eines sog. Hinzurechnungsbetrags an den inländischen Gesellschafter, wobei die ausländische Gesellschaft Einkünfteerzielungssubjekt bleibt. Ferner findet die abweichende Zurechnung nach § 42 AO im Jahr der Einkünfteerzielung statt, während der Hinzurechnungsbetrag dem inländischen Steuerpflichtigen unmittelbar nach Ablauf des Wirtschaftsjahrs hinzugerechnet wird (§ 10 Abs. 2 S. 1 AStG). Schließlich ist bei Erzielung passiver, niedrig besteuerter Einkünfte eine Rechtfertigung durch sonst beachtliche Gründe allein in Bezug auf § 42 Abs. 2 S. 2 AO (noch) möglich.[983]

Grundsätzlich ist von einem sog. logischen Vorrang des § 42 AO gegenüber §§ 7 ff AStG auszugehen, da § 42 AO bereits die Frage der abweichenden Einkünftezurechnung zu den inländischen Gesellschaftern betrifft.[984] Nach dem Gesetzeszweck der §§ 7 ff AStG führt aber die alleinige Erzielung passiver, niedrig besteuerter Einkünfte grundsätzlich zur Hinzurechnungsbesteuerung.[985] Die Annahme des Rechtsmissbrauchs ist bei Hinzutreten weiterer manipulativer Umstände gerechtfertigt, die auch bei einer Bewertung am Gesetzeszweck der §§ 7 ff AStG eine Gestaltung als missbräuchlich erscheinen lassen,[986] so insbesondere bei eigenwirtschaftlich funktionslosen Gesellschaften (insb. Briefkastengesellschaften).[987] Dieser logische

---

983 Näher Protzen, in: Kraft, § 7, Rn. 55; Henkel/Klein, in: Mössner, Rn. 8.43; Burwitz, 137 f. – § 8 Abs. 2 AStG stellt auf wirtschaftliche Gründe ab; ein Gleichlauf könnte sich durch Umsetzung des Art. 6 ATAD ergeben.

984 BFH v. 23.10.1991 – I R 40/89, BStBl. II 1992, 1026, 1028; BFH v. 10.06.1992 – I R 105/89, BStBl. II 1992, 1029, 1031; BFH v. 19.01.2000 – I R 94/97, BStBl. II 2001, 222, 223; BFH v. 25.02.2004 – I R 42/02, BStBl. II 2005, 14, 16, dazu bspw. Henkel/Klein, in: Mössner, Rn. 8.18. – Näher zu den unterschiedlichen Zeitpunkten Burwitz, 149 ff. – Ablehnend ggü. logischem Vorrang Drüen, in: Tipke/Kruse, AO, § 42, Rn. 100, Stand: 145.EL, Juli 2016; Pohl, in: Fuhrmann, Vorb. §§ 7 – 14, Rn. 103; Burwitz, 149 ff; Roser, GmbHR 2002, 869, 870.

985 BFH v. 23.10.1991 – I R 40/89, BStBl. II 1992, 1026, 1028; BFH v. 10.06.1992 – I R 105/89, BStBl. II 1992, 1029, 1031; BFH v. 19.01.2000 – I R 94/97, BStBl. II 2001, 222, 223; BFH v. 20.03.2002 – I R 63/99, BStBl. II 2003, 50, 53; BFH v. 25.02.2004 – I R 42/02, BStBl. II 2005, 14, 16; BMF v. 14.05.2004 – IV B 4-S 1340-11/04, Tz. 7.0.2, Nr. 3, dazu bspw. Protzen, in: Kraft § 7, Rn. 76; Leukefeld, 203.

986 BFH v. 23.10.1991 – I R 40/89, BStBl. II 1992, 1026, 1028; BFH v. 10.06.1992 – I R 105/89, BStBl. II 1992, 1029, 1031; BFH v. 19.01.2000 – I R 94/97, BStBl. II 2001, 222, 223; BFH v. 20.03.2002 – I R 63/99, BStBl. II 2003, 50, 53; BFH v. 25.02.2004 – I R 42/02, BStBl. II 2005, 14, 16; BMF v. 14.05.2004 – IV B 4-S 1340-11/04, Tz. 7.0.2, Nr. 3, dazu bspw. Schaumburg, in: Schaumburg, Rn. 13.37.

987 BFH v. 19.01.2000 – I R 94/97, BStBl. II 2001, 222, 223; BFH v. 20.03.2002 – I R 63/99, BStBl. II 2003, 50, 53; BFH v. 25.02.2004 – I R 42/02, BStBl. II 2005, 14, 16; BMF v. 14.05.2004 – IV B 4-S 1340-11/04, Tz. 7.0.2, Nr. 3.

Vorrang leitet sich aus der Reihenfolge der Normanwendung ab. Es besteht kein klassisches Spezialitätsverhältnis[988] (§ 42 Abs. 1 S. 2 AO). Die §§ 7 ff AStG dienen der Missbrauchsvermeidung,[989] aber greifen über den engen Anwendungsbereich des § 42 AO hinaus,[990] um Besteuerungssubstrat zu sichern.[991]

Die Einführung des § 8 Abs. 2 AStG erfordert auch keine Neubestimmung des Konkurrenzverhältnisses; dies dürfte auch nach Ablauf der Umsetzungsfrist der Anti-BEPS-Richtlinie fortgelten.[992] Zwar kann eine vorrangige Anwendung des § 42 AO den Anwendungsbereich der §§ 7 ff mit Bezug zu EU-/EWR-Sachverhalten erheblich einengen, weil § 8 Abs. 2 AStG die Hinzurechnungsbesteuerung auf die Bekämpfung funktionsschwacher Gesellschaften, insbesondere Briefkastengesellschaften, ausrichtet.[993] Dies ändert aber nicht das Verhältnis der Normen und bedeutet keine vorrangige Regelung der Missbrauchssituation,[994] sei es nur relativ

---

988 Eine spezielle Norm ist eine solche, die neben den Tatbestandsmerkmalen der allgemeinen Norm zumindest ein weiteres enthält (Zippelius, 31 f) bzw. deren Fälle schon von der allgemeinen Norm umfasst sind (Rust, 24).

989 Reiche, in: Haase, AStG/DBA, § 7, Rn. 1; Cortez, 63 ff; Lohmann, 35 ff m.w.N.; kritisch Musil, RIW 2006, 287, 293.

990 Z.B. erweiterte Hinzurechnung, enger Aktivitätskatalog, Mitwirkungstatbestände.

991 Pohl, in: Fuhrmann, Vorb. §§ 7 – 14, Rn. 102; Frotscher, Rn. 384 („Abwehrmaßnahmen des einzelnen Staates zum Schutz seines Steueraufkommens bzw. um internationale Regeln zur Abgrenzung der Besteuerungsrechte"); Cortez, 65, 72 f (über Missbrauch hinaus); Rust, 24 f (zur a.F.); Musil, RIW 2006, 287, 293; Axer, IStR 2007, 162, 167 („Erosion der Steuerbasis", 166); Haase, IStR 2007, 437, 437 (über Missbrauch hinaus); Haarmann, IStR 2011, 565, 567 (Sanktionierung ausl. Investitionen); Quilitzsch, Ubg 2011, 942, 942 ff. – Zur Vorbelastungszielsetzung u.a. Cortez, 66 ff; Lohmann, 39 ff; Haarmann, IStR 2018, 561, 572; Dehne, ISR 2018, 132, 138.

992 Die richtlinienkonforme Auslegung könnte für einen Vorrang der §§ 7 ff AStG und eine Sperrwirkung gegenüber § 42 AO sprechen. Die allgemeine Missbrauchsklausel nach Art. 6 ATAD dient dazu, „gegen missbräuchliche Steuerpraktiken vorzugehen, für die noch keine besonderen Vorschriften bestehen" und soll „Lücken schließen" (Erwägungsgrund 11, S. 1 und 2 ATAD). Dies könnte für einen generellen Vorrang der CFC-Regeln nach Art. 7 und 8 der Richtlinie sprechen. Indes ließe sich das bestehende Ergebnis weiterhin rechtfertigen. Die Erwägung 11, S. 2 aE ATAD könnte allein bezwecken, die Anwendung der speziellen Regeln nicht zu behindern. Die Anwendung der Art. 7 und 8 ATAD muss nicht auf die ausländische Gesellschaft insgesamt ausgedehnt werden (vgl. Erwägungsgrund 12, S. 3 ATAD), was aber bei funktionslosen Gesellschaften die einzig sachgerechte Regelung ist. Ein Anwendungsbereich für § 42 AO kann daher weiterhin angenommen werden.

993 Reiche, in: Haase, AStG/DBA, § 8, Rn. 129; Gosch, in: DStJG Bd. 36, 201, 213; Lohmann, 49 ff; Petschulat, 93; vgl. Pohl, in: Fuhrmann, Vorb. §§ 7 – 14, Rn. 101.

994 Weiterhin Vorrang des § 42 AO Blesinger, in: Kühn/v. Wedelstädt, AO, § 42, Rn. 7; Koenig, in: Koenig, § 42, Rn. 78; Ratschow, in: Klein, § 42, Rn. 140; wohl auch Protzen, in: Kraft, AStG, § 7, Rn. 70 ff; Frotscher, Rn. 1119, 1143; Stahl, Kösdi 2018, 20676, 20677; a.A mit teilweise variierenden Begründungen Köhler, in: S/K/K, § 7 AStG, Rn. 14 ff, Stand: Juli 2017; Vogt, in: Blümich, AStG, § 7, Rn. 9, Stand: 135. EL,

in EU/EWR-Fällen.[995] Dass – stets durch § 42 AO erfasste – funktionslose Gesellschaften als Einkünfteerzielungssubjekt für Zwecke der §§ 7 ff AStG dienen sollen, lässt sich nicht aus der europarechtlich gebotenen Regelung des § 8 Abs. 2 AStG ableiten und ist aus keiner gesetzgeberischen Willensäußerung erkennbar. Überdies ist die Durchbrechung der Einkünftezurechnung weiterhin die sachgerechte steuerrechtliche Reaktion auf die Einschaltung einer funktionslosen ausländischen Gesellschaft.

Insoweit ist auch kein Gleichlauf mit dem Vorrang des § 50d Abs. 3 EStG gegenüber § 42 AO geboten.[996] Zwischen §§ 7 ff AStG und § 50d Abs. 3 EStG bestehen konzeptionelle Unterschiede: einer funktionslosen Gesellschaft wird mittels § 50d Abs. 3 EStG die Inanspruchnahme steuerlicher Entlastungen versagt. Die Schaffung des § 50d Abs. 3 EStG war schließlich die gesetzgeberische Reaktion auf eine befürchtete Nichtanwendbarkeit des § 42 AO. § 42 AO ist in Bezug auf funktionslose Gesellschaften (Briefkastengesellschaften) daher weiterhin anzuwenden,[997] wenn diese nicht bereits nach §§ 1 KStG i.V.m. 10 AO im Inland unbeschränkt steuerpflichtig sind.

Zudem muss nach erfolgter Bewertung am Gesetzeszweck der §§ 7 ff AStG – bei Unterstellung einer speziellen Regelung gemäß § 42 Abs. 1 S. 3 AO[998] – ein Rückgriff auf § 42 AO in aller Regel ausbleiben. Mit einem Rückgriff ginge die Gefahr einher, dass die Wertungen der §§ 7 ff AStG unterlaufen werden. Deswegen ist grundsätzlich davon auszugehen, dass eine Gestaltung, die sich der Anwendung

---

November 2016; Gosch, in: DStJG Bd. 36, 201, 213 mit Hinweis auf zwischenzeitliche Rechtsprechungsänderung (aber Urteile zu § 50d Abs. 3 EStG); (unklar) Haase, Rn. 506 f; Petschulat, 95; Hey, StuW, 2008, 167, 171; Lohmann, 50 f; ggf. auch Leukefeld, 203; Haarmann, IStR 2018, 561, 572. – Kritisch zur Spezialität, aber Lösung über „Rechtsgedanken" des § 42 Abs. 1 S. 2 AO mit Vorrang der §§ 7 ff AStG Pohl, in: Fuhrmann, Vorb. §§ 7 – 14, Rn. 101 ff.

995 Lohmann, 50 f m.w.N.

996 In diese Richtung Haarmann, IStR 2011, 565, 566 (anders aber Haarmann, IStR 2018, 561, 572); a.A. insb. Gosch, in: FS Reiss, 597, 602 f.

997 So im Ergebnis auch Blesinger, in: Kühn/v. Wedelstädt, AO, § 42, Rn. 7; Koenig, in: Koenig, § 42, Rn. 78; Protzen, in: Kraft, § 7, Rn. 70, 78; Ratschow, in: Klein, § 42, Rn. 140; Reiche, in: Haase, AStG/DBA, § 7, Rn. 14 ff; Fey, in: Beck'sches SuB-Lexikon, Hinzurechnungsbesteuerung, Stand: 1.1.2017, Rn. 7; Frotscher, Rn. 1119, 1143; Haase, Rn. 506; Jacobs, 399, 405, 1035 f; Cortez, 62, 116; Leukefeld, 222 f; wohl auch Schaumburg, in: Schaumburg, Rn. 13.37 f; zur a.A. Vogt, in: Blümich, AStG, § 7, Rn. 9, Stand: 135. EL, November 2016; Gosch, in: Gosch, in: DStJG Bd. 36, 201, 213; Petschulat, 95; Hey, StuW, 2008, 167, 171; Lohmann, 50 f.

998 Bei Nichterfüllung des Tatbestands der speziellen Norm soll die Generalklausel geprüft werden (§ 42 Abs. 1 S. 3 AO) und Missbrauch nach § 42 Abs. 2 AO möglich sein, Bericht des Finanzausschusses u.a. zu JStG 2008, BT-Drs. 16/7036, 24; BMF v. 31.01.2014 – IV A 4 – S 0062/14/10002, BStBl. I 2014, 290, zu § 42, 1.

der §§ 7 ff AStG entzieht, nicht § 42 AO unterfällt,[999] wenn nicht höchst ausnahmsweise eine Umgehung der §§ 7 ff AStG anzunehmen ist.[1000] Für die Annahme einer Umgehung verbleibt in aller Regel jedoch kein Raum, weil gerade die spezifische Form der Einkünfteverlagerung nur bei Erfüllung der typisierten Voraussetzungen der §§ 7 ff AStG als schädlich erachtet wird. Denkbar ist, jedenfalls bis zum Ablauf der Umsetzungsfrist der Anti-BEPS-Richtlinie, eine Anwendung des § 42 AO, soweit die §§ 7 ff AStG nicht anwendbar sind, wenn § 8 Abs. 2 AStG die Regelungen nicht, auch nicht im Wege europarechtskonformer Auslegung, auf das zulässige Maß zurückführen kann. Dabei müssen aber die Wertungen des §§ 7 ff AStG, soweit nicht im Widerspruch zu europarechtlichen Vorgaben, im Rahmen des § 42 AO (zugunsten des Steuerpflichtigen) Berücksichtigung finden.[1001]

VII. Zwischenergebnis

Die Hinzurechnungsbesteuerung soll verhindern, dass steuerliche Vorteile (insb. in Form eines Besteuerungsaufschubs) durch bloße Einschaltung eines im Ausland ansässigen selbstständigen Rechtsträgers entstehen können, der Einkünfte gegen den steuerlichen Zugriff aus dem Inland abschirmt. Die §§ 7 ff AStG setzen im Grundfall voraus, dass eine durch Inländer beherrschte ausländische Gesellschaft niedrig besteuerte Einkünfte aus passiven Tätigkeiten oder Vorgängen erzielt. Eine eigenständige unternehmerische Tätigkeitserbringung der ausländischen Gesellschaft soll durch die detaillierten Vorgaben (u.a. Funktionsnachweise) der §§ 7 und 8 AStG sichergestellt werden. Die Abschirmwirkung der ausländischen Gesellschaft wird bei missbräuchlicher Einschaltung durch die Fiktion einer Ausschüttung an die inländischen Gesellschafter durchbrochen. Insbesondere europarechtliche

---

999 Protzen, in: Kraft, § 7, Rn. 78; Reiche, in: Haase, AStG/DBA, § 7, Rn. 13; Henkel/Klein, in: Mössner, Rn. 8.21 ff; Haarmann, IStR 2011, 565, 566; a.A. Pohl, in: Fuhrmann, Vorb. §§ 7 – 14, Rn. 104 (TB-Erfüllung). – Allgemein zum Verhältnis u.a. Ratschow, in: Klein, § 42, Rn. 91; Englisch, in: Tipke/Lang, § 5, Rn. 124; Jacobs, 1036; Drüen, Ubg 2008, 31, 34; Wienbracke, DStR 2008, 664, 669 a.E; Drüen, AO-StB 2009, 209, 210; Heintzen, FR 2009, 599, 603; Hey, BB 2009, 1044, 1047 f; Demleitner, AO-StB 2010, 174, 176 f. – Mit Vorschlag, auf gesetzlich nicht vorgesehenen Steuervorteil abzustellen Fischer, FR 2008, 306, 310 f; Wendt, in: DStJG Bd. 33, 117, 130 f, 135 f. – Dafür streitet ferner (zukünftig) der Erwägungsgrund 11, S. 1 und 2 der sog. Anti-BEPS-Richtlinie, der den Vorrang spezieller Missbrauchsnormen unterstreicht, allgemein Oppel, IStR 2016, 797, 802; speziell Kahlenberg/Prusko, IStR 2017, 304, 308.

1000 BMF v. 14.05.2004 – IV B 4-S 1340-11/04, Tz. 7.0.2, Nr. 4; Drüen, in: Tipke/Kruse, AO, § 42, Rn. 20b, Stand: 145.EL, Juli 2016; Reiche, in: Haase, AStG/DBA, § 7, Rn. 15; Petschulat, 93; Leukefeld, 204; allgemein u.a. Fischer, in: H/H/S, AO, § 42, Rn. 292, Stand: 200.EL, September 2008; Drüen, Ubg 2008, 31, 34; Demleitner, AO-StB 2010, 174, 176 f. – Dies gilt auch unter Anwendung des Art. 6 ATAD: Hey, StuW 2017, 248, 262.

1001 Insb. Gosch, in: FS Reiss, 597, 610 f.

Vorgaben, zuvörderst die europarechtlich motivierte Gegenbeweismöglichkeit des § 8 Abs. 2 AStG zur Widerlegung des typisierten Missbrauchsvorwurfs, reduzieren die Anwendungsfälle der Hinzurechnungsbesteuerung erheblich, da *wirkliche* wirtschaftliche Tätigkeiten dem Missbrauchsverdikt zu entziehen sind.

3. Teil – Inbound-Situation

Grundsätzlich ist auch in der Inbound-Situation vorrangig die steuerliche Ansässigkeit der zwischengeschalteten Gesellschaft zu untersuchen, da diese aufgrund eines inländischen Ortes der Geschäftsleitung unbeschränkt steuerpflichtig sein könnte. Allerdings ist dies im Inbound-Fall unwahrscheinlich; insbesondere ein ständiger und erheblicher Einfluss der Gesellschafter auf das Tagesgeschäft kann einen inländischen Geschäftsleitungsort nicht begründen, wenn die Gesellschafter, wie üblich, in Drittstaaten ansässig sind.[1002]

A. § 50d Abs. 3 EStG

Die Versagung von Quellensteuerentlastungen durch § 50d Abs. 3 EStG ist eine Reaktion auf das Phänomen des sog. Treaty- oder Directive-Shoppings.[1003] Treaty Shopping bezeichnet Gestaltungen, die darauf abzielen, (ungerechtfertigt) in den Anwendungsbereich eines Doppelbesteuerungsabkommens (DBA) zu gelangen.[1004] Dazu zählt insbesondere die Zwischenschaltung einer abkommensberechtigten Person (in der Regel einer Kapitalgesellschaft) zur Erlangung von Quellensteuerreduzierungen, die Gesellschaftern bei direkter Investition nicht zustünden.[1005] Wenngleich im Abkommensrecht die Zulässigkeit der Steuergestaltung grundsätzlich anerkannt ist,[1006] wird Treaty Shopping insbesondere als missbräuchlich empfunden, weil die Vertragsstaaten im Gegenseitigkeitsverhältnis mit Blick auf die

1002 Zu den Folgen inländischer Ansässigkeit v. Busekist, GmbHR 2006, 132, 136 f.

1003 Loschelder, in: Schmidt, § 50d, Rn. 45; Schaumburg/Häck, in: Schaumburg, Rn. 19.126, 19.160; Kaiser, IStR 2009, 121, 121 f; Musil, FR 2012, 149, 149; Leukefeld, 102, 273. – Zur Entstehung und Definition des Treaty Shopping Panayi, 34 ff. – Zum sog. Directive Shopping Kofler, in: DStJG Bd. 33, 213, 216 ff.

1004 Oellerich, in: Schaumburg/Englisch, Rn. 8.176; Strobl-Haarmann, in: FS Raupach, 613, 614 f; Schönfeld, DBA-Missbrauch, 137, 139.

1005 Gosch, in: Kirchhof, § 50d, Rn. 24; Loschelder, in: Schmidt, § 50d, Rn. 45; Schönfeld/Häck, in: Schönfeld/Ditz, Syst., Rn. 159; Oellerich, in: Schaumburg/Englisch, Rn. 8.176; Schönfeld, DBA-Missbrauch, 137, 139. – Zu typischen treaty-shopping-Gestaltungen Panayi, 37 ff. – Abkommensberechtigt sind gemäß Art. 1 OECD-MA *Personen* (Art. 3 Abs. 1 lit. a) OECD-MA), die in mindestens einem der Vertragsstaaten *ansässig* (Art. 4 Abs. 1 OECD-MA) sind. Eine Kapitalgesellschaft ist als selbstständiger Rechtsträger *Gesellschaft* im Sinne des Art. 3 Abs. 1 lit. b) OECD-MA und qualifiziert daher als *Person* im Sinne des Art. 3 Abs. 1 lit. a) OECD-MA. Die Ansässigkeit ergibt sich gemäß Art. 4 Abs. 1 OECD-MA. Daraus ergäbe sich bei schematischer Anwendung die Abkommensberechtigung einer zwischengeschalteten Kapitalgesellschaft.

1006 Oellerich, in: Schaumburg/Englisch, Rn. 8.175 m.w.N.

jeweils steuerlich Ansässigen – und üblicherweise in der Erwartung der Besteuerung im anderen Staat – auf eigene Besteuerungsansprüche verzichten.[1007] Directive Shopping meint entsprechende Gestaltungen zur Inanspruchnahme von auf EU-Richtlinien beruhenden Steuervergünstigungen.[1008]

Gemäß § 50d Abs. 1 S. 1 EStG sind bestimmte Abzugsteuern (Kapitalertragsteuer oder § 50a EStG) ungeachtet einer im Ergebnis niedrigeren Besteuerung (nach §§ 43b, 50g EStG oder einem DBA) einzubehalten und abzuführen. Die Steuerentlastungen des § 43b und des § 50g EStG setzen die Mutter-Tochter- (§ 43b EStG) und die Zins-und-Lizenzgebühren-Richtlinie (§ 50g EStG) um. Gemäß § 50d Abs. 1 S. 2 ff oder Abs. 2 EStG können die Quellensteuern erstattet oder Erträge freigestellt (entlastet) werden. Die Entlastung kann jedoch unter den Voraussetzungen des § 50d Abs. 3 EStG versagt werden.

I. Entstehungsgeschichte

Die Einführung des § 50d Abs. 1a) EStG[1009] (mittlerweile § 50d Abs. 3 EStG[1010]) war eine zeitlich verzögerte gesetzgeberische Reaktion auf die sog. Monaco-Entscheidung.[1011] Die Monaco-Entscheidung[1012] schien den Weg zu versperren, Treaty Shopping durch Anwendung des § 42 AO zu bekämpfen. Die Entscheidung wurde vielfach dahin gehend interpretiert, § 42 AO könne nicht auf beschränkt Steuerpflichtige angewandt werden.[1013] Die Quellensteuerentlastung wurde durch § 50d

---

1007 Panayi, 74 ff; Schade, 18 f. – Wird dieses Vertrauen enttäuscht, könnte auch die Bereitschaft zum Abschluss von DBA sinken.

1008 Gosch, in: Kirchhof, § 50d, Rn. 24; Loschelder, in: Schmidt, § 50d, Rn. 45; Blumenberg, Abwehr, 155, 156; Kofler, in: DStJG Bd. 33, 213, 217 ff; Bergmann, StuW 2010, 246, 259 ff.

1009 Missbrauchsbekämpfungs- und Steuerbereinigungsgesetz v. 21.12.1993, BGBl. I 1993, 2310, 2318.

1010 Durch das Steueränderungsgesetz 2001 v. 20.12.2001, BGBl. I 2001, 3794, 3798 wurde aus § 50d Abs. 1a) EStG § 50d Abs. 3 EStG.

1011 So ausdrücklich Begründung zum Entwurf des Mißbrauchsbekämpfungs- und Steuerbereinigungsgesetzes v. 07.09.1993, BT-Drs 12/5630, 65.

1012 BFH v. 29.10.1981 – I R 89/90, BStBl. II 1982, 150 (zum Begriff u.a. Kofler, in: Schaumburg/Englisch, Rn. 14.98). Eine AG mit Sitz in der Schweiz verfügte nicht über sachliche und personelle Mittel; ihr Grundkapital hielten in der Schweiz ansässige Personen treuhänderisch für einen in Monte Carlo ansässigen Steuerpflichtigen. Im Gründungsjahr der AG wurde zusätzlich eine inländische AG gegründet, an der sich die schweizerische Gesellschaft beteiligte. Die inländische AG schüttete Dividenden aus und führte Kapitalertragsteuer ab. Die Zwischenschaltung der ausländischen Gesellschaft bei einer Investition im Inland wurde nicht als rechtsmissbräuchlich beurteilt. Die ausländische Gesellschaftsgründung durch einen Ausländer berühre das inländische Steuerrecht nicht. Dies sei nicht rechtsmissbräuchlich erfolgt.

1013 So z.B. später Strobl-Haarmann, in: FS Raupach, 613, 616 m.w.N. – Diese Fehleinschätzung wurde erst später korrigiert, BFH v. 10.11.1983 – IV R 62/82, BStBl. II

Abs. 1a) EStG fortan davon abhängig gemacht, dass für die Einschaltung der ausländischen Gesellschaft beachtliche Gründe vorlagen und sie eine eigene wirtschaftliche Tätigkeit entfaltete. Andernfalls blieb die Entlastung versagt, soweit Personen an der Gesellschaft beteiligt waren, die bei unmittelbarer Einkünfteerzielung (fiktiv) nicht entlastungsberechtigt waren. Die Vorschrift wurde an die Basisgesellschaftsrechtsprechung angelehnt.[1014] Seitdem setzt die Einschaltung einer ausländischen Gesellschaft auch in der Inbound-Situation beachtliche Gründe voraus.

In Reaktion auf die weitere Rechtsprechungsentwicklung[1015] verschärfte der Gesetzgeber die Regelung des (nunmehr) § 50d Abs. 3

1984, 605; BFH v. 27.08.1997 – I R 8/97, BStBl. II 1998, 163, 165; BFH v. 29.10.1997 – I R 35/96, BStBl. II 1998, 235, 237.

1014 Begründung zum Entwurf des Mißbrauchsbekämpfungs- und Steuerbereinigungsgesetzes v. 07.09.1993, BT-Drs. 12/5630, 65. – Vor Schaffung des § 50d Abs. 3 EStG wurden Aspekte der Basisgesellschaftsrechtsprechung auch in der Inbound-Situation handhabbar gemacht, BFH v. 10.11.1983 – IV R 62/82, BStBl. II 1984, 605, 606; jedenfalls seit BFH v. 29.10.1997 – I R 35/96, BStBl. II 1998, 235, 237; BFH v. 20.03.2002 – I R 38/00, BStBl. II 2002, 819, 822.

1015 In „Hilversum I" (BFH v. 20.03.2002 – I R 38/00, BStBl. II 2002, 819, zum Begriff u.a. Kofler, in: Schaumburg/Englisch, Rn. 14.98, Fn. 2) wurde die Kapitalertragsteuererstattung nach § 42 AO und § 50d Abs. 1a EStG wegen Funktionslosigkeit einer zwischengeschalteten niederländischen Kapitalgesellschaft abgelehnt. Die niederländische Gesellschaft – Tochtergesellschaft einer auf den Bermudas ansässigen Holdinggesellschaft (mit Gesellschaftern aus Australien, Bermudas, USA) – hielt allein eine Beteiligung an einer deutschen Kapitalgesellschaft ohne geschäftsleitende Tätigkeit, hatte kein Personal, saß in Räumlichkeiten einer Schwestergesellschaft, nutze deren Telefon- und Faxanschluss und wurde von einem in den Niederlanden ansässigen Geschäftsführer geleitet. Die Holdinggesellschaft war an weiteren Gesellschaften in den Niederlanden und international beteiligt. Die Funktion der niederländischen Gesellschaft innerhalb eines aktiv tätigen Konzerns fand keine Berücksichtigung. – In „Niederländische Stiftung" (BFH v. 17.11.2004 – I R 55/03, DStRE 2005, 580; zum Begriff u.a. Schade, 42) fand die Konzernstrategie Beachtung, was eine missbräuchliche Zwischenschaltung ausschloss. Eine niederländische Kapitalgesellschaft (ohne Personal, Postfach oder Telefonnummer, aber eigene aktive Geschäftsführung; fast ausschließlich mit Fremdkapital ausgestattet) war (zu Beginn der Investition und auf Dauer) zur aktiv betriebenen Vermietung des Grundbesitzes in Deutschland von einer niederländischen Stiftung gegründet worden. Die Zwischenschaltung diente organisatorischer Verselbstständigung und Haftungsbegrenzung, was stets bei Investitionen der Stiftung im Ausland gewählt worden war (Teil der Strategie im aktiv tätigen Konzern). – Gleichfalls fand in „Hilversum II" (BFH v. 31.05.2005 – I R 74, 88/04, BStBl. II 2006, 118; zum Begriff u.a. Kofler, in: Schaumburg/Englisch, Rn. 14.98, Fn. 2) die Konzernstrategie Berücksichtigung (dazu Leukefeld, 220 f; Grotherr, IStR 2006, 361, 362 f) und schloss die Anwendung des § 50d Abs. 1a EStG aus, dessen Vorrang gegenüber § 42 AO Anerkennung fand. Eine auf Dauer angelegte Holdingtätigkeit der selbstständigen

EStG.[1016] Insbesondere wurde zur Entlastungsvoraussetzung gemacht, dass die Gesellschaft mehr als 10 % ihrer Bruttoerträge aus eigener Wirtschaftstätigkeit erzielt und mit einem für den Geschäftszweck angemessenen eingerichteten Geschäftsbetrieb am allgemeinen wirtschaftlichen Verkehr teilnimmt. An einer eigenen Wirtschaftstätigkeit fehlt es seither, soweit Bruttoerträge aus der Verwaltung von Wirtschaftsgütern stammen oder wesentliche Geschäftstätigkeiten auf Dritte übertragen werden. Zudem darf nur auf die Verhältnisse der ausländischen Gesellschaft abgestellt werden; die Merkmale nahe stehender Unternehmen bleiben außer Betracht. Strategiekonzepte innerhalb eines Konzerns sollen keine Berücksichtigung finden können.[1017]

Kapitalgesellschaften (auf eigene Rechnung und funktional eigenwirtschaftlich) innerhalb des aktiv tätigen Konzerns (Haupttätigkeit des Konzerns in Europa im Sitzstaat der zwischengeschalteten Gesellschaften) konnte gerechtfertigt werden. Die niederländischen Kapitalgesellschaften A und B (kein Personal, aber in den Niederlanden ansässige Geschäftsführer; ansässig in Geschäftsräumen einer Tochtergesellschaft, Nutzung von deren Telefon- und Faxanschlüssen) – Tochtergesellschaften einer auf den Niederländischen Antillen ansässigen Holdinggesellschaft (deren Gesellschafterin: Gesellschaft von den Bermudas [Gesellschafter aus Australien, Bermudas, USA] mit Tochtergesellschaften in den Niederlanden) hielten als Holdinggesellschaften weitere Beteiligungen (A: 100 % Anteile einer deutschen Kapitalgesellschaft; weitere Beteiligungen in Frankreich und Niederlanden; B: 100 % Anteile an deutscher Kapitalgesellschaft, weitere Beteiligungen weltweit). Maßgeblich war (im Gegensatz zu Hilversum I), dass die aktive Konzerntätigkeit in NL ausgeübt wurde; die Ausgliederung war nicht erforderlich um die Abkommensberechtigung des DBA-D-NL zu erlangen (Schade, 44; Grotherr, IStR 2006, 361, 362). Ferner wurden mehrere Beteiligungen auf Dauer gehalten.

1016 JStG 2007 v. 13.12.2006, BGBl. I 2006, 2878, 2885; Entwurf eines JStG 2007 v. 25.09.2006, BT-Drs. 16/2712, 60.

1017 Entwurf eines JStG 2007 v. 25.09.2006, BT-Drs. 16/2712, 60. – Zeitnah ergingen Entscheidungen zu „SOPARFI“ (BFH v. 29.01.2008 – I R 26/06, BStBl. II 2008, 978; zum Begriff u.a. Kofler, in: Schaumburg/Englisch, Rn. 14.98, Fn. 4; letztlich FG Köln v. 28.04.2010 – 2 K 1564/08, EFG 2010, 2004, rkr.). Vereinfacht dargestellt, hatte eine in der Schweiz ansässige Person, die als Zentralfigur der gesamten Gestaltung erscheint, die Einschaltung einer substanzschwachen, eher –losen, luxemburgischen Kapitalgesellschaft mit weiteren Gesellschaftern von den Britischen Jungferninseln veranlasst und seine Beteiligung an einer deutschen Gesellschaft an die Luxemburg-Gesellschaft veräußert. Diese übte wohl gegenüber verschiedenen Beteiligungen eine Holdingfunktion aus. Obwohl der BFH die tatsächliche Ausübung einer geschäftsleitenden Holdingtätigkeit mangels Ausstattung (Büroräume, Personal, Kommunikationsmittel) bezweifelte – die Gestaltung ruft in der Tat ein erhebliches Störgefühl hervor –, war das FG Köln vom Gegenteil nicht überzeugt. Eine dauerhaft zwischengeschaltete Gesellschaft mit minimaler personeller und sachlicher, aber wohl funktionsspezifisch ausreichender, Ausstattung (ggf. von Treuhänder/Verwaltungsratsmitglied) könne nicht als inaktiv beurteilt werden; auch mangels Anhaltspunkten des Senats, dass die Tätigkeit (Halten, Führen und

Um europarechtlichen Anforderungen zu genügen, wurde § 50d Abs. 3 EStG schließlich erneut geändert.[1018] Die EU-Kommission hatte bereits ein Vertragsverletzungsverfahren eingeleitet.[1019] Die starre 10 %-Klausel wurde gestrichen und durch eine sog. Aufteilungsklausel (Aufteilung in [Entlastungsberechtigung bedeutende] Erträge aus eigener Wirtschaftstätigkeit und [nur unter weiteren Voraussetzungen Entlastungsberechtigung bedeutende] andere Erträge) ersetzt.[1020]

II. Ansatzpunkt[1021]

Zahlt eine inländische Kapitalgesellschaft eine Dividende an ihre ausländische Muttergesellschaft, unterliegt die ausländische Gesellschaft mit der erhaltenen Dividendenzahlung der beschränkten Steuerpflicht im Inland (§ 49 Abs. 1 Nr. 5a) EStG). Erhoben wird die Steuer auf den Dividendenbezug gemäß § 43 Abs. 1 Nr. 1; § 20 Abs. 1 Nr. 1 EStG im Abzugsverfahren als Kapitalertragsteuer. Die Steuerbelastung beträgt 25 % (§ 43a Abs. 1 Nr. 1 EStG) zzgl. Solidaritätszuschlag. Grundsätzlich gilt die Steuer damit als abgegolten (§ 50 Abs. 2 S. 1 EStG; § 32 Abs. 1 Nr. 2 KStG).

Eine Quellensteuerreduzierung kann sich aber aus einem DBA oder aus dem Unionsrecht ergeben. Ist die Muttergesellschaft in der Europäischen Union ansässig, ermöglicht § 43b EStG in Umsetzung der Mutter-Tochter-Richtlinie eine Quellensteuerentlastung, wenn die Muttergesellschaft am Kapital der Tochtergesellschaft in Höhe von mindestens 10 % beteiligt ist und die Beteiligung zumindest seit 12 Monaten besteht (§ 43b Abs. 2 S. 1, 4 EStG). Im Ergebnis erfolgt die Dividendenausschüttung an die Muttergesellschaft bzw. eine Betriebsstätte der Muttergesellschaft in der EU quellensteuerfrei (§ 43b Abs. 1 S. 1 EStG). Ist die Muttergesellschaft in einem DBA-Vertragspartnerstaat Deutschlands ansässig, kann die Dividendenausschüttung zu einem niedrigeren Steuersatz besteuert werden. In DBA sind üblicherweise reduzierte Quellensteuern für Dividenden vorgesehen (z.B. Art. 10 Abs. 2 OECD-MA). Dennoch wird die Quellensteuer zunächst erhoben (§ 50d Abs. 1 S. 1 EStG) und regelmäßig erstattet (§ 50d Abs. 1 S. 2 ff EStG), alternativ freigestellt (§ 50d Abs. 2 EStG). Unter den Voraussetzungen des § 50d Abs. 3 EStG wird die Entlastung versagt.

In Bezug auf Zinsen und Lizenzgebühren ist die Funktionsweise ähnlich. So kann bspw. bei Lizenzgebühren nach Quellensteuererhebung durch Abzug (z.B.

---

teilweise Finanzieren von Beteiligungen) nicht selbst und eigenverantwortlich durch den Verwaltungsrat ausgeübt worden sei. Mitwirkungsakte von Gesellschaftern wurden im konkreten Fall als unschädlich beurteilt. Wenngleich die allgemeinen Aussagen Zustimmung verdienen, ist fraglich, ob die konkrete Gestaltung angemessen gewürdigt wurde.

1018 Beitreibungsrichtlinie-Umsetzungsgesetz, BeitrRiLUmsG v. 07.12.2011, BGBl. I 2011, 2592.

1019 Gosch, in: Kirchhof, § 50d, Rn. 29g; Dorfmueller/Fischer, IStR 2011, 857, 858.

1020 Lüdicke, IStR 2012, 81, 83 f.

1021 Hier unter Außerachtlassung des Kontrollmeldeverfahrens.

§§ 49 Abs. 1 Nr. 6, 50a Abs. 1 S. 3 EStG) eine Steuerentlastung nach § 50g EStG erfolgen. Die Entlastung kann nach § 50d Abs. 3 EStG (oder § 50g Abs. 4 EStG) versagt sein.[1022]

III. Regelung des § 50d Abs. 3 EStG

Die Quellensteuerentlastung wird durch § 50d Abs. 3 EStG ausgeschlossen, soweit die persönlichen und sachlichen Entlastungsvoraussetzungen der Norm nicht erfüllt sind.[1023] Ausgenommen von den Beschränkungen des § 50d Abs. 3 S. 1 bis 3 EStG ist eine ausländische Gesellschaft, wenn mit der Hauptgattung der Aktien der ausländischen Gesellschaft ein wesentlicher und regelmäßiger Handel an einer anerkannten Börse stattfindet oder für die ausländische Gesellschaft die Vorschriften des Investmentsteuergesetzes gelten (§ 50d Abs. 3 S. 5 EStG).

1. Tatbestandliche Voraussetzungen

Grundsätzlich wird einer ausländischen Gesellschaft gemäß § 50d Abs. 3 S. 1 EStG die Entlastung versagt, soweit Gesellschafter bei unmittelbarer Einkünfteerzielung nicht entlastungsberechtigt wären (persönliche Berechtigung) und soweit[1024] die Erträge der Gesellschaft nicht aus eigener Wirtschaftstätigkeit stammen (schädliche Erträge) – oder (in Bezug auf schädliche Erträge) beachtliche Gründe für die Einschaltung der ausländischen Gesellschaft fehlen oder die Gesellschaft nicht mit einem für ihren Geschäftszweck angemessen eingerichteten Geschäftsbetrieb am allgemeinen wirtschaftlichen Verkehr teilnimmt (sachliche Berechtigung). Dies gilt bezogen auf sämtliche Erträge der ausländischen Gesellschaft; die Norm regelt keine Beschränkung auf Erträge, die der Kapitalertragsteuer unterliegen.[1025] Die Entlastung kann anteilig versagt werden, obwohl in Bezug auf abzugsteuerpflichtige Einkünfte gänzlich die Entlastungsvoraussetzungen vorliegen. Umgekehrt kann in Bezug auf schädliche abzugsteuerpflichtige Einkünfte eine anteilige

---

1022 Vgl. Eilers/Schneider, StB-Jb 2007/08, 175, 176 und insb. zu weiteren Details des Abzugsverfahrens Schade, 21 ff.

1023 BMF v. 24.01.2012 – IV B 3 – S 2411/07/10016, BStBl. I 2012, 171, Tz. 1, 12. – Zur Kritik Loschelder, in: Schmidt, § 50d, Rn. 47; Blumenberg, Abwehr, 155, 179 f.

1024 „Soweit" bezieht sich ebenfalls auf die sachliche Entlastungsberechtigung, u.a. FG Köln v. 17.05.2017 – 2 K 773/16, BeckRS 2017, 117791, Tz. B.II.2.a).bb.2.(d); BMF v. 24.01.2012 – IV B 3 – S 2411/07/10016, BStBl. I 2012, 171, Tz. 1; Gosch, in: Kirchhof, § 50d, Rn. 29g f; Birker, BB 2012, 1961, 1962; Lüdicke, IStR 2012, 81, 83; Gebhardt, BB 2017, 2007, 2008.

1025 BMF v. 24.01.2012 – IV B 3 – S 2411/07/10016, BStBl. I 2012, 171, Tz. 5; Gosch, in: Kirchhof, § 50d, Rn. 29d; Birker, BB 2012, 1961, 1963; Brunsbach/Mock, IStR 2013, 653, 654; Lüdicke, IStR 2012, 81, 83 f; a.A. u.a. Dorfmueller/Fischer, IStR 2011, 857, 860 f.

Entlastung erfolgen, wenn die Gesellschaft im Übrigen aktive Einkünfte erzielt.[1026] Gemäß § 50d Abs. 3 S. 4 EStG obliegt die Feststellungslast für das Vorliegen von Merkmalen aus § 50d Abs. 3 S. 1 Nr. 1 und 2 EStG der ausländischen Gesellschaft. Überdies besteht die erhöhte Mitwirkungspflicht nach § 90 Abs. 2 AO.[1027]

In persönlicher Hinsicht ist auf die Gesellschafterebene durchzublicken und deren fiktive Entlastungsberechtigung zu prüfen. Soweit die persönliche Entlastungsberechtigung fiktiv nicht besteht, wird die Entlastung gewährt, soweit die sachlichen Entlastungsvoraussetzungen eingreifen. Die sachliche Entlastungsberechtigung ergibt sich entweder aus (unschädlichen) Erträgen aus eigener Wirtschaftstätigkeit oder – soweit die Erträge schädlich sind – beachtlichen Gründen für die Einschaltung der Gesellschaft und (zusätzlich)[1028] der Teilnahme am allgemeinen wirtschaftlichen Verkehr mit einem für den Geschäftszweck angemessen eingerichteten Geschäftsbetrieb.

a. Ausländische Gesellschaft und deren Gesellschafter

Als ausländische Gesellschaft kommen grundsätzlich Personen- und Kapitalgesellschaften in Betracht. Die erfassten Gesellschaftsformen richten sich nach Anlage 2 zu § 43b Abs. 2 EStG, Anlage 3 zu § 50g Abs. 3 Nr. 5 lit. a) EStG oder dem einschlägigen DBA.[1029] Sitz und Geschäftsleitung einer ausländischen Gesellschaft befinden sich im Ausland.[1030]

In Bezug auf die an der ausländischen Gesellschaft beteiligten Personen ist jeweils die fiktive Entlastungsberechtigung bei direktem Bezug der Einkünfte zu untersuchen. Soweit Gesellschafter fiktiv entlastungsberechtigt wären, schließt § 50d Abs. 3 EStG die Entlastung nicht aus. Dadurch wird durch die Gesellschaft auf die dahinter stehenden Gesellschafter geblickt.[1031] Erforderlich ist eine gesellschaftsrechtliche Beteiligung; rein wirtschaftliche Beteiligungen (am Erfolg) der

---

1026 Zuber/Ditsch, in: L/B/P, § 50d, Rn. 106, Stand: 103.EL, Februar 2014; Brunsbach/Mock, IStR 2013, 653, 654; Gebhardt, BB 2017, 2007, 2008.

1027 BMF v. 24.01.2012 – IV B 3 – S 2411/07/10016, BStBl. I 2012, 171, Tz. 13; Gosch, in: Kirchhof, § 50d, Rn. 28f; Dorfmueller/Fischer, IStR 2011, 857, 863.

1028 Vgl. auch FG Köln v. 17.05.2017 – 2 K 773/16, BeckRS 2017, 117791, Tz. B.II.2.a).cc.(2).

1029 Loschelder, in: Schmidt, § 50d, Rn. 46; Wagner, in: Blümich, EStG, § 50d, Rn. 79, Stand: 137. EL, Juni 2017; Schaumburg/Häck, in: Schaumburg, Rn. 19.163 f; hingegen strenger in Bezug auf Personengesellschaften BMF v. 24.01.2012 – IV B 3 – S 2411/07/10016, BStBl. I 2012, 171, Tz. 3.

1030 BMF v. 24.01.2012 – IV B 3 – S 2411/07/10016, BStBl. I 2012, 171, Tz. 3; Gosch, in: Kirchhof, § 50d, Rn. 28a; Loschelder, in: Schmidt, § 50d, Rn. 46; Wagner, in: Blümich, EStG, § 50d, Rn. 79, Stand: 137. EL, Juni 2017.

1031 BMF v. 24.01.2012 – IV B 3 – S 2411/07/10016, BStBl. I 2012, 171, Tz. 4.2; Wagner, in: Blümich, EStG, § 50d, Rn. 80, Stand: 137. EL, Juni 2017; Schade, 72.

ausländischen Gesellschaft sind nicht ausreichend.[1032] Als Gesellschafter kommen natürliche und juristische Personen, beschränkt wie unbeschränkt Steuerpflichtige in Betracht.[1033]

b. Bruttoerträge aus eigener Wirtschaftstätigkeit

Soweit die ausländische Gesellschaft Erträge aus eigener Wirtschaftstätigkeit erzielt, wird die Entlastung gemäß § 50d Abs. 3 S. 1 EStG (auch bei fehlender persönlicher Entlastungsberechtigung) gewährt.[1034] Dies umfasst Erträge aus Tätigkeiten, die mit der eigenen Wirtschaftstätigkeit im funktionalen Zusammenhang stehen.[1035] Der Begriff Bruttoerträge ist angelehnt an § 9 AStG und meint Solleinnahmen ohne durchlaufende Posten und ohne eventuell gesondert ausgewiesene Umsatzsteuer.[1036]

Die eigene wirtschaftliche Tätigkeit wird durch § 50d Abs. 3 S. 3 EStG allein negativ abgegrenzt, sodass es an einer eigenen Wirtschaftstätigkeit fehlt, soweit Bruttoerträge aus der Verwaltung von Wirtschaftsgütern stammen oder wesentliche Geschäftstätigkeiten auf Dritte übertragen worden sind. Die wirtschaftliche Tätigkeit setzt eine eigene unternehmerische Betätigung („eigene operative Tätigkeit")[1037] voraus. Bloße Rechts- und Verwaltungshandlungen reichen nicht aus.[1038] Es erscheint sachgerecht, eine positive Bestimmung des Begriffs der eigenen wirtschaftlichen Tätigkeit in Anlehnung an § 15 Abs. 2 EStG vorzunehmen.[1039] Dies setzt eine selbstständige, nachhaltige Teilnahme am allgemeinen wirtschaftlichen Verkehr mit Gewinnerzielungsabsicht voraus und ist negativ abgegrenzt

---

1032 Die Anforderungen sind umstritten. Für Einbeziehung wirtschaftlicher Beteiligungen Gosch, in: Kirchhof, § 50d, Rn. 28b. – Ob mittelbare Beteiligungen erfasst sind, ist sehr str., vgl. Schade, 73 ff. Wohl zu Recht für deren Einbeziehung BMF v. 24.01.2012 – IV B 3 – S 2411/07/10016, BStBl. I 2012, 171, Tz. 4.2 f; Gosch, in: Kirchhof, § 50d, Rn. 32.

1033 Gosch, in: Kirchhof, § 50d, Rn. 28b, 33 m.w.N; Klein/Hagena, in: H/H/R, EStG, § 50d, Rn. 55, Stand: 276.EL, September 2016; Loschelder, in: Schmidt, § 50d, Rn. 47; a.A. zur Einbeziehung von Inländern BMF v. 24.01.2012 – IV B 3 – S 2411/07/10016, Tz. 4.1, jedenfalls im Ergebnis nicht entlastungsberechtigt.

1034 BMF v. 24.01.2012 – IV B 3 – S 2411/07/10016, BStBl. I 2012, 171, Tz. 1; Loschelder, in: Schmidt, § 50d, Rn. 47.

1035 BMF v. 24.01.2012 – IV B 3 – S 2411/07/10016, BStBl. I 2012, 171, Tz. 5; Gosch, in: Kirchhof, § 50d, Rn. 29d; Loschelder, in: Schmidt, § 50d, Rn. 47.

1036 BMF v. 24.01.2012 – IV B 3 – S 2411/07/10016, BStBl. I 2012, 171; Loschelder, in: Schmidt, § 50d, Rn. 47 m.w.N; Brunsbach/Mock, IStR 2013, 653, 654.

1037 Loschelder, in: Schmidt, § 50d, Rn. 47.

1038 Klein/Hagena, in: H/H/R, EStG, § 50d, Rn. 55a, Stand: 276. EL, September 2016 m.w.N.

1039 Cloer/Hagemann, in: Bordewin/Brandt, § 50d, Rn. 188 f, Stand: 397. EL, Juli 2017 m.w.N.; Gosch, in: Kirchhof, § 50d, Rn. 28d; Leukefeld, 279 f.

gegenüber der (Land- und Forstwirtschaft, der freiberuflichen Tätigkeit und der) Verwaltung eigenen Vermögens.[1040]

Eine selbstständige Tätigkeit erfordert ein Handeln auf eigene Rechnung und Gefahr (mit Unternehmerrisiko und – initiative).[1041] Die Risikotragung der ausländischen Gesellschaft ist Wesensmerkmal einer eigenen wirtschaftlichen Tätigkeit.[1042] Eine nachhaltige Betätigung setzt voraus, dass die Tätigkeit auf gewisse Dauer angelegt ist; dies erfordert ein regelmäßiges und (objektiv) auf Wiederholung angelegtes Handeln.[1043]

Ferner grenzt die Gewinnerzielungsabsicht (oder weiter gefasst: Einkünfteerzielungsabsicht) die wirtschaftliche Tätigkeit gegenüber der privaten Sphäre ab.[1044] Das Erfordernis einer Teilnahme am allgemeinen wirtschaftlichen Verkehr beschränkt die wirtschaftliche Betätigung auf die Marktteilnahme. Der nach außen erkennbare Güter- und Leistungsaustausch gegen Entgelt am allgemeinen Markt grenzt ferner zur privaten Vermögenssphäre ab.[1045] Nach dieser Abgrenzung scheidet auch die private Vermögensverwaltung aus. Die Verwaltung fremden Vermögens (in Form *aktiver* Verwaltung) qualifiziert hingegen als gewerbliche Tätigkeit.[1046] Erforderlich ist demgemäß eine über den Rahmen der Verwaltung eigenen Vermögens hinausgehende Teilnahme der ausländischen Gesellschaft am allgemeinen wirtschaftlichen Verkehr.[1047] Dies ergibt sich aus § 15 Abs. 2 EStG sowie (klarstellend) aus § 50d Abs. 3 S. 3 EStG und liegt auf einer Linie mit § 50d Abs. 3 S. 1 Nr. 2 EStG. Die Marktteilnahme ist Kennzeichen echter wirtschaftlicher Tätigkeit. Die bloße Verwaltung (eigenen) Vermögens ohne weitere unternehmerische Betätigung ist schädlich.[1048] Die schädliche Vermögensverwaltung umfasst die reine/passive Vermögensverwaltung, das bloße Halten von Stammkapital,[1049] die reine

---

1040 Vgl. Reiß, in: Kirchhof, § 15, Rn. 11 ff.

1041 Wacker, in: Schmidt, § 15, Rn. 11.

1042 BFH v. 29.10.1997 – I R 35/96, BStBl. II 1998, 235, 237 nach Loschelder, in: Schmidt, § 50d, Rn. 47.

1043 Reiß, in: Kirchhof, § 15, Rn. 24.

1044 Näher Wacker, in: Schmidt, § 15, Rn. 24 ff.

1045 Reiß, in: Kirchhof, § 15, Rn. 28 f, 31.

1046 Cloer/Hagemann, in: Bordewin/Brandt, § 50d, Rn. 188 f, Stand: 397.EL, Juli 2017; ggf. anders Loschelder, in: Schmidt, § 50d, Rn. 47.

1047 BMF v. 24.01.2012 – IV B 3 – S 2411/07/10016, BStBl. I 2012, 171, Tz. 5.1.; wohl grundsätzlich auch unter BMF v. 04.04.2018 – IV B 3 – S 2411/07/10016, IStR 2018, 324.

1048 BFH v. 20.03.2002 – I R 38/00, BStBl. II 2002, 819; BFH v. 17.11.2004 – I R 55/03, DStRE 2005, 580; BFH v. 31.05.2005 – I R 74, 88/04, BStBl. II 2006, 118; Klein/Hagena, in: H/H/R, EStG, § 50d, Rn. 55a, Stand: 276.EL, September 2016 m.w.N.; Loschelder, in: Schmidt, § 50d, Rn. 47; Wagner, in: Blümich, § 50d EStG, Rn. 81, Stand: 137. EL, Juni 2017; Leukefeld, 281 f.

1049 BMF v. 24.01.2012 – IV B 3 – S 2411/07/10016, BStBl. I 2012, 171, Tz. 5.1; Loschelder, in: Schmidt, § 50d, Rn. 47; Kaiser, IStR 2009, 121, 127; Engers/Dyckmans, Ubg 2011, 929, 930.

Holdingtätigkeit (bloßes Halten von Beteiligungen ohne weitere unternehmerische Betätigung).[1050] Das bloße Halten von Beteiligungen kann allenfalls vorübergehend eine wirtschaftliche Betätigung begründen, wenn weitere wirtschaftliche Betätigungen geplant sind und vorbereitet werden.[1051]

Hingegen ist die sog. aktive Beteiligungsverwaltung unschädlich. Dies ist jedenfalls erfüllt, wenn die ausländische Muttergesellschaft in- oder ausländische[1052] Beteiligung*en* (nicht bloß *eine* Tochtergesellschaft) von einigem Gewicht (tatsächliche Einflussnahme auf das Geschäft der Beteiligungsgesellschaft) hält und gegenüber diesen Beteiligungen geschäftsleitende Funktionen ausübt.[1053] Grundsätzlich sind geschäftsleitende Funktionen durch langfristig ausgelegte und bedeutsame Führungsentscheidungen für die Beteiligungsgesellschaft charakterisiert.[1054] Dies umfasst die allgemeine Konzernleitung gleichermaßen wie einzelne Funktionen im Finanz- und Rechnungswesen oder in den Bereichen Recht, Steuern, Marketing, Vertrieb.[1055] Die einzelnen Funktionen benötigen aber ausreichendes Gewicht, um

---

1050 FG Köln v. 17.05.2017 – 2 K 773/16, BeckRS 2017, 117791, Tz. B.II.2.a).bb.2.(a); BMF v. 24.01.2012 – IV B 3 – S 2411/07/10016, BStBl. I 2012, 171, Tz. 5.1; Gosch, in: Kirchhof, § 50d, Rn. 28d; Wagner, in: Blümich, § 50d EStG, Rn. 81, Stand: 137. EL, Juni 2017. – Die „passive Beteiligungsverwaltung" kann (bei tatsächlicher Ausübung der Gesellschafterrechte) nach BMF v. 4.4.2018 – IV B 3 – S 2411/07/10016, IStR 2018, 324 und nur bei Geltendmachung einer Entlastung nach § 43b EStG eine Teilnahme am allgemeinen wirtschaftlichen Verkehr im Rahmen des § 50d Abs. 3 S. 1 Nr. 2 EStG, aber keine wirtschaftliche Tätigkeit im Sinne des § 50d Abs. 3 S. 1, 1. Hs. EStG begründen (aktive Beteiligungsverwaltung ist aber eine eigene wirtschaftliche Tätigkeit), vgl. auch Leukefeld, 282 f; Schönfeld, IStR 2018, 325, 327; Gebhardt, BB 2018, 1498, 1500.

1051 Cloer/Hagemann, in: Bordewin/Brandt, § 50d, Rn. 192, Stand: 397.EL, Juli 2017; Wagner, in: Blümich, § 50d EStG, Rn. 83, Stand: 137. EL, Juni 2017 m.w.N.

1052 Gosch, in: Kirchhof, § 50d, Rn. 28d; Klein/Hagena, in: H/H/R, EStG, § 50d, Rn. 55a, Stand: 276.EL, September 2016; Wagner, in: Blümich, § 50d EStG, Rn. 86, Stand: 137. EL, Juni 2017.

1053 BMF v. 24.01.2012 – IV B 3 – S 2411/07/10016, BStBl. I 2012, 171, Tz. 5.2, insoweit gilt auch nichts Abweichendes nach BMF v. 04.04.2018 – IV B 3 – S 2411/07/10016, IStR 2018, 324; so auch BFH v. 09.12.1980 – VIII R 11/77, BStBl. 1981, 339, 341 (aber Urteil zur Einschaltung einer Basisgesellschaft in der Outbound-Situation); Gosch, in: Kirchhof, § 50d, Rn. 28d („im Grundsatz"); Hahn-Joecks, in: K/S/M, § 50d, Rn. E.30 ff, Stand: 246.EL, März 2014 m.w.N; Leukefeld, 282.

1054 BMF v. 24.01.2012 – IV B 3 – S 2411/07/10016, BStBl. I 2012, 171, Tz. 5.3, wobei allerdings eine schriftliche Niederlegung nicht zwingend erforderlich ist, sondern allenfalls den Nachweis erleichtern kann; Cloer/Hagemann, in: Bordewin/Brandt, § 50d, Rn. 192, Stand: 397.EL, Juli 2017.

1055 Klein/Hagena, in: H/H/R, EStG, § 50d, Rn. 55a, Stand: 276.EL, September 2016; Cloer/Hagemann, in: Bordewin/Brandt, § 50d, Rn. 192, Stand: 397.EL, Juli 2017; a.A. (enger nur einzelne Funktionen nicht ausreichend) BMF v. 24.01.2012 – IV B 3 – S 2411/07/10016, BStBl. I 2012, 171, Tz. 5.3.

eine geschäftsleitende Funktion zu begründen – so bspw. in Bezug auf eine konzerneigene Finanzierungstätigkeit[1056].

Wenngleich eingewandt wird, dass eine wirtschaftliche Tätigkeit nicht zwingend die geschäftsleitende Tätigkeit gegenüber mehr als einer Gesellschaft erfordere,[1057] ergibt sich die Einschränkung zumindest unter Berücksichtigung des § 50d Abs. 3 S. 3, 1. Var EStG. Dies kommt zwar im Wortlaut nicht eindeutig zum Ausdruck – auch nicht im Plural in Bezug auf Wirtschaftsgüter[1058] –, da allein ein bloßes Halten und Verwalten, nicht aber eine *geschäftsleitende* Beteiligungsverwaltung, schädlich sein könnte. Die Einschränkung trägt aber dem gesetzgeberischen Willen Rechnung, dass eine aktive Beteiligungsverwaltung eine Managementtätigkeit gegenüber *mehr als einer* Untergesellschaft erfordert.[1059]

Die Teilnahme am allgemeinen wirtschaftlichen Verkehr darf aber nicht per se eine aktive, ständige und nachhaltige Teilnahme der ausländischen Gesellschaft am dortigen Marktgeschehen im Rahmen ihrer gewöhnlichen Geschäftstätigkeit voraussetzen.[1060] Das Teilnahmeerfordernis begrenzt die Tätigkeitserbringung nicht auf den Ansässigkeitsstaat der ausländischen Gesellschaft. Eine solche Begrenzung findet im Wortlaut und im allgemeinen Verständnis der Teilnahme am Wirtschaftsleben keinen Anhaltspunkt.[1061] Die Marktteilnahme ist durch ein nach außen erkennbares unternehmerisches Auftreten in Bezug auf andere Marktteilnehmer sowie einen Güter- und Leistungsaustausch gegen Entgelt unter Inanspruchnahme des allgemeinen Marktes gekennzeichnet.[1062] Diese Teilnahme kann in der

1056 Loschelder, in: Schmidt, EStG, § 50d, Rn. 47; Wagner, in: Blümich, § 50d EStG, Rn. 83, Stand: 137.EL, Juni 2017. Nicht allein „Kapitaldrehscheibe", so FG Köln v. 17.05.2017 – 2 K 773/16, BeckRS 2017, 117791, Tz. B.II.2.a).bb.2.(b).

1057 Loschelder, in: Schmidt, § 50d, Rn. 47 m.w.N., aber Rn. 48; Leukefeld, 282 f; a.A. BMF v. 24.01.2012 – IV B 3 – S 2411/07/10016, BStBl. I 2012, 171, Tz. 5.2 (auch nach BMF v. 04.04.2018 – IV B 3 – S 2411/07/10016, IStR 2018, 324, da die Änderung nur in Bezug auf § 50d Abs. 3 S. 1 Nr. 2 EStG gilt; überdies ist unklar, ob BMF v. 04.04.2018 – IV B 3 – S 2411/07/10016, IStR 2018, 324 von der Schädlichkeit der Verwaltung bloß *einer* Beteiligung abrückt); Gosch, in: Kirchhof, § 50d, Rn. 28d.

1058 A.A. Wagner, in: Blümich, § 50d EStG, Rn. 86, Stand: 137. EL, Juni 2017.

1059 Entwurf eines JStG 2007 v. 25.09.2006, 60, BT-Drs. 16/2712; Cloer/Hagemann, in: Bordewin/Brandt, § 50d, Rn. 192, Stand: 397.EL, Juli 2017.

1060 A.A. BMF v. 24.01.2012 – IV B 3 – S 2411/07/10016, BStBl. I 2012, 171, Tz. 5.1. mit Verweis auf Cadbury Schweppes, ggf. vor dem Hintergrund von BMF v. 04.04.2018 – IV B 3 – S 2411/07/10016, IStR 2018, 324 aber abgeschwächt, wenngleich insoweit keine ausdrücklich abweichende Anweisung, dazu Blumenberg, Abwehr, 155, 163 f; Schade, 77.

1061 Cloer/Hagemann, in: Bordewin/Brandt, § 50d, Rn. 188 f, Stand: 397.EL, Juli 2017; Hahn-Joecks, in: K/S/M, § 50d, Rn. E.38, Stand: 246.EL, März 2014; Klein/Hagena, in: H/H/R, EStG, § 50d, Rn. 55a, Stand: 276.EL, September 2016 m.w.N.

1062 Vgl. Reiß, in: Kirchhof, § 15, Rn. 28 ff; vgl. Leukefeld, 73.

Dienstleistungserbringung gegenüber anderen Konzerngesellschaften liegen.[1063] Der Beteiligung am allgemeinen Markt kann bereits der Leistungsaustausch mit einem anderen Marktteilnehmer genügen. Die unternehmerische Marktteilnahme erfordert bloß ein erkennbares Auftreten gegenüber anderen Teilnehmern ohne Beschränkung der Tätigkeit aus privaten, nicht unternehmerischen, Motiven.[1064]

Gemäß § 50d Abs. 3 S. 3, 2. Var EStG fehlt es an einer eigenen wirtschaftlichen Tätigkeit der ausländischen Gesellschaft, soweit diese ihre wesentlichen Geschäftstätigkeiten auf Dritte überträgt (z.B. auf Anwaltskanzleien oder Managementgesellschaften[1065]). Der Wortlaut („wesentlich*en* Geschäftstätigkeit*en*") und die Begründung[1066] lassen bei Vorbehalt der eigenverantwortlichen Leitungstätigkeit nur ein Outsourcing des überwiegenden Teil des Kerngeschäfts („soweit") als schädlich erscheinen.[1067] Die Auslagerung einzelner Funktionen der Geschäftsleitung[1068] oder Hilfs- bzw. Nebentätigkeiten ist unschädlich[1069].

c. *Funktionsnachweise*

Schließlich kann eine sachliche Entlastungsberechtigung nach § 50d Abs. 3 S. 1 Nr. 1, 2 EStG bei kumulativem Vorliegen beachtlicher Gründe für die Einschaltung der ausländischen Gesellschaft und der Teilnahme am allgemeinen wirtschaftlichen Verkehr mit einem für ihren Geschäftszweck angemessen eingerichteten Geschäftsbetrieb erreicht werden. Die Gründe müssen in Bezug auf die Erträge vorliegen, die nicht aus eigener Wirtschaftstätigkeit stammen.[1070]

aa) Beachtliche Gründe für die Einschaltung der ausländischen Gesellschaft

Die ausländische Gesellschaft darf aus wirtschaftlichen *oder* sonst beachtlichen Gründen eingeschaltet sein. Ein Grund muss im zeitlichen Zusammenhang zur

---

1063 BMF v. 24.01.2012 – IV B 3 – S 2411/07/10016, BStBl. I 2012, 171, Tz. 5.1; Schade, 77; Brunsbach/Mock, IStR 2013, 653, 655.

1064 Reiß, in: Kirchhof, § 15, Rn. 29; Wacker, in: Schmidt, § 15, Rn. 20.

1065 BMF v. 24.01.2012 – IV B 3 – S 2411/07/10016, BStBl. I 2012, 171, Tz. 5.4.

1066 Entwurf eines JStG 2007 v. 25.09.2006, 60, BT-Drs. 16/2712.

1067 In diese Richtung Loschelder, in: Schmidt, § 50d, Rn. 49; Zuber/Ditsch, in: L/B/P, § 50d, Rn. 114, Stand: 103.EL, Februar 2014; zumindest in EU/EWR-Fällen großzügig Cloer/Hagemann, in: Bordewin/Brandt, § 50d, Rn. 190, Stand: 397.EL, Juli 2017; generell großzügiger Leukefeld, 284; a.A. Schaumburg/Häck, in: Schaumburg, Rn. 19.165.

1068 Loschelder, in: Schmidt, § 50d, Rn. 49.

1069 Cloer/Hagemann, in: Bordewin/Brandt, § 50d, Rn. 188 f, Stand: 397.EL, Juli 2017; Zuber/Ditsch, in: L/B/P, § 50d, Rn. 121, 120, 114, Stand: 103.EL, Februar 2014.

1070 BMF v. 24.01.2012 – IV B 3 – S 2411/07/10016, BStBl. I 2012, 171, Tz. 6; Gosch, in: Kirchhof, § 50d, Rn. 29h; Loschelder, in: Schmidt, § 50d, Rn. 47; Lüdicke, IStR 2012, 81, 82 ff.

Einschaltung der ausländischen Gesellschaft gegeben sein.[1071] Eine Gründung allein aus steuerlichen Motiven ist schädlich,[1072] es sei denn, steuerliche Vorteile nach ausländischem Steuerrecht werden erstrebt.[1073] Wirtschaftliche Gründe sind Ausdruck der Entfaltung oder Vorbereitung einer eigenen wirtschaftlichen Tätigkeit.[1074] Sonstige Gründe können rechtlicher, politischer oder religiöser Art sein;[1075] so könnte eine Einschaltung gerechtfertigt sein, wenn diese religiöse oder politische Konflikte zwischen staatlichen oder sonstigen Akteuren vermeiden kann, die sich aus einer direkten Investition ergeben könnten.[1076] Die beachtlichen Gründe müssen die Einschaltung der ausländischen Gesellschaft als solcher, nicht die ausländische Ansässigkeit, rechtfertigen.[1077] Das Vorliegen (wirtschaftlicher oder sonst) beachtlicher Gründe bestimmt sich dabei aber nicht im Wege einer Gesamtwürdigung, ob mit der Einschaltung der ausländischen Gesellschaft im Wesentlichen nur ein steuerlicher Vorteil bezweckt wird.[1078] Vielmehr ist zu ermitteln, ob Gründe gegeben sind, die die Einschaltung der Gesellschaft rechtfertigen können. In diesem Zusammenhang wird bereits die Motivation für die Einschaltung überprüft. Für eine Verschärfung dergestalt, dass trotz Vorliegen beachtlicher Gründe die Gestaltung nicht wesentlich durch das Erzielen eines steuerlichen Vorteils motiviert sein darf, fehlt eine gesetzlichen Grundlage.

Beachtliche wirtschaftliche Gründe sind der Basisgesellschaftsrechtsprechung zu entnehmen,[1079] wobei einige Gründe im Rahmen des § 50d Abs. 3 EStG die Einschaltung ausdrücklich nicht rechtfertigen können – so die Sicherung von Inlandsvermögen für Krisenzeiten/eine künftige Erbregelung oder der Aufbau einer Alterssicherung für die Gesellschafter.[1080] Unbeachtlich sind des Weiteren

---

1071 Klein/Hagena, in: H/H/R, EStG, § 50d, Rn. 56 aE, Stand: 276.EL, September 2016.

1072 Schade, 83; Piltz, IStR 2007, 793, 795 f; Kahlenberg, FR 2018, 499, 502 m.w.N.

1073 Hahn-Joecks, in: K/S/M, § 50d, Rn. E.46, Stand: 246.EL, März 2014 m.w.N.

1074 BMF v. 24.01.2012 – IV B 3 – S 2411/07/10016, BStBl. I 2012, 171, Tz. 6, 5; Loschelder, in: Schmidt, § 50d, Rn. 47. – Ausführlich zu beachtlichen Gründen Piltz, IStR 2007, 793.

1075 Entwurf eines JStG 2007 v. 25.09.2006, 60, BT-Drs. 16/2712; BMF v. 24.01.2012 – IV B 3 – S 2411/07/10016, BStBl. I 2012, 171, Tz. 6; Loschelder, in: Schmidt, EStG, § 50d, Rn. 47.

1076 Piltz, IStR 2007, 793, 799.

1077 Gosch, in: Kirchhof, § 50d, Rn. 28c; Klein/Hagena, in: H/H/R, EStG, § 50d, Rn. 56, Stand: 276.EL, September 2016; Schade, 84.

1078 So aber BMF v. 04.04.2018 – IV B 3 – S 2411/07/10016, IStR 2018, 324; zu Recht ablehnend Schönfeld, IStR 2018, 325, 327; Hagemann, DStR 2018, 745. Vgl. Gebhardt, BB 2018, 1498, 1499; Kahlenberg, FR 2018, 499, 502.

1079 Allg. M., ausdrücklich: Gosch, in: Kirchhof, § 50d, Rn. 28c; Hahn-Joecks, in: K/S/M, § 50d, Rn. E.42, Stand: 246.EL, März 2014; Klein/Hagena, in: H/H/R, EStG, § 50d, Rn. 56, Stand: 276.EL, September 2016; Schade, 82.

1080 Entwurf eines JStG 2007 v. 25.09.2006, 60, BT-Drs. 16/2712; auch BMF v. 24.01.2012 – IV B 3 – S 2411/07/10016, BStBl. I 2012, 171, Tz. 6; Piltz, IStR 2007, 793, 794.

das Halten von Beteiligungen ohne geschäftsleitende Aktivitäten sowie sonstige bloße Verwaltungstätigkeiten.[1081] Beachtliche wirtschaftliche Gründe können der Einsatz der ausländischen Gesellschaft als Spitze eines aufzubauenden Konzerns, der Beteiligungserwerb von einigem Gewicht mit Geschäftsleitungsfunktion oder die Finanzierung mindestens zweier Tochtergesellschaften sein.[1082]

Die beachtlichen Gründen sind durch § 50d Abs. 3 S. 2 EStG beschränkt, da sich die Regelung auf alle Merkmale des § 50d Abs. 3 S. 1 EStG bezieht.[1083] Allein die Verhältnisse der ausländischen Gesellschaft sind nach der gesetzlichen Regelung maßgeblich, Merkmale nahe stehender Unternehmen sind unbeachtlich. Zwar müssten eigentlich beachtliche Gründe für die Einschaltung außerhalb der selbst *eingeschalteten* ausländischen Gesellschaft zu berücksichtigen sein,[1084] nach der Regelung sollen aber konzernstrategische Gründe (z.B. Koordination, Risikostreuung, Kostenreduzierung) die Einschaltung nicht rechtfertigen können. Dies schließt auch die Berücksichtigung von Gründen auf Gesellschafterebene (z.B. Erbregelungen, Vermögens- und Alterssicherung) aus.[1085] Das Verbot der Übertragung

---

1081 Z.B. BFH v. 09.12.1980 – VIII R 11/77, BStBl. 1981, 339, 341 (für die Outbound-Situation); BFH v. 20.03.2002 – I R 38/00, BStBl. II 2002, 819, 822 (Inbound); BMF v. 24.01.2012 – IV B 3 – S 2411/07/10016, BStBl. I 2012, 171, Tz. 5.1., 5.2; Klein/Hagena, in: H/H/R, EStG, § 50d, Rn. 56, Stand: 276.EL, September 2016; Schade, 83; großzügiger in Bezug auf Halten von Beteiligungen Wagner, in: Blümich, EStG, § 50d, Rn. 83, Stand: 137.EL, Juni 2017. – Zum Schutz von Holdinggesellschaften Hahn, DStZ 2005, 469, 475. Nach BMF v. 04.04.2018 – IV B 3 – S 2411/07/10016, IStR 2018, 324 bedeutet bei Geltendmachung einer Entlastung nach § 43b EStG die „passive" Beteiligungsverwaltung eine Teilnahme am allgemeinen wirtschaftlichen Verkehr, wenn die Gesellschafterrechte wahrgenommen werden, dazu auch Gebhardt, BB 2018, 1498, 1499 f.

1082 BMF v. 24.01.2012 – IV B 3 – S 2411/07/10016, BStBl. I 2012, 171, Tz. 5.1. ff; Hahn-Joecks, in: K/S/M, § 50d, Rn. E.49 ff, Stand: 246.EL, März 2014 (zur a.F., aber übertragbar); Klein/Hagena, in: H/H/R, EStG, § 50d, Rn. 56, Stand: 259.EL, September 2013; Loschelder, in: Schmidt, § 50d, Rn. 47; Schade, 82 f; Brunsbach/Mock, IStR 2013, 653, 656; Piltz, IStR 2007, 793, 797. – Piltz, IStR 2007, 793 auch zu weiteren Gründen, die allerdings zum Teil nicht mit der aktuellen Fassung des § 50d Abs. 3 (insb. S. 2) EStG vereinbar sind.

1083 Allg. M., vgl. Gosch, in: Kirchhof, § 50d, Rn. 29e; aber nach BMF v. 04.04.2018 – IV B 3 – S 2411/07/10016, IStR 2018, 324 bei Geltendmachung einer Entlastung nach § 43b EStG nicht mehr anzuwenden.

1084 Kritisch, da die ausländische Gesellschaft eingeschaltet wird und daher Gründe (für die Einschaltung) außerhalb der Gesellschaft Berücksichtigung finden müssten, Schönfeld, in: F/W/B/S, § 50d Abs. 3 EStG, Rn. 125, Stand: 61.EL, November 2007; Piltz, IStR 2007, 793, 796; Gebhardt, BB 2017, 2007, 2008. – Einschaltung ist als Einbeziehung in den Bezug von Einkünften auszulegen Schade, 81; Piltz, IStR 2007, 793,796.

1085 BMF v. 24.01.2012 – IV B 3 – S 2411/07/10016, BStBl. I 2012, 171, Tz. 6, 8, allerdings bei Geltendmachung einer Entlastung nach § 43b EStG gemäß BMF v. 04.04.2018 – IV B 3 – S 2411/07/10016, IStR 2018, 324 nicht mehr anzuwenden; Loschelder,

von Merkmalen[1086] richtet sich gegen die Einschaltung substanzschwacher Gesellschaften innerhalb einer Konzernstruktur.[1087] In § 50d Abs. 3 S. 3 EStG kommt das sog. Selbstständigkeitsprinzip der (Gesamt-)Regelung zum Ausdruck.[1088] Die Regelung des § 50d Abs. 3 S. 2 EStG ist allerdings bei Geltendmachung einer Entlastung nach § 43b in Reaktion auf die Rechtsprechung des EuGH[1089] nicht mehr anzuwenden.[1090]

bb) Teilnahme am allgemeinen Wirtschaftsverkehr mit Geschäftsbetrieb

Die ausländische Gesellschaft muss mit einem für ihren Geschäftszweck angemessen eingerichteten Geschäftsbetrieb am allgemeinen wirtschaftlichen Verkehr teilnehmen. Der Geschäftsbetrieb muss *eingerichtet* sein, d.h. über eine organisatorische Struktur und eine personelle und sachliche Ausstattung verfügen.[1091] Mit dem Geschäftsbetrieb nimmt die Gesellschaft am wirtschaftlichen Verkehr teil. Die Einrichtung muss dem Geschäftszweck angemessen sein. Das Merkmal des Geschäftsbetriebs konstituiert Organisations- und Ausstattungserfordernisse, während die Teilnahme am allgemeinen wirtschaftlichen Verkehr den Marktbezug der Tätigkeit herstellt und ein Wirken nach außen erfordert.

Ein Mindestmaß sachlicher und personeller Ausstattung setzt der Geschäftsbetrieb voraus;[1092] dies sind in aller Regel qualifiziertes Personal, Geschäftsräume und technische Kommunikationsmittel.[1093] Eine geschäftliche Ausstattung ist

---

in: Schmidt, § 50d, Rn. 47; Schade, 82; Eilers/Schneider, StB-Jb 2007/08, 175, 179; Engers/Dyckmans, Ubg 2011, 929, 932 f; a.A. Gosch, in: Kirchhof, § 50d, Rn. 29c, 28c.

1086 BMF v. 24.01.2012 – IV B 3 – S 2411/07/10016, BStBl. I 2012, 171, Tz. 8, allerdings in Bezug auf Entlastung nach § 43b EStG gemäß BMF v. 04.04.2018 – IV B 3 – S 2411/07/10016, IStR 2018, 324 nicht mehr anzuwenden; Loschelder, in: Schmidt, § 50d, Rn. 48 f; a.A. Piltz, IStR 2007, 793, 796.

1087 Wiese/Süß, GmbHR 2006, 972, 973 f.

1088 Wichmann/Schmidt-Heß, IStR 2014, 883, 888.

1089 EuGH v. 20.12.2017 – C-504/16, C-613/16, DStR 2018, 119.

1090 BMF v. 04.04.2018 – IV B 3 – S 2411/07/10016, IStR 2018, 324; vgl. z.B. auch Gebhardt, BB 2018, 1498, 1499.

1091 Entwurf eines JStG 2007 v. 25.09.2006, 60, BT-Drs. 16/2712.

1092 BFH v. 20.03.2002 – I R 38/00, BStBl. II 2002, 819; Frotscher, in: Frotscher/Geurts, EStG, § 50d, Rn. 111a, Stand: 180.EL, Februar 2014; Gosch, in: Kirchhof, § 50d, Rn. 29e; Loschelder, in: Schmidt, § 50d, Rn. 47; Zuber/Ditsch, in: L/B/P, § 50d, Rn. 119, Stand: 103.EL, Februar 2014; Eilers/Schneider, StB-Jb 2007/08, 175, 182; Schade, 84 f.

1093 BMF v. 24.01.2012 – IV B 3 – S 2411/07/10016, BStBl. I 2012, 171, Tz. 7, wobei in Bezug auf eine Entlastung nach § 43b EStG gemäß BMF v. 04.04.2018 – IV B 3 – S 2411/07/10016, IStR 2018, 324 nicht mehr im Ansässigkeitsstaat ständig geschäftsleitendes und anderes Personal beschäftigt werden muss; Gosch, in: Kirchhof, § 50d, Rn. 29e; Zuber/Ditsch, in: L/B/P, § 50d, Rn. 114, Stand: 103.EL, Februar 2014.

Kennzeichen und regelmäßige Voraussetzung echter wirtschaftlicher Tätigkeit. Qualitativ und quantitativ muss die Ausstattung dem Geschäftszweck angemessen sein. Zur Funktionsausübung erforderliche sachliche und personelle Mittel müssen im notwendigen Umfang vorhanden sein. Die Ausstattungserfordernisse lassen sich nur im einzelnen Fall mit Blick auf die konkret ausgeübte Funktion (funktionsspezifisch) bestimmen.[1094] Bei gemischten Tätigkeiten ist allein für eine der wesentlichen Funktionen („für *ihren* Geschäfts*zweck*") eine angemessene Ausstattung erforderlich.[1095]

Starre Kriterien – so die ständige Beschäftigung geschäftsleitenden und sonstigen Personals, ausreichende Qualifikation des Personals zur eigenverantwortlichen und selbstständigen Aufgabenerfüllung sowie die Beachtung des Fremdvergleichsgrundsatzes bei Geschäften mit nahe stehenden Personen –[1096] sind zurückhaltend anzunehmen. Ein Erfordernis, ständig geschäftsleitendes Personal zu beschäftigen, ist gerechtfertigt.[1097] Eine eigenverantwortliche Leitung ist grundlegende Voraussetzung einer unternehmerischen Tätigkeit. Diese ermöglicht die selbstständige Tätigkeitsausübung. Weiteres Personal ist hingegen nicht zwingend ständig erforderlich,[1098] insbesondere, wenn die Geschäftsleitung anfallende Aufgaben erledigen kann, einzelne Verwaltungsaufgaben zulässigerweise ausgelagert sind oder eine bedarfsgerechte, zeitweise Beschäftigung von Personal zur Funktionserfüllung ausreicht. Das Personal muss ausreichend qualifiziert sein, um die anfallenden Aufgaben ausüben zu können. Dabei ist jedoch nicht auf eine formale Qualifikation, sondern auf die Fähigkeit des Personals zur tatsächlichen Funktionserfüllung abzustellen. Die Qualifikation zur *eigenverantwortlichen* und *selbstständigen*

1094 Frotscher, in: Frotscher/Geurts, EStG, § 50d, Rn. 111 f, Stand: 180.EL, Februar 2014; Gosch, in: Kirchhof, § 50d, Rn. 29e, 26; Schönfeld, in: F/W/B/S, § 50d Abs. 3 EStG, Rn. 153, Stand: 61.EL, November 2007 (zur a.F., aber übertragbar); Zuber/Ditsch, in: L/B/P, § 50d, Rn. 119, Stand: 103.EL, Februar 2014; Eilers, in: FS Wassermeyer, 323, 328 f; Leukefeld, 287 f; Schade, 84 f; Cloer/Hagemann, IStR 2018, 697, 699; a.A. wohl BMF v. 24.01.2012 – IV B 3 – S 2411/07/10016, BStBl. I 2012, 171, Tz. 7; aber bei Geltendmachung einer Entlastung nach § 43b EStG durch BMF v. 04.04.2018 – IV B 3 – S 2411/07/10016, IStR 2018, 324 von Erfordernis abgerückt, dass Gesellschaft stets im Ansässigkeitsstaat geschäftsleitendes und anderes Personal beschäftigt.

1095 Frotscher, in: Frotscher/Geurts, EStG, § 50d, Rn. 111, Stand: 180.EL, Februar 2014; Gosch, in: Kirchhof, § 50d, Rn. 29e; evtl. auch Schade, 85.

1096 BMF v. 24.01.2012 – IV B 3 – S 2411/07/10016, BStBl. I 2012, 171, Tz. 7, aber Erfordernis ständiger Beschäftigung geschäftsleitenden und anderen Personals im Ansässigkeitsstaat bei Geltendmachung einer Entlastung nach § 43b EStG durch BMF v. 04.04.2018 – IV B 3 – S 2411/07/10016, IStR 2018, 324 aufgegeben.

1097 So auch Frotscher, in: Frotscher/Geurts, EStG, § 50d, Rn. 111a, Stand: 180.EL, Februar 2014.

1098 So nun in Bezug auf eine Entlastung nach § 43b EStG auch BMF v. 04.04.2018 – IV B 3 – S 2411/07/10016, IStR 2018, 324, dazu Gebhardt, BB 2018, 1498, 1500.

Aufgabenerfüllung darf aber nicht dahin gehend verstanden werden, dass jede Auslagerung geschäftlicher Tätigkeiten ausgeschlossen ist. Die Beachtung des Fremdvergleichsgrundsatzes bildet keinen aussagekräftigen Maßstab, um eine tatsächliche Funktionsausübung der ausländischen Gesellschaft zu ermitteln.

In Bezug auf die Teilnahme am allgemeinen wirtschaftlichen Verkehr ergeben sich keine Abweichungen zu § 50d Abs. 3 S. 1 EStG. Die ausländische Gesellschaft tritt mit ihrem Geschäftsbetrieb nach außen (am Markt) in Erscheinung. Die Teilnahme am allgemeinen wirtschaftlichen Verkehr ist nicht auf den Sitzstaat beschränkt.[1099] Über das bloße *Unterhalten* eines Geschäftsbetriebs hinaus, muss die ausländische Gesellschaft mit diesem nach außen wirtschaftlich tätig werden.[1100] Dem steht nicht per se entgegen, dass die ausländische Gesellschaft Dienstleistungen gegenüber nur einem Auftraggeber[1101] oder gegenüber einer oder mehrerer Konzerngesellschaften erbringt.[1102]

cc) Exkurs: Outsourcing und Funktionsnachweise

Die Auswirkungen des Outsourcings von Kernfunktionen auf die Erfüllung der Funktionsnachweise sind parallel zum Outsourcing im Rahmen des § 50d Abs. 3 S. 1 EStG (eigene wirtschaftliche Tätigkeit) zu beurteilen. Dem Outsourcing wesentlicher Tätigkeiten im Rahmen des § 50d Abs. 3 S. 1 Nr. 2 EStG steht § 50d Abs. 3 S. 3, 2 Var. EStG zwar nicht direkt entgegen. Das Verbot der Übertragung der wesentlichen Geschäftstätigkeiten auf Dritte lässt nur die *eigene Wirtschaftstätigkeit* im Sinne des § 50d Abs. 3 S. 1 EStG entfallen, ist aber nicht unmittelbar auf § 50d Abs. 3 S. 1 Nr. 2 EStG bezogen.[1103] Die eindeutige Bezugnahme im Wortlaut macht dies deutlich.

Einem weitgehenden Outsourcing auf eine *konzernangehörige* Gesellschaft dürfte aber bereits § 50d Abs. 3 S. 2, 2. Hs. EStG entgegenstehen,[1104] der die Merkmalsübertragung im Konzern in Bezug auf alle Voraussetzungen des § 50d Abs. 3 S. 1 EStG unterbindet.[1105] Eine Zurechnung des Geschäftsbetriebs und

1099 Frotscher, in: Frotscher/Geurts, EStG, § 50d, Rn. 113, Stand: 180.EL, Februar 2014.

1100 Vgl. Frotscher, in: Frotscher/Geurts, EStG, § 50d, Rn. 112 f, Stand: 180.EL, Februar 2014.

1101 Entwurf eines JStG 2007 v. 25.09.2006, 60, BT-Drs. 16/2712.

1102 Entwurf eines JStG 2007 v. 25.09.2006, 60, BT-Drs. 16/2712.

1103 U.a. Gosch, in: Kirchhof, § 50d, Rn. 29da (bzgl. 29d); Loschelder, in: Schmidt, § 50d, Rn. 49; Leukefeld, 288 f; a.A. wohl Müller, FR 2011, 392.

1104 Vgl. Gosch, in: Kirchhof, § 50d, Rn. 29e; Frotscher, in: Frotscher/Geurts, EStG, § 50d, Rn. 90a, Stand: 203.EL, Februar 2018, Rn. 116, Stand: 180.EL, Februar 2014.

1105 Bezug zu § 50d Abs. 3 S. 1 EStG, z.B. Gosch, in: Kirchhof, § 50d, Rn. 29e. – Zum Verbot der Merkmalsübertragung BMF v. 24.01.2012 – IV B 3 – S 2411/07/10016, BStBl. I 2012, 171, Tz. 8 und (abweichend) in Bezug auf Entlastung nach § 43b EStG BMF v. 04.04.2018 – IV B 3 – S 2411/07/10016, IStR 2018, 324; Loschelder, in: Schmidt, § 50d, Rn. 48 f; a.A. Piltz, IStR 2007, 793, 796 (gegen Verbot).

eine Vermittlung der Teilnahme am allgemeinen wirtschaftlichen Verkehr durch eine andere Konzerngesellschaft bedeuten eine unzulässige Übertragung der Merkmale des § 50d Abs. 3 S. 1 Nr. 2 EStG auf die eingeschaltete ausländische Gesellschaft. Dies gilt aber nunmehr allein, wenn keine Entlastung nach § 43b EStG geltend gemacht wird, da in Bezug auf Entlastungen nach § 43b EStG § 50d Abs. 3 S. 2 EStG nicht mehr anzuwenden ist.[1106]

Auch im Übrigen kann das Outsourcing von Kernfunktionen nicht als unschädlich angesehen werden. Zwar ist in Bezug auf § 8 Abs. 1 Nr. 3 AStG anerkannt, dass ein in kaufmännischer Weise eingerichteter Geschäftsbetrieb unterhalten werden kann, wenn eine ausländische Gesellschaft mittels Betriebsführungsvertrags eine (Management-)Gesellschaft mit der Ausübung ihrer wirtschaftlichen Tätigkeit betraut und die Managementgesellschaft die nötigen kaufmännischen Organisationspflichten erfüllt sowie eine personelle und sachliche Mindestausstattung für die Tätigkeit vorhält. Nach ertragsteuerlichen Grundsätzen kann die ausgeübte Tätigkeit der ausländischen Gesellschaft zugerechnet werden, wenn die Managementgesellschaft im Namen, auf Rechnung und unter Leitung der ausländischen Gesellschaft handelt.[1107] Eine sachliche und personelle Mindestausstattung könnte demnach im Rahmen des § 50d Abs. 3 S. 1 Nr. 2 EStG (kein Erfordernis kaufmännischer Organisation) eine Managementgesellschaft der ausländischen Gesellschaft vermitteln. Soweit die Teilnahme am wirtschaftlichen Verkehr über das bloße Unterhalten eines Geschäftsbetriebs (im Sinne des § 8 Abs. 1 Nr. 3 AStG) erforderlich ist, erschiene noch grundsätzlich eine Vermittlung der Teilnahme durch die Tätigkeit der Managementgesellschaft (parallel zur Übertragung auf andere Tatbestände des § 8 Abs. 1 AStG) denkbar.[1108] Die Tätigkeit der Managementgesellschaft erfordert auch gleichermaßen im Rahmen des § 8 Abs. 1 Nr. 3 AStG einen Marktbezug. Eine Zurechnung der Merkmale könnte also im Ergebnis bewirken, dass die ausländische Gesellschaft mit einem Geschäftsbetrieb am allgemeinen wirtschaftlichen Verkehr teilnimmt – und bei eigenverantwortlicher Leitung durch das Handeln der Managementgesellschaft verpflichtet wird und wirtschaftliches Risiko trägt. Überdies könnte das kumulative Erfordernis beachtlicher Gründe für die Einschaltung der ausländischen Gesellschaft (§ 50d Abs. 3 S. 1 Nr. 1 EStG) Schutz vor Einschaltung funktionsloser Rechtsträger bieten, die der Gesetzgeber mittels § 50d Abs. 3 EStG bekämpfen will.[1109]

Allerdings kann eine solche gegenüber § 50d Abs. 3 S. 1 EStG (eigene Wirtschaftstätigkeit) großzügigere Anerkennung des Outsourcings auf (dritte)

1106 BMF v. 04.04.2018 – IV B 3 – S 2411/07/10016, IStR 2018, 324.

1107 BFH v. 13.10.2010 – I R 61/09, BStBl. II 2011, 249, 250, Rn. 13 ff, dazu Zuber/Ditsch, in: L/B/P, § 50d, Rn. 120, Stand: 103.EL, Februar 2014.

1108 Grds. zu Recht, aber dogmatisch unklar Zuber/Ditsch, in: L/B/P, § 50d, Rn. 120, Stand: 103.EL, Februar 2014.

1109 Entwurf eines JStG 2007 v. 25.09.2006, 60, BT-Drs. 16/2712.

Managementgesellschaften über § 50d Abs. 3 S. 1 Nr. 1, 2 EStG nicht überzeugen.[1110] Die Regelung des § 50d Abs. 3 EStG ist maßgeblich in Reaktion auf Rechtsprechungsentwicklungen verschärft worden, die eine Übertragung von Merkmalen im Konzern billigten und die Anforderungen an eigene sachliche und personelle Mittel erheblich reduzierten. Bekämpft werden sollte die „gezielte Zwischenschaltung" ausländischer Gesellschaften, die „über keine *eigene* [Hervorhebung durch Verfasser], dem Geschäftszweck angemessene Geschäftsausstattung" verfügen. Eine „substanzielle, dem Geschäftszweck angemessene Geschäftsausstattung" wurde als „unbedingt erforderlich" für einen Aktivitätsnachweis empfunden. Das sollte durch ein Verbot der Merkmalsübertragung im Konzern (§ 50d Abs. 3 S. 2 EStG) flankiert werden. Schließlich sollten mittels § 50d Abs. 3 S. 3, 2.Var. EStG die „Möglichkeiten ausgeschlossen" werden, „sämtliche Geschäftstätigkeiten" auszulagern.[1111]

Die Voraussetzungen des § 50d Abs. 3 S. 1 EStG werden bei Auslagerung des Kerngeschäfts verfehlt; § 50d Abs. 3 S. 3, 2. Var. EStG steht der Übertragung der wesentlichen Geschäftstätigkeiten auf eine Managementgesellschaft entgegen. Es kann systematisch nicht überzeugen, ein solch weitgehendes Outsourcing – entgegen der Entstehungsgeschichte und dem gesetzgeberischen Willen – im Rahmen der alternativen oder subsidiären Entlastungsmöglichkeit (unter Außerachtlassung des § 50d Abs. 3 S. 3 EStG) als unschädlich zu beurteilen. Dies unterliefe die Wertung der § 50d Abs. 3 S. 3, 2. Var. EStG. Unterstützend streitet das in § 50d Abs. 3 S. 2, 1. Hs. (und S. 3) EStG zum Ausdruck kommende Selbstständigkeitsprinzip gegen eine vollständige Auslagerung von Tätigkeiten.

§ 50d Abs. 3 S. 1 Nr. 2 EStG setzt einen eigenen Geschäftsbetrieb mit Auftritt am Markt voraus[1112] – was nach den Maßstäben des § 50d Abs. 3 S. 1 und 3 EStG nicht jedwedem Outsourcing von Kerntätigkeiten entgegensteht. Die ausländische Gesellschaft darf sich aber nicht der Ausübung aller Kernfunktionen begeben.

2. *Rechtsfolge*

Der ausländischen Gesellschaft wird die Entlastung versagt, soweit die persönliche und sachliche Entlastungsberechtigung fehlen.[1113] § 50d Abs. 3 EStG versagt aber lediglich die Entlastungen nach § 50d Abs. 1 und 2 EStG,[1114] sonstige Vorteile aus DBA sind nicht ausgeschlossen.[1115]

1110 A.A. (im Ergebnis für Übertragbarkeit) Zuber/Ditsch, in: L/B/P, § 50d, Rn. 106, Stand: 103.EL, Februar 2014.

1111 Entwurf eines JStG 2007 v. 25.09.2006, 60, BT-Drs. 16/2712.

1112 Vgl. im Ergebnis Frotscher, in: Frotscher/Geurts, EStG, § 50d, Rn. 110, Stand: 180.EL, Februar 2014; Gosch, in: Kirchhof, § 50d, Rn. 29e.

1113 Vgl. Klein/Hagena, in: H/H/R, EStG, § 50d, Rn. 63-65, Stand: 276.EL, September 2016. – Abzustellen ist in Bezug auf den Entlastungsanspruch auf die ausländische Gesellschaft, Loschelder, in: Schmidt, § 50d, Rn. 48 f; Wagner, in: Blümich, EStG, § 50d, Rn. 94, Stand: 137.EL, Juni 2017.

1114 Gosch, in: Kirchhof, § 50d, Rn. 31.

1115 Wagner, in: Blümich, EStG, § 50d, Rn. 94, Stand: 137.EL, Juni 2017 m.w.N.

IV. Verfassungsrechtliche Bedenken

Die Bekämpfung steuerlichen Gestaltungsmissbrauchs ist verfassungsrechtlich geboten.[1116] Effektive Missbrauchsabwehr dient dazu, die gleichmäßige Besteuerung zu sichern. Die Zwischenschaltung funktionsloser Rechtsträger zur Erlangung von Quellensteuerentlastungen soll durch die Regelung § 50d Abs. 3 EStG unterbunden werden. Die verfassungsrechtlich gebotene Abwehr der Steuerumgehung muss jedoch verfassungskonform ausgestaltet sein.[1117]

1. Gleichheitsgerechte Besteuerung

Das Gebot gleichmäßiger Besteuerung als Ausformung des Gleichheitssatzes (Art. 3 Abs. 1 GG) ist ein anerkannter Maßstab der verfassungsrechtlichen Kontrolle steuerlicher Normen. Bereichsspezifische Konkretisierungen zur Feststellung von Ungleichbehandlungen im Steuerrecht sind das Leistungsfähigkeits- und das Folgerichtigkeitsprinzip.[1118] Das Leistungsfähigkeitsprinzip gebietet eine an der jeweiligen wirtschaftlichen Leistungsfähigkeit des Steuerpflichtigen ausgerichtete (Einkommen-)Steuerbelastung. Der Gestaltungsspielraum des Gesetzgebers ist begrenzt durch das Erfordernis (selbst statuierter) sachgerechter Regelungen (Sachgesetzlichkeitsprinzip) und einer folgerichtigen Umsetzung getroffener Belastungsentscheidungen (Folgerichtigkeitsprinzip).[1119]

Unterschiede in der Besteuerung, die aus dem Missbrauchsregime des § 50d Abs. 3 EStG folgen, können durch die (typisierende) Missbrauchsabwehr gerechtfertigt sein.[1120] Typisierende Missbrauchsabwehr verfolgt neben dem Ziel, Steuerumgehung abzuwehren, den Zweck der Verwaltungsvereinfachung. Eine

---

1116 Gabel, 50 ff; knapp Wagner; in: Blümich, EStG, § 50d, Rn. 67, Stand: 137.EL, Juni 2017.

1117 Eine Einschränkung der nationalen verfassungsrechtlichen Kontrolle wegen sekundärrechtlicher Vorgaben liegt, anders als künftig in Bezug auf §§ 7 ff AStG, eher fern. Soweit Missbrauchsklauseln in der Mutter-Tochter-Richtlinie und der Zins-und-Lizenzgebühren-Richtlinie zwingend sind, bieten diese, soweit hier relevant, hinreichenden Ausgestaltungsspielraum. – Siehe zur potentiellen Einschränkung der verfassungsrechtlichen Kontrolle wegen sekundärrechtlicher Vorgaben 2. Teil, F.IV.1 und zu den Richtlinienvorbehalten in Bezug auf § 50d Abs. 3 EStG 3. Teil, A.V.2.a.

1118 Nußberger, in: Sachs, Art. 3, Rn. 98 ff, 134 ff; Hey, in: Tipke/Lang, § 3, Rn. 40 f, 121; Gabel, 87 m.w.N.; Jahndorf, StuW 2016, 256, 258.

1119 Hey, in: Tipke/Lang, § 3, Rn. 40 f, 118 ff, 121; Gabel, 88 f; Albert, 59 ff; Jahndorf, StuW 2016, 256, 258 f.

1120 Ansatzweise Wagner; in: Blümich, EStG, § 50d, Rn. 67, Stand: 137.EL, Juni 2017; allgemein Gabel, 134 ff.

Rechtfertigung von Ungleichbehandlungen aus Gründen typisierender Missbrauchsabwehr setzt voraus, dass ein Typisierungsbedürfnis besteht und die Typisierung zur Verwaltungsvereinfachung geeignet ist. Die verhältnismäßige Ausgestaltung erfordert, dass die Missbrauchsregelung tatbestandlich den realitätsgerechten (Durchschnitts-)Fall erfasst und auf Rechtsfolgenseite allenfalls in einem dem Grundrechtseingriff angemessenen Maße (in Bezug auf den erfassten Personenkreis und die Eingriffsintensität) darüber hinausgreift. Dies erfordert eine präzise Konturierung typisierender Missbrauchsregelungen.[1121] Typisierungskriterien müssen zur Identifizierung von Umgehungsgestaltungen sachgerecht gewählt sein. Der typisierende Tatbestand in seiner Gesamtheit muss das Missbrauchsleitbild zutreffend beschreiben und zielgenau auf die zu verhindernde Umgehungsgestaltung ausgerichtet sein.[1122]

Die Zwischenschaltung von (funktionslosen) Rechtsträgern ist ein typischer Steuergestaltungsansatz, der mit Blick auf die Massenverwaltung von Abzugsteuern ein Typisierungsbedürfnis zur Verwaltungsvereinfachung begründen kann. Die Missbrauchsregelung beschreibt eine ausländische Gesellschaft, an der nicht unmittelbar entlastungsberechtigte Gesellschafter beteiligt sind, die keine eigene wirtschaftliche Tätigkeit ausübt und für deren Einschaltung keine beachtlichen Gründe vorliegen. Das zusätzliche Kriterium der Teilnahme am Wirtschaftsverkehr mit einem eigenen Geschäftsbetrieb begründet – trotz leiser Zweifel an der Notwendigkeit – keine unangemessenen Anforderungen. Die gewählten Kriterien – persönliche Entlastungsberechtigung der Gesellschafter, eigene wirtschaftliche Tätigkeit oder beachtliche Gründe für die Einschaltung und ein Bezug zum Markt mit erforderlicher Ausstattung – sind in dieser Umgehungssituation sachgerecht. Die Typisierung ist grundsätzlich zutreffend. Eine überschießende Typisierung[1123] kann auch über die Nachweismöglichkeiten des § 50d Abs. 3 S. 1 und 4 EStG abgemildert werden.

Unzulässig überschießend ist aber die Typisierung des § 50d Abs. 3 S. 2 EStG. Der Ausschluss konzernstrategischer Gründe – ungeachtet jeder organisatorischen und haftungsrechtlichen Motivation – in Bezug auf alle Merkmale des § 50d Abs. 3 S. 1 EStG und ohne Gegenbeweismöglichkeit ist nicht gerechtfertigt. Nicht jede Merkmalsübertragung ist Ausdruck rein steuerlich motivierter Zwischenschaltung. Die Problematik wird durch die teilweise Nichtanwendung des § 50d Abs. 3 EStG[1124] aber ein Stück weit entschärft.

Zudem ist der Tatbestand nicht folgerichtig bzw. zielgenau ausgestaltet, soweit auf die gesamten (Brutto-)Erträge statt auf dem Kapitalertragsteuerabzug

---

1121 Hey, in: Tipke/Lang, § 3, Rn. 145 ff; Gabel, 48 f, 98 ff, 134 ff, 138 ff; Albert, 61 f; Hey, in: DStJG Bd. 33, 139, 168 f. – Zur Typisierung Jahndorf, StuW 2016, 256, 260 f.

1122 Vogt, in: Blümich, AStG, § 8, Rn. 5, Stand: 135.EL, November 2016; Gabel, 153 ff.

1123 Zum Erfordernis eines Gegenbeweises allgemein Gabel, 185 ff.

1124 Nach BMF v. 04.04.2018 – IV B 3 – S 2411/07/10016, IStR 2018, 324 Nichtanwendung des § 50d Abs. 3 S. 2 EStG bei Geltendmachung des § 43b EStG.

unterliegende Erträge der ausländischen Gesellschaft abzustellen ist. Dies führt zu zweckwidrigen Ergebnissen. Es findet nur eine quotale Entlastung in Bezug auf (unschädliche) abzugsteuerpflichtige Erträge statt, wenn die ausländische Gesellschaft im Übrigen schädliche Erträge erzielt.[1125]

2. Freiheitsrechtliche Gewährleistungen

Die gleichheitsgerechte Besteuerung betrifft die Ausgestaltung der gesetzgeberischen Belastungsentscheidungen. Freiheitsrechtliche Vorgaben der Besteuerung bilden den äußeren Rahmen des steuerlichen Zugriffs. Grenzen bilden insoweit insbesondere Art. 12 und 14 GG, zumindest aber Art. 2 Abs. 1 GG.[1126]

Die Berufsfreiheit (Art. 12 GG) schützt die Modalitäten der Berufsausübung und die gesamte berufliche Tätigkeit.[1127] Dies umfasst die Gründung von Unternehmen und damit einhergehend unternehmerische Dispositions- und Investitionsentscheidungen.[1128] Ein Eingriff in die unternehmerische Organisationsfreiheit durch § 50d Abs. 3 EStG[1129] ist wegen des Erfordernisses einer berufsregelnden Tendenz der steuerlichen Regelung fraglich.[1130] Freiheitsrechtlichen Schutz vermittelt insoweit aber jedenfalls Art. 2 Abs. 1 GG.[1131]

Der Ausschluss konzernstrategischer Gründe und die strenge Beschränkung auf die Verhältnisse der ausländischen Gesellschaft können die unternehmerische Handlungsfreiheit erheblich beeinträchtigen. Die Verteilung und Aufgliederung von Funktionen ist Teil der Konzernleitungskompetenz. Die Interessen des gesamten Konzerns können wegen des Verbots aus § 50d Abs. 3 S. 2 EStG aber keine Beachtung finden.[1132] Diese Eingrenzung könnte sich mit Blick auf Umgehungsmöglichkeiten durch Merkmalsübertragung im Konzern dem Grunde nach rechtfertigen lassen. Allerdings gilt das Verbot absolut und ohne Gegenbeweismöglichkeit. Dies unterbindet jede Rechtfertigung aus Gründen der Konzerngestaltung und ist unangemessen. Dies wird durch die teilweise Nichtanwendung des § 50d Abs. 3 EStG[1133] etwas abgemildert.

Eine vergleichbare Beschränkung der Gestaltungsmöglichkeiten im Konzern liegt in der Verteilung der Beweis- bzw. Feststellungslast. Die Besteuerung grenzüberschreitender Vorgänge bedarf der Mitwirkung des Steuerpflichtigen in der Sachverhaltsermittlung, um gleichmäßigen Steuervollzug gewährleisten

1125 Blumenberg, in: FASt 13/14, 530, 541.
1126 Dazu Gabel, 213 ff.
1127 Mann, in: Sachs, Art. 12, Rn. 79; Jarass, in: Jarass/Pieroth, Art. 12, Rn. 10.
1128 Jarass, in: Jarass/Pieroth, Art. 12, Rn. 10.
1129 So aber Leisner-Egensperger, DStZ 2013, 745, 749.
1130 Vgl. Jarass, in: Jarass/Pieroth, Art. 12, Rn. 14 ff.
1131 Vgl. Jarass, in: Jarass/Pieroth, Art. 2, Rn. 2 f.
1132 Leisner-Egensperger, DStZ 2013, 745, 750.
1133 Nach BMF v. 04.04.2018 – IV B 3 – S 2411/07/10016, IStR 2018, 324 Nichtanwendung des § 50d Abs. 3 S. 2 EStG bei Geltendmachung des § 43b EStG.

zu können.[1134] Besondere verfahrensrechtliche Pflichten können im Auslandsfall erforderlich sein; diese dürfen aber nicht über das zumutbare Maß hinausgreifen.[1135] Die Feststellungslast in Bezug auf beachtliche Gründe für die Einschaltung der ausländischen Gesellschaft obliegt allein der ausländischen Gesellschaft (§ 50d Abs. 3 S. 4, 1. Var. EStG). Der Nachweis der Einschaltung aus beachtlichen Gründen könnte aber ebenfalls durch Gesellschafter oder die inländische Beteiligungsgesellschaft geführt werden. Gründe für die wirtschaftlich gerechtfertigte Einschaltung der ausländischen Gesellschaft lassen sich gar weniger sinnvoll durch die (selbst eingeschaltete) Gesellschaft nachweisen. Dies erschwert auch den Rechtsschutz des Konzerns. Der Ausschluss der Nachweismöglichkeiten durch Konzerngesellschaften ist daher ebenfalls unangemessen.[1136]

3. Bestimmtheit und Normenklarheit

Ausfluss des Rechtsstaatsprinzips (insb. Art. 20 Abs. 3 GG) ist der Grundsatz der Gesetzmäßigkeit der Besteuerung, dem die Grundsätze der Bestimmtheit und der Normenklarheit zu entnehmen sind. Diese sollen die Voraussehbarkeit steuerlicher Belastungen sicherstellen.[1137] Das Bestimmbarkeitsgebot gebietet die präzise Abfassung von Tatbestand und Rechtsfolge einer steuerlichen Norm (Bestimmtheit) sowie deren Widerspruchsfreiheit und Verständlichkeit – auch im Zusammenhang mit anderen Normen – (Normenklarheit). Die Anforderungen bestimmen sich im Einzelfall u.a. nach den Verständnismöglichkeiten der Normunterworfenen[1138], den Eigenarten der Sachmaterie, dem Normzweck und der Eingriffsintensität – wobei alle Erkenntnismöglichkeiten des Normunterworfenen berücksichtigt werden.[1139] Allein hohe Komplexität begründet keinen Verstoß. Ein solcher wird bei sog. überkomplexen[1140] Normen angenommen. Nur extreme Fälle mangelnder Bestimmtheit und Verständlichkeit können einen Verstoß begründen.[1141]

1134 Gabel, 222.

1135 Vogt, in: Blümich, AStG, § 8, Rn. 5, Stand: 135.EL, November 2016; Gabel, 221 ff; anders angeknüpft Haarmann, IStR 2011, 565, 572.

1136 Leisner-Egensperger, DStZ 2013, 745, 750.

1137 Hey, in: Tipke/Lang, § 3, Rn. 230 ff, 243 ff; Albert, 63 f; Gabel, 229 f, 236 f; Waldhoff/Grefrath, IStR 2013, 477, 477 f.

1138 Wobei in Bezug auf typischerweise steuerlich Beratene (wohl regelmäßig im Fall internationaler Steuergestaltung) die Perspektive eines Rechtskundigen maßgeblich sein kann, so Gabel, 231 m.w.N.

1139 Hey, in: Tipke/Lang, § 3, Rn. 230 ff, 243 ff; Gabel, 229 f, 236 f; Waldhoff/Grefrath, IStR 2013, 477, 478 f.

1140 Wobei unklar bleibt, wann eine Norm nicht nur komplex, sondern *über*komplex sein soll.

1141 Hey, in: Tipke/Lang, § 3, Rn. 247; Albert, 63 f; Gabel, 236; Waldhoff/Grefrath, IStR 2013, 477, 480.

§ 50d Abs. 3 S. 1 EStG versagt die anteilige Entlastung von Quellensteuern in Abhängigkeit von abgestuften persönlichen und sachlichen Berechtigungen. In diesem Satz sind die persönliche Entlastung (abhängig von der fiktiven Entlastungsberechtigung bei Direktbezug von Einkünften durch die Gesellschafter) und zwei Tatbestände sachlicher Entlastungsberechtigung (eigene Wirtschaftstätigkeit oder das kumulative Vorliegen beachtlicher Gründe und der Teilnahme am allgemeinen wirtschaftlichen Verkehr mittels eines angemessen eingerichteten Geschäftsbetriebs) geregelt. Die negative Formulierung und die verschiedenen Verknüpfungen der Teilsätze erschweren überdies das Verständnis der Regelung. Die Einschränkungen durch die folgenden Sätze sind zusätzlich zu berücksichtigen. Diese komplex gestaltete Norm gilt schließlich bezogen auf die ausführlichen § 50d Abs. 1 und 2 EStG und versagt u.U. eine nach diesen Regelungen mögliche Entlastung von Quellensteuern. § 50d EStG wiederum trifft verfahrensrechtliche Regelungen in Bezug auf Abzugsteuern und knüpft damit an weitere Tatbestände (u.a. § 43a EStG) an.

Die Regelungstechnik kann aber (noch) keinen Verstoß gegen den Normklarheitsgrundsatz begründen. In der Beurteilung sind geringere Maßstäbe gerechtfertigt, weil allein geschäftlich erfahrene und in aller Regel beratene Steuerpflichtige mit § 50d Abs. 3 EStG in Berührung kommen. Alle Erkenntnisquellen sind zum Verständnis der Norm zu berücksichtigen. Die Komplexität ist der technischen Sachmaterie (Steuerplanung durch Zwischenschaltung [funktionsloser] Rechtsträger zur Umgehung von Quellensteuern) und der Reaktion auf Umgehungsgestaltungen geschuldet. Der Regelungsort folgt systematischen Vorgaben; die Norm ist in den Regelungskomplex der Quellenbesteuerung als Versagungstatbestand eingebettet. Im Ergebnis liegt kein (evidenter) Verstoß gegen Bestimmtheit und vor allem Verständlichkeit vor.

4. *Problematik des Treaty Override*

DBA sind völkerrechtliche Verträge auf dem Gebiet des internationalen Steuerrechts, die den steuerlichen Zugriff der Vertragsstaaten auf Einkünfte des Steuerpflichtigen zur Vermeidung der Doppelbesteuerung beschränken.[1142] Ein DBA erlangt innerstaatliche Wirksamkeit in Deutschland erst durch die Umsetzung durch den nationalen Gesetzgeber mittels eines (einfachen) Zustimmungsgesetzes (Art. 59 Abs. 2 GG, sog. dualistische Theorie getrennter Rechtsbereiche).[1143] Die umgesetzten abkommensrechtlichen Regelungen genießen grundsätzlich als spezielle Regelungen Vorrang vor sonstigen innerstaatlichen Steuernormen. Dieser Grundsatz kommt in § 2 AO zum Ausdruck.[1144]

1142 Lehner, in: Vogel/Lehner, Grundlagen des Abkommensrechts, Rn. 3 ff.

1143 Wassermeyer, in: Wassermeyer, DBA, Vor Art. 1 MA, Rn. 9 ff, Stand: 135.EL, Oktober 2016; Musil, FR 2012, 149, 150; Ismer/Baur, IStR 2014, 421, 424; Musil, IStR 2014, 192, 192 f; Jochimsen/Gradl, IStR 2015, 236, insb. 237 f.

1144 Protzen, in: Kraft, § 7, Rn. 150.

Der Vorrang kann jedoch unterlaufen werden, wenn eine innerstaatliche Regelung erkennbar von abkommensrechtlichen Gewährleistungen abweicht. Der Vorrang der DBA-Regelungen gegenüber sonstigem innerstaatlichen Recht (Zustimmungsgesetz als spezielle Regelung) kann durchbrochen werden, wenn der Gesetzgeber erkennbar vom Vorrang (durch späteres oder wiederum spezielles Gesetz) abweichen will.

Eine solche Überlagerung abkommensrechtlicher Vorschriften durch innerstaatliches Recht wird als Treaty Override bezeichnet.[1145] Mit der Versagung der Quellensteuerentlastungen nach § 50d Abs. 1 und 2 EStG kann die Gewährung von in DBA vorgesehenen Entlastungen ausgeschlossen sein, sodass § 50d Abs. 3 EStG einen Treaty Override begründen kann,[1146] wenn nicht im DBA ein ausdrücklich geregelter Missbrauchsvorbehalt die Versagung von Vorteilen rechtfertigt. Ein den DBA immanenter Umgehungsvorbehalt ist mangels rechtlicher Grundlage und ausreichender Konturierung des jeweiligen Missbrauchsverständnisses abzulehnen.[1147]

Die Überlagerung der abkommensrechtlichen Regelungen durch widersprechende gleichrangige Gesetzgebung begründet einen Verstoß gegen bindende völkerrechtliche DBA-Verpflichtungen (pacta sunt servanda), die gegenüber dem anderen Vertragsstaat bestehen. Der Gesetzgeber ist aber verfassungsrechtlich nicht an die völkerrechtlichen Pflichten gebunden, sondern als Ausdruck des Demokratieprinzips (Art. 20 Abs. 1, 2 GG) und der parlamentarischen Diskontinuität frei, Rechtsakte zu setzen und zu ändern. Die Völkerrechtsfreundlichkeit des Grundgesetzes und das Rechtsstaatsprinzip (Art. 20 Abs. 3 GG) gebieten keine uneingeschränkte Befolgung völkerrechtlicher Verpflichtungen.[1148]

1145 Dazu Lehner, in: Vogel/Lehner, Grundlagen des Abkommensrechts, Rn. 194 m.w.N., 200.

1146 Für Treaty Override u.a. Gosch, in: Kirchhof, § 50d, Rn. 24 f; Blumenberg, Abwehr, 155, 171; Kraft/Gebhardt, DB 2012, 80, 82; Musil, FR 2012, 149, 150; Leisner-Egensperger, DStZ 2013, 745, 747; Stöber, DStR 2016, 1189, 1890; wohl auch BFH v. 20.03.2002 – I R 38/00, BStBl. II 2002, 819, 822 f.

1147 U.a. Oellerich, in: Schaumburg/Englisch, Rn. 8.179; a.A. für Ausnutzung immanenten Umgehungsvorbehalts durch § 50d Abs. 3 EStG u.a. Begründung zum Entwurf eines Missbrauchsbekämpfungs- und Steuerbereinigungsgesetzes v. 07.09.1993, BT-Drs. 12/5630, 65; Wagner, in: Blümich, EStG, § 50d, Rn. 67, Stand: 137.EL, Juni 2017.

1148 So BVerfG v. 15.12.2015 – 2 BvL 1/12, IStR 2016, 191 m.w.N.; gl. Ansicht u.a. Oellerich, in: Schaumburg/Englisch, Rn. 8.178; Lehner, IStR 2012, 389 m.w.N; Musil, FR 2012, 149, 150 f; Ismer/Baur, IStR 2014, 421; Musil, IStR 2014, 192; a.A. u.a. BFH v. 10.01.2012 – I R 66/09, DStR 2012, 949 und v. 20.08.2014 – I R 86/13, DStR 2014, 2065; Stöber, DStR 2016, 1189, 1891 f. – Näher zur verfassungsrechtlichen Bewertung u.a. Jansen/Weidmann, IStR 2010, 596 ff; Hahn, BB 2012, 1955, 1957 ff; Ismer/Baur, IStR 2014, 421.

V. Europarechtliche Aspekte

Die Regelung des § 50d Abs. 3 EStG hat sowohl Vorgaben der Mutter-Tochter-[1149] und der Zins- und Lizenzgebührenrichtlinie[1150] als auch den durch die Grundfreiheiten gesetzten Rahmen zu beachten.

1. Grundfreiheitliche Vorgaben

In Bezug auf eine Beschränkung der Niederlassungs- und der Kapitalverkehrsfreiheit sowie die Rechtfertigung einer solchen Beschränkung kann im Wesentlichen auf die in der Outbound-Situation dargestellten Grundsätze Bezug genommen werden.[1151]

a. Beschränkung der Niederlassungs- und der Kapitalverkehrsfreiheit

Im Unterschied zur Outbound-Situation sind in der spiegelbildlichen Inbound-Situation die Rechte der ausländischen Investoren bei ihrer Investition im Inland betroffen. Die Beteiligung der ausländischen Gesellschaft an einer inländischen Gesellschaft fällt grundsätzlich gleichermaßen in den Anwendungsbereich der Niederlassungs- und der Kapitalverkehrsfreiheit. Maßgeblich für den persönlichen Anwendungsbereich der Niederlassungsfreiheit ist aber die Ansässigkeit der ausländischen Gesellschaft (Art. 54 AEUV), nicht die Herkunft der Gesellschafter,[1152] sodass die Niederlassungsfreiheit grundsätzlich eine Schutzwirkung entfaltet.

Es besteht auch im Inbound-Fall kein genereller Vorrang der Niederlassungsfreiheit. Die Anwendung der Niederlassungs- oder der Kapitalverkehrsfreiheit bestimmt sich nach dem Kriterium der Beteiligungshöhe an der (Tochter-) Gesellschaft, wobei der Gegenstand der nationalen Regelung für die Differenzierung zwischen den Freiheiten entscheidend ist.[1153] Eine nationale Regelung, die

---

1149 Richtlinie 2011/96/EU des Rates vom 30.11.2011 über das gemeinsame Steuersystem der Mutter-und Tochtergesellschaften verschiedener Mitgliedstaaten (Abl. Nr. L 345/8) zuletzt geändert durch RL (EU) 2015/121 des Rates vom 27.01.2015 (Abl. Nr. L 21/1); abgekürzt MTRL.

1150 Richtlinie 2003/49/EG des Rates vom 03.06.2003 über eine gemeinsame Steuerregelung für Zahlungen von Zinsen und Lizenzgebühren zwischen verbundenen Unternehmen verschiedener Mitgliedstaaten (Ab. Nr. L 157/49), zuletzt geändert durch RL (EU) 2013/13/EU (Abl. Nr. L 141/30); abgekürzt ZLRL.

1151 Siehe dazu 2. Teil, F.V.2.a.

1152 EuGH v. 7.9.2017 – C-6/16, HFR 2018, 175, Rn. 48; EuGH v. 20.12.2017 – C-504/16, C-613/16, DStR 2018, 119, Tz. 84; FG Köln v. 17.05.2017 – 2 K 773/16, BeckRS 2017, 117791, Tz. B.III.1.a) m.w.N.

1153 EuGH v. 20.12.2017 – C-504/16, C-613/16, DStR 2018, 119, Tz. 77; EuGH v. 13.11.2012 – Rs. C-35/11, Test Claimants in the FII Group Litigation gg. Commissioners of Inland Revenue, The Commissioners for Her Majesty's Revenue & Customs, ECLI:EU:C:2012:707, Rn. 90 m.w.N.; Patzner/Nagler, GmbHR 2017, 548, 549.

allein Beteiligungen erfasst, die einen sicheren Einfluss auf die Entscheidungen der Gesellschaft vermitteln, wird grundsätzlich am Maßstab der Niederlassungsfreiheit gemessen.[1154] Bestimmungen, die Streubesitzanteile betreffen oder (auch wesentliche) Beteiligungen erfassen, die der Geldanlage, nicht der Verwaltung und Kontrolle des Zielunternehmens, dienen, sind ausschließlich am Maßstab der Kapitalverkehrsfreiheit zu überprüfen.[1155] Wenn die mitgliedstaatliche Regelung sowohl beherrschende wie nicht beherrschende Beteiligungen erfasst, bestimmt sich die im Einzelfall anwendbare Freiheit zunächst nach den tatsächlichen Gegebenheiten des konkreten Falles. Dabei ist zu berücksichtigen, ob im konkreten Fall eine beherrschende Beteiligung vorliegt, was zur Anwendung der Niederlassungsfreiheit führt.[1156]

Bei Drittstaatenbezug wird zur Bestimmung der anwendbaren Grundfreiheit wiederum eine abstrakt-generelle Prüfung in Anknüpfung an den Gegenstand der nationalen Regelung vorgenommen. Eine Regelung wird unabhängig von der konkreten Beteiligungshöhe an der Kapitalverkehrsfreiheit gemessen, wenn sie nicht ausschließlich Situationen erfasst, in denen der Anteilseigner entscheidenden Einfluss auf die Beteiligung ausüben kann.[1157]

Im Ergebnis sind nationale Regelungen, die unterschiedslos wirken (beherrschende und im wesentlichen Umfang nicht beherrschende Beteiligungen

---

1154 EuGH v. 20.12.2017 – C-504/16, C-613/16, DStR 2018, 119, Tz. 78; EuGH v. 12.09.2006 – Rs. C-196/04, Cadbury Schweppes plc und Cadbury Schweppes Overseas Ltd gg. Commissioners of Inland Revenue, Slg. 2006 I 8031, Rn. 31 m.w.N; EuGH v. 13.11.2012 – Rs. C-35/11, Test Claimants in the FII Group Litigation gg. Commissioners of Inland Revenue, The Commissioners for Her Majesty's Revenue & Customs, ECLI:EU:C:2012:707, Rn. 91 m.w.N; BFH v. 12.10.2016 – I R 80/14, IStR 2017, 316, Rn. 39; Reimer, in: Schaumburg/Englisch, Rn. 7.89; Kraft/Quilitzsch, EWS 2012, 130, 131 f; Schön, IStR 2013, Beihefter H6, 3, 7 f; Patzner/Nagler, GmbHR 2017, 548, 549.

1155 EuGH v. 20.12.2017 – C-504/16, C-613/16, DStR 2018, 119, Tz. 78; EuGH v. 13.11.2012 – Rs. C-35/11, Test Claimants in the FII Group Litigation gg. Commissioners of Inland Revenue, The Commissioners for Her Majesty's Revenue & Customs, ECLI:EU:C:2012:707, Rn. 92 m.w.N.; BFH v. 12.10.2016 – I R 80/14, IStR 2017, 316, Rn. 39; Reimer, in: Schaumburg/Englisch, Rn. 7.90.

1156 EuGH v. 20.12.2017 – C-504/16, C-613/16, DStR 2018, 119, Tz. 81; EuGH v. 13.11.2012 – Rs. C-35/11, Test Claimants in the FII Group Litigation gg. Commissioners of Inland Revenue, The Commissioners for Her Majesty's Revenue & Customs, ECLI:EU:C:2012:707, Rn. 93 ff; Reimer, in: Schaumburg/Englisch, Rn. 7.93; Watrin/Eberhardt, BB 2014, 2967, 2970.

1157 EuGH v. 13.11.2012 – Rs. C-35/11, Test Claimants in the FII Group Litigation gg. Commissioners of Inland Revenue, The Commissioners for Her Majesty's Revenue & Customs, ECLI:EU:C:2012:707, Rn. 99; BFH v. 12.10.2016 – I R 80/14, IStR 2017, 316, Rn. 39; Reimer, in: Schaumburg/Englisch, Rn. 7.94; Mitschke, IStR 2014, 37, 37; Watrin/Eberhardt, BB 2014, 2967, 2970; Brandis, BFH/PR 2017, 200, 201 f; Bannes/Cloer/Holle, FR 2017, 620, 620.

erfassen) in Bezug auf Drittstaatensachverhalte stets, in unionsinternen Sachverhalten abhängig von den Umständen des Einzelfalles, am Maßstab der Kapitalverkehrsfreiheit zu messen.[1158] Eine Beteiligung in Höhe von 20 % am Kapital der Tochtergesellschaft lässt nicht zwangsläufig den Schluss zu, dass die Anteilseigner sicheren Einfluss auf die Entscheidungen der Gesellschaft ausüben können.[1159] Eine Gesellschaftsbeteiligung von mehr als 25 % kann einen beherrschenden Einfluss vermitteln,[1160] eine Mindestbeteiligungshöhe von unter 10 %[1161] oder 10 % (regelmäßig) nicht.[1162] Es ist zu bestimmen, ob eine Beteiligungsquote vorliegt, die einen sicheren Einfluss auf die Entscheidungen der Gesellschaft ermöglicht.[1163] Geringere Beteiligungen können zusammenzufassen sein, wenn Gesellschafter gleichgerichtete Interessen verfolgen und koordiniert handeln.[1164]

§ 50d Abs. 3 EStG erfasst ausländische Gesellschaften aus der EU und aus Drittstaaten ohne ein höhenmäßig festgelegtes Beteiligungserfordernis. Die zugrunde liegenden Regelungen sind nicht auf beherrschende Beteiligungen beschränkt. Dies gilt jedenfalls, wenn der Entlastungstatbestand keine Mindestbeteiligung

---

1158 Vgl. BFH v. 12.10.2016 – I R 80/14, IStR 2017, 316, Rn. 39; wohl auch FG Münster v. 30.10.2014 – 2 K 618/11 F; Köhler, in: S/K/K, Vor §§ 7-14 AStG, Rn. 43 ff, Stand: Februar 2017; Reimer, in: Schaumburg/Englisch, Rn. 7.94; Haarmann, IStR 2011, 565, 568; Kraft/Quilitzsch, EWS 2012, 130, 131 f; Ditz/Quilitzsch, DStR 2013, 1917, 1921 m.w.N; Mitschke, IStR 2014, 37, 37; Schönfeld, IStR 2016, 416, 417.

1159 EuGH v. 7.9.2017 – C-6/16, HFR 2018, 175, Rn. 42 f.

1160 EuGH v. 20.12.2017 – C-504/16, C-613/16, DStR 2018, 119, Tz. 81 f; EuGH v. 10.05.2007 – Rs. C-492/04, Lasertec Gesellschaft für Stanzformen mbH gg. Finanzamt Emmendingen, ECLI:EU:C:2007:273, Rn. 19 ff.

1161 EuGH v. 12.12.2006 – Rs. C-446/04, Test Claimants in the FII Group Litigation gg. Commissioners of Inland Revenue, ECLI:EU:C:2006:774, Rn. 65; EuGH v. 03.10.2013 – Rs. C-282/12, Itelcar – Automóveis de Aluguer Lda gg. Fazenda Pública, ECLI:EU:C:2013:629, Rn. 22.

1162 EuGH v. 03.10.2013 – Rs. C-282/12, Itelcar – Automóveis de Aluguer Lda gg. Fazenda Pública, ECLI:EU:C:2013:629, Rn. 22; Watrin/Eberhardt, BB 2014, 2967, 2969 m.w.N.; Patzner/Nagler, GmbHR 2017, 548, 549 m.w.N., a.A. BFH v. 29.08.2012 – I R 7/12, BStBl. II 2013, 89 (Rn. 13 bei juris).

1163 EuGH v. 20.12.2017 – C-504/16, C-613/15, DStR 2018, 119, Tz. 81; Lohmann, 93 ff; Schade, 100 m.w.N; Kraft/Hohage, IStR 2014, 174, 175; Watrin/Eberhardt, BB 2014, 2267, 2268; ggf. a.A. BFH v. 12.10.2016 – I R 80/14, IStR 2017, 316, Rn. 44, dazu Patzner/Nagler, GmbHR 2017, 548, 549. – BFH (v. 06.03.2013 – I R 10/11, BStBl. II 2013, 707, Rn. 20 bei juris) und EuGH (v. 03.10.2013 – Rs. C-282/12, Itelcar – Automóveis de Aluguer Lda gg. Fazenda Pública, ECLI:EU:C:2013:629, Rn. 22; zustimmend Watrin/Eberhardt, BB 2014, 2267, 2268) sind uneins, wer darüber zu befinden hat, ob die nationale Regelung an eine Beherrschungssituation anknüpft und beanspruchen jeweils die Entscheidungshoheit.

1164 EuGH v. 06.12.2007 – Rs. C-298/05, Columbus Container Services BVBA & Co. gg. FA Bielefeld-Innenstadt, Slg. 2007 I-10497, Rn. 31 f; Binnewies/Zapf, AG 2018, 612, 615.

voraussetzt (z.B. Art. 10 und 11 OECD-MA)[1165] oder die Mindestbeteiligung in Umsetzung von Vorgaben der MTRL 10 % beträgt (§ 43b Abs. 2 S. 1 Nr. 2 EStG). Dies bedeutet nicht zwangsläufig sicheren Einfluss auf die Entscheidungen der Gesellschaft.[1166] In Bezug auf die Mindestbeteiligung nach der ZLRL in Höhe von 25 % (§ 50g Abs. 3 Nr. 5 lit. b) S. 1 EStG) liegt die Annahme eines bestimmenden Einflusses näher;[1167] allerdings kommt es auch in diesem Fall darauf an, ob die Beteiligung tatsächlich sicheren Einfluss auf die Entscheidungen der Gesellschaft vermittelt und dadurch deren Tätigkeit zu bestimmen erlaubt.[1168] Eine in der EU ansässige Gesellschaft ist damit je nach konkreter Beteiligungshöhe und sich daraus ergebenden Einflussmöglichkeiten auf die Beteiligungsgesellschaft durch die Niederlassungs- oder Kapitalverkehrsfreiheit geschützt. Eine außerhalb der Union ansässige Gesellschaft kann sich allein auf die Kapitalverkehrsfreiheit berufen, die mangels Voraussetzung einer beherrschenden Beteiligung nicht durch die Niederlassungsfreiheit verdrängt ist. Art. 64 Abs. 1 AEUV schließt die Anwendung der Kapitalverkehrsfreiheit im Rahmen des § 50d Abs. 3 EStG nicht aus, da die Regelung nach dem Stichtag in Kraft getreten ist.[1169] Ferner ist die Anwendung der Kapitalverkehrsfreiheit in Drittstaatensachverhalten in der Inbound-Situation nicht als Marktzugangsregelung ausgeschlossen.[1170]

Eine Beschränkung der Freiheiten ergibt sich im Wege eines Vergleichs der jeweiligen Besteuerung einer inländischen reinen Holdinggesellschaft mit einer ausländischen reinen Holdinggesellschaft.[1171] Die ausländische Holdinggesellschaft muss die Anforderungen des § 50d Abs. 3 EStG erfüllen, um eine Kapitalertragsteuererstattung zu erlangen. Diese bleibt einer ausländischen reinen Holdinggesellschaft versagt. Bei einer inländischen Holdinggesellschaft bestimmt sich Rechtsmissbrauch nach § 42 AO, wobei die auf Dauer angelegte Zwischenschaltung einer inländischen Gesellschaft nicht als missbräuchlich beurteilt wird.[1172] Bei Zwischenschaltung einer inländischen Gesellschaft werden

1165 Gosch, in: Kirchhof, § 50d, Rn. 27; Binnewies/Zapf, AG 2018, 612, 615; Kahlenberg, FR 2018, 499, 500 f.

1166 Watrin/Eberhardt, BB 2014, 2967, 2969; Gebhardt, BB 2017, 2007, 2009; Kahlenberg, FR 2018, 499, 500 f; a.A. FG Köln v. 08.07.2016 – 2 K 2995/12, BeckRS 2016, 95698, Rn. B.III.1.a.cc.

1167 Vgl. Gosch, in: Kirchhof, § 50d, Rn. 27; Kahlenberg, FR 2018, 499, 501.

1168 EuGH v. 20.12.2017 – C-504/16, C-613/16, DStR 2018, 119, Tz. 82; aber nach Kahlenberg, FR 2018, 499, 501 per se Niederlassungsfreiheit.

1169 Gosch, in: Kirchhof, § 50d, Rn. 27; Schade, 162.

1170 Dazu Watrin/Eberhardt, BB 2014, 2967, 2971 f.

1171 EuGH v. 20.12.2017 – C-504/16, C-613/16, DStR 2018, 119, Tz. 89; FG Köln v. 08.07.2016 – 2 K 2995/12, BeckRS 2016, 95698, Rn. B.III.1.b) m.w.N.

1172 EuGH v. 20.12.2017 – C-504/16, C-613/16, DStR 2018, 119, Tz. 89 bereits darauf abstellend, dass § 50d Abs. 3 EStG nur bei Ausschüttung an gebietsfremde Muttergesellschaft eingreift; FG Köln v. 08.07.2016 – 2 K 2995/12, BeckRS 2016, 95698, B.III.1.b.; Biebinger/Hiller, IStR 2017, 299, 302; Gebhardt, BB 2017, 2007, 2008.

Ausschüttungen beim Empfänger nach § 8b KStG im Rahmen der Veranlagung weitgehend freigestellt; die Kapitalertragsteuer würde angerechnet bzw. erstattet (§ 36 Abs. 2 Nr. 2 und 4 EStG). Die Kapitalertragsteuerbelastung der ausländischen Gesellschaft wirkt hingegen ohne Erfüllung der Voraussetzungen des § 50d Abs. 3 EStG abgeltend (§ 32 Abs. 1 Nr. 2 KStG). Eine Veranlagung findet nicht statt. Die Erstattung zugunsten ausländischer Gesellschaften (außerhalb der MTRL) findet nur unter den Voraussetzungen des § 50d Abs. 1 ff EStG statt.[1173]

b. Gleichlauf der Rechtfertigungsmaßstäbe mit der Outbound-Situation

Eine solche Beschränkung kann durch das Ziel der Verhinderung der Steuerumgehung gerechtfertigt sein.[1174] Dies kann mit dem Ziel der Wahrung einer ausgewogenen Aufteilung der Besteuerungsbefugnisse zwischen den Mitgliedstaaten verknüpft sein. Dieser Verknüpfung ist aber kein weitergehender Rechtfertigungsgehalt zu entnehmen, soweit die Aufteilung der Besteuerungsbefugnisse bereits in den Körperschaftsteuerrichtlinien geregelt ist.[1175] Zu beachten ist aber, dass mit Bezug zu Drittstaaten eine weitergehende Rechtfertigung bei Ermangelung effektiven steuerlichen Informationsaustauschs denkbar ist.

Als missbräuchlich gelten rein künstliche Gestaltungen zur Umgehung des mitgliedstaatlichen Rechts, denen jede wirtschaftliche Realität fehlt und die somit das wirtschaftliche Integrationsziel im Binnenmarkt verfehlen.[1176] Die mitgliedstaatliche Missbrauchsabwehr ist damit grundsätzlich auf rein künstliche Gestaltungen zu beschränken.

§ 50d Abs. 3 EStG trifft Regelungen in Bezug auf die Einschaltung einer ausländischen Gesellschaft in der Inbound-Situation, in der sich ein Gebietsfremder an einer inländischen Gesellschaft beteiligt. Konkrete Maßstäbe zur Ausgestaltung mitgliedstaatlicher Steuerregeln gegen Missbrauch sind – neben den mit den grundfreiheitlichen Gewährleistungen ebenfalls gleichlaufenden Rechtfertigungsmaßstäben im Rahmen der Vorbehalte der Mutter-Tochter- und der

---

1173 Schade, 113 ff; Böing, RIW 2007, 161, 167; Kraft/Gebhardt, DB 2012, 80, 83; Musil, FR 2012, 149, 152; Gebhardt, BB 2017, 2007, 2008. – Zu Fallgruppen von Diskriminierungen und Beschränkungen Bauschatz, IStR 2002, 291, 294 f. – Zur europarechtlichen Bewertung eines Treaty Overrides Stöber, DStR 2016, 1889, 1893 ff.

1174 EuGH v. 20.12.2017 – C-504/16, C-613/16, DStR 2018, 119, Tz. 95; FG Köln v. 17.05.2017 – 2 K 773/16, BeckRS 2017, 117791, B.III.1.c).aa.; Gebhardt, BB 2017, 2007, 2008 und siehe Ausführungen oben 2. Teil, F.V.2.a.dd).

1175 EuGH v. 20.12.2017 – C-504/16, C-613/16, DStR 2018, 119, Tz. 96.

1176 Seit EuGH v. 16.07.1998 – Rs. C-264/96, Imperial Chemical Industries (ICI) gg. Kenneth Hall Colmer (HM Inspector of Taxes), Slg. 1998 I-4711, Rn. 26; EuGH v. 20.12.2017 – C-504/16, C-613/16, DStR 2018, 119, Tz. 97 i.V.m. 60; FG Köln v. 08.07.2016 – 2 K 2995/12, BeckRS 2016, 95698, B.III.1c.bb.(1)(a); Hahn, IStR 2006, 667, 668 m.w.N; Thiele, IStR 2011, 452, 453.

Zins-und-Lizenzgebühren-Richtlinie[1177] – zum umgekehrten Fall in Bezug auf die Hinzurechnungsbesteuerung in der Outbound-Situation entwickelt worden. Die §§ 7 ff AStG betreffen die Einschaltung einer ausländischen Gesellschaft durch inländische Steuerpflichtige zur Erlangung steuerlicher Vorteile. Während es im Outbound-Fall um die Frage geht, ob die Tochtergesellschaft im anderen Mitgliedstaat rein formal oder *künstlich* eingeschaltet ist, muss im Inbound-Fall die *Künstlichkeit* der zwischengeschalteten ausländischen Gesellschaft im Ansässigkeitsstaat überprüft werden.[1178] Es wird nicht die *Echtheit* der inländischen Tochtergesellschaft geprüft, sondern die Zulässigkeit der Einschaltung der zwischengeschalteten ausländischen Gesellschaft, mithin derjenigen Gesellschaft, die ihre Grundfreiheit ausübt.[1179]

Die Übertragung der Rechtsprechungsgrundsätze zu den Hinzurechnungsregeln erscheint aber trotz der Unterschiede sachgerecht. Die Untersuchungsobjekte unterscheiden sich nicht erheblich. Im Outbound-Fall darf eine inländische Muttergesellschaft keine ausländische Tochtergesellschaft zur Steuerersparnis einschalten, wenn diese rein formal existiert und keine wirtschaftliche Realität widerspiegelt. Im Inbound-Fall dürfen ausländische Gesellschafter zwischen sich und das Investitionsziel im Inland keine rein künstliche ausländische Gesellschaft schalten. Es geht in beiden Konstellationen um die Frage, ob eine eingeschaltete Gesellschaft rein formal oder künstlich aus steuerlicher Motivation eingeschaltet worden ist. Die Kriterien der Outbound-Situation zur Ermittlung der *Echtheit* der eingeschalteten Gesellschaft sind daher auch für die Inbound-Situation praktikabel. Die objektiven Kriterien sollen die wirtschaftliche Integration der eingeschalteten ausländischen Gesellschaft im Sitzstaat belegen. Gleiches ist in Bezug auf die zwischengeschaltete Gesellschaft in der Inbound-Situation angezeigt. Deren Einschaltung bedarf einer wirtschaftlichen, damit außersteuerlichen, Rechtfertigung.[1180]

1177 EuGH v. 20.12.2017 – C-504/16, C-613/16, DStR 2018, 119, Tz. 97. – Dazu im Folgenden unter 3. Teil, A.V.2.

1178 Panayi, 191; Schade, 134 ff.

1179 FG Köln v. 17.05.2017 – 2 K 773/16, BeckRS 2017, 117791, B.III.1.c).bb.(1)(a); Gosch, in: FS Reiss, 597, 618; Schade, 137; Lieber, FR 2006, 993, 995.

1180 EuGH v. 7.9.2017 – C-6/16, HFR 2018, 175, Rn. 39 ff, 64, 30 ff; EuGH v. 14.6.2018 – C-440/17, IStR 2018, 543, Rn. 59 ff, 79, 43 ff; BFH v. 29.1.2008 – I R 26/06, BStBl. II 2008, 978, 980; FG Köln v. 08.07.2016 – 2 K 2995/12, BeckRS 2016, 95698, B.III.1c. bb.(1)(a); FG Köln v. 17.05.2017 – 2 K 773/16, BeckRS 2017, 117791, B.III.1.c).bb.(1)(a); Schönfeld, in: F/W/B/S, § 50d Abs. 3 EStG, Rn. 23, Stand: 61.EL, November 2007 (in diese Richtung); Panayi, 191 ff, 196; Schade, 138 f. – Zu den Anforderungen in der Outbound-Situation siehe 2. Teil, F.V.2.b.

2. *Vorgaben der Mutter-Tochter- und der Zins- und Lizenzgebühren-Richtlinie*

Die Mutter-Tochter-Richtlinie (MTRL) und die Zins- und Lizenzgebühren-Richtlinie (ZLRL) bilden die unionsrechtliche Grundlage der behandelten Quellensteuerentlastungen und enthalten jeweils Vorbehalte zur Missbrauchsbekämpfung.[1181] Im Sekundärrecht ist nicht die Berufung auf Unionsrecht zur Umgehung nationalen Rechts, sondern die zweckwidrige Inanspruchnahme („Erschleichung") unionsrechtlicher Vorteile missbräuchlich.[1182] Richtlinienvorbehalte eröffnen daher die Möglichkeit, steuerliche Vorteile im Einzelfall zu versagen.

a. *Richtlinienvorbehalte*

Art. 1 Abs. 4 MTRL[1183] enthält einen Vorbehalt zur Verhinderung von Steuerhinterziehung und Missbrauch,[1184] der die Anwendung erforderlicher[1185] allgemeiner wie spezieller nationaler Missbrauchsverhinderungsvorschriften deckt.[1186] Der Missbrauchsbegriff ist autonom europarechtlich auszulegen, um die mit der Richtlinie verfolgten Harmonisierungsbemühungen nicht zu unterlaufen.[1187] Ferner sieht

---

1181 Es gilt jedoch auch bei Umsetzung des Sekundärrechts, hier bei Ausgestaltung der Missbrauchsvorbehalte, die Vorgaben des Primärrechts zu beachten, z.B. EuGH v. 18.09.2003 – Rs. C-168/01, Bosal Holding BV gg. Staatssecretaris van Financien, 2003 I-9430, Rn. 25 f; FG Köln v. 17.05.2017 – 2 K 773/16, BeckRS 2017, 117791, B.III.1.c).cc; Englisch, in: Tipke/Lang, § 4, Rn. 8 ff. Dies bildet die äußere Grenze des Richtlinienverständnisses. – Zur Neuregelung des Art. 4 Abs. 1a MTRL und dessen Umsetzung durch die Korrespondenzregel des § 8 Abs. 1 S. 2 KStG, u.a. Hagemann/Kahlenberg, IStR 2014, 840; Desens, IStR 2014, 825.

1182 Vogenauer, in: De la Feria/Vogenauer, 521, 525 ff; Leukefeld, 167; Englisch, StuW 2009, 3, 9 ff. – Zur Unterscheidung der Normvermeidung und der Normerschleichung Fischer, in: H/H/S, AO, § 42, Rn. 111, 135, Stand: 197.EL, März 2008.

1183 Neuregelungen durch Richtlinie (EU) 2015/121 des Rates vom 27.01.2015 zur Änderung der Richtlinie 2011/96/EU über das gemeinsame Steuersystem der Mutter- und Tochtergesellschaften verschiedener Staaten, Abl. L 21/1 v. 28.01.2015.

1184 Suchowerskyj, 52; Bron, DB 2007, 1273, 1273.

1185 EuGH v. 20.12.2017 – C-504/16, C-613/16, DStR 2018, 119, Tz. 53 ff – auf Art. 1 Abs. 4 MTRL übertragbar; Leukefeld, 167 f.

1186 Vgl. Kofler, in: Schaumburg/Englisch, Rn. 14.85.

1187 EuGH v. 20.12.2017 – C-504/16, C-613/16, DStR 2018, 119; FG Köln v. 17.05.2017 – 2 K 773/16, BeckRS 2017, 117791, B.III.2.c).bb; FG Köln v. 08.07.2016 – 2 K 2995/12, BeckRS 2016, 95698, B.III.2.c.bb; Fischer, in: FS Reiss, 621, 627; Hey, in: Lüdicke, Standort, 137, 159 f; Kofler, in: DStJG Bd. 33, 213, 219 f; Thömmes, in: FS Wassermeyer, 207, 222 f; Schade, 172 ff; Böing, RIW 2007, 161, 163; Bron, DB 2007, 1273, 1273 f; Bergmann, StuW 2010, 246, 246 f m.w.N; Thiele, IStR 2011, 452, 452; a.A. Gosch, in: Kirchhof, § 50d, Rn. 26; evtl. ablehnend Hahn-Joecks, K/S/M, § 50d, Rn. E.10, Stand: 246.EL, März 2014 (Prüfung allein anhand Grundfreiheiten).

Art. 1 Abs. 2 (i.V.m. Abs. 3) MTRL eine zwingend[1188] umzusetzende allgemeine Missbrauchsklausel vor.[1189] Die Mitgliedstaaten gewähren Richtlinienvorteile demnach nicht, wenn eine unangemessene Gestaltung vorliegt, deren wesentlicher[1190] Zweck darin besteht, einen steuerlichen Vorteil zu erlangen, der dem Ziel oder Zweck der Richtlinie zuwiderläuft. Eine Gestaltung gilt als unangemessen, wie sie nicht aus triftigen wirtschaftlichen Gründen vorgenommen wurde, die die wirtschaftliche Realität widerspiegeln.

Nach Art. 5 Abs. 1 ZLRL steht die Richtlinie der Anwendung einzelstaatlicher oder vertraglicher Bestimmungen zur Verhinderung von Betrug und Missbrauch nicht entgegen. Die Begriffe sind dem Harmonisierungszweck entsprechend ebenfalls autonom auszulegen.[1191] Zudem erlaubt Art. 5 Abs. 2 ZLRL Richtlinienvorteile im Fall von Transaktionen zu verweigern, wenn der hauptsächliche Beweggrund oder einer der hauptsächlichen Beweggründe Steuerhinterziehung, -umgehung oder Missbrauch ist.

b. Verständnis des steuerlichen Missbrauchs

Die Begrifflichkeiten zur Bezeichnung der Steuerumgehung variieren im Unionsrecht. In Bezug auf die Missbrauchsvorbehalte der Körperschaftsteuerrichtlinien bestehen aber vorrangig terminologische Unterschiede.[1192] In der Rechtsprechung des Europäischen Gerichtshofs werden die Begriffe Steuerumgehung und Steuerflucht – wohl gleichbedeutend mit dem Begriff Missbrauch[1193] – synonym

1188 Vgl. Florstedt, FR 2016, 1, 4 f.

1189 Hagemann/Kahlenberg, IStR 2014, 840, 841; Benz/Böhmer, DB 2015, 1679, 1679. – Die Regelung ähnelt der allgemeinen Missbrauchsvorschrift aus der Empfehlung zur Bekämpfung aggressiver Steuerplanung (Empfehlung der Kommission v. 06.12.2012 betreffend aggressive Steuerplanung, C(2012) 8806 final, 5). Diese soll Richtlinienvorteile ausschließen, wenn eine künstliche Gestaltung vorliegt, die bezweckt im Rahmen der Richtlinie einen unangemessenen steuerlichen Vorteil zu erlangen und dem „Geist, Ziel und Zweck“ der herangezogenen Steuervorschriften zuwiderläuft (Abs. 1). Die Künstlichkeit bestimmt sich danach, ob die Gestaltung die wirtschaftliche Realität widerspiegelt (Abs. 2).

1190 Dazu Florstedt, FR 2016, 1, 4.

1191 Fischer, in: FS Reiss, 621, 627; Hey, in: Lüdicke, Standort, 137, 159 f; Thömmes, in: FS Wassermeyer, 207, 222 ff; Thiele, IStR 2011, 452, 452.

1192 Das dürfte auch in Bezug zur Fusionsrichtlinie gelten Bergmann, StuW 2010, 246, 247 f. – Generell zu den im europäischen Recht und vom EuGH genutzten Missbrauchsbegrifflichkeiten Lohse, in: FS Reiss, 645 ff; anders Hahn, IStR 2004, 275, 277 f.

1193 EuGH v. 12.09.2006 – Rs. C-196/04, Cadbury Schweppes plc und Cadbury Schweppes Overseas Ltd gg. Commissioners of Inland Revenue, Slg. 2006 I 8031, Rn. 27, 48, 55.

verwandt;[1194] Steuerhinterziehung bezeichnet hingegen eine strafbare Handlung und ist mit steuerlichem Betrug gleichzusetzen.[1195]

Die mitgliedstaatliche Missbrauchsabwehr ist im Einklang mit den Missbrauchsvorbehalten der Richtlinien auszugestalten[1196] und hat die durch die Vorbehalte gezogenen Grenzen zu beachten. Dabei können zur Auslegung der Vorbehalte der MTRL und der ZLRL die zur Fusionsrichtlinie entwickelten Grundsätze herangezogen werden, da die Körperschaftsteuerrichtlinien eine vergleichbare Zielsetzung aufweisen.[1197]

Die Körperschaftsteuerrichtlinien unterstützen die Herstellung eines Binnenmarkts und sollen „grenzüberschreitende wirtschaftliche Tätigkeiten [...] erleichtern". Diesen Zweck erfüllen sie in gleicher Weise wie die grundfreiheitlichen Gewährleistungen.[1198] Missbrauchsvorbehalte sollen eine zweckwidrige Inanspruchnahme der Richtlinienvorteile verhindern. Steuerplanung ist unter diesen Voraussetzungen grundsätzlich und bis zur Grenze der Unangemessenheit zulässig.[1199] Die Vorbehalte zugunsten einzelstaatlicher Missbrauchsregeln sind eng auszulegen, da sie Ausnahmeregelungen zu den Richtliniengewährleistungen darstellen.[1200]

Eine Regelung dient nur der Missbrauchsverhinderung, wenn sie darauf gerichtet ist, rein künstliche, jeder wirtschaftlichen Realität bare Verhaltensweisen zu bekämpfen, die der ungerechtfertigten Inanspruchnahme steuerlicher Vorteile dienen.[1201] Eine allgemeine Vermutung steuerlichen Missbrauchs kann

---

1194 EuGH v. 11.03.2004 – Rs. C-9/02, Hughes de Lasteyrie du Saillant gg. Ministère de l'Économie, des Finances et de l'Industrie, ECLI:EU:C:2004:138, Rn. 50 ff; Schlussanträge der Generalanwältin Juliane Kokott v. 19.11.2009 – Rs. C-337/08, X Holding BV gg. Staatssecretaris van Financien, Slg. 2010 I 1215, Rn. 31, Fn. 16; Lohse, in: FS Reiss, 645, 658; Bergmann, StuW 2010, 246, 248; Kokott/Ost, EuZW 2011, 496, Fn. 57.

1195 Lohse, in: FS Reiss, 645, 655 ff, 659; Thömmes, in: FS Wassermeyer, 207, 225; Bergmann, StuW 2010, 246, 248.

1196 EuGH v. 20.12.2017 – C-504/16, C-613/16, DStR 2018, 119, Tz. 47 ff; EuGH v. 05.07.2007 – Rs. C-321/05, Hans Markus Kofoed gg. Skatteministeriet, Slg. 2007 I-5818 (zur Missbrauchsklausel des Art. 11 Abs. 1 lit. a) FRL).

1197 Schlussanträge der Generalanwältin Kokott v. 1.3.2018, C-299/16, Z Denmark gg. Skatteministeriet, BeckRS 2018, 2030, Rz. 62; Thiele, 123; Böing, RIW 2007, 161, 163; Bergmann, StuW 2010, 246, 247 f, 256 ff; Thiele, IStR 2011, 452, 452.

1198 Schön, in: FS Reiss, 571, 593 f; Bron, DB 2007, 1273, 1274; vgl. bspw. auch Erwägungsgrund 1 (4) MTRL; vgl. auch EuGH v. 7.9.2017 – C-6/16, HFR 2018, 175, Rn. 20, 23 ff.

1199 Kofler, in: Schaumburg/Englisch, Rn. 13.17; Hagemann/Kahlenberg, IStR 2014, 840, 844.

1200 EuGH v. 20.12.2017 – C-504/16, C-613/16, DStR 2018, 119, Tz. 59; EuGH v. 14.6.2018, C-440/17, IStR 2018, 543, Rn. 42.

1201 EuGH v. 7.9.2017 – C-6/16, HFR 2018, 175, Rn. 30; EuGH v. 20.12.2017 – C-504/16, C-613/16, DStR 2018, 119, Tz. 60; EuGH v. 14.6.2018, C-440/17, IStR 2018, 543, Rn. 43; Schlussanträge der Generalanwältin Kokott v. 1.3.2018, C-299/16, Z Denmark gg. Skatteministeriet, BeckRS 2018, 2030, Rz. 62.

eine Beeinträchtigung von Richtlinienvorteilen durch eine Missbrauchsvorschrift nicht rechtfertigen.[1202] Eine typisierende steuerliche Missbrauchsvorschrift muss an Indizien für steuerlichen Missbrauch anknüpfen, die die Annahme einer rein künstlichen Gestaltung rechtfertigen.[1203]

Vorauszusetzen ist, dass steuerlicher Missbrauch Beweggrund für einen Vorgang ist. Dass hauptsächlicher Beweggrund eines Vorgangs Steuerhinterziehung oder Steuerumgehung ist, kann angenommen werden, wenn kein vernünftiger wirtschaftlicher Grund für den Vorgang vorliegt.[1204] Die Beweggründe sind (im Rahmen der nationalen Umsetzungsvorschrift) aber im Einzelfall umfassend und gerichtlich nachprüfbar unter Beachtung des Verhältnismäßigkeitsgrundsatzes zu ermitteln. Ein vernünftiger wirtschaftlicher Grund liegt wiederum nicht bereits bei einem bloßen Streben nach einem rein steuerlichen Vorteil vor.[1205]

Die Erlangung eines Steuervorteils allein begründet keinen Missbrauch. Die Prüfung des Beweggrunds erfordert eine Untersuchung der subjektiven Seite des Missbrauchs (Erstreben eines steuerlichen Vorteil).[1206] Der erstrebte steuerliche Vorteil muss dem Richtlinienziel widersprechen,[1207] wobei die Annahme des Missbrauchs nur bei Fehlen wirtschaftlicher Gründe bzw. jeder wirtschaftlichen Realität anzunehmen ist.[1208] Vernünftige wirtschaftliche, d.h. außersteuerliche,

1202 EuGH v. 7.9.2017 – C-6/16, HFR 2018, 175, Rn. 31; EuGH v. 20.12.2017 – C-504/16, C-613/16, DStR 2018, 119, Tz. 61; EuGH v. 14.6.2018, C-440/17, IStR 2018, 543, Rn. 44 f.

1203 EuGH v. 7.9.2017 – C-6/16, HFR 2018, 175, Rn. 32; EuGH v. 20.12.2017 – C-504/16, C-613/16, DStR 2018, 119, Tz. 62, 64; EuGH v. 14.6.2018, C-440/17, IStR 2018, 543, Rn. 44 f.

1204 EuGH v. 17.07.1997 – Rs. C-28/95, A. Leur-Bloem gg. Inspecteur der Belastingdienst/Ondernemingen Amsterdam 2, Slg. 1997, I-4190 (zur Auslegung des Missbrauchsvorbehalts des Art. 11 Abs. 1 lit. a) FRL); auch EuGH v. 20.12.2017 – C-504/16, C-613/16, DStR 2018, 119, Tz. 69; Schlussanträge der Generalanwältin Kokott v. 1.3.2018, C-299/16, Z Denmark gg. Skatteministeriet, BeckRS 2018, 2030, Rz. 62.

1205 EuGH v. 17.07.1997 – Rs. C-28/95, A. Leur-Bloem gg. Inspecteur der Belastingdienst/Ondernemingen Amsterdam 2, Slg. 1997, I-4190 (zur Auslegung des Missbrauchsvorbehalts des Art. 11 Abs. 1 lit. a) FRL); vgl. auch EuGH v. 7.9.2017 – C-6/16, HFR 2018, 175, Rn. 32; EuGH v. 14.6.2018, C-440/17, IStR 2018, 543, Rn. 45.

1206 Suchowerskyj, 45 ff (zur Fusionsrichtlinie); vgl. Leukefeld, 170 zu Art. 1 Abs. 2 MTRL.

1207 EuGH v. 05.07.2007 – Rs. C-321/05, Hans Markus Kofoed gg. Skatteministeriet, Slg. 2007 I-5818, Rn. 37 f, 45 f; Kofler, in: DStJG Bd. 33, 213, 223 f; Böing, RIW 2007, 161, 163; Bron, DB 2007, 1273, 1274; Hagemann/Kahlenberg, IStR 2014, 840, 844.

1208 EuGH v. 7.9.2017 – C-6/16, HFR 2018, 175, Rn. 30; EuGH v. 14.6.2018, C-440/17, IStR 2018, 543, Rn. 43; Schön, in: FS Reiss, 571, 594 f; Thiele, 124 f; Böing, RIW 2007, 161, 163; Thiele, IStR 2011, 452, 452; vgl. jüngst Schlussanträge der Generalanwältin Kokott v. 1.3.2018, C-299/16, Z Denmark gg. Skatteministeriet, BeckRS 2018, 2030, Rz. 63.

Gründe können daher jede steuerlich motivierte Gestaltung rechtfertigen.[1209] Die Feststellung des Missbrauch setzt dabei stets eine Einzelfallprüfung voraus.[1210] Die Richtlinienvorbehalte decken nur nationale Regelungen, die über das zur Missbrauchsverhinderung erforderliche Maß nicht hinausgreifen.[1211] Unwiderlegliche Missbrauchsvermutungen sind unzulässig. Erforderlich ist stets eine Gegenbeweismöglichkeit für das Vorliegen wirtschaftlicher Gründe.[1212]

Die Richtlinienvorteile dienen der wirtschaftlichen Integration im Binnenmarkt und werden nur versagt, wenn sie zweckwidrig in Anspruch genommen werden. Dieses Verhältnis und ebenso die Kriterien der Missbrauchsidentifizierung gleichen dem grundfreiheitlichen Missbrauchsverständnis im Bereich der direkten Steuern.[1213] Dieses Verständnis bildet den Maßstab der Überprüfung der

---

1209 EuGH v. 05.07.2007 – Rs. C-321/05, Hans Markus Kofoed gg. Skatteministeriet, Slg. 2007 I-5818, Rn. 36 f; Kofler, in: Schaumburg/Englisch, Rn. 17.82; Suchowerskyj, 87 (zur Fusionsrichtlinie); Thiele, 123 f.

1210 EuGH v. 7.9.2017 – C-6/16, HFR 2018, 175, Rn. 32; EuGH v. 20.12.2017 – C-504/16, C-613/16, DStR 2018, 119, Tz. 62; EuGH v. 17.07.1997 – Rs. C-28/95, A. Leur-Bloem gg. Inspecteur der Belastingdienst/Ondernemingen Amsterdam 2, Slg. 1997, I- 4190; Kofler, in: Schaumburg/Englisch, Rn. 17.84; Thömmes, in: FS Wassermeyer, 207, 230 f; Suchowerskyj, 87; Thiele, 126.

1211 EuGH v. 20.12.2017 – C-504/16, C-613/16, DStR 2018, 119, Tz. 56, 62; FG Köln v. 17.05.2017 – 2 K 773/16, BeckRS 2017, 117791, B.III.2.c).bb m.w.N.

1212 EuGH v. 7.9.2017 – C-6/16, HFR 2018, 175, Rn. 31 ff; EuGH v. 20.12.2017 – C-504/16, C-613/16, DStR 2018, 119, Tz. 70; EuGH v. 14.6.2018, C-440/17, IStR 2018, 543, Rn. 45 ff.

1213 EuGH v. 7.9.2017 – C-6/16, HFR 2018, 175, Rn. 39 ff, 64, 31 ff; EuGH v. 20.12.2017 – C-504/16, C-613/16, DStR 2018, 119, Tz. 97; EuGH v. 14.6.2018, C-440/17, IStR 2018, 543, Rn. 59 ff, 79, 43 ff; mindestens im Ergebnis auch Schönfeld, in: F/W/B/S, § 50d Abs. 3 EStG, Rn. 22, Stand: 61.EL, November 2007; Kofler, in: Schaumburg/Englisch, Rn. 14.86, 14.88; 15.28; Kofler, in: DStJG Bd. 33, 213, 223 f; Lang/Heidenbauer, in: FS Vanistendael, 597, 612 f; Schön, in: FS Reiss, 571, 593, 596; Suchowerskyj, 69 f; Thömmes, in: FS Wassermeyer, 207, 226; Thiele, 124 ff; Bron, DB 2007, 1273, 1274; Hey, StuW 2008, 167, 179; Bergmann, StuW 2010, 246, 255 ff; Thiele, IStR 2011, 452, 452 f, 456 f. – Musil, FR 2012, 149, 152 hingegen kann der Richtlinie keine Kriterien zur Beurteilung des Missbrauchs entnehmen und prüft § 50d Abs. 3 EStG allein an den Grundfreiheiten. Dies dürfte spätestens mit Änderung des Art. 1 MTRL überholt sein. – Das vergleichbare Verständnis wird durch die Neufassung des Art. 1 Abs. 2 und 3 MTRL bestätigt. Abs. 3 n.F. MTRL bestimmt die Unangemessenheit nach dem Vorliegen wirtschaftlicher Gründe, die die wirtschaftliche Realität widerspiegeln (zu einer Entwurfsfassung Hagemann/Kahlenberg, IStR 2014, 840, 844). Dort muss eine Gestaltung einen Steuervorteil bezwecken, der dem Richtlinienziel widerspricht. Hinzukommen muss die Unangemessenheit der Gestaltung, die nach Abs. 3 n.F. vorliegt, soweit eine Gestaltung nicht aus wirtschaftlichen Gründen vorgenommen wird, die die wirtschaftliche Realität reflektieren.

nationalen Missbrauchsklauseln wie § 50d Abs. 3 EStG, die die Richtlinienvorbehalte umsetzen.

3. *Kritik an der Ausgestaltung des § 50d Abs. 3 EStG*

An diesen Maßstäben gemessen ist die Zielrichtung des § 50d Abs. 3 EStG, die Bekämpfung der missbräuchlichen Inanspruchnahme steuerlicher Vorteile, aus europarechtlicher Sicht grundsätzlich nicht zu beanstanden.[1214]

Die konkrete Ausgestaltung ist jedoch nicht mit europarechtlichen Vorgaben zu vereinbaren; die Typisierung ist unzulässig. Die Beteiligung von Personen an der Muttergesellschaft, denen die Entlastung bei direktem Bezug von Einkünften nicht zustünde, indiziert allein noch keine rein künstliche Gestaltung zur Inanspruchnahme steuerlicher Vorteile, da insbesondere die Herkunft der Gesellschafter der Muttergesellschaft nach den Richtlinienregelungen keine Rolle für die Entlastungsberechtigung spielt und die Muttergesellschaft den steuerrechtlichen Regelungen ihres Ansässigkeitsstaates unterliegt.[1215]

Zutreffendes Missbrauchsindiz ist zwar grundsätzlich die fehlende eigene wirtschaftliche Tätigkeit (§ 50d Abs. 3 S. 1 EStG), da die wirtschaftliche Betätigung eine Integration im Wirtschaftsleben des Aufnahmestaats widerspiegelt.[1216] Jedoch werden die Anforderungen an deren Vorliegen überspannt. Die reine Holdingtätigkeit und die Verwaltung eigenen Vermögens werden durch § 50d Abs. 3 S. 3, 1. Var. EStG per se als schädlich behandelt, obwohl die wirtschaftlichen Betätigungen sekundär- und primärrechtlich geschützt sind.[1217] Ferner indiziert die Auslagerung

---

1214 FG Köln v. 08.07.2016 – 2 K 2995/12, BeckRS 2016, 95698, B.III.1c.bb.(1)(a); FG Köln v. 17.05.2017 – 2 K 773/16, BeckRS 2017, 117791, B.III.1.c).bb; Gosch, in: Kirchhof, § 50d, Rn. 26; Wagner, in: Blümich, EStG, § 50d, Rn. 70, Stand: 137.EL, Juni 2017; Biebinger/Hiller, IStR 2017, 299, 300 m.w.N. – Teilweise wird die Neufassung generell als europarechtskonform beurteilt. Die wirtschaftliche Aktivität könne nachgewiesen werden. Die mit dem Nachweis verbundene Beschränkung sei durch das Erfordernis wirksamer steuerlicher Kontrolle gerechtfertigt, Musil, FR 2012, 149, 152 f.

1215 EuGH v. 7.9.2017 – C-6/16, HFR 2018, 175, Rn. 32 ff; EuGH v. 20.12.2017 – C-504/16, C-613/16, DStR 2018, 119, Tz. 65 ff; EuGH v. 14.6.2018 – C-440/17, IStR 2018, 543, Rn. 45 ff, 55 ff.

1216 Insb. EuGH v. 12.09.2006 – Rs. C-196/04, Cadbury Schweppes plc und Cadbury Schweppes Overseas Ltd gg. Commissioners of Inland Revenue, Slg. 2006 I 8031, Rn. 51, 53 ff; Schade, 150; Böing, RIW 2007, 161, 166; so über die europarechtskonforme Auslegung Wagner, in: Blümich, EStG, § 50d, Rn. 70, Stand: 137.EL, Juni 2017.

1217 EuGH v. 20.12.2017 – C-504/16, C-613/16, DStR 2018, 119, Tz. 72 f; EuGH v. 14.6.2018 – C-440/17, IStR 2018, 543, Rn. 53 f; EuGH v. 16.07.1998 – Rs. C-264/96, Imperial Chemical Industries (ICI) gg. Kenneth Hall Colmer (HM Inspector of Taxes), Slg. 1998 I-4711 (in Bezug auf reine Holdinggesellschaft); EuGH v. 13.04.2000 – Rs. C-251/98, C. Baars gg, Inspecteur der Belastingen Particulieren/Ondernemingen Gorinchem, 2000 I-2805 (für Vermögensverwaltung); Schlussanträge der

der wesentlichen geschäftlichen Tätigkeiten (§ 50d Abs. 3 S. 3, 2.Var. EStG) nicht generell eine rein künstliche Gestaltung,[1218] wenngleich insoweit der Begriff der Wesentlichkeit einen gewissen Spielraum für eine unionsrechtskonforme Auslegung einräumt. Des Weiteren ist das Verbot der Merkmalsübertragung (§ 50d Abs. 3 S. 2 EStG) unverhältnismäßig.[1219] Der völlige Ausschluss konzernstrategischer Gründe ohne Möglichkeit des Gegenbeweises ist nicht erforderlich, um künstliche Gestaltungen herauszufiltern. Die Regelung schließt jede Berücksichtigung organisatorischer und haftungsrechtlicher Motivation als Ausdruck wirtschaftlicher Realität aus. Dies unterbindet jedwede betriebswirtschaftlich sinnvolle Funktionsaufteilung im Konzern.[1220] Dem trägt auch die Nichtanwendung des § 50d Abs. 3 S. 2 EStG[1221] nur teilweise Rechnung, denn in allen anderen Anwendungsfällen als § 43b EStG gilt das Verbot fort. Schließlich bemessen sich die relevanten Erträge nach den gesamten Bruttoerträgen der ausländischen Gesellschaft und sind nicht auf Erträge beschränkt, die dem Kapitalertragsteuerabzug unterliegen. Allein in Bezug auf Letztere ist eine künstliche Einschaltung der ausländischen Gesellschaft zur Erlangung der Quellensteuerentlastungen zu verhindern. Eine mögliche anteilige Passivierung der abzugsteuerpflichtigen Erträge aufgrund sonstiger schädlicher Erträge der ausländischen Gesellschaft schießt über das Ziel der Missbrauchsbekämpfung hinaus.[1222]

Generalanwältin Kokott v. 1.3.2018, C-299/16, Z Denmark gg. Skatteministeriet, BeckRS 2018, 2030, Rz. 66; FG Köln v. 08.07.2016 – 2 K 2995/12, BeckRS 2016, 95698, B.III.1c.bb.(2)(d) (bzgl. bestimmter Tätigkeiten (konkret Einkünfte aus Kapitalvermögen aus Verwaltung von Wirtschaftsgütern [Gewinnausschüttungen der Tochtergesellschaften] und Darlehensvergabe); Gosch, in: Kirchhof, § 50d, Rn. 29da; Schönfeld, in: F/W/B/S, § 50d Abs. 3 EStG, Rn. 182 f, Stand: 61.EL, November 2007 (zu a.F., aber übertragbar); Hey, in: DStJG Bd. 33, 139, 164; Kofler, in: Schaumburg/Englisch, Rn. 14.88 m.w.N; Oellerich, in: Schaumburg/Englisch, Rn. 8.150; Schade, 151; Böing, RIW 2007, 161, 166; Böhmer, ISR 2017, 54, 55; Thiele, IStR 2011, 452, 454; Cloer/Hagemann, BB 2018, 680.

1218 Gosch, in: Kirchhof, § 50d, Rn. 26, 29 da; Loschelder, in Schmidt, § 50d, Rn. 50.

1219 EuGH v. 20.12.2017 – C-504/16, C-613/16, DStR 2018, 119, Tz. 74; EuGH v. 14.6.2018 – C-440/17, IStR 2018, 543, Rn. 57; FG Köln v. 08.07.2016, 2 K 2995/12, BeckRS 2016, 95698, B.III.1c.bb.(2)(e); FG Köln v. 31.08.2016 – 2 K 721/13, BeckRS 2017, 94053, Rn. B.III.1.c.bb.(2)(a); Gosch, in: Kirchhof, § 50d, Rn. 29e; Schade, 262; Böing, RIW 2007, 161, 168 (zur a.F, aber übertragbar); Kraft/Gebhardt, DB 2012, 80, 83; Böhmer, ISR 2017, 54, 55; Biebinger/Hiller, IStR 2017, 299, 303; Cloer/Hagemann, BB 2018, 680.

1220 Vgl. FG Köln v. 31.08.2016 – 2 K 721/13, BeckRS 2017, 94053, Rn. B.III.1.c.bb.(2)(a); FG Köln v. 17.05.2017 – 2 K 773/16, BeckRS 2017, 117791, B.III.1.c).bb.(2)(b); Leukefeld, 294; Böhmer, ISR 2017, 54, 55; Biebinger/Hiller, IStR 2017, 299, 303; Gebhardt, BB 2017, 2007, 2008.

1221 Nach BMF v. 04.04.2018 – IV B 3 – S 2411/07/10016, IStR 2018, 324 Nichtanwendung des § 50d Abs. 3 S. 2 EStG bei Geltendmachung des § 43b EStG.

1222 EuGH v. 14.6.2018 – C-440/17, IStR 2018, 543, Rn. 53; FG Köln v. 17.05.2017 – 2 K 773/16, BeckRS 2017, 117791, B.III.1.c).bb.(2)(d) und (e); Gosch, in: Kirchhof, § 50d,

In der Entlastungsvariante des § 50d Abs. 3 S. 1 Nr. 1, 2 i.V.m. S. 4 EStG könnte zwar eine Gegenbeweismöglichkeit erblickt werden.[1223] Ein solcher Gegenbeweis wäre aber unzureichend, weil bereits die Missbrauchstypisierung § 50d Abs. 3 S. 1 bis 3 EStG nicht auf hinreichenden Missbrauchsindizien fußt und auch der Gegenbeweis, die Umkehr der Darlegungs- und Beweislast, nicht in Gänze der zwischengeschalteten ausländischen Gesellschaft aufgebürdet werden darf, wenn die Typisierung nicht auf einem begründeten Missbrauchsverdacht beruht.[1224] Ferner ist es dann nicht erforderlich, die Feststellungslast allein der ausländischen Gesellschaft aufzuerlegen (§ 50d Abs. 3 S. 2 EStG), weil dies in erheblichem Maße die Nachweismöglichkeiten im Konzern und damit dessen effektiven Rechtsschutz beschränkt. Des Weiteren ist eine Kombination des Erfordernisses beachtlicher Gründe – gar unter Ausschluss jeder Konzernbetrachtung[1225] – mit der Teilnahme am allgemeinen Wirtschaftsverkehr mittels angemessen eingerichteten Geschäftsbetriebs nicht erforderlich.[1226] Die Verknüpfung mit dem Ausstattungserfordernis nimmt einem potentiellen Gegenbeweis die nötige Flexibilität.[1227] Schließlich erstreckt sich der potentielle Gegenbeweis auch nicht auf das Verbot der Merkmalsübertragung (§ 50d Abs. 3 S. 2 EStG) und die Quotierungsregelung. Konzernstrategische Gründe können aber Ausdruck wirtschaftlicher Realität sein. Eine anteilige Passivierung inländischer (vollständig) aktiver Erträge bei Erzielen sonstiger passiver Erträge durch die ausländische Gesellschaft ist nicht zu rechtfertigen.[1228] Die Nichtanwendung des § 50d Abs. 3 S. 2

Rn. 29h f; Schade, 260; Birker, BB 2012, 1961, 1965; Lüdicke, IStR 2012, 81, 84 und 148, 149; Gebhardt, BB 2017, 2007, 2009; Gebhardt, BB 2018, 1498, 1502; a.A. Musil, FR 2012, 149, 152 f hält Neufassung für europarechtskonform.

1223 Gosch, in: Kirchhof, § 50d, Rn. 29g; Schade, 260 f; a.A. u.a. FG Köln v. 17.05.2017 – 2 K 773/16, BeckRS 2017, 117791, B.III.1.c).bb.(2)(c); EuGH v. 14.6.2018 – C-440/17, IStR 2018, 543, Rn. 56.

1224 EuGH v. 7.9.2017 – C-6/16, HFR 2018, 175, insb. Rn. 31 ff, 36; in diese Richtung auch FG Köln v. 17.05.2017 – 2 K 773/16, BeckRS 2017, 117791, B.III.1.c).bb.(2)(e).

1225 Dazu Gebhardt, BB 2017, 2007, 2009.

1226 FG Köln v. 17.05.2017 – 2 K 773/16, BeckRS 2017, 117791, B.III.1.c).bb.(2)(b); Schade, 261 f; Engers/Dyckmans, Ubg 2011, 929, 934; Gebhardt, BB 2017, 2007, 2009; Gebhardt, BB 2018, 1498, 1502. – Allerdings lässt FG Köln v. 17.05.2017 – 2 K 773/16, BeckRS 2017, 117791, B.III.1.c).bb.(2)(b) „angemessene Substanz" ausreichen. Dies kann nicht überzeugen, da personelle und sachliche Ausstattung kein Selbstzweck ist, sondern auf die ausgeübte Funktion abzustimmen ist. Die eigene wirtschaftliche Funktion schließt Missbrauch aus.

1227 FG Köln v. 31.08.2016 – 2 K 721/13, BeckRS 2017, 94053, Rn. B.III.1.c.bb.(2)(b); FG Köln v. 08.07.2016 – 2 K 2995/12, BeckRS 2016, 95698, B.III.1c.bb.(2)(b)(d),(3); Gosch, in: Kirchhof, § 50d, Rn. 29e.

1228 EuGH v. 20.12.2017 – C-504/16, C-613/16, DStR 2018, 119, Tz. 70 (generell für Gegenbeweismöglichkeit); EuGH v. 14.6.2018 – C-440/17, IStR 2018, 543, Rn. 53; FG Köln v. 17.05.2017 – 2 K 773/16, BeckRS 2017, 117791, B.III.1.c).bb.(2)(e); Gebhardt, BB 2018, 1498, 1502.

EStG[1229] kann diesen Bedenken nur in Bezug auf eine Entlastung nach § 43b EStG Rechnung tragen; im Übrigen besteht die europarechtliche Problematik unverändert fort.[1230]

Soweit § 50d Abs. 3 EStG mit europarechtlichen Vorgaben nicht im Einklang ist, besteht Korrekturbedarf. Die Norm kann angesichts komplexer Regelungstechnik und vielfältiger Defizite nicht unionsrechtskonform ausgelegt werden.[1231] Die Auslegung findet ihre Grenze im möglichen Wortsinn und im erkennbaren Gesetzeszweck, weil die jeweiligen mitgliedstaatlichen Auslegungsregeln für die unionsrechtskonforme Auslegung maßgeblich sind.[1232] Ferner ist das Hineinlesen eines *ungeschriebenen* Gegenbeweises[1233] abzulehnen. Eine Rechtsfortbildung im Wege unionsrechtskonformer Reduktion[1234] ist bereits grundsätzlich fragwürdig, weil den Gesetzgeber die Pflicht trifft, unionsrechtswidrige Zustände rechtssicher zu beseitigen, um Normadressaten über ihre Rechte nicht im Unklaren zu lassen.[1235] Eine Beschränkung auf das europarechtlich zulässige Maß kann daher auch nicht im Wege eines BMF-Schreibens zu § 50d Abs. 3 EStG erfolgen.[1236] Das

1229 Nach BMF v. 04.04.2018 – IV B 3 – S 2411/07/10016, IStR 2018, 324 Nichtanwendung des § 50d Abs. 3 S. 2 EStG bei Geltendmachung des § 43b EStG.

1230 Z.B. Hagemann, DStR 2018, 745; Gebhardt, BB 2018, 1498, 1499, 1502; Ellenrieder/Kahlenberg, BB 2018, 1816.

1231 So auch Binnewies/Zapf, AG 2018, 612, 615; anders wohl Loschelder, in: Schmidt, § 50d, Rn. 49 f; Micker, FR 2009, 409, 413 f (zu a.F.).

1232 Englisch, in: Tipke/Lang, § 5, Rn. 58; Haratsch, Rn. 182 f; Hahn, DStZ 2005, 433, 434 f; Jochum, IStR 2006, 621, 623. – Zur unionsrechtkonformen Auslegung Hahn, DStZ 2005, 433, 434 f. Bestehen mehrere Auslegungsmöglichkeiten ist/sind nur diejenige/n zu wählen, die mit dem Unionsrecht vereinbar ist/sind, Ruffert, in: Calliess/Ruffert, Art. 1 AEUV, Rn. 24; Haratsch, Rn. 182, 188 ff.

1233 So aber BFH v. 21.10.2009 – I R 114/08, BStBl. II 2010, 774, 777, Rn. 27 („gemeinschaftsrechtliche [...] Erfordernisse [...] in die betroffenen Normen hineinzulesen"); BFH v. 03.02.2010 – I R 21/06, BStBl. II 2010, 692 („Hineinlesen"); wohl Loschelder, in: Schmidt, § 50d, Rn. 50; Gosch, DStR 2007, 1553, 1555 f; vgl. dazu Hagemann, DStR 2018, 745, a.A. u.a. Schade, 155.

1234 Schaumburg, in: Schaumburg/Englisch, Rn. 4.51; Haratsch, Rn. 190 m.w.N; Gosch, DStR 2007, 1553, 1555 f, a.A. (geltungserhaltende Reduktion zur Herstellung der Unionsrechtkonformität ablehnend) Jochum, IStR 2006, 621, 623; Schade, 155. – Die richtlinienkonforme Rechtfortbildung (hier Reduktion) wurde in BGH v. 26.11.2008 – VIII ZR 200/05, NJW 2009, 427 angewandt. Allerdings darf nicht verkannt werden, dass sich der Telos im Sekundärrecht anhand der zugrunde liegenden EU-Rechtsquelle leichter bestimmen lässt. – Zwischen Auslegung und Rechtsfortbildung wird im europäischen Recht nicht sauber differenziert, Schenke, 442 ff, 458.

1235 Ehlers, in: Schulze, § 11, Rn. 54; Englisch, in: Tipke/Lang, § 4, Rn. 29; Oellerich, in: Schaumburg/Englisch, Rn. 8.147; Hey, StuW 2010, 301, 314.

1236 Z.B. Ellenrieder/Kahlenberg, BB 2018, 1815, 1817; Gebhardt, BB 2018, 1498, 1502 m.w.N.

BMF-Schreiben greift aber ohnehin zu kurz, weil nur Regelungen in Bezug auf eine Entlastung wegen § 43b EStG getroffen werden, obwohl die europarechtlichen Erwägungen gleichermaßen auf andere Ansprüche, wie § 50g EStG oder DBA-Regelungen, zu übertragen sind.[1237] Im konkreten Fall erscheint das Hineinlesen einer generellen Gegenbeweismöglichkeit auch deshalb nicht gerechtfertigt, weil die starren Kriterien des § 50d Abs. 3 EStG Missbrauch nicht korrekt typisieren[1238] und eine teleologische Reduktion vom (objektivierten) Telos nicht gedeckt ist. Eine solche Reduktion ist nur vorzunehmen, wenn sie dem objektivierten Gesetzeszweck eher gerecht wird als die (teilweise) Nicht-Anwendung der Norm.[1239] Bei jüngeren Änderungen des § 50d Abs. 3 EStG ist aber gerade kein genereller Motivtest eingefügt worden. Dass § 50d Abs. 3 EStG flexibel ausgeschlossen sein sollte, soweit eine Kollision mit europarechtlichen Vorgaben besteht, lässt sich nicht annehmen.[1240] § 50d Abs. 3 EStG ist daher im Einzelfall unangewendet zu lassen, soweit ein Widerspruch zu europarechtlichen Vorgaben besteht.[1241]

VI. Konkurrenzverhältnis

§ 50d Abs. 3 EStG ist eine gegenüber § 42 AO abschließende spezielle Missbrauchsregelung.[1242] Den Vorrang der speziellen Regelung erkennt § 42 Abs. 1 S. 2 AO an. Nach gesetzgeberischer Konzeption – und entgegen der verdrängenden Wirkung der Spezialnorm in ihrem Anwendungsbereich – soll aber bei Nichterfüllung des § 50d Abs. 3 EStG subsidiär die Generalklausel geprüft werden (§ 42 Abs. 1 S. 3 AO). Dieses Vorgehen ist abzulehnen und könnte in aller Regel nicht zu abweichenden Ergebnissen führen, da jedenfalls die Wertung des § 50d Abs. 3 EStG im Rahmen

1237 Z.B. Ellenrieder/Kahlenberg, BB 2018, 1815, 1816; Gebhardt, BB 2018, 1498, 1499, 1502; Binnewies/Zapf, AG 2018, 612, 615; Kahlenberg, FR 2018, 499, 501.

1238 Zu den Anforderungen insoweit EuGH v. 12.09.2006 – Rs. C-196/04, Cadbury Schweppes plc und Cadbury Schweppes Overseas Ltd gg. Commissioners of Inland Revenue, Slg. 2006 I 8031, Rn. 51 ff; Schade, 155; Böing, EWS 2007, 55, 61.

1239 Englisch, in: Tipke/Lang, § 4, Rn. 28.

1240 Bericht des Finanzausschusses zum Entwurf des BeitrRLUmsG (BT-Drs 17/7524 v. 26.10.2011).

1241 U.a. Schade, 155 ff; Lüdicke, IStR 2012, 81, 85 und ders., IStR 2012, 148, 149. – Zur Reichweite der Nichtanwendung im Allgemeinen Pache, in: Schulze, § 10, Rn. 11 („insoweit"); Hahn, DStZ 2005, 433, 434 („soweit"); Böing, RIW 2007, 161, 168 („insoweit"). Zu Recht bleibt daher z.B. § 50d Abs. 3 S. 2 EStG künftig teilweise unangewendet, BMF v. 04.04.2018 – IV B 3 – S 2411/07/10016, IStR 2018, 324.

1242 BFH v. 29.01.2008 – I R 26/06, BStBl. II 2008, 978, 980; FG Köln v. 17.05.2017 – 2 K 773/16, BeckRS 2017, 117791, Tz. B.II.2.c), FG Köln v. 08.07.2016 – 2 K 2995/12, BeckRS 2016, 95698, B.II.2.d); BMF v. 24.01.2012 – IV B 3 – S 2411/07/10016, BStBl. I 2012, 171, Tz. 11; Fischer, in: H/H/S, AO, § 42, Rn. 556, Stand: 203.EL, Juni 2009; Gosch, in: Kirchhof, § 50d, Rn. 30; Loschelder, in: Schmidt, § 50d, Rn. 45; Ratschow, in: Klein, § 42, Rn. 143; Wagner, in: Blümich, EStG, § 50d, Rn. 73, Stand: 137.EL, Juni 2017.

des § 42 AO Berücksichtigung finden müsste.[1243] Allenfalls in evidenten Umgehungssituationen könnte ein Rückgriff auf § 42 AO in Betracht kommen.[1244]

Spezielle (und abschließende) Missbrauchsvorbehalte in DBA gehen § 50d Abs. 3 EStG ebenfalls vor;[1245] dies gilt insbesondere für die Limitation-on-Benefits-Regelung des Art. 28 DBA-USA.[1246] Gleiches gilt grundsätzlich für LoB-Klauseln wie Art. 7 MLI.[1247]

VII. Exkurs: § 50g EStG

§ 50g EStG regelt die Voraussetzungen, unter denen Quellensteuerentlastungen in Bezug auf Zins- und Lizenzgebührenzahlungen zwischen verbundenen Unternehmen in der EU gewährt werden. Zur Verhinderung der Doppelbesteuerung innerhalb der Europäischen Union[1248] werden Quellensteuern bei Zahlungen von Zinsen/Lizenzgebühren (§ 50g Abs. 3 Nr. 4 EStG) von einem inländischen Unternehmen oder einer inländischen Betriebsstätte eines in der Europäischen Union ansässigen Unternehmens (als Schuldner) an ein Unternehmen in der Europäischen Union oder eine dortige Betriebsstätte eines in der Europäischen Union ansässigen Unternehmens (als Gläubiger), wenn es sich um Zahlungen zwischen verbundenen Unternehmen (§ 50g Abs. 3 Nr. 5 EStG) handelt, auf Antrag nicht erhoben (§ 50g Abs. 1 EStG). Verfahrensrechtliche Regelungen enthält insbesondere § 50d EStG, sodass die ausführlichen Regelungen zum Entlastungsverfahren, inklusive der Missbrauchsklausel des § 50d Abs. 3 EStG, auch in Bezug auf § 50g EStG anzuwenden sind.

1243 FG Köln v. 17.05.2017 – 2 K 773/16, BeckRS 2017, 117791, Tz. B.II.2.c); FG Köln v. 08.07.2016 – 2 K 2995/12, BeckRS 2016, 95698, B.II.2.d); Ratschow, in: Klein, § 42, Rn. 33; Wagner, in: Blümich, EStG, § 50d, Rn. 73, Stand: 137.EL, Juni 2017; Gosch, in: FS Reiss, 597, 601; Gosch, in: Kirchhof, § 50d, Rn. 30 m.w.N; wohl auch heranziehbar BFH v. 29.01.2008 – I R 26/06, BStBl. II 2008, 978, 980; a.A. BMF v. 24.01.2012 – IV B 3 – S 2411/07/10016, BStBl. I 2012, 171, Tz. 11, Prüfung des § 42 AO bei Nichterfüllung des Tatbestands des § 50d Abs. 3 EStG ohne Einschränkung.

1244 Z.B. Hey, in: DStJG Bd. 33, 139, 166.

1245 BMF v. 24.01.2012 – IV B 3 – S 2411/07/10016, BStBl. I 2012, 171, Tz. 10 (zurückhaltender); Gosch, in: Kirchhof, § 50d, Rn. 25a m.w.N; Wagner, in: Blümich, EStG, § 50d, Rn. 67, Stand: 137.EL, Juni 2017.

1246 Gosch, in: Kirchhof, § 50d, Rn. 25a; Wagner, in: Blümich, EStG, § 50d, Rn. 67, Stand: 137.EL, Juni 2017; Gosch, in: FS Reiss, 597, 620; Schade, 87 m.w.N.

1247 Polatzky/Balliet/Steinau, IStR 2017, 226, 230; Leukefeld, 317.

1248 Klein, in: DStJG Bd. 33, 243, 256. – Die praktische Relevanz der Regelung ist jedoch dadurch gemindert, dass vor allem Zinsen (rein innerstaatlich, erst recht bei Anwendung eines DBA) regelmäßig nur gering oder nicht besteuert werden, wenn Deutschland Quellenstaat ist. Für Lizenzgebühren gilt Vergleichbares im Falle einer DBA-Anwendung, dazu Gosch, in: Kirchhof, § 50g, Rn. 3; Haase, Rn. 872 f; Kofler, in: Schaumburg/Englisch, Rn. 15.32.

§ 50g Abs. 4 S. 1 EStG soll neben § 50d Abs. 3 EStG Quellensteuerentlastungen im Missbrauchsfall versagen (§ 50g Abs. 4 S. 2 EStG). Überdies ist eine Steuerentlastung ausgeschlossen, soweit Zins- und Lizenzgebührenzahlungen den Betrag übersteigen, der zwischen fremden Dritten vereinbart worden wäre (§ 50g Abs. 2 Nr. 2 EStG). Schließlich muss der Gläubiger Nutzungsberechtigter sein (§ 50g Abs. 3 Nr. 1 EStG). Diese Regelungen richten sich gegen missbräuchliche Gestaltungen und vor allem die rein formale Einschaltung ausländischer Gesellschaften zur Erreichung von Quellensteuerentlastungen.[1249]

1. Fremdvergleich

Die Quellensteuerentlastung wird – gestützt auf die Regelung des Art. 4 Abs. 2 ZLRL – nicht gewährt, soweit Zins- und Lizenzgebührenzahlungen den fremdüblichen Betrag übersteigen (§ 50g Abs. 2 Nr. 2 EStG). Dies erfordert eine Bestimmung der jeweils angemessenen Lizenzvergütung oder des angemessenen Zinssatzes.[1250] Vergleichbare Regelungen sind in DBA enthalten (Zinsen: Art. 11 Abs. 6 OECD-MA; Lizenzgebühren: Art. 12 Abs. 4 OECD-MA)[1251] und nehmen zur Verhinderung missbräuchlicher Inanspruchnahme von Quellensteuervergünstigungen überhöhte Zins- oder Lizenzzahlungen von der Anwendung der jeweiligen DBA-Artikel aus.

2. Nutzungsberechtigung

Der Begriff des Nutzungsberechtigten stammt aus dem angloamerikanischen Rechtsraum und war bis zur Einführung des § 50g Abs. 3 S. 1 EStG nur aus dem Recht der DBA (z.B. Art. 10 Abs. 2 OECD-MA) bekannt.[1252] Die Ermittlung des wahren Berechtigten der Zins- und Lizenzzahlungen soll (in Umsetzung der Vorgaben aus Art. 1 Abs. 4 (und 5) ZLRL) die Zwischenschaltung einer in der EU ansässigen Gesellschaft zur Erschleichung der Richtlinienvergünstigungen (Directive Shopping) verhindern.[1253] Die Nutzungsberechtigung betrifft die Frage der steuerlichen

---

1249 Weber-Grellet, in: Schmidt, § 50g, Rn. 2, 4; Dorfmueller, in: Wassermeyer, Doppelbesteuerung, 325, 328.

1250 Wagner, in: Blümich, EStG, § 50g, Rn. 73, Stand: 137.EL, Juni 2017.

1251 Dazu Bozza-Bodden, in: Schönfeld/Ditz, DBA, Art. 12, Rn. 136 ff; Körner, in: Schönfeld/Ditz, DBA, Art. 11, Rn. 93 ff; Rehfeld, in: H/H/R, § 50g EStG, Rn. 9, Stand: 269. EL, Mai 2015.

1252 Gosch, in: Kirchhof, § 50g, Rn. 13; Tischbirek, in: Vogel/Lehner, Vor Art. 10 bis 12, Rn. 13. – Die Rechtsfigur entstammt dem Abkommensrecht, wobei sich mangels abkommensrechtlicher Vorgaben die Nutzungsberechtigung nach dem innerstaatlichen Recht des Anwenderstaates beurteilt, Gosch, in: Kirchhof, § 50g, Rn. 13; Rehfeld, in: H/H/R, § 50g EStG, Rn. 10, Stand: 269.EL, Mai 2015; Klein, in: DStJG Bd. 33, 243, 256; Dörr, IStR 2005, 109, 114; Hahn, EWS 2008, 273, 273 f.

1253 Rehfeld, in: H/H/R, § 50g EStG, Rn. 10, Stand: 269.EL, Mai 2015; Wagner, in: Blümich, EStG, § 50g, Rn. 46, Stand: 137.EL, Juni 2017.

Einkünfteerzielung, die von der zivilrechtlichen Zuordnung durch die Gläubigerschaft abweichen kann.[1254]

Nutzungsberechtigt sind Unternehmen, wenn sie Einkünfte im Sinne des § 2 Abs. 1 EStG erzielen (§ 50g Abs. 3 Nr. 1 S. 2 lit. a) EStG). Einkünfte sind derjenigen Person zuzurechnen, die den Tatbestand selbst verwirklicht, an den das Gesetz die sachliche Steuerpflicht knüpft.[1255] Der Steuertatbestand besteht aus einem Handlungs- (Vornahme der tatbestandsmäßigen Handlung) und einem Erfolgstatbestand (Herbeiführung des tatbestandsmäßigen Erfolgs). In Bezug auf den Handlungstatbestand richtet sich die persönliche Zurechnung nach der Verfügungsbefugnis über die Erwerbsgrundlage und deren Einsatz zu Erwerbszwecken, was sich beim Einsatz von Wirtschaftsgütern nach der tatsächlichen Dispositionsbefugnis richtet. Der Erfolg wird derjenigen Person zugerechnet, die den Einkünfteerzielungstatbestand (selbst) verwirklicht.[1256]

In Bezug auf Betriebsstätten ist Voraussetzung der Nutzungsberechtigung, dass Forderungen, Rechte oder Informationsgebrauch, die Grundlage der Zahlungen sind, tatsächlich zur Betriebsstätte gehören und Einkünfte aus Zinsen oder Lizenzgebühren im Betriebsstättenstaat einer in § 50g Abs. 3 Nr. 5 S. 1 lit. a) cc) EStG bezeichneten Steuer unterliegen (§ 50g Abs. 3 Nr. 1 S. 2 lit. b) EStG).

3. *Missbrauchsklausel*

In Umsetzung des Art. 5 Abs. 2 ZLRL sind die Entlastungen nach § 50g Abs. 1 EStG zu versagen oder zu entziehen, wenn der hauptsächliche Beweggrund oder einer der hauptsächlichen Beweggründe für Geschäftsvorfälle die Steuervermeidung oder der Missbrauch sind (§ 50g Abs. 4 S. 1 EStG). Die Regelung ist unabhängig von § 50d Abs. 3 EStG anzuwenden (§ 50g Abs. 4 S. 2 EStG), geht aber § 42 AO als spezielle Regelung vor.[1257] Neben § 50d Abs. 3 EStG erscheint die Regelung des § 50g Abs. 4 S. 1 EStG überflüssig. Die missbräuchliche Zwischenschaltung eines Rechtsträgers zur Erlangung von Quellensteuerentlastungen wird bereits durch § 50d Abs. 3 EStG hinreichend bekämpft.[1258]

Der Missbrauchsvorbehalt ist überdies kaum rechtssicher anwendbar. Die tatbestandlichen Voraussetzungen sind unbestimmt. Die Begriffswahl (insb.

1254 Wagner, in: Blümich, EStG, § 50g, Rn. 46 f, Stand: 137.EL, Juni 2017.

1255 Siehe Nachweise bei Ratschow, in: Blümich, EStG, § 2, Rn. 80, Stand: 140.EL, Januar 2018.

1256 Zum Ganzen Ratschow, in: Blümich, EStG, § 2, Rn. 80 ff, Stand: 140.EL, Januar 2018. – Eine sachgerechte (abweichende) Zuordnung kann die Anwendung des § 39 AO umfassen, vgl. Rehfeld, in: H/H/R, § 50g EStG, Rn. 10, Stand: 269.EL, Mai 2015. Str., ob auch § 42 AO umfasst, allg. Ratschow, in: Blümich, EStG, § 2, Rn. 80 ff, Stand: 140.EL, Januar 2018; dagegen Gosch, in: Kirchhof, § 50g, Rn. 13.

1257 Vgl. Gosch, in: Kirchhof, § 50g, Rn. 19.

1258 Dorfmueller, in: Wassermeyer, Doppelbesteuerung, 325, 329; Gosch, in: Kirchhof, § 50g, Rn. 19; Hey, in: DStJG Bd. 33, 139, 165; Hahn, IStR 2010, 638, 644.

„Geschäftsvorfälle“ und „Steuervermeidung“[1259]) ist unüblich und schafft Unsicherheiten in der Auslegung.[1260] Das Abstellen auf die Beweggründe erschwert die Normanwendung. Eine Vorgabe objektiver Anhaltspunkte lässt die Norm gänzlich vermissen.[1261] Der Anwendungsbereich gerät bedenklich weit, weil ausreicht, dass einer der hauptsächlichen Beweggründe für einen Geschäftsvorfall die Steuervermeidung ist.

Mit dem Begriff der Steuervermeidung wird zudem ein grundsätzlich unschädliches Verhalten zum Anlass genommen, Quellensteuerentlastungen zu versagen.[1262] Die deutsche Sprachfassung des Art. 5 Abs. 2 ZLRL erlaubt nur die Bekämpfung von Steuerhinterziehung, Steuerumgehung und Missbrauch. In Abgrenzung zur Steuerumgehung und dem steuerlichen Missbrauch bezeichnet die Steuervermeidung, auch unter Berücksichtigung von sprachlichen Unschärfen, national wie nach europäischem Verständnis grundsätzlich ein zulässiges steuergestalterisches Verhalten. Auch andere Sprachfassungen[1263] der ZLRL decken nicht die Verhinderung der Steuervermeidung. Durch Verwendung dieses Begriffs geht der

---

1259 Dorfmueller, in: Wassermeyer, Doppelbesteuerung, 325, 329.

1260 Dorfmueller, in: Wassermeyer, Doppelbesteuerung, 325, 329; Gosch, in: Kirchhof, § 50g, Rn. 19. – Siehe auch Hahn, IStR 2010, 638, insb. 643 f (Auslegung der Begriffe „Steuervermeidung“ und „Missbrauch“); Wagner, in: Blümich, EStG, § 50g, Rn. 79, Stand: 137.EL, Juni 2017 (§ 50g Abs. 4 S. 1 EStG dem „inhaltlichen Sinn nach“ wie § 42 AO); Rehfeld, in: H/H/R, EStG, § 50g, Rn. 17, Stand: 269.EL, Mai 2015 (Auslegung „im Licht der neueren Rspr. des BFH zur Generalklausel des § 42 AO“).

1261 Dorfmueller, in: Wassermeyer, Doppelbesteuerung, 325, 328; Gosch, in: Kirchhof, § 50g, Rn. 19. – Zu Zweifeln an Europarechtskonformität der Missbrauchsklausel Hahn, in: K/S/M, § 50g, Stand: 265.EL, Februar 2016, Rn. E.2 f; Hahn, IStR 2010, 638, 639.

1262 Dorfmueller, in: Wassermeyer, Doppelbesteuerung, 325, 329; Gosch, in: Kirchhof, § 50g, Rn. 19; Hahn, in: K/S/M, § 50g, Stand: 265.EL, Februar 2016, Rn. E.2; Hahn, IStR 2010, 638, 639 ff, insb. 643. – Zur Steuervermeidung Ratschow, in: Klein, § 42, Rn. 35; Leukefeld, 93, 136, jeweils m.w.N.

1263 Die französische Sprachfassung unterscheidet „fraude“, „l’évasion fiscale“ und „abus“. Während „fraude“ Steuerhinterziehung und „abus“ Missbrauch entspricht, wird „l’évasion fiscale“ überwiegend als Steuerumgehung übersetzt („évasion fiscale“, im Textvergleich unter linguee.de, zuletzt abgerufen am 01.02.2016). Die spanische Sprachfassung verwendet „fraude fiscal“, „evasión fiscal“ und „abuso“. „Fraude fiscal“ meint Steuerhinterziehung, „evasión fiscal“ bezeichnet Steuerhinterziehung oder –umgehung und „abuso“ Missbrauch (evasión fiscale – Textvergleich unter linguee.de, zuletzt abgerufen am 01.02.2016). Die englische Fassung verwendet neben „tax evasion“ (Steuerhinterziehung) und „abuse“ (Missbrauch), den Begriff „tax avoidance“. Dies meint grundsätzlich Steuervermeidung, dürfte vorliegend aber auch als Steuerumgehung zu verstehen sein, da die sog. General-Anti-Abuse-Rule (GAAR) Anwendung finden soll, was Steuerumgehung voraussetzt (vgl. Dealing with HMRC, abrufbar unter gov.uk/topic/dealing-with-hmrc/tax-avoidance, zuletzt abgerufen am 01.02.2016).

Gesetzgeber unzulässigerweise über den Rahmen der Richtlinie hinaus. Zudem ergibt sich ein Widerspruch zu primärrechtlichen Vorgaben, die nur die Verhinderung der Steuerumgehung rechtfertigen.[1264]

VIII. Zwischenergebnis

§ 50d Abs. 3 EStG bekämpft die rein formale Zwischenschaltung von Gesellschaften in EU- oder deutschen DBA-Vertragspartnerstaaten zur Erlangung von Quellensteuerreduzierungen im Inland aufgrund von DBA oder der Mutter-Tochter- sowie der Zins-und-Lizenzgebühren-Richtlinie und damit das Phänomen des sog. Treaty oder Directive Shopping. Diese Spezialregelung stellt, als Spiegelbild zu den Missbrauchsregeln der Outbound-Situation, eine der wesentlichen Hürden für die steuerliche Gestaltung von Investitionen aus dritten Staaten im Inland dar.

Die Entlastung von inländischen Quellensteuern, die nach § 50d Abs. 1 S. 1 EStG einzubehalten und abzuführen sind, wird der ausländischen Gesellschaft gemäß § 50d Abs. 3 S. 1 EStG versagt, soweit persönliche (Entlastungsberechtigung bei hypothetisch unmittelbarer Einkünfteerzielung durch die Gesellschafter) und sachliche Entlastungsvoraussetzungen (Erträge der Gesellschaft aus eigener Wirtschaftstätigkeit; beachtliche Gründe für die Einschaltung der ausländischen Gesellschaft plus Teilnahme am allgemeinen wirtschaftlichen Verkehr mit einem für den Geschäftszweck angemessen eingerichteten Geschäftsbetrieb) fehlen. Diese substanziellen Voraussetzungen sollen auch in der Inbound-Situation sicherstellen, dass nur solche Gesellschaften steuerliche Vorteile genießen, deren Einschaltung gewichtig begründet werden kann.

B. DBA-Regelungen zur Missbrauchsverhinderung

Ferner dienen zahlreiche Regelungen in DBA der Missbrauchsbekämpfung. In deutschen DBA sind u.a. die Frage der Nutzungsberechtigung (beneficial ownership), Limitation-on-Benefits-, Switch-over- und Subject-to-tax-Klauseln geregelt.[1265] Die Bekämpfung von Steuerumgehung im Bereich von DBA wird zudem international intensiviert. Als Teil des Multilateralen Instruments zur Anpassung bestehender DBA werden insbesondere der sog. Principal Purpose Test (PPT) und Limitation-on-Benefits-Klauseln (LoB-Klauseln) Einzug in weitere DBA erhalten.[1266] Art. 6 MLI sieht für Zwecke der Abkommensauslegung Änderungen der Präambel von

1264 Hahn, IStR 2010, 638, 643; a.A. Wagner, in: Blümich, EStG, § 50g, Rn. 76, Stand: 137.EL, Juni 2017 durch Abstellen auf Missbrauch. Anders Rehfeld, in: H/H/R, EStG, § 50g, Rn. 17, Stand: 269.EL, Mai 2015 (wohl für geltungserhaltende Reduktion der Norm).

1265 Blumenberg, Abwehr, 155, 173 ff, insb. Übersicht auf 176.

1266 Vgl. Art. 7 MLI.

DBA vor. Dies stellt klar, dass die Beseitigung der Doppelbesteuerung durch DBA keine Möglichkeit zur Minder- oder Nichtbesteuerung schaffen soll.[1267]

I. Limitation-on-Benefits-Klauseln

LoB-Klauseln, auch als Schranken der Abkommensberechtigung bezeichnet, richten sich gegen die missbräuchliche Inanspruchnahme von DBA.[1268] LoB-Klauseln regeln qualifizierende Voraussetzungen an die abkommensrechtliche Ansässigkeit und bekämpfen so rein formal zwischengeschaltete Gesellschaften. Sie werden von der OECD als umfassende Maßnahme gegen Treaty Shopping empfohlen.[1269] Beispiele sind Art. 28 DBA-USA[1270], Art. 21 DBA-VAE[1271] und Art. 23 DBA-Kuwait[1272]. LoB-Klauseln sind im MLI als mögliche Regelungen gegen Abkommensmissbrauch vorgesehen.[1273]

1. Art. 28 DBA-USA

Art. 28 DBA-USA (Art. 22 USA-MA[1274]) ist eine besonders detailliert ausgestaltete LoB-Klausel und elementarer Baustein der US-Abkommenspolitik.[1275] Die Regelung

1267 Im Einzelnen Grotherr, DStZ 2017, 518, 522 f.

1268 Haase, in: Haase, Einl. zu DBA, Rn. 143; Gohr, in: E/J/G/K, Art. 28, Rn. 2; Prokisch, in: Vogel/Lehner, Art. 1, Rn. 124, 144; Braun, Ubg 2018, 83, 83.

1269 Art. 1, Rn. 20 OECD-MK mit Formulierungsvorschlag; weitere Stärkung durch OECD, BEPS, Action 6: 2015 Final Report, abrufbar unter oecd.org (zuletzt abgerufen am 16.01.2016).

1270 Abkommen zwischen der Bundesrepublik Deutschland und den Vereinigten Staaten von Amerika zur Vermeidung der Doppelbesteuerung und zur Verhinderung der Steuerverkürzung auf dem Gebiet der Steuern vom Einkommen und vom Vermögen und einiger anderer Steuern – in der Fassung der Neubekanntmachung vom 04.06.2008 (BStBl. I 2008, 783).

1271 Abkommen zwischen der Bundesrepublik Deutschland und den Vereinigten Arabischen Emiraten zur Vermeidung der Doppelbesteuerung und der Steuerverkürzung auf dem Gebiet der Steuern vom Einkommen v. 01.07.2010.

1272 Abkommen zwischen der Bundesrepublik Deutschland und dem Staat Kuwait zur Vermeidung der Doppelbesteuerung auf dem Gebiet der Steuern vom Einkommen und vom Vermögen und zur Belebung der wirtschaftlichen Beziehungen v. 18.05.1999; vgl. Braun, Ubg 2018, 83, 88.

1273 Art. 7 Abs. 8 ff MLI.

1274 United States Model Income Tax Convention of November 15, 2006, abrufbar unter irs.gov/pub/irs-trty/model006.pdf (zuletzt abgerufen am 16.01.2016).

1275 Gohr, in: E/J/G/K, Art. 28, Rn. 2 ff; Wolff, in: Wassermeyer, DBA, USA, Art. 28, Rn. 1, Stand: 107.EL, Mai 2009; Dörfler/Birker, GmbHR 2006, 867, 867; Braun, Ubg 2018, 83, 83. – Die LoB-Klausel stand offenbar Vorbild für die Muster-LoB-Klausel des BEPS-Projekts, vgl. OECD/G20, BEPS, Action 6: 2015 Final Report, 21 ff, abrufbar unter keepeek.com/Digital-Asset-Management/oecd/taxation/

soll verhindern, dass in Drittstaaten ansässige Personen durch Zwischenschaltung einer im Abkommenspartnerstaat ansässigen Gesellschaft in den Genuss von Erleichterungen der amerikanischen Quellensteuer gelangen.[1276] Art. 28 DBA-USA regelt, unter welchen Voraussetzungen eine in einem Vertragsstaat ansässige Person, die Einkünfte aus dem anderen Vertragsstaat bezieht, Anspruch auf Vergünstigungen nach dem Abkommen hat.[1277] Abkommensvorteile werden nach der typisierten Missbrauchsregelung gewährt oder versagt. Außerhalb der typisierten Bestimmungen können Vorteile nur auf Grundlage einer Ermessensklausel (Art. 28 Abs. 7 DBA-USA) gewährt werden.[1278] Im Verhältnis zu § 50d Abs. 3 EStG geht Art. 28 DBA-USA als abschließende Spezialregelung vor.[1279]

Art. 28 Abs. 1 DBA-USA bestimmt, dass eine Person, die in einem Vertragsstaat ansässig ist und Einkünfte aus dem anderen Vertragsstaat bezieht, nur dann alle Abkommensvorteile im anderen Staat beanspruchen kann, wenn sie eine berechtigte Person (Art. 28 Abs. 2 DBA-USA)[1280] ist und die sonstigen Abkommensvoraussetzungen erfüllt. Die Definition der berechtigten Personen ist ein Fall typisierter Missbrauchsverhinderung.[1281] Die in Art. 28 Abs. 2 DBA-USA geregelten Tests gelten alternativ, d.h. die Erfüllung eines Tatbestands reicht, um die Vergünstigungen beanspruchen zu dürfen.[1282] Art. 28 Abs. 3 DBA-USA erstreckt die Vorteile auf sog. gleichberechtigte Begünstigte.[1283]

Gesellschaften müssen spezielle Tests zur Inanspruchnahme der Abkommensvorteile bestehen. Eine besondere Legitimation vermittelt der Börsenhandel[1284]

---

preventing-the-granting-of-treaty-benefits-in-inappropriate-circumstances-action-6-2015-final-report_9789264241695-en#page23 (zuletzt abgerufen am 16.01.2016).

1276 Dörfler/Birker, GmbHR 2006, 867, 867; Braun, Ubg 2018, 83,85.

1277 Prokisch, in: Vogel/Lehner, Art. 1, Rn. 144; Dörfler/Birker, GmbHR 2006, 867,867.

1278 Gohr, in: E/J/G/K, Art. 28, Rn. 1. – Die starre Typisierung ist europarechtlich (Niederlassungs- und Kapitalverkehrsfreiheit) fragwürdig, da der Ausschluss der Abkommensvorteile über das zur Missbrauchsverhinderung Erforderliche hinausreicht. Die Ermessensklausel (Art. 28 Abs. 7 DBA) bedeutet keinen Motivtest, da die Anwendung im finanzbehördlichen Ermessen steht, dazu Oellerich, in: Schaumburg/Englisch, Rn. 8.183 ff.

1279 U.a Gohr, in: E/J/G/K, Art. 28, Rn. 9 ff; Schnittker, IStR 2012, 720,722.

1280 Dazu zählen natürliche Personen (a), Vertragsstaaten und ihre Gebietskörperschaften (b), börsennotierte Gesellschaften und Tochtergesellschaften börsennotierter Gesellschaften (c), gemeinnützige Rechtsträger (Formulierung bei Dörfler/Birker, GmbHR 2006, 867, Fn. 5; Schnittker, IStR 2012, 720, 721) (d), Altersvorsorge-/Pensionsfonds (e) und Gesellschaften, die den sog. Ownership- oder Base-Erosion-Test bestehen (f).

1281 Gohr, in: E/J/G/K, Art. 28, Rn. 1.

1282 Dörfler/Birker, GmbHR 2006, 867,867.

1283 Schade, 61 f; Dörfler/Birker, GmbHR 2006, 867, 868 f; Braun, Ubg 2018, 83,91 f.

1284 Die ausländische Gesellschaft kann selbst börsennotiert oder Tochtergesellschaft einer/mehrerer börsennotierter Gesellschaften sein. Die zwischengeschaltete Gesellschaft muss in der zweiten Variante in einem der Vertragsstaaten ansässig

(Art. 28 Abs. 2 lit. c) DBA-USA). Die Notierung zerstreut einen Missbrauchsverdacht, da mit ihr ein erheblicher finanzieller Aufwand einhergeht, Öffentlichkeit geschaffen und vor allem die Anteilseignerstruktur diversifiziert wird. Berechtigt sind ferner Personen, die den Ownership-Test oder den Base-Erosion-Test (Art. 28 Abs. 2 lit. f) aa) oder bb) DBA-USA) bestehen und daher nicht als Durchlaufgesellschaft gelten.[1285] Der Ownership-Test erfordert eine Prüfung der fiktiven Abkommensberechtigung der Gesellschafter.[1286] Im Fall des Base-Erosion-Tests wird die Gewinnminderung der ansässigen Gesellschaft durch steuerlich abzugsfähige Zahlungen an in Drittstaaten Ansässige geprüft. Schädlich ist nach diesen Tests die Beherrschung durch Drittstaatsangehörige oder die Gewinnminderung durch Zahlung an Drittstaatsangehörige.[1287]

Des Weiteren stehen die Vergünstigungen nach Art. 28 Abs. 4 DBA-USA Gesellschaften zu, die aktiven gewerblichen Tätigkeiten nachgehen. Die aktive gewerbliche Tätigkeit muss im Ansässigkeitsstaat ausgeübt werden. Keine aktive Tätigkeit ist die Platzierung oder Verwaltung von Kapitalanlagen für eigene Rechnung, es sei denn, es handelt sich bei dieser Tätigkeit um Bank- oder Versicherungstätigkeiten oder Wertpapierhandel einer Bank oder Versicherungsgesellschaft oder eines zugelassenen Wertpapierhändlers (Art. 28 Abs. 4 lit. a) DBA-USA). Demnach scheidet jedenfalls reine eigene Vermögensverwaltung als aktive Tätigkeit aus.[1288] Einkünfte aus dem Quellenstaat müssen in Zusammenhang mit dieser gewerblichen Tätigkeit bezogen werden oder aus Anlass dieser Tätigkeit anfallen (Art. 28 Abs. 4 lit a) DBA-USA), die Tätigkeit im Ansässigkeitsstaat muss im Vergleich zur Tätigkeit im Quellenstaat erheblich sein (Art. 28 Abs. 4 lit. b) DBA-USA). Die Tätigkeit verbundener Personen wird zugerechnet (Art. 28 Abs. 4 lit. c) DBA-USA). Die Aktivität ist nach rein nationalem Steuerrecht auszulegen.[1289] Sie ist aber nicht unter Rückgriff auf andere Aktivitätsvorbehalte (§§ 8 AStG, 2a EStG oder DBA-Aktivitätsvorbehalte) zu bestimmen, da im Rahmen des Art. 28 Abs. 4 DBA-USA nicht bestimmte aktive Tätigkeiten begünstigt werden, sondern die tatsächliche Ausübung einer gewerblichen Tätigkeit erforderlich ist.[1290] Dies setzt grundsätzlich die eigenständige, selbstständig organisierte Tätigkeitsausübung mit operativem Geschäft durch eigenes Personal und mit eigener Geschäftsleitung

---

sein, vgl. Dörfler/Birker, GmbHR 2006, 867, 868. Ausführlich Braun, Ubg 2018, 83, 89 f.

1285 Dörfler/Birker, GmbHR 2006, 867, 868; Braun, Ubg 2018, 83, 90 f.

1286 Die Mehrheit der Anteile an der Gesellschaft müssen (unmittelbar oder auch mittelbar) an mehr als der Hälfte der Tage des Steuerjahrs von im Vertragsstaat ansässigen oder nach anderen Buchstaben berechtigten Personen gehalten werden.

1287 Dörfler/Birker, GmbHR 2006, 867, 868; Schade, 60; Braun, Ubg 2018, 83, 90 f.

1288 Schade, 63; vgl. Braun, Ubg 2018, 83, 91.

1289 Gohr, in: E/J/G/K, Art. 28, Rn. 157; Wolff, in: Wassermeyer, DBA, USA, Art. 28, Rn. 135, Stand: 107.EL, Mai 2009; Schade, 62 f.

1290 Gohr, in: E/J/G/K, Art. 28, Rn. 159; Wolff, in: Wassermeyer, DBA, USA, Art. 28, Rn. 135, Stand: 107.EL, Mai 2009; Schade, 63.

voraus.[1291] Die Auslagerung von Funktionen steht der Ausübung einer gewerblichen Tätigkeit aber nicht per se entgegen.

Die Beziehung zwischen den Tätigkeiten in beiden Vertragsstaaten bedarf eines geschäftlichen Zusammenhangs.[1292] Einkünfte im Quellenstaat sind durch die Tätigkeit veranlasst, wenn die Tätigkeit im Ansässigkeitsstaat durch die Einkünfteerzielung gefördert oder erleichtert wird.[1293]

Streng subsidiär können Abkommensvergünstigungen nach dem Ermessen der zuständigen Behörde gewährt werden (Art. 28 Abs. 7 DBA-USA). Die Klausel stellt auf die subjektive Seite ab: Hauptzweck der Zwischenschaltung darf nicht die Erlangung der Abkommensvorteile sein.[1294]

2. Überblick über die LoB-Klausel des Multilateralen Instruments

Das MLI sieht allein eine vereinfachte LoB-Klausel vor.[1295] Die Entwicklung einer detaillierten Klausel nach dem BEPS-Standard, die die Aufnahme eines PPT entbehrlich machen kann, ist dem jeweiligen Vertragsstaat vorbehalten (Art. 7 Abs. 15 lit. a) MLI). Es besteht keine Verpflichtung, die vereinfachte LoB-Klausel einzuführen. Der Mindeststandard der Missbrauchsbekämpfung kann allein durch den PPT erreicht werden.[1296]

Nach der vereinfachten Klausel stehen Abkommensvorteile – mit wenigen Ausnahmen – unter dem Vorbehalt, dass eine berechtigte Person sie in Anspruch nimmt (Art. 7 Abs. 8 MLI). Die in Art. 7 Abs. 8 MLI aufgeführten Personen sehen sich nach ihrer Organisations- oder Inhaberstruktur keinem Missbrauchsverdacht ausgesetzt und gelten als berechtigt.[1297] Unabhängig von diesem Status können Vorteile beansprucht werden, wenn eine Person in ihrem Ansässigkeitsstaat aktiv eine Geschäftstätigkeit ausübt[1298] und die Einkünfte aus dem anderen Staat mit

---

1291 Schade, 63.

1292 Wolff, in: Wassermeyer, DBA, USA, Art. 28, Rn. 138, Stand: 107.EL, Mai 2009.

1293 Gohr, in: E/J/G/K, Art. 28, Rn. 169 ff; Wolff, in: Wassermeyer, DBA, USA, Art. 28, Rn. 148, Stand: 107.EL, Mai 2009.

1294 Gohr, in: E/J/G/K, Art. 28, Rn. 219 ff; Wolff, in: Wassermeyer, DBA, USA, Art. 28, Rn. 201 f, Stand: 107.EL, Mai 2009; Braun, Ubg 2018, 83, 94.

1295 Endfassung Explanatory statement to the Multilateral Convention to implement tax treaty related measures to prevent base erosion and profit shifting, Tz. 104, dazu Leukefeld, 315; Benz/Böhmer, ISR 2017, 27, 29; Grotherr, DStZ 2017, 518, 523, 525; Braun, Ubg 2018, 83, 86.

1296 Art. 7 Abs. 6 MLI und ausdrücklich: Explanatory statement to the Multilateral Convention to implement tax treaty related measures to prevent base erosion and profit shifting, Tz. 89; Leukefeld, 314; Braun, Ubg 2018, 83, 86. – Bereits zu BEPS-Vorschlägen insoweit Linn, in: Wassermeyer, Doppelbesteuerung, 115, 119 f; Jochimsen, IStR 2014, 865; Wichmann/Schmidt-Heß, IStR 2014, 883.

1297 Dazu Polatzky/Balliet/Steinau, IStR 2017, 226, 231 f; Braun, Ubg 2018, 83, 87.

1298 Zur Auslegung des Begriffs Leukefeld, 315 f; Polatzky/Balliet/Steinau, IStR 2017, 226, 232 f; Braun, Ubg 2018, 83, 87.

dieser Tätigkeit zumindest verbunden sind (Art. 7 Abs. 10 lit. a MLI). Bestimmte Tätigkeiten gelten nicht als aktive Ausübung einer Geschäftstätigkeit, u.a. Holdingtätigkeit und Konzernfinanzierung (Art. 7 Abs. 10 lit. a.) i)- iv) MLI).[1299] Einschränkungen in Bezug auf die Anerkennung der Geschäftstätigkeit, insbesondere die Erheblichkeit der geschäftlichen Tätigkeit im Ansässigkeitsstaat, sind Art. 7 Abs. 10 lit. b) und c) MLI zu entnehmen. Ferner können Vorteile abgeleitet in Anspruch genommen werden, wenn an der Person gleichberechtigte Begünstigte zu mindestens 75 % beteiligt sind, die ihrerseits Abkommensvorteile beanspruchen können (Art. 7 Abs. 11 und 13 lit. c) MLI).[1300] Schließlich können Vorteile gewährt werden, wenn die Person nachweist, dass Hauptzweck in Bezug auf Errichtung/Erwerb/Unterhaltung oder in Bezug auf ihre Geschäftsausübung nicht die Erlangung von Abkommensvergünstigungen war (Art. 7 Abs. 13 MLI). Die Ermessensklausel ähnelt dem PPT.[1301]

II. Nutzungsberechtigung (beneficial ownership)

Gegen die Zwischenschaltung einer abkommensberechtigten Gesellschaft zur Erlangung von Quellensteuerentlastungen richtet sich ferner die Rechtsfigur der Nutzungsberechtigung (beneficial ownership).[1302] Die Nutzungsberechtigung betrifft die Einkünftezurechnung.[1303] In Art. 10, 11 und 12 OECD-MA wird der Begriff des Nutzungsberechtigten (beneficial owner) verwandt. Die Quellensteuerreduzierungen nach Art. 10 Abs. 2 und Art. 11 Abs. 2 OECD-MA sowie die -eliminierung nach Art 12 Abs. 1 OECD-MA kommen nur zur Anwendung, wenn der Nutzungsberechtigte der Dividenden, Zinsen oder Lizenzgebühren im anderen Vertragsstaat ansässig ist. Der unmittelbare Zahlungsempfänger wird mithin nur begünstigt, wenn er nutzungsberechtigt ist.

Der Begriff des Nutzungsberechtigten ist weder im OECD-Musterabkommen noch im OECD-Musterkommentar definiert. Der Begriff sollte gemäß Art. 3 Abs. 2 OECD-MA aufgrund des Zusammenhangs abkommensrechtlich ausgelegt werden. Im rein nationalen Steuerrecht ist der Begriff – mit der jüngeren Ausnahme des

1299 Dazu Leukefeld, 316.

1300 Näher Polatzky/Balliet/Steinau, IStR 2017, 226, 233.

1301 Siehe Polatzky/Balliet/Steinau, IStR 2017, 226, 233; Braun, Ubg 2018, 83, 87.

1302 Art. 1, Tz. 10 OECD-MK; Fischer, in: H/H/S, AO, § 39, Rn. 48, Stand: 221.EL, März 2013; Tischbirek, in: Vogel/Lehner, Vor Art. 10-12, Rn. 12; Henkel, in: Mössner, Rn. 7.48; Klein, in: DStJG Bd. 33, 243, 252.

1303 Fischer, in: H/H/S, AO, § 39, Rn. 48, Stand: 221.EL, März 2013; Oellerich, in: Schaumburg/Englisch, Rn. 8.179; Schade, 53; evtl. a.A. (lediglich Versagung von Abkommensvorteilen) Klein, in: DStJG Bd. 33, 243, 253. – Vorrangig vor *beneficial ownership* ist die Ansässigkeit zu bestimmen, Raber, in: Wassermeyer, Doppelbesteuerung, 303, 304.

§ 50g Abs. 3 S. 1 EStG – nicht üblich.[1304] Der OECD-MK[1305] empfiehlt den Begriff nicht im engen technischen Sinne, sondern in seinem Zusammenhang und im Lichte des Sinn und Zwecks des Abkommens zu verstehen. Die Versagung der Vergünstigung wird für den Fall empfohlen, dass der Empfänger nur Vertreter oder sonstiger Beauftragter ist. Gleiches gilt für eine Durchlaufgesellschaft.[1306]

Entscheidend zielt die Regelung darauf ab, bloß formal eingeschalteten Gesellschaften abkommensrechtliche Quellensteuervergünstigungen zu versagen.[1307] Die Nutzungsberechtigung wird mit verschiedenen Ansatzpunkten ermittelt. Teilweise wird die Nutzungsberechtigung nach der steuerlichen Zurechnung der Beteiligung an der ausschüttenden Gesellschaft bestimmt. Demnach ist derjenige nutzungsberechtigt, dem die Einkunftsquelle, der Anteil an der ausschüttenden Gesellschaft, steuerlich zuzurechnen ist.[1308] Das Abstellen auf die Beteiligung entspräche der

1304 Raber, in: Wassermeyer, Doppelbesteuerung, 303, 304; Tischbirek, in: Vogel/Lehner, Vor Art. 10-12, Rn. 15; dazu wegen Einführung des § 50g EStG, Wenz/Linn, in: Haase, AStG/DBA, Art. 11, Rn. 42 ff.

1305 OECD-MK zu OECD-MA Art. 10 Tz. 12.1 ff; Art. 11, Tz. 9.1 ff; Art. 12, Tz. 4 ff.

1306 OECD-MK zu OECD-MA Art. 10 Tz. 12.3.

1307 Raber, in: Wassermeyer, Doppelbesteuerung, 303, 308. – Gemäß *Indofood* (Indofood International Finance Ltd. v JP Morgan Chase Bank NA London Branch, Court of Appeal (Civil Division) v. 02.03.2006, 2006 WL 421906) besitzt der Begriff des Nutzungsberechtigten ein „international fiscal meaning". Entscheidend für die Nutzungsberechtigung sei das vollständige Profitieren von Einkünften. Die Verpflichtung, Einkünfte weiterzureichen (als bloße Durchlaufstelle) stehe dem entgegen. Nach *Prévost Car* (Her Majesty the Queen v. Prévost Car Inc., Federal Court of Appeal v. 26.02.2009; 2009 FCA 57; zur Nutzungsberechtigung nach DBA Niederlande-Kanada) ist Nutzungsberechtigter, wer Dividenden für eigenen Nutzen und Genuss beziehe, Risiken übernehme und Kontrolle in Bezug auf Dividenden ausübe. Der Begriff habe eine innerstaatliche Bedeutung; OECD-Kommentare und Berichte dienten als „Guidance". Ein Durchgriff sei nur gerechtfertigt, wenn der Empfänger bloße Durchlaufstelle sei und keinen Einfluss auf Nutzung oder Einsatz der Zahlungsempfänge besitze oder sich bereit erklärt habe, ohne Abweichungsmöglichkeit auf Weisung einer anderen Person zu handeln. *Velcro* (Velcro Canada Inc. v. Her Majesty the Queen, Tax Court of Canada v. 24.02.2012, 2012 TCC 57; zu Lizenzgebühren im Anwendungsbereich des DBA Kanada-Niederlande) beurteilt die Nutzungsberechtigung anhand zahlreicher Kriterien: Berechtigung, Lizenzzahlungen zu erhalten; Anlage finanzieller Mittel nach Erhalt auf einem allein kontrollierten eigenen Konto und Vermischung mit anderen Mitteln; Tragung geschäftlicher Risiken (z.B. Wechselkursrisiken); kein Weisungserhalt von anderen Rechtsträgern für jeden Schritt des Umgangs mit erhaltenen Mitteln; unterschiedliche Höhe erhaltener und weitergezahlter Beträge; keine automatische Weiterreichung; Abzug von Kosten vor Weiterreichung; (keine) Priorität als Gläubiger. – Zu divergierenden Begriffsverständnissen Tischbirek, in: Vogel/Lehner, Vor. Art. 10 bis 12, Rn. 17 f.

1308 Schönfeld, in: Schönfeld/Ditz, Art. 10, Rn. 73; Klein, in: DStJG Bd. 33, 243, 253.

nationalen Rechtslage beim Dividendenbezug. Für diesen ist das wirtschaftliche Eigentum am Gesellschaftsanteil der ausschüttenden Gesellschaft entscheidend (§ 20 Abs. 5 in Bezug auf § 20 Abs. 1 Nr. 1 und 2 EStG).[1309] Die Nutzungsberechtigung nach diesem Ansatz ist mit dem wirtschaftlichen Eigentum (§ 39 AO) vergleichbar.[1310]

Die Nutzungsberechtigung betrifft jedoch die Frage der Einkünftezurechnung.[1311] Daher wird teilweise auf die tatsächliche Verfügungsbefugnis über Einkünfte oder die Verfügungsmacht über die Stammrechte der Gesellschaften abgestellt,[1312] eine der Zahlung zugrunde liegende wirtschaftliche Aktivität[1313] oder eine Risikoübernahme[1314] untersucht. Grundsätzlich erscheint überzeugend, auf eine Pflicht zur Weiterleitung von Einkünften abzustellen. Nutzungsberechtigt ist, wer in den Genuss der Zahlung kommt und über ihre Verwendung entscheidet, sie nicht weiterzahlen muss.[1315] Das jeweilige Verständnis ist in Bezug auf das konkret angewandte DBA zu ermitteln.[1316] Die Beherrschung der zwischengeschalteten Gesellschaft allein, selbst bei vollständiger Ausschüttung von Gewinnen, stellt die Nutzungsberechtigung nicht generell infrage. Relevant ist vielmehr eine Weitergabepflicht oder eine vollständige Weisungsbefugnis in Bezug auf die Verwendung der erhaltenen Mittel.[1317]

III. Exkurs: Principal-Purpose-Test

Das Multilaterale Instrument sieht Regelungen gegen Abkommensmissbrauch vor. Der PPT (Art. 7 Abs. 1 bis 5 MLI) soll einen Mindeststandard zur Bekämpfung des Abkommensmissbrauchs in DBA begründen. Dieser Test kann ergänzt werden um eine vereinfachte LoB-Klausel (Art. 7 Abs. 8-13 MLI). Statt des PPT kann eine detaillierte LoB-Klausel, ergänzt um Regelungen gegen „Durchlauffinanzierungsstrukturen", eingeführt werden (Art. 7 Abs. 15 lit. a) MLI). Der weit und vage

---

1309 Kaeser/Wassermeyer, in: Wassermeyer, DBA, Art. 10 MA, Rn. 68, Stand: 128.EL, August 2014; Schönfeld, in: Schönfeld/Ditz, Art. 10, Rn. 74.

1310 Vgl. Körner, in: Schönfeld/Ditz, Art. 11, Rn. 50; Klein, in: DStJG Bd. 33, 243, 253.

1311 Zu Recht Fischer, in: H/H/S, AO, § 39, Rn. 49, Stand: 221.EL, März 2013.

1312 Schaumburg/Häck, in: Schaumburg, Rn. 19.139; Schade, 54. – Die Anforderungen sind jedenfalls umstritten, vgl. Wenz/Linn, in: Haase, AStG/DBA, Art. 11, Rn. 42.

1313 Blumenberg, Abwehr, 155, 175.

1314 Dazu Fischer, in: H/H/S, AO, § 39, Rn. 48, Stand: 221.EL, März 2013.

1315 Körner, in: Schönfeld/Ditz, Art. 11, Rn. 50; Tischbirek, in: Vogel/Lehner, Vor. Art. 10 bis 12, Rn. 19.

1316 Vgl. Bsp. bei Tischbirek, in: Vogel/Lehner, Vor Art. 10-12, Rn. 19.

1317 Tischbirek, in: Vogel/Lehner, Vor Art. 10-12, Rn. 19; Körner, in: Schönfeld/Ditz, Art. 11, Rn. 50; ähnlich: Pöllath/Lohbeck, in: Vogel/Lehner, Art. 11, Rn. 36 ff; Schade, 55.

gefasste PPT lässt aber rechtssichere, voraussehbare Maßstäbe der Missbrauchsbekämpfung vermissen.

Nach dem PPT soll eine Vergünstigung des DBA versagt werden können, wenn die Erlangung dieser Vergünstigung einer der Hauptzwecke der Gestaltung/Transaktion war, es sei denn, die Gewährung des Vorteils steht im Einklang mit dem Abkommenszweck (Art. 7 Abs. 1 MLI). Gestaltung oder Transaktion in diesem Sinne kann die Einschaltung einer „rechtlichen Einheit“ sein.[1318] Der PPT kann der Gewährung jeder einzelnen Abkommensvergünstigung entgegenstehen.[1319] Der Gegenbeweis, dass die Vorteilserlangung mit dem Abkommenszweck vereinbar ist, obliegt dem Steuerpflichtigen.

Auch eine abweichende Version des PPT kann geregelt werden (Art. 7 Abs. 3 MLI). Nach dieser Klausel kann eine Vergünstigung auf Antrag gewährt werden, wenn der Vorteil auch ohne die Gestaltung zu gewähren war (Art. 7 Abs. 4 MLI).[1320]

Der PPT genießt als abkommensrechtliche Missbrauchsregelung Vorrang vor § 42 AO in Bezug auf Abkommensvergünstigungen.[1321]

IV. Abgrenzung zu weiteren Missbrauchsklauseln

1. Öffnungsklauseln

In verschiedenen DBA finden sich Öffnungsklauseln. Diese erlauben die Anwendung nationaler Missbrauchsklauseln bei der Anwendung von DBA-Regelungen.[1322] Einen solchen Vorbehalt enthält Art. 28 der deutschen DBA-Verhandlungsgrundlage.[1323] Öffnungsklauseln sind jedoch nur ein Vehikel für die Anwendung nationaler Missbrauchsregelungen.

2. Allgemeiner Missbrauchsvorbehalt

Ein allgemeiner Missbrauchsvorbehalt in DBA ist nicht anzuerkennen. Wenngleich mit verschiedenen Begründungen[1324] ein ungeschriebener Umgehungsvorbehalt vertreten wird,[1325] kann dies angesichts der Vielzahl speziell vereinbarter Missbrauchsvorbehalte und des vagen Inhalts eines ungeschriebenen Vorbehalts[1326]

1318 Vgl. Grotherr, DStZ 2017, 518, 524; Polatzky/Balliet/Steinau, IStR 2017, 226, 230.

1319 Vgl. Polatzky/Balliet/Steinau, IStR 2017, 226, 230.

1320 Dazu Grotherr, DStZ 2017, 518, 524.

1321 Haarmann, IStR 2018, 561, 563.

1322 Auflistung einzelner Klauseln bei Prokisch, in: Vogel/Lehner, Art. 1, Rn. 135.

1323 Vgl. Lüdicke, IStR-Beihefter 2013, 26, 43 f.

1324 Dazu Schade, 51.

1325 U.a. Prokisch, in: Vogel/Lehner, Anh. zu Art. 1, Rn. 117; Wassermeyer, in: Wassermeyer, DBA, Art. 1 MA, Rn. 57, Stand: 103.EL, Januar 2008; Haarmann, IStR 2018, 561, 566.

1326 Zu Recht Lentz, 243.

nicht überzeugen. Ein übereinstimmendes Missbrauchsverständnis im Abkommensrecht zur präzisen Inhaltsbestimmung lässt sich in aller Regel nicht feststellen.[1327]

3. Subject-to-tax-/Rückfallklauseln und Switch-over-Klauseln

Grundsätzlich kommt die Freistellungsmethode in Bezug auf ausländische Einkünfte unabhängig davon zur Anwendung, ob der andere Vertragsstaat diese besteuert. Schon die Möglichkeit der Doppelbesteuerung (sog. virtuelle Doppelbesteuerung) wird durch die Freistellung verhindert. Es können daher grundsätzlich sog. weiße Einkünfte, d.h. von keinem Vertragsstaat besteuerte Einkünfte, entstehen, wenn der andere Vertragsstaat sein Besteuerungsrecht nicht ausübt.[1328] Die doppelte Freistellung/Nichtbesteuerung ist aber nicht Ziel eines DBA.[1329] Eine Subject-to-tax- oder Rückfallklausel soll verhindern, dass bestimmte Einkünfte weder im Ansässigkeits- noch im Quellenstaat besteuert werden. Die Klausel macht die Gewährung von Vergünstigungen, vor allem die Freistellung, von der tatsächlichen Besteuerung im anderen Vertragsstaat abhängig.[1330] Die deutsche DBA-Verhandlungsgrundlage sieht eine Subject-to-tax-Klausel in Art. 22 Abs. 1 lit. e) bb) vor.[1331]

Switch-over-Klauseln bewirken ein Umschalten von der Freistellungs- zur Anrechnungsmethode. Die Methode der Berücksichtigung ausländischer Besteuerung wird geändert. Die Switch-over-Klausel dient grundsätzlich der Bekämpfung von Minder- bzw. Nichtbesteuerung von Einkünften durch Qualifikations- oder Zurechnungskonflikte.[1332] Sie findet sich in der deutschen DBA-Verhandlungsgrundlage in Art. 22 Abs. 1 lit. e) aa).[1333]

1327 Strobl-Haarmann, in: FS Raupach, 613, 615.

1328 Wassermeyer, in: Wassermeyer, DBA, Vor Art. 1 MA, Rn. 4, Stand: 135.EL, Oktober 2016; Meretzki, in: W/R/S, Rn. 15.13 ff; Schaumburg/Häck, in: Schaumburg, Rn. 19.522.

1329 Haase, in: Haase, AStG/DBA, Einl. zu DBA, Rn. 141 ff; Lüdicke, Überlegungen, 87 f.

1330 Blumenberg, Abwehr, 155, 173. – Teilweise werden die Begriffe Subject-to-tax- und Rückfallklausel synonym verwendet. Teilweise wird die Rückfallklausel bei Vereinbarung für alle abkommensrechtlichen Einkunftsarten im Methodenartikel, die Subject-to-tax-Klausel bei Festlegung nur für bestimmte abkommensrechtliche Einkunftsarten im jeweiligen Artikel angenommen, Haase, in: Haase, AStG/DBA, Einl. zu DBA, Rn. 143 f; Cloer, PIStB 2007, 260, 262. Wiederum anders Blumenberg, Abwehr, 155, 173.

1331 Lüdicke, IStR-Beihefter 2013, 26, 37 ff.

1332 Haase, in: Haase, Einl. zu DBA, Rn. 142; Prokisch, in: Vogel/Lehner, Art. 1, Rn. 136a; Lüdicke, Überlegungen, 97 ff; Cloer, PIStB 2007, 260, 263; Grotherr, IWB F3, Gr. 2, 643, 654 f; ders., IWB, F3, Gr. 1, 2309, 2315.

1333 Lüdicke, IStR-Beihefter 2013, 26, 37.

Die Einordnung von Switch-over- und Subject-to-tax-Klauseln als Missbrauchsklauseln ist fragwürdig.[1334] Die Freistellung hängt allein von der Besteuerung im anderen Staat ab, nicht von Funktions- oder Tätigkeitsanforderungen.

1334 Prokisch, in: Vogel/Lehner, DBA, Art. 1, Rn. 136a.

4. Teil – Aktivitätsvorbehalte

Der Begriff der Aktivitätsvorbehalte umfasst verschiedene Regelungen, die im Fall der Besteuerung von im Ausland belegenen Betriebsstätten und, im internationalen Steuerrecht als solche behandelten, Beteiligungen an ausländischen Personengesellschaften die Gewährung steuerlicher Vorteile einschränken.

A. § 2a EStG

Durch § 2a Abs. 1 bis 2a EStG wird die steuerliche Verlustberücksichtigung mit Bezug zu Drittstaaten beschränkt. Gemäß § 2a Abs. 1 EStG dürfen abschließend aufgezählte negative Einkünfte (und gleichgestellte Gewinnminderungen) einer Art und aus einem Staat nur mit zukünftigen positiven Einkünften derselben Art und regelmäßig demselben Staat ausgeglichen werden.[1335] Einkünfte derselben Art sind solche, die unter dieselbe Ziffer des § 2a Abs. 1 S. 1 EStG zu subsumieren sind.[1336] Der Ausgleich negativer Einkünfte (im Sinne des § 2 Abs. 1 EStG) ist mithin im Rahmen des § 2a Abs. 1 S. 1 EStG auf einzelne Einkunftsbereiche (Quellen und Tätigkeiten) im jeweiligen ausländischen Staat beschränkt.[1337] Der Anwendungsbereich der Regelung ist aber mittlerweile in Reaktion auf europarechtliche Bedenken[1338] auf Drittstaaten im Sinne des § 2a Abs. 2a EStG beschränkt worden.[1339] Diese

1335 Ungeachtet der tatsächlichen Schwierigkeiten verlangt der Gesetzgeber damit eine Aufteilung und Zuordnung der Einkünfte zu den einzelnen Ziffern, Probst, in: F/W/B/S, § 2a EStG, Rn. 331, Stand: 71.EL, September 2013.

1336 Gosch, in: Kirchhof, § 2a, Rn. 42; Herkenroth/Striegel, in: H/H/R, 2a EStG, Rn. 77, Stand: 261.EL, Januar 2014. – § 2a Abs. 1 S. 1 Nr. 3 und 4 EStG werden zusammengefasst, Heinicke, in: Schmidt, § 2a, Rn. 41 aE. Der Abzug nach § 10d EStG ist in Bezug auf passive Verluste ausgeschlossen (§ 2a Abs. 1 S. 1, 2. Hs. EStG) – wohl Klarstellung, vgl. Probst, in: F/W/B/S, § 2a EStG, Rn. 166 ff, Stand: 71.EL, September 2013. – Ein spezieller Verlustvortrag ist in § 2a Abs. 1 S. 3 bis 5 EStG angeordnet, vgl. Wagner, in: Blümich, EStG, § 2a, Rn. 143 ff, Stand: 135.EL, November 2016. – Zum negativen Progressionsvorbehalt Gosch, in: Kirchhof, § 2a, Rn. 48 f; Heinicke, in: Schmidt, § 2a, Rn. 2, 46.

1337 Gosch, in: Kirchhof, § 2a, Rn. 11; Heinicke, in: Schmidt, § 2a, Rn. 6. – Es kommt allein auf im Ausland verwirklichte Tatbestandsmerkmale an. Eine ertragsteuerliche Subsidiarität oder Umqualifizierung bleibt außer Betracht, Gosch, in: Kirchhof, § 2a, Rn. 11.

1338 Gosch, in: Kirchhof, § 2a, Rn. 3; Heinicke, in: Schmidt, § 2a, Rn. 2.

1339 Seit dem JStG 2009, BGBl. I 2008, 2794. – Drittstaateneinkünfte könnten aber durch die Kapitalverkehrsfreiheit geschützt sein. Für Europarechtswidrigkeit des Ausschlusses negativer Vermietungseinkünfte Hagemann/Kahlenberg, EWS 2013, 274, 277 ff.

Eingrenzung, aber auch die regelmäßige Einkünftefreistellung in DBA, mindert die Bedeutung des § 2a EStG erheblich.

Die Regelung des § 2a EStG durchbricht zum einen das Welteinkommensprinzip, demzufolge bei unbeschränkter Steuerpflicht das positive und negative Welteinkommen des Steuerpflichtigen innerhalb eines Veranlagungszeitraums der Besteuerung zugrunde gelegt wird. Sie weicht zum anderen das objektive Nettoprinzip auf, das die Berücksichtigung von Erwerbsaufwendungen verlangt. § 2a EStG bewirkt mithin eine ungleiche Behandlung von vollständig erfassten Gewinnen und nach Maßgabe des § 2a Abs. 1 S. 1 EStG eingeschränkt zu berücksichtigenden Verlusten mit Bezug zu Drittstaaten.[1340]

Die Beschränkung des Verlustausgleichs durch § 2a EStG richtete sich ursprünglich gegen (volks)wirtschaftlich sinnlose Auslandsinvestitionen mittels sog. Verlustzuweisungsgesellschaften. Die Einführung des § 2a EStG sollte diesen Steuersparmodellen durch Versagung der unmittelbaren Verlustverrechnung die Attraktivität nehmen.[1341] Die Regelung typisiert missbräuchliche Verlusterzielung mit Bezug zu Drittstaaten unabhängig davon, ob eine wirtschaftliche Tätigkeit aufgenommen werden sollte. Einzelne wirtschaftliche Betätigungen mit einer hohen Wahrscheinlichkeit der dauerhaften Verlusterzielung sind aus fiskalischen Erwägungen der Verlustausgleichsbeschränkung unterworfen worden.[1342] Maßgeblich ist die Ausübung einer durch den Katalog des § 2a Abs. 1 EStG definierten schädlichen Betätigung – mit Ausnahme der unter die Aktivitätsklausel des § 2a Abs. 2 EStG fallenden Aktivitäten – unabhängig vom Tätigkeitsumfang oder dem Vorliegen von Funktionsnachweisen. Diese starre und fiskalisch motivierte Regelung ist angesichts ihres erheblichen Einflusses auf Investitionsentscheidungen mit Bezug zu Drittstaaten unbefriedigend.

Schädlich sind negative Einkünfte aus einer im Drittstaat belegenen land- und forstwirtschaftlichen Betriebsstätte (§ 2a Abs. 1 S. 1 Nr. 1 EStG). Dies umfasst Einkünfte aus einer land- und forstwirtschaftlichen (§§ 2 Abs. 1 S. 1 Nr. 1 i.V.m. 13 Abs. 1 EStG) Betriebsstätte (§ 12 AO) im Drittstaat[1343], inklusive der Nebenbetriebe (§ 13 Abs. 2 Nr. 1 EStG) sowie aus entsprechenden Veräußerungsvorgängen

---

1340 Gosch, in: Kirchhof, § 2a, Rn. 1 f; Schaumburg, in: Schaumburg, Rn. 6.69, 6.76 f; Prokisch, in: DStJG Bd. 28, 229, 234 f. – Zu „finalen Verlusten“: Gosch, in: Kirchhof, § 2a, Rn. 5a f; Heinicke, in: Schmidt, § 2a, Rn. 13. – Zu verfassungsrechtlichen Bedenken gegenüber § 2a EStG, Röder, 94 ff, 176 ff, 390 ff.

1341 Entwurf des HausBeglG 1983 v. 04.11.1982, BT-Drs. 9/2074, 62; Heinicke, in: Schmidt, § 2a, Rn. 2; Mössner, in: K/S/M, § 2a, Rn. A 3a ff, A 71 ff, Stand: 96.EL, März 2000; Wagner, in: Blümich, EStG, § 2a, Rn. 22, Stand: 135.EL, November 2016; Mössner, in: Lüdicke/Kempf, 62 f.

1342 BFH v. 17.10.1990 – I R 182/87, BStBl. II 1991, 136, 139; Probst, in: F/W/B/S, § 2a EStG, Rn. 21, 23, 109, Stand: 71.EL, September 2013; Prokisch, in: DStJG Bd. 28, 229, 235.

1343 Die Betriebsstätte muss im Drittstaat liegen. Die bloße Belegenheit von Grundstücken im Drittstaat führt nicht bereits zu einer dortigen Betriebsstätte, Gosch, in: Kirchhof, § 2a, Rn. 16 m.w.N.

(§ 14 EStG).[1344] Dies bedeutet grundsätzlich einen umfassenden Ausschluss der Verlustberücksichtigung aus Land- und Forstwirtschaft. Die Aktivitätsklausel des § 2a Abs. 2 EStG ist ausweislich des Wortlauts auf diesen Tatbestand nicht anwendbar, sodass auch in Fällen aktiver Bewirtschaftung Verluste nur eingeschränkt verrechenbar sind.[1345] Allerdings sind nach regelmäßiger DBA-Praxis Einkünfte aus der Land- und Forstwirtschaft von der Besteuerung freigestellt (Art. 6 Abs. 1 OECD-MA; Art. 6 Abs. 1 deutsche DBA-Verhandlungsgrundlage).

Ferner sind negative Einkünfte aus einer in einem Drittstaat belegenen gewerblichen Betriebsstätte schädlich (§ 2a Abs. 1 S. 1 Nr. 2 EStG). Dies erfasst neben Betriebsstätten (§ 12 AO) Beteiligungen an gewerblich tätigen Personengesellschaften,[1346] wobei sich die Gewerblichkeit nach § 15 Abs. 2 EStG und die Belegenheit nach dem Ort der Tätigkeitsausübung bestimmt.[1347] Die häufige Vereinbarung der Freistellungsmethode in DBA (Art. 7 Abs. 1 i.V.m. 23A Abs. 1 OECD-MA; Art. 22 Abs. 1 Nr. 1, 4 deutsche DBA-Verhandlungsgrundlage) mindert die Bedeutung der Klausel, da Verluste in diesem Fall schon nach der sog. Symmetriebehandlung (Freistellung in Bezug auf positive wie negative Einkünfte) unbeachtlich sind.[1348] Überdies ermöglicht der § 5 AIG und § 1 Abs. 3 EntwLStG nachempfundene Ausnahmetatbestand[1349] des § 2a Abs. 2 S. 1 EStG die Verlustverrechnung, wenn negative Einkünfte aus einer gewerblichen Betriebsstätte stammen, die zumindest fast ausschließlich, d.h. zu mindestens 90 % im Wirtschaftsjahr,[1350] *aktive* Tätigkeiten ausübt (sog. Aktivitäts- oder Produktivitätsklausel).[1351] Die Klausel erfasst Auslandsinvestitionen, die nicht im Verdacht sinnloser Verlustproduktion stehen,

---

1344 Heinicke, in: Schmidt, § 2a, Rn. 11.

1345 Herkenroth/Striegel, in: H/H/R, § 2a EStG, Rn. 27, Stand: 261.EL, Januar 2014.

1346 Gosch, in: Kirchhof, § 2a, Rn. 18; Probst, in: F/W/B/S, § 2a EStG, Rn. 152, Stand: 71. EL, September 2013.

1347 Heinicke, in: Schmidt, § 2a, Rn. 12. – Str. ist, ob auch gewerblich geprägte Gesellschaften erfasst sind, dazu Probst, in: F/W/B/S, § 2a EStG, Rn. 160, Stand: 71.EL, September 2013.

1348 Gosch, in: Kirchhof, § 2a, Rn. 19, 17.

1349 Gosch, in: Kirchhof, § 2a, Rn. 34; Heinicke, in: Schmidt, § 2a, Rn. 14.

1350 Herkenroth/Striegel, in: H/H/R, § 2a EStG, Rn. 104, Stand: 261.EL, Januar 2014; vgl. auch BFH v. 30.08.1995 – I R 77/94, BStBl. II 1996, 122, 124 f. – Bezugspunkt der 90 %-Grenze aber unklar. Diskussion über Bruttoerträge, Umsatz, Gewinn, dazu Herkenroth/Striegel, in: H/H/R, § 2a EStG, Rn. 104, Stand: 261.EL, Januar 2014; Probst, in: F/W/B/S, § 2a EStG, Rn. 376, Stand: 71.EL, September 2013.

1351 Heinicke, in: Schmidt, § 2a, Rn. 14; Probst, in: F/W/B/S, § 2a EStG, Rn. 25, 359, Stand: 71.EL, September 2013. – Tätigkeiten im funktionalen Zusammenhang sind ebenfalls erfasst, Heinicke, in: Schmidt, § 2a, Rn. 19. – Die Voraussetzungen der Aktivitätsklausel müssen für jede Betriebsstätte getrennt vorliegen, Gosch, in: Kirchhof, § 2a, Rn. 40. – Die Tätigkeiten müssen sich der Betriebsstätte zuordnen lassen, Probst, in: F/W/B/S, § 2a EStG, Rn. 375, Stand: 71.EL, September 2013.

sondern als für die deutsche Volkswirtschaft (als Industrie- und Exportnation) vorteilhaft erachtet werden.[1352]

Die Herstellung und Lieferung von Waren umfasst jedenfalls die teilweise Produktion im eigenen Betrieb (Herstellung)[1353] und die Übertragung der wirtschaftlichen Verfügungsmacht (Lieferung)[1354] in Bezug auf bewegliche körperliche Gegenstände (im Sinne des § 90 BGB)[1355] – ausgenommen Waffen (im Sinne des § 1 WaffenG und des KrWaffKontrG).[1356] Die Bodenschatzgewinnung beinhaltet Förderung, (Ur-)Produktion und Veräußerung von als Rohstoff nutzbaren Bodenbestandteilen (Öl, Gas, Kohle),[1357] inklusive funktional der Gewinnung dienendem Suchen, Verarbeiten und Transport.[1358] Die Bewirkung gewerblicher Leistungen erstreckt sich auf jedes Handeln, Dulden oder Unterlassen, das Gegenstand eines entgeltlichen Vertrags sein kann und die Voraussetzungen des § 15 Abs. 2 EStG erfüllt,[1359] insbesondere handwerkliche, technische, kaufmännische und logistische Leistungen.[1360] Als Bewirkung gewerblicher Leistungen gilt ferner das unmittelbare Halten einer Beteiligung mindestens eines Viertels des Nennkapitals[1361] einer ausländischen Kapitalgesellschaft, die mindestens fast ausschließlich vorgenannte aktive Tätigkeiten ausübt und die mit dem Halten zusammenhängende Finanzierung (§ 2a Abs. 2 S. 1, 2. Hs. EStG). Die Beteiligung muss der Betriebsstätte zugeordnet sein.[1362] Die begünstigten Tätigkeiten müssen nicht im selben Drittstaat ausgeübt werden.[1363]

1352 Probst, in: F/W/B/S, § 2a EStG, Rn. 25, Stand: 71.EL, September 2013.

1353 Probst, in: F/W/B/S, § 2a EStG, Rn. 379, Stand: 71.EL, September 2013.

1354 Gosch, in: Kirchhof, § 2a, Rn. 37; Probst, in: F/W/B/S, § 2a EStG, Rn. 380, Stand: 71. EL, September 2013.

1355 BFH v. 18.07.2001 – I R 70/00, BStBl. II 2003, 48, 49 (zum AIG); Gosch, in: Kirchhof, § 2a, Rn. 36; Heinicke, in: Schmidt, § 2a, Rn. 17; Herkenroth/Striegel, in: H/H/R, § 2a EStG, Rn. 107, Stand: 261.EL, Januar 2014 (inkl. Energie); Probst, in: F/W/B/S, § 2a EStG, Rn. 377, Stand: 71.EL, September 2013.

1356 Heinicke, in: Schmidt, § 2a, Rn. 18; Herkenroth/Striegel, in: H/H/R, 2a EStG, Rn. 107, Stand: 261.EL, Januar 2014.

1357 Gosch, in: Kirchhof, § 2a, Rn. 38.

1358 Gosch, in: Kirchhof, § 2a, Rn. 38; Herkenroth/Striegel, in: H/H/R, 2a EStG, Rn. 110, Stand: 261.EL (nicht Aufsuchen), Januar 2014; Probst, in: F/W/B/S, § 2a EStG, Rn. 381 ff, Stand: 71.EL, September 2013 (diff. bzgl. Aufsuchen).

1359 Herkenroth/Striegel, in: H/H/R, 2a EStG, Rn. 113, Stand: 261.EL, Januar 2014. – Gewerbliche Leistungen sind solche, die keine Lieferung (oder Herstellung) bedeuten, Gosch, in: Kirchhof, § 2a, Rn. 39. – Zu Gegenausnahmen, Probst, in: F/W/B/S, § 2a EStG, Rn. 386 ff, Stand: 71.EL, September 2013.

1360 Heinicke, in: Schmidt, § 2a, Rn. 22.

1361 Dies meint die nominelle Beteiligung am gesetzlichen Grund- oder Stammkapital nach ausländischem Gesellschaftsrecht, Probst, in: F/W/B/S, § 2a EStG, Rn. 390, Stand: 71.EL, September 2013.

1362 BFH v. 30.08.1995 – I R 112/94, BStBl. II 1996, 563, 565; Probst, in: F/W/B/S, § 2a EStG, Rn. 289, Stand: 71.EL, September 2013.

1363 Herkenroth/Striegel, in: H/H/R, 2a EStG, Rn. 120, Stand: 261.EL, Januar 2014.

§ 2a Abs. 1 S. 1 Nr. 3 und 4 EStG dehnen die Verrechnungsbeschränkung auf negative Einkünfte aus Wertminderungen in Bezug auf Beteiligungen an Drittstaaten-Körperschaften aus, mittels derer insbesondere § 2a Abs. 1 S. 1 Nr. 2 EStG umgangen werden könnte,[1364] es sei denn, die Drittstaaten-Körperschaft hat seit Gründung oder in jüngeren Veranlagungszeiträumen Tätigkeiten im Sinne des § 2a Abs. 1 S. 1 EStG ausgeübt (§ 2a Abs. S. 2 EStG). Ferner sind negative Einkünfte aus Beteiligungen an einem Handelsgewerbe als typischer stiller Gesellschafter (im Sinne des § 20 Abs. 1 Nr. 4 EStG) und aus partiarischen Darlehen (§ 2a Abs. 1 Nr. 5 EStG) eingeschränkt verrechenbar.[1365]

Die Verrechnungsbeschränkung erstreckt sich überdies auf Verluste aus Vermietung und Verpachtung von unbeweglichem Vermögen (§ 21 Abs. 1 Nr. 1 EStG) oder Sachinbegriffen (§ 21 Abs. 1 Nr. 2 EStG),[1366] die in Drittstaaten belegen sind (§ 2a Abs. 1 S. 1 Nr. 6 lit. a) EStG), ausgenommen gewerbliche Vermietung, soweit § 2a Abs. 1 S. 1 Nr. 2 EStG diese erfasst.[1367] Gleiches gilt in Bezug auf Verluste aus der entgeltlichen Überlassung von Schiffen, die nicht mindestens fast ausschließlich, d.h. zu mindestens 90 %, außerhalb von Drittstaaten eingesetzt worden sind (§ 2a Abs. 1 S. 1 Nr. 6 lit. b) EStG)[1368] – ausgenommen Handelsschiffe unter den alternativen Voraussetzungen des § 2a Abs. 1 S. 1 Nr. 6 lit. b) aa) – cc) EStG zur Förderung des Reedereigeschäfts.[1369] Des Weiteren verhindert § 2a Abs. 1 S. 1 Nr. 6 lit. c) EStG die Umgehung der vorgenannten Buchstaben.[1370] Vermietungseinkünfte sind aber in aller Regel nach DBA freigestellt, weshalb negative Einkünfte schon symmetrisch nicht berücksichtigt werden.[1371]

Schließlich verhindert § 2a Abs. 1 S. 1 Nr. 7 EStG, dass durch Zwischenschaltung einer Körperschaft mit Sitz oder Geschäftsleitung innerhalb der EU

1364 Gosch, in: Kirchhof, § 2a, Rn. 20; Heinicke, in: Schmidt, § 2a, Rn. 26; Herkenroth/Striegel, in: H/H/R, 2a EStG, Rn. 34, Stand: 261.EL, Januar 2014; Schaumburg, in: Schaumburg, Rn. 6.82.

1365 Heinicke, in: Schmidt, § 2a, Rn. 32. – Die atypisch stille Gesellschaft ist von § 2a Abs. 1 S. 1 Nr. 2 EStG erfasst, Gosch, in: Kirchhof, § 2a, Rn. 26; Heinicke, in: Schmidt, § 2a, Rn. 32. – Zudem muss bei der stillen Gesellschaft der ausländische Schuldner einem Kaufmann entsprechen und ein entsprechendes Handelsgewerbe betreiben, Herkenroth/Striegel, in: H/H/R, 2a EStG, Rn. 46, Stand: 261.EL, Januar 2014; Probst, in: F/W/B/S, § 2a EStG, Rn. 226, Stand: 71. EL, September 2013.

1366 BFH v. 26.03.1991 – IX R 162/85, BStBl. II 1991, 704, 705 f; Gosch, in: Kirchhof, § 2a, Rn. 28 f; Herkenroth/Striegel, in: H/H/R, 2a EStG, Rn. 50, Stand: 261.EL, Januar 2014.

1367 Gosch, in: Kirchhof, § 2a, Rn. 29; Heinicke, in: Schmidt, § 2a, Rn. 33.

1368 Herkenroth/Striegel, in: H/H/R, 2a EStG, Rn. 53, Stand: 261.EL, Januar 2014.

1369 Probst, in: F/W/B/S, § 2a EStG, Rn. 266, Stand: 71.EL, September 2013.

1370 Probst, in: F/W/B/S, § 2a EStG, Rn. 278, Stand: 71.EL, September 2013.

1371 Gosch, in: Kirchhof, § 2a, Rn. 28.

Drittstaaten-Verluste aus § 2a Abs. 1 S. 1 Nr. 1 bis 6 EStG als Wertminderung der EU-Körperschaftsanteile zu unmittelbar verrechenbaren Verlusten führen.[1372]

B. § 20 Abs. 2 AStG

Die Anwendung der Hinzurechnungsbesteuerung setzt die Einschaltung einer ausländischen Gesellschaft voraus, die bei hypothetischer inländischer Ansässigkeit körperschaftsteuerpflichtig wäre (§ 7 Abs. 1 AStG). § 20 Abs. 2 AStG soll eine Umgehung der §§ 7 ff AStG durch Einschaltung einer ausländischen Betriebsstätte (oder Personengesellschaft[1373]) verhindern,[1374] da die Freistellung von Einkünften ähnlich wie deren Abschirmung durch einen selbstständigen ausländischen Rechtsträger wirken könnte. § 20 Abs. 2 AStG gewährt die steuerliche Freistellung ausländischer Betriebsstätteneinkünfte daher nur, soweit es sich nicht um sog. fiktive oder hypothetische Zwischeneinkünfte im Sinne der §§ 7 ff AStG handelt.[1375] § 20 Abs. 2 AStG typisiert Missbrauch in Anknüpfung an die §§ 7 ff AStG, deren Umgehung die Regelung verhindert:[1376] der Tatbestand des § 20 Abs. 2 AStG ist erfüllt, wenn Einkünfte aus der ausländischen Betriebsstätte eines unbeschränkt Steuerpflichtigen fiktiv – Betriebsstätte als ausländische Gesellschaft im Sinne des § 7 Abs. 1 AStG gedacht – als Zwischeneinkünfte steuerpflichtig wären.[1377]

1372 Gosch, in: Kirchhof, § 2a, Rn. 32; Heinicke, in: Schmidt, § 2a, Rn. 37.

1373 § 20 Abs. 2 AStG erfasst die Beteiligung an einer ausländischen Personengesellschaft, zumindest, wenn diese nach einem Typenvergleich einer inländischen Personengesellschaft entspricht, Vogt, in: Blümich, AStG, § 20, Rn. 30, Stand: 130.EL, Oktober 2015; Hahn, in: Lademann, § 20, Rn. 203 f.

1374 Beschl.empf. und Bericht des Fin.auss. zu StÄndG 1992, BT-Drs. 12/1506; BFH v. 21.10.2009 – I R 114/08, BStBl. II 2010, 774, 776 f; Hahn, in: Lademann, § 20, Rn. 161; Kraft, in: Kraft, § 20, Rn. 31; Schütz, in: Fuhrmann, § 20, Rn. 23; Wassermeyer/Schönfeld, in: F/W/B/S, § 20 AStG, Rn. 3, 8, Stand: 83.EL, Oktober 2017; Quilitzsch/Gebhardt, BB 2010, 2212, 2214.

1375 Hahn, in: Lademann, § 20, Rn. 209; Eilinghoff/Goebel, in: W/S/G, § 20 AStG, Rn. 41, Stand: 28.EL, Juli 2011; Prokopf, in: S/K/K, § 20 AStG, Rn. 20, 136, Stand: Juni 2015. – Daran anknüpfend werden fortan die Betriebsstätteneinkünfte der Gewerbesteuer unterworfen (§ 7 S. 8 [i.V.m. § 9 Nr. 2 und 3] GewStG), soweit nicht die Aktivitätsvoraussetzungen des § 8 Abs. 2 AStG entsprechend erfüllt sind (§ 7 S. 9 GewStG). Diese Verschärfung ist im Rahmen der Reformgesetzgebung zum BEPS-Projekt eingeführt worden, näher Ditz/Quilitzsch, DStR 2017, 281, 287.

1376 BFH v. 21.10.2009 – I R 114/08, BStBl. II 2010, 774, 776 f; Hahn, in: Lademann, § 20, Rn. 185.

1377 Prokopf, in: S/K/K, § 20 AStG, Rn. 136, Stand: Juni 2015; Wassermeyer/Schönfeld, in: F/W/B/S, § 20 AStG, Rn. 131 ff, Stand: 83.EL, Oktober 2017. – § 9 AStG ist (analog) ebenfalls anzuwenden, Hahn, in: Lademann, AStG, § 20, Rn. 231; Rupp, in: Haase, AStG/DBA, § 20, Rn. 124. – Zu negativen Betriebsstätteneinkünften, Wassermeyer/Schönfeld, in: F/W/B/S, § 20 AStG, Rn. 126, Stand: 83.EL, Oktober

Die Regelung des § 20 Abs. 2 AStG folgt in ihren Voraussetzungen den §§ 7 ff AStG unter Ausschluss des § 8 Abs. 2 AStG. Statt einer ausländischen Gesellschaft ist eine ausländische Betriebsstätte (im Sinne des § 12 AO)[1378] oder eine Personengesellschaft[1379] in einem DBA-Staat vorausgesetzt. Die erforderliche Beteiligungshöhe richtet sich grundsätzlich nach § 7 Abs. 1 und 6 AStG,[1380] wobei aber die Beteiligung nach dem Vermögen der Betriebsstätte zu bestimmen ist.[1381] Im Übrigen sind passive (§§ 20 Abs. 2 i.V.m. 8 Abs. 1 entsprechend AStG) und niedrig besteuerte (§§ 20 Abs. 2 i.V.m. 8 Abs. 3 entsprechend AStG) Betriebsstätteneinkünfte (§ 20 Abs. 2 S. 1 AStG) vorausgesetzt, wobei Einkünfte nach § 8 Abs. 1 Nr. 5 lit. a) AStG ausgenommen sind (§ 20 Abs. 2 S. 2 AStG).

Liegen fiktive Zwischeneinkünfte nach § 20 Abs. 2 AStG vor, wird die Doppelbesteuerung nicht durch Freistellung der ausländischen Einkünfte, sondern durch Anrechnung der ausländischen Steuer vermieden (sog. Umschalt- oder Switch-over-Klausel).[1382] Der Switch-over nach § 20 Abs. 2 S. 1 AStG bezieht sich auf die passiven Einkünfte („insoweit"), sodass eine Aufteilung in aktive und passive Einkünfte stattfinden muss,[1383] wenn die Einkünfte nicht nach der funktionalen Betrachtungsweise unschädlich sind.

Sind Betriebsstätteneinkünfte abkommensrechtlich freizustellen – schließt bspw. nicht bereits eine DBA-Aktivitätsklausel die Freistellung aus –,[1384] bedeutet der jedenfalls in § 20 Abs. 1, 2. Hs. AStG zum Ausdruck kommende Vorrang des

---

2017. – Unklar ist die Fiktion einer Gesellschaft für Inländerbeherrschung und Mitwirkung, dazu Meretzki, in: W/R/S, Rn. 15.97 ff.

1378 Kraft, in: Kraft, § 20, Rn. 41 ff; Vogt, in: Blümich, AStG, § 20, Rn. 30, Stand: 130.EL, Oktober 2015; Meretzki, in: W/R/S, Rn. 15.94.

1379 Vogt, in: Blümich, AStG, § 20, Rn. 30, Stand: 130.EL, Oktober 2015; Hahn, in: Lademann, § 20, Rn. 203 f – transparente Besteuerung der Personengesellschaft vorausgesetzt.

1380 Dazu Eilinghoff/Goebel, in: W/S/G, § 20 AStG, Rn. 12, 71, Stand: 28.EL, Juli 2011; Wassermeyer/Schönfeld, in: F/W/B/S, § 20 AStG, Rn. 131 ff, Stand: 83.EL, Oktober 2017; Meretzki, in: W/R/S, Rn. 15.91.

1381 Hahn, in: Lademann, § 20, Rn. 204; Kraft, in: Kraft, § 20, Rn. 44; Vogt, in: Blümich, § 20 AStG, Rn. 30, Stand: 130.EL, Oktober 2015.

1382 Kraft, in: Kraft, § 20, Rn. 40, 65; Prokopf, in: S/K/K, § 20 AStG, Rn. 3, Stand: Juni 2015; Rupp, in: Haase, AStG/DBA, § 20, Rn. 2 ff; Vogt, in: Blümich, AStG, § 20, Rn. 25, Stand: 130.EL, Oktober 2015. § 20 Abs. 2 S. 1 AStG greift nicht bei negativen Einkünften (zur Ermöglichung der Anrechnung) insb. wegen (Gedanken bzw. analoger Anwendung des) § 10 Abs. 1 S. 4 AStG, u.a. Vogt, in: Blümich, § 20 AStG, Rn. 34, Stand: 130.EL, Oktober 2015, a.A. Becker/Loose/Misere, IStR 2016, 353.

1383 Eilinghoff/Goebel, in: W/S/G, § 20 AStG, Rn. 78, Stand: 28.EL, Juni 2011; Hahn, in; Lademann, § 20, Rn. 231; Prokopf, in: S/K/K, § 20 AStG, Rn. 152, Stand: Juni 2015; Meretzki, in: W/R/S, Rn. 15.107. – Dies ist ein weiterer Unterschied zu DBA-Aktivitätsklauseln.

1384 Vogt, in: Blümich, AStG, §, 20, Rn. 25, Stand: 130.EL, Oktober 2015.

§ 20 Abs. 2 AStG vor DBA[1385] einen Treaty Override.[1386] Dies konterkariert die grundsätzliche Freistellung von Betriebsstätteneinkünften.[1387] Mittels § 20 Abs. 2 AStG werden großzügigere DBA-Klauseln unterlaufen[1388] oder gar Aktivitätsanforderungen faktisch gegenüber Staaten eingeführt, deren DBA mit Deutschland keine Aktivitätsklausel in Bezug auf Betriebsstätteneinkünfte enthält.[1389] Im Gegensatz zu DBA-Aktivitätsklauseln müssen die Einkünfte im Rahmen des § 20 Abs. 2 AStG aber zusätzlich niedrig besteuert sein.[1390]

Die Verweisung des § 20 Abs. 2 AStG ist überdies fragwürdig, weil auf die komplexen und auf Kapitalgesellschaften ausgerichteten Regelungen der §§ 7 ff AStG verwiesen wird.[1391] Dies gilt insbesondere in Bezug auf Mitwirkungstatbestände des § 8 Abs. 1 AStG, die nicht auf die rechtliche Unselbstständigkeit der Betriebsstätte und die enge Verbindung zwischen Betriebsstätte und Stammhaus abgestimmt sind.[1392] Da bei Unterhalten einer Betriebsstätte am Tätigkeitsort und Erbringung der Dienstleistung durch einen Einzelunternehmer oder Mitunternehmer stets eine schädliche Mitwirkung drohte, sind zumindest Dienstleistungen nach § 8 Nr. 5 lit. a) AStG vom Verweis ausgenommen worden (§ 20 Abs. 2 S. 2 AStG).[1393] Dass § 20 Abs. 2 S. 2 AStG aber trotz vergleichbarer Situation nicht auf § 8 Abs. 1 Nr. 4 und 5b AStG erstreckt worden ist, kann nicht überzeugen.[1394] Ferner führt die Anwendung des § 8 Abs. 3 AStG, der auf

---

1385 Kraft, in: Kraft, § 20, Rn. 10, 20 ff; Rupp, in: Haase, AStG/DBA, § 20, Rn. 1.

1386 Hahn, in: Lademann, § 20, Rn. 162; Kraft, in: Kraft, § 20, Rn. 75; Rupp, in: Haase, AStG/DBA, § 20, Rn. 1, 3; Schütz, in: Fuhrmann, § 20, Rn. 25; Vogt, in: Blümich, AStG, § 20, Rn. 25, Stand: 130.EL, Oktober 2015; Wassermeyer/Schönfeld, in: F/W/B/S, § 20 AStG, Rn. 92, Stand: 83.EL, Oktober 2017; Gebhardt/Quilitzsch, IStR 2011, 169, 171; Haase, IStR 2011, 338, 339; Jochimsen/Gradl, IStR 2015, 236, 241.

1387 Eilinghoff/Goebel, in: W/S/G, § 20 AStG, Rn. 67, Stand: 28.EL, Juli 2011.

1388 Kraft, in: Kraft, § 20, Rn. 40.

1389 Kraft, in: Kraft, § 20, Rn. 75; Wassermeyer/Schönfeld, in: F/W/B/S, § 20 AStG, Rn. 2, Stand: 83.EL, Oktober 2017; Gebhardt/Quilitzsch, IStR 2011, 169, 170, 173.

1390 Schänzle/Engel, in: Mössner, Rn. 6.100 f.

1391 Kritik auch Ismer, in: Vogel/Lehner, Art. 23, Rn. 70; Köhler, in: Grotherr, Steuerplanung, 1815, 1828; Lüdicke, Überlegungen, 85; Schmidt, in: DStJG Bd. 36, 87, 96 und schon zu §§ 7 ff AStG.

1392 Eilinghoff/Goebel, in: W/S/G, § 20 AStG, Rn. 79 f, Stand: 28.EL, Juli 2011; Prokopf, in: S/K/K, § 20 AStG, Rn. 149 ff, Stand: Juni 2015; Wassermeyer/Schönfeld, in: F/W/B/S, § 20 AStG, Rn. 120 ff, Stand: 83.EL, Oktober 2017 mit Diskussion von Anwendungsproblemen; Meretzki, in: W/R/S, Rn. 15.109. – Dies hängt wiederum vom Bezugspunkt der Fiktion ab.

1393 Hahn, in: Lademann, § 20, Rn. 235; Prokopf, in: S/K/K, § 20 AStG, Rn. 151.1. ff, Stand: Juni 2015; Vogt, in: Blümich, AStG, § 20, Rn. 37, Stand: 130.EL, Oktober 2015; Haase, IStR 2011, 338, 339.

1394 Eilinghoff/Goebel, in: W/S/G, § 20 AStG, Rn. 10, Stand: 28.EL, Juli 2011; Hahn, in: Lademann, § 20, Rn. 235; Benecke/Schnitger, IStR 2010, 432, 437; Quilitzsch/Gebhardt, BB 2010, 2212, 2214.

Kapitalgesellschaften zugeschnitten ist, aufgrund des progressiven Steuersatzes bei Beteiligung natürlicher Personen zu Anwendungsproblemen.[1395]

Die europarechtlich motivierte Gegenbeweismöglichkeit des § 8 Abs. 2 AStG ist in Bezug auf die Umschaltklausel ausdrücklich ausgeschlossen (§ 20 Abs. 2 S. 1 AStG). Der unilaterale Übergang von der im DBA vorgesehenen Freistellungs- zur Anrechnungsmethode in Bezug auf Einkünfte aus einer Betriebsstätte oder Personengesellschaft in einem anderen Mitgliedstaat kann mit den Grundfreiheiten vereinbar sein.[1396] Das Anrechnungsverfahren bewirkt, dass in- und ausländische Betriebsstätten oder Personengesellschaften gleich behandelt werden; die Notwendigkeit einer Anrechnung als solcher ist Folge der Besteuerungsbefugnis zweier (Mitglied-)Staaten. Die mitgliedstaatliche Steuerautonomie kann eine gewisse Verzerrung der Investitionsentscheidung infolge der Anwendung der Anrechnungsmethode decken.[1397] Allerdings lag der konkreten Regelung die Fehleinschätzung zugrunde, dass eine Switch-over-Klausel stets und daher im Fall des § 20 Abs. 2 AStG auch bei Ausschluss des Motivtests unbedenklich ist. Wenngleich die Methode zur Vermeidung der Doppelbesteuerung durch den jeweiligen Staat grundsätzlich frei gewählt werden kann und das Umschalten von der Einkünftefreistellung auf die Anrechnung ausländischer Steuern mit den Grundfreiheiten zu vereinbaren sein kann, bedeutet dies nicht, dass eine Umschaltklausel stets und unabhängig von der Ausgestaltung europarechtskonform ist. Die Regelung des § 20 Abs. 2 AStG ist aufgrund der Regelung spezifischer (Missbrauchs-)Voraussetzungen des Umschaltens nicht davon befreit, die europäischen Grundsätze der steuerlichen Missbrauchsvermeidung beachten zu müssen.[1398]

Die Umschaltklausel knüpft an die §§ 7 ff AStG an, deren Umgehung § 20 Abs. 2 AStG verhindern soll. Die Hinzurechnungsbesteuerung ist jedoch nur grundfreiheitskonform, wenn ein Motivtest im Einzelfall offensteht. Die Europarechtswidrigkeit des § 20 Abs. 2 AStG ergibt sich daraus, dass an die §§ 7 ff AStG angeknüpft wird, die ohne Motivtest – mangels Begrenzung auf steuerlichen Missbrauch nach europarechtlichem Verständnis – zu weit reichen, aber der gebotene Motivtest ausdrücklich ausgeschlossen ist. Die Anordnung eines Switch-over kann zwar grundsätzlich zulässig sein, jedoch ist ein Switch-over unter eben diesen

---

1395 Siehe Vogt, in: Blümich, AStG, §, 20, Rn. 34, Stand: 130.EL, Oktober 2015 m.w.N.

1396 EuGH v. 06.12.2007 – Rs. C-298/05, Columbus Container Services BVBA & Co. gg. FA Bielefeld-Innenstadt, Slg. 2007 I-10497. Vgl. auch Kraft, in: Kraft, § 20, Rn. 75; Prokopf, in: S/K/K, § 20 AStG, Rn. 99, Stand: Juni 2015; Wassermeyer/Schönfeld, in: F/W/B/S, § 20 AStG, Rn. 57, Stand: 83.EL, Oktober 2017. Demnach sind auch Treaty Overrides nicht unionsrechtswidrig, a.A. u.a. Stöber, DStR 2016, 1889.

1397 Dazu auch Oellerich, in: Schaumburg/Englisch, Rn. 8.178; Musil, IStR 2014, 192, 195. Nachweise bei Hahn, in: Lademann, § 20, Rn. 12 ff.

1398 A.A. Hahn, in: Lademann, § 20, Rn. 166 ff; wohl auch Rupp, in: Haase, AStG/DBA, § 20, Rn. 153 ff. Mit anderer Begründung (EuGH habe über Voraussetzungen des Umschaltens mitentschieden) Sydow, IStR 2010, 174, insb. 177.

europarechtswidrigen Voraussetzungen unzulässig.[1399] Die Korrektur dieses Defizits obliegt dem Gesetzgeber. § 20 Abs. 2 ist im Einzelfall wegen Europarechtswidrigkeit nicht anzuwenden.[1400]

Künftig begründet die sog. Anti-BEPS-Richtlinie[1401] (ATAD) sekundärrechtliche Vorgaben. Die Vorschriften für beherrschte ausländische Gesellschaften gelten auch in Bezug auf ausländische Betriebsstätten (Art. 7 Abs. 1 ATAD).[1402] Die Regelung erfordert die Einbeziehung steuerbefreiter ausländischer Einkünfte in die nationale Steuerbemessungsgrundlage unter den Voraussetzungen der Art. 7 und 8 ATAD (auch Erwägungsgrund 12 ATAD). Diese Vorgabe erfüllt § 20 Abs. 2 AStG dem Grunde nach bereits durch Versagung der Freistellung in Bezug auf schädliche ausländische Einkünfte. In der Ausgestaltung sind die Vorgaben der Art. 7 und 8 ATAD zu beachten. Unter Beibehaltung der Verweistechnik des § 20 Abs. 2 AStG bedarf dies der richtlinienkonformen Ausgestaltung der §§ 7 ff AStG.[1403] Einen Motivtest setzt Art. 7 Abs. 2 lit. a) UAbs. 2 ATAD in

---

1399 BFH v. 21.10.2009 – I R 114/08, BStBl. II 2010, 774, 776 ff (vermutlich); Vogt, in: Blümich, AStG, § 20, Rn. 29, Stand: 130.EL, Oktober 2015 m.w.N; Oellerich, in: Schaumburg/Englisch, Rn. 8.145; Lieber, IStR 2009, 35, 35; Kraft/Quilitzsch, EWS 2012, 130, 134 f m.w.N; a.A. Hahn, in Lademann, § 20, Rn. 170. – Es spricht einiges dafür, dass § 20 Abs. 2 AStG (vor Einführung des § 8 Abs. 2 AStG) in BFH v. 21.10.2009 – I R 114/08, BStBl. II 2010, 774 für unionsrechtswidrig befunden wurde, Schütz, in: Fuhrmann, § 20, Rn. 26; Vogt, in: Blümich, AStG, § 20, Rn. 27 ff, Stand: 130.EL, Oktober 2015; Oellerich, in: Schaumburg/Englisch, Rn. 8.145; Rehfeld, DStR 2010, 1809, 1810; dafür streiten u.a. die Rn. 21 und 24 ff des Urteils. Teilweise wird vertreten, dass das Hineinlesen des Motivtests durch die Regelungstechnik (Rechtsgrundverweis auf die §§ 7 ff AStG) begründet war, Prokopf, in: S/K/K, § 20 AStG, Rn. 99 ff, 158, Stand: Juni 2015; wohl auch Wassermeyer/Schönfeld, in: F/W/B/S, § 20 AStG, Rn. 59, 154, Stand: 83.EL, Oktober 2017; insbesondere die Urteilspassagen in Tz. 24 und 29 ließen sich in diese Richtung interpretieren. Im Übrigen kann nicht überzeugen, dass § 20 Abs. 2 AStG durch Ausschluss des Motivtests weiter als die §§ 7 ff AStG reicht, deren Umgehung verhindert werden soll, Hahn, in: Lademann, AStG, § 20, Rn. 216.

1400 Zu Recht Oellerich, in: Schaumburg/Englisch, Rn. 8.146 f, 8.151, a.A (Hineinlesen eines Motivtests) BFH v. 21.10.2009 – I R 114/08, BStBl. II 2010, 774, 777 und Prokopf, in: S/K/K, § 20 AStG, Rn. 20, Stand: Juni 2015 mit zahlreichen weiteren Nachweisen. – Hingegen ist der Motivtest mittlerweile für die Zwecke der Gewerbesteuer in § 7, S. 9 GewStG normiert. Diese Regelung begründet eine Ausnahme zu § 7 S. 8 GewStG, der Betriebsstätteneinkünfte bei Anwendung des § 20 Abs. 2 S. 1 AStG zum Gewerbeertrag zählt und damit grundsätzlich der Gewerbesteuer unterwirft.

1401 Richtlinie (EU) 2016/1164 des Rates vom 12. Juli 2016 mit Vorschriften zur Bekämpfung von Steuervermeidungspraktiken mit unmittelbaren Auswirkungen auf das Funktionieren des Binnenmarkts, Abl. 2016 L 193, 1.

1402 Vgl. Schnitger/Nitschke/Gebhardt, IStR 2016, 960, 962.

1403 Siehe dazu 2. Teil, F.V.1.

Bezug auf ausländische beherrschte Unternehmen (inkl. Betriebsstätten, vgl. Art. 7 Abs. 1 und 2 ATAD) voraus. Es erscheint daher, künftig auch sekundärrechtlich, geboten, diesen Motivtest auf Betriebsstätten (somit auf § 20 Abs. 2 AStG) zu erstrecken und insoweit keine strengeren Regelungen (Art. 3 ATAD) zuzulassen. Der Motivtest ist grundfreiheitlich geboten; die Vorgaben werden gleichermaßen für ausländische Betriebsstätten umgesetzt. In der Richtlinie findet die Beschränkung des Gegenbeweises auf ausländische selbstständige Rechtsträger keinen Anhaltspunkt (vgl. auch Art. 7 Abs. 1 und 2 ATAD und Erwägungsgrund 12 ATAD).

C. DBA-Aktivitätsklauseln

Einkünfte aus ausländischen Betriebsstätten und Schachteldividenden werden regelmäßig durch DBA-Regelungen von der Besteuerung in Deutschland freigestellt (z.B. Art. 22 Abs. 1 Nr. 2 der deutschen DBA-Verhandlungsgrundlage).[1404] Die Freistellung soll es im Inland steuerlich ansässigen Unternehmen ermöglichen, in einen gerechten Wettbewerb mit lokaler Konkurrenz im Ausland treten zu können. Bei Freistellung ausländischer Einkünfte entspricht das effektive Besteuerungsniveau dem des Quellenstaats der Einkünfte.[1405] Die Freistellung beugt einer Doppelbesteuerung vor, die entstünde, wenn das Welteinkommen des international tätigen Steuerpflichtigen im Inland besteuert würde und andere Staaten einzelne Vorgänge oder Quellen im jeweiligen Hoheitsgebiet besteuern würden.[1406]

Die Freistellung ausländischer Einkünfte wird aber selten voraussetzungslos gewährt, sondern steht häufig unter dem Vorbehalt der Ausübung *aktiver* Tätigkeiten. Aktivitätsklauseln (oder auch Aktivvorbehalte, -klauseln, Aktivitätsvorbehalte oder Produktivitätsklauseln)[1407] sollen sicherstellen, dass DBA-Vorteile nur in Bezug auf wirtschaftliche Betätigungen gewährt werden, die tatsächlich im Quellenstaat dem Wettbewerb mit der örtlichen Konkurrenz ausgesetzt sind und eine Verlagerung wirtschaftlicher Tätigkeiten aus Gründen der steuerlichen Vorteilhaftigkeit unterbinden.[1408] Wenngleich die Klauseln häufig der Missbrauchsvermeidung

---

1404 Deutsche DBA-Verhandlungsgrundlage v. 22.08.2015, BMF IV B 2 – S 1301/13/10009, abrufbar unter bundesfinanzministerium.de (zuletzt abgerufen am 16.01.2016); Krawitz/Büttgen-Pöhland/Hick, FR 2003, 109, 110; Kaminski/Strunk, IStR 2011, 137, 137 f. – Anders aber Art. 22 Abs. 1 Nr. 3 lit. a), 4, 5 deutsche DBA-Verhandlungsgrundlage.

1405 Dazu Läufer, 5 f m.w.N.

1406 Wassermeyer, in: Wassermeyer, DBA, Vor Art. 1 MA, Rn. 2, Stand: 135.EL, Oktober 2016.

1407 Vogel, in: Vogel/Lehner, 5.A., Art. 23, Rn. 74; Schaumburg/Häck, in: Schaumburg, Rn. 19.515; Reith, Rn. 4.900 mit den eher unüblichen Bezeichnungen Aktivvorbehalt und –klausel; Grotherr, IWB F3, Gr. 2, 643, 646.

1408 Schönfeld/Häck, in: Schönfeld/Ditz, Art. 23A/B, Rn. 84; Wassermeyer, in: Wassermeyer, DBA, Art. 23A MA, Rn. 156, Stand: 129.EL, Januar 2015; Schänzle/Engel,

zugezählt[1409] und als gegenüber § 2 AO vorrangig eingeordnet werden,[1410] ist angesichts teilweise eng gefasster Aktivitätsklauseln fraglich, ob bei Verfehlung stets steuerlicher Missbrauch angenommen werden kann.

Aktivitätsklauseln sind in zahlreichen deutschen DBA vorgesehen.[1411] Nach Art. 22 Abs. 1 Nr. 4 der deutschen DBA-Verhandlungsgrundlage hängt die Freistellung von Einkünften nach den Art. 7[1412] und 10[1413] sowie von bestimmten Veräußerungsgewinnen von der Erfüllung einer Aktivitätsklausel ab.[1414] Aktivitätsklauseln sind von erheblicher Bedeutung für Direktgeschäfte, ausländische Betriebsstätten und Beteiligungen an Personengesellschaften.[1415] Die Vorbehalte betreffen nicht mehr allein DBA mit Schwellen- und Entwicklungsländern,[1416] auch in DBA mit Industriestaaten, wie Großbritannien (Art. 23 Abs. 1 lit. c) DBA-GB 2010) oder Kanada (Art. 23 Abs. 2 lit. c) DBA-Kanada 2010), sind in jüngerer Zeit Aktivitätsvorbehalte aufgenommen worden. Nur wenige (ältere) deutsche DBA enthalten keine Aktivitätsklausel (so DBA Belgien 1967/2010, DBA Österreich 2000/2010, DBA Frankreich 1959/2001, DBA Italien 1989). Die Aktivitätsklauseln finden sich oftmals im Methodenartikel (Art. 23 OECD-MA), sind teilweise aber in Briefwechseln, Notenwechseln oder (Schluss-)Protokollen des jeweiligen DBA enthalten.

Werden die Voraussetzungen der Aktivitätsklausel verfehlt, wird die Freistellung der Einkünfte versagt und die im Ausland entrichtete Steuer

---

in: Mössner, Rn. 6.90; Schmidt, in: DStJG Bd. 36, 87, 96; Läufer, 5 f; Lüdicke, Überlegungen, 77.

1409 Z.B. Wassermeyer, in: Wassermeyer, DBA, Art. 1 MA, Rn. 71, Stand: 103.EL, Januar 2008; Lüdicke, Überlegungen, 77.

1410 Wassermeyer, in: Wassermeyer, DBA, Art. 1 MA, Rn. 71, Stand: 103.EL, Januar 2008; Schaumburg/Häck, in: Schaumburg, Rn. 19.138.

1411 Übersicht über Aktivitätsklauseln in DBA, OFD Münster v. 09.11.2011 – S 1301-18-St 45-32.

1412 Regelmäßig schon in geltenden DBA mit Aktivitätsvorbehalt vereinbart, Ausnahme z.B. DBA Iran 1968, DBA Thailand 1967.

1413 Regelmäßig schon in geltenden DBA mit Aktivitätsvorbehalt vereinbart, Ausnahme z.B. DBA Finnland 1979.

1414 Deutsche DBA-Verhandlungsgrundlage v. 22.08.2015, BMF IV B 2 – S 1301/13/10009, abrufbar unter bundesfinanzministerium.de (zuletzt abgerufen am 16.01.2016).

1415 Köhler, in: Grotherr, Steuerplanung, 1815, 1816 f; Kaminski, StuW 2007, 275, 275. – Für den Dividendenbezug ist die Bedeutung der Aktivitätsklauseln wegen § 8b Abs. 1 S. 1 i.V.m. Abs. 5 S. 1 KStG gemindert. Die nationale Regelung führt in Bezug auf Schachteldividenden ohnehin zur 95%-igen Freistellung von inländischen Dividenden und vergleichbaren Gewinnausschüttungen nach ausländischem Recht, Wassermeyer, in: Wassermeyer, DBA, Art. 23A MA, Rn. 157, Stand: 129.EL, Januar 2015; Lüdicke, Überlegungen, 78; Krawitz/Büttgen-Pöhland/Hick, FR 2003, 109, 120 f. – Zu beachten bleibt die Hinzurechnungsbesteuerung, Grotherr, IWB F 3, Gr. 1, 2309, 2313, 2323 f.

1416 So noch die Beobachtungen von u.a. Lüdicke, Überlegungen, 77, 86; Wassermeyer, IStR 2000, 65, 66.

angerechnet[1417] – aufgrund der typisierenden Betrachtung unabhängig vom Einzelfall.[1418] Die Freistellung betrifft nach der Symmetriebehandlung ausländische positive wie negative Einkünfte. Da bei Verfehlung der Aktivitätsvoraussetzungen eine Anrechnung stattfindet, können passive Verluste, unter Berücksichtigung des § 2a EStG, ausgeglichen werden. Dies kann zur Gestaltung passiver Verluste einladen, um diese im Inland berücksichtigen zu können.[1419]

I. Struktur der Klauseln

Zwei Klauselarten sind zu unterscheiden: sog. originäre und derivative Klauseln.[1420] Originäre Aktivitätsklauseln listen aktive Tätigkeiten auf, während derivative Aktivitätsklauseln in der Regel auf § 8 Abs. 1 Nr. 1 bis 6 AStG Bezug nehmen. Die deutsche DBA-Verhandlungsgrundlage enthält eine originäre Klausel.[1421]

Originäre Klauseln führen begünstigte Tätigkeiten im Einzelnen auf. Die deutsche Verhandlungsgrundlage nennt Herstellung, Bearbeitung, Verarbeitung oder Montage von Gütern oder Waren, Aufsuchen und Gewinnung von Bodenschätzen, Bank- und Versicherungsgeschäfte, Handel und Erbringung von Dienstleistungen.[1422] Kernbestand der geltenden DBA sind bis dato aber nur Herstellung und Verkauf von Gütern und Waren, technische Beratung/technische Dienstleistung und Bank- und Versicherungsgeschäfte.[1423] Der engste Aktivitätsvorbehalt umfasst gar nur Herstellung und Verkauf von Gütern und Waren, technische Beratung und technische Dienstleistung.[1424] Der Kernbestand wird teilweise restriktiver im

1417 Dazu Krawitz/Büttgen-Pöhland/Hick, FR 2003, 109, 114 f.

1418 Oellerich, in: Schaumburg/Englisch, Rn. 8.187; Leukefeld, 309 f.

1419 Vgl. Läufer, 84 ff.

1420 Zu den Begriffen Schönfeld/Häck, in: Schönfeld/Ditz, Art. 23A/B, Rn. 86 f; Schänzle/Engel, in: Mössner, Rn. 6.91.

1421 Art. 22 Abs. 1 d) deutsche DBA-Verhandlungsgrundlage, abrufbar unter bundesfinanzministerium.de (zuletzt abgerufen am 16.01.2016), dazu Lüdicke, IStR-Beihefter 2013, 26, 35 f.

1422 Art. 22 Abs. 1 Nr. 4 deutsche Verhandlungsgrundlage v. 22.08.2015, BMF IV B 2 – S 1301/13/10009, abrufbar unter bundesfinanzministerium.de (zuletzt abgerufen am 16.01.2016).

1423 Z.B. Schlussprotokoll zu Art. 23 DBA Tunesien 1975; Ismer, in: Vogel/Lehner, Art. 23, Rn. 68; Schönfeld/Häck, in: Schönfeld/Ditz, Art. 23 A/B, Rn. 87; Oellerich, in: Schaumburg/Englisch, Rn. 8.187. – Die Einbeziehung aller oder kaufmännischer Dienstleistungen, Beratung, Beförderung, Lagerung, Fernmeldeverkehr, Nachrichtenübermittlung, Vermietung und Verpachtung, Land- und Viehwirtschaft und Zinsen und Lizenzgebühren bedeutet eine Erweiterung des Bestands, Ismer, in: Vogel/Lehner, DBA, Art. 23, Rn. 75 m.w.N.; kritisch Köhler, in: Grotherr, Steuerplanung, 1815, 1826. – Vertiefend zu Auslegungsfragen u.a. Wassermeyer, IStR 2000, 65, 67 ff; Holthaus, IStR 2003, 632 ff.

1424 Art. 24 Abs. 1 c) DBA Jugoslawien 1987, welches noch auf einige Nachfolgestaaten Anwendung findet.

Bereich der Dienstleistungen (nur technische Beratung und technische Dienstleistung statt Dienstleistung) gefasst[1425] oder um Land- und Viehwirtschaft erweitert.[1426] Teilweise werden zusätzlich der Bergbau[1427] oder das Aufsuchen und die Gewinnung von Bodenschätzen[1428] bzw. die Exploration, Ausbeutung und Verarbeitung von Mineralien, der Betrieb von Steinbrüchen und die Urproduktion begünstigt.[1429] Wenige originäre Klauseln sind weit gefasst, so werden in einem Fall Herstellung, Bearbeitung, Verarbeitung von Gütern und ähnlichen Tätigkeiten, Aufsuchen und Gewinnung von Mineralien und deren Aufbereitung, Betrieb eines Steinbruchs, Grundstoffproduktion, Bau- und Montagearbeiten, Beförderungsleistungen, Lagerung und Fernmeldeverkehr, Beratung und Dienstleistungen, Vermietung und Verpachtung, Bank-, Teilzahlungs-, Kredit- und Versicherungsgeschäfte, Verkauf von Gütern und Waren als unschädliche Tätigkeiten eingeordnet.[1430] In einem anderen Fall sind Herstellung, Bearbeitung und Verarbeitung von Gütern oder Tätigkeiten gleicher Art, Erforschung, Ausbeutung und Behandlung von Mineralien, Betrieb von Steinbrüchen, Rohstoffgewinnung, Bautätigkeit oder Montage, Transport, Lagerung oder Nachrichtenübermittlung, Beratung und Dienstleistung, Bank- oder Versicherungsgeschäfte sowie Verkauf von Gütern und Waren aktiv.[1431]

Zudem müssen die Erträge der ausländischen Betriebsstätte oder Gesellschaft in aller Regel *ausschließlich oder fast ausschließlich* aus einer aktiven Tätigkeit herrühren.[1432] Die aus anderen Normen (z.B. §§ 2a Abs. 2 EStG, § 8 Abs. 2 AStG) geläufige Wendung meint einen Umfang von mindestens 90 %.[1433] Mangels exakter

---

1425 Art. 24 Abs. 1 d) DBA Ägypten 1987.

1426 Protokoll zu Art. 23 DBA Bolivien 1992.

1427 Protokoll zu Art. 22 DBA Trinidad und Tobago 1973, dort Sachwerte statt Waren und Güter.

1428 Art. 23 Abs. 1 c) DBA Kroatien 2006.

1429 Protokoll zu Art. 24 DBA Portugal 1980.

1430 Protokoll zu Art. 22 DBA Australien 1972. – Generell wird in der Einbeziehung von Handel, Bearbeitung und Verarbeitung von Waren, Bergbau, Aufsuchen und Gewinnen von Mineralien und deren Aufbereitung, Erforschung, Ausbeutung und Behandlung von Mineralien, Betrieb eines Steinbruchs, Rohstoffgewinnung, Grundstoffproduktion und Bau- und Montagearbeiten keine inhaltliche Erweiterung gesehen, u.a. Ismer, in: Vogel/Lehner, Art. 23, Rn. 68 m.w.N.; unklar Kaminski, StuW 2007, 275, 277.

1431 Protokoll zu Art. 23 Abs. 5a) DBA Finnland 1979.

1432 Siehe z.B. Art. 24 Abs. 1 d) DBA Ägypten 1987.

1433 BFH v. 30.08.1995 – I R 77/94, BStBl. II 1996, 122, 124 f (für § 8 Abs. 2 AStG a.F., aber mit Bezug zu anderen Zusammenhängen); Ismer, in: Vogel/Lehner, Art. 23, Rn. 74; Köhler, in: Grotherr, Steuerplanung, 1815, 1832; Schaumburg/Häck, in: Schaumburg, Rn. 19.516; Krawitz/Büttgen-Pöhland/Hick, FR 2003, 109, 112; Kaminski, StuW 2007, 275, 280.

Grenzziehung dürfte aber ein gewisser Spielraum bestehen,[1434] wenn nicht ausdrücklich eine Untergrenze von 90 % im DBA bestimmt ist.[1435] Dies schließt die Zuordnung passiver Erträge zu aktiven Tätigkeiten nach der funktionalen Betrachtungsweise nicht aus,[1436] wonach verschiedene Tätigkeiten und Erträge wirtschaftlich zusammengehörig und einheitlich nach der schwerpunktmäßigen Tätigkeit[1437] zu bewerten sein können.[1438] Eine solche Zuordnung passiver zu aktiven Erträgen erfolgt vor Prüfung der Freigrenze von 10 %.[1439] Im Übrigen jedoch bewirkt die Überschreitung der Freigrenze, dass auch die aktiven Einkünfte nicht freigestellt werden (sog. Infizierung oder Passivierung),[1440] wenn nicht die Freistellung ausdrücklich auf die aktiven Tätigkeiten beschränkt gewährt wird.[1441] Die Anrechnungsmethode kommt bei Verfehlung im ersten Fall voll, im zweiten Fall anteilig zur Anwendung.[1442] Nicht einheitlich gewählt ist die jeweilige Bezugsgröße. Diese variiert zwischen Bruttoerträgen[1443], Einnahmen[1444], Einkünften[1445], Gewinnen[1446], Bruttoeinkommen[1447], Bruttoeinkünften[1448] und Bruttodividenden[1449]. Begrifflich lassen sich Bruttogrößen (Bruttoerträge, Einnahmen, [wohl auch Bruttoeinkommen, Bruttoeinkünfte, Bruttodividenden]) und Nettogrößen (Einkünfte, Gewinne) unterscheiden, weshalb je nach Formulierung auf Brutto- oder auf Nettoerträge abzustellen ist.[1450]

Das Erfordernis eines dem Geschäftszweck angemessen eingerichteten Geschäftsbetriebs findet sich zusätzlich in der deutschen DBA-Verhandlungsgrundlage.[1451]

1434 Ismer, in: Vogel/Lehner, Art. 23, Rn. 74; Schönfeld/Häck, in: Schönfeld/Ditz, Art. 23 A/B, Rn. 88; Läufer, 66 f; Grotherr, IWB F3, Gr. 2, 643, 649; a.A. Holthaus, IStR 2003, 632, 633 (für starre Grenze).

1435 Protokoll zu (Art. 23) DBA Argentinien 1978/1996.

1436 Lüdicke, IStR-Beihefter 2013, 26, 36.

1437 Köhler, in: Grotherr, Steuerplanung, 1815, 1827 f; Lüdicke, Überlegungen, 83 m.w.N; Kaminski, StuW 2007, 275, 277.

1438 Köhler, in: Grotherr, Steuerplanung, 1815, 1828; Lüdicke, Überlegungen, 83; Kaminski, StuW 2007, 275, 277.

1439 Strunk/Kaminski, IStR 2007, 189, 194.

1440 Läufer, 63.

1441 Protokoll zu (Art. 23 Abs. 5) DBA Finnland.

1442 Köhler, in: Grotherr, Steuerplanung, 1815, 1831 f.

1443 Z.B. Art. 23 Abs. 1 c) DBA Aserbaidschan 2004.

1444 Z.B. Art. 24 Abs. 1 d) DBA Ägypten 1987.

1445 Z.B. Protokoll zu DBA Island 1971.

1446 Z.B. Protokoll (zu Art. 25 Abs. 5) DBA Finnland 1979.

1447 Art. 24 Abs. 1 c) DBA Kuwait 1999.

1448 Art. 24 Abs. 1 c) DBA Estland 1996.

1449 Art. XVII Abs. 2 b) DBA Griechenland 1966.

1450 Ismer, in: Vogel/Lehner, Art. 23, Rn. 75; Schönfeld/Häck, in: Schönfeld/Ditz, Art. 23 A/B, Rn. 88; Köhler, in: Grotherr, Steuerplanung, 1815, 1830; Läufer, 79 ff; Kaminski, StuW 2007, 275, 281.

1451 Lüdicke, IStR-Beihefter 2013, 26, 36.

Die Tätigkeiten müssen regelmäßig im anderen Vertragsstaat ausgeübt werden.[1452] Jedenfalls muss der Schwerpunkt der Tätigkeit im Betriebsstättenstaat liegen. Nach dem Wortlaut mancher originärer Klauseln ist anzunehmen, dass Tätigkeiten im Betriebsstättenstaat ausgeübt werden müssen,[1453] wobei die deutsche DBA-Verhandlungsgrundlage von der Formulierung abweicht.[1454]

Schließlich hat der inländische Steuerpflichtige Nachweispflichten zu erfüllen. Ihm obliegt der Nachweis, dass die Erträge der ausländischen Betriebsstätte bzw. Gesellschaft aus einer aktiven Tätigkeit stammen.[1455]

Dieser Überblick verdeutlicht den „Wirrwarr" der (originären) Aktivitätsklauseln. Für den Steuerpflichtigen ist dieser Flickenteppich schwer durchschaubar. Dies führt zu einer bedenklichen Rechtsunsicherheit; dabei ist besonders das „Verstecken" der Aktivitätsklauseln in Protokollen und Notenwechseln zu kritisieren, welches das Auffinden der Klauseln erschwert.[1456] Dass die originären Klauseln in ihrer Ausgestaltung derart erheblich variieren, trägt zu den Rechtsanwendungsproblemen bei.[1457]

Derivative Klauseln unterscheiden sich in der Definition der aktiven Tätigkeit. Sie verweisen insoweit auf den Aktivitätskatalog des § 8 Abs. 1 AStG, bleiben aber oftmals gegenüber diesem zurück – ohne dass dies nachvollziehbar ist.[1458] Die Annahme eines statischen Verweises auf den jeweiligen Ausschnitt des Aktivitätskatalogs (§ 8 AStG) ist vorzugswürdig.[1459]

II. Verfassungsrechtliche Bedenken

Der Bestimmtheitsgrundsatz (Art. 20 Abs. 3 GG) gebietet die präzise Abfassung von Tatbestand und Rechtsfolge einer steuerlichen Regelung, um steuerliche Belastungen voraussehbar zu machen.[1460] Die Anforderungen bestimmen sich im

---

1452 Schönfeld/Häck, in: Schönfeld/Ditz, Art. 23 A/B, Rn. 91; Läufer, 77 f.

1453 U.a. Holthaus, IStR 2003, 632, 633; a.A. wohl Köhler, in: Grotherr, Steuerplanung, 1815, 1829.

1454 Dazu Lüdicke, IStR-Beihefter 2013, 26, 36.

1455 Köhler, in: Grotherr Steuerplanung, 1815, 1838 ff; Schönfeld/Häck, in: Schönfeld/Ditz, Art. 23 A/B, Rn. 92; Läufer, 82 f; Grotherr, IWB F3, Gr.2, 643, 648 f; Kaminski, StuW 2007, 275, 275.

1456 Köhler, in: Grotherr, Steuerplanung, 1815, 1820; Wassermeyer, IStR 2000, 65 („Wirrwarr", 67), 70; Kaminski, StuW 2007, 275, 276 f.

1457 U.a. Köhler, in: Grotherr, Steuerplanung, 1815 mit Auslegungsbemühungen.

1458 Köhler, in: Grotherr, Steuerplanung, 1815, 1826 f.

1459 Str., ob Verweis auf Aktivitätskatalog statisch oder dynamisch, dazu Läufer, 57 ff.

1460 Hey, in: Tipke/Lang, § 3, Rn. 230 ff, 243 ff; Albert, 63 f; Gabel, 229 f, 236 f; Waldhoff/Grefrath, IStR 2013, 477, 477 f. – Dies gilt bezogen auf das Zustimmungsgesetz zum DBA.

Einzelfall u.a. nach den Verständnismöglichkeiten der Normunterworfenen[1461], den Eigenarten der Sachmaterie, dem Normzweck und der Eingriffsintensität, wobei alle Erkenntnismöglichkeiten des Normunterworfenen berücksichtigt werden.[1462] Nur evidente Fälle fehlender Bestimmtheit können einen Verstoß begründen.[1463] Originäre Aktivitätsklauseln führen insbesondere begünstigte wirtschaftliche Betätigungen mit variierenden Begrifflichkeiten und Überschneidungen auf. Dies kann besonders bei Klauseln, die über den Kernbestand hinausreichen, das Verständnis der aktiven Tätigkeiten erschweren. Ein evidenter Verstoß gegen die Bestimmtheit lässt sich angesichts des großzügigen Maßstabs nicht annehmen. Die Klauseln lassen sich, wenngleich unter erheblichen Auslegungsbemühungen, handhabbar machen.[1464]

Erhebliche Unterschiede in der Reichweite der Aktivitätsklauseln begründen Zweifel an der gleichheitsgerechten Ausgestaltung (Art. 3 Abs. 1 GG) der Aktivitätsklauseln. Die begünstigten Tätigkeiten variieren mit Bezug zu den Vertragspartnerstaaten; in einigen DBA ist kein Aktivitätsvorbehalt enthalten. Der Grundsatz der Belastungsgleichheit konkretisiert das Gebot, im Wesentlichen gleiche Sachverhalte gleich zu behandeln,[1465] wobei das Leistungsfähigkeits- ([Einkommen-] Steuerbelastung nach der individuellen wirtschaftlichen Leistungsfähigkeit) und das Folgerichtigkeitsprinzip (folgerichtige Umsetzung getroffener Belastungsentscheidungen) bereichsspezifisch maßgeblich sind.[1466] In der unterschiedlichen Ausgestaltung der Klauseln wird teilweise wegen der daraus folgenden verschiedenen Behandlung wirtschaftlicher Tätigkeiten je nach Vertragsstaat eine (nicht gerechtfertigte) Ungleichbehandlung gesehen.[1467] Eine solche Ungleichbehandlung kann

---

1461 Wobei in Bezug auf typischerweise steuerlich Beratene (wohl regelmäßig im Fall internationaler Steuergestaltung) die Perspektive eines Rechtskundigen maßgeblich sein kann: Gabel, 231 m.w.N.

1462 Hey, in: Tipke/Lang, § 3, Rn. 230 ff, 243 ff; Gabel, 229 f, 236 f; Waldhoff/Grefrath, IStR 2013, 477, 478 f.

1463 Hey, in: Tipke/Lang, § 3, Rn. 247; Albert, 63 f; Gabel, 236; Waldhoff/Grefrath, IStR 2013, 477, 480.

1464 Vgl. Läufer, 122 ff.

1465 Jarass, in: Jarass/Pieroth, Art. 3, Rn. 7 ff, 44; Hey, in: Tipke/Lang, § 3, Rn. 40 f, 118 ff, 121; Gabel, 88 f; Albert, 59 ff; Jahndorf, StuW 2016, 256, 258 f.

1466 Nußberger, in: Sachs, Art. 3, Rn. 98 ff, 134; Hey, in: Tipke/Lang, § 3, Rn. 40 f, 121; Gabel, 87 m.w.N.; Jahndorf, StuW 2016, 256, 258.

1467 Läufer, 112 ff; Wassermeyer, IStR 2000, 65, 66, 70; Kaminski, StuW 2007, 275, 283. – Die verfassungsrechtliche Kontrolle gilt bezogen auf das Zustimmungsgesetz zum DBA. Bedenklich erscheint vor dem Hintergrund des Art. 3 Abs. 1 GG die tatbestandliche Typisierung (ohne Gegenbeweis). Diese muss durch die Verwaltungsvereinfachung oder, wenn man von Missbrauchsabwehr ausgeht, durch typisierte Missbrauchsbekämpfung gerechtfertigt sein. Dies kann anzunehmen sein, da die Massenverwaltung ein Typisierungsbedürfnis begründet. Die Kriterien (u.a. Tätigkeit, Umfang, ggf. Geschäftsbetrieb) erscheinen grds. sachgerecht. Ob die tatbestandliche Typisierung mit Bezug zum jeweiligen Vertragsstaat zutrifft,

aber durchaus gerechtfertigt sein. Die Freistellungsmethode soll einen fairen Wettbewerb mit lokaler Konkurrenz ermöglichen. Aktivitätsklauseln sind, wenngleich mit weit vorrangigem deutschen Interesse an den Modalitäten der Freistellung, Ergebnis einer Verhandlungssituation. Vor allem verengen Aktivitätsklauseln die Reichweite der Freistellungsmethode auf Tätigkeiten, die – spezifisch mit Blick auf den jeweiligen Vertragsstaat, Unterschiede in den Steuersystemen und resultierende Umgehungsgefahren – tatsächlicher Konkurrenz auf dem lokalen Markt ausgesetzt sind.[1468]

III. Unionsrechtliche Bewertung

DBA-Normen stehen nach Umsetzung durch ein innerstaatliches Zustimmungsgesetz im Range einfachen nationalen Rechts und sind daher grundsätzlich unionsrechtlich überprüfbar.[1469] Eine Investition im Ausland kann die Niederlassungs- oder Kapitalverkehrsfreiheit betreffen. Bei Verfehlung der Aktivitätsklausel im grenzüberschreitenden Sachverhalt wird die Doppelbesteuerung durch den Übergang zur Anrechnungsmethode verhindert. Dies bedeutet im Ergebnis eine Besteuerung nach inländischem Niveau, sodass keine Schlechterstellung gegenüber einem inländischen Sachverhalt erfolgt.[1470]

Eine Beschränkung könnte allenfalls bei einem Vergleich zweier grenzüberschreitender Sachverhalte von Unternehmern mit Investitionen in unterschiedlichen Mitgliedstaaten erwogen werden, wenn nur im DBA mit einem der Mitgliedstaaten eine Aktivitätsklausel enthalten ist. Ansatzpunkt für einen solchen Verstoß gegen Europarecht könnte die sog. Outbound-Meistbegünstigung sein. Meistbegünstigung meint die Verpflichtung etwas oder jemanden so zu behandeln, wie den oder das am besten behandelte/n Dritte/n. Dies würde im EU- und Abkommenskontext bedeuten, dass Abkommensvergünstigungen, die Steuerausländern eines bestimmten Mitgliedstaats gewährt werden, auf Steuerausländer anderer Mitgliedstaaten ausgeweitet werden müssen.[1471] Die Anerkennung eines allgemeinen[1472] Meistbegünstigungsgrundsatzes ist aber mangels vergleichbarer

muss insb. mit Blick auf die jeweils begünstigten Tätigkeiten (so bei originären Klauseln) beurteilt werden. Das Fehlen eines Gegenbeweises (für den Fall echter Tätigkeit und örtlicher Konkurrenzsituation) ist kritisch, kann ggf. noch durch den Vereinfachungszweck und den bloßen Rückfall auf die Anrechnungsmethode gerechtfertigt sein.

1468 A.A. insb. Läufer, 114 ff.

1469 Vgl. Strunk/Kaminski, in: S/K/K, Einf. OECD-MA, Rn. 26 ff, Stand: Juni 2012.

1470 Läufer, 143 f.

1471 Häger, 164 ff, 181 ff (insb. 184).

1472 Nur in einzelnen Bereichen geregelt, z.B. nach dem Freundschafts-, Handels- und Schifffahrtsabkommen zwischen der BRD und den Vereinigten Staaten, dazu Bernütz/Loll, IStR 2012, 744.

Situationen wegen der Wechselseitigkeit von Abkommen abzulehnen.[1473] Abkommen sind das Ergebnis der spezifischen Verhandlungssituation zwischen zwei (oder mehr) Staaten. Ein Verzicht auf Besteuerungsrechte erfolgt wechselseitig und aufeinander bezogen mit Blick auf die jeweils steuerlich Ansässigen. Die wechselseitige Aufteilung der Besteuerungsbefugnisse mittels DBA ist unionsrechtlich anerkannt. Schließlich ist unionsrechtlich eine Gleichbehandlung mit Inländern, nicht mit anderen Ausländern, geboten.[1474]

Der zusätzliche Aufwand der Anrechnungsmethode gegenüber der Freistellung ist ihr immanent und begründet, da auch nicht unzumutbar, isoliert ebenfalls keinen Verstoß.[1475]

1473 Ablehnung des Meistbegünstigungsgrundsatzes EuGH v. 05.07.2005 – Rs. C-376/03, D. gegen Inspecteur van de Belastingdienst/Particulieren/Ondernemingen buitenland te Heerlen, 2005 I-5852; EuGH v. 12.12.2006 – Rs. C-374/04, Test Claimants in Class IV of the ACT Group Litigation gg. Commissioners of Inland Revenue, Slg. 2006 I-11718; Oellerich, in: Schaumburg/Englisch, Rn. 8.162; Reimer, in: Schaumburg/Englisch, Rn. 7.170; a.A. u.a. Beckmann, in: Wassermeyer, Doppelbesteuerung, 455, 456. – Vgl. dazu auch Schwenke/Hardt, in: Wassermeyer, DBA, Vor 1 MA, Rn. 138, Stand: 129.EL, Januar 2015; Häger, 158 ff, 268; Läufer, 146 ff.

1474 Oellerich, in: Schaumburg/Englisch, Rn. 8.162 m.w.N.

1475 EuGH v. 06.12.2007 – Rs. C-298/05, Columbus Container Services BVBA & Co. gg. FA Bielefeld-Innenstadt, Slg. 2007 I-10497; EuGH v. 10.02.2011 – Rs. C-436/08 und C-437/08, Haribo Lakritzen Hans Riegel BetriebsgmbH und Österreichische Salinen AG gg. Finanzamt Linz, 2011 I-305, Rn. 97; Läufer, 151. – Problematisch ist jedoch, dass die Klauseln unabhängig vom Einzelfall Missbrauch typisieren, vgl. Oellerich, in: Schaumburg/Englisch, Rn. 8.188 m.w.N.

5. Teil – Abschließende Betrachtung der Substanzerfordernisse

Abschließend seien die geltenden steuerlichen Substanzanforderungen an ausländische Gesellschaften mit Blick auf die wesentlichen Aspekte sowie die Gemeinsamkeiten in der Konzeption der Missbrauchsregelungen zusammenfassend dargestellt.

A. Ergebnisse

Eine steuerliche Gestaltungsoption ist die Einschaltung eines selbstständigen Rechtsträgers, in aller Regel einer Kapitalgesellschaft, im Ausland durch im Inland unbeschränkt steuerpflichtige Gesellschafter (*Outbound-Situation*). Ausländische Kapitalgesellschaften unterliegen als eigenständige Rechtssubjekte der unbeschränkten Steuerpflicht in ihrem Ansässigkeitsstaat und entfalten eine sog. Abschirmwirkung gegenüber der inländischen Besteuerung.[1476] Der Ansässigkeitsstaat der Gesellschafter kann Einkünfte der ausländischen Gesellschaft grundsätzlich nicht besteuern, sondern nur auf Gewinnausschüttungen an die Gesellschafter zugreifen. Bei Verzögerung der Ausschüttung – Gewinne können angesammelt oder ohne Repatriierung im Ausland investiert werden – entsteht ein sog. Steuerstundungseffekt. Daraus erwachsen Zins- und Liquiditätsvorteile oder, wenn nach nationalen Steuervorschriften die spätere Ausschüttung gering oder nicht besteuert wird, eine definitiv geringere Steuerbelastung. Die Einschaltung einer ausländischen Kapitalgesellschaft wird im Wesentlichen am Maßstab der §§ 10 und 42 AO sowie §§ 7 ff AStG überprüft.

Die Ansässigkeit der eingeschalteten Gesellschaft ist in der Outbound-Situation zunächst zu prüfen. Das Ansässigkeitsprinzip schafft einen territorialen Bezug zum besteuernden Staat und rechtfertigt als sog. genuine link die unbeschränkte Steuerpflicht. Die eingeschaltete Gesellschaft kann ihren Gesellschaftern steuerliche Vorteile durch Abschirmung der Einkünfte vor inländischer Besteuerung nur vermitteln, wenn sie nicht der inländischen unbeschränkten Steuerpflicht unterliegt (§ 1 Abs. 1 KStG). Diese kann sich bei einer Gesellschaft mit ausländischem Sitz (§ 11 AO) aus einem Ort der *Geschäftsleitung* (§ 10 AO) im Inland ergeben (§ 1 Abs. 1 KStG i.V.m. § 10 AO).

Die Geschäftsleitung ist der Mittelpunkt der geschäftlichen Oberleitung (§ 10 AO). Die Oberleitung meint die für die Geschäftsführung maßgebliche Willensbildung. Praktisch bestimmt sich dies danach, wo dauerhaft die

1476 Henkel/Klein, in: Mössner, Rn. 8.1; Fey, in: Beck'sches SuB-Lexikon, Hinzurechnungsbesteuerung, Stand: 1.1.2017, Rn. 1; Jacobs, 399; Cortez, 41; Uckermann, 3 f.

Geschäftsführungsmaßnahmen in Bezug auf das Tagesgeschäft der Gesellschaft angeordnet werden. Die Prüfung konzentriert sich auf die Entscheidungsträger der Gesellschaft, das geschäftsleitende Personal. Regelmäßig sind dies die gesetzlichen Vertreter einer Gesellschaft; im Einzelfall können andere Personen die Gesellschaft faktisch leiten, so insbesondere Gesellschafter, die bei erheblicher und ständiger Einflussnahme das Tagesgeschäft an sich ziehen können. Zu untersuchen ist, welche Maßnahmen das Tagesgeschäft der Gesellschaft ausmachen und welche Person/en insoweit leitend tätig ist/sind.

Als Ausprägung des Ansässigkeits- bzw. Territorialprinzips verlangt die Geschäftsleitung nach § 10 AO überdies die dauerhafte Ausübung an einem Ort. Erforderlich ist zur Vermeidung der unbeschränkten Steuerpflicht, dass Geschäftsleiter auf Dauer außerhalb des Inlands die täglichen Geschäfte der Gesellschaft führen.

Regelmäßig erfordert die geschäftsleitende Tätigkeit sachliche Mittel (insb. Räume und Kommunikationsmittel) und – je nach Größe der Gesellschaft – weiteres Personal zur Unterstützung. Die personellen und sachlichen Anforderungen an die Geschäftsleitung bestimmen sich funktionsspezifisch, d.h. in Art und Umfang auf die konkrete Funktion der ausländischen Gesellschaft abgestimmt. Funktionsschwache Gesellschaften sind grundsätzlich nach denselben Maßstäben zu beurteilen. Das Tagesgeschäft bestimmt sich mit Blick auf die ausgeübte Funktion. Einzig kann die Ausübung des gesellschafterlichen Einflusses eher zur Übernahme der (faktischen) Geschäftsleitung führen, da bei einem Tagesgeschäft geringen Umfangs einzelne Einflussnahmen stärkeres Gewicht besitzen. Briefkastengesellschaften unterliegen in aller Regel bereits der unbeschränkten Steuerpflicht nach §§ 1 Abs. 1 KStG i.V.m. 10 AO.

Die Geschäftsleitung kann einer Managementgesellschaft übertragen werden. Die Übertragung ist grundsätzlich zulässig und für die Bestimmung des Geschäftsleitungsorts maßgeblich. Dies setzt voraus, dass die Managementgesellschaft das Tagesgeschäft im Namen und auf Rechnung der ausländischen Gesellschaft tatsächlich ausübt. Die vollständige Übertragung aller Entscheidungen kann aber einer eigenen wirtschaftlichen Tätigkeit der ausländischen Gesellschaft entgegenstehen. Die eigenverantwortliche Leitung der Geschäfte ist ein wesentliches Kennzeichen einer eigenen wirtschaftlichen Tätigkeit der ausländischen Gesellschaft, was insbesondere im Rahmen des § 42 AO zu beachten ist. Unschädlich ist jedenfalls die Übertragung der technischen Abwicklung des Tagesgeschäfts.

Die Frage des *wirtschaftlichen Eigentums* (§ 39 AO) betrifft die steuerschuldrechtliche Zuordnung von Wirtschaftsgütern (zu Besteuerungssubjekten). Eine vom Zivilrecht abweichende Zurechnung nach wirtschaftlichen Gesichtspunkten kommt in Betracht, wenn bei wirtschaftlicher Betrachtung nicht der rechtliche Inhaber als wirklicher Inhaber erscheint oder aber ein Treuhandverhältnis vorliegt. Als Ausdruck wirtschaftlicher Betrachtungsweise genießen die tatsächlichen Gegebenheiten Vorrang gegenüber der (zivil)rechtlichen Gestaltung. Eine abweichende Zuordnung von Wirtschaftsgütern der ausländischen Gesellschaft ist in der Outbound-Situation aber ohne Vorliegen außergewöhnlicher Umstände nicht vorzunehmen. Die ausländische Gesellschaft ist ein selbstständiger Rechtsträger; die abweichende Zuordnung würde das Trennungsprinzip und die grundsätzliche Abschirmwirkung der eigenständigen ausländischen Gesellschaft missachten. Auch ein Treuhandverhältnis kann nur bei eindeutigen Anhaltspunkten angenommen werden.

Eine *Zurechnung von Einkünften nach wirtschaftlicher Substanz* (§ 2 Abs. 1 EStG) zu einem (Körperschaft-)Steuersubjekt ist abzulehnen. Die Ergänzung der Einkünftezurechnung um Substanzaspekte vermischt Einkünfteerzielung und Missbrauchsbekämpfung.

Die Abschirmwirkung der ausländischen Gesellschaft kann durchbrochen werden, wenn die ausländische Gründung zum *Schein* (§ 41 AO) gegründet worden ist. Alternativ können einzelne Rechtsbeziehungen zu der Gesellschaft nur zum Schein bestehen. Die Wirksamkeit eines Rechtsgeschäfts – so des Gründungsakts oder einzelner rechtlicher Beziehungen – setzt einen rechtlichen Bindungswillen voraus. Eine *Scheingründung* liegt in der Regel nicht vor, da die steuerliche Abschirmwirkung eine wirksam gegründete ausländische Gesellschaft erfordert; dies kann abweichend zu beurteilen sein, wenn rechtliche Konsequenzen der Gründung (z.B. Erbringung gesellschaftsvertraglicher Leistungen) nicht gezogen werden. Eine fehlende wirtschaftliche Funktion begründet kein im Rahmen des § 41 AO relevantes Defizit, da dies den rechtlichen Bindungswillen unberührt lässt. Objektive Kriterien, z.B. eine sachliche und personelle Ausstattung, dienen der Ermittlung des Rechtsbindungswillens.

Hingegen kann die rein steuerlich motivierte Einschaltung einer ausländischen Gesellschaft einen *Missbrauch rechtlicher Gestaltungsmöglichkeiten* (§ 42 AO) bedeuten. Die Abschirmwirkung der ausländischen Gesellschaft wird im Missbrauchsfall durchbrochen; die Einkünfte werden dann den inländischen Gesellschaftern zugerechnet.

Die Basisgesellschaftsrechtsprechung konkretisiert § 42 AO bereichsspezifisch für den Fall der Einschaltung einer funktionsschwachen Gesellschaft. Die Einschaltung einer beherrschten, gesellschaftsrechtlich verflochtenen und niedrig besteuerten ausländischen (Kapital-)Gesellschaft setzt wirtschaftliche oder sonst beachtliche Gründe voraus. Beachtlicher Grund für die Einschaltung einer ausländischen Gesellschaft ist regelmäßig die Ausübung einer eigenen wirtschaftlichen Tätigkeit.

Während früher die Grenzziehung des Gestaltungsmissbrauchs anhand der Art wirtschaftlicher Tätigkeiten vorgenommen wurde, hat sich mittlerweile der Fokus der Missbrauchsprüfung auf die Modalitäten der Ausübung verlagert, wenngleich ein beachtlicher Grund für die Einschaltung erforderlich bleibt. Beurteilungskriterien sind, ob die ausländische Gesellschaft im eigenen Namen und auf eigene Rechnung tätig wird, Chancen und Risiken ihrer wirtschaftlichen Betätigung trägt, auf gewisse Dauer eingeschaltet ist, ihre Geschäfte eigenverantwortlich leitet, das Letztentscheidungsrecht in Bezug auf die geschäftsleitende Tätigkeit besitzt und mit funktionsspezifisch erforderlicher sachlicher und personeller Ausstattung am allgemeinen wirtschaftlichen Verkehr teilnimmt. Das Outsourcing der geschäftlichen Tätigkeit ist bei Beachtung dieser Kriterien zulässig.

§ 42 AO erfasst nur noch Briefkastengesellschaften (oder anders: rein künstliche, jeder wirtschaftlichen Realität bare Gestaltungen) – wenn diese nicht bereits nach § 1 Abs. 1 KStG i.V.m. § 10 AO im Inland unbeschränkt steuerpflichtig sind. Die flexible Generalklausel und die mittlerweile in ihren Vorgaben reduzierte Basisgesellschaftsrechtsprechung können so sekundär- und primärrechtlichen europäischen Vorgaben an die steuerliche Missbrauchsbekämpfung genügen.

Die *Hinzurechnungsbesteuerung* (§§ 7 ff AStG) wehrt die als missbräuchlich typisierte Zwischenschaltung ausländischer (Basis-)Gesellschaften ab. Durch Hinzurechnung von Einkünften zu inländischen Gesellschaftern wird verhindert, dass steuerliche Vorteile aus der Einschaltung eines gegenüber der inländischen Besteuerung abschirmenden selbstständigen Rechtsträgers im Ausland erwachsen – ohne aber eine zusätzliche strafende Besteuerung zu begründen.

Im Grundfall führt die Einschaltung einer durch inländische Steuerpflichtige beherrschten Körperschaft (§ 7 Abs. 1 und 2 AStG) im niedrig besteuernden (§ 8 Abs. 3 AStG) Ausland zur zusätzlichen Besteuerung der inländischen Gesellschafter, soweit die Gesellschaft keine Einkünfte aus unschädlichen Aktivitäten (§ 8 Abs. 1 AStG) erzielt. In Bezug auf Kapitalanlageeinkünfte genügen geringere Beteiligungsquoten (§ 7 Abs. 6 AStG). Die Rechtsfolge einer fingierten Ausschüttung der schädlichen Einkünfte (§§ 7 Abs. 1; 10 AStG) unterläuft die Abschirmwirkung der ausländischen Gesellschaft. Die europarechtlich motivierte Gegenbeweisregelung (§ 8 Abs. 2 AStG) ermöglicht eine Widerlegung der Missbrauchstypisierung für tatsächliche wirtschaftliche Tätigkeiten in Bezug auf EU und EWR. Kern des Motivtests ist, dass die ausländische Gesellschaft einer tatsächlichen wirtschaftlichen Tätigkeit im Aufnahmestaat nachgeht.

Zentrales Kriterium der Hinzurechnungsbesteuerung ist die wirtschaftliche Betätigung der ausländischen Gesellschaft. Der sog. Aktivitätskatalog (§ 8 Abs. 1 AStG) unterscheidet nach der Art der wirtschaftlichen Betätigung. Einkünfte aus Tätigkeiten mit starken Substanzbezügen, geringerer Mobilität und regelmäßig erheblichen finanziellen Investitionen sind unschädlich (Land- und Forstwirtschaft sowie produzierende Tätigkeiten – § 8 Abs. 1 Nr. 1 und 2 AStG). Einkünfte aus anderen wirtschaftlichen Betätigungen sind nur unter weiteren Voraussetzungen unschädlich (insb. § 8 Abs. 1 Nr. 3 bis 7 AStG – so bspw. Bank- und Versicherungswirtschaft, Handel, Dienstleistungen). Einkünfte aus nicht im Katalog aufgeführten Aktivitäten sind per se schädlich. Der Gesetzgeber offenbart damit ein unzeitgemäßes und innovationsfeindliches Verständnis der (materiellen) Wertschöpfung.

Funktionsnachweise (Unterhalten eines Geschäftsbetriebs – z.B. in § 8 Abs. 1 Nr. 3 AStG, Teilnahme am allgemeinen wirtschaftlichen Verkehr – z.B. in § 8 Abs. 1 Nr. 4 AStG, Mitwirkungstatbestände – z.B. in § 8 Abs. 1 Nr. 5 AStG) sollen die eigenständige wirtschaftliche Tätigkeitsausübung der ausländischen Gesellschaft sicherstellen und deren wirtschaftliche Integration im Aufnahmestaat belegen. Das Unterhalten eines Geschäftsbetriebs setzt grundsätzlich die Einhaltung (interner) meist kaufmännischer Organisationsanforderungen, gewissen Umfang und gewisse Dauer voraus. Ferner sind personelle und sachliche Mittel erforderlich, deren Ausmaß sich (quantitativ und qualitativ) nach der ausgeübten Funktion der ausländischen Gesellschaft bemisst. Die Teilnahme am allgemeinen wirtschaftlichen Verkehr stellt einen Marktbezug der wirtschaftlichen Tätigkeit her. Die ausländische Gesellschaft hat einen Geschäftsbetrieb unter Teilnahme am allgemeinen wirtschaftlichen Verkehr zu unterhalten. Dies erfordert grundsätzlich eine nachhaltige, von außen erkennbare Tätigkeit durch Güter- und Leistungsaustausch am Markt gegen Entgelt. Konzerninterne Betätigung ist unschädlich, wenn eine Offenheit für andere Geschäftspartner besteht. Gesellschafterliche Mitwirkungen können zur Passivierung von Einkünften führen. Dies sanktioniert weitgehende und zeitgemäße Arbeitsteilung im Konzern – statt einer vorzugswürdigen Einkünftekorrektur, die der Funktion der ausländischen Gesellschaft Rechnung tragen kann. Nach daher gebotener restriktiver Auslegung sind nur erhebliche Eingriffe, nicht untergeordnete Mitwirkungshandlungen, schädlich, die den Funktionsbereich der ausländischen Gesellschaft im Kern betreffen und die eigenständige wirtschaftliche Funktion unterlaufen. Der Kernbereich bestimmt sich mit Blick auf die konkret ausgeübten Aufgaben. Funktionsaufteilungen und -abgrenzungen zwischen ausländischer Gesellschaft und Gesellschaftern sind grundsätzlich zulässig.

Die Auslagerung geschäftlicher Tätigkeiten durch einen Betriebsführungsvertrag steht der eigenständigen Funktionsausübung nicht entgegen. Die Tätigkeit und die Funktionsmerkmale können durch eine ausländische Managementgesellschaft ausgeübt und vermittelt werden. Eine Zurechnung zur eingeschalteten ausländischen Gesellschaft setzt insbesondere voraus, dass diese eine funktionsfähige eigenverantwortliche Leitung behält, durch das Handeln der Managementgesellschaft berechtigt und verpflichtet wird sowie Chancen und Risiken der wirtschaftlichen Betätigung trägt.

Zahlreiche konzeptionelle Defizite kennzeichnen die Hinzurechnungsbesteuerung, insbesondere: der Aktivitätskatalog (§ 8 Abs. 1 AStG) ermöglicht keine zielgenaue und zeitgemäße Missbrauchsbekämpfung; die Passivierung von Einkünften als Folge schädlicher Mitwirkung geht zu weit; die Niedrigsteuergrenze (§ 8 Abs. 3 AStG) ist jedenfalls überhöht, soweit sie eine denkbare inländische Steuerbelastung überschreitet; das Beherrschungskriterium (§ 7 Abs. 1, 2 und 6 AStG) ist nicht zweckentsprechend ausgestaltet, soweit Beteiligungen ohne individuelle Kontrollmöglichkeit der ausländischen Gesellschaft erfasst sind. Soweit eine unzutreffende Typisierung vorliegt und daher der Grundsatz typisierter Missbrauchsabwehr keine Rechtfertigung bieten kann, sind auch verfassungsrechtliche Bedenken (Art. 3 Abs. 1 GG) gegenüber §§ 7 ff AStG begründet. Verfassungsrechtlich unzulässig (mind. wegen Art. 2 Abs. 1 GG) sind ferner diejenigen Nachweiserfordernisse, die sich nicht zumutbar erfüllen lassen (z.B., wenn im Fall einer bloßen Portfoliobeteiligung an einer ausländischen Gesellschaft mangels ausreichenden Einflusses Nachweise nicht erlangt werden können).

Die Hinzurechnungsregelungen beschränken den Anwendungsbereich der Niederlassungs- (Art. 49 AEUV) und der Kapitalverkehrsfreiheit (Art. 63 AEUV), da die §§ 7 ff AStG die Gründung einer ausländischen (Tochter-)Gesellschaft vor allem durch die Ausschüttungsfiktion und zusätzliche verfahrensrechtliche Pflichten weniger attraktiv machen. Insbesondere zur Verhinderung der Steuerumgehung können Hinzurechnungsregelungen grundsätzlich gerechtfertigt sein, wenn sich die Missbrauchsabwehr auf rein künstliche, jeder wirtschaftlichen Realität bare Gestaltungen beschränkt, da allein diese das Ziel der wirtschaftlichen Integration im Binnenmarkt verfehlen. Der Nachweis wirtschaftlicher Realität erfordert in Bezug auf die Niederlassungsfreiheit die dauerhafte Ausübung einer wirtschaftlichen Tätigkeit mittels einer festen Einrichtung im Aufnahmestaat; die wirtschaftliche Realität (wirtschaftliche Tätigkeit, tatsächliche Ansiedlung, objektiver Substanznachweis) schließt Rechtsmissbrauch aus. Mit Bezug zur Kapitalverkehrsfreiheit ist abweichend die Echtheit einer Investition ohne zwingendes Ansiedlungserfordernis zu untersuchen.

Wenngleich eine Typisierung mit den Grundfreiheiten grundsätzlich zu vereinbaren sein kann, identifizieren die §§ 7 ff AStG nicht zutreffend die missbräuchliche Zwischenschaltung funktionsschwacher Gesellschaften. Defizite betreffen den Aktivitätskatalog (§ 8 Abs. 1 AStG) – insbesondere kann ein Aktivitätskatalog nicht zielgenau Missbrauch beschreiben und die Passivierung durch Mitwirkungstatbestände ist gegenüber der Einkünftekorrektur nicht erforderlich –, die überhöhte Niedrigsteuergrenze (§ 8 Abs. 3 AStG), die jedenfalls überschießt, soweit sie eine mögliche Steuerbelastung im Inland übersteigt und die Beteiligungsregelungen (§ 7 Abs. 1 und 6 AStG), soweit diese ohne individuelle Beherrschungsmöglichkeit eines Gesellschafters, dem Grundgedanken der Hinzurechnungsbesteuerung widersprechend, zur Hinzurechnung führen.

Der Motivtest (§ 8 Abs. 2 AStG) ist zu eng ausgestaltet. Die Auslegung der tatsächlichen wirtschaftlichen Tätigkeit (§ 8 Abs. 2 S. 1 AStG) muss europäischen Vorgaben folgen; abweichende nationale Auslegungsmöglichkeiten (insb. bezüglich der Art der begünstigten Tätigkeiten, der Zulässigkeit des Outsourcings und des Umfangs der Ansiedlung) müssen zurücktreten. Die Überbürdung der Beweislast ist angesichts inkorrekter Typisierung und unverhältnismäßiger Nachweisschwierigkeiten für gering Beteiligte unzulässig. Vor allem berücksichtigt die Beschränkung auf EU- und EWR-Fälle (§ 8 Abs. 2 S. 1, 3 und 4 AStG) nicht die Anwendbarkeit der Kapitalverkehrsfreiheit. Defizite könnten im Rahmen einer notwendigen Anpassung an jüngere sekundärrechtliche Vorgaben (Art. 7 und 8 ATAD) beseitigt werden.

Die Regelungen der *Inbound-Situation* befassen sich mit der spiegelbildlichen Situation: der Investition aus dem Ausland in das Inland. Insbesondere die Inanspruchnahme von Quellensteuerentlastungen durch formale Zwischenschaltung ausländischer Gesellschaften soll verhindert werden. Die grundsätzlich vorrangige Ansässigkeitsprüfung ist von geringer Bedeutung, da Gesellschafter einer zwischengeschalteten Gesellschaft regelmäßig in Drittstaaten steuerlich ansässig sind.

§ 50d Abs. 3 EStG, Spezialnorm gegenüber § 42 AO, richtet sich gegen sog. Treaty und Directive Shopping. Die Norm betrifft Quellensteuerentlastungen im Bereich Dividenden, Zinsen und Lizenzgebühren aufgrund von DBA und EU-Richtlinien.

Steuerentlastungen werden durch § 50d Abs. 3 EStG versagt, soweit persönliche und sachliche Entlastungsvoraussetzungen nicht gegeben sind. Diese stellen die wirtschaftliche Eigenständigkeit der Gesellschaft sicher und verhindern eine rein formale Zwischenschaltung ausländischer Gesellschaften.

Die persönliche Entlastungsberechtigung besteht, soweit Gesellschafter der ausländischen Gesellschaft bei fiktivem direktem Einkünftebezug die Entlastungen beanspruchen könnten (§ 50d Abs. 3 S. 1 EStG). Die sachliche Berechtigung ergibt sich in Bezug auf Erträge aus eigener wirtschaftlicher Tätigkeit (§ 50d Abs. 3 S. 1 EStG) – wenngleich bezogen auf alle und nicht allein die eigentlich relevanten abzugsteuerpflichtigen inländischen Erträge der ausländischen Gesellschaft – oder alternativ aus dem Vorliegen beachtlicher Gründe für die Einschaltung der Gesellschaft plus der Teilnahme am allgemeinen wirtschaftlichen Verkehr mit einem für den Geschäftszweck angemessen eingerichteten Geschäftsbetrieb (§ 50d Abs. 3 S. 1 Nr. 1 und 2 EStG). Die eigene wirtschaftliche Tätigkeit/ Funktion der ausländischen Gesellschaft steht im Mittelpunkt der Prüfung. Art und Ausübung der Tätigkeit wird durch § 50d Abs. 3 S. 2 und 3 EStG (Verbot der Merkmalsübertragung sowie Schädlichkeit von Verwaltungstätigkeiten und Outsourcing der wesentlichen Geschäftstätigkeiten) eingegrenzt. Funktionsspezifische Ausstattungserfordernisse gehen mit der Ausübung einer eigenen wirtschaftlichen Tätigkeit notwendig einher.

Die alternative sachliche Entlastung, als Gegenbeweismöglichkeit ausgestaltet (§ 50d Abs. 3 S. 1 Nr. 1 und 2 i.V.m. 4 EStG), greift auf geläufige Missbrauchstests zurück (beachtliche Gründe für die Einschaltung; Teilnahme am allgemeinen wirtschaftlichen Verkehr mittels für Geschäftszweck angemessen eingerichteten Geschäftsbetriebs). Die beachtlichen Gründe sind Relikt der Basisgesellschaftsrechtsprechung und importieren die mittlerweile reduzierten Vorgaben aus der Outbound-Situation, jedoch unter Berücksichtigung des § 50d Abs. 3 S. 2 und 3 EStG. Mit den zusätzlichen Erfordernissen des Geschäftsbetriebs und der Teilnahme am allgemeinen Verkehr sind Anforderungen an Organisation und funktionsspezifische Ausstattung (nach innen) und den Marktbezug (dem geschäftlichen Wirken nach außen) verbunden. Das Ausmaß körperlich greifbarer Substanz (ausreichende personelle und sachliche Ausstattung) bestimmt sich nach der Funktion.

In diesen Bestimmungen – eigene wirtschaftliche Tätigkeit (§ 50d Abs. 3 S. 1 EStG), Einschränkung des § 50d Abs. 3 S. 3 EStG, alternative Berechtigung über § 50d Abs. 3 S. 1 Nr. 1 und 2 EStG, Verbot der Konzernbetrachtung (§ 50d Abs. 3 S. 2 EStG) – kommt ein strenges Selbstständigkeitsprinzip zum Ausdruck. Dies steht dem Outsourcing einzelner, auch wesentlicher, Funktionen aber nicht entgegen.

Insbesondere der Ausschluss jeder Konzernstrategie ohne Gegenbeweismöglichkeit (§ 50d Abs. 3 S. 2 EStG) bedeutet eine unzutreffende Missbrauchstypisierung und begründet verfassungsrechtliche Bedenken an der Regelung (Art. 3 Abs. 1 und Art. 2 Abs. 1 GG). Gleiches gilt für den Bezugspunkt der gesamten Bruttoerträge der ausländischen Gesellschaft (§ 50d Abs. 3 S. 1 EStG).

Eine Rechtfertigung der Beschränkung von Niederlassungs- und Kapitalverkehrsfreiheit durch die Regelung des § 50d Abs. 3 EStG kann sich aus der Verhinderung der Steuerumgehung ergeben. Die Rechtfertigungserwägungen zur Hinzurechnungsbesteuerung lassen sich auf die spiegelbildliche Inbound-Situation übertragen: die rein formale Einschaltung, die Künstlichkeit, der zwischengeschalteten ausländischen Gesellschaft steht in Rede. Missbrauchsvorbehalte in den EU-Richtlinien (Mutter-Tochter-Richtlinie sowie Zins-und Lizenzgebühren-Richtlinie) decken die Missbrauchsbekämpfung – dem Harmonisierungszweck entsprechend nach autonom europarechtlichem Verständnis. Die Richtlinienziele (Erleichterung grenzüberschreitender wirtschaftlicher Betätigung und Integration im Binnenmarkt) sowie die Ausgestaltung der Vorbehalte sprechen für ein mit dem grundfreiheitlichen Missbrauchsbegriff vergleichbares Verständnis.

Die Ausgestaltung des § 50d Abs. 3 EStG wird den europarechtlichen Vorgaben nicht gerecht. Mit teilweise starren Voraussetzungen (§ 50d Abs. 3 S. 2 und 3 EStG, aber auch § 50d Abs. 3 S. 1 Nr. 1 und 2 EStG) beschränkt sich die Regelung nicht auf rein künstliche Gestaltungen. Jedenfalls unzulässig, weil nicht zur Missbrauchsbekämpfung erforderlich, sind die Einengung der unschädlichen wirtschaftlichen Tätigkeiten (§ 50d Abs. 3 S. 3 EStG), der Ausschluss jeder Konzernstrategie ohne Gegenbeweismöglichkeit (§ 50d Abs. 3 S. 2 EStG) und eine mögliche anteilige Passivierung der abzugsteuerpflichtigen Erträge, wenn die ausländische Gesellschaft sonstige passive Erträge erzielt. Ein möglicher Gegenbeweis über § 50d Abs. 3 S. 1 i.V.m. 4 EStG kann die Defizite nicht ausreichend beheben.

§ 50g EStG zielt (neben § 50d Abs. 3 EStG, vgl. § 50g Abs. 4 S. 2 EStG) auf die Versagung von Quellensteuerentlastungen bei Zins- und Lizenzzahlungen zwischen verbundenen Unternehmen innerhalb der EU. Die Norm bietet unterschiedliche Missbrauchskonzepte auf, um missbräuchliche Gestaltungen und die rein formale Einschaltung ausländischer Gesellschaften zur Quellensteuerentlastung zu unterbinden. Steuervermeidung und Missbrauch führen zur Versagung von Quellensteuerentlastungen (§ 50g Abs. 4 S. 1 EStG). Insoweit ist die Regelung nicht rechtssicher anwendbar und neben § 50d Abs. 3 EStG überflüssig. Die Entlastung wird ferner versagt, soweit Zins- und Lizenzgebührenzahlungen den Betrag übersteigen, der zwischen fremden Dritten vereinbart worden wäre (§ 50g Abs. 2 Nr. 2 EStG – Fremdvergleichsmaßstab). Schließlich muss der Gläubiger Nutzungsberechtigter sein (§ 50g Abs. 3 Nr. 1 EStG).

In DBA sind verschiedene Regelungen zur Bekämpfung der Steuerumgehung vorzufinden. *Limitation-on-Benefits-Klauseln* richten sich gegen Treaty Shopping. Die ausgereifteste Regelung enthält, mit Vorrang gegenüber § 50d Abs. 3 EStG, Art. 28 DBA-USA. Typisierend wird darin die persönliche Berechtigung zur Inanspruchnahme von Abkommensvergünstigungen geregelt. Abgestufte Tests sollen die formale Zwischenschaltung von Personen verhindern. Während sich bestimmte Personen keinem Missbrauchsverdacht ausgesetzt sehen, begründen einzelne Tests nach der typisierten Missbrauchsgefahr spezifische Substanzanforderungen, so setzt bspw. Art. 28 Abs. 4 DBA-USA die Ausübung einer aktiven gewerblichen Tätigkeit voraus. Eine vereinfachte LoB-Klausel ist im neu geschaffenen Multilateralen Instrument enthalten.

Die *Nutzungsberechtigung (beneficial ownership)* betrifft die Einkünftezurechnung im DBA-Kontext. DBA-Quellensteuerentlastungen (in Bezug auf Dividenden, Zinsen und Lizenzgebühren) werden nur gewährt, wenn der unmittelbare Zahlungsempfänger nutzungsberechtigt ist. Dies soll die formale Einschaltung von Gesellschaften zur Erlangung von Abkommensvorteilen verhindern.

Schließlich betreffen *Aktivitätsvorbehalte* grundsätzlich Einkünfte aus Betriebsstätten sowie gleichbehandelten Beteiligungen an Personengesellschaften und begründen spezifische Tätigkeitsanforderungen. *§ 2a EStG* schränkt die steuerliche Berücksichtigung von Verlusten mit Bezug zu Drittstaaten ein, um rein steuerlich motivierten Verlustzuweisungsmodellen die Attraktivität zu nehmen. Die Regelung typisiert schädliche Verlusterzielung aus fiskalischen Gründen in Anknüpfung an die Art der wirtschaftlichen Betätigung/Vorgänge. Verluste aus bestimmten Quellen sind nur eingeschränkt verrechenbar. Ein Aktivitätstest ist mit Bezug zu gewerblichen Einkünften (§ 2a Abs. 2 S. 1 EStG) vorgesehen.

§ 20 Abs. 2 AStG (unilateral) und *Aktivitätsklauseln aus DBA* (bilateral) betreffen die Freistellung ausländischer Betriebsstätteneinkünfte und können ein Umschalten von der regelmäßig vorteilhaften Einkünftefreistellung zur bloßen Anrechnung der im Ausland gezahlten Steuer bewirken. *§ 20 Abs. 2* AStG verhindert eine Umgehung der §§ 7 ff AStG durch Einschaltung einer Betriebsstätte/Personengesellschaft. Die Norm knüpft an die Regelungen der Hinzurechnungsbesteuerung an. § 20 Abs. 2 AStG unterläuft regelmäßig abkommensrechtliche Verpflichtungen zur Freistellung von Einkünften. Ferner wird die Missbrauchstypisierung der §§ 7 ff AStG mit all ihren Defiziten, unter Ausschluss des Motivtests (§ 8 Abs. 2 AStG), übernommen. Der Ausschluss des Motivtests ist europarechtswidrig. *DBA-Aktivitätsklauseln* begründen spezifische Aktivitätsanforderungen als Voraussetzung der Freistellung ausländischer Einkünfte. Derivative Klauseln verweisen zu diesem Zweck (ggf. nur in Teilen) auf den Aktivitätskatalog des § 8 Abs. 1 AStG. Originäre Klauseln definieren individuell aktive Tätigkeiten mit Bezug zum jeweiligen DBA. Kernbestand sind Produktions-, Handels-, (technische) Dienstleistungstätigkeiten sowie Bank- und Versicherungsgeschäfte im anderen Staat.

B. Gemeinsamkeiten der Missbrauchsregelungen

Der Gesetzgeber bedient sich dieser Vielfalt der Missbrauchskonzepte, -tests und -kriterien, um die *Echtheit* einer eingeschalteten ausländischen Gesellschaft (oder Betriebsstätte) einer Prüfung zu unterziehen. Die ausländische Einheit darf keine rein steuerlich motivierte leere Hülle sein.

In der Outbound-Situation resultieren steuerliche Vorteile aus der Ansässigkeit in einem niedrig besteuernden ausländischen Staat. Diese werden den Gesellschafter nur belassen, wenn die ausländische Gesellschaft nicht rein formal und steuerlich motiviert eingeschaltet ist. In der Inbound-Situation bleiben formal eingeschalteten Gesellschaften steuerliche Vorteile in Bezug auf die Quellenbesteuerung verwehrt. Aktivitätsvorbehalte versagen unmittelbare Verlustverrechnung oder die Einkünftefreistellung in Bezug auf bestimmte Arten wirtschaftlicher Tätigkeiten oder Vorgänge.

Substanzregelungen bemühen sich um die Sicherung der Besteuerung am Ort der Wertschöpfung. Im Mittelpunkt steht, auch als Maßstab dienend, die Ausübung einer eigenen wirtschaftlichen Funktion/Tätigkeit, die nach weiteren Kriterien auf ihre Echtheit untersucht wird.

I. Wirtschaftliche Gründe, insbesondere eigene wirtschaftliche Tätigkeit

Wirtschaftliche Gründe, insb. die Ausübung einer eigenen wirtschaftlichen Tätigkeit, können grundsätzlich die Einschaltung einer ausländischen Gesellschaft, ggf. einer Betriebsstätte, rechtfertigen (§ 42 AO, § 8 Abs. 2 S. 1 AStG, § 50d Abs. 3 S. 1 Nr. 1 EStG, § 50g Abs. 4 S. 1 EStG), wenngleich dieser Grundsatz aus fiskalischen Gründen durchbrochen sein kann (z.B. § 2a Abs. 1 S. 1 Nr. 1 EStG).

In der Outbound-Situation ist zur Bestimmung des Tagesgeschäfts (§ 10 AO) die ausgeübte Tätigkeit zu untersuchen. In Bezug auf § 42 AO ergeben sich beachtliche Gründe für die Einschaltung der ausländischen Gesellschaft regelmäßig nur aus einer eigenen wirtschaftlichen Tätigkeit; gleiches gilt für die Hinzurechnungsbesteuerung (vgl. § 8 Abs. 1 AStG). In der Inbound-Situation erfordert § 50d Abs. 3 S. 1 EStG eine eigene wirtschaftliche Tätigkeit, ebenso Art. 28 Abs. 4 DBA-USA. Die Aktivitätsvorbehalte tragen den Tätigkeitsbezug bereits im Namen.

Die unschädlichen Tätigkeiten werden regelmäßig der Art nach eingeschränkt, wobei sich dies nach spezifischen Umgehungsgefahren richtet. Besondere Anforderungen ergeben sich aus §§ 8 Abs. 1 AStG (i.V.m. 20 Abs. 2 AStG), 50d Abs. 3 S. 3 EStG, 2a Abs. 1 EStG und DBA-Aktivitätsklauseln. Dabei begegnet der Gesetzgeber produzierenden oder gewerblichen Tätigkeiten unkritisch (ausdrücklich § 8 Abs. 1 Nr. 2 AStG [i.V.m. § 20 Abs. 2 AStG], § 2a Abs. 1 Nr. 2 i.V.m. 2 S. 1 EStG, DBA-Aktivitätsklauseln, Art. 28 Abs. 4 DBA-USA). Bloße Verwaltung eigenen Vermögens ist schädlich (ausdrücklich in §§ 50d Abs. 3 S. 3, 1. Var. EStG, [Umkehrschluss zu] § 8 Abs. 1 AStG [i.V.m. § 20 Abs. 2 AStG], Art. 28 Abs. 4 DBA-USA). Im Übrigen kann sich die Behandlung von wirtschaftlichen Betätigungen je nach Umgehungsgefahr oder fiskalischer Erwägung diametral unterscheiden, z.B. ist die Land- und Forstwirtschaft nach § 8 Abs. 1 Nr. 1 AStG unschädlich, nach § 2a Abs. 1 Nr. 1 EStG schädlich.

Einen Marktbezug als Kennzeichen echter wirtschaftlicher Tätigkeiten stellt das Erfordernis der Teilnahme am allgemeinen wirtschaftlichen Verkehr her (§ 42 AO, § 8 Abs. 1 AStG [i.V.m. § 20 Abs. 2 AStG], § 50d Abs. 3 S. 1 Nr. 2 EStG). Die Teilnahme erfolgt regelmäßig mittels eines funktionsspezifisch angemessen ausgestatteten Geschäftsbetriebes. Die Teilnahme am allgemeinen wirtschaftlichen Verkehr setzt eine Beteiligung am Güter- und Leistungsaustausch voraus.

Dieser Marktbezug kann aber durch Einschaltung einer Managementgesellschaft vermittelt werden, wenn die Tätigkeit der ausländischen Gesellschaft nach ertragsteuerlichen Kriterien zugerechnet werden kann. Outsourcing jedenfalls einzelner Funktionen ist nicht ausgeschlossen (§ 10 AO, § 42 AO, § 8 Abs. 1 und 2 AStG [i.V.m. 20 Abs. 2 AStG] und § 50d Abs. 3 S. 1 Nr. 1 und 2 EStG).

Die eigenständige wirtschaftliche Funktion der ausländischen Gesellschaft darf nicht unterlaufen werden. Eine erheblicher gesellschafterlicher Einfluss kann zur Verlagerung des Geschäftsleitungsorts (§ 10 AO) führen oder gar im Ausnahmefall, bei völliger Missachtung der Eigenständigkeit der ausländischen Gesellschaft, eine Scheingründung (§ 41 AO) bedeuten. Mitwirkungstatbestände führen zur Passivierung von Tätigkeiten (§ 8 Abs. 1 AStG [i.V.m. § 20 Abs. 2 AStG)], eine Konzernbetrachtung ist teilweise verboten (§ 50d Abs. 3 S. 2 EStG). Der Fremdvergleich als Zeichen geschäftsüblicher Gestaltung wird zunehmend normiert (vgl. § 8 Abs. 2 S. 5 AStG, § 50g Abs. 2 EStG; Art. 11 Abs. 6 und 12 Abs. 4 OECD-MA). Die Unüblichkeit einer Gestaltung ist ohnehin Missbrauchsindiz (insb. § 42 AO). Umgekehrt kann eine Börsennotierung durch Beteiligung fremder Dritter einen Missbrauchsverdacht zerstreuen (§ 7 Abs. 6 a.E. AStG, § 7 Abs. 8 a.E. AStG, § 50d Abs. 3 S. 5 EStG, Art. 28 DBA-USA).

II. Modalitäten der wirtschaftlichen Betätigung

Ferner ist erkennbar, dass die wirtschaftliche Betätigung bestimmte Modalitäten erfordert. Die wirtschaftliche Tätigkeit erfordert in aller Regel eine funktionsspezifische sachliche und personelle Ausstattung. Dies wird, wenn nicht in Form eines Geschäftsbetriebs erwähnt (§ 8 Abs. 1 AStG [i.V.m. § 20 Abs. 2 AStG], § 50d Abs. 3 S. 1 Nr. 2 EStG, DBA-Aktivitätsklausel der deutschen DBA-Verhandlungsgrundlage), durch die Tätigkeitsausübung vorausgesetzt. Personelle und sachliche Mittel als klassische Substanzkriterien bleiben in der Missbrauchsabwehr von erheblicher Bedeutung. Personelle und sachliche Mittel an einem Ort können einen dortigen Geschäftsleitungsort indizieren. Ebenso kann eine geschäftliche Ausstattung einen Rechtsbindungswillen (§ 41 AO) indizieren. § 42 AO erfordert eine funktionsspezifische Ausstattung, um die wirtschaftliche Funktion der Gesellschaft unter Teilnahme am allgemeinen wirtschaftlichen Verkehr ausüben zu können.

Das Fehlen jeder substanziellen Ausstattung steht regelmäßig der Ausübung einer wirtschaftlichen Tätigkeit entgegen. Erforderlich ist aber stets nicht mehr als die funktionsspezifisch notwendige Geschäftsausstattung. Das heißt, es ist nur diejenige Ausstattung erforderlich, die die Gesellschaft zur Erfüllung ihrer Funktion, zur Durchführung ihrer eigenen wirtschaftlichen Tätigkeit, zwingend benötigt. Lässt sich eine eigene wirtschaftliche Tätigkeit mit geringer personeller und sachlicher Ausstattung vollziehen und beruht dies auf einer plausiblen wirtschaftlichen Entscheidung, so besteht kein Anlass für einen Missbrauchsvorwurf. Eine geringe Ausstattung kann Ausdruck der wirtschaftlichen Realität sein. Umgekehrt jedoch schließt eine substanzielle Ausstattung Missbrauch nicht per se aus. Briefkastengesellschaften u.Ä. können das Fehlen einer anerkennenswerten Funktion nicht durch personelle und sachliche Mittel kaschieren. Jedenfalls mit Bezug zur Niederlassungsfreiheit spielt die körperliche Verfestigung der Tätigkeit eine entscheidende Rolle, da durch die geschäftliche Ausstattung die Ansiedlung und Integration im anderen Mitgliedstaat erkennbar wird.

Weitere Kriterien können eine wirtschaftliche Betätigung kennzeichnen oder den Maßstab bilden, um die Zulässigkeit von Outsourcing zu beurteilen. Zu diesen Merkmalen gehören Risikotragung, Dauerhaftigkeit der wirtschaftlichen Betätigung, ein Letztentscheidungsrecht und eine eigenverantwortliche Leitung der eigenen wirtschaftlichen Tätigkeit.

III. Spezifische Merkmale einzelner Situationen

Im Übrigen wird den Spezifika der jeweiligen Situation Rechnung getragen. In der Outbound-Situation ergibt sich ein steuerlicher Vorteil aus der Einschaltung einer niedrig besteuerten ausländischen Kapitalgesellschaft. Danach richtet sich die Ausgestaltung der Missbrauchstests. Der Vorteil der Abschirmwirkung wird durch einen selbstständigen Rechtsträger vermittelt, an den § 42 AO in Form der Basisgesellschaftsrechtsprechung und §§ 7 ff AStG anknüpfen. Gleiches gilt für die Beherrschung der ausländischen Gesellschaft: der steuerliche Vorteil aus der Einschaltung einer ausländischen Gesellschaft entsteht aus einer mindestens verzögerten Ausschüttung von Gewinnen, was voraussetzt, dass Gesellschafter die Entscheidungen der ausländischen Gesellschaft kontrollieren können. Ein steuerlicher Vorteil kann sich aus der Freistellung niedriger besteuerter Einkünfte ergeben (§ 20 Abs. 2 AStG). Das geringere ausländische Steuerniveau wird in § 42 AO, § 7 ff AStG und § 20 Abs. 2 AStG zur Missbrauchsvoraussetzung gemacht.

In der Inbound-Situation wird berücksichtigt, dass die ausländische Gesellschaft durch Angehörige dritter Staaten eingeschaltet wird, sodass dort ein Durchblick auf die Gesellschafterebene praktiziert wird (§ 50d Abs. 3 S. 1 EStG – persönliche Berechtigung, Art. 28 DBA-USA – Ownership-/Base-Erosion-Test) oder die Weitergabe der Erträge durch die ausländische Gesellschaft geprüft wird (§ 50g Abs. 3 EStG, beneficial ownership in Art. 10-12 OECD-MA).

Die Rechtsfolgen sind auf die jeweilige Situation abgestimmt. Häufig wird eine abweichende Zurechnung von Einkünften (§§ 41, 42 AO, beneficial ownership) oder Wirtschaftsgütern (§ 39 AO) vorgenommen. Das gesamte Rechtssubjekt kann abweichend lokalisiert werden, um dem territorialen Bezug Rechnung zu tragen (§ 10 AO). Allerdings kann die Rechtssubjektivität der ausländischen Gesellschaft gewahrt bleiben und ein zusätzlicher steuerlicher Zugriff vorgenommen (§§ 7 ff AStG) oder schlicht steuerliche Vorteile versagt (§ 50d Abs. 3 EStG, § 20 Abs. 2 AStG, § 2a EStG, DBA-Aktivitätsklauseln, Art. 28 DBA-USA) werden.

C. Perspektive für Reformen

Insbesondere die Hinzurechnungsbesteuerung und § 50d Abs. 3 EStG leiden unter systematischen Schwächen, sind in Teilen verfassungs- und europarechtswidrig ausgestaltet und überaus komplex in der Anwendung. Deshalb wird vielstimmig eine Reformierung der Hinzurechnungsbesteuerung[1477] und des § 50d Abs. 3 EStG[1478] vorgeschlagen.

Naheliegend war stets die Vereinfachung des Regelungswusts in der In- und Outbound-Situation durch Rückkehr zu allgemeinen Missbrauchsklauseln und eine Streichung der §§ 7 ff AStG,[1479] des § 50d Abs. 3 EStG,[1480] auch des § 50g Abs. 4 EStG[1481]. Zahlreiche Gründe lassen sich für die Implementierung einer einheitlichen, in der Inbound- wie der Outbound-Situation anwendbaren, Missbrauchsvorschrift anführen. § 50d Abs. 3[1482] EStG und §§ 7 ff AStG waren in ihrer Entwicklung stark an die Basisgesellschaftsrechtsprechung angelehnt, sodass eine Rückkehr zu allgemeinen Regeln gangbar ist. Eine Entschärfung der deutschen Missbrauchsregelungen konnte (und kann) angesichts des im internationalen Vergleichs sehr hohen Schutzniveaus aus Wettbewerbsgründen angedacht werden.[1483] Um dem gesetzgeberischen Misstrauen gegenüber der Handhabung der allgemeinen Missbrauchsklausel durch die Rechtsprechung gerecht zu werden, ließen sich Substanzanforderungen im Rahmen des § 42 AO normieren, indem Kriterien zur Beurteilung der Unangemessenheit für bestimmte Situationen in einem eigenen Absatz oder einer Norm im Anschluss an § 42 AO festgeschrieben werden;[1484] auch um den Grad an Rechtssicherheit und Voraussehbarkeit zu erhöhen.

Im Kern bedürfte die Einschaltung der ausländischen Gesellschaft eines beachtlichen Grundes. Dies könnte insbesondere eine dauerhaft ausgeübte eigene wirtschaftliche Tätigkeit sein. Diese müsste nach allgemeinen Grundsätzen im eigenen Namen und auf eigene Rechnung (mit unternehmerischer Risikotragung) ausgeübt werden. Die Gesellschaft bräuchte notwendig eine eigene Geschäftsleitung

1477 U.a. Rust, 190 ff; Thiele, 239 ff.

1478 Petschulat, 139 ff; Leukefeld, 302 ff.

1479 Z.B. Petschulat, 96, 179; Haarmann, IStR 2011, 565, 573. – Für einheitliche Normierung eines Substanzverständnisses Leukefeld, 332 ff.

1480 Z.B. Schade, 224, 262; Stark/Jasper, IStR 2013, 169, 173; wohl auch Lüdicke, IStR 2012, 81, 85 und 148, 152; sehr kritisch ggü. § 50d Abs. 3 EStG auch Gosch, in: Kirchhof, EStG, § 50d, Rn. 29l; a.A. für Reformierung Petschulat, 179.

1481 Stark/Jasper, IStR 2013, 169, 173.

1482 Vgl. insoweit auch BFH v. 29.10.1997 – I R 35/96, BStBl. II 1998, 235, 238; Stark/Jasper, IStR 2013, 169, 173.

1483 Rödder/Pinkernell, IStR 2013, 619, Nr. 2, 6, 7, 19; Hummel/Knebel/Born, IStR 2014, 832, 840; Kreienbaum, IStR 2014, 721, 723; Fuest/Spengel (u.a.), StuW 2015, 90, 95; Geberth, BEPS – Unsichere Umsetzungsperspektiven, DB 2015, Nr. 41, M5; Neumann-Tomm, IStR 2015, 436, 436; Piltz, IStR 2015, 529, 532 f; Schanz/Feller, BB 2015, 865, 866. Die Gefahr sieht auch die OECD: BEPS, Designing Effective Controlled Foreign Company Rules, Action 3 – Final Report v. 05.10.2015, 15 f, abrufbar unter oecd.org (zuletzt abgerufen am 16.01.2016).

1484 Für Spezialvorschrift statt §§ 7 ff AStG Haarmann, IStR 2011, 565, 573; ggf. Stark/Jasper, IStR 2013, 169, 173 (zu § 50d Abs. 3 EStG); vgl. Leukefeld, 332 f.

und einen (ggf. zugerechneten) dem Geschäftszweck angemessen ausgestatteten Geschäftsbetrieb zum Auftritt am Markt. So könnte zugleich die europarechtliche Begrenzung des Missbrauchsverdikts auf rein künstliche, jede wirtschaftliche Realität entbehrende Gestaltungen umgesetzt werden.[1485]

Eine solche Vereinfachung rückt indes in weite Ferne. Teilweise gebieten zwingende Vorgaben wie die EU-Richtlinienregelungen zur Hinzurechnungsbesteuerung (Art. 7 und 8 ATAD) spezialgesetzliche Missbrauchsabwehr; teilweise wird eine spezielle Missbrauchsabwehr zum internationalen Standard erhoben – so zahlreich im Rahmen des BEPS-Projekts.[1486] Das Regelungsdickicht der Substanzanforderungen an ausländische Gesellschaften droht erhalten zu bleiben.

1485 Haarmann, IStR 2011, 565, 573 (zu §§ 7 ff AStG); Stark/Jasper, IStR 2013, 169, 173 f (zu § 50d Abs. 3 EStG).

1486 U.a. OECD/G20, BEPS, Designing Effective Controlled Foreign Company Rules, Action 3 – 2015 Final Report, abrufbar unter oecd.org/tax/designing-effective-controlled-foreign-company-rules-action-3-2015-final-report-9789264241152-en.htm (zuletzt abgerufen am 16.01.2016).

Literatur

Albert, Markus: Zur Abwehr von Steuerumgehungen aus deutscher und europäischer Sicht, IFSt-Schrift Nr. 455, Bonn 2009 (zitiert: Albert)

Axer, Georg: Der Europäische Gerichtshof auf dem Weg zur „doppelten Kohärenz", Eine Zukunft der Hinzurechnungsbesteuerung nach dem Cadbury Schweppes-Urteil, IStR 2007, 162–169

Bannes, Maximilian/Cloer, Adrian/Holle, Florian: Hinzurechnungsbesteuerung und Stillstandsklausel – Zugleich Anmerkung zu BFH v. 12.10.2016 – I R 80/14, FR 2017, 642, FR 2017, 620–623

Bauschatz, Peter: Steuerlicher Gestaltungsmissbrauch und Europarecht (Teil I), Öffnung der Steuersysteme im Recht der direkten Steuern der EU-Mitgliedstaaten und Abwehr grenzüberschreitender Gestaltungen durch Missbrauchsvorschriften anhand ausgewählter Beispiele des deutschen Steuerrechts, IStR 2002, 291–298

Bauschatz, Peter: Beck'sches Steuer- und Bilanzrechtslexikon, Edition 41, München 2017 (zitiert: Bearbeiter, in: Beck'sches SuB-Lexikon)

Becker, Jan Dierk/Loose, Thomas/Misere, Marcel: Bewirkt § 20 Abs. 2 AStG eine Verrechnung ausländischer Betriebsstättenverluste im Inland?, IStR 2016, 353–358

Beckmann, Thomas: Aktivitätsklauseln und die Verknüpfung mit dem AStG, in: Wassermeyer, Doppelbesteuerung, Zum 75. Geburtstag von Franz Wassermeyer, 75 Beiträge zum Recht der DBA, Eine Festgabe, 455–460, München 2015 (zitiert: Beckmann, in: Wassermeyer, Doppelbesteuerung)

Beckschäfer, Sebastian: Gesetzgeberische Reaktion auf die „Panama-Papers" – Analyse aus Sicht des Steuerstrafrechts, ZRP 2017, 41–43

Benecke, Andreas/Schnitger, Arne: Neuerungen im internationalen Steuerrecht durch das JStG 2010, IStR 2010, 432–439

Benz, Sebastian/Böhmer, Julian: Der aktuelle Stand der steuerpolitischen Vorhaben der G20, IStR 2015, 380–386

Benz, Sebastian/Böhmer, Julian: Aktueller Stand steuerpolitischer Vorhaben der EU, DB 2015, 1679–1685

Benz, Sebastian/Böhmer, Julian: Das BEPS-Projekt der OECD/G20: Vorlage der abschließenden Berichte zu den Aktionspunkten, DB 2015, 2535–2543

Benz, Sebastian/Böhmer, Julian: BEPS: Das Multilaterale Instrument zur Umsetzung der abkommensrechtlichen Änderungsvorschläge der BEPS-Abschlussberichte, ISR 2017, 27–32

Bergmann, Sebastian: Missbrauch im Anwendungsbereich der Mutter-Tochter-Richtlinie, StuW 2010, 246–261

Bernütz, Stefan/Loll, Dietrich: Zur steuerlichen Meistbegünstigung aufgrund des Freundschaftsabkommens mit den USA, IStR 2012, 744–749

Biebinger, Christian/Hiller, Matthias: Europarechtliche Zweifel an § 50d Abs. 3 EStG gemäß den EuGH-Vorlagen des FG Köln v. 8.7.2016 und v. 31.8.2016, IStR 2017, 299–304

Binnewies, Burkhard/Zapf, Alexander: § 50d Abs. 3 EStG und Europarecht, AG 2018, 612–616

Birker, Christian: Die „Aufteilungsklausel" des § 50d Abs. 3 EStG n.F., BB 2012, 1961–1965

Blumenberg, Jens: Abwehr von Treaty Shopping – § 50d Abs. 3 EStG und DBA-Klauseln, in: Lüdicke, Jürgen (Hrsg.), Vermeidung der Doppelbesteuerung und ihre Grenzen, Forum der internationalen Besteuerung Band 42, 155–180, Köln 2013 (zitiert: Blumenberg, Abwehr)

Blumenberg, Jens: Missbrauchsbekämpfung durch neue DBA, in: Drüen, Klaus-Dieter (Hrsg.), Jahrbuch der Fachanwälte für Steuerrecht 2013/2014, Herne 2013, 530–548 (zitiert: Blumenberg, in: FASt 13/14)

Böhmer, Julian: Erneute Vorlage zur Unionsrechtsvereinbarkeit der Anti-Treaty-Shopping-Vorschrift des § 50d Abs. 3 EStG 2007, ISR 2017, 54–56

Böing, Christian: Eine Missbrauchsnorm im Fadenkreuz des Gemeinschaftsrechts, Zur Europarechtskonformität von BFH-Rechtsprechung und Gesetzgebung zu § 50d Abs. 3 EStG a.F./n.F., RIW 2007, 161–168

Böing, Christian: Der Begriff des steuerlichen Gestaltungsmissbrauchs im Gemeinschaftsrecht, Eine aktuelle Bestandsaufnahme der steuerlichen Missbrauchsrechtsprechung des EuGH (zuletzt EuGH „Halifax" und „Cadbury Schweppes"), EWS 2007, 55–64

Bordewin/Brandt: Einkommensteuergesetz, Loseblatt, Heidelberg, Stand: Oktober 2017 (zitiert: Bearbeiter, in: Bordewin/Brandt)

Bosch, Hans-Gerd: Gedanken zur Missbrauchsvermutung des § 42 AO bei Zwischenschaltung einer Basisgesellschaft aus Sicht der steuerlichen Betriebsprüfung, IStR 1998, 392–396

Brandis, Peter: EuGH-Vorlage: Hinzurechnungsbesteuerung von Zwischeneinkünften mit Kapitalanlagecharakter im Drittstaatenfall, BFH/PR 2017, 200–203

Braun, Julia: Missbrauchsbekämpfung durch Limitation-on-Benefits-Klauseln, Ubg 2018, 83–96

Breuninger, Gottfried/Krüger, Astrid: Die abnehmende Lokalisierung von Unternehmen als Rechtsproblem im internationalen Steuer- und Gesellschaftsrecht – Gibt es mehrere Orte der Geschäftsleitung?, in: Breuninger, Gottfried/Müller, Welf u.a. (Hrsg.), Steuerrecht und Europäische Integration: Festschrift für Albert J. Rädler zum 65. Geburtstag, München, 1999, 79–112 (zitiert als: Breuninger/Krüger, in: FS Rädler)

Bron, Jan Frederik: Die Europarechtswidrigkeit des § 50d Abs. 3 EStG unter Berücksichtigung von Missbrauchsvorbehalten im Gemeinschaftsrecht, DB 2007, 1273–1276

Brunsbach, Stefan/Mock, Oliver: Die sachliche Entlastungsberechtigung des § 50d Abs. 3 EStG für Dividendenausschüttungen in Theorie und Praxis, IStR 2013, 653–659

Burwitz, Gero: Ausländische Konzernfinanzierungsgesellschaften im internationalen Steuerrecht, Zugleich eine Analyse von Dublin-Docks-Gesellschaften deutscher Konzernmütter, Köln, 2005, zugl. Osnabrück, Univ., Diss., 2004 (zitiert: Burwitz)

v. Busekist, Konstantin: Ort der Geschäftsleitung und missbräuchlicher Einsatz von Auslandsgesellschaften, Praktische Folgen aus den EuGH- [sic!] Entscheidungen „Dublin Docks“ und „Hilversum“ & Co, GmbHR 2006, 132–137

Calliess, Christian/Ruffert, Matthias (Hrsg.): EUV/AEUV, Das Verfassungsrecht der Europäischen Union mit Europäischer Grundrechtecharta, Kommentar, 5. Auflage, München 2016 (zitiert: Bearbeiter, in: Calliess/Ruffert)

Clausen, Uwe: Anmerkung zu BFH, Urteil v. 19.01.2000, I R 117/97, IStR 2000, 185–186

Cloer, Adrian: Fallstricke bei der Freistellungsmethode, PIStB 2007, 260–269

Cloer, Adrian/Hagemann, Tobias: BB-Kommentar, „Pauschalierende Missbrauchsvermeidungsregelungen verstoßen gegen Unionsrecht – Quellensteuerentlastungsansprüche im Inboundfall sind im Lichte dieses Urteils neu zu bewerten“, BB 2018, 680

Cloer, Adrian/Hagemann, Tobias: Anmerkung zu Schlussanträgen des Generalanwalts Paolo Mengozzi v. 5.6.2018 – C-135/17, X-GmbH/FA Stuttgart-Körperschaften, IStR 2018, 697–699

Cortez, Benjamin/Schmidt, Sebastian: Reformbedarf des Aktivitätskatalogs des § 8 Abs. 1 AStG, Ubg 2013, 13–22

Cortez, Benjamin: Neuausrichtung der deutschen Hinzurechnungsbesteuerung, Kritische Würdigung und Reformansatz der zentralen Norm des § 8 AStG, Köln 2013, zugl. Hohenheim, Univ., Diss. 2012 (zitiert: Cortez)

Dehne, Klaus-Jörg: Hinzurechnungsbesteuerung – Bestandsaufnahme und Reformbedarf, ISR 2018, 132–138

Demleitner, Andreas: Das Verhältnis von § 42 AO zu spezialgesetzlichen Missbrauchsvorschriften, AO-StB 2010, 174–177

Desens, Marc: Ist die neue Korrespondenzregel in der Mutter-Tochter-Richtlinie mit dem primären Unionsrecht vereinbar?, IStR 2014, 825–832

Ditz, Xaver/Quilitzsch, Carsten: Die Änderungen im AStG durch das AmtshilfeRLUmsG – Quo vadis Außensteuergesetz?, DStR 2013, 1917–1923

Ditz, Xaver/Quilitzsch, Carsten: Die Änderungen im internationalen Steuerrecht durch das Anti-BEPS-Umsetzungsgesetz, DStR 2017, 281–292

Dölker, Angelika: Die fünf größten Volkswirtschaften der EU – ein Vergleich aus Sicht der Besteuerung von Kapitalgesellschaften, BB 2014, 2839–2846

Dörfler, Oliver/Birker, Christian: Die Abkommensberechtigung von Kapitalgesellschaften im Doppelbesteuerungsabkommen mit den USA, GmbHR 2006, 867–871

Dorfmueller, Pia/Fischer, Hardy: Die geplante Neufassung der Anti-Treaty-Shopping-Regelung des § 50d Abs. 3 EStG durch das BeitrRLUmsG, IStR 2011, 857–863

Dorfmueller, Pia: Die Zins- und Lizenzrichtlinie und das Directive Shopping, in: Wassermeyer, Doppelbesteuerung, Zum 75. Geburtstag von Franz Wassermeyer, 75 Beiträge zum Recht der DBA, Eine Festgabe, 325–329, München 2015 (zitiert: Dorfmueller, in: Wassermeyer, Doppelbesteuerung)

Dörr, Ingmar: Praxisfragen zur Umsetzung der Zins- und Lizenzrichtlinie in § 50g EStG, IStR 2005, 109–117

Dötsch, Ewald/Pung, Alexandra u.a. (Hrsg.): Die Körperschaftsteuer, Kommentar, Loseblatt, Stand: 91. EL, November 2017, Stuttgart (zitiert: Bearbeiter, in: D/P/M)

Dreßler, Günter: Gewinn- und Vermögensverlagerung in Niedrigsteuerländer und ihre steuerliche Überprüfung, 4. Auflage, Köln 2007 (zitiert: Dreßler)

Drüen, Klaus-Dieter: „Präzisierung" und „Effektuierung" des § 42 AO durch das Jahressteuergesetz 2008?, Ubg 2008, 31–38

Drüen, Klaus-Dieter: Unternehmerfreiheit und Steuerumgehung, StuW 2008, 154–166

Drüen, Klaus-Dieter: Der Missbrauch von rechtlichen Gestaltungsmöglichkeiten aus der Sicht der Finanzverwaltung, Kritische Anmerkungen zum AEAO zu § 42 AO (Teil 1), AO-StB 2009, 209–213

Dziurdz, Kasper/Prillinger, Johannes: „Briefkastengesellschaften" und die Grenzen steuerlicher Gestaltung, in: Lang, Michael/Schuch, Josef u.a. (Hrsg.), Die Grenzen der Gestaltungsmöglichkeiten im Internationalen Steuerrecht, Wien 2009, 91–114 (zitiert: Dziurdz/Prillinger)

Ebenroth, Carsten/Neiss, Ellen: Voraussetzungen der steuerlichen Abschirmwirkung für Finanzierungsgesellschaften in den Niederlanden, BB 1990, 145–157

Ebert, Sabine: Der Ort der Geschäftsleitung in internationalen Holding-Konzernstrukturen, IStR 2005, 534–540

Eggeling, Heiner: EU-Holdinggesellschaften aus Sicht inländischer Konzerne – Substanzerfordernisse und ausgewählte Standorte, Ubg 2011, 676–688

Ehlers, Dirk (Hrsg.): Europäische Grundrechte und Grundfreiheiten, 4. Auflage, Berlin 2014 (zitiert: Bearbeiter, in: Ehlers)

Eickmann, Marco: Der Wegzug von Kapitalgesellschaften im Steuerrecht, Aachen, 2007, zugl. Münster, Westfalen, Univ., Diss., 2007 (zitiert als: Eickmann)

Eilers, Stefan: Substanzerfordernis an ausländische Finanzierungsgesellschaften, in: Gocke, Rudolf/Gosch, Dietmar u.a. (Hrsg.), Körperschaftsteuer, Internationales Steuerrecht, Doppelbesteuerung: Festschrift für Franz Wassermeyer zum 65. Geburtstag, München, 2005, 324–332 (zitiert als Eilers, in: FS Wassermeyer)

Eilers, Stefan/Schneider, Norbert: Missbrauch vs. Misstrauen, Unilaterale Sicherung des deutschen Steueraufkommens (§ 50d Abs. 3, 9 EStG), in: Piltz, Detlev/Günkel, Manfred u.a. (Hrsg.), Steuerberater-Jahrbuch 2007/2008, Köln, 2008, 175–189

Eilers, Stefan/Wienands, Hans-Gerd: Neue steuerliche und gesellschaftsrechtliche Aspekte der Doppelansässigkeit von Kapitalgesellschaften nach der EuGH-Entscheidung vom 09.03.1999, IStR 1999, 289–296

Ellenrieder, Benedikt/Kahlenberg, Christian: BB-Rechtsprechungsreport: Europäisches Steuerrecht (direkte Steuern) 2017, Teil I, BB 2018, 1815–1825

Endres, Dieter/Jacob, Friedhelm u.a. (Hrsg.): DBA Deutschland/USA, Doppelbesteuerungsabkommen, München 2009 (zitiert: Bearbeiter, in: E/J/G/K)

Endres, Dieter/Spengel, Christoph (Hrsg.): Jacobs, Internationale Unternehmensbesteuerung, 8. Auflage, München 2016 (zitiert als Jacobs)

Engers, Torsten/Dyckmans, Jan: Die Neuregelung des § 50d Abs. 3 EStG durch das BeitrRLUmsG, Ubg 2011, 929–934

Englisch, Joachim: Aufteilung der Besteuerungsbefugnisse – Ein Rechtfertigungsgrund für die Einschränkung von EG-Grundfreiheiten, IFSt-Schrift Nr. 449, Bonn 2008 (zitiert: Englisch, IFSt)

Englisch, Joachim: Verbot des Rechtsmissbrauchs – ein allgemeiner Grundsatz des Gemeinschaftsrechts?, StuW 2009, 3–22

Ernst & Young AG: Körperschaftsteuergesetz – Kommentar, KStG mit Nebenbestimmungen – Loseblatt, Stand: 01. November 2017 (zitiert als: Bearbeiter, in: E&Y, KStG)

Fehling, Daniel/Schmid, Mareike: BEPS und die EU: Was ist die „europäische Dimension“ von BEPS? – Das Beispiel grenzüberschreitender Lizenzzahlungen, IStR 2015, 493–499

Fehling, Daniel: Das BEPS-Projekt auf der Zielgeraden – was bedeutet dies für Deutschland?, FR 2015, 817–823

Fehling, Daniel: Was ist das Mindestschutzniveau in der „Anti-BEPS-Richtlinie“, DB 2016, 2862–2865

Fehling, Daniel: Steuerliche Schwerpunkte der deutschen G20-Präsidentschaft, IStR 2017, 339–344

Fischer, Peter: Überlegungen zu § 42 AO i.d.F. des JStG 2008, FR 2008, 306–311

Fischer, Peter: Überlegungen zum sog. Durchgriff im Zivil- und Steuerrecht, in: Kirchhof, Paul/Schmidt, Karsten u.a. (Hrsg.), Festschrift für Arndt Raupach zum 70. Geburtstag: Steuer- und Gesellschaftsrecht zwischen Unternehmerfreiheit und Gemeinwohl, 339–361, Köln 2006 (zitiert als: Fischer, in: FS Raupach)

Fischer, Peter: Überlegungen zum fraus-legis-Gedanken nach deutschem und europäischen Recht, in: Kirchhof, Paul/Nieskens, Hans, Festschrift für Wolfram Reiss [sic!], Köln, 2008, 621–644 (zitiert: Fischer, in: FS Reiss)

Flick, Hans/Wassermeyer, Franz: Grundsatzurteil zum Oasen-Erlaß [sic!], Anmerkung zum Urteil des BFH vom 21.5.1971 III – 125-127/70, DB 1972, 110–113

Florstedt, Tim: Die allgemeine Missbrauchsregel in der Richtlinie über eine Gemeinsame konsolidierte Körperschaftsteuer-Bemessungsgrundlage, Perspektiven eines geschriebenen abuse-of-law-Verbots auf dem Weg zu einer harmonisierten Gewinnermittlung in der EU, FR 2016, 1–10

Friedrich, Werner: Kapitalgesellschaft als Treuhänder ihrer Gesellschafter, Eine Kritik an dem Urteil des Bundesfinanzhofs vom 21.5.1971, BB 1972, 845–849

Frotscher, Gerrit: Internationales Steuerrecht, 4. Auflage, München 2015 (zitiert: Frotscher)

Frotscher/Geurts: EStG, Kommentar zum EStG, Loseblatt, Stand: 203. EL, Februar 2018, Freiburg (zitiert: Bearbeiter, in: Frotscher/Geurts, EStG)

Fuest, Clemens/Spengel, Christoph u.a.: Eindämmung internationaler Gewinnverlagerung: Wo steht die OECD und was sind die Alternativen?, StuW 2015, 90–97

Fuhrmann, Sven (Hrsg.): Außensteuergesetz, Kommentar, 3. Auflage, Herne 2017 (zitiert: Bearbeiter, in: Fuhrmann)

Fuhrmann, Sven/Steierberg, Daniela: Aktivitätstatbestand des § 8 AStG, Erfordernis eigenen Personals und eigener Geschäftsräume nach § 8 AStG – Anmerkung zu I R 61/09, IWB 2011, 8–11

Gabel, Monika: Spezielle Missbrauchsnormen und der allgemeine Gleichheitssatz, StuW 2011, 3–17

Gabel, Monika: Verfassungsrechtliche Maßstäbe spezieller Missbrauchsnormen im Steuerrecht, Baden-Baden 2011, zugl. Köln, Univ., Diss., 2010 (zitiert: Gabel)

Geberth, Georg: Base Erosion and Profit Shifting – Die Sicht der Wirtschaft, in: Lüdicke, Jürgen (Hrsg.), Neue Grenzen für die internationale Steuerplanung?, Forum der internationalen Besteuerung Band 43, 15-31, Köln 2014 (zitiert: Geberth, in: Lüdicke, Grenzen)

Gebhardt, Ronald: Entlastung vom Kapitalertragsteuerabzug bei ausländischen Gesellschaften: Anmerkungen zum BMF-Schreiben vom 4.4.2018 zu § 50d Abs. 3 EStG, BB 2018, 1498–1502

Gebhardt, Ronald/Quilitzsch, Carsten: Aktivitätsvorbehalte im Abkommensrecht – kann § 20 Abs. 2 AStG die Freistellung aufrechterhalten?, IStR 2011, 169–175

Gebhardt, Ronald: § 50d Abs. 3 EStG: Stolperstein bei grenzüberschreitenden Gewinnausschüttungen in Inboundfällen – Anmerkungen zum Vorlagebeschluss des FG Köln vom 17.5.2017 – 2 K 773/16 zu § 50d Abs. 3 EStG i. d. F. des BeitrRLUmsG, BB 2017, 2007–2010

Ghosh, Julian: Cadbury Schweppes: Breach, Abuse Justification and Why They Are Different, in: De La Feria, Rita/Vogenauer, Stefan (Ed.), Prohibition of Abuse of Law, A New General Principle of EU Law?, Oxford 2011, 459–468 (zitiert: Ghosh, in: De la Feria/Vogenauer)

Gillamariam, David/Binding, Jens: Base Erosion and Profit Shifting („BEPS") – Bericht der OECD zur Aushöhlung steuerlicher Bemessungsgrundlagen und Gewinnverlagerungen, DStR 2013, 1153–1158

Goebel, Sören/Palm, Annette: Der Motivtest – Rettungsanker der deutschen Hinzurechnungsbesteuerung?, IStR 2007, 720–726

Gosch, Dietmar: Anmerkung zu BFH, Urt. v. 25.02.2004, I R 42/02, DStR 2004, 1286–1287

Gosch, Dietmar: Die Zwischengesellschaft nach „Hilversum I und II", „Cadbury Schweppes" und den Jahressteuergesetzen 2007 und 2008, in: Kirchhof, Paul/Nieskens, Hans, Festschrift für Wolfram Reiss [sic!], Köln, 2008, 597–620 (zitiert: Gosch, in: FS Reiss)

Gosch, Dietmar: Vielerlei Gleichheiten – Das Steuerrecht im Spannungsfeld von bilateralen, supranationalen und verfassungsrechtlichen Anforderungen, DStR 2007, 1553–1561

Gosch, Dietmar: Missbrauchsabwehr im Internationalen Steuerrecht, in: Achatz, Markus (Hrsg.), Internationales Steuerrecht, DStJG, Band 36, Köln 2013, 201–222 (zitiert: Gosch, in: DStJG Bd. 36)

Grabitz, Eberhard/Hilf, Meinhard u.a.: Das Recht der Europäischen Union, Stand: 62. EL, Juli 2017, München

Grotherr, Siegfried: Keine deutsche Kapitalertragsteuerentlastung bei Einschaltung einer ausstattungslosen Zwischenholding im Ausland – Nichtanwendungserlass zur Hilversum II-Entscheidung des BFH, IStR 2006, 361–367

Grotherr, Siegfried: Bekämpfung des Abkommensmissbrauchs durch das Multilaterale Instrument, DStZ 2017, 518–527

Grotherr, Siegfried: Sperren und Risiken für Outbound-Steuergestaltungen auf der Grundlage von Abkommensvergünstigungen, IWB, Gruppe 1, Fach 3, 2309–2329

Grotherr, Siegfried: Vorbehaltsklauseln in den deutschen Doppelbesteuerungsabkommen, IWB, Gruppe 2, Fach 3, 643–656

Grotherr, Siegfried: Die Abgrenzung der eigenwirtschaftlich tätigen Kapitalgesellschaft von der funktionslosen Briefkastengesellschaft im Spiegel der neueren BFH-Rechtsprechung – Teil I, IWB, Gruppe 2, Fach 3, 1281–1324

Gutschmidt, Holger/Lang-Balestra, Antonella u.a. (Hrsg.): Substantia – Sic et Non, Eine Geschichte des Substanzbegriffs von der Antike bis zur Gegenwart in Einzelbeiträgen, Frankfurt (u.a.), 2008 (zitiert: Bearbeiter, in: Substantia)

Haarmann, Wilhelm: Wirksamkeit, Rechtmäßigkeit, Bedeutung und Notwendigkeit der Hinzurechnungsbesteuerung im AStG, IStR 2011, 565–573

Haarmann, Wilhelm: Steuerrecht 2014/2015 – eine Anamnese, BB 2015, 22–32

Haarmann, Wilhelm: Die Missbrauchsverwirrung, IStR 2018, 561–574

Haas, Wolfgang: Reformbedarf im deutschen internationalen Steuerrecht, IStR 2011, 353–361

Haase, Florian: Ungereimtheiten der sog. Mitwirkungstatbestände des Außensteuergesetzes, IStR 2007, 437–439

Haase, Florian: Zum „Rechtsreflex" des Treaty Override in § 20 Abs. 2 AStG, zugleich Anmerkung zu Kaminski/Strunk, IStR 2011, 137, IStR 2011, 338–340

Haase, Florian (Hrsg.): Außensteuergesetz/Doppelbesteuerungsabkommen, 3. Auflage, Heidelberg 2016 (zitiert: Bearbeiter, in: Haase, AStG/DBA)

Haase, Florian: „Substanz, Substanz, ist das Gebilde von Menschenhand", IStR 2016, 767–770

Haase, Florian: Internationales und Europäisches Steuerrecht, 5. Auflage, Heidelberg 2017 (zitiert: Haase)

Haase, Florian: Hinzurechnungsbesteuerung – Quo vadis?, BB 2017, Heft 18, Seite I (Die Erste Seite)

Hagemann, Tobias: Anmerkung zu BMF-Schreiben vom 4.4.2018 – IV B 3 – S 2411/07/10016-14, DOK 2018/0148776, DStR 2018, 745

Hagemann, Tobias/Kahlenberg, Christian: Steuerliche Behandlung von negativen Vermietungseinkünften in Drittstaaten im Lichte des Europarechts, EWS 2013, 274–281

Hagemann, Tobias/Kahlenberg, Christian: Sekundärrechtliche Reaktionen auf aggressive Steuerplanungsaktivitäten – Änderung der Mutter-Tochter-Richtlinie, IStR 2014, 840–847

Häger, Jan: Meistbegünstigung im Recht der Doppelbesteuerungsabkommen, Eine Untersuchung vor dem Hintergrund des Welthandelsrechts und des primären Gemeinschaftsrechts, Baden-Baden 2008, zugl. Hamburg, Univ., Diss. (zitiert: Häger)

Hahn, Hartmut: Kein Ausschluss der Abgeltungswirkung durch Steuerabzug bei Steuerausländern, Anmerkung, IStR 2004, 275–279

Hahn, Hartmut: Gemeinschaftsrecht und Recht der direkten Steuern – Teil I, DStZ 2005, 433–442

Hahn, Hartmut: Gemeinschaftsrecht und Recht der direkten Steuern – Teil II, DStZ 2005, 469–481

Hahn, Hartmut: Gemeinschaftsrecht und Recht der direkten Steuern – Teil III, DStZ 2005, 507–515

Hahn, Hartmut: Bemerkungen zum EuGH-Urteil „Cadbury Schweppes", IStR 2006, 667–670

Hahn, Hartmut: Auslegungs- und Praxisprobleme der Zins-/Lizenz-Richtlinie: Bezugnahme auf das OECD-Musterabkommen und die Autonomie des Gemeinschaftsrechts, EWS 2008, 273–282

Hahn, Hartmut: Zur Gemeinschaftsrechtskonformität der Missbrauchsklausel in § 50g Abs. 4 EStG – Zugleich ein Beitrag zur Auslegung der Zins-/Lizenzgebühren-Richtlinie, IStR 2010, 638–644

Hahn, Hartmut: Treaty Override als Verfassungsverstoß?, Erläuterungen und praktische Hinweise zum Vorlagebeschluss des BFH vom 10.01.2012, BB 2012, 1955–1961

Haratsch, Andreas u.a.: Europarecht, 8. Auflage, Tübingen 2012 (zitiert: Haratsch)

Hasselbach, Kai/Nawroth, Christoph u.a. (Hrsg.): Beck'sches Holding Handbuch, Rechtspraxis der verbundenen Unternehmen, 2. Aufl., München 2016 (zitiert: Bearbeiter, in: Beck Holding)

Haun, Jürgen/Kahle, Holger u.a. (Hrsg.): Wöhrle/Schelle/Gross, Außensteuergesetz (AStG), Kommentar, Loseblatt, Stand: Oktober 2017 (zitiert: Bearbeiter, in: W/S/G)

Häuselmann, Holger/Hechler, Judith: Die Besteuerung ausländischer ABS-Vehikel in Deutschland, IStR 1999, 33–37

Heinemann, Peter: Geschäftsleitung, FR-Lexikon, FR 1963, 99

Heinsen, Oliver/Handwerker, Eva: Das Outsourcing von Geschäftstätigkeiten im Lichte der Hinzurechnungsbesteuerung – Anmerkungen zum BFH-Urteil vom 13.10.2010 – I R 61/09, DB 2010, 2770, DB 2011, 82–85

Heintzen, Markus: Die Neufassung des § 42 AO und ihre Bedeutung für grenzüberschreitende Gestaltungen, FR 2009, 599–605

Herrmann, Gerald/Stenert, Jens: Die funktionale Betrachtungsweise am Beispiel der Zwischeneinkünfte mit Kapitalanlagecharakter, IStR 2013, 338–343

Heuermann, Bernd: Simulation im Steuer- und Zivilrecht, DB 2007, 416–418

Heuermann, Bernd/Brandis, Peter (Hrsg.): Blümich, Einkommensteuergesetz, Körperschaftsteuergesetz, Gewerbesteuergesetz, Kommentar, Loseblatt, München, Stand: 140. EL, Januar 2018 (zitiert: Bearbeiter, in: Blümich)

Hey, Johanna: Spezialgesetzliche Missbrauchsgesetzgebung aus steuersystematischer, verfassungs- und europarechtlicher Sicht, StuW 2008, 167–183

Hey, Johanna: Gestaltungsmissbrauch im Steuerrecht nach der Neufassung des § 42 AO und dem dazu ergangenen BMF-Erlass, BB 2009, 1044–1048

Hey, Johanna: Nationale Missbrauchsvorschriften im Spannungsfeld von DBA- und EU-Recht, in: Lüdicke, Jürgen (Hrsg.), Wo steht das deutsche Internationale Steuerrecht?, Forum der internationalen Besteuerung, Band 35, 137–169, Köln 2009 (zitiert: Hey, in: Lüdicke, Standort)

Hey, Johanna: Spezialgesetzgebung und Typologie zum Gestaltungsmissbrauch, in: Hüttemann (Hrsg.), Gestaltungsfreiheit und Gestaltungsmissbrauch im Steuerrecht, DStJG Bd. 33, Köln 2010, 139–176 (zitiert: Hey, in: DStJG, Bd. 33)

Hey, Johanna: Umsetzung der Rechtsprechung des Europäischen Gerichtshofs im nationalen Steuerrecht, Geltungserhaltende Normreduktion und gesetzgeberische Korrekturpflichten zwischen gemeinschaftsrechtlichem Anwendungsvorrang und Verfassungsrecht, StuW 2010, 301–320

Hey, Johanna: Harmonisierung der Missbrauchsabwehr durch die Anti-Tax-Avoidance-Directive (ATAD) – Rechtsmethodische, kompetenzielle und verfassungsrechtliche Fragen unter besonderer Berücksichtigung der Auswirkungen aus § 42 AO, StuW 2017, 248–265

Hey, Johanna/Wendt, Michael (G.hrsg.): Herrmann/Heuer/Raupach, Einkommensteuer- und Körperschaftsteuergesetz, Kommentar, Loseblatt, Stand: 284. EL, Februar 2018, Köln (zitiert: Bearbeiter, in: H/H/R)

Hinny, Pascal: Das Schweizer Unternehmenssteuerrecht unter dem Druck der EU – Eine Analyse der Handlungsalternativen, EuZW 2012, 859–863

Höllhuber, Helmut: Der Ort der Geschäftsleitung im Lichte neuer technologischer Entwicklungen, in: Toifl, Gerald/Züger, Mario (Hrsg.), Besteuerung von E-Commerce, Wien, 2000, 71–99 (zitiert: Hollhüber, in: Toifl/Züger)

Holthaus, Jörg: Anwendung der Aktivitätsklauseln in den DBA Polen und Tschechoslowakei bei Betriebsstätteneinkünften deutscher Unternehmen, IStR 2003, 632–634

Hölzemann, Stefan: Neues zur steuerlichen Anerkennung ausländischer Kapitalgesellschaften – Sind eigenes Personal, eigene Geschäftsräume und eine Geschäftsausstattung noch erforderlich?, IStR 2006, 830–836

Hübschmann, Walter/Hepp, Ernst/Spitaler, Armin (Begr.): Abgabenordnung, Finanzgerichtsordnung, Kommentar, Köln, Loseblatt, Stand: 246. EL, März 2018 (zitiert: Bearbeiter, in: H/H/S, AO)

Hummel, Roland/Knebel, Andreas/Born, Alexander: Doppelbesteuerung und BEPS, IStR 2014, 832–840

International Fiscal Association: Cahiers de droit fiscal international, 2002 Oslo Congress, Volume LXXXVIIa, Subject I, Form and Substance in tax law, Den Haag 2002 (zitiert: Autor, in: IFA Cahiers I 2002)

Ismer, Roland/Baur, Stefanie: Verfassungsmäßigkeit von Treaty Overrides, IStR 2014, 421–427

Jahndorf, Christian: Folgerichtigkeit im Steuerrecht als Verfassungsgebot, StuW 2016, 256–263

Jansen, Lothar/Weidmann, Matthias: Treaty Overriding und Verfassungsrecht, Beurteilung der verfassungsrechtlichen Zulässigkeit von Treaty Overrides am Beispiel des § 50d EStG, IStR 2010, 596–605

Jarass, Hans/Pieroth, Bodo: Grundgesetz für die Bundesrepublik Deutschland – Kommentar, 14. Auflage, München 2016 (zitiert: Bearbeiter, in: Jarass/Pieroth)

Jochimsen, Claus: Der Missbrauch von Doppelbesteuerungsabkommen – die (Ab) Wege der OECD, Anmerkungen zum Bericht zu Aktionspunkt 6 des BEPS-Aktionsplans, IStR 2014, 865–872

Jochimsen, Claus/Gradl, Christoph: Normhierarchische Einordnung von Treaty Overrides – und Abgleich konkreter Beispiele mit aktuellen DBA sowie der DBA-Verhandlungsgrundlage, IStR 2015, 236–242

Jochum, Heike: Zur Fortsetzung der Rechtssache Marks & Spencer: Gestattet das europäische Gemeinschaftsrecht eine „geltungserhaltende Reduktion" des nationalen Steuerrechts, IStR 2006, 621–623

Kahlenberg, Christian: Unionsrechtskonforme Anwendung von § 50d Abs. 3 EStG? – Anmerkungen zum BMF-Schreiben v. 4.4.2018, FR 2018, 499–505

Kaiser, Florian: Zur Anerkennung funktionsschwacher Gesellschaften im deutschen Steuerrecht – Directive Shopping in Luxemburg, IStR 2009, 121

Kahlenberg, Christian/Prusko, Anselm: Die Weiterentwicklung der deutschen Hinzurechnungsbesteuerung durch die BEPS-RL – Substanzanforderungen, unangemessene Gestaltungen und Doppelbesteuerung, IStR 2017, 304–311

Kaminski, Bert: Aktivitätsvorbehalte und ihre Bedeutung für die DBA-Anwendung, StuW 2007, 275–284

Kaminski, Bert: Aktuelle Rechtsprechung zum internationalen Steuerrecht, StBg 2011, 338–347

Kaminski, Bert/Strunk, Günther: § 20 Abs. 2 AStG i.d.F. des JStG 2010: (Nicht-)Freistellung von Betriebsstätteneinkünften in DBA-Fällen, IStR 2011, 137–142

Kaminski, Bert/Strunk, Günther: Ansässigkeit und Vermeidung der Doppelbesteuerung nach Abkommensrecht, IStR 2007, 189–194

Kempermann, Michael: Kommentar zu BFH v. 19.01.2000 – I R 94/97, FR 2000, 457–458

Kessler, Wolfgang/Müller, Michael: Ort der Geschäftsleitung einer Kapitalgesellschaft nach nationalem und DBA-Recht – Bestandsaufnahme und aktuelle Entwicklungen, IStR 2003, 361–369

Kirchhof, Paul (Hrsg.): Einkommensteuergesetz, 17. Auflage, Köln 2018 (zitiert: Bearbeiter, in: Kirchhof)

Kirchhof, Paul/Mellinghoff, Rudolf (Hrsg.): Kirchhof/Söhn/Mellinghoff, Einkommensteuergesetz, Kommentar, Loseblatt, Stand: 284. EL, Dezember 2017, Heidelberg (zitiert: Bearbeiter, in: K/S/M)

Klein Abgabenordnung – einschließlich Steuerstrafrecht -, 13. Auflage, München 2016 (zitiert: Bearbeiter, in: Klein)

Klein, Martin: Internationale Einkünftezurechnung, in: Hüttemann (Hrsg.), Gestaltungsfreiheit und Gestaltungsmissbrauch im Steuerrecht, DStJG Bd. 33, Köln 2010, 243–264 (zitiert: Klein, in: DStJG Bd. 33)

Köhler, Stefan: Steuersystematische Analyse der Aktivitätsvorbehalte in deutschen DBA als Basis internationaler Gestaltungsüberlegungen, in: Grotherr, Siegfried (Hrsg.), Handbuch der internationalen Steuerplanung, 3. Auflage, Herne 2011, 1815–1842 (zitiert: Köhler, in: Grotherr, Steuerplanung)

Köhler, Stefan/Haun, Jürgen: Kritische Analyse der Änderungen der Hinzurechnungsbesteuerung durch das JStG 2008, Ubg 2008, 73–88

Köhler, Stefan/Eicker, Klaus: Wichtige EuGH-Entscheidungen zur Hinzurechnungs- und Wegzugsbesteuerung, Anmerkungen zu den EuGH-Urteilen vom 7.9.2006 „N" und vom 12.9.2006, Cadbury Schweppes, DStR 2006, 1871–1875

Koenig, Ulrich (Hrsg.): Koenig, Abgabenordnung, § 1 bis 368, 3. Auflage, München, 2014 (zitiert: Bearbeiter, in: Koenig)

Kofler, Georg: Steuergestaltung im Europäischen und Internationalen Recht, in: Hüttemann (Hrsg.), Gestaltungsfreiheit und Gestaltungsmissbrauch im Steuerrecht, DStJG Bd. 33, Köln, 2010, 213–241 (zitiert: Kofler, in: DStJG, Bd. 33)

Kokott, Juliane/Henze, Thomas: Ist der EuGH – noch – ein Motor der Konvergenz der Steuersysteme, BB 2007, 913–918

Kokott, Juliane/Ost, Hartmut: Europäische Grundfreiheiten und nationales Steuerrecht, EuZW 2011, 496–503

Kraft, Gerhard: Anmerkung zu BFH v. 20.03.2002, I R 63/99, IStR 2002, 571–572

Kraft, Gerhard (Hrsg.): Außensteuergesetz, München, 2009 (zitiert: Bearbeiter, in: Kraft)

Kraft, Gerhard: Konzeptionelle und strukturelle Defizite der Hinzurechnungsbesteuerung – Reformbedarf und Reformnotwendigkeit, IStR 2010, 377–382

Kraft, Gerhard: Anmerkung zu BFH: Unionsrecht und Hinzurechnungsbesteuerung von Zwischeneinkünften mit Kapitalanlagecharakter im Drittstaatenfall, IStR 2017, 327–329

Kraft, Gerhard/Gebhardt, Ronald: Ist die Treaty Shopping-Klausel des § 50d Abs. 3 EStG de lege ferenda unions- und abkommensrechtskompatibel?, DB 2012, 80–83

Kraft, Gerhard/Hohage, Uwe: Die Itelcar-Entscheidung des EuGH – ein Ausreißer?, Eine Entgegnung zu Mitschke, IStR 2014, 174–178

Kraft, Gerhard/Quilitzsch, Carsten: Verbleibende unionsrechtliche Schwachstellen der Hinzurechnungsbesteuerung nach den legislativen Rettungsbemühungen in § 8 Abs. 2 AStG, EWS 2012, 130–135

Krawitz, Norbert/Büttgen-Pöhland, Dagmar/Hick, Christian: Aktivitätsvorbehalte bei Einkünften aus ausländischen Kapitalgesellschaften und Betriebsstätten, FR 2003, 109–127

Kreienbaum, Martin: Base Erosion and Profit Shifting (BEPS): Erste Ergebnisse werden G20-Finanzministern vorgelegt, IStR 2014, 637–638

Kreienbaum, Martin: Seminar J: Impact of EU-Law on the BEPS-Initiative, IStR 2014, 721–724

Kreienbaum, Martin: BEPS aus Sicht der Verwaltung, in: Lüdicke, Jürgen (Hrsg.), BEPS – Herausforderungen für die Unternehmen, Forum der internationalen Besteuerung Band 44, 1-9, Köln 2015 (zitiert: Kreienbaum, in: Lüdicke, BEPS)

Kreienbaum, Martin: G20-Finanzminister bekräftigen internationale Steueragenda, IStR 2017, 337–338

Kreutziger, Stefan: Festlegung des Mittelpunkts der geschäftlichen Oberleitung eines Schiffahrtsunternehmens – Anmerkungen zum BFH-Urteil vom 03.07.1997, IV R 58/95, DStRE 1998, 60 – DStR 1998, 1122–1124

Kühn, Rolf (Begr.)/von Wedelstädt, Alexander (Hrsg.): Abgabenordnung und Finanzgerichtsordnung, 21. Auflage, Stuttgart 2015 (zitiert: Bearbeiter, in: Kühn/v. Wedelstädt)

Lademann: Außensteuergesetz mit Betriebsstättengewinnaufteilungsverordnung – BSGaV, Handkommentar, 2. Auflage, Stuttgart 2015 (zitiert: Bearbeiter, in: Lademann)

Lang, Michael: Cadbury Schweppes' Line of Case Law from the Member States' Perspective, in: De La Feria, Rita/Vogenauer, Stefan (Ed.), Prohibition of Abuse of Law, A New General Principle of EU Law?, Oxford 2011, 435–458 (zitiert: Lang, in: De la Feria/Vogenauer)

Lang, Michael/Heidenbauer, Sabine: Wholly Artificial Arrangements, in: Hinnekens, Luc/Hinnekens, Philippe (Ed.), A Vision of Taxes within and outside European Borders, Festschrift in honor of Prof. Dr. Frans Vanistendael, 597–615, Alphen aan den Rijn 2008 (zitiert: Lang/Heidenbauer, in: FS Vanistendael)

Langkau, Dirk/Rubart, Jens: Base Erosion and Profit Shifting – Eine empirische Untersuchung der Gewinnverlagerung deutscher multinationaler Konzerne, IStR 2013, 660–663

Läufer, Benedikt: Aktivitätsklauseln in deutschen Doppelbesteuerungsabkommen, Wiesbaden 2014 (zitiert: Läufer)

Lechner, Eduard: Ort der Geschäftsleitung von inländisch beherrschten ausländischen Gesellschaften in: Doralt, Werner/Gassner, Wolfgang u.a. (Hrsg.), Steuern im Rechtsstaat, Festschrift für Gerold Stoll zum 65. Geburtstag, Wien 1990 (zitiert: Lechner, in: FS Stoll)

Lehner, Moris: Treaty Override im Anwendungsbereich des § 50d EStG, IStR 2012, 389–404

Leisner-Egensperger, Anna: Treaty Override bei Einschaltung ausländischer Gesellschaften, DStZ 2013, 745–752

Lentz, Alexander: Vermeidung einer Minderbesteuerung von Unternehmenseinkünften, Maßnahmen nach dem Doppelbesteuerungsabkommen Deutschland-USA, Hamburg 2006, zugl. Diss., Univ. Trier, 2005 (zitiert als: Lentz)

Leukefeld, Robert: Das Konzept der Substanz im Steuerrecht: Nationale und multinationale Substanzvorschriften unter besonderer Berücksichtigung der BEPS-Initiativen von OECD und EU, Hamburg, 2018, zugl. Diss., Univ. Münster, 2018 (zitiert als: Leukefeld)

Lieber, Bettina: Kommentar zu EuGH, Urt. v. 12.09.2006 – Rs. C-196/04 – Cadbury Schweppes, FR 2006, 993–995

Lieber, Bettina: Anmerkung zu FG Münster: Columbus Container Services: Gemeinschaftswidrigkeit von §§ 7-14 AStG schlägt nicht auf § 20 Abs. 2 und 3 AStG durch; Treaty Override verletzt nicht Grundgesetz, IStR 2009, 35–36

Linn, Alexander: Abkommensmissbrauch und Missbrauchsklauseln, in: Wassermeyer, Doppelbesteuerung, Zum 75. Geburtstag von Franz Wassermeyer, 75 Beiträge zum Recht der DBA, Eine Festgabe, 115–120, München 2015 (zitiert: Linn, in: Wassermeyer, Doppelbesteuerung)

Linn, Alexander: Die Anti-Tax-Avoidance-Richtlinie der EU – Anpassungsbedarf in der Hinzurechnungsbesteuerung?, IStR 2016, 645–652

Littmann/Bitz/Pust: Das Einkommensteuerrecht, Kommentar zum Einkommensteuerrecht, Loseblatt, 15. Auflage, Stuttgart 2015, Stand: 125. EL, Dezember 2017 (zitiert: Bearbeiter in: L/B/P)

Lohmann, Christoph: Die Europarechtskonformität der Hinzurechnungsbesteuerung in der Fassung des JStG 2008, Hamburg 2012, zugl. Diss., Univ. Münster, 2012 (zitiert: Lohmann)

Lohse, Christian: Verwirrende Begriffsvielfalt im Gemeinschaftsrecht – am Beispiel von Steuerbetrug, -umgehung und –missbrauch sowie ähnlichen Begriffen, in: Kirchhof, Paul/Nieskens, Hans, Festschrift für Wolfram Reiss [sic!], Köln 2008, 645–664 (zitiert: Lohse, in: FS Reiss)

Loose, Thomas/Herbst, Christian: „Outsourcing von Managementleistungen“ als Ausweg aus der Hinzurechnungsbesteuerung, BB 2011, 294–295

Lüdicke, Jürgen: Der missratene § 50d Abs. 3 Satz 1 EStG i.d.F. des BeitrRLUmsG, IStR 2012, 81–86

Lüdicke, Jürgen: Zum BMF-Schreiben vom 24.1.2012: Entlastungsberechtigung ausländischer Gesellschaften (§ 50d Abs. 3 EStG), IStR 2012, 148–152

Lüdicke, Jürgen: Überlegungen zur deutschen DBA-Politik, Baden-Baden, 2008 (zitiert: Lüdicke, Überlegungen)

Lüdicke, Jürgen/Kempf, Andreas u.a. (Hrsg.): Verluste im Steuerrecht, Baden-Baden, 2010 (zitiert: Bearbeiter, in Lüdicke/Kempf)

Lüdicke, Jürgen: Anmerkungen zur deutschen Verhandlungsgrundlage für Doppelbesteuerungsabkommen, IStR-Beihefter 2013, 26–45

Lyal, Richard: Cadbury Schweppes and Abuse: Comments, in: De La Feria, Rita/Vogenauer, Stefan (Ed.), Prohibition of Abuse of Law, A New General Principle of EU Law?, Oxford 2011, 427–434 (zitiert: Lyal, in: De la Feria/Vogenauer)

Maciejewski, Tim: Zielgenaue Missbrauchsabwehr: Verfassungskonformität der Hinzurechnungsbesteuerung gemäß §§ 7-14 AStG, IStR 2013, 449–453

Mammen, Andreas/Nielsen, Lars: Internationale Steuerplanung am Wendepunkt? – Zur Bedeutung erstmaliger CFC-Gesetzgebung im Binnenmarkt, Wpg 2017, 289–296

Mayer, Stefan: Wirtschaftliches Eigentum an Kapitalgesellschaftsanteilen, Aachen, 2003, zugl. Münster (Westfalen), Univ., Diss., 2003 (zitiert als: Mayer, Eigentum)

McMechan, Robert: Economic Substance and Tax Avoidance: An International Perspective, Toronto, Kanada, 2013

Micker, Lars: Anwendungsprobleme des Anti-Treaty-Shopping nach § 50d Absatz 3 EStG, FR 2009, 409–415

Mitschke, Wolfgang: Direktes Steuerrecht auf Schlingerkurs?, Eine Bestandsaufnahme zum Jahreswechsel 2013/2014, IStR 2014, 37–45

Mitschke, Wolfgang: Zinsschranke wirklich verfassungswidrig? – Anmerkungen zum Vorlagebeschluss des BFH v. 14.10.2015, FR 2016, 416, FR 2016, 412–416

Morgenthaler, Gerd: Steueroasen und deutsche Hinzurechnungsbesteuerung – Zur Deutung der §§ 7 ff AStG, IStR 2000, 289–295

Mössner, Jörg u.a.: Steuerrecht international tätiger Unternehmen, 5. Auflage, Köln 2018 (zitiert: Bearbeiter, in: Mössner)

Müller, Diana: Kommentar zu BFH v. 13.10.2010 – I R 61/09, FR 2011, 392

Musil, Andreas: Spielräume des deutschen Gesetzgebers bei der Verhütung grenzüberschreitender Steuerumgehung, RIW 2006, 287–293

Musil, Andreas: § 50d Abs. 3 EStG – eine unendliche Geschichte, FR 2012, 149–153

Musil, Andreas: Treaty Override als Dauerproblem des Internationalen Steuerrechts, IStR 2014, 192–196

Neumann-Tomm, Axel: BEPS – Wenn überhaupt nationale Gegenmaßnahmen, dann mit Augenmaß, Zugleich Anmerkung zu Jarass IStR 2014, 741, IStR 2015, 436–440

Niedrig, Hans-Peter: Substanzerfordernisse bei ausländischen Gesellschaften, IStR 2003, 474–482

Oppel, Florian: Die neue diverted profits tax in Großbritannien – Unilaterale Alternative zu BEPS oder wahlkampfbedingter Schnellschuss, IStR 2015, 333–341

Oppel, Florian: BEPS in Europa: (Schein-) Harmonisierung der Missbrauchsabwehr durch neue Richtlinie 2016/1164 mit Nebenwirkungen, IStR 2016, 797–803

Palandt: Bürgerliches Gesetzbuch, 77. Auflage, München 2018 (zitiert: Bearbeiter, in: Palandt)

Panayi, Christiana: Double Taxation, Tax Treaties, Treaty-Shopping and the European Community, Alphen aan den Rijn 2007 (zitiert: Panayi)

Patzner, Andreas/Nagler, Jürgen: GmbHR-Kommentar zu BFH v. 12.10.2016 – I 80/14, GmbHR 2017, 548–550

Petschulat, Katharina: Basisgesellschaften im Lichte nationaler Anti-Missbrauchsvorschriften, Aachen 2011, zugl. Diss., Univ. Münster, 2011 (zitiert: Petschulat)

Piltz, Detlev: Wirtschaftliche und sonst beachtliche Gründe in § 50d Abs. 3 EStG, IStR 2007, 793–799

Piltz, Detlev: Base Erosion an Profit Shifting (BEPS): Die ganze Wahrheit, IStR 2013, 681–682

Piltz, Detlev: BEPS und das staatliche Interesse, IStR 2015, 529–533

Pinkernell, Reimar: Das Steueroasen-Dilemma der amerikanischen IT-Konzerne, IStR 2013, 180–187

Pinkernell, Reimar: Internationale Steuergestaltung im Electronic Commerce, IFSt-Schrift Nr. 494, Berlin, 2014, Bonn (zitiert: Pinkernell)

Pohl, Dirk: Deutsche Abkommenspolitik – Aktuelle Praxisfragen und deutsche Verhandlungsgrundlage, in: Lüdicke, Jürgen (Hrsg.), Neue Grenzen für die internationale Steuerplanung?, Forum der internationalen Besteuerung Band 43, 51–72, Köln 2014 (zitiert: Pohl, in: Lüdicke, Grenzen)

Polatzky, Robert/Balliet, Dmitrij/Steinau, Nathan: Neue Hürden für die DBA-Anwendung durch das Multilaterale Instrument, IStR 2017, 226–233

Prokisch, Rainer: Grenzüberschreitende Verlustberücksichtigung, in: v. Groll, Rüdiger (Hrsg.), Verluste im Steuerrecht, DStJG Bd. 28, Köln, 2005, 229–253 (zitiert: Prokisch, in: DStJG Bd. 28)

Pross, Achim/Radmanesh, Sandy: Seminar A: Patentboxen, IStR 2015, 579–584

Pross, Achim/Petzold, Oliver: Base Erosion and Profit Shifting (BEPS), Wie geht es weiter?, in: Lüdicke, Jürgen (Hrsg.), Neue Grenzen für die internationale Steuerplanung?, Forum der internationalen Besteuerung Band 43, 1–14, Köln 2014 (zitiert: Pross/Petzold, in: Lüdicke, Grenzen)

Quilitzsch, Carsten: Die Hinzurechnungsbesteuerung als Instrumentarium zur Missbrauchsbekämpfung – Defizite der §§ 7-14 de lege lata und Reformüberlegungen, Ubg 2011, 942–948

Quilitzsch, Carsten: Die Hinzurechnungsbesteuerung i.d.F. des JStG 2013, Kritische Würdigung der geplanten Neuregelung in § 8 Abs. 2 AStG, IStR 2012, 645–648

Quilitzsch, Carsten/Gebhardt, Ronald: Kritische Würdigung der Änderungen im AStG durch das JStG 2010, BB 2010, 2212–2215

Raber, Hans Georg: Beneficial Ownership und das Problem der Basisgesellschaften, in: Wassermeyer, Doppelbesteuerung, Zum 75. Geburtstag von Franz Wassermeyer, 75 Beiträge zum Recht der DBA, Eine Festgabe, 303–309, München 2015 (zitiert: Raber, in: Wassermeyer, Doppelbesteuerung)

Radmanesh, Sandy: Empfehlungen für eine effektive Hinzurechnungsbesteuerung (sog. CFC-Regelungen) – Aktionspunkt 3 des OECD/G20 Base Erosion and Profit Shifting (BEPS-)Aktionsplans, IStR 2015, 895–900

Raupach, Arndt/Burwitz, Gero: Managementverträge als mißbräuchliche [sic!] Gestaltung bei Finanzierungsgesellschaften? – dargestellt als Beispiel irischer IFSC-Gesellschaften in den Dublin Docks, in: Breuninger, Gottfried/Müller, Welf u.a. (Hrsg.), Steuerrecht und Europäische Integration: Festschrift für Albert J. Rädler zum 65. Geburtstag, München, 1999, 539–558 (zitiert als Raupach/Burwitz, in: FS Rädler)

Raupach, Arndt: BFH-Entscheidung zur steuerrechtlichen Beurteilung von Basisgesellschaften, FR 1969, 72–75

Rautenstrauch, Gabriele/Suttner, Johannes: Die Anti-BEPS-Richtlinie: Überblick und künftige Anpassungsnotwendigkeiten im deutschen Recht, BB 2016, 2391–2396

Rehberg, Martin: Zuzug und Wegzug von Kapitalgesellschaften in gesellschafts- und steuerrechtlicher Hinsicht, Frankfurt, 2011, zugl. Passau, Univ., Diss., 2010 (zitiert: Rehberg)

Rehfeld, Lars: Aktivitätsvorbehalte in DBA-Methodenartikeln im Lichte der Niederlassungsfreiheit, DStR 2010, 1809–1815

Reimer, Ekkehart: Meilenstein des BEPS-Programms: Das Multilaterale Übereinkommen zur Umsetzung der DBA-relevanten Maßnahmen, IStR 2017, 1–6

Reith, Thomas: Internationales Steuerrecht, Handbuch zum Doppelbesteuerungs- und Außensteuerrecht und zu Gestaltungen grenzüberschreitender Investitionen, München 2004 (zitiert: Reith)

Renner, Bernhard: Briefkastenfirmen und internationaler Gestaltungsmissbrauch – Erscheinungsformen und ihre Bekämpfung, in: Lang, Michael/Jirousek, Heinz (Hrsg.), Praxis des Internationalen Steuerrechts: Festschrift für Helmut Loukota zum 65. Geburtstag, Wien, 2005, 399–421 (zitiert: Renner, in: FS Loukota)

Ringe, Wolf-Georg: Sparking Regulatory Competition in European Company Law: The Impact of the Centros Line of Case Law and its Concept of "Abuse of Law", in: De La Feria, Rita/Vogenauer, Stefan (Ed.), Prohibition of Abuse of Law, A New General Principle of EU Law?, Oxford 2011, 107–125 (zitiert: Ringe, in: De la Feria/Vogenauer)

Rödder, Thomas/Pinkernell, Reimar: Zum Seminar F: 20 Thesen zur BEPS-Diskussion, IStR 2013, 619–623

Röder, Erik: Das System der Verlustverrechnung im deutschen Steuerrecht, Verfassungsrechtliche Vorgaben und Ausgestaltung de lege ferenda, Köln 2010 (zitiert: Röder)

Roser, Frank: GmbHR-Kommentar zu BFH, Urt. v. 20.03.2002 – I R 38/00, GmbHR 2002, 869–871

Ruf, Martin/Weichenrieder, Alfons: The Taxation of Passive Foreign Investment, Lessons from German Experience, Canadian Journal of Economics 45/4, November 2012, 1504–1528

Rust, Alexander: Die Hinzurechnungsbesteuerung, Notwendigkeit und Umsetzbarkeit einer Reform, München, 2007, zugl. Univ., München, Diss., 2007 (zitiert: Rust)

Sachs, Michael (Hrsg.): Grundgesetz – Kommentar, 8. Auflage, München 2018 (zitiert: Bearbeiter, in: Sachs)

Säcker, Franz Jürgen u.a. (Hrsg.): Münchner Kommentar zum Bürgerlichen Gesetzbuch, Band 1, Allgemeiner Teil, 7. Auflage, München 2015 und Band 11, EGBGB, 7. Auflage, München 2018 (zitiert: Bearbeiter, in: MüKo-BGB)

Schade, Dirk: Die deutsche Anti-Treaty-Shopping-Regelung des § 50d Abs. 3 EStG – Zu den Grenzen und dem Bedürfnis nach einer spezialgesetzlichen Regelung, Berlin 2013, zugl. Diss., Univ. Bayr(euth), 2012 (zitiert: Schade)

Schanz, Deborah/Feller, Anna: Wieso Deutschland (fast) keine Base Erosion and Profit Shifting-Bekämpfung braucht, BB 2015, 865–870

Schaumburg, Harald (Hrsg.): Internationales Steuerrecht, 4. Auflage, Köln 2017 (zitiert: Bearbeiter, in: Schaumburg)

Schaumburg, Harald/Englisch, Joachim (Hrsg.): Europäisches Steuerrecht, Köln 2015 (zitiert: Bearbeiter, in: Schaumburg/Englisch)

Scheipers, Thomas/Linn, Alexander: Substanzerfordernisse bei nachgeschalteten Zwischengesellschaften, IStR 2011, 601–606

Schenke, Ralf: Rechtsfindung im Steuerrecht, Konstitutionalisierung, Europäisierung, Methodengesetzgebung, Tübingen 2007 (zitiert: Schenke)

Schiessl, Martin: Form und Substanz im Steuerrecht, IStR 2001, 457–459

Schmidt, Carsten/Ruckes, Andreas: Das Steuerumgehungsbekämpfungsgesetz – Hintergrund, Inhalte und Praxisaspekte, IStR 2017, 473–479

Schmidt, Ekkehard: Freistellungsmethode auf dem Rückzug?, in: Achatz, Markus (Hrsg.), Internationales Steuerrecht, DStJG, Band 36, Köln, 2013, 87–100 (zitiert: Schmidt, in: DStJG Bd. 36)

Schnitger, Arne/Nitzschke, Dirk/Gebhardt, Ronald: Anmerkungen zu den Vorgaben für die Hinzurechnungsbesteuerung nach der sog. „Anti-BEPS-Richtlinie" – Systematische Würdigung der Implikationen für den deutschen Rechtskreis, IStR 2016, 960–975

Schnittker, Helder: Seminar L: Limitation-on-Benefits-Klauseln – eine Bestandsaufnahme, IStR 2012, 720–723

Schön, Wolfgang: Deutsche Hinzurechnungsbesteuerung und Europäische Grundfreiheiten, Beihefter zu IStR 2013, Heft 6, 3–23 (zitiert: Schön, IStR 2013, Beihefter H6)

Schön, Wolfgang: Rechtsmissbrauch und Steuerrecht, in: Kirchhof, Paul/Nieskens, Hans, Festschrift für Wolfram Reiss [sic!], Köln 2008, 571–596 (zitiert: Schön, in: FS Reiss)

Schönfeld, Jens/Ditz, Xaver (Hrsg.): Doppelbesteuerungsabkommen (DBA) – Kommentar, Köln 2013 (zitiert als: Bearbeiter, in: Schönfeld/Ditz)

Schönfeld, Jens: Nationale Regelungen zur Vermeidung missbräuchlicher Inanspruchnahme von Doppelbesteuerungsabkommen, in: Baumhoff, Hubertus/Schönfeld, Jens (Hrsg.), Doppelbesteuerungsabkommen, Nationale und internationale Entwicklungen, Forum der internationalen Besteuerung Band 41, 137–162, Köln 2012 (zitiert: Schönfeld, DBA-Missbrauch)

Schönfeld, Jens: Die Anwendung der Hinzurechnungsbesteuerung im Verhältnis zur Schweiz, IStR 2016, 416–418

Schönfeld, Jens: BMF entscheidet zur Anwendung von § 50d Abs. 3 EStG nach „Deister Holding" – Eine erste Kurzanalyse, IStR 2018, 325–328

Schröder, Johannes: Gesellschafter und Ort der Geschäftsleitung, StBp 1980, 97–99

Schulte-Rummel, Björn: Steuerumgehung und Hinzurechnungsbesteuerung, Die Auswirkungen von § 42 Abs. 2 AO – gleichzeitig eine Neubestimmung des Begriffs „Missbrauch", Hamburg 2005, zugl. Diss., Univ. Münster, 2005 (zitiert: Schulte-Rummel)

Schulze, Reiner u.a. (Hrsg.): Europarecht, Handbuch für die deutsche Rechtspraxis, 3. Auflage, Baden-Baden 2015 (zitiert: Schulze)

Schwarz, Maren: Zum 40. Geburtstag des Außensteuergesetzes: Die Dienstleistungsgesellschaft als Anwendungsfall der Hinzurechnungsbesteuerung, IStR 2012, 861–866

Sedemund, Jan: Europarechtliche Bedenken gegen den neuen § 8 Abs. 2 AStG, BB 2008, 696–699

Sedemund, Jan: Der Rote Faden in der EuGH-Rechtsprechung zu den direkten Steuern, Ubg 2009, 560–567

Seibold, Sabine: Problematik der Doppelansässigkeit von Kapitalgesellschaften, IStR 2003, 45–51

Sieker, Klaus: Zur Beachtung des Fremdvergleichsgrundsatzes gemäß § 8 Abs. 2 Satz 5 AStG, IStR 2009, 341–345

Stahl, Rudolf: Deutsches Steuerrecht zwischen Panama und Paradies: Domizil-, Zwischen-, und Drittstaat-Gesellschaften, Kösdi 2018, 20676–20682

Staringer, Claus: Besteuerung doppelt ansässiger Kapitalgesellschaften, Wien 1999 (zitiert: Staringer)

Stark, Peter/Jasper, Benedikt: Methodische Überlegungen zu aktuellen Anwendungsproblemen des § 50d Absatz 3 EStG und einer systemgerechten Neuregelung, IStR 2013, 169–174

Stöber, Michael: Zur verfassungs- und europarechtlichen (Un-)Zulässigkeit von Treaty Overrides, DStR 2016, 1889–1895

Striegel, Gerhard: Steuerflucht durch Basisunternehmen, Unter Berücksichtigung des Außensteuerreformgesetzes, München 1973 (zitiert: Striegel)

Strobl-Haarmann, Elisabeth: 25 Jahre Rechtsentwicklung zum Treaty Shopping in Deutschland, in: Festschrift für Arndt Raupach, Steuer- und Gesellschaftsrecht zwischen Unternehmerfreiheit und Gemeinwohl, Köln 2006, 613–625 (zitiert: Strobl-Haarmann, in: FS Raupach)

Strunk, Günther/Kaminski, Bert u.a. (Hrsg.): Außensteuergesetz/Doppelbesteuerungsabkommen – Kommentar, Bonn 2004, Loseblatt, Stand: 49. Lieferung, 1. Oktober 2017 (zitiert: Bearbeiter, in: S/K/K)

Suchowerskyj, Tanja: Der Begriff des Missbrauchs im europäischen Steuerrecht, Berlin 2007, zugl. Tübingen, Univ., Diss., 2007 (zitiert: Suchowerskyj)

Süß, Stefan/Mayer-Theobald, Felicitas: Anmerkung zu BFH v. 13.10.2010, I R 61/09, IStR 2011, 114–115

Sydow, Sabine: Anmerkungen zur BFH-Entscheidung I R 114/08 vom 21.10.2009 (Nachfolge „Columbus Container"), IStR 2010, 174–177

Thiele, Katja: Hinzurechnungsbesteuerung und Unionsrecht, Hamburg 2011, zugl. Diss., Univ. Halle-Wittenberg, 2010 (zitiert: Thiele)

Thiele, Katja: Der unionsrechtliche Missbrauchsbegriff im Bereich der direkten Steuern, IStR 2011, 452–457

Thömmes, Otmar: Missbrauch und Missbrauchsverhütung aus EG-Sicht, in: Gocke, Rudolf/Gosch, Dietmar u.a. (Hrsg.), Körperschaftsteuer, Internationales Steuerrecht, Doppelbesteuerung: Festschrift für Franz Wassermeyer zum 65. Geburtstag, München, 2005, 207–240 (zitiert: Thömmes, in: FS Wassermeyer)

Tipke, Klaus/Kruse, Heinrich Wilhelm: Abgabenordnung, Finanzgerichtsordnung, Kommentar zur AO und FGO, Köln, Loseblatt, Stand: 150. EL, Oktober 2017 (zitiert: Bearbeiter, in: Tipke/Kruse, AO)

Tipke, Klaus/Lang, Joachim (Hrsg.): Steuerrecht, 23. Auflage, Köln 2018 (zitiert als: Bearbeiter, in: Tipke/Lang)

Töben, Thomas/Lohbeck, Allit: Körperschaftsteuer und Gewerbesteuer bei inländischen Immobilieninvestitionen, in: Birk, Dieter (Hrsg.), Transaktionen, Vermögen, Pro Bono: Festschrift zum zehnjährigen Bestehen von P+P Pöllath + Partners, München, 2008, 211–232 (zitiert: Töben/Lohbeck, in: FS Pöllath+Partner)

Uckermann, Ruprecht, Frhr. v.: Besteuerung von Basisgesellschaften in den USA und in Deutschland, Köln, 2003 (zitiert: Uckermann)

Vanistendael, Frans: Cadbury Schweppes and Abuse from an EU Tax Law Perspective, in: De La Feria, Rita/Vogenauer, Stefan (Ed.), Prohibition of Abuse of Law, A New General Principle of EU Law?, Oxford 2011, 407–425 (zitiert: Vanistendael, in: De la Feria/Vogenauer)

Vella, John: Sparking Regulatory Competition in European Company Law: A Response, in: De La Feria, Rita/Vogenauer, Stefan (Ed.), Prohibition of Abuse of Law, A New General Principle of EU Law?, Oxford 2011, 127–136 (zitiert: Vella, in: De la Feria/Vogenauer)

Vogel, Klaus (Begr.)/Lehner, Moris (Hrsg.): Doppelbesteuerungsabkommen der Bundesrepublik Deutschland auf dem Gebiet der Steuern von Einkommen und Vermögen, Kommentar auf Grundlage der Musterabkommen, 6. Auflage, München 2015 (zitiert: Bearbeiter, in: Vogel/Lehner)

Vogel, Thorsten/Cortez, Benjamin: Das Außensteuergesetz im Konflikt mit dem Europarecht, RIW 2011, 532–542

Vogenauer, Stefan: The Prohibition of Abuse of Law: An Emerging General Principle of EU Law, in: De La Feria, Rita/Vogenauer, Stefan (Ed.), Prohibition of Abuse of Law, A New General Principle of EU Law?, Oxford 2011, 521–571 (zitiert: Vogenauer, in: De la Feria/Vogenauer)

Waldhoff, Christian: Verfassungsrechtlich relevante Vollzugsdefizite bei Steuerfällen mit Auslandsbezug am Beispiel von §§ 7 ff AStG, Zugleich ein Beitrag zum räumlichen Anwendungsbereich des Leistungsfähigkeitsprinzips, StuW 2013, 121–142

Waldhoff, Christian/Grefrath, Holger: Normenklarheit und Bestimmtheit der Vorschriften über die Hinzurechnungsbesteuerung als Problem des Steuervollzugs, IStR 2013, 477–484

Wassermeyer, Franz: Kann eine ausländische Kapitalgesellschaft im Inland unbeschränkt steuerpflichtig sein?, DB 1990, 244–245

Wassermeyer, Franz: Der Wirrwarr mit den Aktivitätsklauseln im deutschen Abkommensrecht, IStR 2000, 65–70

Wassermeyer, Franz/Baumhoff, Hubertus (Hrsg.): Verrechnungspreise international verbundener Unternehmen, Köln 2014 (zitiert: Bearbeiter, in: Wassermeyer/Baumhoff)

Wassermeyer, Franz/Kaeser, Christian u.a. (Hrsg.): Wassermeyer, Doppelbesteuerung, Kommentar zu allen deutschen Doppelbesteuerungsabkommen, Stand: 140. EL, Januar 2018, München (zitiert: Bearbeiter, in: Wassermeyer, DBA)

Wassermeyer, Franz/Baumhoff, Hubertus u.a. (Hrsg.): Außensteuerrecht, Kommentar, Loseblatt, Stand: 82. EL, August 2017, Köln (zitiert: Bearbeiter, in: F/W/B/S)

Wassermeyer, Franz/Richter, Stefan u.a. (Hrsg.): Personengesellschaften im internationalen Steuerrecht, 2. Auflage, Köln 2015 (zitiert: Bearbeiter, in: W/R/S)

Watrin, Christoph/Eberhardt, David: Anwendung der Kapitalverkehrsfreiheit im Bereich der internationalen Dividendenbesteuerung, BB 2014, 2267–2973

Watrin, Christoph/Thomsen, Martin/Weiß, Falko: Die BEPS-Maßnahmeberichte und ihre aktuelle Umsetzung, DStZ 2016, 400–409

Watrin, Christoph/Thomsen, Martin/Weiß, Falko: Zur Notwendigkeit von Maßnahmen gegen die internationale Gewinnverlagerung in Deutschland, IStR 2016, 397–401

Weber, Konstantin: Steuer- und steuerstrafrechtliche Risiken wegen Unterhaltung der Geschäftsbeziehungen zu den ausländischen Briefkastenfirmen in Deutschland, DStZ 2017, 512–518

Weber-Grellet, Heinrich (Hrsg.): Schmidt, Einkommensteuergesetz, 37. Auflage, München 2018 (zitiert: Bearbeiter, in: Schmidt)

Wendt, Michael: § 42 AO vor dem Hintergrund der Rechtsprechung, in: Hüttemann (Hrsg.), Gestaltungsfreiheit und Gestaltungsmissbrauch im Steuerrecht, DStJG Bd. 33, Köln, 2010, 117–138 (zitiert: Wendt, in: DStJG Bd. 33)

Wichmann, Michael/Schmidt-Heß, Ole: Die Verhinderung von Abkommensmissbrauch, IStR 2014, 883–887

Wienbracke, Mike: Die Genese fiskalischen Misstrauens – Von § 5 RAO 1919 zu § 42 AO i.d.F. des JStG 2008 -, DStR 2008, 664–669

Wiese, Götz/Süß, Stefan: Verschärfungen bei Kapitalertragsteuer-Entlastung für zwischengeschaltete ausländische Kapitalgesellschaften, Änderung des § 50d Abs. 3 EStG durch den Entwurf eines Jahressteuergesetzes 2007, GmbHR 2006, 972–976

Wilke, Kay-Michael: Das Dublin Dock IV-Urteil des BFH, IWB Fach 3A, Gruppe 1, 1099–1102

Wissenschaftlicher Beirat Steuern der Ernst & Young GmbH: Hinzurechnungsbesteuerung und gesonderte Feststellung von Besteuerungsgrundlagen, IStR 2013, 549–554

Wittkowski, Ansas: BB-Kommentar zu FG Hannover v. 13.05.2009, 6 K 476/06, BB 2009, 2299–2300

Wöhe, Günter/Döring, Ulrich/Brösel, Gerrit: Einführung in die Allgemeine Betriebswirtschaftslehre, 26. Auflage, München 2016 (zitiert: Wöhe)

Wurster, Hans-Jürgen: Das Scheingeschäft bei Basissachverhalten, DB 1983, 2057–2061

Zippelius, Reinhold: Juristische Methodenlehre, 11. Auflage, München 2012 (zitiert: Zippelius)

www.ingramcontent.com/pod-product-compliance
Ingram Content Group UK Ltd.
Pitfield, Milton Keynes, MK11 3LW, UK
UKHW021131041026
8980IPUK00034B/1552

9 783631 810408